中共兰州市委宣传部重大委托项目

蘭州通史

民国卷

GENERAL HISTORY OF LANZHOU CITY

总 主 编　田　澍

副总主编　何玉红

本卷主编　尚季芳

本卷撰稿人　邓　明　朱永光

华信辉　李佳佳

李海群　咸娟娟

管卫中

人民出版社

《兰州通史》编纂委员会

总 主 编： 田 澍 西北师范大学

副总主编： 何玉红 西北师范大学

编 委：（按姓氏笔画排序）

马玉凤 西北师范大学 武 沐 兰州大学

刘再聪 西北师范大学 尚季芳 西北师范大学

杨林坤 兰州大学 胡小鹏 西北师范大学

吴晓军 中共甘肃省委党校（甘肃行政学院） 段小强 西北民族大学

陈亚军 西北民族大学 崔 明 兰州大学

《兰州通史》学术委员会

顾 问：

刘光华 兰州大学 李清凌 西北师范大学

汪受宽 兰州大学 李并成 西北师范大学

主 任： 邓 明 兰州市地方志办公室

委 员：（按姓氏笔画排序）

王希隆 兰州大学 张克非 兰州大学

尹伟先 西北民族大学 陈乐道 甘肃省档案馆

朱建军 甘肃简牍博物馆 尚永琪 宁波大学

刘建丽 西北师范大学 郎树德 甘肃省文物考古研究所

杜斗城 兰州大学 郝树声 甘肃省社会科学院

杜常顺 青海师范大学 黄正林 陕西师范大学

李大龙 中国社会科学院中国边疆研究所 韩建业 中国人民大学

李永平 甘肃省博物馆 楼 劲 中国社会科学院古代史研究所

李荣珍 中共甘肃省委党史研究室 魏文斌 兰州大学

张 萍 首都师范大学 魏明孔 中国社会科学院经济研究所

总 主 编 ///

田澍　1964年生，甘肃通渭人。中国社会科学院研究生院历史学博士，西北师范大学历史文化学院教授、博士生导师，西北师范大学副校长，国家"万人计划"哲学社会科学领军人才，全国文化名家暨"四个一批"人才。兼任中国史学会理事、甘肃省历史学会会长。曾获教育部霍英东教育基金会高等院校青年教师奖、宝钢优秀教师奖。主要从事明清史、丝绸之路与西北边疆史地研究，在《文史》《中国史研究》《中国边疆史地研究》《政治学研究》等发表论文150余篇，出版《嘉靖革新研究》《正德十六年》等10余部专著，主持国家社科基金重点项目等10余项。获教育部高校人文社会科学优秀成果奖、甘肃省哲学社会科学优秀成果一等奖、郭沫若中国历史学奖等20余次。

副总主编 ///

何玉红　1977年生，甘肃民勤人。四川大学历史学博士，西北师范大学历史文化学院教授、博士生导师、院长。入选甘肃省宣传文化系统"四个一批"人才、甘肃省"飞天学者"特聘教授青年学者。兼任甘肃省历史学会秘书长。曾获教育部霍英东教育基金会高等院校青年教师奖。主要从事宋史研究，在《中国社会科学》《中国史研究》《史学理论研究》《中华文史论丛》等发表学术论文50余篇，出版专著《南宋川陕边防行政运行体制研究》。主持国家社科基金项目等10余项。多次获甘肃省哲学社会科学优秀成果奖。

本卷主编 ///

　　尚季芳　1976 年生，甘肃张家川人。四川大学历史学博士，西北师范大学历史文化学院教授、博士生导师、校史研究中心主任。兼任中国现代史学会常务理事、中国社会史学会理事。主要从事中国近现代区域经济与社会史研究，在《中国边疆史地研究》《中国经济史研究》《社会科学战线》《历史教学》等发表论文 70 余篇，出版专著《民国时期甘肃毒品危害与禁毒研究》。国家社科基金重大招标项目"抗战时期西北国际通道资料整理与研究"首席专家。多次获甘肃省哲学社会科学优秀成果奖。

总　序

田　澍　何玉红

　　兰州是中华民族的重要发祥地之一，在中国疆域稳固、民族交融、中西交流、向西开放中，具有特殊的地位和鲜明的地域个性。数千年来，勤劳、勇敢的兰州人民在此生生不息，创造了辉煌灿烂的历史文化。

　　兰州位于黄土高原、内蒙古高原与青藏高原的交会处。黄河及其支流横贯兰州全境，冲积沉淀形成峡谷与盆地相间的河谷。河谷两岸山峰对峙，对宽阔的河谷形成拱卫之势。河谷之外，土石山地与黄土丘陵、断陷盆地交错分布。独特的地理环境，深刻影响着兰州历史发展的走向以及文化面貌的特点。随着秦汉以来设郡置县、开通丝路，兰州成为丝路重镇，逐渐确立了作为区域政治、经济、文化中心的地位，同时在促进中西交流、加强民族交往交流交融方面发挥着日益重要的作用，形成了开放包容、交流互鉴、多元融合的文化特质。黄河文化、丝路文化、中西文化、多元民族文化、红色文化等在此交相辉映，享有"丝路重镇""黄河明珠"等美誉。

　　先秦时期的兰州文化绵延不断，历经石器时代、青铜时代、早期铁器时代等三个阶段，分别相当于中原地区的史前时期、夏商西周时期、春秋战国时期，清晰的文化脉络反映了人类由蒙昧逐渐走向文明的发展过程。旧石器时代晚期，就有人类在此狩猎采集、繁衍生息。新石器时代的兰州地区自然环境优越，适于农耕，彩陶闻名于世。到青铜时代，羌、戎等民族在此驻牧，冶铜业也得到发展，成为较早迈入青铜时代的地区之一。春秋战国时期，这里成为多民族活动的舞台，多元文化交往交融，秦人的崛起，为兰州的开发奠定了基础。彩陶、海贝的西传和青铜、小麦、玉石等的东渐，开启了早期东西方文化的交流，兰州成为东来西往文化传布的重要通道和中转站。

秦始皇统一六国后，疆域拓展，势力达到兰州一带。汉武帝时，霍去病击败匈奴，随着河西四郡的设置，兰州成为西汉王朝经略河湟地区的重要基地。始元六年（前81年），汉昭帝设置金城郡，兰州出现第一个郡级机构。到西汉末金城郡领13县，其中浩亹、令居、枝阳、允街、金城、榆中6县在今兰州市境内。秦汉时期大量移民拓边，为兰州发展注入新的活力，当地社会经济与文化发展进入第一次兴盛时期。

魏晋南北朝时期，兰州数次成为割据政权的军事政治中心。魏晋王朝依靠金城郡，成功地控驭秦凉之地，为解决河西大族割据奠定了基础。十六国时期，兰州先后被十多个政权统治或争夺，金城郡既是河西诸政权向东发展的前沿阵地，也是关陇势力向西经略凉州的桥头堡。西秦乞伏氏先后建都勇士城、金城和苑川，兰州首次成为地方割据政权的都城。北朝时期，兰州成为北魏、西魏、北周诸政权控扼河陇的战略要地。

隋朝开皇元年（581），设兰州总管府，辖金城和广武（治所在今永登县东南）二郡，"兰州"之名始见于史册。大业三年（607），改州为郡，兰州改称金城郡。唐设置兰州都督府。贞观初年，兰州划归陇右道；开元年间，兰州由陇右节度使管辖。在隋朝及唐代前期，兰州再次进入兴盛时期。

安史之乱后，唐朝国力衰减，吐蕃势力东进，兰州地区成为吐蕃驻牧地。宋夏时期，兰州蕃部成为各方争夺的对象。北宋神宗以后，宋廷收复河湟地区，在兰州一带与西夏政权隔河对峙。在此期间，宋廷攻取会州，筑兰州新城，修黄河浮桥和金城关。金灭北宋后，与西夏在黄河一带对峙。在北宋、西夏、金的相互较量中，兰州一直是诸方力量争夺的边防要塞。

蒙古政权于1234年灭金后，兰州归巩昌便宜都总帅府管辖，隶阔端王位下。元代行省制度确立后，以黄河为界，黄河以南的兰州、金州属陕西行省管辖，黄河以北地区归甘肃行省庄浪路管辖。元代大一统局面的形成，使兰州固有的交通中心地位得到恢复。

明朝初年，在兰州地区设置了兰县、金县和兰州卫、庄浪卫。兰县属陕西行省临洮府管辖，兰州卫属陕西都司管辖，庄浪卫则属于陕西行都司管辖。兰州在北方、西北防御体系中的战略地位日渐突显。肃王迁兰时，甘州中护卫、甘州右护卫、甘州群牧千户所随迁，不仅大大提升了兰州的军事防御能力，而且为兰州增添了大量的人口与劳动力，对明代兰州的发展产生了积极的影响。成化十四年（1478），兰县升为兰州，其战略地位辐射河西走廊、河湟和河洮岷地区，是明朝控制和支援河西走廊的战略支点。

进入清朝后，兰州迅速崛起，成为西北地区政治、军事、经济、文化中心之一，被视为"关西巨镇"。康熙二年（1663），清廷移陕西右布政使司于巩昌，拉开了陕、甘分省的序幕。康熙五年（1666），甘肃巡抚刘斗入驻兰州，兰州成为省会。康熙八年（1669），改巩昌布政使司为甘肃布政使司，并移驻兰州。雍正三年（1725），裁陕西行都司及所属卫所归甘肃布政使司管辖。乾隆三年（1738），临洮府迁至兰州，改为兰州府，新设置的皋兰县为省会。乾隆二十八年（1763），清廷在平定准噶尔叛乱后，设迪化府，归甘肃省管辖。翌年，陕甘总督落驻兰州。兰州集总督府、省会、府治、县治于一地，其政治地位骤然提升，战略地位日显重要。

晚清时期，洋务运动兴起。兰州在此浪潮下，开始兴办了一些军用民用工业，为近代工业基地建设奠定了良好的基础。同时，教育、商业、交通等方面也经历着由传统向近代的快速转变。

民国时期，兰州的发展进入历史巨变之中。孙中山在其《建国方略》中提出要以南京为海都，以兰州为陆都。在北洋政府和国民政府开发西北的过程中，兰州一度成为政府和社会舆论关注的焦点。全面抗战爆发后，大批工业内迁，本地新创工业蓬勃兴起，兰州的工业化步伐加快。国民政府在兰州设立第八战区，使兰州控御西北的作用得到更大的发挥。随着国际形势的变化，中苏两国共同开辟西北国际通道，苏联的援华物资源源不断运达兰州，再由兰州通过西兰公路运抵前线，而中国的易货偿债物资也汇集兰州，通过兰新公路运往苏联。斯时，国立西北师范学院迁兰，成为西北师范教育的摇篮；省立甘肃学院升为国立，国立西北技艺专科学校、西北医学专科学校相继成立，兰州的文教事业得到了前所未有的发展。总之，民国时期兰州地位日渐凸显，一度成为西北地区的政治中心、国防中心、交通中心、民族交融中心、商贸中心和文教中心，成为支持抗战、建设西北、振兴民族的重要基地。

1949年8月26日，兰州解放。1950年1月8日，兰州市人民政府正式成立，从此兰州进入了新的历史时期。从1953年至1956年，兰州市胜利完成农业、手工业、资本主义工商业的社会主义改造，由新民主主义社会进入社会主义初级阶段。"一五""二五""三线建设"期间，兰炼、兰化、兰石等一批大型工业企业的建成，使兰州拥有了较完整的工业体系，尤其是在石油化工、机械制造、有色金属、航空航天和核工业等领域独具特色，奠定了兰州作为新兴工业城市的基础。陇海线、兰新线、包兰线、兰青线等铁路干线在兰州交会，使兰州成为西北地区的交通枢纽。此外，兰州还兴修引大入秦工程等一系列大型水利工程，进行了大规模的农田基本建设。在改革开放的新时代，兰州人民奋勇前进，在政治、经济、文化、社会和生态保护诸多领域，取得了令人瞩目的新成绩。

在进入中国特色社会主义建设的新时代，我们深感系统梳理兰州历史发展的脉络，认真总结兰州历史发展的规律，对于今天建设幸福美好的新兰州，具有十分重要的意义。在具体编纂过程中，我们系统梳理与兰州有关的考古资料和正史、地方志、笔记、游记、回忆录、报刊、档案、口述访谈等史料，并精选图片，以文化传承、国家安全、民族交往交流交融、中西文化交流为主线，力图全面反映兰州政治、经济、文化、民族、宗教和社会等各方面的历史演变，并注意学术性和可读性的有机结合。同时，希望通过《兰州通史》的编纂，广泛开展读史用史活动和市情教育，帮助人们更好地了解兰州的历史和现状，激发全市人民热爱兰州、建设兰州的热情，在"一带一路"建设和中华民族伟大复兴的新征程中，迎来兰州新的发展和辉煌！

《兰州通史》上起远古，下至20世纪末，基于丰富可靠的史料，尽可能全面、系统地揭示兰州历史的发展脉络和区域特征。全书共分五卷，即《先秦卷》《秦元卷》《明清卷》《民国卷》和《中华人民共和国卷》。其中《先秦卷》时间从传说时代到春秋战国时期，深入挖掘考古文献资料是该卷的特点。《秦元卷》时间从秦汉到宋元时期，突出兰州在这一历史时期的民族融合和文化交流等。《明清卷》重点梳理兰州成为西北城市重镇的演变过程。《民国卷》着力展现兰州走向近代化的历史。《中华人民共和国卷》时间从1949年到1992年邓小平发表视察南方谈话为止，重点阐述兰州在社会主义革命、建设、改革开放及探索中国特色社会主义道路中取得的新成就。

　　《兰州通史》从立项到组织专家编纂，历时4年。在此期间，中共兰州市委和市政府予以大力支持。为保证编纂质量，我们先后组织国内外专家学者召开了"《兰州通史》编纂体例论证会""兰州历史文化学术研讨会""丝绸之路与西北城市史学术论坛""《兰州通史》编纂大纲审定会""《兰州通史》定稿会"等十余次学术研讨会和审稿会议。中国社会科学院楼劲研究员、魏明孔研究员、李大龙研究员，中国藏学研究中心张云研究员，中国人民大学韩建业教授，吉林省社会科学院尚永琪研究员，首都师范大学历史学院张萍教授，陕西师范大学历史文化学院黄正林教授，青海师范大学人文学院杜常顺教授，兰州大学刘光华教授、张文轩教授、汪受宽教授、王希隆教授、杜斗城教授、张克非教授、魏文斌教授，西北民族大学尹伟先教授、周松教授，西北师范大学李清凌教授、刘建丽教授、李并成研究员，天水师范学院雍际春教授，河西学院高荣教授、贾小军教授，陇东学院马啸教授，甘肃简牍博物馆张德芳研究员，甘肃省博物馆李永平研究员，甘肃省文物研究所郎树德研究员，甘肃省社会科学院郝树声研究员，中共甘肃省委党史研究室孙瑛处长、李荣珍主任，兰州市地方志办公室邓明副主任，甘肃省档案馆陈乐道研究员、姜洪源研究员，甘肃文化出版社管卫中编审等，先后对《兰州通史》编纂体例等提出宝贵的建议和意见。编纂期间，我们组织编纂人员赴兰州各区县进行实地调研和资料搜集，得到兰州各区县相关部门的大力支持，在此深表感谢！

学界对兰州历史的研究比较薄弱，故在撰写过程中可资利用的研究成果不多，加之我们的学识水平有限，作为首部系统论述兰州历史的通史，难免在资料搜集、内容取舍、逻辑论证、学术观点、图片选用等方面存在这样或那样的问题，我们真诚地希望社会各界批评指正！

前　言

尚季芳

近代以来，中国处于"三千年未有之变局"的大时代，地处西北的兰州在这种变局中，日益向近代化迈进。民国时期，兰州迎来了新的发展机遇。1923 年，陆洪涛督甘时，兰州市政筹备处成立，张维任筹备处总办，进行建市筹备，后因时势动荡撤销。1927 年，兰州市政筹备处再次成立，水梓任筹备处总办，但由于甘肃连年大旱，经济凋敝，国民政府行政院以兰州人少、财政困窘、无设市之必要驳回。全面抗战爆发后，兰州的地位日益重要，设市又一次真正提上日程。1941 年 7 月 1 日兰州市正式建立，蔡孟坚就任首任市长。兰州市政府除保留旧有的部分机构外，还新设立了社会局、财政局、秘书处、会计室等机构。市区管辖范围东至东岗镇桥头，西至七里河，南至皋兰山麓，北至庙滩子，城市面积仅 16 平方公里。1944 年市界扩大至 146 平方公里。1949 年 8 月 26 日兰州解放，人民民主政权建立，兰州进入了新的发展时期。

纵观民国时期兰州的发展，一方面是本地人渴望跨出封闭的世界，他们在外力的刺激下，迎难而上，逐渐认识到"如果我们西北人民自身不努力，将来西北就是慢慢地开发，也断非我西北人民之福！"同时，要开发建设西北，本地人要拿出更多的精力和勇气来，"当以人力补环境之劣点，无论求学作事，在现状下，欧美人用一分力，东南的同胞应用十分力，我们

1

甘肃人应百分的努力，方可望站在水平线上"。基于此种理念，一批旅外学生诸如王庚山、水梓、邓春兰、赵元贞、孙汝楠、柴木兰、沈滋兰等，他（她）们勤苦求学，将新思想播撒在这块热土上。还有一批本地乡贤如刘尔炘、慕寿祺、张维等能与时俱进，躬耕引领，精诚合作。当然更重要的是兰州本地普通民众的辛勤劳作。三股合力成为民国兰州社会发展的核心力量。另一方面，兰州的发展也是外地人努力为之的结果。诸如张广建、陆洪涛、冯玉祥、邵力子、朱绍良、于学忠、贺耀组、谷正伦、蔡孟坚、郭寄峤、张治中等人先后主政甘肃或兰州。不可否认，他们受时局和政党属性的影响，在一定时段违背历史潮流，对兰州的发展造成了阻碍，但总体来看，这些人对兰州的贡献还是值得肯定的。此外，中国共产党在民国时期一直活跃在兰州地区，把马克思主义和共产党的方针、政策等宣达于兰州，对激发兰州人民的爱国斗志起到了重要作用，为兰州最终回到新生的人民政权奠定了基础。

民国初年，孙中山在《实业计划》中规划兰州是中国铁路系统的中枢，将有十三条铁路会合于此。进而在《总理遗教》中他又提出海都南京和陆都兰州的建议，对兰州给予了极高的评价和期望。全面抗战爆发后，随着民族危机的进一步加深，兰州的战略地位更为重要，备受国人关注。"兰州是甘肃的省会，负山带河，形势很为雄壮。地位恰当全国的中心，从此东到海滨，西到帕米尔高原，南到云南的河口，北到蒙古的恰克图，路线长短都差不多，这里是陇海铁路的终点，全国公路网的会集点，而空路又曾为沪兰线、兰包线的中心，在交通上占重要地位"。首任市长蔡孟坚预言兰州为"未来之陆空交通中心……必将发展为一个国际的都市"。第二任市长孙汝楠提出要将兰州建成"田园化都市"，建成西北人文荟萃之区。

1925年12月，李大钊派共产党员宣侠父、钱崝泉等随国民军第二师师长刘郁芬来兰州，成立中共甘肃特支，张一悟为书记，标志着兰州及甘肃人民在中国共产党的领导下，开始反帝反封建的革命斗争。全面抗战爆发后，中国共产党在兰州设立八路军驻甘办事处，积极领导兰州地区的抗日救亡运动，广大民众捐款、捐物、积极从军，抗日热情不减前方。国民政府第八战区设置于兰州，蒋介石一度自兼司令长官，后由副司令长官朱绍良担任。朱绍良坐镇兰州，管控甘宁青，同时以兰州为控御新疆的前沿阵地，成效甚彰。其间一批工矿企业西迁，一批新生厂矿诞生，加速了兰州的工业化进程。一批科教文卫机构在兰州发轫，诸如国立西北师范学院迁兰，为甘肃省第一所国立大学，成为西北师范教育和社会教育的拓荒者；省立甘肃学院的国立化以及国立西北技艺专科学校、国立西北医学专科学校和国立兽医学院的成立，使兰州成为大后方高等教育的重镇。中苏开通西北国际通道后，苏联援华军事物资源源不断经新疆、河西走廊运到兰州，再从这里组装后运往抗日前线，有力支援了中国抗战；中国易货偿债物资也汇聚于此，运往苏联，支援了苏联的卫国战争。因为兰州的重要性，日军对兰州大肆无差别轰炸，中苏空军联合作战、英勇抗敌，取得了不菲的战绩。总之，抗战时期的兰州在政治、经济和文教上的地位凸显，成为西北地区的模范城市和中心城市，一度成为西北大后方的政治中心、国防中心、交通中心、民族交融中心、商贸中心和文教中心。

由于北洋政府和国民政府自身的制度局限性和战争环境的影响，民国时期兰州开发建设带有很强的军事性、政府主导性和短暂性特征。当战事吃紧之时，国民政府将兰州看作战略重点，着力加以经营，强力推行其政策和措施，成效显著。而当抗战胜利后，国民政府还都南京，企业东返，后方大量人员回迁，兰州建设就陷入了困境。

民国时期兰州的发展是整个中国西部城市发展的一个缩影，传统与现代交织、救亡与建设并存、进步与落后共生，发展因时、因人、因事的影响较大，缺乏制度治理和长期规划。1949年中华人民共和国成立后，兰州真正迎来了新的发展机遇，进入了空前的繁荣时代。

目　录

第　一　章

北洋政府时期的兰州

1911 年武昌起义爆发，革命浪潮涤荡全国。10 月 22 日，陕西响应革命。消息传至兰州，陕甘总督长庚当即在兰州部署军队准备攻打陕西，捍卫清廷统治。但事与愿违，革命发展势如破竹。随着宁夏和秦州的相继独立，长庚等人的抵抗土崩瓦解。1912 年 3 月 19 日，兰州最终承认共和。随即开启赵惟熙、张炳华、张广建、陆洪涛和刘郁芬等主政时期，兰州政治生态在此期间经历了博弈、缓和到妥协与基本稳定的局面。受此影响，社会、经济、文化在转型中缓慢发展。

第一节　政局巨变时期的兰州

民国初至 20 世纪 20 年代，甘肃逐渐由中央政府视野的边缘走向中心。为加强对甘肃的统治，中央政府先后任命赵惟熙、张炳华、张广建以及陆洪涛主政甘肃。"走马观花"式的迎来送往，背后透视的是兰州乃至甘肃的政治生态格局，即博弈与妥协，斗争与调适。虽然，在每个阶段都存在一定的社会矛盾，但保持基本稳定成为这一时期兰州政局的最大特点。

一、　民国初期的兰州政局

1911 年辛亥革命爆发，全国各地陆续响应，清朝统治走向末路。处在中国西北的甘肃兰州，因陕甘总督长庚等人的负隅顽抗，反革命战事骤然

打响，陕甘民众陷于离乱。兰州政局因受长庚裹挟，一时四面楚歌。在革命大势不可逆转的时代潮流中，反革命者最终缴械投降。兰州政局在新的主政者领导下，逐渐走向共和。

（一）抵抗革命与承认共和

据《甘乱杂志》"秦陇之战"一文记载："宣统三年八月（1911年10月），武昌起义，各省响应。九月初一日（1911年11月22日），张凤翙、张益谦等举兵据陕西。甘肃大震，总督长庚召文武议战守"。[①] 可见甘肃得知革命相较其他地方要晚，及至陕西被占才仓皇举措。虽然，早在武昌起义之前，甘肃各地也曾有陆续起义，但都被迅速剿灭，未能引起封建统治上层的足够重视。

1. 长庚组织"东征军"，攻打陕西。在封建势力的挟持下，兰州的革命形势十分不利。陕甘总督长庚视革命如洪水猛兽，陕西起义的消息传至兰州，长庚"亦感草木皆兵……心急如焚……于是召集司、道计议兰州"[②]。会上，时任甘肃提法使彭英甲、布政使刘谷孙等陆续献策。彭英甲主张武力相抗，招募回军进行支援。刘谷孙则依据兰州兵事，反对出兵，并述原因有三：其一，兰州经济匮乏，财政有限，兵饷亏欠尚不能自决，如何招募其他兵种？其二，适逢乱世，欠饷未及，士兵本就滋事者甚多，保境尚属不易，岂能轻易用兵？其三，具体形势不甚了解，暂缓用兵，实为权宜。但会议最终决定攻打陕西。

为此，长庚电请清政府起用升允为陕西巡抚，督办军务，统率甘军，分三路攻陕。原固原提督张行志率壮凯军十营出凤翔，甘肃常备军第一标陆洪涛所率的新军一营四旗和西军马安良十四营出长武，以提法使彭英甲为前敌营务处，另崔正午率骁锐军回军马队五营出天水，攻汧陇，[③] 由此拉

① 阳秋：《甘乱杂志》，东京同文书社1916年印，第1页。
② 王公望：《辛亥革命兰州述略》，《兰州学刊》1980年第2期。
③ 张令瑄：《兰州百年大事记》，载《兰州文史资料选辑》第4辑，1986年，第52—53页。

开"东征"序幕。

部署"东征"的同时，长庚为加固兰州城防，改常备三标为忠武军，任周务学为统领。调西宁镇总兵马福祥来省城，扩招回民数营，号昭武军，并以马福祥为统领，驻防省城。调庄浪满营旗兵五百人以支援城防，又令在籍绅士翰林院编修刘尔炘招募志果军三百人，以练生科为队长，在城关设稽查局，维持秩序。①

因着辛亥革命的爆发，甘肃协饷断绝，"东征"军费顿成问题。加之兰州谣言四起，到处盛传革命军以排满为能事，所到之处无遗噍，且不日将至，兰州全城必受牵连。但长庚持续推行"东征"策略，逆历史潮流而动。

2. 黄钺宣告秦州独立，支持革命。1912年3月11日，骁锐军统领黄钺在秦州宣告独立，声称："共和之局，满政府已有宣言。乃顽虏升允、彭英甲等，藐信条于弗顾，匿诏令而不宣，恣其凶焰，以与我陕西民军相持不下，压迫我舆论，阻挠我民政，牺牲我膏血，惨戮我行旅"，大肆讨伐。②当长庚得知黄钺宣告独立并支持共和的消息时，惊呼："是儿乃革命党耶？何无一人告我，甚矣！"③秦州起义从某种程度而言是对长庚等人的致命一击，不仅直接公开清帝退位事实，揭露长庚等欺瞒部下，制造战事，招致地方不安的罪行；且以"祸起萧墙"之势，分离、瓦解了长庚等的抵抗力量，动摇了其继续坚持"东征"的心志。

3. 兰州承认共和，省临时议会成立。秦州起义加速了兰州承认共和的脚步，在旅京、旅沪甘肃同乡的电文劝谏以及驻扎兰州的昭武军统领马福祥的谏言下，长庚见大势已去，表示"派兵入陕，明知不可为而为之。地方事，地方人自己做主，我不再闻问，愿早离甘"④。马福祥在得到长庚允

---

① 王烜：《辛壬之间政变材料》，载王潆源主编，邓明校点注释《王烜诗文集》（下册），1997年，第695页。

② 《甘肃临时军政府檄文》（民国元年3月11日），载刘绍韬、黄祖同编《黄钺与秦州起义》，甘肃人民出版社1992年版，第97页。

③ 慕寿祺：《甘宁青史略正编》第27卷，兰州俊华印书馆1936年版，第3页。

④ 水梓：《民初甘肃省临时议会琐忆》，载水天中编《煦园春秋：水梓和他的家世》，中国艺苑出版社2006年版，第136页。

诺后，遂与水梓、王之佐等商议准备向北京政府发电承认共和。马福祥主张由代布政使赵惟熙和省咨议局局长张林焱领衔，代表官绅和民众联合发电。1912年3月6日，电文正式发出。3月19日，兰州当局最终承认共和，是日"军政各机关齐集省议会礼堂，庆祝共和，脱离专制，欢声雷动，淑气春回"①。次日，赵惟熙被袁世凯任命为甘肃都督，同时在俞明震和水梓等的筹划下，决定组织临时议会限制并监督赵惟熙用权，守卫民主共和。

1912年3月下旬，甘肃省临时议会成立，李镜清当选议长，刘尔炘、张林焱为副议长。② 甘肃省临时议会是甘肃早期的"民意"机关，马福祥、周务学、邓宗、周之翰、水梓、聂守仁、王振鹏、慕寿祺、卢应麟、王天柱、王之佐、魏承耀、徐彦、史廷琥、姜继、吕钟、裴建准、邓隆、刘希曾、金世清、马凤鸣、李步瀛、赵廷贞、赵润珍、伏景毅、何念忠、李象贤、公罕圣、周化南、赵殿英、王毗、文华等三十余人为议员。

省临时议会成立之后，首先解决的是"东征"军队的回调问题。经省临时议会决定，令张行志统率所部，仍回固原，震慑腹地；马安良部驻扎庆阳，以备北边；陆洪涛部驻守泾州，保护商路。其余各部，分别调扎，依次遣散。为防止战火继续，省临时议会特别强调，凡前线军队粮饷、枪械一律由甘肃调拨，甘肃一旦宣布停战并罢兵，所有军队皆须听令行事，如有违者，视抗命处理。在此规定下，"东征"军顺利回撤，陕甘战事宣告终结。

（二）赵惟熙督甘与李镜清被刺

赵惟熙就任都督后，北京政府为稳定甘肃局势，还相继任命了一批官员，包括布政使彭英甲、提学使俞明震、提法使何奏簧、劝业道张炳华以及署巡警道赖恩培，搭建起了赵惟熙统治甘肃的政治架构。

1. 秦州与兰州间的对峙。赵惟熙主甘后，兰州和秦州间的对立依旧延续。赵惟熙发电中央，认为黄钺独立有碍共和，且有"囚禁官吏，戕杀武

---

① 慕寿祺：《甘宁青史略正编》第27卷，兰州俊华印书馆1936年版，第4页。
② 赵颂尧：《李镜清与甘肃省临时议会》，《兰州学刊》1987年第4期。

员……损害人道"① 行为，应当立即征讨。袁世凯接到电文后，强令黄钺取消独立，一切听候赵惟熙办理。黄钺在接到袁世凯的命令后，立即予以还击，指出袁世凯"维持和平之心，可以仰见，惟措辞未当"，且赵惟熙在兰州的施政，"纯系从前帝政"。②

伴随黄钺与赵惟熙之间的"论战"，四川、湖南等地的革命军将领，秦州绅、学、商、军界和甘肃旅沪同乡会以及旅陕甘肃同乡会、甘肃各界代表等，也都相继加入论战，并先后致电北京、南京、湖北，共同声讨赵惟熙，为黄钺辩护。1912 年 6 月 5 日，秦州绅民代表章玉等向参议院、国务院请愿，声称"美恶难以终掩……真伪不可互淆……黄公之对于议会，极力提倡……不惜苦口危言陈说再四……而赵惟熙，始则谓议会嚣张，派首县为之干涉，继则欲议会解散"③。总之，赵惟熙无统治甘肃之能力，要求中央调离。

2. 临时议会与督署的博弈。秦州与兰州之间的论争，最终在中央的施压下，黄钺从大局出发，宣告妥协。但赵惟熙在处理秦州问题上的举措失当，为时人所诟病，"请将赵署都立时黜退，另选贤良，以维秩序而保公安"④。

此时就任布政使的彭英甲亦与赵惟熙在政见方面多有不和，相互攻讦，中央遂调彭英甲赴京候用，由何奏簏接任。为解决财政和军饷问题，何奏簏勒令州、县捐助，对于捐助不力的地方官员予以撤职处理，对出现新的官职空缺，则公开卖官，致使军政各方混乱不堪，军队索饷事件频发。1912 年 6 月 4 日，驻防兰州的炮兵发动兵变，晚九时许，"变兵纷纷向各营呼啸。有几个变兵向教场营前来……变兵随声发枪……卫兵开枪还击"⑤，甚有扩大趋势。对此赵惟熙束手无策，而李镜清则通过筹措资金，补发各营欠饷

①　赵国强主编：《近代甘肃政要施政文献选编》，甘肃文化出版社 2016 年版，第 135 页。

②　黄钺：《呈复大总统文》，载《甘肃文史资料选辑》第 11 辑，甘肃人民出版社 1981 年版，第 35 页。

③　《秦州绅民代表章玉等请愿书》（1912 年 6 月 5 日），载刘绍韬、黄祖同编《黄钺与秦州起义》，甘肃人民出版社 1992 年版，第 160 页。

④　马旌善、黄向秦编著：《黄钺年谱》，2016 年，第 163 页。

⑤　《辛亥革命后四十年甘肃政变、兵变、民变史料》，载刘醒初主编《甘肃文史精萃·史料卷》，甘肃人民出版社 2009 年版，第 212 页。

等方式，暂时平息事件。

省临时议会在解决甘军回撤、秦州独立和炮兵哗变事件上，表现优异，致使都督赵惟熙极为不满，遂制造事端，伺机报复李镜清。而此时执掌军权要职的马安良对李镜清也有不满，扬言"会当杀此虏"①。因此，赵惟熙在都督之位不保之时，他着力联合马安良对付李镜清。对此，李镜清表示"吾将与议会同尽"，又言"杀身成仁，诚然壮士。但关系省垣人民生命财产将奈何？何不出城后流血哩"。②李镜清遂辞议长职，返回临洮。1912年6月6日夜，李镜清被马安良派人刺杀于家中。

李镜清被杀后，国内各大报纸纷纷撰文抨击赵惟熙执政无能。《民立报》直言："赵惟熙据甘肃都督之位，脑海陈腐，并不知共和为何物……其行为卑劣，思想醒聩，掊克专肆，民怨沸腾。"③《中国日报》发文指出："甘肃都督赵惟熙，顽固性成，举动乖谬……并无统治甘省之能力，日来驻扎秦州一带马军，猖狂残忍，四出掳掠"④。因着各方的抨击，赵惟熙处境艰难，向袁世凯请辞，终在1913年5月获批，随即离兰。

二、 民国初期的兰州政治与经济

赵惟熙离兰之际，向中央推荐张炳华接替。张炳华的主政措施主要集中在两个方面：一是通过增加税种和平抑物价，增加政府收入。二是解散国民党，"甘籍国民党参议员王鑫润、范振绪、万宝成、王佐才、文登瀛、魏鸿翼等，众议员王定国、张维、周之翰、李克明、张廷弼等，均被追缴证书"。国民党甘肃支部也被勒令解散，并查封《大河日报》，"下主笔聂守仁于狱，通缉总编辑郑濬，追缴党员证书。嗣复以议员不足法定人数，将省议会解散，并解散各县议会"⑤。

---

① 阳秋：《甘乱杂志》，东京同文书社1916年印，第27页。

② 《王烜诗文集》，载张蕊兰主编《辛亥革命在甘肃》下册，甘肃文化出版社2011年版，第456页。

③ 马旊善、黄向秦编著：《黄钺年谱》，2016年，第167页。

④ 《赵惟熙时代之甘肃》，《中国日报》1913年2月28日。

⑤ 《甘肃民国大事记（1911—1929）》（手抄本），甘肃省图书馆藏。

另外，张炳华主政兰州时还大兴尊孔复古运动，设立尊孔总社和分社，要求各县在每年二月和八月的丁日祭祀孔子等。① 总体而言，张炳华在兰时间不长，前后仅 8 个月，政绩阙如。

（一）张广建督甘与兰州政治、经济

张广建，祖籍安徽合肥，早年参加科举考试不中，后投入淮军聂士成部下担任军佐，因功被举山东知县一职。任期内深得山东巡抚袁世凯赏识，遂在其扶植与提拔下，于 1912 年 12 月 24 日调为顺天府尹，② 从此成为袁世凯亲信。袁世凯担任中华民国正式大总统后，张广建仕途顺利。

图 1-1　张广建像

（载甘肃省农事试验场编《甘肃省农事试验场第一次报告书》，

内部资料，1916 年）

---

① 宋仲福、邓慧君：《甘肃通史·中华民国卷》，甘肃人民出版社 2009 年版，第 18 页。

② 《中国大事记》，《东方杂志》1913 年第 9 卷第 8 期，第 7 页。

1913 年 9 月，袁世凯政府为加强对西北地区的控制，同时"整顿"甘肃政局，于 9 月 23 日任命张广建为陕甘筹边使，巡查西北。希望借此机会，为后续张广建就任甘肃都督一职做好铺垫。

张广建以陕甘筹边使身份出任甘肃之际，袁世凯和段祺瑞分别就甘肃政局对张面授机宜。袁世凯告诫张广建："到甘后应注意实力派。做到回汉一致。如有不和者，学木匠做桶，哪块木板不合适，用锤打打，就能做好"。① 段祺瑞更是精挑细选，以军校出身的军官吴仲英，以及原淮军旧将吴攀桂和吴桐仁组成辅佐张广建的核心班底。

1914 年 3 月 6 日，袁世凯正式任命张广建为甘肃督军兼民政长，由此开启了张广建的七年督甘生涯。

1. 部署军事，稳固实力。张广建初到兰州，鉴于人地生疏，势力尚未稳固，继续沿用赵惟熙"以回制回""回汉互制"方略，以达各方势力均衡，力求主客暂时相安。为使马安良放松警惕，张广建主动结交之，待对兰州政局有所把握后，再作计议。

首先，组建军事力量，威慑地方势力，拱卫兰州安全。张广建任命吴仲英为军务厅厅长，统管甘肃一切军务，掌握军事大权。以吴攀桂为左军统领，统领由陕甘筹边混成旅扩编的新建左右军，驻扎省垣一带。任命吴桐仁为右军统领，驻扎临洮一带。从安徽招录精壮千余人，组成卫队三个营，由张广建亲信孔繁锦统领，驻扎省署，形成"宿卫军"。

其次，扩充地方警备，削减巡防部队，形成省署统辖局面。为进一步扩充个人实力，张广建"扩充各县地方警备队，大县 160 名，中县 120 名，小县 80 名，以郑元良为警务厅长，使全省 70 余县的（警备）皆在其统摄之下"②。对甘肃原有巡防部队实行大量裁员，"步队 300 至 500 的营头，一

① 张树彬、张树林、张树静：《戎马书生马福祥》，宁夏人民出版社 2017 年版，第 287 页。
② 王椿堂：《张广建——甘肃督军》，载合肥市政协文史资料委员会编《皖系北洋人物》，安徽人民出版社 1993 年版，第 170 页。

律减为200；骑兵150至200的营头，一律减为80"①。以此确保从省上到地方的军队控制权掌握在自己及亲信手中，以稳固并发展自身势力。

再次，分散原有汉军、回军，制造矛盾，威逼政敌。为加强中央和省府权力，张广建将周务学所统领的忠武军分散，调统帅周务学为安肃道尹，达到军无常将的目的，又将忠武军调出省外驻扎，以期将无常兵。

在分散汉军后，张广建开始集中精力对付马安良。当时马安良以甘肃提督名义驻在兰州南滩提帅府，所部分驻西关、黄河北、华林山一带。张广建深感马安良是心腹之患，即请袁世凯任命马安良为甘州护军使，马辞而不就。张又寻隙启衅，以达驱马之目的，遂怂恿部属在街头、戏院、茶馆每日与马部西军打架闹事，马安良自知实力不济，便带队返回河州原籍，退出兰州政坛。②至此，张广建成功摆脱隐忧，暂时坐稳兰州政局。张广建有意加强民族团结，以回族人士喇士俊作为省财政司司长，便是其中一例。除此，他曾与哲合忍耶派第七代导师马元章多有往来，为马元章书写"东西南北人，江河湖海船"对联，嘉奖其为民族团结所作的贡献。马元章在兰州举行大型宗教活动时张广建极力支持，不仅赠送八台绿呢大轿，而且助其周游兰州，盛况非凡。③马元章于1920年海原地震中丧生后，张广建也曾发电吊唁。

3. 重视经济，发展文教。张广建督甘期间，重视发展地方经济，"表示要注意交通和实业"④。1913年以鲁绍周为场长续办甘肃农事试验场，"征集种子，整理耕地。……就省内外与国外种子分别栽培，参互比较……发给各县农民广为试种"⑤，并以"报告书"的形式为甘民推广小麦肥料种类、选种试验、播种方法以及病害预防等农学知识，推动甘肃农业发展。1914年10月在兰州成立花定榷运局，任命蒯寿枢为局长，甘肃自此有了管理盐

---

① 韩定山：《张广建督甘七年》，载《甘肃文史资料选辑》第2辑，甘肃人民出版社1987年版，第18页。

② 马廷秀：《百年见闻录》，甘肃民族出版社1992年版，第112页。

③ 马通、马海滨：《中国苏菲学派典籍》上册，甘肃人民出版社2010年版，第63页。

④ 王劲：《甘宁青民国人物》，兰州大学出版社1995年版，第13页。

⑤ 鲁绍周：《甘肃省农事试验场第一次报告书·叙略》，1916年，第1页。

务的专职官员。①

1916 年在原甘肃贡院中修建甘肃机器局，仿制枪支弹药，并派委员 1 人，综理局务。工务方面，派监工 1 人进行管理，各股实际工务由老技工负责。局内实行严格的工人管理制度，以"整齐严肃"作为行动口号，以红、黄、蓝、白、黑 5 种签子，作为管理具体事务凭证。②

文化教育方面，张广建于 1917 年委任前清翰林罗经权筹建甘肃省立甲种农业学校，"招收农本科学生一班"③。同年，在全省设立 8 处师范学校，分布在临洮、天水、平凉、酒泉、宁夏等地。张广建还创立了甘肃测量学校，甘肃测量局局长彭立钧兼任校长，开设地形测量学、制图学、测绘专业用数学、印刷、实习等课程，学习期限二年，1919 年首届学生毕业。毕业生有邢肇棠、石干峰、赵文源、孙元梓等四十余人。④ 张广建督甘期间，甘肃教育经费逐年增加，1915 年全省教育经费仅 10 万元，1916 年增至 20 万元，1917 年达到 30 万元，1918 年增至 50 万元。截至 1919 年，在兰州就有法政、中学、女子师范、中等师范、甲种农业学校各一所，高等小学八所，初等小学十七所，手工传习所一处，回民学校一所，且全省共有百余名留学生，其中留学日本者有 29 人。⑤

在创办学校之余，张广建将前清兰山书院、求古书院、五泉书院的藏书收罗一起，筹拨兰银（甘肃地方政府铸造的银锭）一万两，创办甘肃省公立图书馆，首任馆长由阎士璘担任。⑥ 该图书馆的建成，为甘肃图书资源的保存以及文化资源的传承作出了贡献。

---

① 刘郁芬等修：《甘肃盐法志略》十卷（铅印本），1930 年，第 1 页。

② 张培霖：《甘肃机器局始末简记》，载《甘肃近代机械工业史料（1872—1949）》，兰州大学出版社 1989 年版，第 21 页。

③ 《甘肃省立兰州高级农业职业学校三十周年校庆特刊》，1924 年 4 月 13 日，第 3 页。

④ 王仲义、刘子蔚：《回忆甘肃测量学校简况》，载《兰州文史资料选辑》第 5 辑，1986 年，第 202 页。

⑤ 林竞：《西北丛编》，载《近代中国史料丛刊续辑》第 11 辑，文海出版社 1974 年版，第 128—129 页。

⑥ 岳庆艳、陈军等编：《百年记忆——甘肃省图书馆 100 年》，甘肃人民出版社 2016 年版，第 2—3 页。

4. 扩充军队，增加赋税。张广建为加强个人实力，排除异己，大力招募军队，购买弹药。1915 年购买枪、弹，"除鄂厂订购外，由段（笔者按：段芝贵）上将军曾向洋行代购枪一千五百杆，弹五十万，共价十三万元"①，这对地瘠民贫的甘肃而言，无疑是一笔巨大的开支。而地方军阀也不甘示弱，大力增加军费，其军费由甘肃省政府筹拨。为增加省府收入，张广建呈文中央，声称甘肃"每年入款仅及大省十分之一二……各项收入不过二百三十余万元，而军费已达二百四十余万元之多。以全省入款专供军用，尚且不足，其余种种政费，无米之炊，点金乏术"②。于是，张广建一面要求中央拨款援助，一面设法通过裁减兵员和增加税源的方式以求缓解军费压力。但在实际操作中，却事与愿违。在已有税种的基础上，再次增加新的税种，如子口税、烟酒牌照税、印花税、甚至"花捐"、屠宰、验契等，并严令推行，引起地方的强烈反对。于是以陇东为中心，向甘肃各地扩散的抗捐运动迅速发展。

5. 矛盾激化，被迫离甘。总体而言，张广建督甘七年，对甘肃政治生态的最大作用在于尚能和谐民族关系，稳定地方大局。因此其督甘期间，甘肃未曾发生大的社会动乱，百姓生活总体安稳，一定程度上远离战乱。

同时，张广建督甘期间，在禁烟方面也比较努力，法令森严，"下级官吏，经实行之试验，绝不敢敷衍对付，人民方面，经事实之告诉，亦不敢藐视功令，上下一体如是，'阿芙蓉'几绝迹于甘肃"③。对此，慕寿祺也曾赞誉道："甘肃自张督军任职以来，认真禁烟，今已七年矣，各县业经禁绝，民间虽有存土，究亦无多"④。对于张广建的禁烟成效，曾在甘肃视察禁烟成效的英国专员台克满也表示，"能够在短短两年时间内就获得禁烟的成功，要归功于年富力强、坚决果断的现任督军张广建将军对于鸦片问题

① 《张广建关于向洋行订购枪械情形密电》，载张侠等编《北洋陆军史料（1912—1916）》，天津人民出版社 1987 年版，第 426 页。
② 《张广建关于甘肃财政情形及增加税源禀》，载张侠等编《北洋陆军史料（1912—1916）》，天津人民出版社 1987 年版，第 513—515 页。
③ 杨惇颐：《甘肃灾情谈》，《新陇》1930 年第 3 卷第 1 期，第 44 页。
④ 慕寿祺：《甘宁青史略正编》第 30 卷，兰州俊华印书馆 1936 年版，第 31 页。

的态度。他似乎基本上得到了属下县长们的大力支持，这些县长们承担起了禁烟的责任，禁烟措施实际上也得到了执行"①。

张广建督甘终未改变甘肃贫困落后的面貌，伴随1918年各地抗捐运动兴起，张广建的权力地位逐渐开始动摇，"甘肃省长兼督军张广建因受安福色彩之影响，其位置确已摇动。据闻政府之主张拟特任马福祥为甘肃督军，另行□②命省长以陆洪涛，任命宁夏护军使马少云任陇东镇守使"③。马福祥等甘肃地方实力派在甘人治甘的名义下，发电驱张，"自今日始，暂行与张脱离，所有军政一切事项，当仍秉承中央，一俟甘席得人，即为恢复原状，请电上闻，恭候命下"④。在甘肃地方实力派与民众的联合下，加之靠山袁世凯在1916年去世，以及1920年直皖战争中皖系的溃败，段祺瑞辞职下台，张广建于1920年底离开甘肃。

（二）陆洪涛督甘与兰州政治、经济

陆洪涛，字仙槎，江苏铜山县人，1890年毕业于北洋武备学堂，与段祺瑞、王占元为同学。1906年，陕甘总督升允组建甘肃常备军，共成立马队一标，步兵三标，陆洪涛任步兵第一标第一营管带，1910年升任第一标统（相当于团长）。⑤辛亥革命后，陕甘总督长庚为稳定驻兰军队和甘肃其他部队，决定整编常备军，陆洪涛所率领的第一标被改编为振武军，并在攻打陕西的战役中表现积极。1913年，陆洪涛被任命为凉州镇总兵。1914年，接任陇东镇守使，成为颇有权势的地方势力。

1. "陆马争督"，成功上位。1920年12月31日，张广建离兰赴京，绥远都统蔡成勋任甘肃督军兼省长。在蔡就任以前，由陆洪涛代理督军一职。不过，甘人对蔡成勋入甘极力阻碍，反抗甚巨。旅京甘人首先发难，并制

---

① ［英］台克满著：《领事官在中国西北的旅行》，史红帅译，上海科学技术文献出版社2013年版，第205页。
② □，表示原文字迹模糊不清无法辨识或者缺失。下同。
③ 《张广建岌岌可危》，《益世报》（北京）1920年9月2日。
④ 《马福祥等对张广建宣告独立》，《震坛》1921年第14期，第3—4页。
⑤ 王劲：《甘宁青民国人物》，兰州大学出版社1995年版，第21页。

定了阻止蔡氏入甘的三项办法："一、反对蔡成勋带兵入甘；二、通电甘肃军界，请其一致拒绝外军入内；三、要求中央遴任甘人为甘省长，以实行军民分治"①。在蔡成勋入甘困难重重的形势下，中央举棋不定。

围绕甘督问题，马福祥和陆洪涛争夺激烈。时任宁夏镇守使马福祥不仅与直系关系良好，且有儿子马鸿逵在京津一带积极奔走游说，又有直系曹锟的支持，更有总理靳云鹏的赞同，尤其在"甘人治甘"的口号下，马福祥已然觉得取得甘督胜券在握。

陆洪涛也在积极行动。1920年12月1日，在陆洪涛的促动下，甘肃陇东、陇南绅民联名致电甘肃旅沪同乡会，强烈反对马福祥督甘，称"我甘汉回世仇，诸公洞悉，一旦大权在握，汉民宁有生理，诸公关怀桑梓，速请联旅沪同乡径电中央力争，勿使成为事实"②。时任陇东巡防各营帮统的张兆钾也以武力相威胁，拒绝马福祥督甘，声称将身率六十营健儿相与周旋到底。

"陆马争督"最终以陆洪涛就任甘肃督军，马福祥调任绥远而宣告结束。尽管陆洪涛争督成功，但在日后的治理和统治过程中却困难重重。

2. 妥协退让，稳定地方。陆洪涛督甘时期，八大镇守使控制甘肃政局。"汉族军四镇18600人，其中裴建准河州镇700人，吴桐仁肃州镇1800人，孔繁锦陇南镇7700人，张兆钾陇东镇8400人。回族四镇19600人，其中马鸿宾宁夏镇5000人，马麒西宁镇6800人，马廷勷凉州镇5800人，马璘甘州镇2000人"③。在这样的情势下，陆洪涛要想顺利打开从政局面，获得各族民众支持，其难度不言自明。因是之故，陆所发布的各项政令，对回族四镇几如空文，"各镇所属县缺，均由各镇守使直接委任，只是报省备案；驻军饷谙迳由县署、税局直接提取；各县民财各政，均由各镇把持，真是

①　《张马破裂中之甘局》，《申报》1921年1月12日。
②　《甘人反对马福祥电》，《申报》1920年12月1日。
③　杨作荣：《甘肃政治建设之途径》，《新西北》（上海）1932年创刊号，第26页。

省令不出省垣"①。

为一方安宁计，亦为长久执政考虑，陆洪涛亲自发电各镇守使，邀其来兰议事。刘尔炘也出面调解，甘肃政局之僵化暂时得到缓和。不久，甘州镇守使马璘先来省城议事，亲自拜见陆洪涛，此后其余三镇也表示愿意捐弃前嫌，服从省府。但实际上各镇不但与陆不和，且都野心勃勃，各自为政。身为陆洪涛老部下的张兆钾，在担任陇东镇守使后，逐渐走上分裂割据之路，以至"骄傲自满，日趋淫侈"，不仅设立银号，聚敛钱财，且创办讲武堂，训练军队，贿赂曹锟、吴佩孚等人，发展自身实力。②

总体而言，陆洪涛执政之初内外受困，但依然努力维持着地方安定，未酿成大的地方事端。

3. 受困财政，废弛烟禁。陆洪涛督甘时期，财政支绌，加之天灾人祸，执政维艰。1920 年 12 月 16 日，甘肃海原发生里氏 8.5 级特大地震，死亡人数多达 27 万。③ 当时正在兰州的基督教新教内地会传教士金乐婷记载道："成百上千的人失去了家园，农场、家畜、庄稼、衣物以及所有的一切，全都被埋没了"④。

面对天灾，当时还在甘肃的张广建曾向北京发电，呼吁救灾。但直至1921 年，甘肃才等来北京派出的调查团，而此时张广建已经离甘。陆洪涛接任后，灾后的救济和重建工作，成为摆在他面前的第一要务。1922 年 4 月 3 日，陆洪涛联合省长潘龄皋共同致电北京政府与救济联合会，呼吁北京

---

① 魏绍武：《陆洪涛督甘始末》，载《甘肃文史资料选辑》第 1 辑，甘肃人民出版社 1986 年版，第 62 页。

② 魏绍武：《张兆钾盘踞陇东》，载《甘肃文史资料选辑》第 4 辑，甘肃人民出版社 1987 年版，第 52 页。

③ 张钦：《90 年前的海原地震致 27.34 万人遇难》，《北方新报》2010 年 12 月 17 日。"23 万余人的数据是基于宁夏、甘肃 64 个县的调查情况，没有包括陕西的受灾情况。实际上，海原大地震受灾范围包括陕甘宁 77 个县，共造成 27.34 万人遇难。"

④ 〔英〕金乐婷著：《大西北的呼唤：女传教士西北见闻录》，尚季芳、咸娟娟译，甘肃文化出版社 2015 年版，第 52—53 页。

政府向甘肃施以援手，"倘无大宗赈款速为接济，前途不堪设想"①，希望得到中央拨款援助，以解燃眉之急。但是，当时中央财政已是自顾不暇，更遑论救济甘肃。

在形势逼迫之下，陆洪涛废弛烟禁，令"按地征收烟亩罚款"②，并从1922 年起开始执行，凡种烟之地"每亩征银若干元……不种烟之地征银更多，名曰'懒捐'"，通过这种形式，仅"烟亩罚款"一项，就能给省府每年"创收"500 多万元，"占全省总收入1300 万元的38.46%"。③

陆洪涛大开烟禁的措施，虽然短期内解决了甘肃的财政困难，且在其督甘五年中，甘肃军饷几乎全赖于此，但此举却造成了烟毒再次泛滥，粮价飞涨，民众生活困苦。一位通信记者报道："在过去几个月当中，粮食的价格已经上涨了百分之五十。过去十文钱一个的小馒头现在要卖十五文。几个月以前一两银子可换三千文，现在只能换二千三百文。……现在的鸦片田，在往年曾出产过大量的稻米、小麦、小米、豆类以及甘薯。今年这些必需的粮食作物当然是极少的。"④

陆洪涛公开废弛烟禁的做法，遭到了甘肃部分士绅的极力反对。其中时任敦煌县长的杨巨川曾几次上书，陈述烟毒危害之事实。指出："道署派员坐催甚急，县署不堪扰，小民不堪命"，但都未得到回应，在上书无效，又不愿同流合污的情况下，杨巨川毅然选择辞职回兰。在返兰途中赋诗一首，表达不满："只重金钱不爱民，黑心符出影留真。水云荡煞莺花界，误尽苍生是此人"。⑤ 慕寿祺对此也极为愤慨，大声疾呼："十载之功废于一

① 《甘肃陆洪涛、潘龄皋致府院部处及救济联合会电》（1922 年4 月3 日），《赈务通告》1922 年第5 期，第123 页。

② 魏绍武：《陆洪涛督甘始末》，载《甘肃文史资料选辑》第1 辑，甘肃人民出版社1986 年版，第65 页。

③ 刘敏：《建国前后甘肃的毒品危害及禁毒活动》，载《甘肃文史资料选辑》第37 辑，甘肃人民出版社1993 年版，第118 页。

④ 严中平编：《中国近代经济史参考资料丛刊·中国近代农业史资料（1912—1927）》第2 辑，科学出版社2016 年版，第630 页。

⑤ 言微：《杨巨川在敦煌》，载甘肃省文史研究馆编《陇原鸿迹》，上海书店1994 年版，第36 页。

旦，可乎！"陆洪涛对答："吾在甘久，已视甘为第二家乡，何忍毒化，但舍此策，大宗款项，何自而筹，孟子曰：'余不得已也……'"。① 正是在这种"不得已"的情况下，甘肃鸦片种植迅速扩大。

4. 提倡实业，发展经济。陆洪涛督甘时期，经济困难成为制约甘肃发展的不利因素。为此，除被迫开放烟禁增加省府财政收入外，陆洪涛还曾提倡发展实业，以期开浚利源。

在发展实业方面，陆洪涛首先主张发展交通，认为交通不便，"致丰富之天产厄于崎岖之道路，坐使商人裹足，市面萧条"。为此，省政府制定前期规划，"拟于筹备长途汽车外，规划甘省铁路支线与陇海路秦州以西之线衔接"，② 但这些均为纸上谈兵。

为发展甘肃矿务事业，陆洪涛于 1922 年聘请留美归国学生赵元贞主持兴办甘肃矿师养成所，在省教育厅内修建可容纳 50 人的教室、实验室和宿舍等，并在上海购置一套完整的无机化学药品、仪器，在阿干镇定制"火分析"用的坩埚和闷炉。又从河南聘请留学生石心圃、张人鉴两工程师担任采矿冶金课程教师，该校同时开设英文、语文和结晶学与分析化学课程。③ 矿师养成所的开办，对甘肃实业发展起到了一定的助力作用。

陆洪涛督甘时期，还曾设立铜元局，铸造铜元以开财源。曾委派兰州绅士张应选为银元局总办，开炉铸造各式铜元。④ 起初，多用红铜，质量较佳，流通市面，尚称稳定，但后因质量下降，铜元多有沙眼，且社会上模仿铸造逐渐增多，造成币值下降，物价飞涨，市场出现紊乱。为稳定市场，陆洪涛下令于 1923 年设置甘肃银行，一方面回收沙元，一方面发行新币。同时，下令机器局制造优质铜币。⑤ 三管齐下，使濒于紊乱的甘肃经济渡过

---

① 《"十年之功废于一旦"，慕少堂禁烟名言》，《甘肃民国日报》1947 年 6 月 3 日。
② 《甘肃省汽车路进行录志》，《道路月刊》1924 年第 10 卷第 1 期，第 72 页。
③ 赵元贞：《一九二二年甘肃矿藏初勘经过》，载《甘肃文史资料选辑》第 8 辑，甘肃人民出版社 1980 年版，第 105—106 页。
④ 《陆洪涛弛烟禁筹军饷并铸铜元》，载刘醒初主编《甘肃文史精萃·史料卷》，甘肃人民出版社 2009 年版，第 248 页。
⑤ 李正中：《近代天津名人故居》，天津人民出版社 2009 年版，第 223 页。

难关，并逐渐恢复正常。

5. 部下反叛，祸起萧墙。陆洪涛督甘期间，虽然外受"八镇"割据掣肘，内受财政困难影响，但是，总体而言甘肃政治、经济依旧保持缓慢发展。陆常说"只要保持甘肃'世外桃源'的安定"①，便是他多年的愿望。

由于陆洪涛的军人身份，他的亲信大都出身行伍。对在兰军队进行整编时，陆洪涛将自己统率的振武军和巡防各营，整编为甘肃陆军第一师，并兼任师长，以亲信黄得贵、李长清为旅长，韩有禄、包玉祥、汪恒泰、周自绍等为团长。陆洪涛曾言："我所擢用者，皆随吾多年老人，其性情我所深知，喜怒笑骂由我，将来不致有掣肘发生尾大不掉之虞"。但是，这只是陆个人的一厢情愿，其所造成的恶果不断显现。

首先，是张兆钾反叛。陆洪涛刚接任甘督时，张兆钾作为陆的追随者，曾建议陆在施政过程中多用甘人，陆允诺，"但陆视事之后，即用其亲戚陈慎斋为电政监督，谢刚国为政务厅长，潘其康为盐务局长，遇事常为此数人所包围"。由此引发张兆钾不满，多次致函质问，"历数陆处事之不当，并拟赴兰'以清君侧'。陆得函愤怒，去电剖白，力阻其行。从此，陆张昔如手足之亲，竟一变而成水火之不相容"。② 1925 年陆洪涛中风后卧床不起，难以继续处理政务，"每日除在病榻接见最亲信一二人外，余均谢绝。将军政大权委托军务厅长宋有才主持，民政则由政务厅长谢刚国代理"③。张兆钾闻讯，认为取而代之的时机成熟，"派讲武堂堂长施国藩晋省谒陆，名为探病及请求饷械，实则为联络省中各界，阴谋取陆而代"④，后因与李长清之利益纠葛，计划失败。

其次，黄得贵和李长清因意见不合，矛盾爆发。李长清想取陆洪涛的

① 张令瑄：《近代兰州民谚》，载《城关文史资料选辑》第 6 辑，甘肃人民出版社 1997 年版，第 194 页。

② 魏绍武：《陆洪涛督甘始末》，载《甘肃文史资料选辑》第 1 辑，甘肃人民出版社 1986 年版，第 64、66 页。

③ 《陆洪涛患病》，《益世报》（北京）1925 年 5 月 9 日。

④ 魏绍武：《张兆钾盘踞陇东》，载《甘肃文史资料选辑》第 4 辑，甘肃人民出版社 1987 年版，第 54 页。

师长之位代之，黄得贵反对，李长清便"将驻在华林坪之黄得贵旅长派兵袭击，逐黄而并其部"①。对陆洪涛遭部下叛变一事，后人评论可谓中肯，"青眼当识肝胆士，苍天专忌负恩人"②。

部下的争权、叛离，使陆洪涛感到大势已去，难再主持甘肃军政，遂向北京政府发电提出辞职，"洪涛迩日精神衰弱，难胜繁剧，所有甘肃省长一职，请另简贤员"③。其实，早在陆洪涛督甘之始，面对"八镇割据"的状况就曾对董士恩直言："此间人心太坏，挽救无从……兄早思隐退，乃荷执政优加慰勉，不得不暂维现状。然终无益于甘局也……万一身败名裂以去，殊不值得"④。1925 年 10 月 9 日，北京政府发布命令，允许陆洪涛辞去甘肃省长一职。特任薛笃弼为新任甘肃省长，"薛笃弼未到以前，甘肃省长着杨思暂行护理"⑤。

三、 新文化运动和五四运动在兰州

在甘肃政坛风云变幻的同时，国际形势也在发生着巨大变化。伴随一战的结束，中国再次陷入被列强宰割的境地。巴黎和会上列强任意践踏中国领土主权，将德国在山东的权益转让给日本，让国人清醒地认识到"弱国无外交"的道理，进而爆发了以爱国青年学生为主体，联合工人、群众等的五四爱国运动。当五四运动的滚滚大潮向前奔涌之时，在兰州也同样激起了点点时代浪花。

（一） 传播新思想的正本书社

1913 年，临洮人牛载坤在兰州张掖路创办"正本书社"⑥。牛载坤，字

①　魏绍武：《李长清、包玉祥之死》，载《甘肃文史资料选辑》第 3 辑，甘肃人民出版社 1987 年版，第 106 页。

②　啸苏：《陆洪涛与李长清》，《晨报》1942 年 2 月 12 日。

③　《陆洪涛忽辞甘长》，《益世报》（北京）1925 年 4 月 7 日。

④　《陆洪涛就绥马移驻五原逼近甘疆早思隐退事致董士恩电》，甘肃省档案馆藏，档号 88—1—62。

⑤　《政教述闻·中央法令》，《来复》1925 年第 366 期，第 2 页。

⑥　张霞光、黄河笑、牛继清主编：《定西历史人物选编》，1996 年，第 188 页。

厚泽，1886年生于狄道县西乡八松庄。因家境贫困，牛载坤父亲除耕种之外，主要依靠制作粉条、贩卖灰盐等获取微薄报酬，以供养牛载坤兄弟二人上学读书。牛载坤本人亦不辜负家人期望，1903年考中狄道县秀才。后因清政府废除科举，投考于甘肃文高等学堂。入学后牛载坤学习更加刻苦，成绩也十分优异。但学校却因恪守旧制，"认为母丧不丁忧，不合'礼法'，（遂对其）予以除名"①。后又赴北京求学，入京师大学堂学习测绘。"民初，他怀着振兴家乡的心愿，到东南各省考察教育，在上海为商务印书馆出版的近代科学知识的教科书所吸引，遂与商务印书馆订立购销合同，返兰后开办了正本书社"②。正本书社除销售一般的学习用品和教科书外，还售卖进步书刊。

图1-2　牛载坤像

（载陶康《记陇上名人牛载坤先生生平》，内部出版，1986年）

1915年9月15日，陈独秀在上海创办《青年杂志》，旨在唤起和推动

① 陶康：《牛载坤先生事略》，载《临夏文史资料选辑》第2辑，1986年，第52—53页。
② 王劲：《五四运动与甘肃》，载郭厚安、吴廷桢主编《悠久的甘肃历史》，甘肃人民出版社1988年版，第287页。

广大青年对国家兴亡、民族兴衰的危机感和责任意识。以《青年杂志》（第二卷起改称《新青年》）创刊为标志，开启了一场"提倡民主科学，反对专制愚昧""提倡新道德，反对旧道德""提倡新文学，反对旧文学"的资产阶级新文化运动。

五四运动以后，《新青年》也逐渐成为在中国传播早期马克思主义学说的主要阵地。但因其传播新思想，所以被封建遗老遗少视为洪水猛兽，在当时兰州更是被列为违禁之物。即便如此，牛载坤却在正本书社公开售卖《新青年》，传播先进文化思想，鼓励兰州青年关注国计民生。从创刊开始，正本书社就代销《新青年》，一直延续至1920年1月，前后共计4年有余，使那些渴望受新思想激励的兰州新青年受到了一定的思想洗礼。

（二）鼓舞斗志的五四运动

五四运动爆发后，正在北京求学的甘肃籍学生丁益三、张亚衡、王和生、王自治、邓春膏等数十人踊跃参加到这场运动中。[①] 在北洋军阀的镇压下，王和生、邓春膏、王自治以及张明道、冯翰英等先后被捕。在爱国学生不畏强权，以及工人、商人等各阶层的帮助下，北洋政府最终释放被捕学生。五四运动中，在京甘肃籍学生一方面积极进行革命斗争，一方面也将北京的相关消息及时以书信、传单和报刊通讯等方式，借助邮政或者自带形式传回家乡，唤醒地方民众意识，动员家乡父老奋起救国。

在旅京学生的积极宣传下，兰州民众较为全面地了解了五四运动的相关消息。但受地域交通等影响，消息传送相对滞后，因此五四运动在兰州的影响在这场运动发生的后续才相继显现出来。

首先，五四运动爆发后不久，"兰州中等学校的爱国学生便在校内外举行演讲宣传，抵制日货，游行示威，要求北洋军阀政府收回山东权利、废除'二十一条'卖国条约、拒签巴黎和约等"[②]。但在张广建的镇压下，运

---

① 何端中编著：《邓春兰》，甘肃教育出版社2014年版，第24页。
② 何端中编著：《邓春兰》，甘肃教育出版社2014年版，第25页。

动宣告失败。不过，五四运动在兰州的影响并未因此终结。五四运动之后，每逢"五七国耻日"，兰州的爱国青年学生都要走上街头举行游行示威，坚决抵制日货，而且规模、声势日渐扩大。

其次，1922 年，省立一中等七校学生联合发起以"研究学术、交换知识、改良社会、拥护国权"为宗旨的"甘肃中等以上学校学生联合会"，组织民主活动，但反动当局以"名为学会、实属政党"以及"多生枝节、致滋纷扰"为由拒绝批准。① 学生联合会虽然未获批准，但也并未因此解散，而是继续深入组织、开展学生运动。1923 年 5 月，为纪念五四运动四周年，兰州爱国学生开展了反对帝国主义的爱国斗争。"首先，华英中学将日本帝国主义拒绝废除'二十一条'的情况编成演说词，到处张贴。接着，兰州的其他中学、师范学校、农校、工校等学校师生纷纷响应，并再次发起组织甘肃学生联合会。5 月 9 日，兰州学生举行大会，有 2 万多市民参加。会上通电北京政府，要求废除'二十一条'，并决定以省城各学校的名义，函告各地组织学生联合会，发动全省人民拒购日货。会后，开始示威游行。这次活动，声势浩大，震惊了省城"②。随着反帝反封建斗争的深入开展，由兰州女学生发起的解放妇女双足的反缠足运动也相继展开，1919 年兰州成立"天足总会"，随后各县陆续成立"天足会"分会，迈出了妇女解放的重要一步。

五四运动的爆发，加之甘肃旅京学生的相关宣传，对兰州民众的意识觉醒起到了一定的推动作用，激发了地方百姓的斗争意识与革命热情，沉重打击了地方封建势力。

（三）启迪民智的《新陇》杂志

五四运动前后，除在兰州出现由正本书社出售的《新青年》这样的进步刊物之外，同时还出现了一批宣传新思想、新文化的其他刊物，如《新

---

① 秦生、王晋林主编：《20 世纪甘肃革命与建设纪事·世纪之交的回顾》，甘肃人民出版社 1999 年版，第 39 页。

② 赵养廷主编：《陇原物华》，人民日报出版社 1988 年版，第 80 页。

闻报》《晨报》《时事新报》《小说月报》等报纸，以及《每周评论》《东方杂志》《新教育》《独秀文存》《胡适文存》等杂志和论著。虽然此时传入兰州的新思想大部分依旧停留在资产阶级改良思想基础上，但对于身处封建思想笼罩下的兰州青年而言无疑是与时俱进的精神食粮。

为改变家乡封闭落后的面貌，1920年初，旅京甘肃籍学生发起节衣缩食运动，募集资金，向家乡购置进步书刊，同时自发组织出版进步刊物，宣传新思想。在他们的积极筹措下，1920年3月，在北京成立了由甘肃学生张明道等人创办的《新陇》杂志，时有社员40余人，由王自治、韩树森、邓春膏、田炯锦等主持编辑。①《新陇》开始采取赠阅方式，主要发行地为兰州、平凉、宁夏、天水、狄道、西宁等地以及各处的师范类学校、小学和各县教育机关。

《新陇》杂志是在五四运动的影响下，由甘肃籍学生自发创办的，其中不仅有对国事的关心，更有对家乡的关注。因此，在其《发刊词》中时任该杂志编辑部主任的王自治直抒胸臆，明确创办缘由及理想、理念，即向陇人输入新知识、新学理，向外人告诫甘肃之卑污，寻求救甘之良方，"然后可望陇人之觉悟奋兴，及污浊社会之改良也。甘肃之于中国，犹手足之于身体也。手足之疾，心腹之忧也。甘肃之进步，即中国之进步也"②。从《新陇》杂志的《发刊词》可知，甘肃旅京学子对家乡落后面貌的关注，以及急于改变的迫切心情，他们希冀《新陇》能成为甘肃走向外界，外界了解甘肃的媒介。更希望通过进步思想的传播，唤起甘肃民众的家国意识，明确甘肃的进步即中国的进步的深刻意义。

首先，传播新文化，启迪民智。主要文章有《我们怎样创造新文化》《妇女解放中的阻碍及补救方法》《英美现代教育思潮的比较》《欧美联邦有实现的可能吗？》，以及《最近对于火星之观察》《绿色的植物与人生的关

---

① 《本社记事》，《新陇》1920年第1卷第1期，第32页。
② 王自治：《〈新陇〉发刊词》，载刘宏权、刘洪泽主编《中国百年期刊发刊词600篇》上，解放军出版社1996年版，第186—187页。

系》等，强调破除封建迷信，摒除偶像，解放思想，寻求妇女合法地位，学习欧美先进政治。

其次，反对封建礼教，追求自由、民主。针对1923年甘肃发生的"高张结婚事件"专门发文，痛斥封建礼教吃人事实。指出："'纲常名教'是封建残余，是吃人的所谓'礼教'，是几千年来我国社会停滞不前的根源……干涉他人的婚姻自由，是文明社会所不能容忍的横暴行为"，主张群起而声讨。同时，以《新陇》为阵地针对甘肃社会存在的重男轻女，尤其是不允许女子进入高等小学的问题对封建顽固派展开回击，强调"这是男子凡事优先论，此固出于……维持'名教'之诚意，无如不合时宜何？"

最后，反帝反封建，揭露封建军阀为害一方的事实。1922年冬，陇东镇守使张兆钾在陇东开设官银号，摊派款项，要求民众筹措资金，大肆搜刮民脂民膏，陇东旅京学生集体抗议，《新陇》杂志及时支援，以《告陇东各县人民书》为题将张兆钾中饱私囊、坑害地方百姓的事实公之于世。1926年，国民军入甘后，四处征兵扩充实力，借助种植大烟筹措军费。针对于此，《新陇》发表专栏短评，痛陈事实，并强烈谴责："种烟筹款为近数十年来万恶军阀发财聚宝之秘诀。彼辈丧心病狂，行此毒民之术，原无足怪！惟素以不扰民、真爱民、誓死救国标示吾人之国民军，竟亦食言而肥，出此下策，殊出吾人意料之外。"①

此外，《新陇》杂志社中张一悟、张亚衡等部分社员接受了共产主义思想，加入了中国共产党，为马克思主义在兰州乃至甘肃的传播，以及中国共产党在甘肃的早期组织发展都产生了重要影响。

（四）上书北大的邓春兰

新文化运动和五四运动的重要影响，除促进民众觉醒外，对女性的近代化同样具有重大意义。1919年五四运动发生之际，身处兰州的邓春兰曾

---

① 邓春膏、朱镜堂：《五四运动时期甘肃旅京学生刊物〈新陇〉》，载《甘肃文史资料选辑》第17辑，甘肃人民出版社1984年版，第71页。

公开上书北大校长蔡元培要求北大开女禁的行为，即是这方面的重要例证。

1898年7月3日，邓春兰出生在甘肃一个耕读之家。邓春兰的祖上曾以务农兼经商为生。其祖父邓连喜，一度在乡下经商，后在左宗棠统治甘肃时中武举。邓春兰的父亲邓宗，是邓连喜的第四个儿子，光绪末年"从甘肃文高等学堂进入京师大学堂，学习伦理学和英文，毕业回兰后，在甘肃省教育厅任科长"①，辛亥革命时曾在兰州组织过反清斗争，思想开放、拥护革命、赞成共和。邓春兰的母亲梁熙"当过甘肃省立女子师范学监"②。

图1-3 青年邓春兰

（邓春兰长孙蔡学勇提供）

出生在知识分子之家的邓春兰，从小便接触新事物、新思想。长大后邓春兰好读书，更爱弹琴作画，同时也爱发问，不仅具有文化知识，更有开明的思想。她解除缠足，从不戴戒指、耳环，不愿做闺中娇小姐，而是立志要"服务社会"。受新文化运动"男女平等""社交公开""婚姻自由""男女同校""妇女解放"等思潮的影响，邓春兰毅然站在了争取男女教育平等队伍的最前列，勇敢上书北大校长蔡元培，要求北大开"女禁"，迈出了她"服务社会"的第一步。

---

① 孟国芳：《邓春兰吁请大学解除女禁》，载《甘肃文史资料选辑》第17辑，甘肃人民出版社1984年版，第113页。

② 高人雄：《声振学界壮陇原——中国第一位冲破大学女禁的女大学生邓春兰》，载林家英主编《中华第一女性》，甘肃人民出版社1995年版，第43页。

邓春兰要求北大"开女禁",得益于蔡元培《贫儿院与贫儿教育的关系》的演讲。蔡说:"我国人不许男女间有朋友的关系,似乎承认'男女间只有恋爱的关系',所以很严地防范他。既然有此承认,所以防范不到处,就容易闹笑话了。……但是改良男女的关系,必要有一个养成良好习惯的地方,我以为最好是学校了。外国的小学与大学,没有不是男女同校的。美国的中学也是大多数男女同校。我们现在除国民小学外,还没有这种组织。若要试办,最好从贫儿院入手。……要是试验了,成绩很好,那就可以推行到别的学校了"①。

正是这份演讲,激起了邓春兰让女子入大学学习的斗志。为此,邓春兰于1919年5月19日上书蔡元培,要求北大首开"女禁",信中写道:

> 春兰早岁读书,即慕男女平等之义,盖职业、政权,一切平等。不惟提高吾女界人格,合乎人道主义,且国家社会多一半得力分子,岂非自强之道?……且女子无能力,何堪任事?是故万事平等,俱应以教育平等为基础。……自来社会风习之转移,未有不赖先觉之侪为之倡导者。……今阅贵校日刊,知先生在贫儿院演说,仍主张男女平等。……春兰拟代吾女界要求先生于此中学添设女生班,俟升至大学预科,即实行男女同班。春兰并愿亲入此中学以为全国女子开一先例。②

从信件中可以看出邓春兰的远见卓识,正如她所言:"女子无能力,何堪任事",而一旦女子的能力提高,则"国家社会多一半得力分子,岂非自强之道?"

邓春兰给蔡元培的信件寄出后,并未得到及时回应。当时正值五四运动高潮时期,反动军阀政府疯狂镇压学生运动,大批逮捕爱国志士。"蔡元培同情学生,反对卖国,遭到军阀政府中亲日派的嫉恨,一度离京南下,

---

① 蔡元培:《贫儿院与贫儿教育的关系——在北京青年会演说词》,载《蔡元培谈教育》,辽宁人民出版社2015年版,第4页。
② 《邓春兰启事二·春兰上蔡校长书(附录)》,《妇女杂志》(上海)1919年第5卷第9期,第2—3页。

以示消极抵抗"①，邓春兰的上书便没了回应。但邓春兰在离兰赴京之际，写成《告全国女子中小学毕业生通知书》另附《致蔡元培先生信》一并交予其丈夫蔡晓舟转交报界，以此寻求新的出路。在《通知书》一文中，她说："妹不敏，已代我诸姊要求北京大学校长蔡孑民先生，于大学添我女生席，不意妹函至京，适遭变故。……天下安有不耕耘之收获哉！顷拟组织大学解除女禁请愿团于北京……以牺牲万有之精神，为百折不回之运动，务达我目的而后已。"②

邓春兰的这封信一经《晨报》《民国日报》发表，便在社会上引起很大反响，得到诸多名人学者的支持。李大钊于《少年中国》发表《妇女杂谈——妇女解放与Democracy》一文，强调"女子也是人，男子得参政，女子也要参政，男子受得大学教育，女子也要一样"③。胡适也撰文表示"我是主张大学开女禁的"，而且他还提出大学开"女禁"的渐进次序，即第一步为大学聘请女教授；第二步大学招收女子旁听生；第三步大学增设女子预科班。④ 胡适的意见也为日后大学男女同校提供了模板，后来男女同校的进程便大体如其所述。

1919年9月，蔡元培重回北大复职。年底，蔡元培向报界明确表态："北京大学明年招生时，倘有程度相合之女学生，尽可报考。如程度及格，亦可录取也"⑤。1920年2月，北京大学招收了九名女学生入文科旁听，邓春兰便是其中之一，她被分在哲学系。至此，邓春兰要求女子入大学的梦想变成了现实。大学"女禁"也随之被冲破，时人称之为"'中国教育史上一大纪元'"⑥。

---

① 郭厚安主编：《悠久的甘肃历史》，甘肃人民出版社1988年版，第120页。
② 《邓春兰启事二》，《妇女杂志》（上海）1919年第5卷第9期，第1—2页。
③ 李大钊：《妇女问题杂谈——妇女解放与Democracy》，《少年中国》1919年第1卷第4期，第28页。
④ 胡适：《大学开女禁的问题》，《少年中国》1919年第1卷第4期，第1页。
⑤ 《蔡孑民先生外交教育之谈话：提倡普及高等教育，北京大学可收女生》，《中华新报》1920年1月1日。
⑥ 孟国芳：《邓春兰吁请大学解除女禁》，载《甘肃文史资料选辑》第17辑，甘肃人民出版社1984年版，第128页。

进入大学后，邓春兰眼界更加开阔，思想也更为开放。在京求学期间，邓春兰一面刻苦学习，一面积极撰写文章寻求妇女解放之路，为争取男女平等继续奋斗。其中，邓春兰于《少年中国》发表《我的妇女解放之计划同我个人进行之方法》一文，明确提出中国人民的民主解放，首先应是中国妇女的民主解放的观点。并指出："女界今天要想替我们中国人争个'德谟克拉西'的真精神，先替我们中国人里边的女人争个'德谟克拉西'的真精神，那才能起人的信心呢。"①

1921 年，邓春兰又于《新陇》杂志上发文，深刻剖析妇女解放道路上的种种阻碍，并将其做了系统归纳：（1）没有受过平等的教育；（2）受了早婚的害处；（3）做了男子的玩物；（4）生计的艰难。对于如何解决这些问题，她从长远着眼，提出了自己的看法：（1）与男子受同等的教育，把女子的程度提高；（2）改良婚制，不受早婚的害处；（3）职业发达，使女子经济独立，打破贫富阶级。②

正是在邓春兰等人以及《新陇》杂志呼吁与号召下，兰州的妇女运动才逐渐脱离中世纪的轨范，迈出了近代化的重要一步。

四、 中共兰州特支的建立以及主要工作

1925 年 10 月，国民军入甘。12 月，中国共产党甘肃特别支部（简称中共甘肃特支）在兰州成立。1927 年 4 月，中共兰州特别支部建立。两个支部的建立，是兰州乃至甘肃革命史上有着里程碑意义的大事件，从此揭开了甘肃革命的新篇章。

（一）马克思主义在兰州的传播

兰州虽是近代以来陕甘总督公署所在地，是甘肃政治、经济、文化中

① 邓春兰：《我的妇女解放之计划同我个人进行之方法》，《少年中国》1919 年第 1 卷第 4 期，第 11 页。
② 邓春兰：《妇女解放声中之阻碍及补救的方法》，《新陇》1921 年第 1 卷第 4 期，第 5—7 页。

心以及洋务运动兴起时西北开发建设的重镇，但由于地处内陆腹地、交通阻隔、消息闭塞，加之悠久的封建思想和文化影响，社会变革缓慢而沉重。

五四运动之前，兰州最早介绍马克思主义及社会主义学说的代表人物，有甘肃法政学校校长蔡大愚、销售《新青年》杂志等进步书刊的书商牛载坤等。五四运动后，传播马克思主义的历史使命，落在了参加了五四运动并在后来逐渐走上革命道路的新一代先进分子的肩上。这一时期，在兰州传播马克思主义的代表人物主要是张一悟、张亚衡、丁益三、胡廷珍、吴鸿宾等，他们是在北京等地求学过程中初步接受了马克思主义，并加入中国共产党。

张一悟，原名张仲德，兰州榆中人，1913年考入兰州省立中学，1918年秋中学毕业后，与同乡张亚衡、丁益三赴北京求学，被誉为"榆中三杰"，在李大钊等人的引导下开始接受马克思主义。1919年5月4日，他和北京求学的甘肃籍青年一起，参加了天安门前的示威和火烧赵家楼行动，此后与丁益三、张亚衡等被甘肃籍同学推举为旅京学生代表，同段祺瑞政府进行斗争，坚决要求当局无条件释放被关押的王和生、邓春膏、王自治、张明道、张继忠、冯聘山等甘肃籍学生。五四运动后，张一悟将"仲德"改为"一悟"，表其人生第一次真正醒悟之意。张一悟随后南下武昌，在国立武昌高等师范学校继续求学，在中共早期重要领导人恽代英的引导下，成为一个坚强的马克思主义追随者。毕业后张一悟返回甘肃，先后在兰州一中、兰州女子师范、武威师范出任国文、历史教员，努力向青年学生传播讲授马克思主义。

张亚衡，原名张全定，学名张钧，字亚衡，别名张驭中，榆中金崖人。张亚衡1913年考入甘肃省第一中学，1918年秋考入北京大学预科班。在投身五四运动的同时，不断通过书信和邮寄书刊的方式，将五四运动的情况以及宣传马克思主义的文章介绍给家乡亲朋好友。五四运动后，他和张一悟一同南下，考入国立武昌高等师范学校，进一步接受了马克思主义。1922年毕业后回到家乡，先后在凉州（今武威）、青海湟川中学和兰州师范任教，不断向学生推荐《共产党宣言》《新青年》等革命刊物，引导青年逐步走上革命道路。

胡廷珍，字玉芝，甘肃临夏人，1919 年考入兰州法政学校。其间，因校方停发学生助学金而与同学赵文彬等组织罢课，迫使校方恢复并补发了学生的助学金，但胡廷珍却被解除学籍。1922 年，胡廷珍考入北京朝阳大学，在学习和接受马克思主义思想的同时，不断邮寄宣传俄国十月革命和马克思主义的刊物给兰州以及临夏的同学。1925 年夏，胡廷珍利用假期返乡，组织数十名志同道合的青年在兰州小西湖举行茶话会，共述学习马克思主义的心得，有效地影响并带动了一批青年学生的进步。

马克思主义在兰州的传播，为后来在兰州建立中国共产党以及共产党组织在甘肃的发展打下了基础。

（二）中国共产党北方区委派宣侠父、钱崝泉等共产党人到达兰州

1924 年年底，李大钊领导的中国共产党北方区委成立。李大钊曾多次与基督将军冯玉祥长谈，向其解释宣传打倒帝国主义、打倒军阀的政治主张，协商在国民军官兵中开展政治工作事宜，并推荐了宣侠父、钱崝泉、贾宗周、邱纪明等共产党员到国民军中工作。冯玉祥被任命为西北边防督办兼甘肃督办后，他命国民军第一军第二师师长刘郁芬为总指挥，代行甘肃军务督办，率军开赴甘肃。李大钊抓住这一时机，奔赴张家口，指示在冯玉祥国民军中开展政治工作的共产党员宣侠父、钱崝泉、贾宗周、邱纪明、寿耀南、李印平等，以国民党党务特派员和政治宣传员身份随军西进，为中共甘肃地方党组织的建立做准备。1925 年 10 月底，宣侠父、钱崝泉等共产党员随国民军到达兰州，并被任命为甘肃督办公署政治处副处长。

宣侠父，浙江诸暨人，1920 年赴日本留学，1923 年回国后加入中国社会主义青年团，后加入中国共产党，1924 年考入黄埔军校第一期，因触怒蒋介石被开除学籍。在《西北远征记》中，宣侠父详尽地记述了从北京到张家口，以及随国民军进入兰州的经历。如"兰州除了小规模的一所发电厂，和一家小火柴厂外，其余连手工业的工人都是很少"。与之对应，由于

长期以来被"宗法思想的云雾所笼罩","要寻找进步的青年，真比沙里淘金还要困难。这批中学校的学生大都是穿着土布的长袍马褂，鼻上架着铜圈的古老眼镜，我们虽然不一定以服装漂亮来做思想进步的标准，但是他们这种古色古香的前代衣冠，多少可以表示出他们保守的精神"。更令人瞠目的是，"普通的中学生，平时案头上除了课本和《古文观止》以外，简直不会再有其他书籍可见的"。① 另外，即使在国民军中的工作，也常常叫人啼笑皆非。一次，宣侠父到五泉山给国民军一个营去宣讲，带队的副营长竟把他当作基督教牧师，"等到那位营副介绍我讲演之后，我才含着笑容开始对他们说：'我真是高兴，在今天能够听到这样悠扬的赞美诗和这样虔诚的祷告。但是我这个牧师，不是和诸位来讲究死后的天堂的，乃是和诸位来讲究如何来打破这生前的地狱的。我是一个革命党的党员。'"② 可见，工作难度之大。

按照李大钊的指示，宣侠父、钱崝泉不久便联系到了先期回兰州的共产党员张一悟，于是在兰州建立中国共产党甘肃省地方组织的工作拉开了帷幕。

（三）中共甘肃特支、兰州特支在兰州相继建立及主要工作

宣侠父、钱崝泉与张一悟接上组织关系后，便向张一悟传达了党的三大关于实行国共合作的精神，传达了中共北方区委和李大钊关于建立甘肃党的地方组织的指示，介绍了国民军抵兰的共产党员的情况。张一悟向宣侠父、钱崝泉介绍了兰州的情况和整个甘肃的省情，以及自己返回甘肃后宣传马克思主义培养进步分子的情况。三人认真分析了国共合作的形势和在甘肃开展反帝反封建革命运动的客观条件、各派政治势力及其立场态度后，认为在兰州建立党的地方组织的条件已经成熟。

1. 中共甘肃特支的建立和其主要工作。1925 年 12 月，张一悟、宣侠

---

① 宣侠父：《西北远征记》，文史资料出版社 1982 年版，第 86 页。
② 宣侠父：《西北远征记》，文史资料出版社 1982 年版，第 77—78 页。

父、钱崝泉等在兰州召开会议，宣告中共甘肃特支正式成立，张一悟任特支书记，宣侠父、钱崝泉任委员，所属党员有贾宗周、邱纪明、寿耀南、李印平等。特支主要工作是执行党的方针政策，以"联俄、联共、扶助农工"的新三民主义为旗帜，以建立广泛的革命联合阵线和推动反帝反封建斗争发展为目标，把公开帮助国民党整理党务和秘密发展壮大党组织作为两项基本任务。

第一，帮助国民党改组省党部并发展其在全省的组织。首先，是对其领导机关进行人员调整。在国民党北京执行部派来的甘肃督办公署政治处处长延国符的配合下，宣侠父等人大力向社会各界宣传新三民主义、实行国共合作、进行北伐战争以及十月革命的胜利意义等，并借助纪念"三一八"惨案死难者追悼大会等一系列活动，对国民党甘肃省省党部进行调整，一改过去只是"孤零地爬伏在这封建势力的蛛网之下，一筹莫展地关着门围炉革命"的工作窘况①，使国民党甘肃省党部终于公开挂牌活动，甚至出现了门庭若市及前来索要宣传材料的青年学生络绎不绝的盛况。中共甘肃特支成员还通过在皖江会馆组织救灾捐款演出等方式，把全部收入用于国民党省党部开展的救济灾民工作，努力扩大他们在兰州人民中的影响。经过甘肃特支的不懈努力，逐步改变了国民党组织在兰州的被动局面，使之在甘肃民众中的影响不断扩大。

为了确保工作不断推进，中共甘肃特支还开展了为国民党培训政工干部的工作。以国民军驻甘总司令部的名义，在兰州开办为期3个月的政治人员训练所，为国民党在甘肃的发展培训基层干部。政治人员训练所由国民党甘肃省党部常委延国符任所长，宣侠父、钱崝泉先后任教务主任，特支书记张一悟和共产党员邱纪明等担任三民主义、建国大纲、唯物史观、社会进化史等课程的主讲，培训严格遵循了1926年11月中共中央作出的有关在国民军中"注重下层基础的政治工作，不要注重上层组织"等工作原则，尽量做到"政治宣传，宜注重中国的近代外交痛史，军阀官僚的政治之腐

---

① 宣侠父：《西北远征记》，文史资料出版社1982年版，第68页。

败，工人农民之痛苦，苏联及其他国家无产阶级革命之壮史、军人和工农群众之关系等等"。①1927年2月21日，利用纪念列宁逝世三周年活动，中共甘肃特支以国民党甘肃省党部名义召开大会，会上钱崝泉系统地介绍了列宁的生平和业绩、十月革命的伟大意义，指出了中国革命的发展前途。在中国共产党甘肃特别支部的帮助和组织下，国民党在兰州地区的活动渐趋公开，在群众中的威信日益提高，党员发展渐有起色，进而建立了几个县区党部。就连后来任国民党甘肃省政府主席的朱绍良，在总结这一时期国民党党务工作时，也不得不承认"当时工作之推进，延、宣、钱等三人实亦与有力焉"②。

第二，秘密发展党员，壮大党的力量。中共甘肃特支建立之后，秘密发展党员是一项重要的工作。省立一中物理教员王陶，在宣侠父、钱崝泉的引导下，和其他师生发起创办了旨在唤醒民众、拥护国共合作、宣传北伐、号召国民革命的群众团体"醒社"，同时铅印出版《醒社周刊》，在师生和社会上引起强烈反响。在王陶等人的密切配合下，宣侠父、钱崝泉以"醒社"为骨干，帮助省立一中联合兰州省城的其他学校共同组织成立了"进化剧社"，多方面宣传革命思想。经过一段时间的培养和考察，1926年初，宣侠父、钱崝泉介绍王陶加入了中国共产党，成为中共甘肃特支发展的第一个共产党员。

中共甘肃特支发展的第一个女共产党员，是经王陶介绍的兰州道升巷中外大药房老板娘秦仪贞。秦仪贞的丈夫杜猷康和王陶同是江浙老乡，通过王陶的不断引导对中国共产党有了基本认识；宣侠父、钱崝泉也与他们是同乡，并在这之前就由王陶引见相识。经过一个时期的培养和考察，1926年3月，由王陶、钱崝泉做介绍人，秦仪贞加入了中国共产党。兰州道升巷中外大药房因此成了中共甘肃特支一个开会学习、秘密联络和递送情报的

---

① 《国民军中工作方针》，载中共甘肃省委党史研究室、甘肃省党史纪念馆编《甘肃党史资料选编·甘肃党组织的创建及其活动》第1辑，甘肃文化出版社2015年版，第14页。

② 朱绍良：《甘肃省党务整理工作委员会工作报告》，载中共兰州市委党史资料征集研究委员会编《中国共产党在兰州的早期斗争》，甘肃人民出版社1987年版，第242页。

固定场所。

为了尽快推动发展党员工作，中共甘肃特支决定由特支委员钱崝泉出面，在与同属中共北方区委领导的陕北党组织取得联系后，以国民联军少将身份亲赴陕北榆林、绥德、定边等地，通过当地党组织介绍招收了一批共产党员和进步青年来兰州学习和工作。与此同时，甘肃特支还利用政治人员训练所这个阵地发展新党员，在结业时其40多名学员中有28人加入了中国共产党。当时，根据党的纪律和组织原则，尽管新党员入党后对外保密，只能以国民党员身份开展工作，除了同在一个党小组外，党员与党员之间很少联系，这就使得党员发展有了一定难度，但在中共甘肃特支的努力下，党员发展工作还是有序推进。1926年冬，由特支成员邱纪明介绍，女师附小教员韩芝惠（即韩玉珍）入党，王陶介绍女师附小教员谈仲瑜入党；1926年11月，钱崝泉、谈仲瑜介绍女师附小教员冯玉洁入党；1927年4月，张一悟、冯玉洁介绍女师图书仪器室管理员兼附小教员窦香菊入党。

第三，支持少数民族群众开展反抗封建军阀的斗争。兰州作为甘肃省这个多民族地区的政治、经济、文化中心，按照党的民族工作方针引导少数民族群众开展反抗封建军阀的斗争，是中共甘肃特支的重点工作之一。1925年12月，宣侠父在兰州见到了拉卜楞寺五世嘉木样代表黄正清、罗占彪，他们前来向国民军控诉残害藏族同胞的西宁镇守使马麒。对藏族同胞的不幸遭遇，中共甘肃特支极其重视，决定从宣传共产党的民族平等政策、提高少数民族的政治觉悟和文化水平入手，支持帮助拉卜楞寺僧俗群众开展反抗军阀欺压的正义斗争，并确定由特支成员宣侠父、钱崝泉具体负责。宣侠父、钱崝泉以及贾宗周多方面开展这一工作。首先，在兰州成立了藏民文化促进会。宣侠父在草拟的《藏民文化促进会组织大纲》中，提出"提高藏民文化，使得与国内各民族有平等之地位；更进而与国内民族共同奋斗，要求中国民族国际地位上之平等"的根本宗旨。[①] 中共甘肃特支还以

---

① 《黄正清与五世嘉木样》，载《甘肃文史资料选辑》第30辑，甘肃人民出版社1989年版，第132页。

宣侠父为国民党甘肃省党部特派员的身份，介绍黄正清、罗占彪加入国民党，并帮助黄正清当选国民党兰州市党部监察委员。通过多方面的教育，使他们认识到了拉卜楞寺事件久拖不决的原因。黄正清以兰州藏民文化促进会的名义，报请刘郁芬同意，由宣侠父代表当局前往甘南进行实地调查。宣侠父深入藏区向广大藏族同胞宣传了中国共产党的民族团结和平等思想，促使和推动了甘青藏族大同盟的建立，并亲自起草《甘青藏民大同盟宣言》（后改名《甘边藏民后援会宣言》）。

宣侠父回到兰州写下著名的《甘边藏民泣诉国人书》，呼吁"全国同胞，鼎力援助，使我番民从军阀下解放出来，进而参加反帝国主义运动，以求中国各民族之自由平等"，得到各界声援，形成了强大的舆论声势。在宣侠父等人的帮助下，黄正清等不断向刘郁芬申诉，还派代表到宁夏谒见刚从苏联回国的冯玉祥，促使冯玉祥下达了敦促刘郁芬着即查办的电令。宣侠父利用自己奉调西安的时机，向国民军联军驻陕总司令于右任汇报了事件情况，于右任致电刘郁芬立即解决拉卜楞寺问题。在刘郁芬的敦促下，马麒不得不派代表赴兰签署从拉卜楞寺撤兵的协议。协议规定马麒从拉卜楞寺撤军，五世嘉木样住回拉卜楞寺，恢复原有的一切权益。中共甘肃特支成员贾宗周主持这次谈判协议签署后，还敦促协议的执行和相关善后工作。1927年4月，马麒所部陆续撤离拉卜楞寺地区，甘肃省政府派遣国民军一个保安大队进驻拉卜楞寺，并成立拉卜楞设治局。同年6月，五世嘉木样返回拉卜楞寺。这一事件在中共甘肃特支的领导和支持下得到合理解决，由此写下了中国共产党在民族工作史上的光辉一页。

第四，在奠定北伐的西北后方基地方面发挥了重大作用。孙中山制定"联俄、联共、扶助农工"的新三大政策，通过实现第一次国共合作，开始全力发动北伐。北伐能否成功，不仅取决于中原战事，同样也取决于后方的安定。为此，如何借助冯玉祥国民军入甘，震慑西北大大小小的军阀，从而确保北伐后方的稳定，就成了事关大局的问题。中共甘肃特支在这方面做了卓有成效的工作。首先，在保障兰州的稳定上发挥了作用。国民军入甘很快解决了李长清问题，但在周边都是大大小小的军阀。特别是当李长清旧部"黄得贵的一旅……突然叛变了","在离城十五六里的山沟内"开始起事,"同时驻在狄道的甘军旅长宋有才,也响应黄得贵向兰州进攻",① 平凉的陇东镇守使张兆钾也乘势发难,兰州的稳定与否事关全局。中共甘肃特支发动群众广泛进行国民革命宣传,支持国民军的工作,确保了兰州的稳定,也保证了李大钊提出的"固甘援陕,联晋图豫"的总体战略方针的实施。其次,中共甘肃特支在兰州对社会民众的大力发动以及影响,极大地保证了国民军源源不断的兵源以及相应的物资补充。兵源补充方面"使国民联军由进入甘肃时的近万人迅速发展到数万人"②,物资补充方面的例子更是不胜枚举,如泾川县"人民捐献粮食,非常地踊跃"③。

第五,同国民党右派展开坚决斗争。与全国的形势一样,兰州的国共合作从一开始就存在着许多不和谐音符,如中共甘肃特支的许多宣传,就曾被女师校长杨肯堂讥讽为"不过是吹牛皮而已",并被国民党甘肃省党部田昆山、"特别党员"沙明远等斥之为"瞎胡闹",④ 他们甚至还联合发起了将共产党员邱纪明等"驱逐出兰州"的闹剧。对此,中共甘肃特支有组织地给予了坚决反击。一方面,发动兰州地区各校共产党员和国民党左派师生,揭露沙明远、杨肯堂等人歪曲三民主义的反动行为;另一方面,在《民生周刊》《醒社周刊》等刊物上发表文章,揭露和批判右派分裂分子抵制反帝反封建革命运动的罪行。接着,要求国民党省党部召开全体党员大会处理他们的问题。其中,最典型的就是皖江会馆事件。1927 年 2 月 4 日,国民党甘肃省党部和兰州市党部的近 200 名党员,按约定陆续赶到皖江会馆参加春节联欢会。会议推举钱崝泉为联欢会主席。这时,有人向与会者散发了事先由国民党兰州市党部印发的传单,内容是向田昆山提出十二条质问,如为什么散布对国共合作不满的言论、为什么专权和排除异己、隐瞒

---

① 宣侠父:《西北远征记》,文史资料出版社 1982 年版,第 90—91 页。

② 中共甘肃省委党史研究室:《中国共产党甘肃历史》第 1 卷,中共党史出版社 2009 年版,第 64 页。

③ 冯玉祥:《我的生活》(下册),黑龙江人民出版社 1981 年版,第 528 页。

④ 中共甘肃省委党史研究室:《中国共产党甘肃历史》第 1 卷,中共党史出版社 2009 年版,第 54、55 页。

经费使用情况等。于是，大部分与会者质问田昆山，田昆山被一些愤怒的人打倒在地。随后，根据大多数与会国民党员的要求，会议成立新的国民党兰州市党部，选举钱崝泉、延国符、李世军、王陶、李印平、邱纪明、韩芝惠、阎可选、丁益三九人为国民党甘肃省党部执行委员会新委员（其中七人为共产党员），斗争取得胜利。后来，刘郁芬执行冯玉祥"将延、钱押解赴陕，等候处办"①的命令，形势急转直下。

2. 中共兰州特支的建立及主要工作。由于钱崝泉被"押解赴陕"，加之宣侠父在1926年11月已奉调前往西安，针对中共甘肃党的组织遭到削弱的实际，为充实甘肃党组织的领导和帮助甘肃国民党整顿党务，1927年2月，中共陕甘区委通过担任国民党西安政治分会主持人、国民军联军总政治部副主任的共产党员刘伯坚，选派共产党员胡廷珍、王孝锡、马凌山、保至善等人以国民党党务特派员身份来到兰州。1927年4月17日，中国共产党兰州特别支部（简称中共兰州特支）在兰州安定门外下沟9号（今25号）胡廷珍舅父家中成立，参加成立会的有胡廷珍、王孝锡、马凌山、保至善、张一悟、贾宗周、王陶等，会议决定：由胡廷珍任兰州特支书记，王孝锡、马凌山分任组织委员和宣传委员。主要工作是联合国民党左派等进步力量，组成革命的联合战线，推动兰州地区反帝反封建革命运动的蓬勃发展，继续发展壮大党的组织。

第一，开展召开反蒋动员大会、悼念李大钊等革命活动。胡廷珍、王孝锡、马凌山、保至善等共产党员来兰在筹建中共兰州特支的同时，组织开展了整顿国民党兰州市党部的工作，在对所有党员进行重新登记的同时，选举产生了由共产党员占绝大多数的国民党兰州市党部执行委员会，其中共产党员阎可选任组织部长、李果任宣传部长、何其亨任农工部长、韩芝惠任妇女部长。在此基础上，面对蒋介石在全国范围内制造的白色恐怖，开展了针锋相对的斗争。1927年4月初，在市中心辕门广场（今省政府前）举行了声势浩大的反蒋动员大会。大会由王孝锡主持，他在讲话中向群众

① 中共甘肃省委党史研究室：《中国共产党甘肃历史》第1卷，中共党史出版社2009年版，第60页。

宣传马克思主义和中国共产党的纲领，揭露了以蒋介石为代表的国民党右派的反革命本质。

1927年4月29日，中国共产党重要领导人李大钊被奉系军阀张作霖逮捕杀害，中共兰州特支决定组织各界群众举行隆重的追悼大会。1927年5月7日，兰州东教场万人聚集。中共兰州特支负责人在大会上介绍了李大钊的生平和功绩，会后举行了声势浩大的示威游行，通过控诉和声讨封建军阀的罪行，激发了群众对反动派的愤慨。

1927年5月30日，中共兰州特支又以国民党甘肃省党部的名义，在兰州市中心辕门广场举行了纪念五卅运动两周年大会。兰州工、农、商、学、兵各界群众，高举着"打倒帝国主义""打倒军阀""取消不平等条约"的彩色小旗，会场周围张贴着"中国国民党万岁""中国共产党万岁"的大幅标语。会上，中共兰州特支宣传委员马凌山阐述了五卅运动的意义，介绍了上海工人武装起义和北伐战争的胜利，痛斥了蒋介石发动"四一二"反革命政变的罪行，号召革命群众团结起来，同帝国主义和反动军阀进行坚决斗争。会后与会群众举行了声势浩大的示威游行。

通过这几次活动，不仅使兰州各界群众认识到帝国主义及封建军阀的残暴行径，揭露了蒋介石等新军阀反共反人民的真面目，还起到了震慑国民党右派的作用，鼓舞了人民群众的斗争意志，使兰州反帝反封建运动保持着继续发展的势头。

第二，成立青年社，推动青年运动发展。中共兰州特支建立后，即确定将成立兰州青年社作为一项重要工作，并成立了由特支组织委员、时任国民党甘肃省党部青年部长王孝锡负责的筹委会。筹委会主要抓了宣传教育和物色对象两项工作。在宣传教育方面，以宣传三大政策、灌输共产主义思想、介绍马克思主义和苏联共青团的活动情况等为重点；在物色对象方面，以中等以上学校学生和社会青年为重点、以有着较好工作基础的省立兰州一中和省立女子师范学校为主要目标，并分工为：一中由共产党员王有章负责，女子师范学校由共产党员冯玉洁和窦香菊负责。由于分工明确，措施到位，仅半个月时间，在各中等以上学校学生会陆续成立的基础上，成立了兰州地区学生联合会。1927年4月下旬，兰州青年社成立大会在省教育会礼堂（今中共兰州市委院内）举行。参加成立大会的除各学校代表外，还有各机关代表300余人。中共兰州特支委员王孝锡作了报告，指出青年社的任务是：团结一切爱国青年，反帝、反殖民主义、反封建，为拯救中华奋勇斗争。共产党员窦香菊作重点发言，号召广大女青年投入到挽救危亡、拯救国家的历史洪流中来。

兰州青年社有社员300多人，每位成员均配发有《共产主义》《唯物史观》《三大政策》等学习书籍，规定每周进行一次学习交流和讨论等集体活动，安排张一悟、王孝锡、马凌山等共产党员举办专题讲座。青年社规模稍大的学习活动放在拥有37名社员的兰州女子师范学校或五泉山举行，规模较小的则由各学校学生会安排。这种学习活动的开展，青年与青年的互动，对兰州社会产生了极大的影响，彻底打破了兰州以往的沉闷气氛。

第三，组建工会、农会，掀起工农运动发展的新高潮。在中共兰州特支的努力推动下，并通过国民党甘肃省党部的号召、宣传和组织，到1927年5月下旬，在兰州相继建立了机器、邮务、电报、印刷、纺织、水伕、厨师等8个行业工会，以及由共产党员、国民党甘肃省党部农工部部长保至善担任主席的兰州地区总工会，引导工人开展有组织的反帝反封建斗争。

在工人运动逐渐兴起的同时，中共兰州特支组织领导下的农民运动也蓬勃发展起来。1927年4月，保至善及农工部工作人员来到西固城开展农民宣传活动，先后动员贫苦农民廖存文、王泽湘、王延海、王礼德、孙大仁等建立农民协会。6月3日，在西固城城隍庙召开有200多人参加的农民协会成立大会，大会推选廖存文等3人为农民协会负责人，保至善在会上发表了激动人心的讲话。保至善还深入到七里河地区的七里河村、柳家营村、王家堡村、梁家庄村等地，实地了解农民疾苦，向他们宣传国民革命和组织起来争取自己利益的道理，帮助农民通过甘肃省政府以"以工代赈"的方式疏通河道灌溉农田。在此基础上，1927年6月10日，七里河农民协会成立大会在七里河村土地庙前召开，60多名来自各村的代表参加了会议。他们手持写着"打倒帝国主义""打倒土豪劣绅"等标语的小纸旗来到会场。中共兰州特支成员胡廷珍、王孝锡、保至善等人到会，共产党员阎可选、李果分别代表国民党兰州市党部和青年社讲话。会上还散发了《告兰州及甘肃农民书》的传单。会后，与会代表合影留念，并高呼着"打倒帝国主义""打倒土豪劣绅""打倒恶霸地主"等口号，举行了游行。

正当中共兰州特支领导下的工农革命运动高潮迭起之时，1927 年 6 月 21 日，冯玉祥、蒋介石联名发表"中正、玉祥并肩携手"的马电，随后冯玉祥又公开发表《告国民书》，污蔑中国共产党"违背本党政策，不遵本党之训令"，并宣布"清党"，勒令所有加入国民党的共产党员，脱离国民党各级党部、政府及国民军。至此，胡廷珍、王孝锡、马凌山、保至善等共产党员被迫离开兰州，共产党在兰州的活动被迫停止。

第二节　国民军入甘后的兰州政局

1925 年，甘肃督军陆洪涛中风卧床不起，甘肃政坛震荡。外间盛传继任人选，时有报道称"目下垂涎甘督者甚多，将来结果如何，则难测"①。是年 8 月，北京临时执政段祺瑞任命冯玉祥兼办甘肃军务善后事宜，免去陆洪涛督军职位，专任省长。② 9 月初，冯玉祥赴甘之日未定，陆洪涛去电催促，望其早日到任，以卸个人责任。③ 29 日，陆洪涛第一师第二旅旅长李长清逼迫陆交出师长大印，陆至此心灰意冷，遂任命李长清为第一师师长，以杨思暂行代理督军、省长职。④ 是月，冯玉祥派刘郁芬、蒋鸿遇率国民军入甘。10 月底，国民军进入兰州，先后剿灭李长清集团，收编孔繁锦、张兆钲部队。国民军入兰，不仅还兰州政局以安稳，而且给兰州社会带来了新的发展契机，对兰州的近代化大有裨益。

---

① 《陆洪涛不至更动》，《社会日报》1925 年 2 月 22 日。

② 魏绍武：《陆洪涛督甘始末》，载《甘肃文史资料选辑》第 1 辑，甘肃人民出版社 1986 年版，第 67 页。

③ 流：《陆洪涛催冯玉祥赴任》，《益世报》（天津）1925 年 9 月 7 日。

④ 魏绍武：《陆洪涛督甘始末》，载《甘肃文史资料选辑》第 1 辑，甘肃人民出版社 1986 年版，第 68 页。

一、 冯系集团控制兰州

1924 年 1 月，随着国民党第一次全国代表大会的召开，以国共合作为基础的革命统一战线正式建立，由此开启轰轰烈烈的国民大革命，"自此，在中国共产党的倡议、推动和领导下，反帝反封建的革命形势不断发展，开创了中国新民主主义革命的新局面"。①

1924 年 10 月，在全国革命形势迅速发展，第二次直奉战争白热化之际，直系将领冯玉祥在前线突然倒戈，发动"北京政变"，囚禁贿选总统曹锟，驱逐末代皇帝溥仪。随后联合皖系共同拥立段祺瑞为临时总执政，成立中华民国临时执政府。同时，通电全国将其所率部队更名国民军，以示拥护革命，并邀孙中山北上共商国是。

接到邀请后，孙中山为人民利益计，决意北上，并发表《北上宣言》，对外要求废除不平等条约，反对帝国主义；对内要求召开国民会议，反对封建军阀，将国民大革命推向新的进程。但是，段祺瑞却站在了革命的对立面，发表所谓"外崇国信"宣言，公开表示尊重帝国主义强加于中国的一切不平等条约，召开"善后会议"。一系列举措与孙中山的个人主张背道而驰，严重脱离革命。同时，段祺瑞与奉系军阀勾结，排挤冯玉祥，任命其为西北边防督办，逼迫其离开北京政坛。

1925 年 9 月，冯玉祥派刘郁芬一师、石友三一旅、蒋鸿遇一旅，② 准备入甘，刘郁芬、蒋鸿遇分别任正、副总指挥。对冯玉祥此举，外界报道称："冯所以于东南风云紧急之际，令刘率师急入甘肃，似有深意。或用以表示本人之唯知经营西北，保障和平，其他均非所知"③刘郁芬接到任命后，迅速进入备战状态，积极谋划进驻甘肃过程中的应付之法。"他效法冯玉祥的办法，派了一部分豫、皖、鲁籍的军官分别到他们的家乡去招兵。招来

① 丁焕章：《甘肃近现代史》，兰州大学出版社 1989 年版，第 282 页。
② 《冯玉祥入甘之准备》，《舆论》1925 年 9 月 26 日。
③ 《刘郁芬率师入甘，冯玉祥似有深意》，《晨报》1925 年 10 月 21 日。

的新兵和招兵的军官，非亲即友，开小差的情况很少，部队非正常减员得以控制。同时又从国民军各部调来一批党治工作人员，预备入甘后接收政府办公机构"①。9 月底刘郁芬到达宁夏。宁夏镇守使马鸿宾设宴欢迎，礼数周到，宾主之间气氛融洽。恰在此时，刘郁芬接到冯玉祥来电，告知东南战事已起，望刘部继续兼程前进，迅速平定甘肃乱局。同时从情报获知，"陆洪涛已被部下逼迫离兰，局势恶化，甘军师长李长清等倡议甘人治甘，拒纳客军"②。鉴于局势紧张，甘肃各镇之间对此又均有信使往来，传送情报，唯陇东镇守使张兆钾对此态度不明。为此，刘郁芬暂决按兵不动，继续驻守宁夏，以便详细筹划，等待大部队到来。

1925 年 10 月初，刘郁芬的大部队抵达宁夏，经过休整后，刘郁芬与蒋鸿遇商议，将全军划分为九个梯队陆续向兰州进发。以刘存简团为先锋，蒋鸿遇则率便衣枪队两连，假扮商旅伺机潜入兰州，再相机行事。计划制定后，10 月中旬，以上部队相继行动。刘郁芬所率之总部，依旧留守宁夏。10 月 17 日，刘郁芬接命率部开拔兰州。③ 及至总部经过中卫，刘郁芬得知蒋鸿遇的便衣部队已经安全进入兰州，士气高涨，继续前行，于 10 月 28 日晨抵达兰州，并向北京发电，报告入兰情形。电文称国民军入兰，甘肃"省内外秩序极安。孔（繁锦）、张（兆钾）、马（麒）各镇，及省城沿途绅商各界，均有代表欢迎"④。

刘郁芬率国民军进入兰州后的第一件大事，就是惩治李长清、包玉祥等人。1925 年 11 月 15 日，刘郁芬奉冯玉祥之命于上午十时，派人将李、包二人缉拿，并于当日向甘肃各镇守使、县长发布通告，声称"此次犯罪，仅李、包两人，其余概无关系。但事出仓促，道途甚远，诚恐传闻失实，真相莫明，特详述颠末，希释远怀为盼"⑤。

①　王劲：《甘宁青民国人物》，兰州大学出版社 1995 年版，第 35 页。
②　姚凌九：《国民军入甘及刘郁芬在甘肃的军事活动》，载《甘肃文史资料选辑》第 9 辑，甘肃人民出版社 1980 年版，第 79 页。
③　《刘郁芬部赴兰州》，《益世报》（北京）1925 年 10 月 21 日。
④　《刘郁芬已抵兰州，与各方面尚能相安》，《社会日报》1925 年 10 月 31 日。
⑤　《刘郁芬等报告为甘除害，拿办李长清、包玉祥二人》，《舆论》1925 年 11 月 19 日。

逮捕李长清、包玉祥后，刘郁芬对甘肃陆军各部采取打、拉结合的形式，迅速收编。并抓紧时间开始接收各行政机关，准备重组。与此同时，"冯玉祥任命薛笃弼为省长、胡毓威、杨慕时、沙明远、赵元贞、赵席聘分任民政、财政、教育、实业、警察厅长。国民军初步掌握了甘肃政权"①。

铲除李长清后，甘肃政局表面看似平静，实则暗潮涌动。回、汉各路军阀仍摩拳擦掌，继续招兵买马，准备伺机行动。这一时期，汉族军阀中较有实力者当属陇东镇守使张兆钾以及号称"陇南王"的孔繁锦。

1926 年 5 月，张兆钾、孔繁锦、黄得贵以及宋有才等在直系军阀和奉系军阀的支持下，突然对进入甘肃的国民军发动进攻，围攻兰州。时国民军军事实力尚属薄弱，整体处于固守待援状态。甘肃各路军阀见此情况，大都坐山观虎斗，准备坐收渔翁之利，只有甘州镇守使马璘派兵增援。直至 1926 年 6 月下旬，驻守兰州的国民军才在援军丁振国旅和吉鸿昌旅的援助下，顺利脱险，逐步掌握战事主动权，发起反攻，一举歼灭张兆钾、孔繁锦部。"最后乘胜追击，基本上扫清了甘肃的各路军阀，又派员点检、整编了马璘、马廷勷部，底定全省。接着扩充军队，控制经济，统一财政，完全控制了甘肃"②。

国民军完全控制甘肃以后，开始着手对甘肃社会各项事务进行整顿。其中包括废除封建迷信、缠足以及蓄辫等遗风陋俗。同时，加强市政建设，对兰州城市环境、公共卫生以及植树造林等都有相关规定和具体措施。在教育方面，随同国民军入甘的共产党员宣侠父、钱崝泉等入兰之后一面同甘肃当时唯一的地下党员张一悟取得联系，一面帮助国民军积极开展党务工作，举办各种培训班，培养干部人员，组织社团活动，开展革命宣传，对国民军在甘肃的发展壮大起到了重要作用。总体而言，国民军入甘后的起初阶段，在甘肃社会所实行的各项举措，使当时封闭落后的甘肃，整体社会风貌为之一振。

---

① 张克复、张国藩主编：《人文甘肃》，敦煌文艺出版社 2010 年版，第 386 页。
② 张克复、张国藩主编：《人文甘肃》，敦煌文艺出版社 2010 年版，第 387 页。

二、 兰州经济与教育的曲折进程

（一）经济的曲折发展

进入兰州的国民军，带着冯玉祥企图借助西北有利的地理位置，其他军阀鞭长莫及的现实优势，期望通过大力经营，以求壮大自身实力，进而实现西取新疆，东进山西，完成其大西北主义的美好宏愿，故发展当地经济，成为刘郁芬体现其政绩进而巩固冯系势力的主要选择。

鉴于政治和军事需要，国民军在兰期间，对兰州的邮电事业发展有一定促进作用，"国民军入甘的5年时间里……兰州增设了50部电话，添置了两台100门电话交换机"①。为了筹措军饷，扩充实力，国民军在1927年将曾由陇南镇守使孔繁锦在天水经营的造币厂机器迁至兰州。在旧日甘肃举院创办甘肃造币厂，并于1927年冬开始铸造银币。虽然生产设备落后，规模有限，但总体经营管理还算完善。厂内设有监督一人，负责全厂事务；另有厂长一人，专门管理工务部分。同时，该厂还设有总务、会计、工务三个科室和一个稽查室。该厂职工最多时达到三四百人，技术员工最多时达到四五十人。各股的稽查，由一名稽查长领导，稽查长受命与总务、工务联系，起纽带作用。厂里有十几名卫兵轮流在厂区、厂门站岗巡逻，有一名卫兵官指挥。一般工人、学徒上班时要自挂名牌。上班汽笛一响，名牌箱铁丝网就锁了起来，迟到即挂不上名牌，作为旷工，罚扣工资。②

为加强国民军在兰州的统治，加强交通建设成为当务之急。为此，"1926年9月，省署令修兰宁、兰西各线汽车路……在几年的时间里，修筑了兰宁、兰平、兰秦、兰固等简易公路，使得兰州向东、北、南三方向汽车均可达于外省。并成立交通处，具体负责交通事务"③。其中计划修筑公路的其他大致情况详见下表：

---

① 李清凌：《甘肃经济史》，兰州大学出版社1996年版，第213页。

② 张思温：《甘肃造币厂始末记》，载《兰州文史资料选辑》第11辑，甘肃日报社印刷厂1990年印，第75页。

③ 王劲：《甘宁青民国人物》，兰州大学出版社1995年版，第44页。

表1-1　国民军在兰期间修筑部分公路情况表①

道路名称	经过地	终点	全长（以千米为单位）
兰窑路	兰州　定西　平凉	窑店镇	591.68
兰宁路	兰州　靖远　中卫	宁夏	573.12
兰湟路	兰州　黑嘴子　碾伯	湟源	276.48
兰秦路	兰州	天水	368.64
兰文路	兰州	文县	1094
兰星路	兰州	星星峡	1417.48

　　除上述路段外，这一时期计划修筑的其他道路还有平盐路（平凉—盐池，全长558.72千米）、安敦路（安西—敦煌，全长161.30千米）、平武路（平凉—武都，全长524.16千米）以及乐平路（乐都—平凉，全长702.72千米），由此将构筑起兰州与各地以及甘肃周边比较畅捷的交通网络。但由于经费不足，国民军只能采取以工代赈的形式，对原有大车道进行集中整修。因为战乱和资金匮乏，有些公路修建半途而废，但这样的工程仍对后续兰州乃至甘肃的道路建设做了铺垫。1928年12月，刘郁芬致电交通部长王伯群，洛阳陇海路督办刘骥，请求加速陇海铁路的修筑工程，以求"开发西北，巩固国防"②。1929年2月18日，刘郁芬向孙科发电，赞成利用盐、关两税筑路，并称"甘肃交通艰难，更望铁道早日兴工，以利西北"③。

　　除此之外，刘郁芬命令曾学习过纺织工艺的山东人马瀛岑恢复兰州织呢局生产。因马瀛岑"思想较新，待人、接物、处事不坏……对工作小心谨慎，积极负责……领导工人有一套比较高明的办法，故工人个个精神抖擞，加劲生产，所织呢子坚实匀密，所产驼绒毯质量可与俄毯比美。这些

---

① 慕寿祺：《甘宁青史略正编》第31卷，兰州俊华印书馆1936年版，第51页。
② 《刘郁芬请完成陇海路，特电王伯群及刘骥》，《河北民国日报》1928年12月21日。
③ 《刘郁芬请筑路以利西北》，《京报》（北京）1929年2月24日。

产品除供国民军军用之外，也有部分产品应市销售……在生产闹得红火时……呢子的产量，最高峰曾达到每天生产 10 匹左右"①。

除恢复旧有工厂生产之外，国民军在兰期间还开设了新厂。如济贫工厂"'教养兼施，以济贫民'，招收贫民一千五百人，在兰州设立三个分厂，生产毛编物、纺线、织褐、毡毯等"。甘肃省立工科学校附设工厂，"分织布、裁绒、编织、造胰、漂染、靴鞋等部"。将天水工艺厂制革部分迁移兰州，建立甘肃制革厂，发展制革业。……在兰州设立惟救工厂，生产各色毛线、毛织品、帆布、地毯等。② 虽然这些工厂规模有限，生产技术也不先进，但它们的出现无疑促进了兰州地方经济的发展，解决了部分闲置人口的就业问题。

国民军入兰，对兰州经济有所带动的同时，也有一定阻碍和破坏作用。在相继铲除李长清，打败张兆钾和孔繁锦之后，为进一步巩固自身实力，刘郁芬开始整编和扩充军队，不断招募新兵，军费问题成为燃眉之急。1925 年兰州财政实支 334 万多元，其中军费实支 177 万多元，占 53%；1926 年财政实支 498 万多元，其中军费实支 347 万多元，占 70%；1927 年财政实支 755 万多元，其中军费实支 521 万多元，占 69%，③ 军费开支成为兰州乃至甘肃民众的巨大负担。

为筹措数目庞大的军费，刘郁芬想方设法搜刮民脂民膏，苛捐杂税多至二十几种。其中"地丁银粮，初分两忙征收，后竟预征到五、六次以上。还有各种附加，仅就教育附捐、军事附捐、营房附捐、借捐、田亩捐几项而论，每人平均负担已达十五——二十银元，（民众）实际每亩年收入也只有十元左右，全数捐纳，还差一半以上。……国民军在甘征兵二十万，按人数摊款雇买，以平均每人二百元计，当时即征到三千余万元之多"④。如

① 徐慧夫：《从辛亥到解放前夕的甘肃织呢工业》，载《甘肃文史资料选辑》第 14 辑，甘肃人民出版社 1983 年版，第 6 页。

② 任效中：《大革命时期国民军在甘肃的活动述评》，《西北师大学报》（社会科学版）1987 年第 2 期。

③ 王劲：《甘宁青民国人物》，兰州大学出版社 1995 年版，第 48 页。

④ 甘肃省人民委员会参事室：《甘肃自然灾害情况概述》，载《甘肃文史资料选辑》第 1 辑，甘肃人民出版社 1986 年版，第 143—144 页。

此繁重的捐税，对地方经济的发展无疑是巨大的摧残和阻碍。

（二）文化教育的曲折发展

民国时期，甘肃教育经历了"艰难推进、徘徊倒退交替并存的几个阶段，从民国初年到国民军执政时期是甘肃教育的第一阶段。……总的来看，初等教育和中等教育向比较规范的方向迈进，学校数量增加，学校规模扩大，省城和县城相继创办了一些条件较好的学校"①。其中，国民军在甘期间对教育的重视和改革，尤其对兰州的教育发展起到了一定的推动作用。

国民军入兰之际，兰州教育普遍存在的问题即旧式教育痕迹明显，尤其在广大乡村中此种现象更为突出，无论是教材还是校舍都带有私塾的色彩和成分。教育发展的不均衡，在城乡之间表现突出。城镇学校多，规模较大，基础设施相对齐全，师资力量有一定保障。乡村教育不论校舍，还是生源以及师资方面都没有保障，所谓"春满堂，夏一半，秋凋零，冬不见"的现象比比皆是。因为重男轻女观念的存在，女子教育在城市并不发达，在乡村更是困难。除此之外，教育中的学制混乱问题长期存在。总体而言，这一时期的兰州教育，因为经费、人才、理念以及自身环境等问题，总体发展迟滞。其中，尤以理念问题较为突出。

在国民军进入兰州之前的 1923 年，甘肃临洮曾发生"著名"的"高张结婚事件"，一度在全国引起强烈反响。"高张结婚事件"的主角分别是时任甘肃省立第三师范校长的高文蔚和一张姓女子张淑贞。1921 年，高文蔚因原配妻子病故，经人介绍与狄道第一女子小学毕业的张从贞订婚，但未及成婚张从贞即病故。张从贞去世后，张母"念姻眷情好，不忍中断，欲将次女（笔者按：张淑贞）续许文蔚为室。但该次女为某女校毕业，文蔚曾在校代理图画四五十小时"。显然，高与张淑贞有师生关系。为避免非议，高曾"广征各方意见……皆谓师弟无确实辈行，与已过去之女学生结婚姻，于道德法律，并无抵触。况又有父母之命，再不容他人有参加末议

---

① 宋仲福、邓慧君：《甘肃通史·中华民国卷》，甘肃人民出版社 2009 年版，第 287 页。

之余地"。1923 年春，高、张正式结婚。这一事件原本是个人私事，而且在国内其他都市已屡见不鲜。但在甘肃却一石惊起千层浪，演化为一场所谓"伦理道德"的"大审判"。

以时任省立第一师范校长杨汉公和狄道视学牛应星为代表的封建礼教维护者对此大肆讨伐，认为该事件有违师生间的"严格辈行"，理由是"师徒之谊，在父子兄弟之间，为维持人道，尊重师道计，万不可有结婚之举"①。因此杨、牛组织所谓的维持纲常名教团，发散传单，侮辱高张结婚乃"为驴为马为禽为兽为鬼怪"，又在高文蔚之门张贴污言秽语对联，同时鼓荡风潮，聚众开会，上书省府及教育厅，要求撤换高文蔚校长之职。更有甚者，"电诉大总统，国务总理，教育部。又具呈本省高等审判厅，'请增加限制师弟结婚之专条法律'。又函达南通张謇，请其来函惩戒文蔚。官厅皆知团人之无理取闹，置之不理"。② 然而牛应星利用手中掌握的权力，竟在女校开学之日，将校长调离，校门上锁，致使女校不能按时开学上课，反而给高文蔚扣上"摧残"女校的大帽子，煽动社会舆论，一致起来反对高文蔚。③ 最终迫使高文蔚辞去第三师范校长之职。这场"纲常名教团"扮演的丑剧，足足闹了半年多，一时轰动金城甚至在全国引起了讨论。其背后是甘肃地方文化落后，新的教育理念和民主思想缺失的反映。

冯系势力在大西北主义的驱动下，对教育发展比较重视。冯玉祥认为"教育为国家之根本，教育不兴，而国不立。"④ 期望通过教育，"启迪民智……割除弊俗，改良社会"。并据此认为"学校教育应加整顿，学制所定当然竭力进行"。因是之故，国民军入甘后对教育进行了大力整顿，"甘肃教育……自冯督甘，刘、薛主政，始大整顿。……至省府改组，马鹤天长教育，乃大扩充"。⑤

---

① 邓明：《邓春膏先生与甘肃学院》，《档案》2015 年第 12 期。

② 《高文蔚因娶妻丢了校长，因与他的学生结婚，惹恼了所谓维持纲常名教团，攻击侮辱无所不止，终归失掉师范校长，礼教真能吃人》，《晨报》1923 年 7 月 23 日。

③ 丁焕章：《甘肃近现代史》，兰州大学出版社 1989 年版，第 248—249 页。

④ 冯玉祥：《冯玉祥选集》中卷，人民出版社 1998 年版，第 405 页。

⑤ 李泰棻、宋哲元：《西北军纪实》，（台北）大东图书公司 1978 年版，第 454 页。

第一，兴办教育，经费先行。当时甘肃因整体经济凋敝，教育经费中初等教育无定款，省立学校又专赖财政厅拨付。为此，国民军主政时期特别征收全省牲畜税及纸烟捐，作为教育专款，并组织专款保管委员会，负责保管。凡教育经费，直拨教育局，后又规定各县以庙产作为教育经费，教育经费不得挪作他用。以此保障教育经费的持续发放。第二，加强党化教育。通令省立及县立中等以上学校，招收新生时加试三民主义、建国大纲，各学校同时教授三民主义。第三，注重加强回民教育，要求回民聚集各县，设立回教教育促进会，促进回民教育发展。第四，规定义务教育章程和补充办法，要求师范学校添设一二年制之师范班以便应用。第五，加强社会教育，"社会教育，最贵普及，不必尽待教育机关及学校办理……凡属官厅局所、公共机关以及各商公会、祠堂、庙宇、会馆一律附设平民学校，利用原有之房屋及节省之靡费，由本部分之职员担任教授，提倡举办，费省效速，实为普及平民教育扼要之图"①。

在新的教育政策的指示下，刘郁芬在兰期间，创办五族学院，② 后改名为兰州中山大学，③ 马鹤天任校长④。1927 年 12 月 20 日，"省会各机关设立平民学校21 所。是年，省立第一中学开办高中班，是为甘肃省普通高中之始"⑤。

总体而言，国民军入兰后，对兰州乃至甘肃教育的推动，"在甘肃教育史上具有里程碑的意义"⑥。但当军费紧张之际，政府却在"统一教育经费"的幌子下，以经费不能及时到位而挪作他用。刘郁芬说："现在军费这样的急需，哪有钱来办教育？不如暂把它搁起来，等到军事结束后再办。"⑦ 实质上，冯系势力"把西北作为进行扩张、问鼎中原的根据地，这就促使他

---

① 李泰棻、宋哲元：《西北军纪实》，（台北）大东图书公司 1978 年版，第 184 页。
② 李泰棻、宋哲元：《西北军纪实》，（台北）大东图书公司 1978 年版，第 190 页。
③ 李泰棻、宋哲元：《西北军纪实》，（台北）大东图书公司 1978 年版，第 455 页。
④ 邢邦彦：《清末法政学堂到兰州中山大学》，载《甘肃文史资料选辑》第 17 辑，甘肃人民出版社 1984 年版，第 9 页。
⑤ 马楠、岳明远、王培桐：《兰州教育大事记》，载《兰州文史资料选辑》第 17 辑，兰州大学出版社 1998 年版，第 287 页。
⑥ 谷岳峰：《国民军入甘及其对甘肃社会的影响》，《史学月刊》2007 年第 12 期。
⑦ 康天国编：《西北最近十年来史料》，1931 年，第 22—23 页。

不得不发展西北经济，给地方带来些许好处。另一方面，他开发地方更主要的目的是获得军费，增强自己的实力，保住自己的地盘。"①

三、 移风易俗与兰州社会的发展

国民军进入兰州后，对兰州地方社会的稳定、遗风陋俗的变革、社会风尚的树立和城市面貌的改善都作出了一定贡献。

（一）改善社会风气，破除陈规陋俗

国民军初到兰州时，在整体作风和军队素质方面颇有作为。以"不扰民为宗旨""抱定革命宗旨，人人俭朴，事事认真"，"每至五更头，各机关领袖带主任以上官员，齐集司令部，候行朝会礼"。"省长薛笃弼黎明即起，洒扫庭内，各窗户大开接收空气"，"城关内外街道，由公务员按照指定地点，躬自扫除，为人民模范"。② 对于一般民众则要求不许随地吐痰，更不许口嚼虱子。命令"警察各分局稽查所辖地段有弃灰于道者则罪之"③。组织捕蝇队、清道夫、卫生防疫队等加强环境卫生管理工作。国民军军队领导和官员的以身作则和躬身示范的实际行动，一改兰州社会旧有的官场和军队作风，在当时的兰州刮起了一股革新之风。

张广建督甘时期，曾为宣扬官员之华贵尊严而要求文武官员及同级处、局、所长等人，出门一律乘坐绿呢大轿。一时间兰州全城绿轿往来，招摇过市，百姓冷眼旁观之余，莫不讥讽谩骂。国民军入兰后，针对兰州官员继续乘绿呢大轿出行之事，"刘郁芬闻之怒曰，甘肃别有天地，官僚气息太深，国体变更已十四载，此区区者犹不能除"。对此，督署及时颁布命令，予以取消，于是"厅道皆步行，虽骡车亦无人敢坐"。④ 薛笃弼下令，"凡我同寅僚友，务宜将旧日官场坐轿跪拜馈遗征逐之积习，以及大人老爷之称

---

① 尚季芳：《冯玉祥开发西北的思想与实践述论》，《宁夏师范学院学报》2008 年第 4 期。
② 宋仲福、邓慧君：《甘肃通史·中华民国卷》，甘肃人民出版社 2009 年版，第 45 页。
③ 慕寿祺：《甘宁青史略正编》第 31 卷，兰州俊华印书馆 1936 年版，第 58 页。
④ 慕寿祺：《甘宁青史略正编》第 31 卷，兰州俊华印书馆 1936 年版，第 27 页。

谓，种种有背国礼，废事耗时之无味排场，概行禁革"，而有鸦片嗜好者，"一个月内，一律禁断，丝毫不准沾染，逾此期限，如经访闻，或观测疑似，以及经人告发者，即予调验，验明属实，从重惩处，永不叙用"。① 此种做法，不仅整顿了官场奢靡、攀比的不良风气，更重塑了官员形象。同时，对于兰州存在的部分供官员享乐、消遣的娱乐场所，如妓院、烟馆、酒馆以及京剧馆和粉饰绸铺街等，也都要求予以关闭或停业整顿。

在改革官场风气、严惩贪官污吏方面，国民军的做法为百姓称赞。据查古浪县知事郭光衡在承办军需期间，借采购皮衣之便，从中贪污价款，后被皮商告发。"省府查实，在兰州处以死刑。营长郭小谟、连长陈光锐，抢劫固原董府。刘郁芬派师长安树德查办，郭被判枪决，陈被判禁监60年，解送省城执行"②，对兰州的官场风气起到警示作用。

在整顿吏治的同时，国民军对兰州封建迷信的破除，以及如缠足、蓄辫等遗风陋俗的变革也有一定贡献。兰州曾有很多古树，民众迷信借以修建部分所谓"树神小庙堂"。很多贪财之徒借此聚敛财物，坑蒙百姓，扬言古树有灵异"承其水以疗病"，"省长薛笃弼闻而笑曰，此草鞋大王之类也，遂毁其庙"，③ 禁止利用古树骗钱害人。当时兰州黄河沿滩有很多算命先生，借推算八字替人算命，骗取钱财。不仅百姓络绎前往，更有官员时常"光顾"。对此，刘郁芬认为"此扰乱人心者也"，于是警察厅及时颁布命令禁止算命和卖卜者活动，打击了封建迷信在兰州的蔓延。

国民军进入兰州后，对兰州妇女解放事业的发展亦有贡献。众所周知，近代中国社会妇女放足运动始于维新变法时期。维新派以"拯救国母"为由在男性的视域下开启妇女解放运动即双足解放的先河，但由于封建思想根深蒂固，响应者寥寥。辛亥革命后，"禁缠足"和剃发易服成为国家转型的重要举措和主要标志。国民军进入兰州之际，依旧还有很多妇女饱受缠足之痛。

① 李泰棻、宋哲元：《西北军纪实》，（台北）大东图书公司1978年版，第181—182页。
② 宋仲福、邓慧君：《甘肃通史·中华民国卷》，甘肃人民出版社2009年版，第46页。
③ 慕寿祺：《甘宁青史略正编》卷31，兰州俊华印书馆1936年版，第42—43页。

有鉴于此，冯玉祥在国民军进入甘肃之际，即下令甘肃施行放足运动。《采菲录》有言："冯焕章先生之治西北也，以放足列为要政之一。'女子缠足，戕贼身体，束缚自由，步履维艰，操作困难。以致成为男子之寄生虫，若不急谋解放，实不足以提高女权，维持人道'。令豫、陕、甘三省皆设放足处，文牍往来，职员济济。并以杨慕时兼甘肃放足处长、邓长耀兼陕西放足处长、薛笃弼兼河南放足处长，考成解脚布之多寡，定职员县长之勤惰，县长因贻误放足而被撤职者，时有所闻"①。1927 年甘肃省政府成立甘肃放足处，各县设分管放足处，并于该年 9 月公布《甘肃省政府饬令妇女放足办法大纲》，规定甘肃放足运动分为劝导、强迫、罚办三期。强迫期内"未满十岁之女子绝对禁止缠足，十岁以上未满三十岁之妇女一律迫令解放，三十岁以上未满五十岁之妇人一律迫令除去木质鞋底"。同时规定罚办期内对违法者的处理办法即第一次"科以五角至一元之罚金，并拘留其家长五日至十日，街长、村正同罚"；第二次"科以一元至三元之罚金，并拘留其家长二十日至四十日，街长、村正同罚"；第三次"科以三元至五元之罚金，并拘留其家长一月至二月，街长、村正同罚"。②针对早婚，发布通令，"男子十六岁，女子十四岁以上，始准订婚。男子十八岁，女子十六岁以上，始准结婚，违者严惩"③。应该说，冯系集团的放足、禁止早婚等举措，对于提升妇女权益、开化民风、促进地方社会变迁有很大作用。

（二）重视民众教育，加强市政建设

国民军进驻兰州后，对兰州的整体市政建设和近代化转型同样起到了一定推动作用。其间，在时任甘肃省省长薛笃弼的认真负责和严格督办下，兰州社会风气为之一新。

为加强革命宣传，提倡革命精神，团结民众打击军阀，薛笃弼令"公务人

---

① 姚灵犀：《采菲录》，上海书店出版社 1998 年版，第 6 页。
② 《甘肃省政府饬令妇女放足办法大纲》，《甘肃民政月刊》1927 年第 3 期，第 26 页。
③ 李泰棻、宋哲元：《西北军纪实》，（台北）大东图书公司 1978 年版，第 453 页。

员学唱革命歌曲，并自编《劝民歌》一书，印刷成册，广为散发"①。以"我爹娘生我养我吃尽苦和辛，为人不知行孝道，怎么能算人？要知爹娘苦和辛，第一要保身；安分守己务正业，努力报娘亲恩"② 等通俗易懂的大白话形式，向民众宣传孝道、保身和安分守己之个人素养与社会公德等。免费印发《烟赌害》等石印小册子，劝诫民众远离鸦片、赌博等的危害。时值第一次国共合作时期，薛笃弼发给民众的新书中，"除讲三民主义外，有些书中还介绍了马克思、列宁及共产主义的知识"③。同时，薛笃弼教育民众及公务人员，"反对损财堕落，游手好闲等恶习；提倡勤奋、好学、亦工、亦商、亦农、勤劳致富等内容。一时公务人员朝气焕发，精神振作，带动省城风气大开"④。

图1-4　冯系干材薛笃弼

（载《礼拜六》1934 年第 555 期）

---

① 戴晨光：《薛笃弼在兰州》，载李荣棠等编《兰州人物选编》，兰州大学出版社 1993 年版，第 159 页。

② 朱太岩：《薛笃弼重视民众教育》，载甘肃省文史研究馆编《陇原鸿迹》，上海书店出版社 1994 年版，第 24 页。

③ 范宗湘：《一个旧警官眼中的旧兰州》，甘肃人民出版社 1994 年版，第 38 页。

④ 戴晨光：《薛笃弼在兰州》，载李荣棠等编《兰州人物选编》，兰州大学出版社 1993 年版，第 159 页。

薛笃弼十分重视民众日常生活教育、文化工作。在省长公署设"进思堂"，免费为民众放映电影，丰富民众日常生活，传播进步信息。开设夜校，帮助民众识文断字，学习文化科学知识。"将庄严寺（今《兰州晚报》社）改为民众教育馆，展出甘肃的自然资源标本，土特产样品；卫生保健常识；中国历史及象征民族团结和各族历史人物……开设儿童运动场、游艺室、图书阅览室等。……还在教育馆中第一次展出了部分飞禽猛兽等野生动物，使省城人民大开眼界。在木塔寺（今甘肃省军区干休所）设立了公共体育场、乒乓球室、秋千、浪桥等设施，供市民进行体育活动"。① 1927 年薛笃弼还在兰州创办了省秦腔训练班，由省教育厅具体负责，训练班每星期在省教育馆国民剧院演出一至两次，表演剧目主要有《放饭》《走雪》《伍员扫墓》《二堂舍子》等，② 活跃市民文化生活。为激励民众自强，不忘列强侵略事实，薛笃弼亲自将列强侵略"经过、事由、日期，一一录出，编周年国耻纪念表，刊印多张，令发各县悬挂署前及进思堂，使人民触目惊心"③。

　　薛笃弼在兰期间，重视发展社会福利事业，改善民生。"在下官园（今民勤街）开办养老院 1 所，专收无依无靠、老年残废而流落社会的穷人入院，管吃管穿，养老送终。在新关（今秦安路）开设孤儿院 1 处，收容孤儿、弃儿入院，并抚养教育。在学院街（今武都路东）设济良所 1 处，收容不堪虐待，走投无路而逃离虎口的妓女、丫头、童养媳，以及受家庭迫害的妇女入所。由政府提供吃、穿、住宿，并严加保护，再由政府做主，择选配偶成婚。在禁毒，宣传毒害的同时，还设立戒烟所，为烟民戒除烟瘾等"④。以上举措的实施，对宣传教化民众、稳定社会秩序、改善民生疾苦和革新社会风气等方面都有比较大的促进作用。

　　① 戴晨光：《薛笃弼在兰州》，载李荣棠等编《兰州人物选编》，兰州大学出版社 1993 年版，第 159—160 页。

　　② 康叙五：《兰州戏剧实录》，载《兰州文史资料选辑》第 16 辑，兰州大学出版社 1996 年版，第 131 页。

　　③ 《薛笃弼勖勉陇民》，《兴华》1926 年第 23 卷第 12 期，第 39 页。

　　④ 戴晨光：《薛笃弼在兰州》，载李荣棠等编《兰州人物选编》，兰州大学出版社 1993 年版，第 160 页。

薛笃弼1925年11月到兰，1927年初离职，在任仅1年多时间，但他在甘肃、在兰州的一系列事功备受民众称赞，被人们誉为"甘肃的一个好省长"。

图1-5　黄河铁桥及兰州全景

（载《图画时报》1927年第423期）

国民军进驻兰州后的又一主要功绩，便是营造中山林。在刘郁芬的命令下，由省政府建设厅长杨慕时带头倡导人工造林借以绿化兰州南郊。为纪念革命先行者孙中山先生，将五泉一带新植林区命名为"中山林"。中山林林区覆盖范围，"东起红泥沟东北之方家庄，西径东龙口西侧之塔子坪、二郎岗、狼洞子、沿龙尾山麓西北直达西北大厦。今日之民族学院，甘肃日报社等许多机关及不少居民所用地，皆为昔日中山林之腹地"。"林区面积约四、五平方里，植活各种树木约十万余株。树种以白榆为主，其次是臭椿、洋槐、山杏等。在中山林办事处门前有茅亭一所，其东西有水塘长约二十余丈，塘之西有一泉，水清冽，为附近居民饮水处。在塘泉西侧，栽有少量杨柳，其中有垂柳十余株，每至春时，绿芽抽丝，细柳梳风，轻摇慢舞，姿态娇媚，引人驻足。盛夏，树阴蔽日，茶社盈座。每逢节假日，相声、说书、武术表演，比比皆是"①。

营造中山林是应冯玉祥发起的"兴修水利，大力种植树木"而举行的，他对兰州的绿化很重视，特别对"中山林"的营造尤为重视，"中山林的营造，创黄土高原大规模人工造林的先例"②。

第三节　兰州的社会事业

20 世纪 20 年代，甘肃曾发生一系列自然灾害，其中最严重者为 1920年的海原大地震和 1929 年的大旱。这两次重大灾害中，兰州社会损失惨重。但与此同时，伴随救灾事宜的相继展开，兰州的社会事业也有所发展。

一、　五泉山重建

五泉山重建的原因之一，是受海原大地震的影响。海原地震发生于 1920 年 12 月 16 日 20 时许，震级为里氏 8.5 级，堪称世界级大地震。此次地震造成大量人口死亡，地方古建筑倒塌和破坏甚多，兰州五泉山即在其列。震后，五泉山的修缮工作由当时陇上大儒刘尔炘全权主持。此项工作之所以由刘尔炘负责，不仅因为刘尔炘的倡议和影响力，更在于其躬身实践、关怀桑梓的济世情怀。

（一）刘尔炘其人其事

刘尔炘（1864—1931），祖籍陕西三原县，清康熙年间，其高祖刘世英始迁兰州。字又宽，号晓岚，又号果斋，晚年因修建兰州五泉山，自号五泉山人。刘尔炘自幼勤勉，1879 年中秀才，1889 年中进士，授翰林院庶吉士；1892 年，受兰州知府丁振铎之聘，任五泉书院讲席。次年完成处女作《果斋一隙记》，被当时学界称为"以程、朱为宗，旁贯百家，折中一是"。

---

① 刘亚之：《兰州中山林的兴废》，载《城关文史资料选辑》第 1 辑，1988 年，第 55—56 页。
② 马金山主编：《兰州南北两山史话》，甘肃文化出版社 2008 年版，第 40 页。

1894 年，二次进京述职，授翰林院编修，供职三年，完成《果斋日记》第一至第六卷。① 从 16 岁到 31 岁，刘尔炘的科考和仕途升迁相较同龄人要顺遂很多，这与其努力、勤勉，以及出生书香之家关系紧密。但这一时期的刘尔炘也与"无数传统士人一样，'中年以前，神志精力消磨于应举者不少矣'。然而他并非只知博取功名的腐儒"，而是坚持"弱冠立志为学，以不求人知为盟心要语，以无所为而为读书宗旨"。② 因此，青年时代的刘尔炘以"国朝大儒"为崇敬对象，以钻研理学为求学宗旨，由此确定了其一生为之追求的思想基础。

刘尔炘进京供职期间，甲午战败对他刺激很大，而康梁的变法维新也进入他的视野。虽然变法发生时刘尔炘已辞官回乡，开始在兰州讲学，但此前风云诡谲的社会情势势必对其产生影响，激发了他教育救国的宏愿。鉴于诸生热衷功名，而且阅读八股文选本的不良颓风，刘尔炘特制定六条学规，"一宜立志，二宜存心，三宜有抉择，四宜有次序，五宜切记体察，六宜随事力行"③。以此引导学生树立为国为民立学之志，勤勉求实，躬身实践，勇于提出自我见解的教育理论。1898 年到 1916 年，刘尔炘先后主讲五泉书院，任甘肃高等学堂总教习，修建兰州府文庙及皋兰文庙，创办皋兰修学社、陇右乐善书局以及甘肃图书馆等，为兰州教育事业的发展作出了贡献。④

除热心家乡教育发展外，刘尔炘还极为关注民生疾苦，积极参与地方赈灾等慈善活动。海原大地震发生后，刘尔炘共募集赈款 30 余万两，其中赈灾花去 170770 两，尚余 137210 两，大洋 1659 元。因有新款，遂对原有

---

① 刘宝厚：《刘尔炘传略》，载《兰州文史资料选辑·近代人物史料专辑》总第 12 辑，兰州大学出版社 1992 年版，第 1 页。

② 张景平：《士与二十世纪的实践性儒学——试论刘尔炘的思想、实践及其意义》，《国学论衡》2007 年第 4 期。

③ 稚农：《刘尔炘》，《甘肃教育》1988 年第 4 期，第 48 页。

④ 李瑞征：《刘尔炘先生及其思想》，载《甘肃文史资料选辑》第 17 辑，甘肃人民出版社 1984 年版，第 135—136 页。

的义仓进行扩建，并易名"甘肃丰黎社仓"，同时将其作为省仓。① 1928
年，甘肃大旱，丰黎社仓在"木塔巷、官园二处，设场平粜，规定每一贫
民，限购三斤，果老为了做好这项工作，每日步行到现场，检查督促，把
平价粮售给贫民，有时还会同警察厅办省垣粥厂……放饭急赈"②，这对缓
解地方灾情和稳定地方社会有一定贡献。

作为陇上硕儒的刘尔炘，不仅著书立说，传扬后世，而且起而行之，
热心教育、参与慈善、推动地方实业发展和城市建设。刘尔炘的躬身实践，
为儒学在现实中的存在与发展提供了一个坚实的平台。其主持重修五泉山，
即为重要实证。

（二） 刘尔炘重修五泉山

五泉山位于兰州城南的皋兰山麓，"相传在汉朝武帝元狩三年（前120
年），汉武帝派遣骠骑将军霍去病西征匈奴，曾驻兵于此，士卒因长途跋
涉，饥渴求饮，但苦于无水，于是霍去病将军用马鞭在山崖上连击五鞭，
顷刻山崩水涌，遂成五眼清泉"③，后人分别为其取名"甘露""摸子""掬
月""惠泉""蒙泉"，五泉山也因此得名。

五泉山的庙宇建筑，最早始于元代，顺承时代沿革，其后大部分建筑
则多出于明清两代。除古色古香的古代建筑外，五泉山依山傍水，古木参
天，更有参禅悟道的古寺。环境静谧而幽雅，享有陇上名胜的盛誉，是吸
引文人墨客以及观光旅游者的极佳去处。故有"水绕禅林左右连，萧萧古
木带寒烟。共夸城外新兰若，自是人间小洞天"的诗文赞誉。④ 如此曲径通
幽、别有洞天的佳境，及至民国年间，却因年久失修，以及天灾人祸等，
"山上庙宇大部分已遭破坏，殿宇颓败，楼阁凋零，残存者仅十余处，彼此

---

① 陈尚敏：《刘尔炘与1920年甘肃大地震救济》，《档案》2018年第7期。
② 马玠璧口述：《忆果斋老人》，载《甘肃文史资料选辑》第17辑，甘肃人民出版社1984年
版，第154—155页。
③ 刘宝厚：《五泉山与五泉山人》，甘肃人民出版社1988年版，第2页。
④ 郝润华、许琰：《兰州历史文化·文学文献》，甘肃人民出版社2007年版，第46页。

也不相连"①。看到地方名胜遭遇破坏，刘尔炘深感痛惜，于是以个人名义向兰州地方官绅和各界人士发起募捐，立志重修五泉山。

刘尔炘的提议得到了多方支持，遂募得部分资金。海原大地震后，"兰州成立华洋救济会，向世界呼吁救济，远道募济，而灾情已过数年，地方官绅，多欲巧取中饱，果老以重修五泉，向华洋救济会力争，才将赈款用于重修五泉，并热心向社会人士、官绅豪门劝募"②，终于募得白银48000余两。事实上，刘尔炘主持五泉山重建从1919年夏天就已经开始，直至1924年才正式竣工，③ 前后花费5年多时间。在此期间，刘尔炘认真负责，依据山势地形，查阅资料，聘请能工巧匠参与设计。不仅及时重修已经损坏的建筑，更在原有基础上新建了部分建筑，太昊宫、万源阁、层碧山庄以及三子祠等就是这一时期的杰作。

修缮一新的五泉山旧貌换新颜，上下左右之建筑，彼此连接贯通，交通行走更加便捷。除此之外，经过整修的五泉山，新增加了由刘尔炘精心撰写的130余副对联。这些对联不仅妙趣横生，更启迪智慧，发人深省，增添了五泉山的人文特色和文化魅力。这些妙趣横生的对联背后，寄托了刘尔炘忧国忧民、关注社会现实、祈求国泰民安、希冀人才发展的美好愿望。例如，刘尔炘为五泉山门所题楹联，"作雨还云，随时天趣；钟灵毓秀，他日人才"。其余生所期，无非"他日人才"。又如为"望来堂"所书对联："正学废兴关世运；斯文绝续在人才。"又云："真学问无多言，不自利，不自私，修己安人盟素志；大工夫在内省，去吾骄，去吾吝，仰天俯地矢丹心""邀诸君来此谈谈，把亚欧非美澳政教源流，说与我略窥门径；请大众认真想想，那儒释老耶回精神传授，到底谁能定乾坤？"④ 刘尔炘所题对联饱含哲理，不仅有对人才、学问的重视与期待，更有对世运兴废的感慨与

① 刘宝厚：《五泉山与五泉山人》，甘肃人民出版社1988年版，第3页。

② 马玠璧口述：《忆果斋老人》，载《甘肃文史资料选辑》第17辑，甘肃人民出版社1984年版，第151页。

③ 刘尔炘：《兰州五泉山修建记》，和通印刷馆1926年印，甘肃省图书馆藏，第1页。

④ 刘宝厚：《五泉山与五泉山人》，甘肃人民出版社1988年版，第5、9页。

无奈。

五泉山的重修，不仅实现了刘尔炘传播儒学的理想，更体现了其服务桑梓的济世情怀。诚如他为"太昊宫"的修建撰文所言：

> 借山水名胜地，起危楼杰阁点缀亭台，以表彰吾陇上三古以讫有清六千余载帝制时代之圣贤豪杰以示游人。经营者阅两寒暑，募而支出者万八千四百余两。后之人春秋佳日挈榼提壶歌于斯、啸于斯、登临瞻眺于斯者，当有以注其精神念虑而不致入宝山空回也。①

二、 民国十八年大饥荒

20世纪20年代，兰州遭遇的自然灾害，除地震外，还有旱灾、水灾以及冰雹和虫灾等。1929年甘肃大旱，几使陇原大地成为"人间地狱"②。这场历史上的典型大旱灾从1928年2月开始，"以陕西为中心，遍及甘肃、山西、绥远、河北、察哈尔、热河、河南八省，并波及山东、苏北、皖北、湖北、湖南、四川、广西的一部或大部，形成了一个面积广袤的大荒区。旱情旷日持久……一直延续到1930年"。据不完全统计，此次旱灾中"甘肃人口600万，死亡250万—300万"。③ 其中，兰州成为这场灾害的重灾区之一。

（一） 饥荒概况与影响

甘肃属于典型的大陆性气候，旱灾为各地普遍的自然灾害，如农谚所说："三年一小旱、十年一大旱、二十年一特旱"，同时更有"十年九旱"之说。发生在民国十八年的这场旱灾，就属于农谚言及的大旱、特旱。

从1928年起，旱灾就开始波及甘肃兰州。现将民国十八年前后即1928年至1930年间兰州所辖部分地区旱灾情况做一统计，内容详见表1－2：

---

① 刘尔炘：《兰州五泉太昊宫记》，载薛仰敬主编《兰州古今碑刻》，兰州大学出版社2002年版，第374—375页。
② 《人间地狱：为豫陕甘难民而作》，《社会》1929年第4期，第39页。
③ 刘仰东、夏明方：《灾荒史话》，社会科学文献出版社2011年版，第177、198页。

表1－2 1928—1930年兰州各地旱灾情况统计表

年份	受灾地点	具体灾情	资料来源
1928年	兰州	兰州市区遭旱，夏秋歉收。	袁林：《西北灾荒史》，甘肃人民出版社1994年版，第576页（下同）
	皋兰	皋兰县自去秋未落透雨，往冬无雪，今年又复自春徂秋未降雨泽，被成旱灾。	《西北灾荒史》第576页
		山旱田地完全失种，沿河水田因河水低落水车不能流转，凿井灌溉，夏秋二禾亦收获无多。	《甘肃省民国十七年各县灾情一览表》，甘肃省图书馆藏（下同）
	榆中	荒旱与皋兰同，因未落雨，秋夏失种，寸草未生。	《西北灾荒史》第576页
		全县人民多以耕田为业，山旱之地因未落雨秋夏失种，寸草未生。县城附近虽有水地，但是无多。且引山水为渠，若逢旱年，即无水浇灌，与旱田无异。以故各乡灾民年轻力壮者，四散逃荒。年老弱幼者，乞麵度日。甚至饥寒逼迫亡身自尽，到处皆有。	《甘肃省民国十七年各县灾情一览表》
1929年	榆中	去岁荒旱，今年元至六月未落透雨，因将旱地夏禾全行晒枯。	《西北灾荒史》第583页
		因连年大旱，流行瘟疫，致成大饥。境内的油渣、麸皮、树皮、草根皆为民食殆尽。父母卖儿女，人狗相食，积尸盈道，县城有两处万人坑供掩埋尸体。	《榆中县志》，甘肃人民出版社2001年版，第21页
		连年荒旱，本年自三月以后暴阳为虐，田苗均被晒干，田地尽成焦土，掘地不见潮湿，野无青草，树多干枝。皋兰县连年亢旱，灾情奇重，秋斜阳曝晒两月有奇，立将茂密秋苗半途枯死。	《西北灾荒史》第583页
		皋兰县境灾民达12.8万人，多以树皮、草根、草籽或麸皮、油渣充饥度荒。粮价暴涨，小麦每斗（150市斤）售价25元（银圆）；黄米每斗（175市斤）售价30余元（银圆）。	《西固区志》，甘肃人民出版社2000年版，第20页
	兰州	兰州市区本年春雨尚可，勉强播种，三月以后暴阳为虐，田禾尽被晒干。	《西北灾荒史》第583页

年份	受灾地点	具体灾情	资料来源
1930 年	皋兰	旱霜雹水相继为害。	甘肃省人民委员会参事室编：《有关甘肃自然灾害的一些历史材料》，1956年，第69页（下同）
	榆中	旱霜雹水相继为害。	《有关甘肃自然灾害的一些历史材料》第69页

从表 1－2 看出，1929 年与 1928 年相较，兰州境内灾情程度进一步加剧，被灾区域呈扩大趋势。1928 年，"皋兰空前大旱，寸草不生，禾苗全枯，颗粒未收，粮价昂贵，哀鸿遍野，树皮草根，俱已食尽，人相争食，死亡枕藉。1929 年，又遭大旱，春耕失种，野菜均食之殆尽，积尸梗道，有掘尸、碾骨、易子而食者，城内每日饿死饥民甚多，当局以大车载运投入黄河"①。榆中自 1928 年大旱，"米谷未生芽，小麦未出穗，继又冰雹、洪水、虫害，灾情严重，民大饥，饿殍盈道，状极惨烈。1929 年，继续大旱，春虽种（有的失种）夏无收，民大饥，饿殍相望，瘟疫流行"②。永登自 1927 年 8 月到 1928 年春，未见降雨，"夏禾枯槁，秋禾又失期未种，加以 6 月间土匪溃变，所到之处焚烧抢杀、奸淫掳掠，无所不至。人民伤亡，财物一空，房屋庐舍多成焦土。哀鸿遍野，流氓载道，令人睹之伤心，闻之酸鼻"③。据一位长期活动于甘肃境内的传教士记录，此时兰州"每日饿死达 300 人"。到 1930 年时，"因饿死饥民太多，兰州用大车投送尸体入黄河。辕门前有人卖人肉包子，吃的人从中发现了小孩指甲才被揭穿"④。

---

① 兰州市城关区地方志编纂委员会编纂：《兰州市城关区志》，甘肃人民出版社 2000 年版，第 137 页。

② 张文玲主编：《榆中县志》，甘肃人民出版社 2001 年版，第 143 页。

③ 《甘肃省民国十七年各县灾情一览表》，甘肃省图书馆藏。

④ 杨重琦主编：《百年甘肃》，敦煌文艺出版社 2001 年版，第 82 页。

图 1-6　可怜之甘肃灾民

（载《北洋画报》1929 年第 7 卷第 399 期）

（二）灾情救助与社会事业发展

1928 年 8 月 10 日，时任甘肃省政府主席刘郁芬向南京国民党中央发去求救电文，呼吁中央救灾，"现在哀鸿遍野，待哺嗷嗷，虽经积极筹办急赈，惟一省之力有限，而群黎之待赈方殷，端赖贤豪，共襄斯举，素仰诸公痌瘝在抱，饥溺为怀，赈灾恤邻，谅所赞助，盼祈捐募赈款，嘉慰群黎，则感怀高义，共荷四方一家之仁，陇地苍生，群泣义粟仁浆之惠矣"①。

电文发出后，最终"行政院拨款八十万零八千九百五十元赈济，俱被经手之官绅，从中贪污肥己，灾民所得无几"②。同样，"国民政府财政部拨给甘肃'十八年赈灾公债'119 万元，令灾区'以工代赈'。但其中一部分

---

① 《甘肃亢旱成灾，刘郁芬通电乞赈》，《中央日报》1928 年 8 月 11 日。
② 赵世英：《兰州地区历代自然灾害纪略》，载《兰州文史资料选辑》第 2 辑，1984 年，第 184 页。

被甘肃有关要员领出后，存入上海银行，用存款利息为自己修建花园"①。为杜绝救灾过程中出现贪污、舞弊现象，确保按需分配救灾资源，优化救灾效果。豫陕甘筹赈委员会于1930年1月23日召开会议，决定改组甘肃筹赈分会。经过改组后的甘肃分会具体负责集中赈济工作，依据各地灾情等级，按需发放救灾物资。以邓隆为会长，并聘请中国内地会以及商会和学校等机构负责人共同担任副会长，以示协作监督。②

为帮助灾民恢复生产，发展农业，甘肃省政府于1928年4月颁布命令，规定各地筹设合于实用之农业学校及农务局各一所；各县政府及建设局注意改良农具及交换作物种子，以增加生产；并于该年七月在省政府举行农工出品展览会，以交换知识。③ 1929年5月14日，甘肃省政府拨给省立第一农业学校以雷坛庙产供其改建校址。④ 为预防并缓解旱情，省政府特别颁布《奖励凿井章程》，指出："凿井防旱尽人皆知，然各处无凿井习惯，往往明知而不为，一遇旱荒则赤地千里，及目睹稿饿载道，始为杯水车薪之赈济所救几何?"⑤ 要求各地帮助小农户学习凿井知识与办法，并鼓励小农户相互合作，共同开凿，以渡难关，对有积极贡献者予以奖励。鉴于灾荒发生，人民流离失所，牲畜死亡过半，人民耕种多无牲畜，致使田地荒芜等问题，省政府主席刘郁芬强调春耕勿失其时，特令军队协助农民工作，并要求军队所有骡马帮助农民耕种，解决农民困难。⑥ 此外，甘肃省政府发布训令："耕牛为农事所需，关系民食至重且大，残杀耕牛即无异戕贼民

① 张文玲：《榆中史话》，甘肃文化出版社2005年版，第35页。
② 《甘肃分会改组》，《救灾会刊》1930年第7卷第3期，第22页。
③ 《令民政厅财政厅建设厅各区行政长、各厅县长：为令行行事案查前奉冯总司令电开查农业工业为建国根本亟应积极改进》，《甘肃省政府公报》1928年第39期，第34—35页。
④ 《转呈省立第一农业学校呈请拨给雷坛庙产以资改建校址而便迁移等情请鉴核示遵由》1929年5月14日，《甘肃省政府公报》1929年第93期，第54页。
⑤ 《甘肃省政府训令：令建设厅：为令行事案奉国民革命军第二集团军总司令部民字第一五五号训令》，《甘肃省政府公报》1928年第58期，第55页。
⑥ 《军马助民耕，刘郁芬令各部队》，《京报》（北京）1929年3月31日。

生"①，保护耕牛，以助农业生产。

灾荒发生往往伴有疫病流行，为预防疾病流行给甘肃带来更大人员伤亡，国民政府卫生部长薛笃弼于1929年1月8日向甘肃发送公函，强调指出："饥荒、兵荒之后，疫痢在所难免。倘不实现预防，为害不堪设想"，并督促甘肃省政府依据地方情况，厉行种痘事宜，防止天花流行；"举行卫生运动，宣传预防要则；各县组织埋尸队将暴露尸骨及浅埋者重新深埋。"②为此，甘肃省政府在1929年3月4日，向社会发布《地方卫生宣传大纲》，从"悬挂卫生标语牌""设置定期卫生布告栏""举行卫生运动会""举办卫生展览会""筹设卫生陈列所""组织学生演讲队""分设卫生演讲现场""推广卫生电影""发行卫生刊物"③九个方面组织地方卫生事业，力求旱荒之际无大疫。

救灾期间，甘肃省政府积极加强义仓建设，并查处义仓建设中存在的徇私舞弊问题，为民众及时发放救济粮食。1929年5月1日，省政府向各县政府、民政厅、财政厅发布训令，要求救荒储粮，加强各县义仓建设。严把义仓负责人关卡，不得让土豪劣绅把持义仓，借义仓徇私舞弊，延误灾情救济。④以此确保义仓、社仓建设，缓解各县旱荒。

因受灾情影响，民众缺衣少粮，很多地方植被被人为破坏用于充饥。为恢复植被，涵养水源，保持水土，甘肃省建设厅于1929年10月向省内各县发布训令，要求各县植树造林，设圃育苗。⑤

除来自南京政府方面的救助与甘肃省政府的自救外，甘肃赈务委员会派水梓和牛载坤等作为灾民代表，赴京、沪呼吁救赈。牛载坤等于1929年5月13日抵沪，对外公布甘肃灾情："豫陕甘三省自十七年至十八年二月

①《省政府令准农矿部函请不论菜牛耕牛一体禁宰，运（应为用）以重农业而裕民生饬属遵照认真严密查禁文》（1928年10月9日），《甘肃民政月刊》1928年第15期，第11页。

②《卫生部公函：第二六号》（1929年1月8日），《卫生公报》1929年第2期，第3页。

③《地方卫生宣传大纲》，《甘肃省政府公报》1929年第83期，第59—62页。

④《为通令事照得设立义仓社仓》（1929年5月1日），《甘肃省政府公报》1929年第91期，第19—20页。

⑤《为令行事查各县设立苗圃》（1929年10月），《甘肃省政府公报》1929年第114期，第78页。

止，冻饿疾病及被匪残杀死去者，已逾二十六万人。现在重灾区四十余县内灾民，每日平均饿死总数在两千人以上。"①

通过水梓、牛载坤等人的积极呼吁，以及《申报》等报纸的及时报道和倡议，甘肃灾民代表团在京、沪一带"奔走三年，共募得赈款硬币拾万元，衣物更多，救活灾民不少"②。此外，榆中在旱灾发生的1929年，"省赈会派委员同县赈会按五区灾民分上中下等散发大洋1.1万元，二次又散发大洋5000元。榆中丰黎社仓贷赈兰平银2400两。……县设粥厂"③。刘尔炘在兰州主持创办丰黎义仓开仓放粮，"又会同警察厅在市内东稍门、雷坛河、黄河北庙滩子，设省垣粥厂三处供应舍饭，救活饥民无数"④。

外国传教士和民间慈善团体，也积极参与此次救灾。其中，出力最甚者当属华洋义赈会。1929年6月22日，华洋义赈会呼吁社会向陕甘二省捐助，甘肃"粮食告罄，灾民竟烹人肉以充饥……敢乞仁人君子、闺阁名媛，大发慈悲，慷慨解囊，功德无量"⑤。现存于榆中县博物馆的《华洋义赈救灾总会碑序》也较详细地记录了该会及传教士在1929年甘肃大旱中，在榆中救灾的主要表现及发挥的重大作用，其言："安先生等英人也，独能不忍坐视，筹措巨款以工代赈，吴牧师先生主任其事擘画周详，于水利则修浚兴隆龛谷二峡内之泉源二百余处；于道路则修治三角镇、魏家圈、大和岘、东古城、大坡坪、石头沟、店子河、王家崖、马门沟、浪街川、红柳沟、清水镇、中河堡、黑池沟等处共长八十余里。……至于鳏寡孤独及逃荒来榆难民约百有余名，自民国十八年五月起至八月底止，每日每名给银洋五角，使不至流转沟壑。是役也，共用粮一百六十余石，银洋一十六万余元，计活人万有余名。"⑥

①　《甘肃代表来沪呼吁》，《申报》（1929年5月14日）。
②　陶康：《牛载坤先生事略》，载《临夏文史资料选辑》第2辑，内部发行，1986年，第62页。
③　张文玲主编：《榆中县志》，甘肃人民出版社2001年版，第143页。
④　王立仁：《刘尔炘先生其人其事》，《兰州日报》（副刊）2018年9月19日。
⑤　《上海华洋义赈会为陕甘惨灾乞赈广告》，《申报》1929年6月21日。
⑥　水楠：《华洋义赈救灾总会碑序》，载薛仰敬主编《兰州古今碑刻》，兰州大学出版社2002年版，第335—336页。

显然，华洋义赈会和传教士在第一时间深入灾区调查，以客观公正的眼光记述灾情，撰写了详细的调查报告，发往外界，使外界对灾情有了明确的认识；同时，他们身体力行参与到灾区的救济当中，他们将各地捐来的款项用以工代赈的方式救济灾民，使灾区的社会经济得到部分复苏。①

综合分析此次旱荒原因，除自然因素外，更多集中于社会因素。特别是在救灾方面所表现出的迟滞和能力不足等，直接导致了灾情的扩大。其中，除抵御自然灾害的先天能力匮乏外，人为的贪污腐化、横征暴敛以及强制鸦片种植和战祸连连，是灾情不断加重的主要外因。受此影响，此次"旱灾对灾后经济的发展和人民生活产生了严重的后果，次年虽然水资源恢复正常，但灾情继续蔓延扩大，重灾人口……增加到 457 万人，死亡人口 230 万人……同时病疫、匪害并发，致使土地荒芜，粮食几乎没有收成，影响后几年内都恢复不了元气"②。

三、 西式医院的创建

晚清至民国，甘肃省财政拮据，对医疗卫生事业的投入不足，难以满足广大平民百姓的求医需求。而传教士在基督教"医务传道"的理念下，创办医院，施药救人，作为公立医疗的补充，在甘肃起到了一定的作用。

在倡导医疗传教的传教士看来，通过医务传道既有理论依据，又有现实基础。首先，通过为人们治病送药，解除病痛，可以消除中国人排外心理和蔑视态度，赢得理解和尊敬。其次，借助在中国的医疗活动，西医能够取得进一步的传播和发展。最后，行医过程中所获得的大量信息，无论是对传教事业，还是其他方面而言，其作用和价值都是不可小觑的。因此，对传教士来说，医疗传教一举多得；而对普通百姓来说，亦解决了其现实问题。③

---

① 尚季芳：《传教士与民国甘宁青社会赈灾研究》，《宗教学研究》2010 年第 3 期。
② 甘肃水旱灾害编委会编：《甘肃水旱灾害》，黄河水利出版社 1996 年版，第 333 页。
③ 吴义雄：《在宗教与世俗之间：基督教新传教士在华南沿海的早期活动研究》，广东教育出版社 2000 年，第 297—298 页。

在兰州由传教士创办的西式医院中，设立最早、影响最大的是于1918年成立的博德恩医院（即现兰州市第二人民医院）。博德恩医院最初设在福音堂内，故兰州百姓多称其为"福音医院"，又因为其地处黄河北岸，故称河北医院。实际上这两个称谓都是民间称呼，其正式的名称为博德恩纪念医院，是为纪念捐资人威廉·W·博德恩（William. W. Borden）。博德恩1887年11月1日生于美国芝加哥库克县一个富商家庭，是波顿食品乳业的继承人。在1904年时，便已成为百万富翁。1909年，耶鲁大学毕业后的博德恩加入教会组织"内地会"，这时他有了前往中国甘肃宣教的想法，为此还专门到埃及开罗的语言学校学习阿拉伯语。但学业未完成就于1913年4月患脑膜炎不幸逝世，年仅25岁。"其母（博德恩之母）痛念其子不已，遂捐其家产之一部，建筑此院，以纪念其子。约费八万金……"① 由此可见，博德恩医院的创办，有大量的资金作为支持。除资金外，高水平的医务工作者也是筹办医院的重要条件，博德恩医院首任院长、英国人金品三大夫就是其中之一。

关于金品三大夫，慕寿祺《甘青宁史略》记载曰："外人来华传教者，凡教堂所在例需设一医院以救济贫寒。兰州东大街福音堂，清末有金大夫者，英国人。心慈而手术妙，无论何人往求即应。人或有断胫折臂者请治之，无不完。能破腹洗肠，破脑剜臂，几如清初之倚衣道人。久之，来医院者众，福音堂实不能容。民国元年，始购地于黄河北，面对五泉山，背依王保保城。空气新鲜，宜于养病。经营一年，及由外洋购置诸药品。至是办理就绪，名曰河北医院。"②

兰州市第二人民医院博德恩纪念馆外现存有"金品三先生纪念碑"③ 一方，对金大夫生平事迹有较为详细的记载。碑文详细介绍了金品三大夫的一生，其为苏格兰人，信仰基督教，在爱丁堡学习医务技能，二十五岁即

---

① 林鹏侠著，王福成点校：《西北行》，甘肃人民出版社2002年版，第49页。
② 慕寿祺：《甘青宁史略》第28卷，兰州俊华印书馆1936年版，第16页。
③ 《博德恩医院院长金先生纪念碑》，载薛仰敬主编《兰州古今碑刻》，兰州大学出版社2002年版，第394页。

获得医学博士学位。1911 年来到中国后听闻中国西北诸省地处边陲，医疗条件落后，毅然决然于 1913 年来到兰州筹建博德恩医院。当时麻风病在甘肃肆虐，百姓深受其害，因病致死者不可胜数，金大夫在医院内专设麻风病院收治麻风病人，所救者甚众。除了行医救人，金大夫还授课教学，为甘肃培养了百余名医务工作者。1927 年，国共内战爆发，甘肃政局混乱。欧美各国使领馆组织各地外国侨民撤离。是年 5 月，金品三医生携甘肃全省传教士及其家眷撤离兰州。全队共有 38 位成人和 12 个儿童，分乘事先订造的八艘大型羊皮筏子，预备先由水路沿黄河顺流而下至内蒙古包头，再转乘火车到沿海地区。6 月 5 日，羊皮筏子行经河套水段时，七艘皮筏子竟全部搁浅。金品三率众下水抢救，当他倾尽全力将最后一艘皮筏子推至深水中后，终因体力不支，被卷入漩涡中遇难，时年不满 40 岁。

1918 年 4 月 9 日，博德恩医院竣工，正式挂牌成立。该院"占地三十余亩，洋式楼房，分三座，内有房屋一百五十余间，分男女医院，麻风院，及肺痨院等，组织既称完善。地势三面负山，南面临河，风景绝佳，诚塞上不易见之结构也。"① 时任甘肃督军张广建亲自为其揭幕，并送上"活活泼泼"四字匾额，刘尔炘先生也奉送"扁鹊再生"匾额一块。② 当时西北地区整体医疗卫生水平落后，新成立的博德恩医院"几乎是唯一一所在兰州设备良好的现代化医院"③，不仅是整个甘肃省内第一家西式医院，而且也是西北地区唯一一所相对正规的大型医院。

博德恩医院还在回族聚居区临夏建立了一所新医院，诊治病人甚多，"在前两个星期就已经做了 14 个三氯甲烷手术和 20 多个小手术，并且已经治愈 260 多个病人。这个医院是在内地会的赞助下建立。包括外国和中国医生的居住区，医院的四分之一为病人居住区。59 个大小不一的房间，所有这些都精打细算，花费 4500 美元。这个医院的建筑物或至少主要部分都来

---

① 林鹏侠著，王福成点校：《西北行》，甘肃人民出版社 2002 年版，第 64 页。

② 甘肃省地方史志编纂委员会：《甘肃省志·宗教志》，甘肃人民出版社 2005 年版，第 360 页。

③ Kiang Wen－han："The Northwest Advances"，*The Chinese Recorder and Educational Review*，March，1940. Published Monthly by the EditorialBoard Headquarters，Missions building，Shanghai，China.

自英国友善人士的慷慨捐助。甘肃人民主要睡觉的地方叫炕或砖床，由于燃料的缺乏，炕很实用，在冬天它晚上可以睡觉，白天可以作为一个贮藏室。新医院也遵从了甘肃人民的这个习俗，相当于56张床的14个炕建成。这里没有住院医生，然而在适当的时候，这一切都会安排妥当。这个医院由兰州的乔治·金先生主持。"① 该医院是建立在甘肃少数民族地区的第一所新式医疗机构，发挥了一定的积极作用。

1926年，由于麻风病在甘肃的肆虐，医院又增设麻风病院，"麻风病人进院后的伙食药费完全免缴"，因为"麻风病菌顽强，不易杀灭，据说在病人身上试治，每人每年需耗费360银圆，且治愈者甚少，但在治疗过程中，却得到了广大群众尤其是藏族人民的好评"。② 更为可贵的是，医院不仅对于麻风病人予以医疗救治，而且在生活和工作上也尽量安排。史料记载，麻风病院有"房屋约60余间，有普通病房、重病疗养室、诊断室、化验室、治疗室。有专职护士为（麻风病患者）搞护理服务。同时也组织麻风病人在医疗之余，开展学习、读报、下棋等活动，并对患者按照健康状况及劳动能力，分配给劳动锻炼，如男病员参加锯板、修桌凳等活动，女病员纺毛线、手工缝棉衣或织布、缝纫机做单衣等劳动"③。这些活动对患者的心理健康和生活能力很有帮助，同时为医院减轻了财政负担。

在救助病患的同时，博德恩医院为甘肃医疗卫生事业的发展亦作出了积极贡献。医院开办了四年制的医学班，培养了一批医生、护士。如裴约兰、沈翠兰、沈玉兰、王欢英，以及王恩护和马桂香等，她们先后在博德恩医院担任护士，之后又相继在天水、平凉、靖远、临夏、兰州等地从事医疗卫生工作。④ 博德恩医院还组织培训班，对地方医生进行培训，提高其

① "New Hospital in Kansu"，*The Chinese Recorderand Educational Review*，February, 1925. Published Monthly by the Editoral Board Head‑quarters, Missions Building, Shanghai, China.

② 张蒙恩、郭景周：《兰州博德恩纪念医院概况》，载《甘肃文史资料选辑》第31辑，甘肃人民出版社1989年版，第164页。

③ 和政疗养院编辑委员会：《甘肃省和政疗养院院志（1923—2010）》，2010年，第7页。

④ 沈滋兰：《兰州基督教会的华英女子学校和博德恩医院的女护士们》，载《甘肃文史资料选辑》第31辑，甘肃人民出版社1989年版，第181—182页。

医务工作水平，通过这些医生，西医传入广大地方民众之中。这中间，号称陇南"四大大夫"的吴杰天、芦恒山、刘基和巩守仁，就曾在博德恩医院接受过培训。①

博德恩医院从规模、管理和医疗水平来说，在当时的西北首屈一指，在一定程度上促进了甘肃乃至西北地区的医疗卫生现代化。②

---

① 李爱如：《甘谷县基督教的产生与发展》，载《甘谷文史资料》第 6 辑，甘肃人民出版社 1990 年版，第 109—110 页。
② 尚季芳：《亦有仁义：近代西方来华传教士与西北地区的医疗卫生事业》，《西北师大学报》（社会科学版）2011 年第 3 期。

第 二 章

国民政府统治前期的兰州

1925 年秋至中原大战结束，甘肃军政大权系冯玉祥及其所部掌控。冯玉祥运用强大的政治、军事力量，有效压制了甘肃地方实力派，进而稳固了统治。1929 年 1 月，蒋介石召开全国编遣会议，削减非蒋各派系的武装，引发了国民党内部各派新军阀之间的混战，冯玉祥部牵涉其中，为继续维护其统治并增强实力，8 月，冯玉祥任命孙连仲代理甘肃省主席。但是，随着 1930 年中原大战冯玉祥败退，冯玉祥势力逐渐淡出甘肃，南京国民政府的统治在甘肃渐次确立并巩固。

第一节　国民政府管控兰州

1927 年 6 月，甘肃省政府改为委员制。武汉国民政府委冯玉祥统辖河南、陕西及甘肃。[1] 1928 年 10 月 17 日，南京国民政府中央政治委员会第一五九次会议决议，"甘肃省旧西宁道属各县与青海形势毗连，应即划入青海省，并定西宁为青海省治"；"就宁夏护军使辖地及旧宁夏道属各县地方辽阔，应即设置宁夏省，以宁夏为省治"。[2] 甘肃、青海、宁夏三省分治，稳

---

[1]　《冯玉祥统辖豫陕甘，唐生智军退回汉口》，《晨报》1927 年 6 月 21 日。

[2]　《中华民国政府令》(1928 年 10 月 20 日)，载《国民政府公报》第 6 册，河海大学出版社 1989 年版，第 122 页。

固了冯玉祥的势力，为抗衡蒋介石提供了有力的支撑。但是随着蒋介石对国内的统一，国民政府加紧了对西北的控制，冯玉祥势力逐渐受到夹击，处境艰难。

一、 冯系势力逐步退出兰州

1929 年 8 月，冯玉祥任命孙连仲代理甘肃省主席。冯玉祥之所以任命孙为主席，原因有三。其一，在"河州事变"与"凉州事变"中孙连仲与刘郁芬合作平定了变乱，表现突出；其二，孙连仲在兰州与清朝端王载漪的孙女罗毓凤成婚，名声大噪，有利于拉拢甘肃守旧势力；其三，孙连仲为冯玉祥部"五虎上将"之一，其任职青海期间"军纪严明，施政有方"①，深得冯玉祥信任。

孙连仲主甘前军费开支浩繁，"1926 年甘肃实收 445.54 万多元，实支 498.78 万多元，其中军费实支 347.46 万多元；1927 年实收 771.57 万多元，实支 755.07 万多元，其中军费实支 521.68 万多元；1928 年实收 1280.31 万多元，实支 1329.34 万多元，其中军费实支 1039.78 万多元"②。1926 年至 1928 年间，虽然省府实收经费逐年增加，却难以与实支相匹，且军费实支居高不下，反呈上涨之势，这恰与冯玉祥部在西北扩军数量相对应。巨大的军费开支，成为甘肃人民的沉重负担。省城兰州的逃难人民，每因自顾不暇，竟将子女婴孩，遗弃道旁，以致啼饥号寒，冻饿身死，实属惨不忍闻。③

1929 年 10 月，孙连仲正式就任甘肃省主席，兼第五路军总指挥，辖冯玉祥部驻甘全部部队，计：第 5 军辖第 19 师（高树勋任军长兼师长）、第 21 师（师长施积枢），第 13 军（军长赵席聘）辖第 13 师（师长刘兆祥）、第 15 师（师长李松崑），第 9 混成旅（旅长雷中田）及直属骑、炮兵各一

---

① 何智霖：《1930 年孙连仲投效中央史事新探》，《国史馆学术集刊》2007 年第 11 期，第 87 页。
② 丁焕章：《甘肃近现代史》，兰州大学出版社 1989 年版，第 320 页。
③ 《甘肃省政府训令》，《甘肃省政府公报》1928 年第 68 期，第 14 页。

团，工兵、手枪各一营。总兵力约 5 万人。[①]

孙连仲在兰主政甘肃期间，他认为自己是"出差性质的"，主要任务是为冯玉祥"倒蒋"做准备。故孙连仲向各县征派"冯总司令临时大借款"，小县八九千元，大县二十多万元，以征款多少，作为奖惩县长的标准。[②] 并在甘肃大搞征调，计得现金 70 万元有余，烟土 5 万多两。[③] 其第五路军"每月共需经费约为十七八万元，主要依烟亩罚款、烟酒等税收，由省府统一筹拨。"[④] 此外，1929 年的旱灾，致使兰州灾民达 13.8 万余人，灾民多逃往河西和青海。其中，皋兰形势严峻，甘肃省赈务会发给赈款 1.7 万元，依然难以为继，故于皋兰北乡开掘甜水井，以工代赈。[⑤] 正因旱灾兵祸，各地民变纷起，局面混乱，孙连仲的省府政令也仅及兰州附近数县。

虽然孙连仲在为冯玉祥"倒蒋"做准备工作，但其并不赞成对蒋作战，曾劝谏冯玉祥，"孙殿英、刘镇华靠不住，阎锡山更靠不住，我们自己实力不够；再说西北境内的土匪也没有全平"，"不宜发动战争"。[⑥] 甚至在冯玉祥要求其将全部兵力调出甘肃，支持中原大战的时候，孙连仲建议，"甘肃地方情形复杂，应留得力部队以资震慑"，但冯认为，"打蒋介石是破釜沉舟之举，必须全力以赴。胜则放弃西北，败则仍回师甘肃，此刻无留重兵必要"。[⑦]

1930 年 2 月，孙连仲率部移驻平凉，为东进做准备。3 月，孙连仲任命马麟为甘肃暂编第一师师长，兼甘肃省保安司令、甘肃宣抚使。同时，调

① 《第二集团军第二方面军（即孙连仲部）1928—1930 年间在甘青地区行动作战纪要》，甘肃省档案馆藏，档号 117－1－508。

② 甘肃省地方史志编纂委员会等编：《甘肃省志·财税志》，甘肃人民出版社 1990 年版，第 207 页。

③ 王劲：《甘宁青民国人物》，兰州大学出版社 1995 年版，第 72 页。

④ 孟企三：《我对孙连仲主青主甘期间的一些回忆》，载《甘肃文史资料选辑》第 4 辑，甘肃人民出版社 1987 年版，第 77 页。

⑤ 张令瑄：《兰州百年大事记》，载《兰州文史资料选辑》第 4 辑，兰州大学出版社 1986 年版，第 96 页。

⑥ 郭绪印：《国民党派系斗争史》，上海人民出版社 1992 年版，第 269 页。

⑦ 李世军：《冯玉祥与雷马事变》，载《甘肃文史资料选辑》第 4 辑，甘肃人民出版社 1987 年版，第 83 页。

驻防张掖的旅长雷中田为暂编第八师师长，驻防兰州。

孙连仲部撤出兰州后，由马鸿宾代理甘肃省主席，马鸿宾未到任以前，暂由财政厅长王桢代任。据冯玉祥回忆，"部队离甘肃时，征用骆驼 5 万余头，大半在河南热死，羊 20 余万只，均未给价。发行'西北银行钞票''流通券''军需券'至数百万元，均未清理"①。

当然，孙连仲在兰期间，兰州经济与文教上也得到了一定程度的发展。在经济上，欧亚航空公司计划开通由南京，经洛阳、西安到兰州，再由兰州经酒泉、哈密、迪化（乌鲁木齐）、塔城以至阿尔泰到苏联境内的西北航线，并于 1930 年 2 月，在兰州东岗开始筹建机场。此外，同生火柴厂在兰州小西湖开建。甘肃银行改名为甘肃农工银行，并将平市官钱局合并。②

在文教上，孙连仲曾提出过《关于普及教育建设上的几点意见》，包括教育的目的、进行的步骤、经费来源、教师与未来教师的培养等。他认为"教育是人们的耳、目，神经的中枢"，而"求社会上轨道，政治不容不改良；求政治改良，教育不能不彻底。普及教育，是根本解决方法"。③ 故其在兰期间，在兰州女师增设幼稚师范班，学制两年；将兰州中山大学附属中学与兰州中山大学分立，更名为省立第五中学。此外，其"尽财力所及，选送高小及中学毕业生，分赴平、津、沪、汉各处升学。"④

孙连仲主甘时间很短，在军事行政方面，殊少新设施，只是将计就计，依刘郁芬之前车，萧规曹随而已。⑤ 但其部分决策促进了兰州社会的发展，并非全无政绩。

① 张令瑄：《兰州百年大事记》，载《兰州文史资料选辑》第 4 辑，兰州大学出版社 1986 年版，第 99 页。

② 宋仲福、邓慧君：《甘肃通史·中华民国卷》，甘肃人民出版社 2009 年版，第 433 页。

③ 孙连仲：《关于普及教育建设上的几个意见》，《同泽季刊》1929 年第 1 卷第 2 期，第 18—25 页。

④ 台北"国史馆"编：《"国史馆"现藏民国人物传记史料汇编》第 7 辑，台北长达印刷有限公司 1992 年版，第 269 页。

⑤《第二集团军第二方面军（即孙连仲部）1928—1930 年间在甘青地区行动作战纪要》，甘肃省档案馆藏，档号 117－1－0508。

二、　雷马事变

中原大战后，冯玉祥部仅雷中田旅留兰，为保实力，雷中田致电蒋介石，"田驻节兰州，分防各县，力持保境安民，兹谨率全体将士一致主张服从中央，听候处置"。王桢辞去代甘肃省主席职务，以其为首的八大委员也通电拥护南京国民政府。兰州各实力派也纷纷向南京表示效忠，杨思等致电南京，"大局统一，无任倾向，甘省事务，经公同会议，军事推马麟为保安总司令，雷中田为副司令，政务暂不用主席名义，由省委共同负责处理，暂维现状，听候明令训示祗遵"。① 此时，省城兰州的治安权由雷中田、高振邦掌控。南京国民政府权衡考量之下，决定"以马治甘"，1930 年 11 月 21 日，南京国民政府决议，任命马鸿宾为甘肃省政府委员兼代理主席。② 1931 年 1 月 2 日，又任命马鸿宾为暂编第七师师长兼甘凉肃边防司令。1931 年 1 月 15 日，马鸿宾离开宁夏到兰州就职。1931 年 2 月 13 日，蒋介石派马文车、严尔艾、谭克敏、刘秉粹四位观察员到兰州，监视马鸿宾等的行动，同时委任雷中田为新八师师长。自此，甘肃的主要地方割据武装已先后接受蒋介石的委任，表面上甘肃已属南京国民政府直接管辖。

（一）　马鸿宾主甘与兰州建设

王桢代甘肃省主席期间，冯玉祥部雷中田旅到兰州负责防务，并扩编为甘肃暂编第一师，下辖三旅：第一旅旅长高振邦（省会公安局长），第二旅旅长潘振云（原雷旅团长），第三旅旅长石英秀（原苏雨生部）；马麟任甘肃剿匪司令、省保安司令、甘肃宣抚使，以确保省城安全。

马鸿宾赴兰主甘之前，曾任宁夏省主席。宁夏省民众得知马鸿宾被调任为甘肃省代主席消息后，宁夏省党部及绅商学各界特电南京挽留，"万急！南京国民政府蒋主席钧鉴，马主席鸿宾蒙中央任命甘肃主席，刻即拟

① 《甘肃施政情形》，1930 年，中国第二历史档案馆藏，档号 001－1585。
② 《第一百次国务会议，任马鸿宾代理甘肃主席》，《申报》1930 年 11 月 22 日。

束装起行，公民等闻之，惶恐无地……马主席承疲敝之余，绥靖有方，布置军队，捕缉盗贼，数月以来，重农保商，地方渐次就安。今一旦开拔远离，不独内地伏莽窃发，而北口边界大股土匪，久已窥伺，势必乘隙扰乱。伏乞钧鉴，可否缓留马主席三两月，暂勿开发，以顾冬防，则全宁生民叩惠，实无既极矣。"① 马鸿逵也曾分析，"入甘顾虑甚多，最要两项：1. 军事上甘乱未已，人心思逞，队伍复杂，土匪犹伙，若策全省治安，不能不收拾各种军队，剿办土匪，着手办来，实属匪易。最短期间必难收良好成绩，不妨留以待时也。2. 政治上甘省种种痼败，早已无政治之可言，劣绅土豪把持已久，势须整顿澄清，必起多少反感，设措施未当，反使后来者有所借口，莫若待墨三（顾祝同）到甘整饬一切，较易为力"②。劝说马鸿宾暂时等待，以退为进，坐山观虎斗，是故马鸿宾迟迟不肯就任。然而，这并未能改变蒋介石的决定，在蒋的再三催促下，马鸿宾终于走马上任。

马鸿宾针对兰州时弊，采取了一些措施。在财政方面，为解决兰州财政收入问题，主张裁员减薪，取消兼职，并请求南京国民政府"赐拨款项，暂济眉急，俾免陨越"③。将西北银行与甘肃农工银行改组成立富陇银行，资金150万元，采取董事会制，由喇世俊任董事长，贺笑尘任行长。

在民政方面，马鸿宾将厘金及类似厘金各税一律裁撤，并通电向各方呼吁，为灾民乞赈。④ 兰州同生火柴厂投产，有资本6万元，正式工人70人，临时工人80—90人，年产火柴700箱。成立俊华印书馆、集义印书馆等，又将兰州中山大学更名为甘肃大学等。⑤

在军事方面，马鸿宾整理军政，减少军队供给以节省财政开支，查办荼毒甘民、为祸陇南的马廷贤。⑥

然而，因"甘肃内容复杂……一切财政收支，官吏任免，仍归强有力

① 《挽留马鸿宾——宁夏各界电宁请缓数月调甘》，《京报》1930年12月29日。
② 马鸿逵：《上父函》，载《马氏族谱·艺文集》，甘肃省图书馆藏，第64页。
③ 《整理甘宁青新四省地方财政》，1931年，中国第二历史档案馆藏，档号001-2424。
④ 《马鸿宾为甘民吁赈》，《华北日报》1931年3月8日。
⑤ 宋仲福主编：《西北通史》第5卷，兰州大学出版社2005年版，第331—336页。
⑥ 《查办马廷贤，中央电令马鸿宾》，《京报》1931年8月21日。

者随意支配，主席无权过问"①。至 1931 年 8 月 4 日，南京国民政府改组甘肃省政府，任命马鸿宾、杨思、李朝杰、谭克敏、马文车等 9 人为省政府委员，马鸿宾为主席、杨思兼民政厅长、谭克敏兼财政厅长、张维兼建设厅长、水梓兼教育厅长。② 这一任命使得兰州各方势力矛盾激化，成为"雷马事变"爆发的导火索。

（二）雷马事变

1931 年 8 月 25 日，雷中田等人在冯玉祥指使下，在兰州以军事政变方式扣押了甘肃省政府主席马鸿宾，并希图借此控制甘肃地方势力，重建西北军基地。此次政变被称为"雷马事变"。

"雷马事变"爆发前，兰州地区的政治势力可分为四派：一是中央派，以马文车为领袖；二是何应钦派，以谭克敏为领袖；三是冯玉祥派，以民政厅长李朝杰为领袖；四是骑墙派，以马鸿宾为领袖。③ 而"雷马事变"的爆发，正是盘踞兰州的各派势力相互较量的结果。

就马鸿宾方面而言，其一，马鸿宾的施政举措在落实的过程中得罪了许多人，如"裁员减薪，取消兼职……许多人员收入本来不丰，又怕裁减，有些靠兼职兼薪维持生活者，也起恐慌，致引起公教人员不满"④。其二，马鸿宾曾为冯玉祥部下，故军阀马廷贤"在马鸿宾就任不久，即联合陈珪璋、鲁大昌、黄得贵组成四路联军，马（马廷贤）自任联军总司令，联名通电，反对国民军的残余势力（马鸿宾）把持甘政"⑤。综上，马鸿宾主甘，民心不稳。甚至对于兰州老百姓来说，兰州发生事变，不论军变政变，民国成立前后已不知发生过多少次了，已经是见惯不奇，只好逆来顺受。⑥

---

① 《甘肃发生政变》，《申报》1931 年 8 月 29 日。
② 《行政院第三十三次国务会议》，《申报》1931 年 8 月 5 日。
③ 金以林：《国民党高层的派系政治》，社会科学文献出版社 2009 年版，第 233 页。
④ 张思温：《马鸿宾事略》，载《甘肃文史资料选辑》第 21 辑，甘肃人民出版社 1985 年版，第 20 页。
⑤ 和龚、胡迅雷：《马鸿宾传》，华文出版社 1997 年版，第 31 页。
⑥ 范宗湘：《一个旧警官眼中的旧兰州》，甘肃人民出版社 1994 年版，第 5 页。

"雷马事变"的另一原因，是雷中田与马文车的合作促成。雷中田与马文车等人合作原因有四：第一，马文车到兰后，在雷军需处长邹光鲁引荐下两人相识相交且感情良好，甚至交换"兰帖"结为兄弟。第二，雷亦在等待甘局改组并希望得到应有地位，然省政府改组后仍处在马鸿宾的掌控之下。第三，雷部在甘肃实力较强，此时国民政府正集中全力应付西南，而无暇顾及西北，这就为发动事变、制造既成局面创造了机会。第四，雷为冯玉祥旧部且与冯经常保持联系。①

冯玉祥兵败后，"'回到西北去'成为他唯一的希望"。冯玉祥命李世军，"你马上去兰州，告诉雷中田，要他把马鸿宾抓起来宰了他，然后组织军政委员会，你主持党政，雷中田主持军事。我们要在甘肃做一番轰轰烈烈的革命事业"。②李世军持冯玉祥致雷中田的亲笔密函和自编密电码，由晋赴兰，发动事变，试图控制甘肃地盘，夺回已失去的大西北这个后方根据地，为重整旗鼓、东山再起做好准备。

马文车作为蒋介石任命的观察员在省政府改组中仅为甘肃省府委员，不仅未得实权，其原本想获得主席或厅长职务的愿望亦未能实现，遂生愤恨之情。于是，马文车与雷中田联合扣押了马鸿宾。通过这场军事政变，马文车获得了临时省政府主席兼教育厅厅长之职、雷中田则担任甘肃省全省保安总司令。

范宗湘对"雷马事变"当天的具体情况，有详细回忆：

> 1931年秋季的一天拂晓，雷中田、高振邦调遣部队，向甘肃省政府发起了进攻。枪声骤起，马鸿宾在睡梦中被惊醒，扮做老百姓，只身急忙从省政府花园后门仓惶逃出，经贤后街、官沟沿入城隍庙后门，藏身于城隍爷塑像顶的一块大木匾后。公安局派出马巡队开往黄河铁桥，向金城关扑去，在雷中田部队的合围下，

---

① 柳德军：《"雷马事变"与甘肃政局之演变》，《西北师大学报》（社会科学版）2017年第5期。

② 李世军：《冯玉祥与"雷马事变"》，载《甘肃文史资料》第4辑，甘肃人民出版社1961年版，第85—87页。

将毫无知觉的青海骑兵团解除武装。攻进省政府的政变部队找不到主席马鸿宾，就冲出省政府，向东西大街小巷挨门搜查。兰州城内一时枪声四起，人心惶惶。躲在城隍庙内的马鸿宾主席听到枪声不已，念及兰州百姓，不能因自己一人而承受灾难，遂于当日下午挺身而出，走向街头，当即被政府部队发现，拥送雷部软禁。①

事变发生后的第二天，雷中田以甘肃省保安总司令名义在兰州城内贴出布告安抚民众，27 日，宣布成立甘肃省临时省政府，马文车为临时省政府主席，28 日，通电就职。此外，马文车又以临时省政府代理主席名义发表《告民众书》，宣布了马鸿宾的"五大罪状"，即庇匪殃民、把持财政、私运枪械、操纵金融、侵吞公款。②

"雷马事变"后，为避免南京方面问责，马文车于 1931 年 8 月 26 日发电报告马鸿宾部与雷中田部发生冲突的情况，并请示甘政善后方针。③ 雷中田亦电南京称，"俟将匪队解散后，即复其（马鸿宾）自由，初非欲加害于彼……任中央职务之文人（马文车）暂任主席，藉以表示对中央毫无他意"④。马文车和雷中田分别向南京陈情，以待蒋介石示下。而蒋介石此时忙于"剿共"，无暇西顾，便于 8 月 29 日致电杨虎城"全权处理甘变"⑤。9月 1 日，蒋介石致电雷中田、马文车，"马主席被禁闭，如果属实，反抗中央，目无法纪，限文到即将马主席恢复自由，行使职权，中央命令，绝不更改"⑥。同时，接见宁马在南京的头面人物马福祥，以示对他们的信任。这种政策使得杨虎城、宁马与雷中田三雄并存，互为掣肘，谁也无力单方面改变局势，为蒋介石的下一步部署赢得了时间。

---

①　范宗湘：《一个旧警官眼中的旧兰州》，甘肃人民出版社 1994 年版，第 2—3 页。

②　张慎微：《关于"雷马事件"的见闻》，载《甘肃文史资料选辑》第 21 辑，甘肃人民出版社 1985 年版，第 120 页。

③　《甘肃政变经过》，《申报》1931 年 8 月 31 日。

④　《雷中田电京申述甘变经过》，《申报》1931 年 9 月 9 日。

⑤　《杨虎城全权处理甘变》，《申报》1931 年 8 月 30 日。

⑥　《蒋主席严令制止甘变》，《申报》1931 年 9 月 2 日。

就在三方陷入僵局之时，九一八事变爆发，西北战略地位骤升，而兰州"雷马事变"仍迟迟不能解决。蛰居四川的吴佩孚正试图向西北发展，便致电马文车，"克日启程来省，与诸君子共商大计"①。1931 年 11 月 7 日，吴佩孚到达兰州，提出了四项调停要求：1. 即日起，双方停止军事行动；2. 准新编第七师开回宁夏；3. 恢复马鸿宾自由，并使其安全回家；4. 马廷贤部应切实整理，注意军纪，省方停止讨伐。② 最终，马鸿宾得以释放，双方和解。随着吴佩孚的调解，其在西北势力逐渐壮大，甚至"发出了甘、川、青、宁、新五省将领拥吴出山，共谋国事的联名通电"③。鉴此，蒋介石令杨虎城出兵甘肃，杨虎城"即派三十八军军长孙蔚如指挥十七师及驻平凉的新编第十三师陈珪璋部分路向兰州前进。在定西一战击败了雷中田的主力，迅即进入兰州，吴佩孚、雷中田仓皇逃走，从而平定了甘肃"④。扫清了冯玉祥、吴佩孚在甘势力，为南京国民政府直接控制甘肃奠定了基础。马鸿宾也借"雷马事变"其无预防之责，辞甘肃省主席职务。

三、 国府要员主甘与兰州建设

马鸿宾辞甘肃省主席职务后，南京国民政府即任命邵力子主甘。邵力子因甘省情形复杂，以"才识短浅，经验缺乏，兼以体弱，常患失眠。甘肃地方重要，主席职务繁剧，自审驽下，万难胜任"请辞⑤。南京国民政府于 1931 年 12 月任命孙蔚如为甘肃宣慰使，代行省主席一职。蒋介石为打消邵力子赴兰的顾虑，于 1932 年 1 月 18 日约谈邵力子，说明其认为"内部不统一，影响中国前途更大"的看法，劝说邵力子"当此外辱日深，举国企

---

① 吕德懿提供：《"雷马事变"前马文车之函电稿》，载《甘肃文史资料选辑》第 21 辑，甘肃人民出版社 1985 年版，第 165 页。
② 《吴佩孚调停甘事》，《申报》1931 年 11 月 7 日。
③ 蔡呈祥：《"雷马事变"亲历记》，载《甘肃文史资料选辑》第 21 辑，甘肃人民出版社 1985 年版，第 110 页。
④ 李志刚：《回忆杨虎城将军和他与蒋介石的关系》，载《回忆杨虎城将军》，陕西人民出版社 1986 年版，第 117 页。
⑤ 《邵力子呈辞甘省主席》，《申报》1931 年 12 月 17 日。

求和平统一，共同御侮之际，余相信断无有此冒天下之大不韪，而造成割据形势，以危及国家民族之前途者"，以坚定邵力子主甘的决心。① 加之，杨虎城、孙蔚如等的催促，邵力子于 1932 年 4 月 30 日，与邓宝珊抵达兰州。

（一）邵力子主甘与兰州建设

蒋介石之所以任命邵力子一介文人主甘，既因邵力子为南京国民政府中央要员，身份特殊，深受其信任与重用；又因日本侵华步步深入，开发和经营西北已是大势所趋，甘肃的战略地位骤然上升，南京国民政府对甘肃的实际掌控显得尤为重要，须心腹之人主政。加之，毗邻甘肃的杨虎城势力日趋强大，恐有扩张之野心。因此，邵力子赴兰主政甘肃实则蒋介石多方考量、权衡后的决策，也是南京国民政府放弃"以马治甘""甘人治甘"，由南京国民政府直接控制甘肃的初次尝试。

对于"文职高官"邵力子来说，虽任甘肃省主席之职，却无一兵一卒。省城兰州又是西北重要的交通枢纽，其稳定对于南京国民政府控制西北有着至关重要的作用。为此，邵力子不得不借助甘肃本省的名门大族来控制兰州，甚至甘肃。他认为邓宝珊在甘肃说话有影响，和各方面人士都尽力处好关系，尤善于解决各种纠纷，是自己的一个好帮手。② 1933 年 1 月，邵力子"因甘省政治、财政、军事各项问题多有亲承训示必要……特请给假一月，其甘肃省政府主席职务，交由邓宝珊代行。"③ 足见其对邓宝珊的信任。此外，邵力子还聘请杨思、喇世俊、裴建准、张维等为省府顾问，刘庆笃、贾缵绪、宋有才三人仍继续聘请，共同处理甘省事务。④

邵力子初到兰州，便在兰州市各界欢迎会上，陈述他认为治甘"必须

---

①　《邵力子返京后之谈话》，《申报》1932 年 1 月 19 日。

②　王劲：《邓宝珊传》（增订本），甘肃人民出版社 2004 年版，第 109 页。

③　《邵主席电南京林主席蒋委员长请假一月来京面陈要政》，《甘肃省政府公报》1933 年第 2 卷第 35—38 期，第 66 页。

④　《聘请杨思等为本府顾问的手谕》，甘肃省档案馆藏，档号 4 - 9 - 170。

以相当的时间，循序渐进，求治决不能过急"①。故而，他依靠邓宝珊等人的力量与甘省主席职务之便，希图改变甘肃"承连年灾燹之余，农村破产，市廛萧条"的窘境，"规划励行，不敢稍缓……虽在财力万分涸竭之中，仍无不尽量援助，竭我权能，期其实现"。②为此，他采取了如下举措：第一，把甘肃划为十二个政治区，派员按照决定计划，切实调查一切政治情形，以改省府政令不行之局。③第二，积极招商引资，"欢（迎）沪银行界前往投资"④，以期改变兰州经济落后、基础薄弱的困境。第三，针对巨大军费开支、财政困难，拟在省府设军粮经管机关，裁减军队。第四，实行禁烟，成立禁烟公署。

邵力子治下的兰州，各方面建设都取得了一定成就。在经济上，1932年5月，欧亚航空公司在南京、西安、兰州第一次试航，开启了甘肃航空运输事业。12月，邵力子建议欧亚航空公司航行厅，"航行应绝对准期，最近两周京沪邮件皆不按时到兰，实于信用大妨碍，公私事务贻误者更多。应速添购备有三台发动机、能容乘客十人以上之大号新机，方足促西北之需要，并保永久之安全"⑤。

在科技上，1932年兰州设立无线电台，开始采用无线电通信技术；兰州成立甘肃省立气象研究所，朱允明任所长，系甘肃第一个科研所；王佐卿在兰州创办甘肃省第一家电影院——新民电影院，自上海引进无声影片；1933年兰州始用自动收发报机。

在文教上，1932年，兰州出现由知识分子加盟的学术团体——夏光学会；兰州市基督教会为培养盲人牧师，举办盲人班，吸收十多名盲童，以《圣经》为教材，教盲童学习盲字，学习官讲和唱圣诗等。

---

① 邵力子：《在痛苦中奋斗才能表现革命真精神》，《中央周刊》1932年第208期，第551页。
② 邵力子：《二十二年元旦邵主席敬告各界同胞书》，《甘肃省政府公报》1933年第2卷第35—38期，第1—2页。
③ 《甘省政治区邵力子划为十二》，《大公报》（天津版）1932年8月2日。
④ 《甘省邵主席欢迎沪银行界投资》，《申报》1932年9月22日。
⑤ 《建议欧亚航空公司航行厅绝对准期，应速添新机供西北之需，并保永久安全》，甘肃省档案馆藏，档号44-6-355。

事实上，邵力子的一些针对时政的政府公文下达后，却难以落实。省府依然经济不振，教育经费难以为继，兰州警备司令段象武、公安局长马华瑞借机鼓动"学潮"，兰州七校联合罢教，学生上街游行，向省府索薪。1933年3月邵力子深感难以匡正甘政，故向南京国民政府请辞，"力子等供职数月，统顾兼筹，心力交瘁……才力有限，深恐贻误西北大局"①，请求辞职。

对于邵力子辞职一事，"时人莫不惜之"，邵力子主甘未得预想之成效，不在其本人不作为，"财政困难为辞职之绝大理由，而武人跋扈，亦为开发甘肃之大阻梗，甚矣哉！巧妇难为无米餐也"②。但是，不可否认，邵力子代表南京国民政府主政甘肃，此间甘肃地方实力派"并无公然干预政治，破坏统一的事"③，也让甘肃离南京中央政府的直接控制更进了一步。

（二）朱绍良主甘与兰州建设

在南京国民政府直接派遣中央大员邵力子任职甘肃省主席，未取得理想效果的情况下，迫使其不得不改变策略。1933年5月4日，南京国民政府行政院临时会议决议任朱绍良为甘肃省委兼主席。1933年8月31日，南京国民政府中央执行委员会委派朱绍良为甘肃省整理党务委员。

朱绍良赴兰就职甘肃省主席之际，正逢"开发西北"呼声高涨之时。"开发西北，由事势上观之，诚为不能再缓，一般人惟知东北之得失，关系中国之存亡甚为重大，而吾辈更应知晓西北各省，在我国民族之生存上，其重要亦可谓与东北相等，东北主权即失，则西北之重要不言而喻矣。"④且"甘肃为西北数省中心，可以遥控新藏，近制青宁，治乱兴衰，关系整个西北，故以地位责任言，甘省主席，实较西北任何省分（份）为重大。"⑤

---

① 《邵力子等人关于请求辞职致国民政府及行政院的函》，甘肃省档案馆藏，档号4-5-43。
② 板桥：《邵力子辞职》，《社会新闻》1933年第2卷第20期，第285页。
③ 邵力子：《开发西北与甘肃》，《开发西北》1934年第1卷第1期，第12页。
④ 周万喜：《西北之近况》，《政治会刊》1933年第2卷第3期，第14页。
⑤ 仁：《希望于朱绍良者》，《西北公论》1933年第1卷第2期，第3页。

西北情形复杂多变，各方势力犬牙交错，急需军政经验丰富且忠于南京国民政府的一位实力派人物主政甘肃，掌握西北交通枢纽——兰州，而朱绍良正是蒋介石的首选。亦如王劲所言，"蒋介石在西北政局不稳，日本在华北不断挑起冲突的情况下让朱绍良来坐镇甘肃，是有扼控西北建立巩固后方的深意的"①。对于中央要员朱绍良的到来，兰州民众希望其能够"一本中央开发西北，巩固边疆之至意，用革命精神，快干、硬干、实干，为国家固边围，为甘民除痛苦，建立伟大之事业，勿存做官之心理，以副中央之倚畀与信赖"②。甘、宁、青三省旅京同乡亦"开欢迎朱绍良大会，朱即席答词，谓将努力开发西北，以慰甘民之望"③。

朱绍良在来兰之前，就陈述其施政方针与目标："整理交通与普及教育为首要，整理军队仍由军事机关负责"，"当竭力一步一步的作去，必使多少总有点成绩，交通稍有办法，人民稍形安定，则开辟地利方有办法。"④他在到兰州的欢迎会上再度重申：

> 现在人人都同声一气的说要"开发西北"，这固然是重要的一桩事，但同时要看开发以后，人民对于国防能否负起责任。如像一个家庭里要是很穷，没有宝贵物品，那盗贼是不来的，如果一个家庭里要是有金银财宝，而自己莫有自卫的能力，那盗贼一定是会来的。所以开发西北，固然是目前最急切最需要的工作，但是全看自己有没有自卫的能力。⑤

朱绍良所强调的"自卫能力"，实则求进步、求发展，只有军政实力强大，国富民强，方能与强敌对抗；亦在强调务实，鼓励民众踏实肯干。

如何有"自卫能力"？第一，西北地区军阀林立，省府兰州受多方势力

---

① 王劲：《甘宁青民国人物》，兰州大学出版社1995年版，第90页。
② 仁：《希望于朱绍良者》，《西北公论》1933年第1卷第2期，第3页。
③ 《旅京三省同乡开会欢迎朱绍良》，《申报》1933年6月5日。
④ 《新任甘主席朱绍良谈治甘方针，整理交通与普及教育为首要，整理军队仍由军事机关负责》，《西京日报》1933年5月12日。
⑤ 朱绍良：《朱主席在兰州市各界欢迎大会演讲词》，《甘肃省政府公报》1933年第2卷第59—62期，第2—3页。

制衡，为此，"朱与马麟互换金兰，结贴为盟，为拜把兄弟"①。后又保举马步芳为青海省主席。对宁马代表人物马鸿宾、新疆盛世才等积极拉拢，以求地方实力派拥护南京国民政府。同时，要求"甘青宁三省，严禁境内设立兵站"②，以保甘肃安定。在孙殿英率部西进青海时，朱绍良通电南京："自孙殿英军节节西开，西北三省军民纷纷反对，局势日趋严重……不特三省地方均遭糜烂，而西北全局亦不堪设想。"③ 而后，朱绍良联合青马、宁马阻止孙殿英部西进，并成功击退孙殿英部。这场战争在一定程度上维护了南京国民政府与西北地方实力派的关系。

第二，针对省府衰微、政令不行、民生凋敝的状况，特取消了拨款制度；宣扬"甘肃是甘肃人的甘肃""省政府当然亦是甘肃人的省政府"，特聘请兰州上层士绅杨思、裴建准、郭维屏等人为省政府顾问，以保省府政令顺利实施；为整顿吏治，增进行政效率起见，设置行政督察专员。

第三，针对中国共产党在西北势力的逐渐壮大，农村革命根据地不断开辟、不便控制的情况，朱绍良落实南京国民政府制定的《地方自治法规原则》，在兰州推行保甲制度，加强对民众控制，做好防共准备。同时，朱绍良在财政厅长朱镜宙的竭力擘画下，实施改屯为民、废除苛杂、减免茶商税、修建西兰公路、创办实业等一系列惠民措施，甘人受惠颇多。④ 一言以蔽之，"（朱绍良）将军力废防区制，纳政治于常轨，设银行、办农贷、民困以苏"⑤。

朱绍良治下的兰州，在经济民生上，1935 年，中国农民银行兰州支行成立，实行中央银行等国家银行发行的钞票——法币，作为法定货币，停止银币流通及兑换现大洋。兰州电灯电话局改为兰州电灯厂。兰州"华陇

① 高屹：《蒋介石与西北四马》，警官教育出版社 1993 年版，第 150 页。
② 《朱绍良电，甘青宁三省，严禁境内设立兵站》，《华北日报》1933 年 10 月 13 日。
③ 《朱绍良电中央反对孙部西开》，《大公报》（天津）1933 年 11 月 5 日。
④ 尚季芳：《惠政在陇：朱镜宙与甘肃经济建设刍议》，载钱宗主编《朱镜宙诞辰 125 周年学术研讨会文集》，线装书局 2015 年版，第 232 页。
⑤ 台北"国史馆"编：《"国史馆"现藏民国人物传记史料汇编》第 12 辑，台北协联印书馆有限公司 1994 年版，第 63—64 页。

烟草公司"建立，实际资本5万元。这是甘肃第一家采用动力制烟机生产卷烟的工厂，生产"五泉山"牌、"北塔"牌等三种纸烟。各种团体如兰州水运业、人力车业、轿车业等一批职业工会在社会亮相；同时金融性质的社团——兰州钱商业同业公会等相继出现。① 此外，西兰公路建成通车，兰州汽车站在畅家巷正式成立。

在文教上，1933年9月，《西北新闻日报》更名为《西北日报》。1934年兰州（含皋兰县、榆中县、永登县）共有小学192所，学生22038人；1935年，兰州各私立小学取消原来第一、第二、第三等初级小学的序号校名，再次易名；同时，开始兴办一年制和二年制短期小学。②

在邮电通信上，1934年，兰州首次开办民用长途电话，使用者主要是军政机关，其次是商业、金融、交通部门。1935年，兰州城区设有城郊信柜4处，城市信箱24具，信筒5具。由1名信差乘自行车收取，每日2次。西北疗养院（今兰州市妇幼保健医院）设有信箱1具，东教场（今西北战区陆军司令部）设有信箱2具，均由该段信差顺便收取邮件。飞机场（今嘉峪关路）设信箱1具，由接送航空邮件的专差收取；甘肃邮政管理局门口信箱邮件由业务处听差按分发时刻收取。当时兰州通往各地步差干线邮路共计8条。③

朱绍良主政，"对于多年混乱的甘局社会秩序，得以粗安，厥功甚大"④。其"既引西北以拱卫中枢，而民族纠纷，亦自消弭，封建积习，次第革除，元气渐以昭苏，政治遂入正轨"⑤。可见，朱绍良主甘"稳定了局面，成为蒋介石控制西北的有力依靠"⑥。

① 杨兴茂：《民国时期的兰州社会团体》，载《兰州文史资料选辑》第19辑，甘肃人民出版社2000年版，第95页。
② 兰州市地方志编纂委员会编：《兰州市志·教育志》，兰州大学出版社1997年版，第92—93页。
③ 兰州市地方志编纂委员会编：《兰州市志·邮政志》，兰州大学出版社1996年版，第166—197页。
④ 《促朱绍良氏速赴甘履新》，《西北论衡》1937年第5卷第4期，第2页。
⑤ 周开庆、王云五：《民国朱上将绍良年谱》，台湾商务印书馆1981年版，第19页。
⑥ 王劲：《甘宁青民国人物》，兰州大学出版社1995年版，第96页。

然而，客观来看，朱绍良主政依靠的是旧的社会阶层与社会运作程序，所以弊病难以根除，施政效果毕竟是有限的。① 其一，朱绍良利用西北实力派之间的矛盾以互相制衡，以期驾驭他们。朱绍良到任后，力图取得西北地方势力的支持。他极力拉拢兰州地方士绅以及盘踞一方的大小军阀，同他们建立私人关系，以取得拥护和支持。其中，朱绍良联合青马、宁马阻止孙殿英部西进，一部分原因在于诸马是已知力量，要维持现有的平衡，而孙部的西进会导致各种力量重新分化组合。其二，朱绍良在治甘过程中的主要用人政策是任用甘肃本地名流和实力派，并把实施这一政策看作加强国民政府对甘肃统治的一个重要步骤，这种"稀泥抹光墙"的施政策略其成效毕竟是有限的。

四、 保甲制度的推行

　　1929 年初，国民政府相继颁布了《县组织法》《县自治法》等一系列法规，并着手开始推行地方自治。1931 年蒋介石首先在赣、鄂、豫、皖等地的"剿匪"区停办自治，推行保甲。其他省份因"间邻制度，运转不良"②，也相继开始推行保甲制度。1934 年 4 月，国民政府军事委员会南昌行营电令甘肃省政府，要求甘肃地方举办四大要政：办理保甲、修筑道路、清丈土地、清查户口。甘肃省政府认为清查户口应包含于办理保甲之中，故在征得南昌行营的同意之后，决定将清查户口和办理保甲一并举行。③ 1934 年 10 月，甘肃省政府颁布《保甲户口编委会章程》，着手推行保甲制度。④ 因甘肃省地域广大、民情复杂，各地行政专署尚未及成立，甘肃省政府决定在各地分期推行。兰州作为省府要地，是甘肃第一批保甲推行之地。同一时期，办理保甲的县份包括皋兰、临夏、天水、榆中、永登、定西、

---

　　① 刘进：《中心与边缘——国民党政权与甘宁青社会》，天津古籍出版社 2004 年版，第 114 页。

　　② 王先明：《辛亥革命后中国乡村控制体制的演变——民国初期的乡制演变与保甲制的复活》，《社会科学研究》2003 年第 6 期。

　　③ 范朴斋：《本省推行的保甲》，载甘肃省民政厅《民政汇编·附载部分》，1935 年，第 1 页。

　　④ 《甘肃各县保甲户口编委会章程，省府已公布》，《甘肃民国日报》1934 年 10 月 17 日。

渭源、靖远、永靖、景泰、康乐等 11 县局，办理期限从 1934 年 11 月开始，至 1935 年 3 月底完成。① 在实行保甲制度时，其主要措施是在各地设立保甲户口编查委员会，作为市属各县推行保甲制度的指导机构。该机构人员构成有各县城乡党部代表和政府公务人员、商会和农会代表、各级学校教职人员和地方士绅。② 主要负责对各地保甲制的宣传、指导和协助，确保保甲的推行实施。

（一）保甲长的选用与管理

地方基层行政组织和人员是各项政令的主要执行者和实施者，政令执行实施效果如何，则取决于地方组织和相关人员在执行、实施过程中所发挥的作用。在保甲制度的推行过程中，保甲长群体是国民党政权联结基层民众的关键，各项政令的推行与实施、基层社会的管理与控制，均依赖于保甲长相关作用的发挥。

1. 保甲长的选用。国民政府极为重视地方基层保甲长的选用问题。甘肃省政府曾先后出台文件、发布命令，对各地保甲长的任用作了具体要求，即"选择志虑精纯、学识优越者充当"③。但事实上，兰州各县地方士绅良莠不齐，难当此任。如永登县政府呈文省政府称："本县地处边徼，教育落后，人民识字者百无一二。如公正忠厚者，尚觉容易；学识优越者，实属难觅。"④ 也因保甲人员职务低微而职责繁重，且士绅多不愿充任。故而，保甲长之职落入劣绅地痞之手，成为其聚敛搜刮、危害地方的手段。

2. 保甲长的训练。地方乡镇保甲长的个人素质和能力高低不一，对

---

① 《呈报本省办理保甲经过情形请转行政院备案由》，载甘肃省民政厅《民政汇编·保甲》，1935 年，第 5—6 页。

② 《呈报各县保甲户口编查委员会章程及分期进度表请鉴核备查由》，载甘肃省民政厅《民政汇编·保甲》，1935 年，第 3 页。

③ 《甘肃省民政厅饬令各县长认真甄别保甲长选择志虑精纯、学识优越者充当，仰将奉办情形具报查考的密令》，甘肃省档案馆藏，档号 15－15－373。

④ 《呈报遵令认真甄别乡镇保甲长情形请鉴核备查由》，甘肃省档案馆藏，档号 15－15－373。

"保甲意义不甚了解者不乏其人"①，既影响了保甲制度的实施，也使得许多地方事务难以有效开展。为改变这一状况，兰州地区按照省政府制定下发的《甘肃保甲人员训练办法》要求各乡镇对联保主任、保长和甲长依次进行训练。训练时间分别为5—10日、3—5日、1—3日，且暂定每半年举行一次。训练内容包括，学习《编查保甲户口条例》《民团整理条例》《新生活须知》等文件，要让保甲人员真正掌握各种条例的精神、实施条例的方法、向民众宣传各项条例的技巧等方面。② 此外，省政府成立保训合一干部训练所，决定对全省联保主任和保长分8期训练，1939年为统一全省干部训练工作，保甲长的训练交由西北干部训练团统一办理，训练人数进一步增加，至1940年共计训练4680名。③

3. 保甲长待遇及惩处。保甲制推行之初，各地保甲长除每月支领3元办公费用外，并无职薪。④ 经费低微，常入不敷出。加之上级官吏和军警对保甲长言多侮辱，动辄打骂，其处境之艰难、地位之卑下难以名状。这些情况严重影响了兰州基层行政组织的管理和运行。此外，对于保甲长的惩处，按照《剿匪区内各县编查保甲户口条例》的规定，保甲长有滥用职权或贻误要公者，乡镇区长得按其情节，报由县政府，处以百元以下罚金、当众谴责、免职等。⑤ 对于在户口登记中有无正当理由不管理关于户口异动登记之报告、怠于户口异动之登记、关于户口异动之登记向报告人有所需索、对于户口变动之统计报表不按期编送之保甲长，处以2元以下罚款。⑥

可见，地方政府通过对基层保甲人员的选用、训练和惩处措施来确保保甲制在各县乡镇的推行，以期各地保甲长能够履职尽责，成为国民政权

①　《甘肃省政府委员会第317次会议记录》，《甘肃省政府公报》1935年第4卷第25—28期，第37页。
②　《甘肃保甲人员训练办法》，载《甘肃省现行法规汇编》（二），1935年，第80—82页。
③　《二十九年各部门施政实施撮要》，《甘肃省政府公报·元旦特刊》，1941年，第4—5页。
④　《甘肃各县保甲经费收支暂行规定》，载《甘肃省现行法规汇编》（四），1935年，第174页。
⑤　闻钧天：《中国保甲制度》，商务印书馆1935年版，第556页。
⑥　《甘肃省户口异动登记办法》，载甘肃省民政厅编《民政汇编·本省法规》，1935年，第106页。

控制地方、推行政务的重要助力。

(二) 保甲长工作实况

兰州地方保甲制度推行管理人员在日常工作中常敷衍了事,应付上级。如在进行户口调查时,民众为避免被派款抽丁,往往漏报虚报。保甲长却也"乐得敷衍,咸不认真清查"。在编组保甲时,不负责任,致使保甲编组混乱。如皋兰县在整理保甲时发现如下情形:有的"将一户分散编成数户,有数户缩编成一户者,甚至将同住一院的异姓数家编做一户",有的"一村之中十甲之户口,本可编为一保者,竟分编为二三保",有的"人口之中,有将男性填为女性者,有捏报年龄子大于父者"。① 同时,一些保甲人员对地方民生疾苦的改善和公共事业的建设更是视若无睹,置之不理。尽管国民政府内政部对保甲人员"当极力推进各项公益事务"的工作职责早有规定,然而多数保甲人员只关注自身利益的得失,而罔顾公共事宜的推进。即使有些保甲长有意造福乡里,却因财力、物力的种种限制而有心无力,只得作罢。②

兰州地方保甲人员在基层社会则借机欺压民众,各县乡镇的保甲长多由土痞劣绅担任,在办理公务时常贪污受贿、索贿。如永登县保长孙严恭借办理兵役,趁机"苛索贫民",致使"有的三五十元,有的八九十元,甚有人财两尽者"。③ 为收受贿赂,致使"有钱人家的子弟可以因纳贿而免除兵役,不能纳贿的人家,甚至兄弟数人都不能不被送到军营里去"④。此外,许多劣绅成为保甲人员后,常勾结地方无赖势力,欺压百姓,为祸一方。⑤ 虽然甘肃省政府专门制定保甲人员奖惩考核办法,以规范其行为,但是负

---

① 《皋兰县代理县长何世英呈》,载甘肃省档案馆编《甘肃历史人口资料汇编》第 2 辑下册,甘肃人民出版社 1998 年版,第 9—10 页。

② 《甘肃省政府二十九年度行政计划》,1940 年,第 2 页。

③ 《徐毓麟为保长孙严恭等藉公害民征兵磕索乞予法办的代电》,甘肃省档案馆藏,档号 15 - 12 - 315。

④ 碧笙:《论战时保甲制度》,《现代论坛》1938 年第 4 卷第 7 期,第 4 页。

⑤ 甘肃省政府秘书处:《甘肃省三十一年全省行政会议会刊》,1942 年,第 164 页。

责考核的地方官员与保甲人员利害相关、沆瀣一气，考核徒有虚文而难见实效。

由上可见，国民政府以及甘肃省府对保甲制度的努力事与愿违，许多有利的措施变形走样；在基层民众间更是对保甲长怨声载道。缘何至此？或与兰州地区基层保甲人员所处的环境大有关系。

其一，保甲长身份低微。地方官吏往往将保甲人员视为乡约、地保随意使唤，辄加凌辱。办理兵役时，又频遭军警非难，"每逢保长送来壮丁的时候，他常要和保长为难，叫你一换再换，一送再送"，"保甲人员千方百计才得到几个壮丁，轻易地被拒不收"。① 其二，保甲长职责繁重。保甲制最初意在缉匪防盗，以维护地方治安。但在实际推行过程中，各地官吏却将其视为行政组织，"差不多把所有的一切政务，都推给保甲去办"②。举凡租税征收、款项摊派等事宜，均付之于下，致使保甲人员事务繁重，苦不堪言。其三，保甲长长期处于两难尴尬境地。既要应付上级政令，若不能定期定量完成下达任务，将面临处罚甚至牢狱之灾；又要在征税、征兵时顾及乡里之情。这些因素使得许多传统乡村士绅望而却步，不担其职。因此优者退，劣者进，大批劣绅土痞趁机获此职务，朱绍良也不得不承认，各地"对于保甲长厌弃的多，赞扬说好的少"③。

总体而言，自1934年保甲制度在甘肃初步推行，其目的是通过推行保甲制度，来实现对基层社会的有力控制，但是成效并不显著。具体而言，首先，甘肃省地方政权行政效能低下，地方财政困难，因而无法有效地保障保甲制度的实施。其次，对于保甲长的人选不当，多数保甲长不能胜任地方行政职务，且多为地方劣绅，既无法推行基层社会管理，又不能充任沟通地方政权与底层民众的桥梁，一定程度上加剧了民众对国民党政权的离心力。此外，民众对于保甲制度的实施表现漠然，多以消极态度处之，

　① 孟述祖：《关于兵役的两个严重问题》，《甘肃县政旬刊》1939年第1卷第6期，第4页。
　② 碧笙：《论战时保甲制度》，《现代论坛》1938年第4卷第7期，第4页。
　③ 朱绍良：《严密保甲组织，健全保甲人员》，《甘肃省政府公报》1939年第475—476期，第95页。

不予配合。受制于上述因素，保甲制度的实施成效甚为有限，控制地方社会、组织民众的目的并未实现。

五、 兰州事变

朱绍良任甘肃省主席期间，兰州有一定的发展，同南京国民政府的联系也日益密切。然而，1935年10月20日"下午三时下东门火药库爆炸，延烧至二十一日始毕。军民死伤数百，全城震动，数百民房，均成焦土"①。朱绍良因此事件请辞主席职务，甘民闻讯，纷纷致电南京，诚意挽留，"惟朱主席矢志让贤"②。南京国民政府改任命东北军将领于学忠主理甘政。1935年12月15日，于学忠"由天水飞抵兰垣，定十八日视事，就甘主席新职"③。

（一） 于学忠主甘与兰州建设

蒋介石任命于学忠主甘有多重考虑，其一，1934年10月，蒋介石赴兰州视察，十分重视对兰州乃至甘肃的经营；且朱绍良主甘期间取得了一定的成效，正是南京国民政府巩固成果之时。其二，甘肃灾害频发，赈灾任务严峻，1935年，甘肃多县遭受冰雹侵袭，兰州经济损失达45万元，④急需一位有军政经验的省主席主持大局。其三，则是为笼络张学良的东北军势力，对其进行安抚，进而联合"剿共"。其四，于学忠曾主政河北三年，政绩显著，有丰富的军政经验，堪当甘肃省主席之职。

于学忠主甘期间，采取了一系列措施安定政局。政治上：第一，"为增进办事效率，节省人力公帑，决俟各厅委就职后，改行合署办公，各机关职员将予裁减"⑤。第二，令各县长，勉以合力埋头苦干，为地方谋建设，

① 《兰州火药库爆炸，军民死伤达数百人》，《华北日报》1935年10月26日。
② 《朱绍良在兰报告，治甘两年之经过》，《西京日报》1935年11月9日。
③ 《甘肃省主席于学忠今日就职》，《南宁民国日报》1935年12月18日。
④ 甘肃省志地方史志编纂委员会等编纂：《甘肃省志·民政志》，甘肃人民出版社1994年版，第545页。
⑤ 《于学忠决改行合署办公》，《绥远西北日报》1936年2月10日。

为民众解痛苦，勤劳尽职，必予保障，倘贪污自暴，必严加惩处。① 第三，整理各县仓毂、厉行禁烟、整理社会救济、训练保甲及壮丁、改革县府组织、实施训练县佐治人员、增加行政经费等。

经济上：第一，"励行行营核准之概算，以期稍有限制，闻自二十五年一月份起，所有各机关，超过概算各款，一律停发"②。第二，"当体念商民千里裹粮，谋生不易，应遇事予以便利，不得藉端留难，或加苛索"③，以保护过往商旅。第三，整顿税收，废除苛捐杂税，厉行会计独立，核定各地税收。具体表现有：1936 年再次设立甘肃平市官钱局，重新公布《甘肃省平市官钱局组织规程》，派马钟秀负责整理该局。任命陶祖椿为甘肃制造局局长，内设兵工厂、木器厂、面粉厂、发电厂。此外，兰州还有 4 家工厂从事地毯生产，即：1. 救济院所属工厂两处，一处在新关孤儿院内，一处在西城巷妇女教养所内，两处月产地毯 100 平方尺；2. 省立工科职业学校附设工厂，每月产地毯 150 平方尺；3. 济生工厂，在南稍门，由袁鼎山私人经营，月产地毯 150 平方尺；4. 惟救工厂，在贡元巷，为陇右实业待行社附设，内设多科，其中有地毯一科，每月出 120 平方尺。④

社会民生上：第一，禁烟。一方面控制烟民，绝对禁止新吸，对于老病暂吸之烟民则姑许领照限戒，加以严格之管理。另一方面，限定烟具买卖，在限期戒烟执照有效期内，得凭照向特许发售烟具商店购买烟具，呈报该管禁烟机关备查。有旧烟具者，随呈缴毁。第二，筹备沿黄造林、积极兴办水利。第三，修筑陇海路西兰段。

在文教上，1936 年，由杨思、张维等甘肃名流编纂的《甘肃通志稿》（又称《甘肃新通志》）结稿，约 450 万字。兰州乡村师范成立，附设蒙藏师范班。

---

① 《于学忠令勉各县长，为民众解痛苦》，《绥远西北日报》1936 年 1 月 15 日。

② 《于学忠治甘之设施》，《申报》1936 年 2 月 7 日。

③ 《令西路各县局对于新省往来商民予以便利不得藉端留难或加苛索》，《甘肃省政府公报》1936 年第 42—43 期，第 35—36 页。

④ 甘肃省地方史志编纂委员会编：《甘肃省志·轻纺工业志》，甘肃文化出版社 1995 年版，第 167 页。

于学忠主甘，左右用事之人悉数为东北、辽宁一系所有，旧日省府及各机关人员被裁者十之七八，此为自民国二十余年来所仅见。被裁人员无衣无食，难免见东北之人而生痛恨①。加之，蒋介石为防止于学忠的 51 军在兰州坐大，派遣大量特务对其进行监视。一次，于学忠率领总部机关全体校级军官骑马到五泉山后的皋兰山野餐，绥靖公署系统的特务暗中察访盯梢，记下其召开秘密军事会议的黑账，并报告了南京。② 因此，于学忠的施政举措实施阻力较大，成效不丰。

（二）兰州事变

1936 年 12 月 12 日，西安事变爆发，张学良、杨虎城扣押蒋介石等军政大员。在西安的于学忠通电驻兰州 51 军，"今晨 1 时左右，张副司令和杨虎城主任共同率领东北军、十七路军向蒋委员长实行兵谏，提出八项主张，已将蒋留在西安，并对在西安的中央军政要人限制自由，希即将胡宗南部的两团、绥署特务营及与军统有关的部分警察解除武装，对重要人员要限制自由，结果如何，盼复电。"③ 同时，于学忠调 114 师、118 师回兰，协同 113 师巩固兰州防务。12 月 13 日，51 军控制兰州，并通电全国，响应张学良、杨虎城"八项抗日主张"。此次事件被称为兰州事变。

兰州事变的爆发与中国共产党的努力也有很大关系。事变爆发前，红军已经完成了陕北会师，势力壮大，并在西北地区积极进行抗日宣传。1936 年 1 月 25 日，中国工农红军以毛泽东、周恩来、彭德怀等将领的名义发表《红军为愿意同东北军联合抗日致东北军全体将士书》，肯定东北军大多数是爱国的，是愿意打日本帝国主义的。1936 年 9 月，毛泽东曾亲自给于学忠写信，"夙稔先生热诚爱国，对日抗战早具同心，而西北停战议和，首先贵我两军停止自相残杀，实为刻不容缓"④。与此同时，周恩来分别与张学

---

① 白雪草堂编：《兰州事变纪略》，甘肃省图书馆藏，1937 年，第 10 页。
② 张传瑞：《于学忠将军传》，团结出版社 2004 年版，第 142 页。
③ 张传瑞：《于学忠将军传》，团结出版社 2004 年版，第 149 页。
④ 毛泽东：《毛泽东书信选集》，人民出版社 1983 年版，第 76 页。

良、杨虎城会谈，达成了一致抗日的共识。

1936 年 11 月张学良由西安抵兰州视察甘肃及 51 军的状况，并与于学忠密谈，达成共识：于学忠部在兰州策应，驻在洛阳的黄永安部控制洛阳，驻在河北的万福麟部南下切断陇海路等。然而最终仅于学忠部发动了兰州事变，其他各部完全自行其是。①

因 51 军各师师长均不在兰州，刘忠干、解方等在接到于学忠电令后，当即通知各师参谋长及有关人员研究兰州事变的实施办法如下：

（1）113 师以足够兵力解决驻东教场的胡宗南部蔡、徐两团；

（2）118 师以一部兵力解决绥署特务营，另以一部兵力解决与军统有关的部分武装警察；

（3）118 师以适当兵力在城关内外巡逻，维持秩序，保卫全城治安；

（4）将绥署高级职员暂集一处，照常待遇，限制自由，保证安全；

（5）请周秘书长与邓宝珊（新编第一军）军长联系，把该军部守卫今晚撤到大门以内，避免误会；

（6）对兰州军统头目、警察局局长史铭加以看管，由省府设法办理；

（7）白天行动诸多不便，拟在晚七时开始行动；

（8）对电台和电报局，由本部派人监视；

（9）各师参谋长及部分团长都已参加了这个会议，本部不另行文；

（10）开始行动后，各部队要随时向本部报告情况，并请刘参谋长与周秘书长切取联系，使军事与行政两方面协同动作。②

兰州事变的具体细节，据《新天津》报道："十三日夜，（51 军）突将绥署及公安局□械全行收缴，绥署重要人员或遭残杀，或被扣留，人民损失亦大……在兰中央机关及各部队驻兰办事处，皆被于部抄掳一空，官兵眷属均遭惨劫，绥署章参谋被扣押，李副官长重伤。"③ 兰州在混乱中还发

---

① 王春林：《阵线与前途：西安事变及其善后中的东北军于学忠部》，《军事历史研究》2018 年第 2 期。

② 张传瑞：《于学忠将军传》，团结出版社 2004 年版，第 150—151 页。

③ 《于学忠返兰州中央机关多被查抄》，《新天津》1936 年 12 月 21 日。

生了抢劫、暴乱等扰民行为，有人甚至趁乱公报私仇。据时任甘肃省政府秘书长的周从政（又名周达夫）回忆："缴械前，本想能不杀伤就不杀伤，不料一开火士兵就眼红了。蔡、徐两团长带一部分人抵抗，因此越打越来火，加以这两个人都是黄埔军校出身，有'黄马褂之称'，我们士兵对他们素无好感，所以演成流血惨剧。"① 事变成了发泄彼此怨恨的一个契机，致使军人各自为政，兰州形势堪忧。

于学忠返回兰州后，"极力镇压，并赔偿损失，安置保护并遣送中央人员之家眷"②。同时，召开紧急会议，邀请邓宝珊、刘广沛、张维和社会名流水梓、裴建准、杨思等20余人，以及马步芳、马步青和鲁大昌等部驻兰官员座谈，宣读了张、杨通电，介绍了西安情况和兰州事变经过。说明其"关于甘肃大局，完全以西安进退为转移，我决无另外主张，若以我现时之观察，中国大局，除和平统一、一致对外，并无其他最好办法可寻"的看法。③

此外，于学忠采取了一系列稳定兰州政局的措施。为加强兰州城防和维护城内治安，妥善保护绥署和国民党中央军眷属，于学忠任命周光烈为兰州警备司令，组织部队昼夜梭巡，防止奸徒造谣生事，并下令释放了集中营的红军战士。军事部署上，于学忠命令113师在五泉山一带构筑工事，114师在白塔寺一带构筑工事，严阵以待。舆论宣传上，通过东北籍学生、教员，在兰州的大、中学校成立"抗日救亡联合会"，并在街头张贴标语，宣传"八项主张"以及抗日救亡之意义；勒令国民党甘肃省党部《甘肃民国日报》及甘肃省政府《西北日报》停刊。

《大公报》记者范长江在兰州事变后来兰采访，他认为"此时虽然相当平定，而兰州内在和外在的严重状态，并没有解除"。并分析"双十二事件

---

① 周达夫：《西安事变时兰州的情况》，载吴福章编《西安事变亲历记》，中国文史出版社1986年版，第259页。
② 长江：《西北近影》（四），《大公报》（天津）1937年2月20日。
③ 周光烈：《"双十二"事变我的回忆》，载全国政协文史和学习委员会编《回忆西安事变》，中国文史出版社2015年版，第232页。

发生后，使于学忠非常不好自处，从他忠于张学良和东北系统的观点上说，他不能不与东北军采取一致的行动。而从大局的安危上说，他又感此事前途之艰难。但军事初步冲突既已开始，各方阵线已明显对立，他不能不备战，而又不愿战，故他自谓为空前未曾遇到之困难。"①

最终，兰州事变在于学忠的统筹安排之下，兰州境内并未发生较大冲突，局势渐趋稳定。在多方调节下，西安事变得以和平解决。于学忠于1936 年 12 月 25 日，下令释放被扣押人员，兰州事变宣告结束。正如 51 军军官周德裕所说："西安事变的中心是在西安，而配合西安同时，有战斗行动的则是兰州，它是和西安事变联系在一起而不可分的。因此兰州的战斗行动是西安事变的组成部分，也可以说是西安事变的一环。"② 兰州事变是东北军 51 军的爱国行动，在国民党中央军重兵云集兰州，马步芳、马步青盘踞河西的险恶形势下，51 军广大爱国官兵受民众爱国热潮激励，以区区三师之兵毅然追随张、杨二将军发起事变，保证了西安后方的安全，解除了张、杨后顾之忧，壮大了西安事变的声威，51 军发动的兰州事变以其爱国义举而载入史册。③

随着张学良护送蒋介石返回南京被扣事件的发生，于学忠因"与此次西安事变，显有附和情事"④，南京国民政府于 1937 年 1 月 5 日决定，甘肃省主席兼 51 军军长于学忠撤职留任。对于南京的这一决定，于学忠致电军政部长何应钦，"学忠仰蒙不加严谴，曲予优容，中央宽大之仁，钧座爱护之德，愧悔之余，宁不知感……愿劝东北军服从中央"⑤。

3 月 6 日，于学忠调任豫皖绥靖主任，51 军东开。3 月 16 日，于学忠向顾祝同陈述甘政状况："甘肃于去年事变期间，省政颇见纷歧，今幸大局底定，政府关心西北，即应迅派有力适当人才，前往切实负责整顿，庶几

① 范长江著，沈谱编：《范长江新闻文集》，中国新闻出版社 1989 年版，第 479—480 页。
② 周德裕：《兰州策应》，载《辽宁文史资料》第 21 辑，辽宁人民出版社 1987 年版，第 131 页。
③ 史言：《西安事变在兰州》，载甘肃省地方史志办公室编《甘肃史地编研文选》，甘肃文化出版社 2017 年版，第 223 页。
④ 《国民政府令》，《军政公报》1937 年第 244 期，第 143 页。
⑤ 《于学忠电何部长表示服从》，《大公报》（天津）1937 年 1 月 12 日。

省政日益就绪。而人民之痛苦得以解除也。至于甘省地方财政，尚无何等困难，至于军政教育等费，亦均能勉力筹拨，惟以去年剿匪期间，庶政阻滞，致税收亦受影响，中央曾拨补助费六十万元，以资挹注。"① 此外，于学忠将其在兰州的私人房产，捐献给甘肃省教育厅，以资助发展教育事业。

于学忠走后，甘肃主席职务空缺，南京国民政府于 1937 年 3 月 31 日，再次任命朱绍良为甘肃省主席。朱绍良因"水土不服，致左腿患湿气病，步履维艰，到沪后即入医院诊治，迄今尚未出院"②，未按时就职。南京国民政府即改任贺耀组兼代甘肃省政府主席。

第二节　国民政府统治前期的兰州社会

南京国民政府建立后，提出了"开发西北"的口号，掀起了西北开发"热潮"。在"开发西北"的背景下，兰州地区的经济与文化教育事业得到了进一步发展。在经济方面，这一时期的经济建设主要以交通、邮电、水利等基础设施的建设为主，基础设施的修建，为农业、工业、商业、金融业等发展提供了保障，也为全面抗战爆发后，大批工业内迁奠定了基础。在文化教育方面，呈现出"新旧交织"的特点。初等教育、中等教育、高等教育、职业教育、社会教育等，都逐渐发展起来。新式教育的发展逐步取代旧式传统教育模式，为兰州地区教育事业注入了新的血液，促进了兰州现代化教育的发展。此外，国民政府在兰州地区推行新生活运动，提倡纪律、品德、秩序、整洁等，教导人们重视"礼义廉耻"，具备"国民道德"和"国民知识"。这些社会运动的推行，客观上促进了兰州地区经济社会的发展。

一、 西北开发背景下的兰州经济发展

1932 年 12 月 19 日国民党四届三中全会通过《开发西北案》，明确指出

---

① 《于学忠昨谒顾主任陈述甘政况及移防经过》，《工商日报》（西安）1937 年 3 月 16 日。
② 《朱绍良留院疗疾》，《申报》1937 年 4 月 19 日。

开发西北已成为其固定之政策纲领。西北开发的计划正式被南京国民政府提上了日程，一时开发西北成为政府和社会舆论关注的焦点。官方与民间团体提出了不同的开发设想与途径，总结起来有以下几类主张：优先发展交通；重视农田水利建设，利用西北地下富源，开矿设厂；实施移民垦殖；垦牧及畜牧改良；改善民族关系，改进民族教育；发展合作经济；等等。①

（一）开发西北的呼声

面对外敌入侵，部分国人将目光转向了西北，一时间研究、考察西北的团体、组织纷纷出现。如西北文化促进会（1929）、开发西北同志会（1929）、西北研究社（1931）、西北问题研究会（1932）、开发西北学会（1932）、西北协社（1932）、西北斗争社（1932）、西北学会（1933）、西北春秋社（1934）、西北论衡社（1936）、新西北社（1937）、西北史地学会（1937）等。这些团体、研究学会创办各种杂志刊物宣传西北，以期引起国人和政府对西北的重视。如西北协社创办的《西北言论》，上海西北屯垦团创办的《开发西北月刊》，开发西北协会创办的《开发西北》，西北论衡社创办的《西北论衡》等。此外，来西北考察的团体和个人活动不断，除官方考察外，半官方、个人及社会团体亦赴西北考察，虽然考察者的角度各异，但有一点是相同的，即他们把开发西北经济的重要性放在了相当重要的位置。②

1934 年秋，蒋介石视察陕、甘、宁三省，第一次踏上了西北，其就西北建设与开发作出指示："西北各省建设事业，除救济农村另有整个步骤外，其他自应以造林、水利、畜牧、开垦与交通为最重要。"③ 此外，蒋由西安至兰州，在考察黄河时不禁感叹道："观此更知中国之伟大而可为也，

---

① 《实业部渔业司·潘世淮条陈开发西北以改良畜牧为先决问题》，台北"中央研究院"近代史所档案馆藏，资料号 17 - 27 - 213 - 5。

② 王荣华：《危机下的转机：国民政府时期的西北经济开发研究》，中国社会科学出版社 2015 年版，第 94 页。

③ 蒋介石：《游陕之感与对陕西之希望》，《中央周报》1934 年第 333 期，第 2 页。

左公当日规模之大，尤为心领。黄河形势雄壮，西北物产之丰富，倭俄虽侵略不止，如我能发奋自强，则彼亦无如我何也。极思经营西北，以为复兴之基。"① 蒋介石视察西北政治意图较为明确，也是基于对西北战略地位和资源开发的考虑。

随着国民政府党政要员的西北之行，以及西北开发言论的增多，开发西北进入了实质性的阶段。首先，国民政府积极采取措施，制定相关考察办法，并派考察团体赴西北考察。如颁布《西北考察团章程》《奖励国人考察西北办法》等。其次，制定西北开发计划，国民政府建设委员会曾就开发西北、建设西北拟定各种计划达 20 余件，内容包括交通、农林、水利、工业等西北地区亟待设置或极为缺乏的门类，以期促进民生与西北经济基础建设。此外，国民党国防设计委员会组织西北调查团，调查西北诸省资源、交通、农业、民情等情况，收集了大量关于西北实地考察的资料，拟定开发计划，并提出森林利用、羊毛质量改进、农垦设施改造等建议，详细制定了 13 个关于西北的调查报告，为开发西北经济工作作准备。再次是设立全国性的机构，统筹开发西北。如成立全国经济委员会，其性质是集顾问、审计、实施于一体的指导国营经济机关。1934 年 1 月 27 日，全国经济委员会专门处室增为 8 个，西北办事处即为其一。② 西北办事处执掌有五：一是调查研究民情产物，二是拟定核转建设计划，三是对实施建设予以协助指导，四是派员监督指导，五是其他经济建设事项。③ 全国经济委员会西北办事处的设立有助于促进和统筹西北经济开发，同时也是国民政府第一个直接负责西北经济开发的机构。在"开发西北"的背景下，国民政府着手对西北诸省进行经济建设，而处于甘肃的兰州成为开发西北的中心区域。

---

① 高素兰编注：《蒋中正总统档案：事略稿本》28 辑，台北"国史馆"2007 年，第 339—347 页。

② 中国历史第二档案馆编：《中华民国史档案资料汇编》第五辑第一编"财政经济"（一），凤凰出版社 2018 年版，第 88—90 页。

③ 《全国经济委员会西北办事处暂行组织条例草案》，载《全国经济委员会会议纪要（一）》，1933 年，第 190 页。

（二）基础设施建设

全面抗战前兰州的经济建设主要以交通、邮电、水利等基础设施的建设为主。1933 年，甘肃省政府规划建设以兰州为中心的 6 大公路干线，境内总长度 3690 公里，直线总长度 3540 公里，预算经费 3289.4 万元，计划 5 年完成，但由于各种原因，此一计划未能全部实施，全面抗战前修成了华（家岭）双（石铺）公路华（家岭）天（水）段和甘川公路兰（州）会（川）段。截至全面抗战前夕，全国公路总长度为 109500 公里，其中有公路面者 43521 公里，土路 65979 公里。西北五省公路建设总体而言也有较大改观，陕西有公路 4093 公里（有路面者 1171 公里），宁夏 2266 公里，青海 2337 公里，新疆 4853 公里，甘肃 3739 公里（有路面者 1726 公里），合计占全国总里程的 15% 左右（有路面的占 28% 左右）。[①]

（三）水利建设与农业

这一时期的水利建设也取得了一定的成绩，甘肃各地积极修建水利设施，以便于灌溉农业。据统计，1934 年甘肃省 23 个县共计开渠 213 道，可灌溉田地 2647460 亩，[②] 而利用水车灌溉成为兰州地区农业灌溉的主要方式。兰州水车多系木制，水车适合低地灌溉，"是沿河居民的生命线"[③]。水车主要集中在皋兰、永靖、靖远和临洮 4 县，共有 254 辆，可灌溉农田 50249 亩，其中皋兰水车最多，占总水车数量的 62.29%，灌溉农田数量占 29.13%。[④] 水车浇灌面积较小，兰州附近的农民以种植蔬菜为主，所谓"环郡城之东西南北，为圃者什一，几百顷之灌溉，附郭之居民饔飧饮食，

---

① 王荣华：《危机下的转机：国民政府时期的西北经济开发研究》，中国社会科学出版社 2015 年版，第 123—124 页。

② 《全国经济委员会·甘肃水利过去情形及将来计划》，台北"中央研究院"近代史所档案馆藏，资料号 26 - 00 - 6 - 7 - 4。

③ 李书田等：《中国水利问题》上册，商务印书馆 1936 年版，第 184—186 页。

④ 陈言：《陕甘调查记》下册，北方杂志社 1937 年版，第 42 页。

咸仰给焉"①。园圃种植业成为黄河沿岸兰州农业经济发展的支柱产业。时人评价兰州的社会经济说："地滨黄河，土质肥沃，四郊阡陌如绣，村落点点，水车罗列，引渠灌溉，农事之盛，甲于全省。"②可见水车对于兰州农村经济的发展有重要意义。农田水利设施的修建和水利灌溉的改善，提高了农作物的产量，促进了农业的发展，也为其他行业的发展奠定了基础。

（四）工业的发展

全面抗战爆发前兰州工业仅有制革、纺织、冶炼、印刷、火柴、纸烟等几个轻工行业，且多以手工生产为主。据统计甘肃所设工厂85家，实际统计50家，资本额达146.15万元，每家平均资本额2.9万元，规模小，技术落后。如设在兰州的甘肃造币厂因无法维持生产，改为生产面粉和肥皂，而甘肃制造局，在全面抗战前夕仅能生产农工机具。印刷业有甘肃官报局、民国印刷厂、俊华印书馆、集义印书馆等，各厂相当一部分机器以人力为动力。至于销售，"惟火柴一项，因本省所制者，价廉而适用，故颇可倾销本省及邻省，外货无由推销，此诚甘肃工业界所可自豪者"③，其他无足称道。

（五）金融业

甘肃的金融中心为兰州，"盖兰州为全省商业上之重要都市，水陆交通，均称便利，附近各县，物产饶富，而省内外之大宗贸易，多萃于斯。尤以贸易之发达，金融之繁兴，银钱业之集中，外人洋行之设立，故宜为甘肃金融之中心也"。同时"甘肃各地汇兑率之高低，金融之活跃疲滞，物价之贵贱，恐慌安全，皆视兰州为转移"。④

早在1924年，中国银行进驻兰州，并在兰州设立了支行，1929年因时

---

① （清）陈士桢、涂鸿仪：《兰州府志》卷2《地理志下·山川水利附》，（台北）成文出版社1976年版，第143—144页。

② 高良佐著，雷恩海点校：《西北随轺记》，甘肃人民出版社2003年版，第48页。

③ 潘益民编纂：《兰州之工业与金融》，商务印书馆1936年版，第35页。

④ 廖兆骏：《兰州的金融业》，《钱业月报》1936年第16卷第5期，第65页。

局动乱，经营困难而宣布停业。此后，国民政府为加强对地方金融业的控制，于 1933 年在兰州设立中央银行兰州分行。该行的主要业务是：发行货币、代理国库、收受存款准备金、兑付公债本息、检查金融机构、经办同业和军政存款等。① 兰州金融业的发展规模较大的机构分别为：中央银行兰州支行、甘肃平市官钱局。其中中央银行兰州支行于 1934 年 12 月 4 日开办，"该行代理国库，经收税款为重要业务，但甘肃之国税，如盐税、印花税、酒税等，均系暂由地方政府留用，未解国库；故该行在甘肃，关于代理国库一节，有名无实"。虽然如此，但在"该行设立一年来，兰州金融市面，始终维持稳定状况也"。②

此外，甘肃平市官钱总局也是甘肃重要的金融机构，而在当时，兰州金融业依然以传统的钱庄及银号居主导地位。当时在兰州的钱庄或银号有：蔚成永、益泰号（南关）、明德号、义盛魁、义兴隆、万顺号、永和泰、湧集长、中和德、天福公）、复盛铭、聚盛泰、自立裕、世泰号、自立俊、同济合、天意合。同时典当业也足以"辅助金融机关之不及"，成为兰州的又一重要金融行业。著名的典当行有公庆当、荣合当、华荣当、树顺当、复兴当、锦绣当、永济当、泉兴当、同生当、裕亨当、洪庆当、三合当、德泰当等。③ 全面抗战前兰州金融业在传统金融业的基础上逐渐向近代新式金融业转变，为后续发展奠定了基础。

（六）贸易

这一时期兰州地区输入货物逐年增加，输出货物呈逐年递减的趋势。据统计，在 1932—1933 年，平均输出总值为 14996463 元，输入总值为 55305168 元，入超计 40308512 元；1935—1936 年，平均输出总值为 28896324 元，输入总值为 34922463 元，入超计 6026139 元。若以 1932—

---

① 中央银行兰州分行：《兰州市金融业概况》，《中央银行月报》1947 年第 2 卷第 4 期，第 72 页。

② 潘益民：《兰州之工业与金融》，商务印书馆 1936 年版，第 164—165 页。

③ 佚名：《兰州之金融与货币》，《新亚细亚》1934 年第 7 卷第 6 期，第 68—70 页。

1933 年兰州市进出口各类货物数量来看，输出皮毛类共计 5297776 斤，药材共计 7381000 斤，水烟共计 21515612 斤。同时进口的货物分别为：布匹 6670672 斤。此外，还有五金、茶类、纸张、丝织、烟类等。① 除了本地区之间的相互贸易外，茶、布、绸缎、烟卷、杂货及纸张、瓷器、化妆品、西药等，大都来自津、沪、川、汉，尤以天津为最。新疆的葡萄干、杏、棉花，青海、宁夏、内蒙古的皮毛、肉类均经兰州运销各地。

此外，这一时期兰州的对外贸易也有了长足的发展。1934 年前后，德国孔士洋行、安利洋行及米乐洋行均派人来兰州设立办事处。办事处一面推销五金器具、电器及汽车材料，一面向青海收购羊肠（此项羊肠收妥后，以药水洗制装桶运津，可获利数倍），运往津沪一带销售。② 据调查，当时的兰州市场，进口货物，除官棉布外，其他各种物品，种类繁多，不胜缕述。大概外货居多，国货甚少。如"国产绸缎，亦为其大宗，近来风尚，颇有被人造丝织品替代之趋向"③。外国货物在兰州销售情况甚为走俏，已成为外货的倾销地之一。

在"开发西北"的背景下，兰州的经济发展得到了国民政府的重视，特别是基础设施的修建，为全面抗战爆发后，大批工业内迁及新工业的建立奠定了基础。

二、 新旧交织的兰州文教事业

随着国民政府统治在甘肃的确立及巩固，兰州的文教事业也迎来了相应的发展。至 1936 年，全市有高等学校 1 所、普通中学 3 所、中等师范学校 3 所、职业技术学校 5 所、小学 213 所（含皋兰、榆中、永登三县），各级学校在校生总数由清末的 1426 人增至 17616 人；高校及中等职业学校为甘培养了 1300 余名高级和中初级专门人才。④

① 陈鸿胪：《论甘肃贸易》，《甘肃贸易季刊》1943 年第 4 期，第 11—12 页。
② 潘益民编纂：《兰州之工业与金融》，商务印书馆 1936 年版，第 38 页。
③ 钱宗泽：《兰州商业调查》，1935 年，第 60 页。
④ 兰州市教育志编纂委员会编：《兰州市志·教育志》，兰州大学出版社 1997 年版，第 4 页。

（一）初等教育

1. 小学教育。1932 年至 1933 年，国民政府先后颁布《小学法》和《小学章程》。《小学法》规定：为推行义务教育，"各地得设简易小学及短期小学"。简易学校及短期学校，招收不能入初级小学之学龄儿童入学，修业期限为一年，授课时间不少于 540 小时。此外，甘肃省教育厅制定《甘肃省实施短期义务教育计划》，将筹设短期学校为中心工作，要求各县利用庙宇、公房、闲余民房等办理短期小学，或于普通小学内办理短期小学，强制 10 至 16 足岁失学儿童入学。至 1934 年，全省有小学 2282 所，学生 84250 人；短期小学 2 所，学生 120 多人。1936 年，短期小学有 666 所，其中兰州市区设立 10 所。[①] 此外，省教育厅直辖各小学及中师附小，共计 31 校；各小学附设幼稚园共计 4 处。[②] 1937—1938 年，以"边疆教育补助费"增设 5 所边疆小学，皋兰县、永登县各 1 所，兰州城区 3 所：金城关小学、省立东关小学、省立新关小学。

在小学课程设置方面，甘肃省为较早设置并实施新课程标准的省份之一，小学课程有三民主义、公民、国语、算数、历史、地理、卫生、自然、乐歌、体育、童子舞、图画、手工，比较齐全，但囿于师资和经费，大多数学校也未能按照标准全部开设课程。

（二）中等教育

1. 中学教育与师范教育。1926 年，兰州中学教育的学制仍采用三三制，后因初级中学学生毕业后，继续升学者少，就业者增多，教育当局因学生就业之需要，乃于 1928 年改用四二制。1930 年，兰州省立第一女子师范学校附设初中班次停办，省立第四师范学校附中合并。当时省立初中学生总数为 630 人，高中男生 34 人。省立中学经费共 108294 元。[③] 1936 年甘肃省政

①　朱铭心：《西北六省教育计划》，《开发西北》1934 年第 2 卷第 3 期，第 37 页。
②　田炯锦：《甘肃教育概况》，《教育杂志》1936 年第 26 卷第 7 期，第 138 页。
③　安润：《甘肃教育现况纪略》，《西北论衡》1937 年第 5 卷第 5 期，第 15 页。

府公布《中等学校校长任免及待遇暂行规程》《中等学校教员任免及待遇暂行规程》《中等学校提高学生程度办法》等文件，对中学教育进行规范与整顿。同时，省立中学均改换校名，多以所在地冠名，如甘肃省立第一中学改为甘肃省立兰州中学，其建校初期即以"弘毅"二字作为校训，并制成横匾，书成大字，悬于校内，其寓意为抱负远大，意志坚强。其学风艰苦朴素，严肃认真，积极进取。学校的师生深知"勤苦"二字为事业成功之关键，他们把勤奋学习、勤奋工作、刻苦钻研、勇于攀登看作人生一乐事，学有成果的事例很多，培养了赵元贞、水天同等人才。[1] 省立第二中学改为省立平凉中学，省立第三中学改为省立天水中学，省立第四中学改为省立武威中学等。当时甘肃省立中学校共计 11 所。甘肃全省师范学校共 12 所，在兰 3 所，即省立兰州师范学校、省立兰州乡村师范学校、省立兰州女子师范学校。

中等教育的管理体制、教师聘任、教育内容、招生等工作，也伴随国家政策的调整做出了相应的变动。中学校长由省政府任命，实行校务会议领导下的校长负责制。校长之下设教务主任、训育主任、事务主任、体育主任和校长办公室秘书，分管学校的教育教学、后勤保障、体育卫生等工作。省政府颁布《中学及师范学校教员检定暂行规程》，规定中学及师范学校教员出省市教育行政机关组织的中学及师范学校教员检定委员会检定。任用教职员，须经检定委员会资格检定，合格者予以委任。中学招生，由各学校自行办理。此外，实施会考以期"整顿学风，增进教育效率"[2]。在课程的设置上，兰州各中学基本上执行教育部规定的课程标准。

2. 职业教育。1928 年 12 月，甘肃省政府为补救本省所驻西北军官佐眷属失学起见，委派董树棠在兰州筹办一所女子求知小学。租南府街（现金塔巷）东首北面民房一处为校址。于 1929 年正式成立兰州女子求知学校，董树棠任校长。1932 年 4 月奉令经过扩充后改为甘肃省立第一女子学校，并附设一个实习工厂和附属小学，委任兰州人任元泰为校长。1933 年起招

① 兰州一中：《追昔抚今话一中》，载《兰州文史资料选辑》第 1 辑，1983 年，第 122 页。
② 水梓：《甘肃教育概况及改进计划》，《开发西北》1934 年第 1 卷第 6 期，第 46 页。

有初中织编科一个班，学生 30 名左右。至 1936 年 2 月改为"甘肃省立兰州女子职业学校"，同时将前"甘肃妇女职工传习所"归并。1937 年又改名为"甘肃省立兰州女子初级职业学校"。① 当时除甘肃省立兰州女子职业学校外，在兰州的职业学校还包括省立兰州工业职业学校、省立兰州农业职业学校、甘肃省助产学校。各职业学校教职员共计 75 人，学生数共计 324 人，全年所需经费为 88136 元。②

甘肃经济基础薄弱，工农业生产方式落后，仅有的几家工厂多集中于兰州，所以职业学校也集中在省城一地。初创时期，规模较小，设备简陋，教学质量差。在学科设置上，高级班设有林科、农科、金科、助产及化工等科，初级班设有制革、编染、纺织、织编、肥皂和家事等科。除设置党义、国文、数学、英文、物理、化学等公共必修课外，各科还根据不同专业开设专业课。如林科设有造林、森林保护、农学大义等；农科设有土壤、作物、畜产等；制革设有实用制革、漂染大义、工业簿记等；纺织设有纺织大义、组织法、经纬计算法、漂染法、工业历史等；织编设有漂染、织物、织物整理和组织法等；肥皂设有实用肥皂、工业簿记、图画等。各科教学都以党义、国文、数学、英文为主，同时注重专业课的教学。中等职业学校以培养中级技术人才和管理人员为目标，而其教学与一般中学并无多大差别，由于缺乏实习场地和实验设备，教学严重脱离实际。因此，毕业学生多数改行从事他业。③

（二）高等教育

1927 年甘肃省政府下令将甘肃中山学院改为兰州中山大学④，校长由教育厅长马鹤天兼任。学校设在萃英门贡院内。1929 年 2 月，刘郁芬聘邓春

---

① 王九菊、康叙五：《从兰州女子求知学校、兰州"女职"到兰州女中的变迁》，载《兰州文史资料选辑》第 5 辑，1986 年，第 209 页。

② 田炯锦：《甘肃教育概况》，《教育杂志》1936 年第 26 卷第 7 期，第 139 页。

③ 傅九大主编：《甘肃教育史》，甘肃人民出版社 2002 年版，第 366 页。

④ 《甘肃省政府指令：转呈中山学院呈请将该院应改为中山中学不应归并中山大学请鉴核示遵由（中华民国十七年二月一日）》，《甘肃省政府公报》1928 年第 28 期，第 92—93 页。

膏为兰州中山大学教授兼教务长，7月任校长。1930年中山大学改名为甘肃大学，邓春膏留任校长。根据国民政府公布《大学组织法》，规定国立、省立、私立三类大学须具备三个学院以上才能称为大学，而且三个学院必须包括理学院或农、工、医各学院之一，不足三个学院者称为独立学院。由于甘肃大学办学条件不能满足大学组织法，1932年3月，甘肃大学改为省立甘肃学院，邓春膏继任院长。

甘肃学院的办学"遵照中华民国教育宗旨，研究高深学术，养成专门人才，以适应国家及社会之需要"。在这个宗旨指导下，省政府于1933年批准成立医学专修科。1934年，该院所有科系有法律系1班（17人）、文史系1班（19人）、医科1班（8人）、农业专修科1班（33人）、附设高中部3班（183人）。[①] 至1936年，在校大、中、小学生1500多人，其中大专生500余人。[②]

这一时期，困扰办学的关键问题仍然是经费短缺。邓春膏深有体会地说，他在工作中遇到的最大困难有三条：一是寻求经费，二是设立学科，三是外界干扰，政治斗争时时波及学校。就学校经费看，甘肃本来地瘠民贫，加之自然灾害频发，经济凋敝，国库空虚。以至甘肃学院每年仅9万多元经费，还常常拖欠不拨，是当时全国经费最少的一所高等学校之一。[③] 兰州中山大学1928年全年经费为90236元，这个数字一直保持到1931年。1932年全年经费为96236元，比1928年增加6000元，而且保持到1936年。[④] 据统计，在全国36所独立学院经费名次中，甘肃学院居23位，在全国103所专科以上学校经费中占第71位。[⑤]

①　田炯锦：《甘肃教育概况》，《教育杂志》1936年第26卷第7期，第139页。

②　于范：《忆前甘肃学院院长朱铭心先生》，载《靖远县文史资料选辑》第3辑，1989年，第2页。

③　邓明：《甘肃早期高等教育的兴办者邓泽民先生事略》，载《兰州文史资料选辑·近代人物史料专辑》总第12辑，兰州大学出版社1992年版，第169页。

④　《甘肃省立甘肃学院历年概况一览表》，转引自傅九大主编《甘肃教育史》，甘肃人民出版社2002年版，第370页。

⑤　甘肃省教育厅编：《民国二十五年度全国高等教育概况简表》，甘肃省图书馆藏。

由于经费的缺乏，学科设置也受到了限制。自兰州中山大学成立以来，学校从实际出发，根据经费、师资与学生出路的情况，多次调整系科设置，1931 年设文学系、法律系、教育系与国文专修科、艺术专修科，后又设文史系、政治经济系、银行会计系与医学、农学、人事管理等专修科。逐年修建礼堂、教室、办公室、师生宿舍、图书馆、实验室、解剖室、浴室、游艺室共 30 多间。刚建校时，接收法政专门学校政法书籍及古籍 4000 多册。到 1934 年已有中文书 12574 册，西文书 216 册，价值 1760 元。1935 年则有中、西文图书 16355 册，价值 14437 元，并订阅杂志近百种。将贡院衡鉴堂改建为图书馆，换地砖为三合土，置书架、桌凳，方便了读者。其规模之"宏伟冠兰州各校"，"在此偏僻之西北，亦谓首屈指矣"，[1] 至 1935 年又购置各种仪器、标本、模型，价值 9000 多元。还设立出版课（即校印刷厂），从上海购置铅印机 1 架，专门印刷讲义、书籍与校刊。1931 年，在小西湖购置 30 亩地，辟为农场，次年又在雁滩中河滩购置 140 亩地的农场，充作农科实习园地。在老师的指导下，学生们试验粮食作物的丰产技术。在院附属医院的基础上设立医学专修科（以后演变为兰州医学院），开甘肃自己培养医学人才的先河。开辟了网球、垒球、排球、篮球与田径场地，陆续添置体育器械，使学生有了锻炼身体的场所。这些设施的建设为甘肃学院教学工作的正常运转奠定了基础。[2]

师资缺乏也是严重的问题。时人评价："在陕甘青宁数省中之最高学府，当首推甘肃学院。该校成立迄今，时近十载，连年整顿，颇多革新。但因学生不多，教育人材缺乏之故，发展尚难期待。"[3] 师资匮乏成为限制甘肃学院发展的因素之一。首先，大学毕业或留学外国的甘肃籍师资不敷聘用。其次，东南一带的大学师资或不习惯甘肃气候与生活，或受不了数千里的长途劳顿，更重要的是甘肃的教师待遇比东南诸省低，所以，他们

---

① 哲民：《本院之过去及未来》，《甘肃学院半月刊》1934 年第 13 期，第 1 页。

② 邓明：《甘肃早期高等教育的兴办者邓泽民先生事略》，载《兰州文史资料选辑·近代人物史料专辑》总第 12 辑，兰州大学出版社 1992 年版，第 169—170 页。

③ 曹匋成：《西北最高学府甘肃学院访问记》，《新闻报》1936 年 11 月 13 日。

不愿接受甘肃学院的聘任。校长邓春膏从四个方面着手，逐渐解决了甘肃学院师资匮乏的困难。一是礼贤下士，延聘甘肃籍大学毕业生与留学生。如聘请美国哥伦比亚大学哲学博士赵宗晋教法律哲学、英文课，聘日本明治大学法学士杨清汉为教务长，聘日本早稻田大学文科毕业生王维屏教日语课，聘北平私立中国大学政治经济系毕业生谢斌教社会学纲要。二是聘请各机关有大学与留学背景的职员做兼职教员。如聘请省高等法院院长冯致祥给法律系授课。三是聘请学有专长的地方人士任教，如聘镇原举人慕少堂为文史系教授，讲授经学概论和音韵学，聘榆中进士杨巨川为教授，讲诗学，聘永登举人周应沣讲国文诗词，聘兰州国画家曹蓉江教国画花卉，聘富有音乐才能的临洮孙培珍任艺术科音乐教师，聘武威李鼎超授文字学。四是选拔甘院优秀毕业生留校任教，榆中杨晓舟就是其中之一。① 至 1934年甘肃学院专职教员有 18 人，到 1935 年达 39 人，其中留学生达 11 人，具有博士学位的 5 人，解决了师资缺乏的问题，保证了教学质量。

（四）社会教育

1929 年国民政府教育部颁发《民众学校办法大纲》，在全国推行社会教育。时人指出"甘肃省文盲在总人口数百分之九十余，以此巨数无知识之民众，欲使其复兴农村经济，增进生产能率，完成自治……岂可能乎？"因此，"社会教育为补救者之一，其作用与民众教育相仿"，即"为不识字之民众因受该种教育之后，能认识最低限度之文字与夫运用"。② 而政府在兰州设立民众教育馆、省立图书馆、社会教育推广处等，作为推行社会教育的主要机构。

此外，省教育厅制定《甘肃省各县设立民众学校办法》，要求各县设立民众学校，逐步推行民众文化补习教育。1932 年省教育厅改组省立教育馆

---

① 邓明：《甘肃早期高等教育的兴办者邓泽民先生事略》，载《兰州文史资料选辑·近代人物史料专辑》总第 12 辑，兰州大学出版社 1992 年版，第 170 页。

② 徐弋吾：《新疆印象记》，西安和记印书馆 1934 年版，第 45 页。

为省立民众教育馆，并制定《教育厅辖区内普遍设立民众教育馆之计划》；1933 年，省教育厅组织了甘肃省民众教育委员会，并制定了《各县民众学校办法大纲施行细则》，通令各县举办民众学校。据 1935 年统计，社会教育机构有：省立图书馆民众教育馆、社会教育推广处、公共体育场等 17 处，省立民众学校 1 处。① 而实际上，"除省立图书馆之书籍可供少数人阅览之外，民众教育馆所陈列者，大半为古物或书画之类，如生物植物之标本。"② 1936 年，省立社会教育推广处并入民众教育馆，设置阅览、讲演、健康、生计、游艺、教学、出版、陈列 8 部，统一社会教育的组织和机构，扩大服务的内容和范围。

社会教育主要是通过民众学校（平民学校）来实现的。它是兼有扫盲、成人教育、义务教育成分的一种教育组织形式。省立第一民众学校设在兰州西大街，建于 1928 年，设有成人班和妇女班，1934 又添设短期小学班。在课程设置上，成人班与妇女班开设千字课、常识、音乐、珠算，每周 12 学时；短期小学班开设算术、公民、书法、故事、国语常识、唱歌、作文课，每周 36 学时，并学习简单工艺，但实际教学以工艺训练为主。1936 年，省民教馆民众学校继续招收新生，共计 5 班：招日班 2 班，名额定 80 名；夜班 2 班，名额定 50 名；妇女班 1 班，名额定 10 名。③ 至 1937 年，全省有民众教育馆 17 处，通俗讲演所 73 处，民众阅报处 94 处，民众问字及代笔处 58 处；各县有民众学校 138 所，就学人数为 5289 人，教职员 302 人，全省社会教育经费 47537 元，占全省教育总经费的 4%。④

（五）留学教育

1. 国外留学。留学教育也成为这一时期新的趋势。1927 年，甘肃省教

---

①　安涧：《甘肃教育现况纪略》，《西北论衡》1937 年第 5 卷第 5 期，第 19 页。

②　徐弋吾：《新疆印象记》，西安和记印书馆 1934 年版，第 45 页。

③　《省民教馆民众学校续招新生共计五班》，《甘肃民国日报》1936 年 2 月 3 日。

④　田炯锦：《甘肃教育概况及今后整理计划》，《教育月刊》1937 年第 3 卷第 1 期，第 30—41 页。

育厅遵照部颁留学生规程，制定了《甘肃省选送留学欧美学生暂行规程》共21条。规定官费留学名额为12人，其中欧洲8人、美国4人。其学历资格为在国立、省立大学或经教育部立案的私立大学本科毕业，或在国立、省立或已立案的私立高等专门以上学校本科毕业者，可报名参加留学入学考试。经考试合格，由教育部颁发留学证书，领取置装费、往返旅费及半年的学费，出国留学。1933年7月，省教育厅制订《甘肃省选送国外留学生暂行规程（草案）》共48条，规定公费留学名额为24人，其中欧洲12人、美国6人、日本6人。强调公费留学注重理工农医等专科，年限为2—6年，包括实习及考察在内。公费生报考时间为每年4月，复试在6月举行。程序是经本省教育厅组织考试后由教育部复试决定。考试科目分普通科目和专业科目两类。普通科目的课程有党义、国文、本国史地和留学国国语（作文翻译、会话）；专门科目视所考各学科而定，但最少须考三种科目。考试分数计算办法，党义、国文、本国史地占总分的25%，外语占25%，专门科目占50%。但本规程颁行之时，正是甘肃经济、财政特别困难时期，未能获省政府全部批准实行。1933年至1935年期间，先后送出留法、德、美、日公费生各1人（其中留美生因故改派日本）。1937年，又将《甘肃省选送国外留学生暂行规程（草案）》改定为《甘肃省国外留学章程》。该章程颁布不久，即爆发抗日战争，出国留学告停。①

从1928—1938年，甘肃先后毕业回国的留学生有12人，其中硕士研究生3人、工程师1人。②回国学子除少数人在省外就职外，多数人服务于甘肃各界。如从美国哥伦比亚大学毕业回国的赵宗晋在兰州中山大学任教。从美国哥伦比亚大学取得经济硕士学位的刘汝藩和从美国意利诺大学取得政治博士学位的田炯锦分别出任省民政厅、教育厅厅长。从美国芝加哥大学取得博士学位的邓春膏，历任兰州中山大学、甘肃大学、省立甘肃学院校长职务，对甘肃高等教育作出了重要贡献。

---

① 傅九大主编：《甘肃教育史》，甘肃人民出版社2002年版，第398—399页。
② 皇甫均等编：《甘肃近三十年教育史要》，1961年，第80—82页。

2. 省外留学。除出国留学外，甘肃省学子还可赴省外留学。据 1936 年统计，甘肃学子在外省学校留学情况：北平师范大学 10 人、北京大学 2 人、清华大学 7 人、北平大学法学院 3 人、北平大学医学院 3 人、北平朝阳学院 1 人、民国学院 1 人、北平艺术专校 1 人、北平辅仁大学 4 人、燕京大学 1 人、北京大学 4 人、山东大学 5 人、金陵大学鼓楼医院 1 人、暨南大学 2 人、杭州艺术专科学校 1 人、江苏南通学院 4 人、江苏教育学院 2 人、音乐专科学校 2 人、齐鲁大学 1 人、中央大学 4 人、河北工业学院 1 人、河北省立女子师范学院 1 人、金陵大学农业专科 4 人，共计 64 人，累计投入经费 18695 元。并按照学科专业，以分数高低为标准发给奖学金。[1]

（六）私人办学

1928 年 1 月 13 日，甘肃省教育厅制订《管理私立学校暂行规程》，开始整顿私立学校。规定私立学校"须依照省立或县立学校办法，呈报各项一览表、各项事实清册"，经教育厅核准后方能开办。其事实清册包括"进行计划""设备概况""固定资金"及"校舍图"，并规定"办理三年以上经调查成绩优良者得酌予补助费""违背法令及国民党主义者，令其停办或立予解散""私立学校须一律实行党化教育"，对私人办学加以整顿。同时，对"校舍不适用或有危险现象者""教员资格不合或有欺骗行为证据确实者""课程不合标准、名称不符、重要科目不完备者""教法太陈腐""小学校距公立小学校太近者"，要求停办或解散。

从 1931 年开始，省教育厅采取各种措施，催令各县教育局切实恢复整顿各级学校。《甘肃省实施短期义务教育计划》规定，"对于各机关各团体并私人等创设短期小学者特别奖励"[2]。1932 年，省教育厅将甘肃省区救济院附设小学、私立兰州崇实小学、私立兰州兴文小学、私立兰州清华小学、私立兰州培德小学、私立兰州陇右公学小学部、私立兰州培坤女子小学、

---

① 田炯锦：《甘肃教育概况》，《教育杂志》1936 年第 26 卷第 7 期，第 139 页。
② 《甘肃省教育厅工作摘要》，甘肃省教育厅 1933 年印，第 5 页。

私立兰州明德初级小学、私立兰州尚德初级小学、私立兰州进德初级小学、私立兰州崇德初级小学、私立兰州正德初级小学、私立兰州汇文初级小学和藏民文化促进会立拉卜楞小学划归为厅属学校，增加经费，扩充班次，期收实效。①

省教育厅遵照省政府指令，将省城各私立小学校按成立先后编排次序，共有完全小学 4 所：两湖小学改为兰州私立第一小学校；金城小学改为兰州私立第二小学校；兴文社立第一初级小学已添设高级班，改为兰州私立第三小学；清真小学改为兰州私立第四小学校。初级小学有 7 所：清真第一初级小学改为兰州市私立第一初级小学校、清真第二初级小学改为兰州私立第二初级小学校、清真第三小学改为兰州私立第三初级小学校、清真第四小学改为兰州私立第四初级小学校、正化初级小学改为兰州私立第五小学校、兴文社立第二初级小学校改为兰州私立第六初级小学校，只设初级的陇右公学小学部改为兰州私立第七初级小学校。各县私立学校亦以县名加序号冠名。据 1935 年统计，厅属 14 所私立小学有在校学生 1755 人，有高级班 10 个，初级班 36 个。②

这一时期，兰州地区的初等教育、中等教育、高等教育、社会教育、留学教育和私立教育都逐渐发展起来。新式教育逐步取代旧式传统教育模式，培养了大批新式人才，为兰州地区教育发展注入了新血液，为现代化教育奠定了基础。这一时期的兰州文教事业受限于甘肃经济、交通等多重因素的影响，发展仍较缓慢，这也是近代教育文化事业在西北社会发展的缩影。

三、 新生活运动在兰州

1934 年 2 月 19 日，蒋介石在南昌发表《新生活运动之要义》的讲话，倡导并发起了旨在提高国民素质、改变社会风气、实现中华民族复兴的新

---

① 傅九大主编：《甘肃教育史》，甘肃人民出版社 2002 年版，第 404 页。
② 甘肃省教育厅编审委员会编：《甘肃教育概览》1936 年，第 73 页。

生活运动。① 为响应国民政府在全国开展新生活运动的号召，1934 年 5 月 6 日，甘肃省政府主席朱绍良发表讲话，"自委员长在南昌提倡后，各省闻风响应，本省为西北重心，尤应及早励行，以树风声"，倡导在甘肃省推行新生活运动。朱绍良认为："新生活运动，为救亡图存之根本大计，挽既倒之狂澜，收已溺之人心。各行令仰该遵照电示各节，笃信力行，以昨死今生之精神，力求个人私生活之改善，为僚属民众作表率是为至要，切记此令。"② 倡导在甘肃省推行新生活运动。1934 年 9 月，甘肃省政府依据新生活运动促进总会（以下简称"新运促进总会"）颁布的《各省市新生活运动促进会组织大纲》成立甘肃省新生活运动促进会，并制定《甘肃省新生活运动促进会简章》，标志着甘肃省新生活运动正式开始推行。

1934 年 11 月 16 日，依据《甘肃省新生活运动促进会简章》进行新生活运动促进会人员安排，"设干事 7 人至 9 人，常务干事 2 名；由甘肃省党部、省政府、民政厅、教育厅、省公安局、军警督察处、各级学校、妇女团体各组织 1 队。每队队员以 10 人为限，各队设队长 1 人，由各队队员互推之；设总队长 2 人，由促进会指派；各队概称新生活运动宣传队，队数由促进会排列之；由 11 月 15 日起开始宣传 1 个月，各队每周宣传时间及地点由总队长分配通知之；宣传员须遵照蒋委员长讲演之《新生活运动之要义》及《新生活运动须知》，以简明、通俗之语言讲述之"③。现将 1934 年甘肃省新生活运动促进会组织情况汇制成表 2 - 1：

---

① 蒋介石：《新生活运动之要义》，《教育周刊》1934 年第 186 期，第 14 页。
② 《奉蒋委员长电示新生活运动最重要之实仰遵照笃信力行的训令》，甘肃省档案馆藏，档号 15 - 15 - 122。
③ 《甘肃省新生活运动促进会简章》，甘肃省档案馆藏，档号 15 - 15 - 122。

表2-1　1934年甘肃省新生活促进会组织情况①

职别	姓名	原有职务
常务干事	朱绍良	省政府主席
	田昆山	省党部委员
	水梓	教育厅厅长
干事	王应榆	民政厅厅长
	曾凯	绥署参谋长
	谢天祐	商会会长
	拜伟	省会公安局局长
	水枬	工校校长
	颜鼎新	农会干事长
书记	何晓宜	绥署秘书
设计股长	景鸿范	省府秘书处党务股主任
调查股长	朱贯三	省党部组织科主任
推行股长	王维墉	省政府视察员
股员	白廷珀	专职
	丁振华	军械局管理员
	王范	省府秘书处科员
	张慎微	省政府视察员

　　兰州作为甘肃地方政治、经济和文化中心，其在新生活运动推行实施计划中的作用不言而喻，与甘肃新生活运动推行相为表里。因此，兰州一地新生活运动的成败得失是考察甘肃一省新生活运动推行实施效果的最佳窗口。1934年9月至1937年7月，是甘肃省新生活运动的筹备组织阶段，也是兰州新生活运动的开始阶段。该阶段兰州新生活运动的推行主要以移风易俗、提高国民素质为目标，从官民日常生活的衣食住行入手，提倡

---

　　① 甘肃省新生活运动促进会编印：《甘肃省新生活运动促进会会刊》1935年第1期，第12—13页。

"规矩""文明"和"清洁"，以期能够为国民政府所谓"建设国家""复兴民族"革命事业的完成有所助益。

（一）推行新生活运动的主体

1934 年，蒋介石在《新生活运动纲要》中提出新生活运动的推行办法，各省市县会由省市县中最高行政长官主持新运日常工作。在兰州新生活运动的具体推行人员，"除总会通令各级党部遵照外，应请政府通告所属，一致依照蒋委员长所著《新生活运动纲要》努力推行。各机关学校之领袖，必须以身作则，为民表率"①。"我党政军机关公务员，均为负责领导之干部，必须公私生活、悉合新运规律、以身作则，方可增加推进效率。"② "公教人员应率先奉行以为一般民众表率。"③ 即国民党党员、政府机关公务人员、警察、知识分子、各界领袖都应肩负起新生活运动的示范和领导责任。

兰州新生活运动的具体推行人员主要是政府公务人员、警察和学生三个群体。兰州新生活运动促进会（以下简称兰州新运促进会，或新运会）根据新运总会颁发的《新生活劳动服务团组织大纲》若干规定，制定兰州新生活劳动服务团组织规程，并且规定各地军队、警察、教职员、学生、党政机关公务人员、妇女及社会各团体组织成立劳动服务团。各种劳动服务团归属于各当地新运会，以机关团体为单位，名称以其性质及机关团体名称定之。④ 各种劳动服务团设正副团长各 1 人，正团长由该机关或团体主管人员担任，副团长由当地新运会指派或从团员中推选产生；团以下设组，每组设组长 1 人，团员 5 人至 8 人，组长由团长选派并报至当地新运会批准后生效，各种劳动服务团服从团长及组长命令推行新运工作。此外，兰州新运促进会结合本地实际情况，为便于新运工作的推行，制定了许多推行

---

① 《甘肃省政府训令》，甘肃省档案馆藏，档号 15 - 15 - 122。
② 《甘肃省政府训令》，甘肃省档案馆藏，档号 15 - 15 - 123。
③ 《二十六年度新生活运动推行要点》，《甘肃省政府公报》1937 年第 646 期，第 10 页。
④ 《甘肃省新生活劳动服务团组织规程》，《新生活运动促进总会会刊》1935 年第 28 期，第 61 页。

办法。如训练兰州说书人员宣传新运,训练兰州城乡公民,组建市容纠察队等办法来推行新生活运动等。①

1. 公务人员。公务人员作为政府相关政策制定者和执行者,是兰州新生活运动的主要推行力量。首先,通过演讲、训话和视察方式推行新生活运动。1935年2月19日上午9时到11时,甘肃省举行兰州市各界纪念新运一周年大会,主席团为新运促进会常务干事,邀请各机关团体、学校及市民参加,省政府邓委员发表讲话,"由本会指导员及干事组成检阅队,分东西南三路,分头检阅,计检阅四十二机关,十一学校八团体所到之处"②。其次,公务人员也是兰州新运工作的宣传者,"宣传员须遵照蒋委员长讲演之《新生活运动之要义》及《新生活运动须知》,以简明通俗之语言讲述之",负责对社会各界及民众轮流讲演、宣传新生活运动知识。③最后,公务人员更是兰州新运工作的执行者。兰州各机构和单位均对其人员制定了具体的服务活动,规定各级公务人员每日利用"公余"和"业余"时间服务1小时,践行新生活运动。

2. 警察。新运促进总会颁布《警察训练办法大纲》,规定训练原则为:"养成服务的精神,养成服务的技能"④,警察也是兰州地区新运推行工作的主要力量。1934年5月6日,朱绍良认为"各地政府以及警长官与部队兵士能否实施,并须皆知其意之所在,然后可由我政府官兵督促社会感化民众"。⑤强调警察应该肩负起培养市民遵守秩序、注重公德,达到明礼仪、知廉耻,进而遵守纪律的责任。兰州地方各级公安警察系统按照国民政府中央和甘肃省政府新运推进工作的要求,制定相关文件,组织成立新生活运动推行组织。兰州公安警务系统的新生活运动有对内对外两种组织,"对

---

① 《甘肃省新运会工作概况》,《新生活运动促进会总会会刊》1935年第30期,第37页。

② 《各省新生活运动周年纪念大会情况:甘肃省》,《新生活运动促进总会会刊》1935年第18期,第129页。

③ 《甘肃省新生活运动促进会公函》,甘肃省档案馆藏,档号15-15-122。

④ 甘肃省新生活运动促进会编印:《警察训练办法大纲》,《新生活运动促进总会会刊》第13期,第1页。

⑤ 《甘肃省政府训令》,甘肃省档案馆藏,档号15-15-122。

内组织有指导和纠察两股，纠察股股长由局长担任，指导股股长由第一科科长担任，全体职员皆为股员，彼此有互相规劝、纠正及推行三化之义务"①。1935 年，甘肃省及兰州市新运促进会为增加推行新运工作效率，并在兰州试办新运街市实践区。该实践区从省政府大门至南大城门，由省会兰州公安局负责在实践区内清洁卫生、整齐街容和指导行人等具体事项。警务系统的这些行动对兰州新生活运动的推进产生了积极影响。

3. 学生。学生群体是兰州新生活运动推行过程中的一支重要力量。新生活运动在全国推行伊始，国民党各级政府要员就对学生群体寄予厚望。在各种讲话、演讲和出台文件中均对新生活运动在学生群体中的推行作出明确安排。1934 年 2 月 19 日，蒋介石在《新生活运动之要义》中讲，"知识分子应先负起复兴民族之重任"，青年学生亦在知识分子之列。② 且"青年学子乃国家之栋梁，社会之先导，切需有正确之认识，以便作复兴民族之基点"③。

兰州新生活运动在学生群体中的推行以各级学校为基本单位。兰州市各级学校根据甘肃省政府要求，按照《甘肃省各级学校推行新生活运动办法大纲》，在各院校学生群体中推行新生活运动。要求"各级学校推行新生活运动以'礼义廉耻'为中心目标；以衣食住行为步骤；以《新生活运动须知》中所规定各条为具体方法；以发扬民族精神为归宿。"④ 1935 年，兰州新运促进会为督促实践区新运工作的实施，将实践区划分为三段：第一段中山大街北口，第二段十字口，第三段十字口到南大城门，组织高中生成立劳动服务团，学生以实践区各业户、市容及个人言行作为指导对象。⑤

① 《甘肃省会公安局新生活运动三化方案推行办法》，甘肃省档案馆藏，档号 15 – 15 – 126。
② 《新生活运动之要义》，《社会周刊》1934 年第 1 卷第 75—76 期，第 38 页。
③ 甘肃省新生活运动促进会编印：《新生活运动促进总会工作推行——注意学生工作》，《新生活运动促进总会会刊》1936 年第 6 期，第 9 页。
④ 《甘肃省各级学校推行新生活运动办法大纲》，《甘肃省教育公报》1934 年第 25—28 期，第 11 页。
⑤ 《甘肃省最近新运工作情形：指导实践区暂行办法》，《新生活运动促进总会会刊》1935 年第 29 期，第 10 页。

同时学生群体也是兰州民间新生活运动的积极推行者。兰州学生在校期间进行各式训练，假期回乡之后，则要在乡梓亲朋父老中宣传新生活运动，以纠正恶习，移风易俗。新运促进会组织调查地区内各县风俗人情及新运推行状况，由各级学校组织服务团，学生利用暑假时间，进行调查任务，填写《各县风俗人情调查表》和《各县推行新运调查表》，返校后交由学校集中认定处理。① 这些措施都取得了较好效果，促进了兰州地区新生活运动的推行。

（二）新生活运动的内容

兰州新生活运动的具体内容涉及民众日常生活的方方面面，对衣食住行四项均有明确的规范与要求。

1. "规矩"与"清洁"。新生活运动的主要目的之一就是要移风易俗，提高国民素质。所谓"规矩"是指要求民众使用国货、靠左行走、注重礼节、遵守时间、改善市容、整顿公共场所秩序等。所谓"清洁"是指在兰州新运促进会指导下，各级、各单位开展夏令卫生运动、医院卫生检查和街区卫生大扫除等运动。以整顿公共秩序为例，1934 年 5 月 6 日，朱绍良讲道："我政府官兵督促社会、感化民众，则成下手最重要之点乃在各轮船码头以及公共场所，如戏馆、酒馆、茶坊、公园与我各官场机关等处实行指导纠察，尤应注意秩序之维持，例如购车票、戏票及车站码头之上下，必须警察先行在其场地督察劝令一般乘客、顾客站队按次进退出入，不得争先拥挤；其次则在公共场所与路中或巷角不得随便吐痰，大声吵闹、叫喊等。"② 由政府出面，强行规范公共秩序。

2. 禁止烟毒。烟毒泛滥是当时甘肃社会的顽症痼疾。禁止官民吸食鸦片是新生活运动的重要内容，也是当时有识之士的普遍意愿。甘肃省政府

---

① 《甘肃省最近新运工作情形：调查风俗及新运推行状况》，《新生活运动促进总会会刊》1935 年第 29 期，第 15 页。

② 《甘肃省政府训令》，甘肃省档案馆藏，档号 15 - 15 - 122。

先后制定颁布禁烟文件，成立禁烟机构，且于 1935 年制定了"两年禁毒、六年禁烟"计划。兰州各新运机构和组织通过严禁种烟、查禁烟毒、戒绝烟民等方面入手，环环相扣、分期分批解决兰州鸦片种植、买卖和吸食问题。规定"本年（1935 年）8 月到 9 月，为劝导登记期限，10 月至 12 月为勒令登记期。登记的意义，就是督促烟民戒除烟瘾，过了期限不登记，就要按照定章补登，并处以 50 元以上，300 元以下罚金。更进一步，对于屡禁不悛的烟犯，处以严刑"①，烟民登记是实施禁烟的一项基础性工作，因为只有确定烟民人数，才能为设立戒烟院提供数据，以便尽快传戒烟民，促其戒绝。② 强行要求烟民登记，以备后期戒烟。同时，兰州新运会还设立了甘肃省省立戒烟医院，帮助引导兰州及甘肃地区的鸦片吸食者戒烟戒毒。

3. 剪辫放足。民国时期，大量传统社会的恶习陋俗依旧存在于甘肃大部分地区。兰州虽为首善之区，但其社会文化和习俗与全省他地相差不大，民间男子留辫、女子缠足现象尤为普遍，严重影响了兰州地区民众的身心健康和社会发展。

新生活运动开展以后，兰州市政府颁布命令要求留发蓄辫男子限于 1935 年底禁绝。规定以 3 个月为限，第 1 个月为劝导期，第 2 个月为劝令剪除期，第 3 个月为强制剪除期；由兰州新运会发函请兰州行政机关及公安局办理；过期仍有蓄辫者，即刻勒令剪除；如果遇有抗拒不从者，遵照《禁止蓄发留辫条例》第 6 条规定，罚款 1 元至 5 元，以示警告。对于妇女缠足，要求三十岁以下十五岁以上者，勒令解放。十五岁以下者立即解放，不准再缠。以六个月为限，前三月的工作由当地新运会送函妇女协会女子学校及其他妇女团体担任执行。后三月的工作，函请各该地行政机关协同办理。倘逾期仍发现未解放或再缠足及强逼幼女缠足者，遵照中央《禁止妇女缠足条例》第九、第十二条之规定，分别酌予处理。③ 这些计划的实施，初步改变了兰州地区文化

---

① 《禁烟会拟定各县禁烟宣传，烟民登记禁烟要点，宣传队昨已开始工作》，《甘肃民国日报》1935 年 8 月 27 日。
② 尚季芳：《民国时期甘肃毒品危害与禁毒研究》，人民出版社 2010 年版，第 114 页。
③ 《甘肃新运会倡导下之剪发放足运动》，《新生活运动总会会刊》1935 年第 23 期，第 6 页。

习俗的落后面貌，改善了兰州民间妇女的生存状况。

4. 举办各种纪念大会。新生活运动在兰州开展期间，兰州新运促进会按照省政府指示，在兰州各地定期举办各种纪念大会，以增强民众爱国精神，加强地方文化建设。除举办"国父"孙中山先生纪念活动外，还以"中山"命名了许多道路、街道、桥梁等，如将兰州黄河铁桥命名为"中山桥"。开展妇女节纪念大会，加强对妇女权益的保护和宣传。宣传的主要内容包括：（1）鼓励妇女拥护国家宪法，参加各种选举活动；（2）宣传宪法中有关妇女及社会安全的知识；（3）宣传母亲教育的重要性；（4）鼓励妇女从事保育、教育及卫生事业。此外，兰州还开展了妇女识字运动，充实各级妇女会组织，增加育婴育幼设施，解决职业妇女家务劳动困难等。① 当时兰州还举行了青年节、儿童节等纪念大会，宣传青年和儿童对社会的作用。

（三）新生活运动的成效

兰州新生活运动是甘肃新生活运动和全国新生活运动的一部分，经过数年推行，兰州地区新生活运动取得了较好成效。首先，兰州城市卫生得以改善。时人称赞兰州"全市容貌，为之一新。行履期间，精神不期然焕发……走路靠左边，衣冠整齐，走路不吸烟等"②。同时，新生活运动的开展促进了兰州从省级到市级、县级卫生机构的完善，改善了社会整体卫生情况，向人们传递了更多的卫生清洁知识。

除促进医学机构的完善，新生活运动也间接促进了兰州市高等医学教育的发展。1933 年，经甘肃省政府批准，甘肃学院成立医学专修科，简称"甘院医科"，医科主任宋子安，校址在兰州西关萃英门贡院内。1933 年招生 46 人，1937 年招生 11 人，1939 年招生 10 人。③ 从此，甘肃省有了培养

---

① 《转发办理各项纪念日办法》，《甘肃省政府公报》1937 年第 643 期，第 112 页。
② 《最近兰州新运会工作概述（兰州通讯）》，《新生活运动促进总会会刊》1935 年第 25 期，第 18 页。
③ 甘肃省地方史志编纂委员会编：《甘肃省志·医药卫生志》，甘肃人民出版社 1989 年版，第 333 页。

专业医学人才的高等学府。

新生活运动的开展，对于初步改善兰州城市面貌和地方民众的生活习惯起到了一定的作用，对支持抗战和地方发展也产生了积极影响。但囿于各种条件，新生活运动在兰州乃至甘肃的推行并未使甘肃的社会面貌发生明显改观，与国民政府的预期也相差甚远。

图 2-1　兰州甘肃学院旧址

（载《新亚细亚》1934 年第 8 卷第 2 期）

第三节　大革命失败后中共在兰州的活动

中国共产党"八七会议"确立了开展土地革命和武装反抗国民党反动派的总方针。在兰州的党组织秘密开展兵运工作，发动武装斗争成了这个时期的核心任务。

一、 兰州兵运

宁汉合流后，革命形势急转直下。在西北，冯玉祥电令国民党甘肃省督办刘郁芬开始"清党"，刘郁芬成立兰州地区"清党委员会"，大肆搜捕屠杀共产党人、禁止出版销售进步书刊，接连发出"缉查共产党活动""处理共产党分子办法""防范过境苏联外交官员的宣传活动"等一系列"训令"。此时，一些未能及时撤离的共产党员和青年社骨干成员窦香菊、冯玉洁、李予、王孔章、焦亚男、丁益三等17人被捕，共产党员张一悟、钱崝泉、贾宗周、邱纪明、胡廷珍、王孝锡等31人被明令通缉。其中，保至善于1927年7月在西安被捕牺牲。王孝锡1928年11月在甘肃宁县被捕，12月23日在兰州安定门外慷慨就义。胡廷珍远走新疆，1933年被新疆军阀金树仁杀害。张一悟在参加渭华起义后远走山东，于1932年3月在山东济南被捕，至1937年才被营救出狱。

国民党大规模"清党"之后，继之而起的是蒋冯阎中原大战，原属国民军冯玉祥部大批官兵离开甘肃，兰州便成了地方军阀争夺的中心，先是马鸿宾仓促前来就职，接着冯玉祥旧部雷中田伙同马文车起事，一举解除了马鸿宾在华林山、小西湖和黄河北岸的驻军武装，其间，蛰居四川的老牌军阀吴佩孚也望风来兰，四处联络。于是，蒋介石命时在陕西潼关行营任代主任的杨虎城派其参谋长孙蔚如率第十七师入甘，又以掺沙子的办法令时在平凉的陈珪璋，率两个骑兵团火速奔赴兰州。在表面上解决了吴佩孚、雷中田、马文车的问题后，孙蔚如又以甘肃宣慰使的身份代行甘肃省政府主席之职，令部下杨渠统将陈珪璋抓捕处死，并由杨渠统取代陈珪璋成为国民党陇东的最高军事长官。为收拾残局，蒋介石任命邵力子出任甘肃省政府主席，任命邓宝珊为西安绥靖公署驻甘行署主任，后又任朱绍良为甘肃绥靖公署主任。

在这种情势下，中共陕西省委派出刘志丹、谢子长等一批共产党员，进入国民党驻陕甘边界地区军阀部队中进行兵运工作。之后，又相继派出在国民党军队中任职的张东皎、李罕言等共产党员抵达兰州，在驻靖远的王子元部建立了由张东皎任书记、高岗任副书记的秘密支部。1931年8月，王子元部的共产党员在党支部的基础上建立了中共党委，下设特别支部、军官支部和士兵支部。10月，随着孙蔚如师奉命驻兰，孙作宾、徐梦周、胡振家等共产党员随军到兰州，以师属军官学校为基地，建立了有党员数十人的两个党支部。后来，中共陕西省委为进一步加强兰州党的工作，又借邓宝珊出任西安绥靖公署驻甘行署主任的机会，派原本在邓宝珊部开展兵运工作的共产党员葛霁云、周益三、邓鸿宾、陈云樵、杨子实、杨嘉瑞等来兰。随之，多个党小组先后在孙蔚如、邓宝珊部建立起来，一批原有党员的组织关系也逐渐得到恢复，新党员发展工作得以展开。兵运工作的覆盖面也由驻守兰州、靖远两地的王子元部，逐渐扩大至兰州的孙蔚如、邓宝珊部，以及时在兰州的甘肃行署机关和步兵学校等。

1932年1月，共产党员孙作宾、李玉清、常黎夫、马豫章等人分别以国民党甘肃宣慰使"点验小组成员"和"中校参谋主任"身份，从兰州前往靖远"点验"要改编为"警备第三旅"的王子元部。当时在王子元部开展兵运工作的共产党员有张东皎、牛化东、孙作宾、吕振华等，分任其副旅长、团长、旅部参谋长、营长等职。据当时任连长的张秀山回忆，他带着连队走步时，曾将"一二三四"改喊为"打倒日本，打倒倭奴！"[①] 教育士兵誓死不当亡国奴，激发士兵的爱国热忱，还向士兵进行抗日救国的政治教育和宣传，做好发动兵变的各项准备。

1932年4月，中共陕西省委又派谢子长、焦维炽到靖远传达发动兵变的指示，并决定于5月3日，由共产党员吕振华先带领二营士兵包围王子元司令部，在拘捕反动军官后，即行宣布全旅起义。但不幸消息走漏，王子元扣押了张东皎和王儒林，收缴了执法处和教导队的全部武器，紧急调动其亲信把持的特务营和骑兵营进城驻防。为此，起义不得不提前发动，共产党员二营营长吕振华当晚率先发动起义，原准备拉出400余人，最后只带

---

① 张秀山：《甘肃宁夏兵运工作回忆》，载中共甘肃省委党史资料征集研究委员会编《甘肃党史资料》第3辑，甘肃人民出版社1986年版，第53页。

出了 200 余人，起义部队赶到达拉池，按预先计划改编为陕甘工农红军游击队第四支队，下辖两个大队，总指挥谢子长、政治委员焦维炽，由于起义仓促，谢、焦二人未赶上这次行动，决定由吕振华代理总指挥。部队改编后向海原方向急进。王子元部的两个骑兵营借着速度优势，很快追上了起义部队，激战中起义部队被冲散，张秀山等领导人被俘，第一次靖远起义失败。

未能参加起义的谢子长和焦维炽、石子健三人商量，"由焦维炽去兰州筹备军火再行举事，谢、石留下继续找部队"①。谢子长、石子健因未能找见起义部队也来到兰州，他们在兰州和地下工作者杜润滋、邹逸民等接头，策划举行第二次起义。孙作宾等人也积极开展营救被捕同志的工作。因孙作宾与孙蔚如有亲戚关系，并在王子元部任副参谋长，迫使王子元不得不有所顾虑，释放了张东皎、王儒林、张秀山等人。营救成功后，这些同志大部分前往兰州准备新一轮的起义工作。随后，起义部队中突围而出的人员也陆续在苏醒民等共产党员的组织下陆续来到兰州。

重新聚集力量后，第二次靖远起义在兰州拉开帷幕。一是由谢子长、焦维炽、石子健负责，与在王子元部继续潜伏的地下党同志进行联系。同时，还联系上了由王子元派往兰州找孙蔚如拨发武器的连长杜鸿范。杜鸿范虽不是共产党员，但他受其父杜斌丞影响倾向革命。当谢子长、张东皎在兰州找到杜鸿范说明情况时，他当即答应"我这次不回靖远了，把枪拿上打游击去"。从而把孙蔚如部拨付王子元部的"军衣两千七百套，子弹两万发，步枪八九十支"②统统充作了起义装备。二是聚拢第一次靖远起义失败后打散和突围而出的人员 70 多人。三是想方设法地解决经费问题。焦维炽等通过与邓宝珊、杜斌丞的关系筹措了"洋一千一百余元"。用这些款项购买长短枪十三支，还想方设法搞到了"手提机枪两架、匣枪两支，手枪

---

① 定西地委党史办、靖远县委党史办：《靖远兵暴》，载中共甘肃省委党史资料征集研究委员会编《甘肃党史资料》第 3 辑，甘肃人民出版社 1986 年版，第 117 页。

② 王儒林：《靖远兵暴与陕甘工农红军游击队》，载中共甘肃省委党史资料征集研究委员会编《甘肃党史资料》第 3 辑，甘肃人民出版社 1986 年版，第 162 页。

一支，顶好老〇七九步枪三支，手枪子弹五十排（计五百粒）"，并从邓宝珊处得到"匣枪两支、子弹十排"。①

起义准备一俟就绪，谢子长、张东皎、王儒林等即在兰州召开会议，确定把再次起义的地点即游击区域确定在"靖（远）海（原）一带"，游击纲领为"分粮分地，拘捕豪绅"。同时，还由杜鸿范出面秘密从广武门外黄河边把枪支装上皮筏子，顺流而下运往川口。为防意外，川口转为骡马驮运，途经皋兰北山直奔来家堡。同时所有人员，也分别从兰州出发直奔来家堡。在来家堡，杜润滋、王儒林分别讲话，按照兰州会议的精神宣布"走武装革命的道路"。

1932年5月30日，第二次靖远起义以"带有镰刀斧头的红旗插上水泉堡"为标志，并以陕甘工农红军游击队为称号，起义队伍确定由谢子长任总指挥、焦维炽任政治委员、杜润滋任参谋长、邬逸民任秘书长、吴景璈和王世昌任经济委员，下辖三个支队，第一支队司令员杜鸿范、第二支队司令员张东皎、第三支队司令员王儒林。②

水泉堡起义惊动了国民党驻靖远警备第三旅旅长王子元，他急忙任命周维邦、梁占胜为正副总指挥，带领部队赴水泉"围剿"起义队伍。6月2日，第一次水泉战斗打响。刚刚成立三天的陕甘工农红军游击队，在谢子长的指挥下奋勇抵抗，击毙周维邦，打伤梁占胜，"围剿"部队被打退。但在战斗中，第二支队司令员张东皎壮烈牺牲，第一支队司令员杜鸿范负伤。为避敌锋芒，起义部队开始沿四沟门、雪山寺一线前往海原，之后又移师园子河、宋家河畔及榆中的北山、南山等地，后仍分路返回起义集中地水泉。

起义军将士第二次来到水泉，不仅受到水泉群众的热情欢迎，有"不少人还参加了游击队"，同时，"旱沟的杨汝霖、糜子滩的杨培成、红柳泉的郭映洙、石门川的高步公、张宝卿等都带着人和枪来参加了"。加上从王

① 焦维炽：《仪三关于组织甘肃警备第三旅兵变的报告》，载中共甘肃省委党史资料征集研究委员会编《甘肃党史资料》第3辑，甘肃人民出版社1986年版，第141—142页。

② 王儒林：《忆陕甘工农红军游击队和西北抗日义勇军》，载中共兰州市委党史资料征集研究委员会编《中国共产党在兰州的早期斗争》，甘肃人民出版社1987年版，第177—178页。

子元部调防宁夏时脱身而来的孙作宾，宁夏中宁县的李子和、中卫县的孙绍棠、梁光华等也带着人马到了水泉，起义部队很快得到了壮大，全军合计有五六百人。

第二次靖远起义和这次水泉扩军，部队的各项宣传联络工作十分到位。一是通过前期广泛联络动员，使自身的力量得以壮大；二是在发动群众方面系统提出了"唤起民众，打倒贪官污吏！""打倒土豪劣绅！""反对要粮要款，扶助工农大众！"等宣传口号，受到群众拥护；三是通过向群众讲解"穷人要翻身，刀把子必须掌握在自己手里""要过好日子，就得斗争"等革命道理，让群众加深对起义部队的了解。

第二次靖远起义吸取了第一次起义失败的教训，整整坚持了一个月。直到6月底，起义队伍与敌王云山部再次在水泉进行了激战后趁夜突围，向北进发，并决定从黄沙湾过黄河，伺机通过向北山转移，以避开敌人围堵。但在向北山转移途中在扎巴子岗一线，突遇宁夏马鸿宾部冶成章一〇五骑兵旅的袭击，由于力战不敌，大队长郭映洙、参谋长王贵仁和许多指战员牺牲，最后，剩余人员只能在弹尽粮绝后化整为零分散活动。第二次靖远起义失败。①

中国共产党在兰州发动的武装起义虽然失败了，但影响重大。第一，使中国共产党在兰州的工作持续发展。自1927年刘郁芬在甘肃全面"清共"后，兰州党的组织遭到破坏，党员被迫撤离或隐蔽。但随着1931年春至同年8月王子元部调任兰州、1931年冬孙蔚如部入甘、邓宝珊出任西安绥靖公署驻甘行署主任，一部分共产党员随国民党部队到兰州工作，再加上隐蔽在兰州的一些共产党员，各部共产党员人数不断增加。据焦维炽1932年6月12日上报中共陕西省委并转报中央的报告记载，仅在王子元部工作的共产党员就有："官长同志约三十五六人，士兵同志约五十七人，共

---

① 王儒林：《忆陕甘工农红军游击队和西北抗日义勇军》，载中共兰州市委党史资料征集研究委员会编《中国共产党在兰州的早期斗争》，甘肃人民出版社1987年版，第180—182页。

九十余同志"①。另据记载，随孙蔚如部来兰的共产党员在其"师属军官学校中建有两个党支部，青年军官李建新、崔仰亭分任书记，有党员数十人"②。同时，还有杜斌丞（甘肃宣慰使署秘书长）、秘书常黎夫等。随邓宝珊部入兰的共产党员有"周益三、邓鸿宾、杨嘉瑞、葛霁云、续范亭等，分布在行署机关和步兵学校"③。这些共产党员，有的直接参加了武装起义，有的则以隐蔽的方式继续从事新的兵运工作。

第二，起义中利用了各种社会关系。第一次靖远起义后营救张东皎和王儒林时，孙作宾利用与孙蔚如的亲戚关系，以及他没有暴露的身份，力劝王子元，终使王子元最后答应以"张东皎马上离开靖远为条件，释放了张东皎"④。同时，还以中校参谋主任的身份将王儒林救出。另据记载，为准备第二次武装起义，谢子长"还通过邓宝珊、杜斌丞等人的关系，筹集了一千多白洋的经费，又购买了步枪十六枝，机枪两挺，匣子枪四支，手枪一枝，子弹八千余发"⑤。

第三，奠定了群众基础。起义后有效的宣传工作，使群众不断加深了对党的认识，他们有的加入了起义队伍，有的则尽可能地对游击队给予帮助。据王儒林追忆，起义失败后他在一个民团班长的掩护下避开敌人的关卡，在坝滩则由4个自卫队队员一路护送回了糜子滩家中。即使他后来在靖远北湾被俘时，民团团长李瑞林假意将他绑了，待敌李贵清部一离开，立刻"松绑放行"。另在北湾太安堡时，当得知李贵清派兵来时，北湾小学的李端如及时派人给王儒林送信，说敌人"已到北湾，正在喂马、休息"。在

---

① 焦维炽：《仪三关于组织甘肃警备第三旅兵变的报告》，载中共甘肃省委党史资料征集研究委员会编《甘肃党史资料》第3辑，甘肃人民出版社1986年版，第129页。

② 中共甘肃省委党史研究室编：《中国共产党甘肃历史》第1卷，中共党史出版社2009年版，第105页。

③ 中共甘肃省委党史研究室编：《中国共产党甘肃历史》第1卷，中共党史出版社2009年版，第105页。

④ 孙作宾：《甘宁青特委时期兵运活动梗概》，载中共兰州市委党史资料征集研究委员会编《中国共产党在兰州的早期斗争》，甘肃人民出版社1987年版，第156页。

⑤ 定西地委党史办、靖远县委党史办：《靖远兵暴》，载中共甘肃省委党史资料征集研究委员会编《甘肃党史资料》第3辑，甘肃人民出版社1986年版，第118页。

摆脱敌人骑兵的过程中，得到"李家台子的李发汉从山后送来梨、馒头"。[①]
就是靠群众的支持，这个时期武装斗争得以展开，并为后来革命斗争的开
展奠定了基础。

二、 中共甘宁青特委的成立

两次靖远起义失败后，1932 年 11 月，中共陕西省委根据临时中央关于
"尽快创建甘肃省委"的指示，派回族党员吴鸿宾等回到兰州筹建党的组
织。1932 年 12 月初，中国共产党甘宁青特别委员会在兰州正式成立。吴鸿
宾任书记，孙作宾任军委书记，常黎夫任组织部长（后任秘书长，马豫章
接任组织部长），王建三任宣传部长（后李慕愚接任）。党支部的设置情况
是："兰州有两个军支，一工厂支，一混合支部；在宁夏，一学校支，一军
支；其他各地军队中多有找到线索并派同志去工作（如陇东驻军，陇南驻
军及马仲英部队等）"。[②]特委机关一处设在兰州广武门外的菜根香酱园，一
处设在省政府广场西边一个大院里的镶牙馆内，另还将兰州印依轩照相馆
作为联络开会的地点。全部工作紧紧围绕武装斗争的主线展开。

为迅速打开局面，甘宁青特委充分利用同国民党党政军上层人物的各
种关系，主要是当时掌握甘肃军政大权的孙蔚如、邓宝珊、邢肇棠、续范
亭、杜斌丞等开展工作。如通过邓宝珊秘书葛霁云（共产党员）、绥署参谋
长续范亭、副官长兼特务营营长和教导队队长杜汉三（后加入共产党）、甘
肃清乡督办邢肇棠等，为回到兰州的王儒林谋得西安绥靖公署甘肃行署
"招募专员"之职；介绍贺晋年、李培青到兰州市警察局由共产党员崔振山
任局长的交通分局工作，李玉亭到孙蔚如部任电台台长。

王儒林被任命为西安绥靖公署甘肃行署"招募专员"，表面是为西安绥
靖公署甘肃行署"招募新兵"，实际上是招募靖远两次起义后分散在"靖

① 王儒林：《忆陕甘工农红军游击队和西北抗日义勇军》，载中共兰州市委党史资料征集研究
委员会编《中国共产党在兰州的早期斗争》，甘肃人民出版社 1987 年版，第 187 页。

② 吴越：《西北工作报告》，载中共兰州市委党史资料征集研究委员会编《中国共产党在兰州
的早期斗争》，甘肃人民出版社 1987 年版，第 45 页。

远、宁夏、海原、榆中、古浪一带隐蔽的原工农红军游击队人员"，以准备再次组织武装起义。有了这个身份，"王儒林已经在北湾开始招募新兵"的消息，迅速传开了。"古浪王丕荣（现名王克宽）带着四五十人来了，还有十多匹马"。"薛宝山、杨得胜、张子明及雒成瑞等所带人马也都到齐了"。[①] 1933 年 3 月中旬，西北抗日义勇军在靖远榆中交界的园子岔宣布成立。王儒林任总指挥，李慕愚任政治委员，薛宝山任副总指挥，张子明任参谋长。初建时近 400 人编为一个大队，杨得胜（藏族）任大队长，下辖三个中队。

为进一步打开局面和加强领导，中共甘宁青特委在听取了李慕愚赶回兰州的汇报后，又派特委军委书记孙作宾赴靖远参与组织领导工作。随着人员的增加，一个大队扩编为步、骑两个大队，由吕振华、杨得胜分任大队长。义勇军在所到之地的靖远、皋兰、榆中一带开展筹措粮草和动员群众参军的工作。据孙作宾回忆，义勇军活动主要是以"打土豪分粮食，分羊只"的方式进行。义勇军政委李慕愚在大会讲话时说："我们今天打土豪，分粮食，分羊只，将来还要给贫苦农民分配土地。"[②] 并用此方式将近百石粮食分给贫苦农民，很好地解决了春耕季节农民缺乏籽种和粮食的问题，极为有效地宣传了中国共产党的革命宗旨以及抗日救国的道理。

为加速西北抗日义勇军的发展壮大，1933 年 3 月底，甘宁青特委在兰州印依轩照相馆召开会议，决定以兰州水北门起义策应西北抗日义勇军的行动，最初确定的起义部队有：邓宝珊部新一军守卫兰州水北门的一个排、孙蔚如部军官学校以及邓宝珊部学兵队，规模大体是四至五个连约 500 人的武装。[③] 但到起事（4 月初）这天，由于联系失误和准备不足等原因，起义仅得以单独在水北门驻军中进行。这天，贺晋年、崔仰亭、李培青、石子健等 7 名同志按约定集中在了离水北门不远的一个剧院里，深夜时分，大家

---

　　① 王儒林：《忆陕甘工农红军游击队和西北抗日义勇军》，载中共兰州市委党史资料征集研究委员会编《中国共产党在兰州的早期斗争》，甘肃人民出版社 1987 年版，第 185—186 页。

　　② 孙作宾：《甘宁青特委时期兵运活动梗概》，载中共兰州市委党史资料征集研究委员会编《中国共产党在兰州的早期斗争》，甘肃人民出版社 1987 年版，第 164 页。

　　③ 中共甘肃省委党史研究室编：《中国共产党甘肃历史》第 1 卷，中共党史出版社 2009 年版，第 116 页。

直奔水北门。当登上城楼，守兵将房门打开，贺晋年只见排长"柳明山已躺下正准备睡觉，其他守兵有躺下的，有坐着说话的。"贺晋年随即说明准备起义，柳明山随即表态："我一定跟你们走。"听闻此言，全排人员都表示参加起义。① 随即，大家在贺晋年的指挥下，派出人员前往临近的桥门楼去缴敌人的枪，但被桥门楼守兵发现，对打起来。一时间，兰州城枪声大作，相约起义的部队并没有统一行动。贺晋年、柳明山等起义人员只能率领20多名起义人员打开水北门，过桥门经黄河铁桥直奔皋兰县后长川而去，与西北抗日义勇军会合。对此，中央特派员吴越在给中共中央报告中说："那时义勇军曾影响到兰州驻军两次哗变"②。

西北抗日义勇军的成立和兰州水北门兵暴，使国民党甘肃当局极为震惊，立即将情况电告蒋介石。蒋随即命令国民党甘肃当局及西北"诸马"限期"剿灭"。4月中旬，由宁夏国民党第35师冶成章骑兵旅、青海驻河西的马二虎黑马队、兰州东路交通司令马锡五部袁福昌骑兵团等部组成的"三省联军"，气势汹汹地从四面扑来。面对强敌，义勇军一战再战移兵红沙岘，被敌军包围。4月下旬的一天，敌人从南、西、北三面缩小了包围圈，战斗从清晨打到午后，义勇军虽奋力作战，终未摆脱困境，200多指战员先后牺牲，王儒林、孙作宾、李慕愚、吕振华、史悟亭、郝新亚、贺晋年等36人被俘，余部被冲散，成立并战斗了40多天的西北抗日义勇军最终失败。

战斗中被俘的王儒林、武继光在押解途中趁敌不备，躲进了一个猪圈里的"小仓子"脱险。③ 贺晋年等七八人在一条山即将被枪毙时，正巧被走亲戚的马鸿逵母亲看到，因要出门图吉利得以被释。孙作宾、李慕愚则在兰州由邓宝珊部地下党员营救，并经禁烟善后局局长仲兴哉作保获释。孙绍堂到兰州后机智脱险。其余如吕振华、史悟亭、崔仰亭、李培青等，则

---

① 贺晋年：《回忆兰州水北门兵暴》，载中共兰州市委党史资料征集研究委员会编《中国共产党在兰州的早期斗争》，甘肃人民出版社1987年版，第195页。

② 吴越：《西北工作报告》，载中共兰州市委党史资料征集研究委员会编《中国共产党在兰州的早期斗争》，甘肃人民出版社1987年版，第45页。

③ 王儒林：《忆陕甘工农红军游击队和西北抗日义勇军》，载中共兰州市委党史资料征集研究委员会编《中国共产党在兰州的早期斗争》，甘肃人民出版社1987年版，第190页。

因营救未果，英勇就义。

西北抗日义勇军失败及孙作宾、李慕愚、马豫章离兰后，梁干丞接任甘宁青特委军委书记，张德生接任组织部长，开始准备东山再起的各项工作。他们曾组织地下党员在兰州街头到处张贴"打倒背叛祖国，出卖民族利益的蒋介石""反对非亲不用，剥削甘肃人民的朱绍良"的传单，以加剧国民党中央势力和地方势力的矛盾，并积极着手积聚再次进行武装暴动的力量。但就在这时，1933 年 7 月 28 日，中共陕西省委书记袁岳栋、省委成员杜衡被捕叛变，出卖了陕西、甘肃党组织的负责人，甘宁青特委的主要负责人梁干丞以及共产党员谢冠军等不幸被捕，吴鸿宾、常黎夫、王建三等紧急离兰，甘宁青特委的工作陷于停顿。因营救未果，10 月 19 日，梁干丞、谢冠军被枪杀于兰州安定门外城隍庙行宫。至此，甘宁青特委结束了其前后 8 个月的历史使命。

三、　兰州早期的抗日救亡运动

1933 年秋，中共甘宁青特委遭到了破坏。同年，中共西北日报社特别党小组建立，开始领导兰州抗日宣传活动；与此同时，宣传抗日救国的同仁消费合作社建立；继之，响应北平"一二·九"运动的兰州群众抗日救亡运动兴起。

中共西北日报社特别党小组于 1933 年底在兰州建立，成员主要由江致远、刘贯一、石仲伟等几位外地来兰的共产党员组成。《西北日报》属国民党甘肃省政府机关报。为办这张报纸，朱绍良请自己的同乡、曾是国民党陕西省党部秘书长的共产党员江致远来兰担任社长，并由江致远推荐同在国民党陕西省党部工作过的共产党员刘贯一、时在山东从事地下工作的共产党员彭桂林以及福建同乡共产党员林远村等前来兰州西北日报社任职。这批共产党员来到兰州的最初任务就是"搜集国民党在甘肃等省的政治、经济和军事等情报，并相机进行党的统战工作，以迎接抗日高潮的到来"。1933 年底，按照上级党组织的指示，中共西北日报社特别党小组成立，刘贯一任组长，党员有江致远、石仲伟、彭桂林、林远村等。由于报社的骨干是这批共产党员，所以自 1934 年初到 1935 年秋，《西北日报》名为甘肃省政府机关报，但实际上"掌握在我们的手中，它成了我党的宣传、情报、统战机关。同时也是开展党的工作的机关"①。

当时，正值国民党对中央苏区进行第五次"围剿"，以及各根据地的中国工农红军相继开始长征，因此《西北日报》的宣传方针是，凡是辱骂、敌视共产党和红军的报道或文章，一概不登。同时，采取比较隐晦的方式宣传我党抗日救亡主张，并与国民党省党部办的《兰州日报》进行尖锐交锋，从而很好地起到了宣传和动员群众的作用。为了营造便于开展工作的办报环境，并适时地获取相应情报，党小组非常注重与社会上层人士的交往，如加强同新编第一军军长邓宝珊、行署参谋长续范亭、教育厅厅长水梓、平凉驻军旅长杨子恒等人的联系。特别是后期，当朱绍良恼羞成怒地以法西斯分子黄石山取代江致远的《西北日报》社社长之职时，邓宝珊、续范亭等对其余的同志进行了一定的保护疏散。

在中共西北日报社特别党小组工作开展的同时，同年成立的兰州同仁消费合作社，成为宣传抗日救亡的又一阵地。兰州同仁消费合作社最初的主要成员是王彦升、万良才、陈立生等 12 名进步青年，他们与邹韬奋开办的"生活书店"取得联系，以经销宣传抗日救亡和革命思想的出版物为主，联系的作家主要是共产党员和进步人士，并出版发行了一批革命书籍如艾思奇的《思想方法论》、平心的《社会科学研究法》、钱俊瑞的《怎样研究中国经济》、柳湜的《怎样研究政治经济学》等。因此，同仁消费合作社在兰州"名声大振"，"社员发展到二百多人"。加上共产党员赵子明又受组织派遣来到兰州，以天津《益世报》特派记者作掩护，和尹有年在酒泉路开办了《益世报》分馆，并加挂了《大公报》分销处、兴陇报社两个牌子，通过订阅进步报纸刊物，购买日用消费品，很快和"同仁"建立了联系，后认股入社，成为兰州同仁消费合作社中最早的两个党员。正是通过这些

---

① 刘贯一：《隐蔽在西北日报社的一段斗争》，载中共兰州市委党史资料征集研究委员会编《中国共产党在兰州的早期斗争》，甘肃人民出版社 1987 年版，第 227—228 页。

书刊，兰州同仁消费合作社的革命性得到进一步显现。①

在"一二·九"运动的影响下，在共产党员的带头组织和广大爱国学生的精心准备下，"兰州十余所大、中学校的千余名学生和部分青年教师离开校园，走上街头"，声援北平学生的爱国行动。② 他们沿途向群众散发传单，张贴标语，高呼"打倒日本帝国主义""停止内战、一致抗日""反对华北自治"的口号。游行的学生还在甘肃省政府门前广场举行了盛大集会，呼吁赶来镇压游行的东北军第51军官兵调转枪口，打回老家。学生们的爱国热忱深深打动了奉命赶来"弹压"游行学生的东北军官兵，使国民党甘肃当局阻挠破坏寻机闹事的阴谋未能得逞。

---

① 兰州市政协文史资料办公室编：《兰州"同仁消费合作社"始末记》，载《兰州文史资料选辑》第1辑，1983年，第35—36页。

② 中共甘肃省委党史研究室编：《中国共产党甘肃历史》第1卷，中共党史出版社2009年版，第336页。

第 三 章

全面抗战时期的兰州

全面抗战爆发后，朱绍良二次主甘，他恩威并施，彻底控制了甘肃政局，随着第八战区的设立，朱逐渐把控了整个西北政局，为国民党在西北地区的统治奠定了坚实的基础，也为抗战时期西北社会的发展贡献了力量。因着民族危机的加深，在中国共产党的推动下，抗日民族统一战线建立，兰州设立八路军办事处，在伍修权、谢觉哉的领导下，加强与甘肃省政府的联系，掀起了兰州抗日救亡运动的高潮。随着兰州在西北抗战大后方地位的进一步提升，1941 年兰州设市，建设步伐加快，逐渐成为西北的政治、经济、文化和交通中心，为抗战胜利和区域经济发展作出了重要贡献。

第一节　中共在兰州开展的抗战工作

1937 年 10 月，中国共产党甘肃工作委员会（简称中国共产党甘肃工委）在兰州成立。中国共产党倡导的、以国共合作为基础的抗日民族统一战线，即第二次国共合作的局面在兰州逐渐形成。

一、　八路军驻甘办事处设立

八路军驻甘办事处是第二次国共合作初期中国共产党最早在国民党统治区设立的公开办事机构，也是国共合作局面在甘肃形成的典型标志。

在兰州设立办事处的动议，最早提出于 1937 年 2 月，由于征战河西的西路军兵败祁连（其中原 21800 人的西路军约 7000 多人阵亡、9000 多人被俘，被俘者中 5600 多人惨遭杀害），因此营救被俘及失散人员就成为当务之急。为此，周恩来在西安会见原中国共产党甘宁青特委负责人吴鸿宾时，提出在兰州设立办事处问题，而国民党迫于团结抗日的形势，同意中国共产党在兰州设立一个半公开的机构，进行对外联络和营救西路军工作。①1937 年 3 月 2 日，毛泽东为此致电周恩来，赞同由张文彬、马宪民、马德涵、吴鸿宾等分批前往兰州、西宁以及河西进行相关营救工作。由于马步芳的阻挠，这些人的相关努力均没取得实质性结果，但中国共产党中央对西路军被俘和流落人员的情况有了基本了解，也为以后的持续营救打下了基础。

这个时期，主政甘肃的是曾与中国共产党颇有渊源的贺耀组，故周恩来在西安做了顾祝同的工作，并由叶剑英于 1937 年 6 月 3 日电告中央："我们拟派张文彬、彭加伦、关洪兵三人到兰州任各方联络，顾已同意事拟去函介绍贺耀组，允带电码，不带电台。"②5 日，毛泽东复电："甲、同意对河西俘虏处置办法。乙、同意派张文彬等去兰州任联络。丙、要求顾介绍文彬至青海释回四方面军干部，并设法收容流落民间之人员。丁、向徐向前同志问明陈昌浩同志留藏地址，秘密设法接引回来。戊、同意文彬报告中之建议办法，望斟酌实行之。"③ 于是，刚从兰州返回西安向周恩来汇报营救工作情况的张文彬，便偕在西安"红军联络处"工作的彭加伦、曾任西路军教导团团长兼政治委员的朱良才等七人，于 6 月初从西安赶到兰州，最初住在中央广场附近的陇海大旅社，6 月上旬搬入南滩街 54 号前院，正式建立了兰州红军联络处，对外称"彭公馆"。8 月 25 日，红军正式改编为国民革命军第八路军，兰州红军联络处随之更名为国民革命军第八路军驻

---

① 中共甘肃省委党史研究室编：《中国共产党甘肃历史》第 1 卷，中共党史出版社 2009 年版，第 363 页。

② 《叶剑英关于与顾祝同会谈结果致张闻天、毛泽东等电》，载《中国抗日战争军事史料丛书》编审委员会编《八路军新四军驻各地办事机构》第 5 册，解放军出版社 2016 年版，第 24 页。

③ 《毛泽东关于派张文彬赴兰州任联络等致叶剑英并张文彬电》，载《中国抗日战争军事史料丛书》编审委员会编《八路军新四军驻各地办事机构》第 5 册，解放军出版社 2016 年版，第 25 页。

甘办事处。9 月 11 日，按照国民党政府各战区的编制序列，八路军改称国民革命军第十八集团军，于是办事处名称又改为国民革命军第十八集团军驻甘办事处，但人们习惯上仍称八路军驻甘办事处。因设在兰州，故又称"兰州八办"。

"兰州八办"从 1937 年 6 月至 1943 年 11 月，共存在六年多时间。主要做了如下几个方面的工作：

（一）开展西路军被俘和流落失散人员营救工作

1. 通过上层统战关系打开营救局面。1937 年 6 月 26 日，叶剑英在西安致电毛泽东、周恩来，报告了张文彬等人在兰州开展这方面工作的情况："前月由西宁解来被俘同志五十余名，报告将由九十七师转其回籍。又，贺称：河西尚有三百多，三四天后可到，到后允我派人慰问。"[①] 而中共中央还考虑谢觉哉与时任国民党甘肃省政府代理主席贺耀组是同乡、且同为同盟会会员、以及在大革命时期谢觉哉做过贺耀组统战工作的这一情况，及时选派谢觉哉作为中国共产党中央和毛泽东代表抵达兰州。谢觉哉抵达兰州后，有效地开展了对国民党甘肃上层的统战工作，从而为营救工作的开展创造了更有利的条件。

2. 始终把集体营救作为重点。第一批营救是 1937 年 5 月，当了解到国民党甘肃当局准备将关押在兰州拱星墩集中营"感化总队"的 1300 余名被俘红军押往西安，再转送郑州等地补充国民党军队这一情况时，张文彬及时向延安作了报告，从而使这批被俘红军在东行至平凉四十里铺时，由红军援西军接应，成功营救其中约 1000 名被俘将士。剩余的 300 余人，虽被押到西安，但也在西安红军联络处的营救下，陆续回到了云阳红军总部。第二批是 1937 年 5 月间，关押在武威的 24 名被俘红军干部，被马步青骑五

---

① 《叶剑英关于张文彬营救西路军被俘人员情况致毛泽东、周恩来电》，载《中国抗日战争军事史料丛书》编审委员会编《八路军新四军驻各地办事机构》第 5 册，解放军出版社 2016 年版，第 26 页。

师准备押送至汉口"感化院",张文彬等及时向红军总部和西安红军联络处报告了情况。这些同志被押送到西安后,西安红军联络处立即同国民党西安当局进行交涉,将他们营救回延安。第三批是1937年10月,500多名被俘将士被国民党97师编入连队,准备从兰州押往郑州补充中央军部队,经反复交涉和努力,也使他们在途经平凉、彬县、永寿时,大部分人员回到镇原、庆阳等地的八路军部队。第四批是1937年11月,将马步芳准备送往第一战区补充卫立煌部队的西路军被俘人员1500余人的情况,及时电告八路军驻陕西办事处设法营救,从而最终全数移交到云阳八路军总部。第五批是1938年5月,马步芳将编入青海新二军补充团的近2000名被俘红军,以青海所征新兵名义,送交第一战区补充国民党部队。谢觉哉得知信息后,一方面与国民党甘肃当局进行交涉,一方面电报中央设法营救。最终使这批被俘人员由八路军三原留守处接收,全部转送八路军部队。

3. 委托民主人士高金城在张掖营救。1937年8月1日,谢觉哉、彭加伦和朱良才等在兰州五泉山会见高金城,请其前往河西营救西路军。商定的方法是:(1)高金城在张掖重新开办福音堂医院,以此作掩护,开展营救工作;(2)由红军联络处工作人员蔡光波随高金城一同前往;(3)由高金城夫人牟玉光女士在兰州开设助产所,作为被营救人员与兰州"八办"的周转站和联络点。高金城不负重托,在张掖很快与刘德胜、蔡子良、邱均品等西路军被俘干部组建的地下党支部取得联系,并以医院需护士为由,把被俘西路军女战士王定国、徐世淑等人要到福音堂医院当护士。同时,还派出医务人员去监狱给关押的被俘人员看病,与刘瑞龙、魏传统等人组建的狱中党支部取得联系。高金城和福音堂医院这个营救基地,很快收容了一批失散的西路军人员,医院的20多张病床,经常住满了红军伤病员,伤员被治愈后又被设法送往兰州。当时,有许多西路军失散人员隐蔽在乡下,不知道外面的消息,加之西路军军政委员会主席兼政治委员陈昌浩下落不明,高金城即派王定国、张明新、陈大伟等,带了100多张写有"红军已改编为八路军,在兰州设有办事处,地址在南滩街54号,朱良才同志在那里接应你们"的条子,前往张掖南山及民乐、山丹等地进行查访,散发纸条。这样,不仅了解到陈昌浩已在当地群众掩护下离开河西的消息，还找到了丁世芳、吴建初、李学如、周强、刘克先、彭永新、胡嘉宾等许多红军干部，先后营救了200多名西路军被俘和流散人员。为此，高金城于1938年2月2日被国民党旅长韩起功秘密杀害。高金城牺牲后，他的夫人牟玉光仍然不顾危险，将女红军杨淑兰、王志英、钟成秀（钟一平）等人营救回兰州。

4. 开展日常零星救助。当时有一些流散红军，辗转来到兰州，沿街乞讨度日；有的则在群众掩护下定居各地，收容难度极大。针对这种情况，兰州"八办"经常派出工作人员，在街头调查访问，进行收容。这些同志一般是衣衫褴褛、面容憔悴，办事处先给他们沐浴理发，更换衣服，检查身体，治疗伤病，尽力在生活上给予关怀，在精神上给予安慰，并做好他们的归队工作。他们中的一些伤残人员要求回家，联络处就设法解决路费，帮助他们。这项工作"一直延续到1940年，共约300多干部战士由办事处分别送至西安、延安、庆阳、镇原等地"①。

（二）八路军驻甘办事处的三个不同发展阶段

1. 从1937年8月至1939年9月，谢觉哉领导下的初创时期。这一时期虽然国共合作已实现，但是兰州的政治局面并不乐观。彭加伦在给中央的报告中说："我们初去的时候，只有两个同情者。贺耀组态度也不甚好，对我们极冷淡敷衍，并且歪道理很多。""甘肃群众一般的都极为落后，过去受革命影响很少，进步思想不易反映进去，封建势力还极深厚，加之过去当局的压迫，所以群众到现在还是非常怕。""兰州有中等学校六个，大学（甘肃学院）一个，连小学共有学生三四千人。教员、校长都是老人，差不多都在甘肃十几年没有出来过的，思想都非常落后，精神非常萎靡，大家都是为了饭碗主义，不敢乱动一下。"② 谢觉哉更谈道，"这里是一块荒地，

---

① 秦生、高兴国：《红西路军纪事》，中国档案出版社2006年版，第279页。
② 《彭加伦关于在兰州三个月工作情况给张闻天、毛泽东并转中共中央的报告》，载《中国抗日战争军事史料丛书》编审委员会编《八路军新四军驻各地办事机构》第5册，解放军出版社2016年版，第33—34页。

甚至有人看见我，才相信共产党老的要杀是假的"①。面对上述情况，谢觉哉领导"八办"的同志们致力于开展推动上层和改造舆论等诸方面的工作。在推动上层方面，《谢觉哉日记》中有着近四万字的工作记述：1937年7月29日，"下午一时乘欧亚机飞兰，四时抵兰。九时贺主席派郭顾问用车来接，谈至十一时，回宿南滩街五十四号"。7月31日，"九时，贺主席来谈至十一时"。8月2日，"午后三时，访田厅长炯锦不遇。四时，寿庵、高勉斋、周祥生来谈"。8月8日，"夜，贺主席来，对昨日长信同意，并在焦急间"。8月9日，"向贺提出民运具体办法"，"把致贺信抄邓（宝珊）"。8月10日，"鸿宾写回族问题，转送贺"。8月15日，"八时，至邓宝珊宅，谈至十一时归。"8月16日，"夜八时半，往会贺，谈至十二时才归"。② 其间，谢觉哉还多次给贺耀组写信，以此巩固和加强对贺耀组的统战工作。在谢觉哉和"八办"的不懈努力下，开创了甘肃统战工作的局面，推动了抗战后方发动工作高潮的到来，取得了不俗的成绩：

1. 站稳了脚，争取公开的设立办事处，与各方面均极融洽，并给了上层以推动……2. 增加了同情者，并开始发展了两个党员。3. 派人打入了妇女抗敌后援会的组织，并有相当力量，同时正在发动回民和教育界进行救亡组织。4. 开始找到了军队的线索，并开始进行工作。5. 在青马、宁马和回民中有了线索，青马较前对我们好些，找到了额济纳蒙族关系，并派人去了。6. 收容工作，派了人去河西收容，本地也收容了一些，并对医院中及解来的都进行了慰问。7. 能在他们的机关报上发表文章。8. 政治影响更扩大了，各方面隔膜正渐渐化除，同情者日渐增多。③

1937年11月14日，谢觉哉给林伯渠转张闻天、毛泽东的报告中，进

---

① 《谢觉哉关于甘肃省情况给中共中央的报告》，载《中国抗日战争军事史料丛书》编审委员会编《八路军新四军驻各地办事机构》第5册，解放军出版社2016年版，第62页。
② 谢觉哉：《谢觉哉日记》，人民出版社1984年版，第121—129页。
③ 《谢觉哉关于甘肃省情况给中共中央的报告》，载《中国抗日战争军事史料丛书》编审委员会编《八路军新四军驻各地办事机构》第5册，解放军出版社2016年版，第41—42页。

一步写道："（一）青年工作正在开展，已开始组织抗战团，各校学生均参加，情绪极高。另组织了一个读书会，现发展到四五十人，均在我们影响下，现正筹备出刊物。（二）抗敌后援会亦全在我们影响下，会员近有增加，工作进行甚好，亦决定出刊物，并要我们写文章。（三）党的组织也有发展，现已建立了四五组。（四）同情者增加不少，每日来办事处者甚多。省政府上层也有我们的人。（五）回民工作……最好能多调几个回民干部来。（六）此间舆论在转变，我们忙于写文章，几个刊物都向我们要稿子，现《西北日报》登我们的文章不少。现我们经过灰色同志把《西北日报》的《大众论坛》一版已转过来了，完全是我们写的文章。因为写文章的人太少，同时青年及妇女刊物均能在我们影响下，《大众论坛》转过来了，故自己办刊物暂缓进行。（七）青年方面关系尚未弄好，现正设法进行中。（八）此间群众特别是上层一些人，对我们的舆论极好。都说八路军才是真正抗日的部队，将来收复华北、东北和保卫西北，还要靠第八路。……有些人说西北没有共产党来做是弄不好的，将来西北是共产党的。"①

　　但为时不久，国民党就以朱绍良接替贺耀组出任甘肃省政府主席。朱绍良是蒋介石的亲信，坚持蒋介石的反共政策，从而使兰州国共合作抗日形势逐渐开始恶化。国民党甘肃当局强行合并各抗战团体，取消比较进步的抗战团体，迫使新生书店、生活书店、兰州书报社三个进步书店暂停营业，全部书籍都被审查。当地警厅还对"八办"进行监视盯梢，便衣经常在门前游荡，监视"八办"的各项工作。同时，战区司令部还故意造出谣言，要取消八路军办事处，给兰州和甘肃党的抗日民族统一战线工作设置了许多障碍。

　　2. 从1938年9月至1941年7月，在困境中坚持正常工作时期。朱绍良二次主甘时期，根据国民党五届五中全会制定的"溶共""防共""限共""反共"的反动政策，召开了防止异党活动会议，提出秘密组织各机关办公处专事对付异党的意见，强迫公务人员集体加入国民党，严格控制舆论，

----

① 《谢觉哉关于甘肃省情况给中共中央的报告》，载《中国抗日战争军事史料丛书》编审委员会编《八路军新四军驻各地办事机构》第5册，解放军出版社2016年版，第50—51页。

限制社会团体活动，进一步加大了对办事处活动和人员往来的限制。1939年6月，戴笠来兰州亲任班主任，在木塔巷举办一期军统特务训练班，专门培养训练对付和监视八路军驻甘肃办事处以及中国共产党甘肃工委的特工人员。在这样的背景下，八路军驻甘肃办事处和中国共产党甘肃工委的工作都受到了极大限制。据伍修权回忆，仅仅办事处门口就有几个由特务伪装的修鞋摊以及特务开设的饭馆，另外还有警察的游动哨日夜在房后的城墙上居高临下进行监视。只要是办事处的同志外出，特务们马上跟踪。尽管如此，办事处的同志们还是千方百计地与特务斗智斗勇，弄得特务一次次白忙。① 在甩掉"尾巴"后，办事处同志便迅速地办理事务。特别是遇到重大的接待任务，更是设法通过苏联外交代表处的关系，让特务们无可奈何。同时，利用办事处公开合法的地位给中国共产党甘肃工委以种种帮助。不仅通过电台向甘肃工委传达中国共产党中央给予的指示，同时把甘肃工委给中央的报告经由办事处向中央呈报，还千方百计地利用各方面的关系与便利，给甘肃工委的同志安排公开职务，给他们分办一些党建培训班，并把保存在办事处的一些政治读物分发给他们。

国民党甘肃当局用各种手段难以限制八路军驻甘肃办事处的工作，就想方设法逼迫办事处撤离。如在限制活动的同时还不断制造紧张气氛，甚至紧紧卡住粮食、蔬菜、煤以至水的供应。1940年3月17日，伍修权致电张闻天："据目前各方情形看来，时局已基本上不会好转，而是拖延准备不宣而战的状态，似此兰州办事处今后在事实上已失去执行交通任务的可能，因此我坚决主张除少数人留守外，多数人应去迪化或回延，如何？请示至祷。"② 12月16日，伍修权再电张闻天，"办事处附近便衣大增，敬门鹏有一个机枪连六十余人，似系对付我们"③。对此，1941年1月19日，张闻天

① 伍修权：《伍修权回忆录》，中国青年出版社2009年版，第125页。
② 《伍修权关于时局恶化办事处人员去向致张闻天电》，载《中国抗日战争军事史料丛书》编审委员会编《八路军新四军驻各地办事机构》第5册，解放军出版社2016年版，第75页。
③ 《伍修权关于兰州政治形势致张闻天电》，载《中国抗日战争军事史料丛书》编审委员会编《八路军新四军驻各地办事机构》第5册，解放军出版社2016年版，第78页。

致电伍修权:"中央决定兰州办事处形式上不取消,实际上只留一二人看守房子即够,你如能暂时转到友人[应指苏联外交代表处]处当翻译或其他工作以保安全时最为方便,如不能则可借故回延,回时译电员必须带回,密码全部烧毁,护照直接办到延安,不需要人员不能回延时,则交友人掩护送去迪化亦可。"① 总之,这个时期,在艰难复杂环境中,办事处同志仍坚持完成中国共产党中央所交给的基本任务。对此,伍修权同志在 1941 年 7 月 15 日给中国共产党中央的报告中指出:"直至我离兰时,所有党的主张还能经过少数进步分子传播出去。"②

3. 从 1941 年 7 月至 1943 年 10 月,"八办"留守及最后撤离时期。1941 年以后,国民党甘肃当局秉承蒋介石的旨意,对中国共产党的态度不断恶化,此时虽然还不敢公开破裂统一战线,但是限制、刁难、破坏"八办"活动,逮捕迫害共产党员和革命群众的事情屡有发生。"八办"就是在这样困难和险境中坚持战斗。"八办"后期负责人赵芝瑞等同志,一方面收缩工作和减少活动,同时又向国民党当局据理力争,积极完成中国共产党中央交给的各项工作。针对国民党甘肃当局的不断挑衅和发难,1942 年 2 月 9 日叶剑英致电赵芝瑞,"兰办是于一九三七年经八路军代表周恩来呈请军委会核准设立的,请以此意呈告兰州当局",③ 阐明我方的立场和原则,坚持维护抗日民族统一战线大局。赵芝瑞等人留守"八办",坚持工作到1943 年,这一年国际局势再次发生重大变化,共产国际宣布解散。消息传来,国民党顽固势力欣喜若狂,借机再向共产党发难,兰州"八办"首当其冲。面对这种复杂局面,10 月 22 日,朱德就八路军驻甘肃办事处与驻陕西办事处合并事致电赵芝瑞,结束兰办一切事务。至此,八路军驻甘肃办事处撤离,赵芝瑞等留守人员离开兰州。

① 《张闻天关于办事处形式上不取消等致伍修权电》,载《中国抗日战争军事史料丛书》编审委员会编《八路军新四军驻各地办事机构》第 5 册,解放军出版社 2016 年版,第 80 页。
② 《伍修权关于甘肃形势及办事处工作情况给中共中央的报告》,载《中国抗日战争军事史料丛书》编审委员会编《八路军新四军驻各地办事机构》第 5 册,解放军出版社 2016 年版,第 87 页。
③ 《叶剑英关于向兰州当局申明驻甘肃办事处合法地位致赵芝瑞电》,载《中国抗日战争军事史料丛书》编审委员会编《八路军新四军驻各地办事机构》第 5 册,解放军出版社 2016 年版,第 91 页。

二、 中共甘肃工委成立

中国共产党甘肃工作委员会，是抗日战争时期中国共产党在甘肃国民党统治区建立的工作机构，也是中国共产党继甘肃特别支部、兰州特别支部和甘宁青特委之后，在甘肃建立的又一地方组织。中国共产党甘肃工委与兰州"八办"一道，高举中国共产党倡导的、以国共合作为基础的抗日民族统一战线旗帜，共同肩负起甘肃国统区"推动上层、发动中层、深入下层"的抗战使命，把党在抗日战争中的中流砥柱作用贯穿在了工作的方方面面。

八路军驻甘办事处建立后，为了尽快打开工作局面，针对甘肃"抗日工作仍甚沉寂""下属工作建立不够，干部少，群众工作无人做，影响工作开展"等问题，根据"推动上层、发动中层、深入下层"的工作方针，着力把培养进步分子、建立党的组织作为工作重点。谢觉哉、彭加伦向中国共产党中央建议："立即派得力干部去领导党的工作及军队工作，并设法在西安调些学生（党员）去作学生运动（用转学方式），凡在甘宁青的前进分子多介绍回去工作"；"你处能找到甘肃党员或进步分子，望多介绍几个来"。①

1937 年 7 月底，中央选派曾经担任过甘宁青特委书记的孙作宾到甘肃负责党组织的筹建工作，并于 8 月中旬决定成立中国共产党甘肃省工作委员会。为此，还陆续选派刘杰、刘南生、蔺克义、樊大畏、郑重远、窦志远等一批共产党员来到兰州，进行建立中国共产党地方组织的准备工作。按照中国共产党中央有关成立中国共产党甘肃工委的决定，孙作宾首先与在国民党新一军邓宝珊部任副官的中国共产党党员杨子实接上关系，陆续恢复了一批失去联系的党员组织关系，如赵子明、陈成义、陆长林等。同时在兰州和榆中发展了一批新党员，其中有陆云龙、金焯三、陆泰安、汉尚忠、周延龄等。经过一个时期的准备工作，成立中国共产党甘肃工委的条件已经具备。

1937 年 10 月 25 日至 26 日，中国共产党甘肃工委（时称兰州工作委员

---

① 《谢、彭给中央电》，载中共兰州市委党史资料征集研究委员会编《抗战时期党在兰州的革命斗争》上册，兰州晚报印刷厂 1985 年印，第 27 页。

会）在兰州南滩街 54 号——八路军兰州办事处院内召开成立会议。参加会议的有孙作宾、郑重远、吴鸿宾、刘日修、刘杰等，中国共产党中央驻甘代表谢觉哉、八路军驻甘办事处处长彭加伦自始至终参加会议。会议决定孙作宾任书记，郑重远负责组织工作，吴鸿宾负责宣传兼回民工作，刘日修负责青年工作，刘杰（孙作宾夫人）负责妇女工作。甘肃工委的成立，标志着甘肃国民党统治区中国共产党地方组织的正式恢复，是兰州、更是甘肃中国共产党组织建设的重大事件。

中国共产党甘肃工委经历了三个不同的发展阶段：

1. 从 1937 年 10 月至 1938 年 4 月，甘肃工委称作兰州工委时期。这个时期，甘肃工委在名称上叫兰州工委，工作范围也基本限于兰州，如 1938 年 6 月 5 日给中共中央的报告，题为《兰州工委工作报告——党的组织与党内教育及抗日民族统一战线的宣传与组织工作问题、今后的工作方针》。由于党员组织关系恢复和发展新党员等各项工作均在初创阶段，工委的工作范围也大都限于兰州。具体情况为：（1）通过转学而来在兰州师范学校读书的共产党员蔺克义的努力，首先培养和发展了在该校读书的牛发荣、司国权、汉尚忠等数名具备共产党员条件的先进分子入党，建立了牛发荣任书记的兰州师范党支部。兰州师范党支部成立后，在组织发展上向周边地区辐射。如牛发荣、司国权、汉尚忠和在兰州农校读书的郝镇文、赵伟等共产党员一起，利用寒假回家探亲的机会，在家乡榆中开展了党员发展和组织建设工作，他们通过成立"甘肃青年抗战团榆中支团"，及时物色和发展了蒋统华、窦铭才（窦继寻）、蓝克礼、周世济（周为群）、赵伟等 6 名党员，建立了由蒋统华任支部书记的榆中城关支部。从而为日后中国共产党榆中县委的成立打下了基础。（2）在甘肃工委委员刘日修组织下，吸收张恕、郝镇文、赵伟等人入党，并在兰州中学、兰州工校、兰州农校分别建立了党的小组，此后发展为党支部。（3）甘肃工委委员吴鸿宾于 1937 年 10 月，介绍发展鲜维俊、杨静仁、马明德入党，并以此为基础，于 1938 年 3 月正式成立了由鲜维俊任支部书记、由甘肃工委直属领导的兰州回民特别支部。（4）在兰州师范、兰州中学、兰州工校、兰州农校支部和小组的基础上，于 1937 年 12 月成立了中国共产党兰州市学生委员会（简称学委），统一领导各学校党的工作。因此，这一时期的甘肃工委统称兰州工委。

2. 从 1938 年 4 月至 1939 年 4 月，党员和党组织向更多地区拓展时期。这个时期，甘肃工委组织建设得到长足发展，以兰州市委和一些县委的成立为标志。1938 年 4 月，中国共产党甘肃工委成立了中国共产党兰州市委，甘肃工委委员郑重远兼任书记，赵子明、陆云龙分别负责组织和宣传工作。1938 年 3 月，成立了由李振华任书记的中国共产党凉州临时县委；5 月，成立了由张杰任记的中国共产党榆中县委；1938 年秋成立了由岳秀山任书记的中国共产党靖远县委；1939 年 3 月，成立了由吴治国任书记的中国共产党徽县县委。同时，还于 1938 年夏，在中国共产党兰州市学委的基础上成立了先后由林亦青、王实先任书记的中国共产党甘肃青年工作委员会。这些中国共产党组织的相继成立，标志着甘肃工委的工作已经从兰州向全省更广大的地区拓展，甘肃工委在组织建设上步入了新的阶段。其中，尤其在兰州，中国共产党党组织和党员队伍得到了进一步加强，市委发展党员 60 多人，其中工人党员 20 余人，党的基层组织的辐射面涉及很多单位、工厂、学校，如兰州邮电支部、西北公路局汽修厂支部、兰州印刷厂工人支部、兰州水夫工人支部、兰州医院支部、兰州空军机场支部、兰州师范学校支部、甘肃学院支部、兰州农校支部、《民国日报》印刷厂支部等。[①]同时还在机器制造局工人和银行职员中建立了党小组。总之，正如 1939 年 6 月 18 日甘工委给中央的报告中谈道的："在甘肃党，我们是开荒工作与播种，所以在那里要特别艰苦与耐心，才能达到我们的任务的。"因此，在组织建设上"我们是绝对秘密，撒布种子，建立党的堡垒，先从据点与交通要道、与抗战意义、与军事价值有关的地方着想与工作"。具体方法是"从中心城市到外县，从外县到乡村"，具体步骤是"从中心到据点，从据点到交通线，找寻有群众意义（抗战）的地方建立组织"，发展对象是"从知识

---

① 任红：《兰州历史文化·革命星火》，甘肃人民出版社 2007 年版，第 93 页。

分子到劳苦大众，从学生到工农，从官长到士兵"。① 重视发展组织与严密组织、健全党的生活、加紧学习之间的有机结合。

3. 从 1939 年 5 月至 1940 年 6 月，进行组织整顿和夯实基础时期。以国共合作为基础的抗日民族统一战线建立之初，国共两党就存在着两条抗战路线的分歧和裂痕，在兰州也是如此。对此，《谢觉哉日记》记述：甘肃爱国民主人士到办事处来，"都是偷偷摸摸的。夜里来，不敢要主人送到门外，怕被人看见"②。"甘肃《民国日报》副刊《甘肃青年》，今日论文有'共匪'以及视'共匪'者如日本，要认清谁是我们的朋友，谁是我们的敌人……等语。"③ 抗战初期，在民族危机、抗战高于一切的时候，国共两党和各团体基本趋于团结，步调也基本统一。但是自朱绍良担任甘肃省政府主席一职后，情况逐步恶化。面对严峻形势，甘肃工委遵循 1939 年 8 月 25日中国共产党中央《关于巩固党的决定》中所规定的"以整理、紧缩、严密和巩固党的组织工作为今后一定时期的中心任务"的指示，把审查党员、整顿和严密组织作为 1939 年下半年的中心任务。④ 通过整顿，使党员人数相应地缩减为 143 人，比上半年减少了 45.8%。其中分布在兰州的党员 40人，榆中 14 人，徽县 7 人，武威 7 人，靖远 40 人，临洮 7 人，甘谷 10 人，定西 6 人，天水 3 人，平凉 2 人，武都、两当、岷县、静宁、夏河、渭源、张掖各 1 人。⑤ 基层党组织为：兰州市委、榆中县委、靖远中心县委、徽县中心县委、武威临时县委。甘肃工委负责人也相应的调整为李铁轮任书记，罗云鹏任副书记兼组织部长，王实先任宣传部长兼工运部长，郑重远任农运部长、林亦青任青年部长、赵子明任工委秘书。工作任务也按西北工委

①　孙作宾：《甘肃工作报告》，载中共兰州市委党史资料征集研究委员会编《抗战时期党在兰州的革命斗争》上册，兰州晚报印刷厂 1985 年印，第 105—106 页。

②　谢觉哉：《谢觉哉日记》，人民出版社 1984 年版，第 127 页。

③　谢觉哉：《谢觉哉日记》，人民出版社 1984 年版，第 130 页。

④　中共甘肃省委党史研究室：《中国共产党甘肃历史》第 1 卷，中共党史出版社 2009 年版，第 449 页。

⑤　中共兰州市委党史办公室：《中国共产党兰州历史（1925—1949）》上卷，甘肃人民出版社2002 年版，第 215—216 页。

会的要求，确定为五项基本任务，即加强秘密工作，巩固组织；注意群众性的统战工作，利用合法形式开展抗日救亡运动；加强农村工作；加强回民工作；工委委员分头深入各县指导工作。

为保证工作正常进行，甘肃工委更加重视自身工作的隐蔽性，制定了有关加强党员隐蔽性工作的条例，要求"严密党的组织，提高同志的政治警觉性，公开工作与秘密工作的划分"等，开展对党员的隐蔽保密工作教育，进行斗争策略和工作艺术的教育，对秘密工作做了一些详细的技术性规定，提高党员的警觉性和斗争艺术等。甘肃工委建立的秘密联络点，主要有赵子明开设的黄家园豆浆店、蔺克义负责的华美照相馆、同仁消费合作社、位于盐场堡的国光纺织生产合作社以及上西园地下印刷所等。同时，甘肃工委还建立了兰州经靖远、固原、庆阳到延安的地下秘密交通线，在这条秘密交通线上建立了交通站，王泽喜、何清涌担任交通员。这条交通线确保了恶劣环境下中国共产党在兰州的工作始终与边区相联系，直至1940年甘肃工委遭破坏后，仍发挥着作用。

1940年6月初，甘肃工委准备在周家庄5号工委副书记罗云鹏住所召开工委会议。4日，从外地赶到兰州的工委书记李铁轮、工委委员林亦青住在罗云鹏家中。6日凌晨，兰州警察局进行全市户口大检查，警察就以李、林"未报临时户口、来路不明"以及罗"擅自留客住宿"为由，将3人连夜带走。樊桂英迅速"将房间进行了清理，把各地党组织的汇报材料、笔记本和联共党史等政治书籍统统塞进炕洞内烧毁。"但在搜身时，从罗云鹏帽子里搜出一张写着"党员教育计划"的纸条，他们的身份暴露了。之后，警察再次来到罗云鹏家中搜查，并同时逮捕了樊桂英和其"出生7个月的小孩力立"[1]，"又抓走了给老罗介绍住房的赵子明"。[2]

---

① 罗力立原名罗俐丽，寓意聪明美丽。在他父亲罗云鹏1946年2月被国民党杀害之前，将"俐丽"改为"力立"，寄予了罗云鹏对中国革命的信心，中国人民一定能站起来，革命一定会胜利的美好愿望。《学习革命先烈事迹，弘扬爱国奋斗精神："西北小萝卜"罗力立做客西北师大》，《兰州日报》2021年3月25日。

② 《渗透鲜血的一段经历——罗云鹏烈士的夫人樊桂英同志往事》，载兰州市档案局编《兰州红色档案》，中共党史出版社2019年版，第358页。

为应对突如其来的变故，甘肃工委其他成员采取了三条紧急措施：一是销毁相关名单、文件。当时，有一份全省党员名单在工委书记李铁轮处，放在河口住所的一个箱子里，郑重远、王实先连夜赶赴河口，"取出名单后，找了个背僻的地方烧毁了"。二是通过"八办"向中国共产党中央作汇报的同时，派王实先、鲁平（李铁轮的爱人）前往延安向李富春、周恩来汇报。中国共产党中央非常重视这次事件，立即调动各方面的关系进行营救，并转告在狱中的李铁轮、罗云鹏，要求他们在狱中读些书，锻炼好身体，"不要搞绝食斗争"，做无谓的牺牲，等待组织设法营救。三是紧急组织兰州及各地党员分散隐蔽。将一些暴露身份的共产党员立即撤往延安。总之，这个时期甘肃工委的工作，正如罗云鹏被捕后给同志们讲的一番话："我们必需提高警惕，揭露他们的阴谋和花招，不要多说一句话，以免被特务抓住漏洞钻空子。不该说的就说不知道，或者都推到我身上。这是严峻的政治斗争，不能动感情，能设法逃脱一个同志都是我们的胜利。"[①] 至 1941 年 11 月之前，在环境险恶中的甘肃工委成员先后撤离兰州，甘肃工委领导机关实际已不存在。

三、抗日救亡活动

全民族的抗日战争，是在中国共产党倡导的、以国共合作为基础的抗日民族统一战线旗帜下进行的。八路军驻甘办事处和中国共产党甘肃工委作为甘肃抗战的中流砥柱，为甘肃抗日民族救亡运动书写下了极为辉煌的历史篇章。

（一）推动和领导了甘肃抗日救亡运动的兴起

八路军驻甘办事处与甘肃工委，根据中国共产党中央制定的全面抗战路线方针政策，始终把深入发动后方各个阶层尤其是民众作为全部工作的重中之重。

---

① 中共兰州市委党史办公室编：《中国共产党兰州历史（1925—1949）》上卷，甘肃人民出版社2002 年版，第 311—312 页。

1. 加强对上层人士的争取。在《谢觉哉日记》中记载的"致信贺""致贺信""为教育问题写信给贺"① 等文字有 18 处。正是谢觉哉耐心细致地做贺耀组工作，促使贺耀组对国共合作态度发生了转变。时至 1949 年 8 月，在历史的紧要关头，贺耀组与 44 位前国民党高级军政人员在香港发表反蒋起义通电，选择与人民站在一起，充分说明中国共产党统一战线工作的显著成效。经过"八办"和甘肃工委的不懈努力，推动了抗战后方发动工作高潮的到来。1937 年 12 月以后，由于蒋介石派出坚持反共的朱绍良接任甘肃省政府主席，使全民团结抗战工作遇到严重的阻碍，但在"八办"同甘肃工委的努力下，也迫使其在已形成的统战氛围和抗战大环境中不得不有所收敛。甘肃工委先后两次致函国民党甘肃省党部，申明了"愿意携手合作，为坚决地保卫西北、保卫武汉、保卫全中国而奋斗到最后一滴血"的严正立场。② 通过开展统战工作，与国民党新编第一军军长邓宝珊建立友好联系，并对驻防陇东的国民党鲁大昌部、蒋云台部及驻兰州的孔令恂部、孔德亮部开展争取工作。同时，对其他一些政界、文化界、教育界人士开展了广泛的统战工作，如省政府秘书长丁宜中、民政厅长施奎龄、建设厅长李剑华以及文化界教育界名流张维、水梓、浦敏政等。其中，最典型的是国民党驻甘肃外交特派员李铁铮，他曾记述："早在 1939 年我在兰州任外交特派员时，周恩来自莫斯科归来，我迎于机场，且去第八路军办事处拜见"的往事。另据《谢觉哉日记》记载：1938 年 3 月 26 日，"夜赴座谈会（农行），我发表预备的演词，虽颇有人不愿听，但真理所在无法反驳。最后李铁铮做结论承认我的话持平，可以为本座谈会的结论"。1938 年 3 月 29 日，"李铁铮（赐福巷 14 号）来谈，此间外交现象颇为抑郁。……李为人诚实，愿意做点事。"③ 正是这一值得铭记的过往，使李铁铮于 1964 年在美国哈德福特大学任教期间辗转回国。

---

① 谢觉哉：《谢觉哉日记》，人民出版社 1984 年版，第 134、139、143 页。

② 《工委致国民党甘肃省党务会议的信》，载兰州市档案局编《兰州红色档案》，中共党史出版社 2019 年版，第 216 页。

③ 谢觉哉：《谢觉哉日记》，人民出版社 1984 年版，第 246、247 页。

2. 大造抗日舆论，建立救亡组织。八路军驻甘肃办事处自建立之日起，就陆续组织和动员各方面社会力量，新办和发行了《西北青年》《战号》《妇女旬刊》《回声》《老百姓》《热血》《甘院学生》《抗敌》《民众通讯》《现代评论》和《苦干》等颇有影响的一系列宣传抗日的刊物。先后积极参与了"妇女慰劳会""西北青年救亡读书会""甘肃青年抗战团""省外留学生抗战团""伊斯兰学会""回民教育促进会"等的组建，同时建立"联合剧团""王氏兄妹剧团""西北抗战剧团""血花剧团"等抗日文艺团体。总之，正是通过大造舆论和建立救亡组织，使一个死气沉沉的封闭社会逐渐充满抗日救亡的气氛。

3. 选拔培养优秀青年奔赴延安。全面抗日战争爆发后，延安成为中国共产党领导下的抗战中心，成为爱国青年向往的圣地。在"八办"和甘肃工委的组织引导下，许多爱国青年前往延安工作学习，开始了自己的革命生涯。据《谢觉哉日记》记载，1937 年 9 月 27 日，"有青年岳维峻，榆中人，乡师未毕业生，兰州合作社事务员，要求去延安训练，当介绍去之"。10 月 5 日，"李尚忠、薛志超二生，愿去延受训。他俩本城人，高小毕业，在省院学看护，一十七、一十八岁"。10 月 23 日，"夜，万有良等来说，组织十来个同志，请去秘密训练。有一姓马的阿訇，偕马学忠（交通司令部参谋）来，对共党主张极信仰，阴历九月后当率学生去延学习"。11 月 8 日，"介绍兰中学生安鼎铭、杜琳、刘珍、张生强、陈定邦、高尊翰往陕北公学受训"。11 月 9 日，"夏桴（荫轩），酒泉师范教员，自酒泉来愿去延安上学，并说酒泉师范尚有八个学生要来"。11 月 12 日，"介绍乡师学生何明渊、周新民，兰师学生周世俊往陕北公学，又介绍夏桴往陕北公学"。[①]显然，这些仅仅是从 1937 年 9 月到 11 月的记述，但也真实还原了当时由兰州选拔培养优秀青年奔赴延安的情况。在兰州"八办"和甘肃工委的共同努力下，先后有一百多名甘肃籍优秀青年踏上了前往延安的道路，如贺进民、杨静仁、傅克刚、岳维峻、陆钧安、窦继寻、傅唯一、陈成义、周彦

①　谢觉哉：《谢觉哉日记》，人民出版社 1984 年版，第 154、156、160、177 页。

杰、蒋统华、陈瑛、司国权、裴斐、陆广林、陆云龙、陈定邦、乔映淮、党培英、乔映渭、乔映澍、乔映洛、万良才、魏煜、欧化远、武治安、张友三、李满天、陈寄仓、李毅弘等。其中，乔映淮、党培英、乔映渭、乔映澍和乔映洛五人，是一家四兄弟和一位刚刚过门月余的新娘。

（二）同国民党顽固派进行坚决斗争

针对国民党甘肃当局破坏统一战线的种种行为，中国共产党甘肃工委也采取了积极的应对。1938年3月，谢觉哉给时在西安"八办"的林伯渠致信说："近来此地救亡工作比较有些恶化，蓝衣社利用他们各方面统治的地位，合并各抗战团体，实际上是合并和取消比较进步的抗战团体。"同时谈道，"现在之当局，是比以前注意我们多了。也可说在当局方面，反对我们的空气，是有相当浓厚。战区司令部又故意造出谣言，要取消我们办事处"。①此后，伍修权在1940年3月17日给张闻天电报说："据目前各方情形看来，时局基本上已不会好转，而是拖延准备不宣而战的状态……"并于1941年7月15日总结道："甘省府的这几次改组，在工作能力上是一次比一次加强，同时也是一次比一次反动。"另一方面，进行坚决斗争。一是通过开展有理、有利、有节的斗争，尽可能争取社会各阶层的力量，努力把"所有党的主张""经过少数进步分子传播出去"。《谢觉哉日记》就记载有朱绍良曾找书店人员谈话碰软钉子的例子;②二是尽可能借助"同俄国同志的来往是公开的"这样一层关系。如一次接待新疆回延安的同志，当获悉有二十多人乘坐苏联运送援华物资的车辆，被拦在黄河铁桥北岸时，便迅速与苏联外交代表处联系，用他们的小车把这些人员护送到办事处。三是疏散人员保存力量。甘肃工委领导机关遭破坏后，工委委员郑重远等人周密安排部署，将有暴露可能的党员全部撤离到延安。四是坚持狱中斗

---

① 《谢觉哉同志给林老的信》，载《中国抗日战争军事史料丛书》编审委员会编《八路军新四军驻各地办事机构》第5册，解放军出版社2016年版，第60页。
② 谢觉哉：《谢觉哉日记》，人民出版社1984年版，第267页。

争。工委副书记罗云鹏被捕后对同志们说："对党要忠诚到底，死也不能说一句实话，不能损害党的利益。"他正告审讯者："我是中国共产党党员，我们所做的一切都是为了抗日救国，我们是无罪的。"[1] 1941 年春节期间，李铁轮、罗云鹏、林亦青和赵子明，成功越狱，李铁轮和赵子明辗转回到延安，罗云鹏和林亦青不幸再次被捕。1943 年秋，林亦青牺牲在狱中，1946 年 2 月 25 日，罗云鹏在大沙沟秘密监狱英勇就义。五是进行武装斗争尝试。按照中央有关"精干隐蔽，积蓄力量，重点转向山区农村"的方针，1941 年夏，依据组织安排，共产党员高栋臣在兰州北山地区组织了一支近百人的队伍，并在皋兰、永登、景泰等兰州周边地区活动。不幸在同年秋天，队伍在皋兰中川一带遭到进攻，战斗中大部分同志壮烈牺牲。

第二节　国民政府对兰州统治的强化

1937 年 3 月 31 日，国民政府任命朱绍良取代于学忠为甘肃省主席，其因病而未就职。甘肃省主席职务由教育厅厅长田炯锦代行，后又改由贺耀组担任。1937 年 11 月，日本从华北进犯绥远，西北告急。国民党在兰州设立第八战区长官司令部，朱绍良任副司令长官一职，并以副职摄行司令长官之权。1937 年 12 月 5 日，贺耀组奉令赴京襄办军务，遂由朱绍良兼任甘肃省主席。[2] 自离开西北一年后，朱氏重返西北，掌控西北军政大权，第二次主政甘肃。

一、"在安定中求进步"与兰州建设

朱绍良第二次主甘，正值全面抗战时期，西北成为抗战的大后方，战略地位空前提高，甘肃省作为西北地区的枢纽省份，其政局的稳定与否，

---

① 中共兰州市委党史办公室：《中国共产党兰州历史（1925—1949）》上卷，甘肃人民出版社 2002 年版，第 311—312 页。

② 《贺主席奉令赴京襄办军务，朱绍良氏兼代甘政》，《甘肃民国日报》1937 年 12 月 6 日。

直接关系整个西北政局的走向，朱氏深感责任重大。朱绍良治理甘肃的方针是追求地方"安定"。而安定甘肃的目的，在于强化国民政府对于整个西北的控制和管理，其主要手段就是加强"国防"。通过对甘肃及其周边势力的笼络、打压和整顿，使得甘肃地区的政治环境大为改善，为其在甘肃地区一系列施政举措的实施提供了有利条件。兰州作为甘肃省会，在朱氏各项施政措施的影响下，政治、经济和社会民生有了较大的改善，促进了兰州地方社会的发展。

（一）"安定中求进步"的主甘方针

1. 加强军政管控。当时甘肃地方军政势力跋扈，国民政府威信难立、政令难行，破此局的关键在于统一军政。首先，在政治上，统一省政、县政，尤其注重县政建设，"调整各县行政机构，增加工作效率，各县佐治及区长区员等，限定须由已经训练之人员中任用，俾辅佐县长，推行各区行政"①；同时，合理处理甘肃各民族之间的关系，"力谋融洽各族情感，团结一致"。其次，在军事上，统一军政，整训部队，合理分配饷粮，"对辖区各部队，一视同仁，积极整训，充实其战斗力"。② 此外，朱绍良甫至甘肃即以兰州为营地积极拉拢各地方势力，交好地方人物。对西北诸马军阀代表委以重任，"将马步芳部八十二军和马步青部骑五军隶于第八战区东路总指挥部。马鸿逵部与马鸿宾部组成第十七集团军，马鸿逵为总司令，马麟、马鸿宾为副司令"③。甚至"驻军凡遇一切问题，与政府协商，皆能开诚相见，融洽之情，为前所未有。青宁两邻省，自朱主席抵甘后，本敦睦邻封之意，与两省当局文电往返，遇事协商，双方印象皆佳。"④ 可见朱氏的笼络之举效果明显。

2. 改善经济民生。朱绍良主甘期间，积极整理财政、健全财政机构，

---

① 《朱绍良畅谈西北军政近况》，《申报》1938 年 10 月 31 日。
② 周开庆：《民国朱上将绍良年谱》，台湾商务印书馆 1981 年版，第 23—24 页。
③ 吴仲礼、刘钦斌：《西北五马》，河南人民出版社 1993 年版，第 246 页。
④ 《朱绍良主政后之甘肃》，《新青海》1933 年第 1 卷第 9 期，第 3 页。

使财政收支平衡，有效地调节地方经济。在建设方面，根据甘肃省实际，注意改良发展手工业，"为适应实际需要，乃以改良本省擅长之手工业为主，现正与工业职业各学校合作，期造成一批各种工艺熟练之人才，然后分赴各县，俾就地改良原有各手工业"①。同时，朱绍良还注重交通、水利建设，"改建西兰公路、兰青公路、兰宁公路；兴建青新公路、甘新公路……在水利方面，筑渠开井，（朱绍良）经常督察"②。此外，朱氏还采取了办理农工贷款，发展农业生产；设厂加工甘省现有原料，实现自给自足；注意禁绝鸦片种植、销售、吸食等一系列措施，改善经济民生。

3. 支援抗战。全面抗战时期，国民政府在兰州设立第八战区司令部，朱绍良兼任该战区副司令长官，主持甘宁青三省及绥远部分地区对日军事。随着战争局势的变化，西北大后方在全国抗战中的作用愈加重要，朱绍良升任第八战区司令长官，坐镇兰州，负责督理局地战事和向前线运输物资。为确保苏联援助中国抗战物资运输线路的畅通，朱绍良督促地方军、政人员修筑、维护兰新公路和西兰公路，以便物资顺利运抵抗战前线。而兰州位于两条公路的交汇之处，作用重大，屡次遭受日军空袭，损失严重。为此，朱绍良加强兰州地区防空建设，按照"以苦干实干相勖勉，以自救救人相警策"的方针③，整顿防空机构，明确人事职责，将"甘肃省会防空司令部"升级为"甘肃省全省防空司令部"，亲自担任防空司令，完善防空预警体系，有效减轻空袭造成的人、物损失。为动员民众积极支持抗战，朱绍良又在兰州筹备成立童子军训练营，选拔各地童子军团集中训练后，赴前线支援抗战。

4. 积极防共。朱绍良二次主甘期间，还制定一系列防共措施，不断蓄意与中国共产党制造摩擦，限制其在西北的发展。"在朱绍良到任的三四个

---

①　《各地金融经济概况：兰州》，《中行月刊》1938 年第 17 卷第 5—6 期，第 71 页。
②　周开庆：《民国朱上将绍良年谱》，台湾商务印书馆 1981 年版，第 24 页。
③　叶建军：《回忆八年抗战的甘肃防空》，载《兰州文史资料选辑》第 8 辑，兰报印刷厂 1988 年印，第 17 页。

月里，兰州抗战形势急剧恶化。他公开压制群众抗日救亡运动，破坏国共合作。"① 而后，"由党部、政府、第八战区及后援会合组成一个书报检查委员会，开始检查时，除一般不三不四的书报刊物外，其余的约百十种书报刊物，统统给以'暂封待查'的处分，而不准推销。《新华日报》《群众》《解放》等都受到这种处分"②。甚至，成立"三民主义青年团"兰州区团，据该团负责人公开声称"三民主义青年团的使命是改造国民党，同化其他党派，特别是共产党"③。朱绍良在兰州的种种防共行径破坏了抗日民族统一战线，不利于国共合作抗战。

总之，朱绍良除了防共，在支援抗战方面亦有贡献。其在主甘期间，注意改善甘省交通，修建甘新、甘青公路，修建机场；重视兰州的防空工作，完善防空体系。确保了从西北打通的国际交通线可以顺利运送物资，有力地支持了抗日前线的作战。此外，朱绍良对西北地方势力的安抚，在一定程度上稳定了西北大后方。

（二）朱绍良二次主甘期间的兰州建设

1. 禁绝烟毒。1934 年蒋介石来兰州视察时就曾指出"甘肃大患，在于烟祸，不在贫穷，当以禁烟为前提"④，要求甘肃政府解决烟毒问题。因此朱绍良继续严厉禁绝烟毒。兰州的鸦片种植、吸食问题极其严重，在朱绍良的指示下，兰州地方政府开始分期禁绝烟毒。首先，严禁兰州民众种植罂粟，令其改种其他作物。因该项措施并未得到有效实行，时任皋兰县县长倪子明被

---

① 甘肃省委员会文史资料研究委员会编：《谢老在兰州》，甘肃人民出版社 1985 年版，第 247 页。

② 甘肃省档案馆编：《中共甘肃工作委员会档案文献选编》，甘肃人民出版社 1997 年版，第 17 页。

③ 甘肃省档案馆编：《中共甘肃工作委员会档案文献选编》，甘肃人民出版社 1997 年版，第 31 页。

④ 朱绍良：《禁绝烟毒提倡卫生才能抗战御辱》，《甘肃省政府公报》1938 年第 451 期，第 68 页。

撤职留任查看，皋兰县也被严令限期将"全境烟亩，一律翻犁改种"①。同时，为减少政策推行阻力，甘肃政府通过减免赋税，以获取农民的配合和支持。如免去皋兰县1933、1934年份民众所欠烟亩罚款等。朱绍良主甘时期，兰州等地的禁烟取得了较好效果。将烟田转变为粮田，对鸦片吸食者进行登记管理、颁发戒烟执照，成立省立戒烟医院。截至1945年戒除烟民达4000余人，且无复发情况。此外，对鸦片的转运、贩卖和吸食环节进行打击。对贩运鸦片的人员由军队负责查处缉捕，严厉打击烟毒的贩运买卖；关闭各地烟馆，防范民众吸食鸦片等。据张适南回忆，禁绝烟毒期间，朱绍良"每遇报上登载有关运烟、卖烟、吸食鸦片被处分之事，会特意在其妻（华德芬）面前念出来"②，华当时吸食鸦片，朱此举亦足见其禁烟态度之坚决。

2. 发展实业。朱绍良在抗战时期曾宣称要凭借合作来开浚西北的经济源泉，充实抗战力量。因禁止鸦片种植，使一批农民失去经济来源，带来了严重的民生问题。为此，政府通过公共建设方式来解决此问题。一是由政府牵头筹借款项，向农村发放贷款，以扶持农民谋求生计；同时大力推行农村合作事业，并率先在兰州的皋兰、榆中两地试办，后推广至全省其他地区。国民党官员对此抱有极大期许，称"以期广播合作空气，引起地方人士注意，而便于日后扩大推广"③。二是以工代赈，征调兰州民夫兴修当时的甘肃省重点工程西兰公路等。④ 三是改造兰州城区原有路面，新修道路。当时兰州城区街面"概系旧式建筑，殊嫌狭隘，路面多为泥沙，雨雪则泥泞难行，晴时则尘埃蔽天"⑤；狭隘简易的街面状况既妨碍交通，也影响城市卫生和形象。为此甘肃省政府改造了一些兰州街道，并将之与西兰公路相连接。同时，在兰州地区清丈土地，调查农田水利，以促进农业的

---

① 甘肃省政府秘书处编：《甘肃省政府二十四年度行政报告（三月份）》，1935年3月，第18页。

② 张适南：《我所知道的朱绍良》，载《甘肃文史资料选辑》第25辑，甘肃人民出版社1987年版，第108页。

③ 罗子为：《战事甘肃的合作事业》，《今日评论》1940年第4卷第10期，第154—155页。

④ 《本府委员会临时工作记录》，《甘肃省政府公报》1935年第4卷第17—20期，第67页。

⑤ 许显时：《一年来甘肃之建设》，《开发西北》1935年第3卷第1—2期，第195页。

发展。此外，朱绍良还申请重开甘肃织呢厂。请求政府拨款，作为启动资金，着力解决原来厂内生产计划不合理、设备落后、管理落后等问题，织呢厂生产逐步走向正轨，后发展成为西北地区专业生产军用呢毯的企业。①

3. 废除苛捐杂税。自甘肃取消"协饷"之后，各地财政收支难抵，陷入困境，纷纷"恒藉各种苛杂以资挹注"，刻剥民众。为此朱绍良在国民政府废除各地苛捐杂税的号召下，决定废除甘肃现有的各种苛捐杂税，并向中央政府申请拨款辅助，以支持政策推行。具体措施为废除田赋以外的一切杂税征收。政策实施后，在全省共废除"苛杂税目一百二十九种，年计五十万零八千零七元一角三分一厘"②。苛捐杂税的废除，使得兰州地区也获利甚多，民众负担相对减轻，达到了安定民众、稳定社会的目的。

总体而言，朱绍良主政甘肃的一系列作为与举措，对强化国民党对西北地区的管理和控制，支持、支援抗战，改善地方社会民生产生了积极影响。

二、 甘肃省临时参议会

1937年7月，全面抗战爆发，中华民族到了最危险的时刻。全国舆论要求"停止内战，一致对外"的呼声日益强烈，同时一部分中间党派人士也要求国民政府开放政权，实行民主政治。面对严峻的民族危机和巨大的舆论压力，国民政府在强化一党专制的同时，被迫做出了一些"有限度的"开放民主的姿态。因此，国民政府于1938年成立国民参政会，并要求地方成立省、市临时参议会。在这样的特殊背景下，甘肃省临时参议会成立。从1940年1月召开第一次大会，至1945年11月停止活动，甘肃省临时参议会存在了近六年时间。

1938年11月，甘肃省临时参议会筹备处成立，并派员积极筹备。③

---

① 《筹备恢复省织呢厂，蔡厂长昨日由陕抵兰》，《甘肃民国日报》1938年2月10日。
② 朱镜宙：《一年来之甘肃财政回顾》，载秦孝仪《革命文献》第90辑，中国台湾地区"中央"文物供应社1982年版，第324页。
③ 甘肃省临时参议会秘书处编：《甘肃省临时参议会第一次会议汇刊》，1940年，第2页。

1939 年 11 月，国民政府公布甘肃省临时参议会参议员 25 人，候补参议员
13 人。在参议员中，任命张维为参议会议长，范振绪为副议长，赵元贞为
秘书长，参议员有邓泽民、柴若愚、罗麟藻、杨世昌、展新民、何履亨、
杨思、嘉木样、宋堪布、魏文秀、郭维屏、刘启汉、贺其昌、田俊、梁伦、
张笃忠、郭福金、马国礼、翟玉航、段永新、张声威、沈滋兰、赵积寿，
候补参议员有苏振甲等人。①

（一）甘肃省临时参议会第一次会议

　　甘肃省临时参议会成立后，由于日机的连番轰炸，致使会期一再拖延。
1940 年 1 月 3 日，甘肃省临时参议会第一次会议召开。出席会议的有议长、
副议长及参议员 20 人，甘肃省政府主席及各厅长委员，省党部委员及来宾
共 80 余人。大会由张维宣布举行开幕式，并致开幕词。② 继由朱绍良等甘
肃政要先后致词，由参议员代表郭维屏致答词。大会听取省政府各项施政
报告及计划，分别审查会议提案。经过决议通过 112 件提案，其中比较重要
的提案有：改进兵役办法，组织志愿兵团，整理地方费，严加审核县预算，
办理省县决算，力行强迫教育，增设中学校数额，筹增教育经费，提高小
学教师待遇，增拨水利农林事业费，增加农民贷款，扩充合作组织，提倡
开采陇南各县煤矿，扩充天水、平凉、张掖等县农事试验场，实施保护森
林，改良植树办法等。至 1 月 21 日，全部议案，俱已决议，临时参议会发
布敬告乡人公告，"本省虽属边疆，今则为后方重镇，复与民族之极要据
点。更愿我全省同胞，坚定必胜必成信念"③。

（二）临时参议会部分议案内容及其作用

　　甘肃省临时参议会存在期间共举行了两届 10 次会议，其创办的宗旨是

---

　　① 《国民政府令（二十八年十一月十三日）：公布甘肃省临时参议会议长副议长参议员候补参
议员名单令》，《国民政府公报》（渝字第 205 号）1939 年，第 4 页。
　　② 甘肃省临时参议会秘书处编：《甘肃省临时参议会开会程序》，《甘肃省政府法令公报》
1944 年第 1 卷第 2 期，第 33—34 页。
　　③ 甘肃省临时参议会秘书处编：《甘肃省临时参议会第一次会议汇刊》，1940 年，第 1—2 页。

"集思广益，促进省政兴革"，而战时特殊的政治环境，决定了省临时参议会必须把"抗战"和"建设"作为中心任务。在这一点上，无论是议长张维，还是省党政主要负责人，均对此表示认同。具体而言，甘肃省临时参议会的部分议案对兰州的经济建设与发展有很大的促进作用。

在经济建设方面。参议员魏文秀于一届一次大会上提出了"建议省府倡导植棉，并设小规模纺织厂，以利民生案"，他提出由建设厅派技士赴适合产棉县份，指导播种，增加产量，待棉花产量增加后，就地筹设小规模纺织厂，制作衣料。参议员马国礼、刘肇汉和范振绪的提案也涉及纺织业发展事宜。参议员郭维屏的议案是"请省府转请中央迅速大量开采玉门石油以应抗战需要案"，事实证明，玉门油矿的着力开采，为抗日战争胜利作出了重要贡献，而且也奠定了兰州作为中国西部重化工业基地的地位。

在教育建设方面。鉴于省立甘肃学院在甘肃高等教育领域的重要地位，参议员提出了一些发展该校的意见和建议。邓泽民、郭维屏等人提出了"建议省政府拨款充实甘肃学院，以造就本省专门人才案"，该议案认为，"甘肃学院，为本省唯一之最高学府，具有悠久之历史。甘、宁、青各省之学生，毕业斯校，而服务社会者为数亦复不少"，但是学校"经费拮据，设备不周，一切不能发展"，而"学生津贴，不及省外留学生远甚，纷纷转学，不特不能发展，且学生日行减少，大有停顿之势"。针对这种情形，他们提出了三项解决办法："一，请省政府增加甘肃学院学生奖金数目及名额，裨便维持现状，吸引投考新生，以图发展。二，请省政府增设图书设备费，以充实图书馆及实验室，以便教授学生从事高深之研究。三，请省政府增拨经费，提高待遇，以便延请海内著名学者担任讲席，以增进学生研究之兴趣。"[①] 甘肃省政府声言"甘院为本省造就专门人才之所，自有设法充实之必要"，表示尽快签呈中央，妥商解决。[②]

---

① 甘肃省临时参议会秘书处编：《甘肃省临时参议会第一次会议汇刊》，1940 年，第 157—158 页。

② 甘肃省临时参议会秘书处编：《甘肃省临时参议会第二次大会记录》，1940 年，第 141 页。

郭维屏等人不仅积极争取甘肃学院发展所需经费，还主张甘肃学院由"省立"升格为"国立"。在一届二次大会上，郭维屏等人提出了"请中央速设国立甘肃大学培养西北人才案"，该议案给出了设立国立甘肃大学的三大理由，第一，西北为我中华民族之发祥地，然偌大陕甘青宁新各省，无一所完善的国立大学，以致"文化日衰，民生日艰"；第二，抗战以来，西北已成为抗战建国、复兴民族的根据地，自应将西北文化水平提高，培养西北建设的各项专门人才；第三，甘肃居全国之中心，而兰州又为西北之心脏。抗战以来，在军事、政治、经济和文化上有特殊的地位，"故国立大学，应设于甘肃，而冠以国立甘肃大学"。① 省府表示，"今后仍当继续力争以期早日成立"②。虽然筹设国立甘肃大学的议案没有被及时实施，但是此案为日后"省立甘肃学院"升格为"国立甘肃学院"创造了条件。到了二届一次大会上，甘肃省教育厅厅长郑通和在作教育报告时，提出了"请设国立甘肃大学，协助在甘肃国立专科以上学校之发展"的计划。随后，郭维屏提出"甘肃学院应改为国立甘肃大学"的主张，郑通和表示，"甘肃学院可先改国立，扩充为国立甘肃大学"。③ 这样，"省立甘肃学院"升格为"国立甘肃学院"就成了顺理成章的事。1944 年 7 月，经国民政府教育部批准，国立甘肃学院正式成立。

　　积极促成国立西北师范学院西迁兰州是省临时参议会为甘肃教育发展作出的又一贡献。1940 年 4 月，国民政府教育部下令国立西北师范学院西迁兰州，甘肃省临时参议会立即做出积极回应。1940 年 6 月，国立西北师范学院校长李蒸先生赶赴兰州勘察校址。在此期间，郭维屏对李蒸的工作给予大力协助，并与地方人士积极协商，使得勘察校址工作圆满完成。在随后的一届二次大会上，郭维屏提出"欢迎国立西北师范学院移兰案"，郭维屏认为，"该院来兰，对西北整个文化之进步及师资之造就，将有重大贡

　　① 甘肃省临时参议会秘书处编：《甘肃省临时参议会第二次大会记录》，1940 年，第96—97 页。

　　② 甘肃省临时参议会秘书处编：《甘肃省临时参议会第三次大会记录》，1941 年，第 152 页。

　　③ 甘肃省临时参议会秘书处编：《甘肃省临时参议会第二届第一次大会记录》，1943 年，第14—15 页。

献。本会应代全甘民众，表示热烈欢迎，并切实赞助，俾得早日实现"。

为尽快推动国立西北师范学院完成迁兰事宜，郭维屏提出三点建议："（一）电教育部及西北师范学院表示欢迎。（二）派代表见陈部长及李院长面致欢迎之意，盼早日来兰。（三）请省府令饬教育厅，关于该院购地建筑校舍事宜，应切实协助，俾得早日实现。"① 省临时参议会随即发出"致教育部欢迎国立西北师范学院及医学院移兰电"和"致西北师范学院及医学院欢迎移兰电"两份电文②，表达了对国立西北师范学院及医学院迁移兰州的欢迎之意。省临时参议会的欢迎，更加坚定了李蒸在兰州办学的决心和信心，在此后的迁移过程中，省临时参议会助力尤多。

甘肃省临时参议会在抗战的艰难时势下，尽其所能，对推动抗战胜利和甘肃地方建设做了一些有益的工作。解放战争时期，部分参议员在思想上也发生了重大转变，从国民党阵营走向了人民群众，为人民解放战争的胜利作出了一定的贡献；部分参议员在中华人民共和国成立以后，响应国家号召，积极投身于社会主义建设事业。

三、 西北干部训练团

1937 年全面抗战爆发，南京国民政府为适应战时需要，大力推行新县制，以期促进地方自治与抗战建国的完成，为此须建立健全基层治理制度，培养高素质的党政干部。1938 年 4 月国民党临时全国代表大会决定开展全国各类干部训练，1938 年 5 月 5 日在武昌成立中央训练委员会统一管理全国干部训练工作，并组织中央训练团调训全国各类中上级干部，同时"对各省训练工作并力谋整理推进，以期达成统一意志集中力量之目的"③。1938 年 12 月和 1939 年 3 月，中央训练委员会及中央训练团先后迁至重庆，干部训练在全国范围内渐次展开。在此背景下，隶属于国民党中央训练委

---

① 甘肃省临时参议会秘书处编：《甘肃省临时参议会第二次大会记录》，1940 年，第 103 页。
② 甘肃省临时参议会秘书处编：《甘肃省临时参议会第二次大会记录》，1940 年，第 108 页。
③ 中国国民党中央执行委员会训练委员会编：《七年来之训练工作》，1945 年，第 1 页。

员会的西北干部训练团随之设立，西北干部训练由此拉开帷幕。

（一）西北干部训练团的成立

1938 年 1 月 14 日，国民党中央将"甘肃全省中小学校职员训练团"改组为"西北训练团"，蒋介石自兼团长，甘肃省教育厅厅长葛武棨为教育长，开展西北干部训练。9 月，命胡宗南兼任教育长，罗历戎为代理教育长。[1] 10 月，国民党政府从武汉西迁重庆后，陕西、甘肃成为西北大后方，战略地位益显重要。当时，胡宗南的第 17 军团驻防关中，担负屏障西北重任。胡宗南意识到"甘、宁、青各省民族关系复杂，政情特殊，派系纷呈，地方势力雄厚，颇难驾驭，便就商于第八战区司令长官兼甘肃省政府主席朱绍良。朱、胡共同向蒋介石呈请成立一个干部训练机构，一以调训当地原有军政干部，逐步统一他们的思想；一以培养训练青年干部，为今后西北军政干部的补充"[2]。朱、胡的建议很快得到蒋介石的批准。1939 年 2 月，蒋介石电令，改"西北训练团"为"西北干部训练团"，指派甘肃省政府主席朱绍良、宁夏省政府主席马鸿逵、青海省政府主席马步芳等为副团长，并指派朱绍良为代团长。[3] 该团负责训练甘宁青等省中级以下干部，并兼办甘肃省县行政人员之训练。[4] 1941 年原属于国民党军事委员会的西北干部训练团和西安战时工作训练团改隶中央训练委员会[5]，其地位进一步提升。因西北干部训练指导机构的就绪，干部训练工作逐次展开。

（二）干部训练的实施

干部训练的实施，须遵照国民党中央训练委员会颁发的训练大纲及训练纲目，制定训练工作计划，具体细则由各省计划制定。实施内容包括受

---

① 李少陵：《西北干部训练团的过去、现在及未来》，《西北干部》1939 年创刊号，第 4 页。
② 杨者圣：《随同蒋经国的西北之行》，上海人民出版社 2007 年版，第 130 页。
③ 李少陵：《西北干部训练团的过去、现在及未来》，《西北干部》1939 年创刊号，第 4 页。
④ 《三十年度本会业务概况》，《训练通讯》1939 年第 18 期，第 2 页。
⑤ 中国国民党中央执行委员会训练委员会：《七年来之训练工作》，1945 年，第 4 页。

训学员选拔与调训、训练教材及编审、训练课程及科目、教学方式与成绩考核等。

1. 学员选拔与调训。学员在受训前要进行严格审查和选拔。按照西北干部训练团训练计划规定:"学员入团前先经体格检查及口试、列队后,举行入团测验、自传写作,分数平均计算不及格者即淘汰"①。其中学员自传的撰写被认为是其训练前的必备材料之一,自传反映了学员生平、籍贯、年龄、任职经历等。此外,学员需填写学员考询表,附在个人自传之后,内容包括姓名、职业、经历、学历、思想、态度、文字、行动、个性、特长、参加党团活动情形等内容,此外还需要学员的所在单位出具推荐信。② 受训学员需提供个人简历表、同学录、通讯录等,以便统一管理。训练届满,经考试合格者,仍回原单位任职或分发任用,对不合格者,则通知原单位免职或不予分发。③

2. 训练教材及其编审。为更好指导受训学员完成训练科目,西北干部训练团成立学员教材编审委员会,负责编审教材工作,其中编印团长训词及政治军事训育教材等 38 种,如表 3 − 1 所示。

表 3 − 1　西北干部训练团受训学员训育教材统计表④

种类	团长训词	主义及哲学	团育教材	政治教材	军事教材	合计
种数	11	3	5	7	12	38
册数	33000	9000	15000	21000	30000	108000

西北干部训练团还成立丛书编辑委员会,编辑以西北研究为主的各类丛书,多涉及西北地区民族、农业、水利、交通等内容。如《勘定新疆记》

———————————

① 《西北干部训练团政干班(电信组)第一届训练实施方案》,甘肃省档案馆藏,档号 20 − 2 − 40。

② 《学员考询表》,甘肃省档案馆藏,档号 8 − 1 − 95。

③ 《西北干部训练团政干班第二期训练实施计划》,甘肃省档案馆藏,档号 8 − 1 − 11。

④ 《西北干部训练团受训学员训育教材统计表》,《现代西北》1941 年第 5 期,第 14 页。

《青海地理与民族研究》《蒙古问题研究》《哈萨克族研究》《新疆问题研究》《甘肃药材研究》《西北土壤研究》《西北农业研究》《西北水利研究》《西北交通研究》等。训育丛书包括《团长训词》《如何做人与做事》《保甲与农务技术》《团长对青年干部之指示》等。西北干部训练团现代西北月刊社创办《现代西北》期刊，内容涉及西北问题的各个方面，每期有专题研究，并规定"除西北问题以外，对于其他有关抗建的各种问题，均应以检讨与研究"①。

3. 训练课程及科目。训练课程主要包括：精神训练、政治训练、军事训练、业务训练等。

在抗战建国的形势下，国民党希望重塑党政干部之精神，以期达到"必使人人能够发扬民族固有的精神，尽心尽力，尽其才智，自动为国家服务，自动为民族牺牲，推至于使四万万人之心合为一心，四万万人的精神集中于复兴民族这一件事"②。精神训练要求"在思想方面，培植受训人员，对于三民主义及总裁训示，有坚定的信仰，在生活方面养成受训人员，简朴勤劳及集团生活的习惯，在行动方面，涵养学训人员有迅速敏捷与操守纪律的精神"③。根据国民党中央委员会规定，各省干部精神训练课程作为一般训练课程讲授，讲授内容包括，"总理遗教、总裁言论、精神讲话、中国国民党党史概要、中国国民党政纲政策决议、党员须知、党务工作要领"④。此外，在精神训练科目中，精神讲话作为讲授内容之一，一般在总理纪念周、受训学员开学典礼、毕业典礼、各种纪念日或升降旗时举行，通常由团长、副团长或教育长进行精神讲话。

4. 教学方式与考核。教学方式采用并进式，教材的讲授要求以问题为

---

① 顾希平：《发刊词》，《现代西北》1941 年创刊号，第 1 页。

② 蒋介石：《训练人才之要领》（1936 年 3 月 25 中央军校扩大 总理纪念周讲词），载秦孝仪主编《先总统蒋公思想言论总集》第 14 卷，中国国民党中央委员会党史委员会 1984 年印，第 176—177 页。

③ 汤祖坛：《一年来本团训练之概况》，《现代西北》1944 年第 5 期，第 13 页。

④ 《修订各省地方行政干部训练团训练课程项目一览表》，《中央党务公报》1942 年第 4 卷第 7 期，第 24 页。

中心，而业务课程更着重解决实际问题。要求受训人员在职务上遇到的困难，在课程讲授的过程中都能得到解决，并能熟练掌握解决问题的方法。各种课程注重实用，在教学时要求学员进行现场观察，注重实习锻炼，达到讲授与实训合一的目的。对于军事学科，要求每科都要仔细讲授，尤其是军干班课程，讲授时需详尽缜密，使受训学员能够熟练运用相关军事理论知识。①

受训学员结业成绩需要考核，其中政治课程占 20%，军事课程占 20%，业务课程占 40%，训育课程占 20%。训育实施成绩核算，以军事管理占 30%，体格检查占 10%，训育实施占 60%。又规定学员平时成绩与结业成绩，为 60 与 40 之比，学员以结业论文作结业成绩者，平时成绩占 70%。结业论文占 30%。考查成绩均用百分法，以 100 为满分，60 分为及格，不足 60 分为丁等，60 分以上不足 70 分为丙等，70 分以上不足 80 分为乙等，80 分以上为甲等。平时考查由任课教官在授课时举行，以口试或笔试方式为主。结业考查在学员结业时举行，结业考试由任课教官出题，考试委员会监考，核算成绩绩点及等次。教学方法采用演讲、问答、自学、辅导、即时讨论等四种形式。②

通过对西北干部训练实施情形的梳理，可发现对学员的选拔较为严格，在受训前需要对学员身份进行甄别，对过往经历进行调查和备案，且受训干部以地方各级行政干部为主。在训练教材的编审与选用方面，不仅有通用性的教材，也有大量反映西北政情、社情的教材，这有利于受训学员掌握地方基本情况，以便增强其业务能力，更好地建设地方社会。此外，受训学员要学习精神、政治、军事、业务等训练课程，以达到重塑干部精神、灌输政治常识、锻造体魄、提升业务技能的效果。最后对受训学员需要进行考核，以成绩优劣为调任选拔的依据。干部训练的实施情形反映了国民党干部培养体制趋于规范化、制度化，也成为其培养和训练干部的基本

① 汤祖坛：《一年来本团训练之概况》，《现代西北》1944 年第 5 期，第 14 页。
② 汤祖坛：《一年来本团训练之概况》，《现代西北》1944 年第 5 期，第 15 页。

方式。

根据国民党训练委员会统计，西北干部训练团成立以来，举办党政军教训练班 38 期，训练 22223 人。特别是新县制实施以来，甘肃省政府规定："凡完成新县制之乡镇公所，其干部一律用新人，即乡镇长副及专任干事，皆系从新训练之人员，由县长就本县中遴选优秀青年，保送来省，由省政府委员到西北干部训练团代为训练"①。时任甘肃省主席谷正伦认为西北干部训练团大规模举行干部训练，其任务就是供给新县制实施所需要的人才。② 干部训练为新县制的实施提供了人才保障，也为地方经济发展提供了一批新式人才，当然，接受培训的干部进一步强化了对国民党的认同，有利于国民党的地方基层统治。

四、 兰州三民主义青年团

1938 年 7 月，国民党中央成立三民主义青年团（以下简称"三青团"）临时干事会，作为全国青年工作的领导组织。其后，三青团组织在全国各地逐级建立，青年团员人数迅速增加。1938 年 12 月，由国民党中央三青团团部指派寇永吉、张开选、罗麟藻等人赴兰州筹办甘肃三青团事宜，成立由国民党中央直属的兰州区团筹备处。③ 其后三青团活动逐渐遍及陇原大地，成为国民党扩展自身势力的重要组织。

（一）兰州市三民主义青年团组织机构

《三民主义青年团团章》规定："本团组织系统为中央团部，支团部、区团部、分团部、区队、分队"，支团部主要设置在省级行政区域、个别大城市或战区；区团部一般设在支团部之下的省区内，主要负责接受支团部

①　甘肃省政府编：《甘肃省新县制实施概况》，1942 年，第 23 页。
②　谷正伦：《共同的目标与共同的责任——六月一日在西北干部训练团开学典礼讲》，载甘肃省政府编《治甘言论》（三），1943 年，第 98 页。
③　张开选：《三青团在甘肃兰州建立机构和发展组织概况》，载《兰州文史资料选辑》第 1 辑，1983 年，第 161 页。

政令，并领导管理所辖的分团部；分团部设在区团部所辖的县城或院校，秉承区团部命令，管理所辖区队；基层则由 8 至 15 人不等组成分队，上接区队领导，负责基层团务。①

兰州区团筹备处是甘肃地区最早建立的三青团组织。1938 年 12 月 23 日，国民党在甘肃设立三民主义青年团中央直属兰州区团筹备处，领导机构为临时干事会（简称干事会）。干事会的干事有胡维藩、寇永吉、马志超、孙步墀、梅贻宝、张作谋、王维墉、冯国瑞、骆力学、郑通和、罗麟藻 11 人，均由国民党中央指派。干事会的核心领导是胡维藩（兼筹备处主任）和寇永吉（兼筹备处书记）。干事会下设三个科，组织科、宣传科和总务科，科长分别为张开选、罗麟藻和王董正三人。② 又于干事会之上设指导员一名，无实际职责，由甘肃省政府主席兼任，朱绍良和谷正伦曾先后在担任甘肃省政府主席时兼任此职。

随着三青团规模的扩大，筹备处难以统筹兼顾甘肃全省和兰州地区的团务工作，因此于 1939 年底成立甘肃支团，在兰州另建立兰州区团部，负责兰州地区的团务工作。甘肃支团指派鲁珑为兰州区团部筹备主任，魏宏范、孟述祖先后任书记。1943 年，因团员人数增加与基层团组织建设的需要，兰州分团筹备处改为三个分团和一个筹备处。第一分团专门管理社会团员，由何生瑾任干事长，陈绍宪任书记；第二分团专门管理学生团员，由龙庆风（女师校长）兼任干事长，严兰庆担任书记；第三分团（后改皋兰分团）专门管理乡村团员，由王遇文任干事长，刘交林任书记；第四分团筹备处专门管理工商和金融界团员，由张令琦兼筹备主任，侯广仁任书记，负实际责任。③ 此外，兰州地区各县局、中等学校等也都依次依级建立分团、区队和分队。在兰州市区还有三青团西北训练团分团部、甘肃学院

---

① 三民主义青年团编：《三民主义青年团团务概览》，1942 年，第 57 页。

② 张开选：《三民主义青年团在甘肃的始末》，载《甘肃文史资料选辑》第 3 辑，甘肃人民出版社 1987 年版，第 68 页。

③ 兰州市城关区地方志编纂委员会：《兰州市城关区志》，甘肃人民出版社 2000 年版，第 578 页。

团部、西北师范学院分团部、西北技艺专科学校分团部、兰州农校分团部、兰州邮局分团部、西训团分团部、兰州夏令营临时分团筹备处、甘肃远征军临时区团筹备处等分团部。按照三青团团章规定，专科以上院校团部由国民党中央直接领导，但因兰州区团下的院校分团部负责人均与甘肃支团管理层交往密切，所以这些院校团部归甘肃支团领导。兰州地区三青团各团部相继建立后，实际工作内容划分不清，互有重合，以致工作过程中出现抢功推过等问题。为此甘肃省支团重新部署，除第三分团已经正式改为皋兰县分团以外，各学校分团继续分别开展工作；将原来第一、第二、第四等三个分团撤销，所有干部、工作人员及所属团员合编为一，另成立兰州区团部。筹备阶段由王董正兼任筹备主任，何生瑾任书记。正式成立区团后，由支团监察张文郁兼代干事长，陈绍宪任书记。① 1947 年党团合并开始，兰州地区的三青团组织陆续被整合。

（二）兰州市三民主义青年团的主要活动

1. 发展团员，建立基层组织。三青团在兰州发展团员的主要对象首先是中等以上学校在校学生，其次是中小学青年教师及机关单位中的青年职员，并逐步向工商界中的青年职工中发展。经过多年渗透、发展，兰州地区各单位、各部门中均有三青团团员的存在，可谓无孔不入。在人数较多单位，分别建立了区队或分队，以确保团务工作的开展。当时，兰州日报社归为支团部宣传组领导，由支团干事兼宣传组长张曼若兼任社长，该报主要根据中央团部的宣传指示，配合国民党的各项政策，同时宣传发展团员。《和平日报》《西北日报》《甘肃民国日报》《兰州日报》等报纸均为其服务。

2. 倡导献金运动。抗战以来，为支援前线抵御日军，全国各地发起了声势浩大的献金运动。1939 年春，三青团甘肃支团在兰州举行规模较大的

---

① 张开选：《三青团在甘肃兰州建立机构和发展组织概况》，载《兰州文史资料选辑》第 1 辑，1983 年，第 167 页。

"青年献金运动"，也是甘肃支团在兰州开展献金运动的开始。① 此后在甘肃支团的带领下，各地都展开了献金运动。为进一步发动青年抗日救国献金运动，兰州各分团工作人员领导团员，发动群众。经其宣传号召，民众对于献金运动更加支持，积极进行捐助。《西北日报》1941 年 2 月 15 日报道，献金竞赛第五日时，劳工界捐献的血汗钱，已达 12 万余元，② 到 18 日时，全日共达 69117 元，运到前线共计八天，共合算 14861931 元。③ 此后，参加献金的群众越来越多，数额不断增长，足见其倡导之功效。因献金运动成绩突出，国民党中央特发电予以嘉奖。④

3. "征印《三民主义》"运动。三青团的舆论宣传主要以三民主义为依据，然而随着三青团规模的扩大，该书印册难敷应用，翻印又缺乏资金，各地三青团宣传工作受到限制。国民党在全国发动了"征印《三民主义》"运动。兰州市各分团纷纷响应运动，让阅书者先支付书费，待书册印成之后，再行补发，前后共征印了十万多套，数量庞大。⑤

4. 协办"兰州青年冬令营"和"兰州青年夏令营"。为加强对各地青年团员的吸收力度，甘肃支团部于 1942 年冬季举办兰州青年冬令营，组织 240 余人入营受训，受训人员均为高中以上文化程度。冬营主任为郑通和（教育厅长），副主任是寇永吉（支团书记），军训大队长是吉章简（省政府保安处长）。抽调兰州各分团团员负责开展培训工作，各地团员在甘肃学院接受为期一个月的训练。1943 年夏又举办"兰州青年夏令营"。营主任和副主任仍由郑通和与寇永吉分别兼任，军训大队长是蒋云台（甘肃师管区司令）。全省应届高中毕业生均要参加，训练期为四周，第一周是全省高中生会考及大专院校统一招生考试，其余三周为培训活动，主要以体育活动为主。夏令营与冬令营相比规模更大、人数更多。国民党中央训练团教育

---

① 张开选：《三民主义青年团在甘肃的始末》，载《甘肃文史资料选辑》第 3 辑，甘肃人民出版社 1987 年版，第 78 页。
② 《献金竞赛第五日，劳工界捐献血汗》，《西北日报》1941 年 2 月 15 日。
③ 《献金总额》，《西北日报》1941 年 2 月 18 日。
④ 《本省献金与募债运动，成绩斐然中央来电嘉勉》，《甘肃民国日报》1941 年 10 月 24 日。
⑤ 《青年团昨决定，征印三民主义》，《甘肃民国日报》1944 年 9 月 3 日。

长王东原和政治部部长兼三青团中央团部书记长张治中，先后到营视察并训话。①

5. 协办"知识青年从军"运动。1944 年国民党在兰州成立"甘肃省知识青年从军征集委员会"，在兰州青年馆正式办公。② 由甘肃省政府主席谷正伦兼主任委员，国民党省党部书记长杨德翘、三青团甘肃支团干事长宋恪分任副主任委员，支团部书记寇永吉任总干事。征委会分设总务科、慰劳科、宣传科和编组科负责各项具体工作。《甘肃民国日报》及《西北日报》大力宣传，鼓动全市青年踊跃应征，一时兰州各地青年男女掀起参军热潮。③ 甘肃知识青年"从军者人数为 9832 人，经体检、审查之后合格者9037 人"，在从军人员中吸收团员 510 余人。④ 地处大后方的甘肃，在三青团的宣传之下，知识青年从军数量较多，为抗战贡献了力量。

6. 进行各种"国策"宣传活动。1940 年国民党中央团部发布了该团《宣传工作纲领》，共有六条方针：一、为发扬民族精神而宣传；二、为宣扬国策而宣传；三、为发展本团组织而宣传；四、为服务社会而宣传；五、为领导青年而宣传；六、为抗战建国而宣传。⑤ 兰州三青团组织按照中央三青团干事会要求，采取口头宣传、文字宣传和艺术宣传等方式在兰州各地、各院校进行相关宣传。如兰州皋兰分团创办《皋兰青年》，在兰州城内广为印行，大力宣传。⑥甘肃支团部创办《甘肃青年》，作为甘肃支团部的机关刊物，武威、临洮、庆阳等县三青团分团部都创办了刊物。⑦ 此外，受甘肃支团部宣传组领导的兰州日报社及其创办的《和平日报》《西北日报》《甘肃民国日报》《兰州日报》也积极配合三青团甘肃支团部的宣传活动，对国民

---

① 张开选：《三青团在甘肃兰州建立机构和发展组织概况》，载《兰州文史资料选辑》第 1辑，1983 年，第 168 页。

② 《热烈响应从军运动，兰中从军征集委会成立》，《甘肃民国日报》1944 年 11 月 8 日。

③ 《从军运动澎湃金城未龄女生慨然请缨》，《甘肃民国日报》1944 年 11 月 2 日。

④ 张开选：《三青团在甘肃兰州建立机构和发展组织概况》，载《兰州文史资料选辑》第 1辑，1983 年，第 168—169 页。

⑤ 《两年来中央团部团务概述》，《三民主义青年团两周年纪念特刊》，1940 年，第 138 页。

⑥ 王文彬：《中国现代报史资料汇辑》，重庆出版社 1996 年版，第 671 页。

⑦ 《陕西革命历史文件汇集》（1942 年），中央档案馆 1994 年版，第 476 页。

党的相关政策进行宣传。①

（三）兰州三民主义青年团的影响

兰州各地各级三青团组织与地方政府积极合作，进行政治、政策宣传，参与地方基层行政、教育文化和公益事业，动员民众支持、支援抗战，帮助地方救灾等方面具有积极效果，有利于当时甘肃社会的发展。但是，三青团组织作为国民党政府控制全国的重要帮手，以威逼利诱的手段笼络更多青年加入三青团进行反共。此外，由于大批社会青年被吸收入团，团内不良习气严重。

抗战结束后，国民党中央将各地三青团组织并入国民党内，三青团不再独立发展。出现这种情形的原因有以下几个方面。首先，各地三青团活动经费不足，导致相关工作难以继续开展。1941 至 1942 年，其团务经费从1347 万余元增加到 1629 万余元，②仅 1940 年开设的陕、甘、青、宁四省社会人员训练班经费预算就高达 10240 元③，在抗战及战后全国财政紧缺的情况下，三青团工作难以有效进行。其次，各地三青团内部腐败严重，内斗不已。三青团成立之初，包括蒋介石在内的国民党高层对其寄予厚望。然而各地团组织为发展自身实力，不择手段，排斥、打击异己。甘肃三青团内部就有胡维藩与寇永吉及其追随者之间的权利之争。同时腐败现象也屡见不鲜，如在兰州等地就有"在入团表件中，常常发现有年仅七八岁的小孩子"之类的孺子备籍在案的现象；为应付团员发展人数的考核，往往谎报、虚报人数，有时为凑人数甚至弄虚作假。④ 这些问题在各地三青团组织比比皆是。为此，1947 年 9 月，国民党六届四中全会宣布实施党团合并，

　　① 张开选：《三青团在甘肃兰州建立机构和发展组织概况》，载《兰州文史资料选辑》第 1 辑，1983 年，第 82 页。

　　② 崔之清主编：《国民党结构史论》下册，中华书局 2013 年版，第 791 页。

　　③ 中国社会科学院近代史所民国史研究室：《一九四零年代的中国》上册，社会科学文献出版社 2009 年版，第 18 页。

　　④ 张开选：《三民主义青年团在甘肃的始末》，载《甘肃文史资料选辑》第 3 辑，甘肃人民出版社 1987 年版，第 79 页。

各地三青团组织被解散合并至国民党内，兰州各地的团组织亦被解散整合。

第三节　兰州设市

1940 年 12 月，谷正伦就任甘肃省政府主席，时值抗战进入相持阶段，随着中东部地区的相继沦陷，甘肃的抗战地位显得尤为重要，国民政府也愈加重视对甘肃的经营。因此，谷正伦肩负着建设西北大后方的重任，主甘伊始就提出了"在进步中求安定"的方针，并积极推动兰州设市工作。

一、由皋兰县到兰州市

兰州特殊的地理位置决定了它所肩负的历史使命，"这古老的都市，就中国舆地来说，他是一个心脏；就西北形势来说，他是一个首脑。在国防上，在历史上，给我们写下了许多光荣的册页"。虽然随着我国政治中心的东移、经济中心的南移，它逐渐衰落，但是"卢沟桥的炮火一响，这古老的都市，立刻又恢复了他昔日的重要"。①

（一）抗战初期兰州市政的快速发展

1937 年朱绍良再次主甘政时，鉴于"抗战时期，兰州地位冲要，人口激增，交通渐盛，顿成西北国防重镇。市政建设为省治繁荣所关，中外观瞻所系，亟应早日兴办"，于是命令省建设厅筹拟专司市政工程机关的组织章程及编制预算。随后，省政府于 1938 年元旦成立了省会公务所。省会公务所附属于省政府建设厅，共有职员 61 人，并设置市政养路队，专管市区道路养护补修事宜；设置黄河铁桥管理员 1 人，桥丁 1 人，专办守护及管理该桥一切事项；设置河干提水机室管理员 1 人，工匠 4 人，水道巡查警 2 人，专办城内给水事项。② 1939 年冬天由于日机轰炸，兰州城内公私建筑毁

---

① 幻花：《兰州市的诞生》，《市政评论》1941 年第 6 卷第 10—11 期，第 15 页。
② 《兰州市政报告》，载甘肃省政府建设厅编《甘肃建设年刊》，1940 年，第 223 页。

坏甚多，市容的整理和市政的发展，使市政机构的成立显得十分必要。1940年1月，省政府决定修建兰州城区街道，并规定了街道宽度的四个等级。2月，省政府"为表现我长期抗战之决心与努力生产建设之毅力，乃集合金融业商业各界及热心后方建设人士"，发起组织兰州市区设计委员会，市区设计委员会一方面整顿市容和布置防空，另一方面对市区布局进行设计，协助市民建筑，并积极进行公共建筑建设。①

1940年8月，为加紧市区建设，省政府将设计委员会改组为建设委员会，并着手增辟城门，挖掘防空壕洞，拆宽桥南、炭市和南关的几段干路，这算是兰州市政工作的实际开始。② 也为兰州市政府的成立打下了基础。

（二）兰州市政筹备处的两次裁撤

兰州设市筹备已久，"民初张广建督甘，复创办电灯局，架设城北河干抽水机。于是兰州市政建设，遂略具雏形矣"③。1920年，省署下令成立兰州市政筹备处，派陈闿、王烜、史彰、水梓、阎权5人为筹备委员。1921年7月中央政府颁布《市自治制》后，省政府即于1923年正式通过了兰州建市的决议，成立兰州市政筹备处，任命张维为兰州市政筹备处总办，筹备建市。但之后甘肃时局动荡，内部斗争不断，1925年12月陆洪涛下令裁撤兰州市政筹备处，兰州第一次设市的动议因此作罢。国民军刘郁芬主政初期，兴修市内街道、开辟公园、开办工厂，这一系列举措使兰州市政得到初步发展。④ 有鉴于此，省政府电请国民政府行政院，要求兰州设市。电文称："兰州为甘肃省会所在地，各项市政均待扩充进行，市

---

① 邵彦涛：《国家与边缘：近代兰州城市发展研究（1872—1949）》，华中师范大学中国近代史研究所2014年博士学位论文，第121页。
② 幻花：《兰州市的诞生》，《市政评论》1941年第6卷第10—11期，第15页。
③ 《兰州市政建设的嚆矢》，《西北论衡》1941年第9卷第12期，第24页。
④ 邵彦涛：《国家与边缘：近代兰州城市发展研究（1872—1949）》，华中师范大学中国近代史研究所2014年博士学位论文，第123页。

内户口数目亦属符合。拟请转陈特许建设兰州市政府，以期发展。"① 经行政院第 14 次会议决议，奉国民政府第 316 号指令，兰州市被列入全国行政区划表，并准甘肃省政府所请设立兰州市政府。在得到行政院准许后，甘肃省政府遂于 1927 年 8 月再次成立兰州市政筹备处，任命水梓为兰州市政筹备处总办，王烜为会办，并颁布了《甘肃兰州市政筹备处暂行条例》，规定"兰州市政筹备处隶属于甘肃省政府，并受民政厅之指挥监督，举办兰州市政事宜"②。

但是 1928 年至 1930 年甘肃连年大旱，同时政局不稳，事变屡起，两年间换了三任省长（孙连仲、王桢、马鸿宾），加之甘肃省的财政困难，兰州设市问题被一推再推，兰州市政筹备处也形同虚设。1932 年邵力子主政甘肃，鉴于财政困难，甘肃省政府下令撤销了兰州市政筹备处，同时向南京国民政府申请撤销刘郁芬时期关于兰州设市的决定。③ 行政院接到来函后，在复文中强调虽然甘肃省财政十分困难且兰州市人口数不符合市组织法的规定，但是"兰州为甘肃省政府所在地，又为我国西北工商业之中心。东通秦豫，南通巴蜀，北通宁绥，西通新疆、中亚细亚，西南通青海西藏。农工物品，输出浩繁，该地方都市之荣枯，与西北国防之建设及农村经济之发展，均有密切之关系"④。行政院认为，虽然甘肃省财政拮据，但兰州地位重要，设市可以采取特殊举措，缩小规模和范围，其远见卓识值得称道。但一介文人邵力子在财政支绌和政出多门的夹击下自身难保，兰州市政筹备处再次被撤销。兰州设市的第二次动议也因此作罢。

---

① 《为核议甘肃省政府拟请裁撤兰州市一案情形祈鉴核示遵》，《内政公报》1933 年第 6 卷第 17 期，第 709 页。

② 兰州市地方志编纂委员会编：《兰州市志·建置区划志》，兰州大学出版社 1999 年版，第 144 页。

③ 邵彦涛：《国家与边缘：近代兰州城市发展研究（1872—1949）》，华中师范大学中国近代史研究所 2014 年博士学位论文，第 123 页。

④ 《为核议甘肃省政府拟请裁撤兰州市一案情形祈鉴核示遵》，《内政公报》1933 年第 6 卷第 17 期，第 709 页。

（三）第三次筹备与兰州市政府成立

朱绍良第二次主政甘肃时，兰州设市问题再次被提上日程，并成立了兰州市区设计委员会。1940年底，谷正伦主政甘肃，"认为建设兰州与建设西北有直接关系，即向行政院要求设兰州省辖市"①，并决定尽快进行兰州市政府的筹备设立工作。1941年2月省政府审议通过《兰州市政府组织规则》，并报请重庆国民政府批准。5月，省政府再次成立兰州市政筹备处、以蔡孟坚为市政筹备处处长，限于5、6两月完成筹备工作，以加快兰州市政发展。6月7日，内政部下发《奉院令通过兰州市政府组织规则一案请查照办理的咨文》。1941年7月1日，兰州市正式成立，省政府任命蔡孟坚为兰州市首任市长，并将原由省政府和皋兰县管辖的各机关单位划拨给兰州市政府，先后划拨的机关单位包括：省会警察局、省区救济院、省会卫生事务所、兰州市国民兵团、兰州市地政处、警捐征收所、国医分馆、民众市场、中山林管理处、路灯管理委员会、图书馆、民众教育馆、公共体育场、电影施教区、播音指导区，以及省立第一实验小学、省立第二实验小学、省立水车园小学等9所小学，县立中心小学等8所小学，县立华林女子初小学校、县立靛园寺初小学校、县立东关初小学校等。其中省会警察局改组为兰州市警察局，前市区建设委员会改组为工务局，前省会卫生事务所改组为市卫生事务所，均系原有机构改隶市辖。又以市政之需要，分设社会局、财政局、秘书处、会计室等机构。1942年，又添设东西郊区两市政办事处，管理市郊一切业务。②

民国初年兰州废府制后，皋兰县仍为甘肃省会所在地。③ 兰州设市后，兰州市与皋兰县同治于今城关区武都路，并划出皋兰县城区及近郊16平方

---

① 童世璋：《忠荩垂型——谷正伦传》，近代中国出版社1986年版，第112页。

② 邵彦涛：《国家与边缘：近代兰州城市发展研究（1872—1949）》，华中师范大学中国近代史研究所2014年博士学位论文，第126页。

③ 兰州市地方志编纂委员会、兰州市建置区划志编纂委员会编：《兰州市志·建置区划志》，兰州大学出版社1999年版，第143页。

公里的区域为兰州市区。从县市的各自地域和政区范围看，兰州市区成为皋兰县中之区，故民间常有"先有皋兰县，后有兰州市"之说。① 1944 年，兰州市扩大市界，黄河南岸，东起阳洼山，西至土门墩（不含马滩），南界八里窑、皋兰山顶（包括头、二、三营子）；黄河北岸，东至盐场堡，西至十里店，面积达 146 平方公里。兰州市区的扩展，迫使皋兰县迁移县政府驻地。1945 年，皋兰县政府由今城关区武都路迁到盐场堡。1946 年又迁至今城关区曹家厅。② 另外，兰州设市后，省政府随即于同年 8 月，调整甘肃行政督察区，兰州市及皋兰县都由省政府直辖。此后，甘肃省虽多次调整全省行政督察区，但兰州市及皋兰县仍隶属于省政府。③ 1949 年 8 月，随着兰州市、皋兰县的解放，二者直属于甘肃行政公署。同年 12 月 1 日，兰州市开始管辖皋兰县。④

二、　设市初期的城市建设

兰州是在抗日烽火中建市的，设市之时就被国民政府赋予建成西北模范城市的重要使命，这就要求城市管理者必须要有卓著的城市治理能力。

（一）谷正伦倚重，蔡孟坚出任兰州首任市长

谷正伦主政甘肃后，"秉承中央开发西北之国策，以建设兰州为开发西北之起点"⑤，加快了兰州设市的步伐，同时开始物色兰州市长人选。对于一座新建城市来说，市长人选至关重要，而蔡孟坚担任武汉市警察局局长时的表现，使谷正伦记忆犹新，他对蔡孟坚说："我虽不认识你面貌，早已

---

① 皋兰县县志编纂委员会编：《皋兰县志》，甘肃人民出版社 1999 年版，第 72 页。

② 兰州市地名领导小组办公室：《兰州历史建制沿革梗概》，载《兰州文史资料选辑》第 1辑，兰报印刷厂 1983 年印，第 8 页。

③ 兰州市地方志编纂委员会、兰州市建置区划志编纂委员会：《兰州市志·建置区划志》，兰州大学出版社 1999 年版，第 140 页。

④ 皋兰县县志编纂委员会编：《皋兰县志》，甘肃人民出版社 1999 年版，第 72 页。

⑤ 兰州市政府：《如何建设新兰州理想中未来陆都》，《中国工程学会会刊》1943 年第 16 卷第 2 期，第 1 页。

认识你的工作精神"①。谷正伦不仅非常欣赏他的工作能力,而且对他充满期待,"我只希望你照整顿武昌市容这套做法来治理兰州市政,就万分满足"。因此,面对谷正伦的诚意,虽无市政经验的蔡孟坚依然答应下来,开始筹备兰州设市工作。

蔡孟坚出任兰州市长前,蒋介石告诫他,"兰州建市,是开发西北的起点,应好好建成一个像样的都市"②。同时拨发市政府开办经费法币五十万元。蔡孟坚同时向内政部说明兰州系在中央开发西北号召下设市,其内部组织必须形同特别市的规模,方能争取到建设人才。因此,内政部核定兰州市是省辖市组织,特别市规模,在市政府之下设置警察、社会、工务、财政、卫生五个局。③

担任市长后,蔡孟坚对兰州市的发展充满了期待,他坚定地说:"他必将是我们中华民族这次复兴的根据,看看这肥沃的大野,看看这朴厚的群众,相信是有着无限的光明在期待我们。"但他对困难也有清醒的认识,"兰州市上,还固执的保留着十九世纪或者十八世纪的种种,一旦要根本扫除,整个改造,当然会有许多的困难发生。然而,我们要拿出战斗的精神,保姆的心肠,移山的意志,来想法克服这些困难"。④

(二) 开展各项建设

1. 改善交通,促进市区繁荣。面对"无风三尺土,有雨一街泥"的市内交通,蔡孟坚提出"先拆后看"的治理方案,即先从拆马路、促进市区建设做起。在就职典礼上,蔡孟坚声称"我不是兰州的市长,我是兰州的工头"。当时,虽然阻力重重,但在蔡孟坚的强力推行下,成效显著。先建成兰园,在其内部开辟广场,设置网球场、篮球场等,四周改建公共浴池、

---

① 蔡孟坚:《蔡孟坚传真集》,传记文学出版社1981年版,第32页。

② 蔡孟坚:《怀念谷正伦将军》,载《安顺文史资料选辑》第9辑,1987年,第162页。

③ 蔡孟坚:《首任兰州市长的回忆》,载《兰州文史资料选辑》第13辑,兰州大学出版社1992版,第1页。

④ 幻花:《兰州市的诞生》,《市政评论》1941年第6卷第10—11期,第16页。

灭虱站、弹子房，供市民娱乐。开辟兰园时，蔡孟坚亲自参加挑土，记者闻讯写成《市长挑土记》，一时传为美谈。继而拓宽市区七条马路，因该七条马路沿街房屋多属青海省主席马步芳、宁夏省主席马鸿逵及河西警备总司令马步青等所有，拆除甚难。蔡孟坚只得冒雨乘车前往青海征求马步芳的同意，马步芳碍于情面，将其沿街房屋先行倡导拆让。一般居民遵令自动照规定拆除。完成七条马路拓宽工程后，又新辟林森路（现永昌路）。该路横贯南北，拆除房屋甚多，北段有房屋十八幢系宁夏省主席马鸿逵所有，工程处通知拆除，但其自恃权力置之不理。蔡孟坚急中生智，将北段路名改称为"云亭"路。"云亭"为马鸿逵父亲马福祥的别号，马鸿逵闻之欣喜，自动拆除，该路随之顺利完工。

地方士绅对蔡孟坚修路也不甚支持。当时马路上行驶的货车和骡车，其轮胎多为铁轮，对新修的马路损伤很大。市政府规定禁止铁轮车及人乘骡车在新路通行，但一些巨绅仍乘骡车来往驰骋，一如其旧。蔡孟坚当即与西北公路局联系购备旧橡胶轮胎五十副，分赠各巨绅，并指定商家改装。但其中仍有个别巨绅不配合，认为铁轮骡车系祖传遗产，拒不接受改装胶轮，且将所赠的胶轮胎破坏后，送还市政府。蔡孟坚命令警察局调查该巨绅姓名，制发骡车通行旗14面，将每人姓名写在旗上，通知警察见到插有此旗帜的骡车，不仅放行且对之敬礼。事后，有巨绅乘骡车插旗外出，自鸣得意，市政府则暗示记者访问，并将姓名披露，以舆论力量来制裁，从此所有铁轮骡车均不复行驶。1941年起，兰州开办了公共交通汽车。新绥公司的6辆旧汽车经过改装，虽车身高窗户小无座位，但可乘30多人，由中央广场可直达十里店。这样，兰州有了自己的公共交通设施，并且开通了两条营运线。①

1942年8月，蒋介石偕宋美龄巡视西北到兰州，见新修的道路平整、宽阔、很有气派，认为在这保守性很强的地区，能拆通马路，有如此建树，

---

① 马永强、张兵：《1941年，战火中兰州开始城建》，载杨重琦主编《百年甘肃》，敦煌文艺出版社2001年版，第91—92页。

实属不易，当即召见蔡孟坚，并期望他主政下的兰州能成为整个后方的示范。①

2. 整顿市容。兰州设市后成立了工务局，有计划地整顿市容。蔡市长也言："兰州面山背水，形势险要，本为一座金城玉垒。然以时代翻新，建设依旧，时至近代，竟已降为一个古老之落伍都市。气象未免陈腐，规模未免简陋，街市未免狭窄泥泞，房屋未免矮小破烂，殊欠新时代都市之条件与设备。"② 针对当时实际情形，市政府颁布了禁令十项：第一，禁止两人坐人力车、自行车及牲畜；第二，禁止在行人道上停车走马；第三，禁止沿街摆设摊担，呼叫兜卖；第四，禁止铺户门首张悬破滥布篷；第五，禁止在规定地点以外，张贴壁报广告及招贴；第六，禁止在马路上倾倒垃圾，泼洒污水；第七，禁止儿童赤身裸体；第八，禁止行路吸烟及随地吐痰；第九，禁止乞丐贫民沿街乞讨；第十，禁止行人摇折行道树。③ 当时兰州市每年办理冬令救济，市郊许多男女孩童因为贫穷，未穿裤子者大有人在。蔡孟坚决议缝制若干布裤，分发救济。此外，蔡孟坚还重视改善卫生环境。在厕所方面提倡改良，"嗣后除新建房屋建造厕所时，必须按照规定新式厕样。不得再用旧式坑厕外，其原先旧式坑厕，勿须及时加制紧密木盖，上开活门，应用后即予关闭。一方应备石灰或煤灰随时加盖粪上，尤其夏秋之季最应注意，以防蝇蚋繁殖"④。1944年市政府为了积极推动本市整洁工作，计划修建新式公共厕所。到1945年，兰州市有公厕27座。

3. 市区的绿化。"绿化兰州"也是蔡市长建设新兰州的一大目标。兰州设市后，成立了社会局，负责管理植树造林和育苗事务。1941年，市政府组织在人行道植树，规定市民每人每年植树5株。南大街、中华路、中山路、东关、定西路、励志路等共植树2233株，多为刺槐，间有椿、榆等树。

① 尚季芳：《从首任兰州市长受辱说起》，载王兆成主编《历史学家茶座》总第26辑，山东人民出版社2012年版，第160页。

② 蔡孟坚：《两年来之兰州市政》，载兰州市政府编《兰州市政二周年》，1943年，第8页。

③ 《市府昨日例会重申整饬市容十项禁令》，《甘肃民国日报》1944年6月22日。

④ 赵献文：《兰市住户环境卫生上急应注意三事》，《甘肃民国日报》1942年2月17日。

1942 年，在新辟的中山路、中正路、益民路、定西路等植树万余株。① 1943
年，市政府为改善城市市容观瞻，特规定春季补植行道树办法：第一，凡
以前未成活树苗及树苗过小发育不良者，均须更换新苗；第二，更换的新
树苗由工务局供给，警察局饬各分局具领，转发市民栽植，并负责保育；
第三，换植步骤：先就原有树位掘一大穴，穴二市尺见方，三市尺半深，
然后用新鲜土（由工务局指定地点挖掘，运至工地应用），填下一市尺半深
度，灌水一桶，再将树苗放下，仍用新鲜土填实夯紧，不得透风，再灌清
水一桶，废土仍由居民运往城外倾倒。②

对于植树造林工作，蔡孟坚认为，"兰州为一高原城市，气候亢旱，雨
量稀少，树木成活不易，为调剂空气，增加美感，造林实为本市重点工
作"③。故市政府积极发动市民、机关团体参与植树造林活动。1943 年春季，
"本市各工商团体一百余单位，均派会员多人，在中山林总理铜像前一带植
造工商林，每人定植十五株，成绩甚佳"④。1943 年市政府会同林业机关在
北山植树二百万株。蔡孟坚在绿化方面用心良多，他大声疾呼："要绿化兰
州"，使周围山区绿荫丛丛，美化市容。1942 夏天，当中国工程师学会在兰
州举行第 11 届年会之际，蔡市长以《如何建设新兰州理想中未来陆都》为
题，列出具体的几项重要议题，提请出席年会的各工程师讨论。其中第四
项是关于绿化兰州问题，"童山濯濯，殊属可惜！因此绿化兰州为一般人士
之殷切企盼。亟应利用山岭，广植林木，调节气候，增进风景，改善市民
生活，俾尽地利"。8 月在兰州市政府纪念周会上，蔡孟坚又延请内政部张
维翰次长演讲"如何造成一个园林化的兰州市"。同年，兰州市政府还制定

---

① 兰州市地方志编纂委员会编：《兰州市志·城建综合志》，兰州大学出版社 2002 年版，第
468 页。
② 《市府对栽植行道树办法规定，市民如不负责保护将由警局查明严办》，《甘肃民国日报》
1943 年 3 月 7 日。
③ 《蔡市长谈绿化兰州》，《甘肃民国日报》1942 年 4 月 8 日。
④ 《本市工商林开始种植》，《甘肃民国日报》1943 年 4 月 11 日。

了《兰州市保护树木办法》共 14 条。①

4. 建设西北大厦。1943 年蔡孟坚、西北公路局长何竞武和上海陶馥记营造厂经理陶桂林协议，在兰州市自由路南山坡上，修建一座名为"西北大厦"的两层楼房，当时官方的大型集会、宴会及周末舞会均在该处举行。② 西北大厦成为一座国际性大饭店，外交部特派员招待外宾，即利用该处。1944 年美国副总统华莱士来兰访问，即下榻西北大厦，甚为满意。③ 1944 年，重庆举行全国公路展览会时，何竞武特意将该厦的模型运往重庆展览，以示宣扬。

---

① 《民国首任兰州市长的绿化情》，载甘肃省档案馆编《晚清以来甘肃印象》，敦煌文艺出版社 2008 年版，第 63—64 页。

② 孙汝楠：《兰州设市后的施政概况》，载《兰州文史资料选辑》第 2 辑，兰报印刷厂 1984 年印，第 60 页。

③ 蔡孟坚：《首任兰州市长的回忆》，载《兰州文史资料选辑》第 13 辑，兰州大学出版社 1992 年版，第 10 页。

第 四 章
西北抗战大后方的中心

全面抗战爆发后，随着民族危机的加深，西北的战略地位日益提升，成为中华民族复兴的根据地，而兰州因其重要的地理位置和悠久的历史文化，备受国人关注。首任市长蔡孟坚在接受记者采访更是这样评价："兰州位居全国中心，雄踞西北高原兼握国际交通枢纽，不特控制西北，屏藩内陆，为国防重镇，且为国父手定未来之陆都。举凡西北之'军事''政治''文化''经济''交通'，无不以兰州为据点。以战时形势言，西北位处高原，对于收复中原，居高临下，有高屋建瓴之势，是以巩固西北，实为收复华北，乃至复兴民族之张本。唯有紧握此抗战之优越地位，然后乃足以收复华北，经略华中，支持西南，分担抗战建国之责任。再就交通而言，今后之世界交通，将进入陆空交通之时代，已有多少专家之研究与证实。在中国之本土上，最适宜于此种未来之陆空交通中心，亦然兰州莫属。……兰州实居大西洋与太平洋间国际铁路的枢纽，商业随着繁盛，必将发展为一个国际的都市。……故建设西北，应以兰州为起点，为服务站，将来由点而线，由线而面，模范西北，贡献中央，兰州之前途未可限量也。"[①] 蔡孟坚作为市长，对兰州的定位和未来的走向给出了非常有见地的判断，揆诸史实，全面抗战时期的兰州已然成为西北地区的政治、经济、文化和交通中心，成为复兴中华民族的重要根据地。

---

① 本志记者：《兰州市政——蔡市长访问记》，《旅行杂志》1944 年第 18 卷第 1 期，第 73—74 页。

第一节　西北抗战大后方

甘肃是西北的中枢省份，而兰州又是西北的中心。兰州在政治上"是西北方面的中心"①，以地势人事诸端论，亦是"以兰州为中心"②，兰州"在从前是新疆入关第一省会，在目前是国防上后方的重镇。论部位他是全中国的脏腑，论性质他是西北军事政治交通中心"③，兰州"就中国舆地来说，他是一个心脏，就西北形势来说，他是一个首脑"④。对兰州的这些言论成为抗战时期的普遍认识，国民政府因应抗战形势，在兰州设立第八战区，加强对甘肃的控制，牵制西北诸马，进而为收复新疆作打算。

一、第八战区在兰州

（一）第八战区在兰设立

1937 年卢沟桥事变后，华北告急。11 月淞沪会战后，长江门户洞开，日军威胁华中腹地，西北地区的战略地位日益凸显。为了因应战争形势，国民政府军委会重新划分战区。1937 年 11 月，第八战区长官司令部在兰州设立，蒋介石原定委任朱绍良为第八战区司令长官，但朱绍良认为自己既不是甘肃人，又无实际兵权，日后处境难免尴尬。加之他考虑到自己向中央要兵要款有困难，于是请蒋介石兼司令长官，他本人则以副职摄行司令长官职权。⑤

第八战区辖区范围广，政治情况较为特殊，该战区长官多为地方实力派，如傅作义、马步芳、马鸿逵、盛世才等均为副司令长官。故第八战区各项工作都与西北地方政治联系极为密切。

① 长江：《兰州印象记》，《西北文化日报》1935 年 12 月 27 日。
② 《社论·西兰公路通车》，《西北文化日报》1935 年 5 月 1 日。
③ 许元方：《忆兰州》，《国货与实业》1941 年第 1 卷第 6 号，第 59 页。
④ 幻花：《兰州市的诞生》，《市政评论》1941 年第 6 卷 10—11 期，第 15 页。
⑤ 王成斌等主编：《民国高级将领列传》第 4 集，解放军出版社 1989 年版，第 183 页。

（二）控御西北

兰州地理位置特殊，在实质上是西北的重心，西北的安危治乱取决于对这一节点的控制上。第八战区在此设立，使其控御西北的作用能得到有效发挥。

1. 保障援华通道，抵抗日军轰炸。随着国际形势的变化，苏联为避免东部地区遭受日本法西斯的威胁，决定军事援助中国抗战，苏联的援华物资源源不断地通过兰新公路运达兰州，再由兰州通过西兰公路运抵前线，西兰、兰新线成为抗战时期重要的国际交通线。第八战区担负着这条线路的修筑、保卫等任务。控制河西走廊的马步青，不仅积极修筑甘新公路，"为了奉行命令，不畏艰险与寒冷，昼夜亲赴各地督工"。① 而且努力维护运输通道的通畅，在自己控制的地区修设几个较大的接待站，为苏联援华人员和第八战区接运武器人员提供食宿等事宜。

第八战区强化沿线地方治安，负责线路的安全通畅。1939 年 7 月，苏联的援助车辆在西兰公路兴隆山以东被土匪抢劫，苏联司机被打伤，第八战区长官朱绍良立即"严令军警缉捕，先后捕获匪患十一人"②，并将匪徒押送兰州处决。据王信臣回忆，1940 年甘肃省将兰州皮筏编为"水上运输队"，重点运输军用品，并且每次航运时，都由第八战区运输处派兵押送。③

鉴于兰州的西北交通枢纽地位，以及在转运战争物资方面的特殊作用，日军多次派轰炸机编队长驱直入，轰炸兰州及周边战略要地。针对此情况，第八战区重视防空工作，整顿防空机构。朱绍良在甘肃建设了以兰州为中心、各县互相呼应的比较完善的防空体系。为了保障黄河铁桥的通畅和安全，第八战区高射炮阵地利用白塔山山势作掩护，与兰州东郊东岗镇的高

---

① 《漫谈马步青》，《回教青年》1944 年第 6 卷第 3—6 期，第 4 页。

② 王云五、周开庆：《朱上将绍良年谱》，台湾商务印书馆 1981 年版，第 28 页。

③ 王信臣：《解放前甘肃的皮筏运输业》，载《甘肃省文史资料选辑》第 3 辑，甘肃人民出版社 1963 年版，第 169 页。

射炮及探照灯交叉火力形成一个防护网。① 在中苏空军配合下，对日军的轰炸进行了有效反击，保障了兰州作为抗战物资运输中心的正常运转。

2. 笼络和控制西北诸马。蒋介石任命朱绍良作为国民党中央在甘宁青地区的代言人，朱氏虽有经略西北之意图，但其力量不足以抗衡西北诸马势力，因此只有采取笼络策略，以便控制西北诸马。朱绍良到兰州尚未就任第八战区副司令长官时，就分别派人前往宁夏联系马鸿逵，到武威联系马步青，到青海联系马步芳，礼仪周到，往还各有馈赠。②

马步青系马步芳的胞兄，自马步芳兼任青海省政府主席后，马步青颇不甘心，自以为他是马麒的长子，青海省政府主席应该由他继承，因此对马步芳心怀不满。马步芳曾向朱绍良电告"马步青勾通敌人，有汉奸嫌疑"，朱绍良派员调查，并无实据，知系兄弟不和而致，亦未深究。马步芳为了控制马步青的骑五军，就与马步青合作，将他们的军队编为一个集团军，接着马步芳排挤走兄长马步青。失去实权的马步青，只能回到河州老家。后来朱绍良约马步青来兰州居住，马步青来兰后还去过一趟重庆，向蒋介石诉苦。但由于青海大权已落入马步芳手中，马步青已失去作用，蒋介石和朱绍良就没有再支持他。

"宁马"此前就与国民党中央关系密切，蒋介石将马鸿逵"视为子弟"，所以马鸿逵认为中央派来的朱绍良对他来说，是无足轻重的。但朱绍良对"宁马"的蔑视极力容忍，不与计较。在朱绍良保马鸿逵为第八战区副司令长官兼十七集团军总司令后，马鸿逵的态度略有转变。1940年天水行辕主任程潜来兰召集军政会议时，朱绍良对马鸿逵屈意拉拢，尽情接待。马鸿逵这时才彻底改变了对朱绍良的态度。此后，马鸿逵与朱绍良之间，关系就亲密起来。

十七集团军副总司令马鸿宾，是马鸿逵的堂兄，他们兄弟之间经常有意见。马鸿逵往往在公事上给马鸿宾为难。1944年上半年，马鸿逵不准宁

---

① 傅元章：《抗战时期第八战区成立兰新线上运输大队的经过》，载《西宁城中文史资料》第15辑，2003年，第59页。

② 张适南：《我所知道的朱绍良》，载《甘肃文史资料选辑》第25辑，甘肃人民出版社1987年版，第104页。

夏粮秣分处给驻中宁的马鸿宾部发军粮，军政部驻甘粮秣处长张鹤鸣解决不了，就请朱绍良出面给他们兄弟写信劝解，军粮问题才得以解决。为了牵制马鸿逵，朱绍良在马鸿宾升任十七集团军副总司令后，又保举马鸿宾之子升任八十一军军长。

马步芳和马鸿逵之间的关系也不融洽。有一次马步芳由山西买了一批枪械途经宁夏，马鸿逵扣留不放，几经派员交涉，始行发还。朱绍良正是利用他们彼此之间的矛盾，方能周旋自如，故始终能得到"四马"的拥护。① 朱绍良在西北多年，发号施令，诸马都无掣肘。有人戏谓"朱善骑马"，盖指此耳。② 这种情形使得原本被地方势力割据的西北，在表面上得到统一，中央政令得以下达。

3. 盛世才内附中央。盛世才掌握新疆军政大权后，认为新疆远在极边，国民政府鞭长莫及，只有依赖苏联的力量，才能保住政权，并与苏联签订了一些密约，使新疆在政治上游离于中央政府之外。全面抗战爆发后，新疆的战略地位更为突出，控制新疆便成为第八战区的重任。

苏德战争爆发后，苏联损失惨重。盛世才认为苏联无法再支持自己，于是有归附中央之意，便想借朱绍良为引线，电请朱绍良到新疆去面商相关事宜。对盛世才的反苏举动，苏联也十分警惕并派代表到新疆对盛世才进行警告。盛世才希望中央派时任第八战区司令的朱绍良和经济部部长翁文灏来新疆应对此事。朱绍良到新疆后，专门与盛世才就内附问题进行磋商。盛世才认为驻防河西走廊的马步青部战斗力不强，担心陕北红军通过河西走廊进攻新疆，又怕驻哈密的苏军第八团与陕北红军东西夹攻马步青部，再回攻迪化（今乌鲁木齐），因而蒋介石把原在河西走廊驻防的马步青部调走，由胡宗南派军队在武威、张掖、酒泉各驻防一个军。这时苏军在

---

　　① 拜襄华、张鹤鸣：《朱绍良在西北》，载《甘肃文史资料选辑》第 3 辑，甘肃人民出版社1963 年版，第 15—18 页。
　　② 张适南：《我所知道的朱绍良》，载《甘肃文史资料选辑》第 25 辑，甘肃人民出版社 1987年版，第 104 页。

哈密的第八团也怕中国军队进入新疆将自己吃掉，就绕道迪化撤回苏联。①

1942 年 8 月 29 日，朱绍良陪宋美龄前往新疆，再一次威胁、利诱盛世才，至此才把盛世才投附蒋介石的条件谈妥。蒋介石委任盛世才兼国民党新疆省党部主任委员、国民党中央监察委员和第八战区副司令长官。② 新疆纳入了朱绍良的第八战区。朱绍良多次赴新疆，为促成盛世才归向国民政府做了很多工作。

4. 维护民族团结，开赴绥西抗战。第八战区成立后，国民党中央充分利用"西北四马"在回族中的影响力，任命马鸿逵为副司令长官，后又兼任第十七集团军总司令，马鸿宾为第十七集团军副司令等职，这对坚定马家军的抗日态度以及稳定西北回族民众起了重要作用。1938 年，日本派了一个张阿訇前往宁夏，要马鸿逵拥护伪满洲国。马氏严词拒绝，使日本阴谋破灭。绥远沦陷后，日本帝国主义多次策划盗劫成吉思汗灵榇，企图动摇蒙古族同胞抗战决心，国民政府最高当局接获情报后，密令第八战区副司令长官傅作义转敕蒙古旗独立旅旅长白海风负责保卫成陵，并开始筹划成陵迁兰事宜。1939 年 5 月成陵开始南迁，同时军事委员会电令绥、陕、甘各省政府，第二、第八等战区负责沿途警备及经过县城迎送致祭等事宜。灵榇抵达兰州后，国民政府特派朱绍良为安灵主祭官，"乃将安葬于伊蒙伊金霍洛之成吉思汗的灵榇，奉安于甘肃榆中之兴隆山"。成陵迁移进一步激发了民众的抗战斗志，朱绍良指出"现在蒙回同胞，对于抗战，认识甚清。蒙回部队，在前线与汉族军队共同抗敌，在历史上当属空前之事"。③

绥西地理位置重要，"为今日屏障西北国际线路的长城，且为他日收复华北的重要据点"④，若此地被日军占领，则对西北构成极大威胁。1940 年 2 月，日军兵分两路向绥西进攻，第八战区司令长官朱绍良亲赴战地指挥作

---

① 孙越崎：《抗战期间两次去新疆纪略》，载《文史资料选辑》第 84 辑，文史资料出版社 1982 年版，第 140 页。

② 王成斌等主编：《民国高级将领列传》第 4 集，解放军出版社 1989 年版，第 185 页。

③ 朱绍良：《甘省主席朱绍良谈回蒙同胞积极抗战》，《中国回教救国协会会刊》1939 年第 1 卷第 2 期，第 39 页。

④ 赵敏求：《跃进中的西北》，新中国文化出版社 1941 年版，第 160 页。

战，并电请西安行营派兵火速增援，以加强防御力量，最终第八战区副司令长官傅作义得以在绥西发动反攻，取得"绥西大捷"①。第八战区获得的这场胜利，使"日寇想破坏我国际交通线的阴谋，至此完全失败"②。

二、 苏联驻兰外交代表处的设立

全面抗战爆发后，苏联政府开始通过西北国际通道援助我国抗战物资，为了协调援华工作，苏联政府设立驻兰外交代表处。

（一） 外交代表处的设立

七七事变后，国民政府被迫改变对日态度，由原来的"忍让"转向"抵抗"。而英美等西方大国在中日冲突中仍无积极作为，不愿意采取有效措施帮助中国摆脱危机。因此，国民政府和苏联改善关系，争取苏联对华援助。1937 年 8 月中苏签订了《中苏互不侵犯条约》，该条约的签订使苏联不仅在精神、道义和政治上给予中国巨大支持，也为中国从苏联取得军事物资援助创造了条件。③

中苏缔约后，苏联开始积极援华抗日。苏方于 1938 至 1939 年间给中国政府贷款三次，共计 2.5 亿美元，并提供武器、军事装备、汽车、汽油、药品、被服等物资，派遣军事顾问、军事工程人员、车辆驾乘人员、医疗人员来华帮助工作。中国则以茶叶、羊毛、生皮等农产品以及一些矿产品折价偿还。④ 苏联为中国提供的大批抗战急需物资大多都是由阿拉木图进入中国新疆，经由甘肃辖区的甘新公路或新疆至兰州的空中航道运至兰州后，再转运到全国各抗日战场。苏联政府为协调、保障援华工作的顺利进行，于 1937 年 10 月，在兰州设立了苏联政府驻兰州外交代表处等机构，外交代

①　杨颖奇、郭必强主编：《民国军事将领百人传》，南京出版社 2014 年版，第 42 页。

②　《绥西桂南都大打胜仗》，《陕西合作》1940 年第 49 期，第 9 页。

③　罗志刚：《中苏外交关系研究（1931—1945）》，武汉大学出版社 1999 年版，第 118 页。

④　中共甘肃省委党史研究室编：《中共甘肃历史知识简明读本》，甘肃文化出版社 2011 年版，第 164 页。

表处主要负责苏联与中国政府之间的外事活动，负责人是阿扎诺夫。苏联当时是国际上最先向中国抗战伸出援助之手的国家，通过驻兰外交代表处等机构，为中国的抗战提供帮助和支持。①

（二）中国共产党与苏联驻兰外交代表处的沟通协作

苏联共产党将兰州作为与中国共产党联络的主要枢纽之一，在兰州设立的外交代表处也成为中国共产党中央对外联络的重要交通站。兰州"八办"经常与苏联驻兰外交代表处打交道，沟通中国共产党和苏联的联系，传递两党的文件、情报和其他资料，负责中苏之间往来人员的接待以及支援中国共产党所领导的抗日武装的物资转运等任务。

1938 年 2 月伍修权任八路军驻兰州办事处处长后，由于其俄语熟练，与苏联驻兰外交代表处打交道的活动很多。兰州"八办"有一段时间没有电台，他们与中国共产党中央的联系就是利用苏联代表处的电台。苏联代表处的人要学习中文，伍修权就将中国共产党兰州地下党员任震英的妻子侯竹友介绍给他们当中文教员，同时由她协助传递信件、资料等，做些联络工作。伍修权除帮苏联代表处翻译一些文字材料外，还根据共产国际的要求，跟他们交换情报资料。②伍修权与苏联代表处建立了密切的工作关系，苏联代表处举办的各种友好活动及重大节日的招待宴会，照例邀请伍修权同各界的头面人物一起参加。③

兰州"八办"与苏联代表处打交道的另一项任务是做物资中转的交接工作。经兰州"八办"运往延安的苏联援助物资以及书籍、文件等，对处于国民党、日伪军军事包围和经济封锁的陕甘宁边区，既是物质支援，又是精神鼓舞。1938 年 8 月，伍修权接送了由王稼祥带领的一个车队，车上满载着从苏联运往延安的高射机枪及子弹，装在大木箱中的无线通讯器材

---

① 王柏华：《抗战时期苏联援华的驻兰机构》，《兰州日报》2013 年 7 月 30 日。
② 《伍修权传》编写组编：《伍修权传》，当代中国出版社 2016 年版，第 80 页。
③ 丛丹：《伍修权与八路军驻兰州办事处》，载《兰州文史资料选辑》第 17 辑，兰州大学出版社 1998 年版，第 109 页。

以及医疗设备和药品，还有苏联外文局出版的马列经典著作等书刊和共产国际的文件资料。这些物资由驻新疆的苏联军队武装护送到兰州，再由"八办"派专人领着他们沿西兰公路，经庆阳等地直抵延安。

苏联代表处还是共产国际和苏共中央同中国共产党人员往来的交通站。中国共产党中央的 30 多位重要领导和相关人员往返中苏之间，均由"八办"通过与苏联代表处联系为其办理出入境手续和安排飞机或汽车。① 凡是从苏联回国去延安或其他解放区的人员，在兰州下飞机或汽车后，都由苏联代表处与兰州"八办"联系后用汽车将人送到"八办"。为避免国民党方面的注意和阻挠，每当汽车开到兰州"八办"门口，伍修权总是让车上的人赶紧下车进院，换上八路军军装，并根据个人的情况，给他们戴上标志不同职务和军衔的领章，有的还要化名，对外都说是兰州"八办"的人。② 有时苏联代表处的汽车不便直接开到"八办"，苏联代表处就把他们用车送到郊外马路上，"八办"派人按约在此等候，车上的人下来，便悄悄跟着"八办"的人走，并装作互不认识，直到办事处大门口时快速进到"八办"院内。③

中国共产党通过苏联设在兰州的外交代表处，与苏共和第三国际一直保持着直接联系，并开辟了由延安到西安，经兰州、乌鲁木齐至苏联的秘密交通线。这条交通线，一方面承担了运送苏联支援中国抗战的武器、弹药、医药用品的任务，另一方面是负责安排中国共产党领导同志去苏联治病、学习及回国的工作。④

三、西北国际通道的开辟

西北国际通道，是抗日战争爆发后中国政府接收外国援助最可靠的非

---

① 中共甘肃省委党史研究室编：《中共甘肃历史知识简明读本》，甘肃文化出版社 2011 年版，第 166 页。

② 《伍修权传》编写组编：《伍修权传》，当代中国出版社 2016 年版，第 80—81 页。

③ 丛丹：《伍修权与八路军驻兰州办事处》，载《兰州文史资料选辑》第 17 辑，兰州大学出版社 1998 年版，第 110 页。

④ 谢黎萍、博幸艺：《试论党的城市工作在抗战中的地位和作用》，载中共上海市委宣传部理论处编《党史党建论文集——纪念中共成立七十周年学术讨论专辑》，上海人民出版社 1992 年版，第 198 页。

常重要的物资和人员运输通道。西北国际通道有三条线路：一为中苏陆路运输线，这是西北通道的主干道。该线从苏联的萨雷奥泽克车站起，经过霍尔果斯口岸进入国内，沿天山北侧行进，过迪化（今乌鲁木齐）、哈密，再沿河西走廊直达兰州。二为中苏空中航线，该线从阿拉木图到哈密再到兰州；三为中苏、新印驿运线，中苏驿运线在新疆内为伊犁至星星峡间，甘肃内为兰星线（兰州—星星峡），新印驿运线则是从印度的列城到新疆的叶城，再走公路运输经乌鲁木齐到达兰州。

以上三条线路，兰州都是西北国际通道的终点，同时兰州又是国内物资运输的重要结点。以兰州为中心连接国内各地，将外国援助的重要军事物资和军事人员运送到战争前线，可以有效调配国内生产生活物资，巩固和建设抗战大后方，打破日本对华经济、军事封锁。兰州因此处于连接国际、国内交通运输的中转中心，具有举足轻重的地位。

（一）中苏合作开辟通道

全面抗战爆发前，苏联出于自身利益考量，希望同中国缔结互助条约。1937 年 6 月，国民政府经济部长翁文灏以参加国际学术会议为名访苏，苏联外交部长李维诺夫与他见面时曾提出订立互不侵犯条约，明确表示中国可获得苏联援助。翁文灏向南京最高当局报告后，蒋介石此时还将希望寄托于英美等国支持，对苏联提议没有做出积极反应。[①]

全面抗战爆发后，中国大片国土陷落。大量关乎国计民生的铁路、公路、工厂、矿山、企业等落入敌手，仅部分工厂企业及时内迁到西南西北地区。整个国家工业生产几近停顿，战争所需军事民用物资完全无法得到满足。为此国民政府努力争取国际社会的支持和援助。但直到 1941 年太平洋战争爆发之前，除了得到苏联援助外，中国几乎处于孤立无援中。蒋介石认识到同苏联实现紧密合作的重要性，他曾对立法院院长孙科和外交部

---

① 翁文灏：《一九三七年访问英、德和苏联的回忆》，载《文史资料选辑》第 1 辑，中华书局 1960 年版，第 63 页。

长王宠惠说，中国如欲抗战，"最有关系者为苏联军械供应及互助协定等问题的进行决定"①。蒋介石急于达成中苏互助协定，积极争取苏联的物资援助，苏联方面表示愿意支援中国抗战，但为了避免苏日关系的恶化不同意缔结中苏互助协定，主张签署互不侵犯条约，在互不侵犯条约基础上提供给中国军事物资。1937 年 8 月 13 日上海战火后，蒋介石加快与苏缔约谈判的步伐，在缔约性质上做出让步，同意苏联所提缔结互不侵犯条约的要求。

1937 年 8 月 21 日，《中苏互不侵犯条约》签订，条约规定一方受一个或数个第三国侵略时，另一方在冲突期间对于该第三国不得直接或间接予以任何协助。② 根据条约规定，苏联很快断绝了同日本的贸易关系，禁止向日本出口军事战略物资。之后国民政府派参谋次长杨杰率领各军种相关负责人，以"实业考察团"的名义到莫斯科秘密协商苏联援华军用物资的具体事宜。1938 到 1939 年中苏签订了三次借款合约，中国借款总额 2.5 亿美元，苏联向中国提供最为急需的军火物资，中国由于外汇紧缺，就以苏联所需的矿产品和农产品原料作价偿还，按苏联开具的清单供货。1941 年苏德战争爆发后，苏联为全力对付德国法西斯的侵略，单方中断了第三次对华信用借款的使用，总计三次苏联对华信用借款的实际动用数为 173175810.36 元。③

应蒋介石的要求，在第一次信用借款合约签订前，苏联就将首批援华物资运往兰州。为了运输这些军事装备和苏联援华人员，中苏之间开辟了西北国际通道。据当时参加运输的苏军司机依·戈·明卡回忆，1937 年 10 月底的一个晚上，他乘火车到萨雷奥泽克车站，在那里连长和指导员告诉他们是去中国执行任务。他所在的车队是第一支开往中国的车队。为了避免引发和日本等国的争端，苏联的运输队员全部着便装，便装商标摘去销毁，汽车标记也用油漆涂去，一切有可能暴露身份的标志都要毁掉，指导员还对他们说开车时一定要注意安全，"这次装的是飞机炸弹，必须十分小

① 孙科：《中苏关系》，中华书局 1946 年版，第 16 页。
② 王铁崖主编：《中外旧约章汇编》，生活·读书·新知三联书店 1957 年版，第 1105—1106 页。
③ 李嘉谷：《关于抗日战争时期苏联援华贷款问题》，《近代史研究》1992 年第 3 期。

心哪!"① 当时中国境内路况较差,尤其是甘新公路还未整修,这支车队只能沿着旧有的大车道而行,1938 年 1 月,用时近三个月才到达兰州。以后甘新公路修整完毕,后续的车队运输时间缩短到二十天左右。

(二)军民同心建修通道

1. 中苏陆路运输线。从苏联境内的萨雷奥泽克到中国兰州,全长 2959 千米,其中萨雷奥泽克到中国霍尔果斯口岸长 230 千米,由苏联方面修筑,其余都在中国境内,霍尔果斯到星星峡路段在新疆以内,由新疆督办盛世才负责,星星峡到兰州的甘新公路则主要由军阀马步青负责。

新疆段公路全长 1550 千米,全程约有大小桥梁 2439 座,消耗人工数 323 万人次,消耗钢铁 710 吨,沿途修建房屋 1650 间,公路站 91 处。② 当时新疆总人口不到 400 万,修筑这条通道所费人工为 323 万人次,可见工程之大,发动民众之广。

果子沟路段是新疆公路中最为艰险、最难施工的路段。果子沟位于天山山脉内,全长 28 千米,部分地段海拔 3000 米左右,山势落差极大。每年 9 月底到次年 5 月初是冰冻期,春天积雪融化,山洪、泥石流频发,自然条件恶劣。当年在这一带突击修路的民工主要是附近游牧的哈萨克族民众,他们奋战在果子沟谷,工具是最原始的坎土曼(维吾尔语,类似锄头,比锄头大)、铁锹、铁锤、钢钎等,不少人由于寒冷、伤病、雪崩、塌方受伤甚至死去。经过各族民众的不懈努力,果子沟公路得以通车。迪化(今乌鲁木齐)至星星峡公路由军民合作修建,最艰巨的路段多是由东北抗日义勇军来完成,这支部队九一八事变后从东北撤退经苏联进入新疆,当得知援华物资将从新疆运往前线后,义勇军们纷纷请缨修路为抗日杀敌出一份力。迪化向东三十多公里的干沟和达坂城一带是有名的"百里风区",是迪

---

① [苏]依·戈·明卡:《光荣的使命》,载王佳贵主编《盟国军援与新疆》,新疆人民出版社 1992 年版,第 151 页。

② 李溥霖:《十年来新疆的经济建设》,《新新疆》1943 年第 1 卷第 1 期,54—70 页。

星公路上最为艰难的一段，为了拓宽干沟一带的盘山公路，义勇军多人在爆破作业中被炸身亡。① 公路建成后，沿途民众责无旁贷地承担起公路的养护工作。屡次捐款捐工维修路基和桥梁，为此甚至不惜身家性命。当果子沟山区暴雪封山时，绥定（今霍城县）民众冒严寒进入果子沟清扫积雪，保证道路的畅通无阻；当沿线呼图壁河水暴涨危及公路安全时，呼图壁县长率领民众跳下水，结成人墙挡水筑堤，保证了通道的运输安全。②

　　甘新公路是自兰州起，经永登、武威、山丹、张掖、酒泉、玉门、安西，越过甘肃省界至星星峡，和新疆公路相接，全长 1179 千米。

图 4 - 1　军运命脉之中苏公路

（载《大美画报》1939 年第 3 卷第 2 期）

---

　　① 中共新疆维吾尔自治区委员会党史研究室编：《抗战中的新疆》，新疆人民出版社 1995 年版，第 261 页。

　　② 尚季芳、李海群：《抗战时期新疆的民众动员和抗战宣传——以西北国际通道为中心》，《历史教学》2019 年第 8 期。

战前全国经济委员会曾多次派员对甘新公路进行勘测工作。1934 年，林文英调查东起兰州，西至敦煌的路况，对沿途路基土壤的优劣、筑路材料的供应、地形高下都有较为详细的调查。① 1936 年，全国经济委员会成立甘新公路测量队，在队长刘如松的率领下，测量队从 6 月至 9 月间对甘新公路沿途做了细致的地形、地质和地貌勘测，为日后甘新公路施工创造了条件。② 1936 年 10 月，成立隶属于甘肃省建设厅的甘新公路工务所，负责河口至红城子一段公路的施工，第二年春因无投资而停工，工务所撤销，甘新公路刚刚开展工作即被搁置。因此，和新疆的公路不同，甘新公路是先通车后修建的。

1938 年 1 月，苏联的首批援华车队来到兰州，甘新公路还未建成，苏联卡车只能沿着原来的大车道行驶。大车道崎岖不平，有的路段极为狭窄，卡车难以通过。为了能顺利接收苏联援华物资，改善西北交通，甘新公路的修筑受到政府重视。1937 年 9 月，甘新公路督办公署成立，马步青为甘新公路督办。河西走廊当时是马步青的势力范围，国民政府只得任命马步青来负责。甘新公路于 1938 年 5 月动工，马步青在武威成立工程处，聘请罗永忱为处长，河西每县设二路段，军官监工，抽调马步青工兵营士兵当测地工，动员骑五军士兵及民工两万余人，所需的木料、石灰等物资由各县、乡筹集，在原有大车道基础上整修并维持通车。甘新公路分为三期工程，第一期改善大道及公路土方工程，第二期建筑沿线桥梁涵洞，第三期整理未完工程及养护工作。第二期工程结束后，全线有大小桥梁 97 座，两旁植树约三十余万棵。③ 第三期工程直到 1940 年 12 月才结束。三期工程总共支用 300 万元，由国民政府拨给筑路经费。④ 当年左宗棠留下的左公柳尚在，加以新植树木，公路两旁郁郁葱葱。1942 年李烛尘（国民政府西北工

① 林文英：《甘新公路地质调查报告》，《公路》1935 年第 1 卷第 3 期，第 276—283 页。
② 《刘如松今可返陕，甘新公路即兴工》，《西京日报》1936 年 9 月 10 日。
③ 《马督办视察甘新公路记》，凉州河西日报社 1940 年编印，第 6 页。
④ 甘肃公路交通史编写委员会编：《甘肃公路交通史》第 1 册，人民交通出版社 1987 年版，第 235 页。

业考察团成员）回忆："西北公路颇宽平，羊毛茶叶对俄国输出，全用胶轮大车运往，两车并行，毫无妨碍。自河口以后，即入甘新大道……两旁多植树"①。

2. 中苏空中航线。全面抗战爆发前，国民政府的空军建设迟迟未能开展，全面抗战后，空军损失惨重，国民政府争取苏联物资援助中最重要、最急需的就是飞机，苏联最先援助的物资也是飞机。1937 年 9 月 2 日，杨杰率领的实业考察团中有 20 名左右飞行员和机械师，由王叔铭上校带队，这些飞行员在苏联进行了苏式飞机的适应性训练。1937 年 10 月，王上校带领部分中国飞行员和一些苏联飞行员驾机飞抵兰州，飞行路线是苏联阿拉木图—伊犁—迪化—哈密—兰州，考察团成功地带回了第一批援华飞机，补充了我国抗日的空中力量。有了第一次开始的成功，援华的飞机源源不断地从新疆空中掠过，飞往兰州，飞向抗日前线。

当时飞机续航能力有限，每飞行 600 千米就需补充燃油，为了保证航空线路畅通和飞行安全，中国根据飞机飞行的最大距离，建设了若干航空站和飞机场，用于飞机中途休息、加油、维修、装配工作。为此，甘肃修建了嘉峪关军用机场、安西机场、张掖机场，扩建了酒泉、兰州机场。

1939 年 9 月 9 日，国民政府交通部与苏联中央民用航空总管理局签订了哈密至阿拉木图的定期飞行合约，开通了中苏民用航空线。② 1939 年 12 月 5 日阿拉木图到重庆全程联航，当天"重庆号"飞机从重庆起航，6 日抵达哈密，再乘机飞至阿拉木图，从阿拉木图转飞莫斯科，四天就能从重庆飞到莫斯科。③ 至此，西北和西南地区的空中交通连成一片。苏联和国共两党领导、苏联军事顾问多借此航线往来。据统计，从 1939—1946 年，中苏航空公司共运输旅客 2370 人，货物 1088 吨、邮件 87 吨。④

3. 中苏、新印驿运线。中苏驿运线和中苏陆路运输线基本重合。分成

① 李烛尘：《西北历程》，甘肃人民出版社 2003 年版，第 45 页。
② 韩学琦等：《新疆民航发展研究》，新疆人民出版社 2003 年版，第 2 页。
③ 《中苏今起通航》，《工商日报》（西安）1939 年 12 月 5 日。
④ 王真：《动荡中的同盟》，广西师范大学出版社 1993 年版，第 105 页。

两段，一段从霍尔果斯到星星峡，一段从星星峡到兰州。星星峡到兰州的线路由甘肃省车驼管理局负责，这是 1939 年 7 月在兰州成立的负责驿运的机构。甘肃车驼局在星星峡设立办事处，代表甘肃方面全权负责苏联援华物资的接运和转运工作。

新印驿运线是抗战后期从印度的列城到新疆叶城，运输滞留在印度的美援和英援物资。物资到达叶城后，西北公路局从兰州派汽车前去接运，经南疆公路返回兰州。整个新印驿运线在 1944 年至 1945 年两年多时间内，先后共运进物资有：汽车轮胎 4444 套，军需署军用布匹 782 包，经济部装油袋 588 件，电讯总局呢料 63 捆，另有汽车零件和医疗器械等，一定程度上缓解了西北汽车运输窘况。①

（三）运输中心、通道明珠——兰州

兰州是西北国际通道上最重要的据点。苏联援华物资到达兰州后再运输到前线和最需要的地方。援华空军驾驶飞机从阿拉木图到达兰州，在兰州休整后，再赶赴武汉、长沙等祖国各地和日本作战。可以说兰州是西北国际通道上最重要的一环，在物资运输、人员接待、空军建设等方面都起到了重要作用。

1. 物资运输。1937 年 10 月 29 日，国民政府在兰州设立了西北公路运输处，专门负责国际运输及军运事宜，后屡经改组，1938 年 2 月 12 日，改为交通部西北公路运输管理局。由于战时运输任务紧迫，1941 年 7 月改为军事委员会运输统制局西北公路运输局，后又屡次改变上级机构和名称，为方便称呼，在此统称为西北公路局。西北公路局统管整个西北地区的公路运输，军需物资的运输是西北公路局最主要的业务，同时它也承担公路的民用运输、道路养护和修补等工作。在甘新公路上，西北公路局设有 11座车站，方便旅客食宿乘车。为了便利修理受损车辆，西北公路局在酒泉

---

① 刘宗唐：《踏勘列城——叶城国际驿路及试运纪实》，载王佳贵主编《盟国军援与新疆》，新疆人民出版社 1992 年版，第 232—246 页。

设立了修车厂，还在沿线修筑了车库、油库、防空洞、膳宿站、救济站等设备。这些都有效保证了援华物资的顺利运输。

1937年底，苏联派车队将援华物资直接运到兰州，在兰州由西北公路局负责接收，向南运到四川。1938年11月，西北公路局抽调300辆苏式卡车，编成6个中队，每中队配车50辆，组成汽车运输总队，到星星峡转运苏联物资[①]。1939年3月，苏联汽车不再进入甘肃境内，在星星峡交给该局车辆转运，后又改在哈密交接物资。

全面抗战初期，援华及易货物资主要靠汽车运输，驿运为辅。据统计，西北公路局在1939年年底共有汽车1307辆，其中1078辆都是从苏联购买的卡车，运力较为充足。[②] 由于汽车长期行驶后车辆配件、轮胎有不同程度的损坏，国内又无法生产苏式车配件，导致汽车总数虽多，但车况完好能投入使用者不足一半，同时汽油极为匮乏，大部分车辆只能停驶，这严重影响了战时物资运输。西北公路局官员钱宗泽给朱绍良的电文称："近以大批军品亟待向北运送，公路局汽油已将告罄，若不赶回补救，大有停运之势，请在驿运特别设法协助，军运前途同深利赖。"[③] 为更好接收苏联援华物资和交付中国易货物资，国民政府采用驿运为主，汽运为辅的运输方式。

1939年7月，甘肃省车驼管理局在兰州成立，在星星峡设立办事处，代表甘肃方面全权负责苏联援华物资的接运和转运工作。甘肃省车驼管理局下有六条驿运线路，其中兰星线（兰州到星星峡）负责将中国易货物资运到星星峡，再将那里的苏联援华物资驼运回兰州。甘肃省驿运工具种类繁多，驿运主管部门既征用民间运输工具也自制车辆贷给车户，由车户自备牲畜配套使用，还能登记、调配使用一些机关、企事业公营车辆，这些车辆都由驿运机关统一组织参加运输。驿运物资主要为军需、弹药、航油、羊毛等。1939年9月8日，甘肃省车驼管理局给甘肃省驻星星峡办事处吴吟夫电令："贸易

①　西北公路运输局编：《西北公路运输》，1939年，第17页。
②　冯文启：《用数字来检讨二十八年份的业务》，《西北公路》第1卷第20期，第4页。
③　钱宗泽：《大批军品亟待北运请在驿运方面特别协助的电报》，甘肃省档案馆藏，档号21 - 1 - 293。

委员会运羊毛胶轮车 5 批，共 131 辆，到星星峡后，先装运航油来兰，以济急用"①。车队、驼队从兰州出发，将易货的羊毛、生丝、皮张运到星星峡，再将苏联援华的航油、弹药运到兰州，兰星线是甘肃驿运的主干线，在甘肃所有驿运线中最为繁忙。由于驿运工具数量多，车辆完好率较高，所以抗战后期驿运所完成的货运量远高于汽车运输。驿运货运量最高峰的 1942 年，兰星线运输物资 7 万余吨，车辆 2700 余辆，骆驼马匹 37000 余头。② 车夫驼户赶着骆驼和大车，载着羊毛、猪鬃等从兰州出发，至星星峡稍事休息，再装载汽油和航油返回兰州，跋涉数月，风尘仆仆。驿运有力地保障了援华物资和易货物资的运输，为支援前方抗战作出了巨大贡献。

图 4-2　西北的心脏——兰州

（载《良友》1940 年第 156 期）

中苏经西北国际通道运输的物资缺乏精确的统计，仅列举大概数量。

---

① 《关于告知航空汽油号数量及分批运送的指令》，甘肃省档案馆藏，档号 21-1-293。
② 张心一：《甘肃省驿运概况》，《交通建设》1943 年第 1 卷第 8 期，第 65—120 页。

苏联援助的飞机与军火物资数量大约为：各类飞机 904 架，坦克 82 辆，汽车 1526 辆，牵引车 24 辆，各类大炮 1190 门，轻重机关枪 9720 挺，步枪 5 万支，步枪子弹 16700 万多发，机枪子弹 1700 万多发，炸弹 31100 颗，炮弹 187 多万发，飞机发动机 221 台。① 苏联向中国所提供的 E－15、E－16 战斗机是当时世界上比较先进的战斗机，在苏军前线一直使用，援助的坦克也是 20 世纪 30 年代苏军主战坦克之一，其他如车辆备用零件、汽油、航油等物资也有很多，这些军火物资有效地改善了中国军队的火力配备，增强了中国军队的战斗力。

图 4－3 西北国道上的兰州城：羊毛，织造军毡的原料

（载《东方画刊》1940 年第 3 卷第 2 期）

除军事物资外，苏联还派出援华军事顾问和志愿飞行员，他们中许多在本国也是拥有赫赫战功的英雄。1937 年至 1939 年夏，苏联先后派出 3365 名军事顾问和专家来中国指导抗战，并抽调数百架飞机和空军大队的飞行

---

① 李嘉谷：《抗战时期苏联援华飞机等军火物资数量问题的探讨》，《近代史研究》1993 年第 12 期。

员（每次 200—300 人，前后合计 2000 余人次），组成"苏联空军援华志愿队"来到兰州，他们在兰州训练休整后奔赴前线对日作战，有 200 多位苏联志愿空军的勇士在空战中壮烈牺牲。[1] 苏联援华物资和人员对内外交困、风雪交加的中国帮助极大，粉碎了抗战初期日本对华速胜的论调。

中国方面用于易货的物资对苏联也是极为重要的。国民政府偿还物资主要是矿产品和农产品，矿产品中的钨和锑可以制造特殊钢材，是兵器制造必不可少的重要材料。国民政府在自己极为困难的情况下，仍能按苏联的要求满足钨、锑等矿产品的要求，有力支援了苏联的"卫国战争"。另外纳粹德国侵略苏联时，苏联大部领土落入德国手中，生活物资匮乏，中国易货物资中有大量的羊毛、棉花、生丝、粮食、药材，这些物资也一定程度上保障了苏联的经济和社会生活。据统计，抗战期间中国对苏出口矿产品中包括钨砂 38394 吨，锑 11038 吨，锡 11642 吨，汞 609 吨，锌 700 吨。输出生丝 301 吨，羊绒 304 吨，绵羊毛 21295 吨，驼毛 1026 吨，茶叶 31486 吨，各种皮货 5407000 张，桐油 8626 吨。[2]

2. 人员接待。1937 年 10 月 20 日，全国经济委员会在兰州成立中央运输委员会，负责苏联军援人员的接待工作。星星峡以东到兰州，由国民政府军事委员会励志社在甘新公路沿线的安西、玉门、酒泉、张掖、武威、永登、兰州等地设立招待所，既招待苏联援华车队，也接待过往车辆和行旅。接待站的日常工作为登记过往车辆，给汽车加油、添水、抢修，供应过往人员食宿。由于接待的是援华车队，各级政府都极为重视这项工作。各接待站多占用当地最好的建筑，配备最高的接待条件，工作人员也以接待工作为荣，工作中尽心尽力、情绪饱满。

兰州招待所请来会做苏联主、副食品的厨师，建成西餐食堂，供应列巴（苏式面包）、火腿、马肠、苏波汤（苏联传统的汤），厨师还专门学习

---

[1] 陈开科：《中苏外交战略协调背景下的苏联援华空军志愿队》，《抗日战争研究》2015 年第 4 期。

[2] 孟宪章：《中苏贸易史资料》，中国对外经济贸易出版社 1991 年版，第 489—491 页。

制作尕布斯（苏式小菜，用莲花白和苹果、麻椒叶子腌制而成），极受苏联官兵欢迎。罗宋汤、肉饼、牛排、点心、苏联糖果等应有尽有。招待所也给来往于甘新间的旅客提供了许多方便。1939 年萨空了前往新疆时途经永登招待所，他还记得，招待所提供丰盛的西菜：罗宋汤、肉饼、牛排、点心、苏联糖果、茶、香烟应有尽有。卧室墙和屋顶涂布了雪白的石灰，室内铺一长炕，炕上铺雪白的褥单和棉被，地下铺苇席，洁净整齐。招待所内还有淋浴设备，整体设施比西北民屋及其他旅社条件好出许多。①

兰州民众对远道而来的苏联援华空军十分欢迎，1938 年 8 月 28 日，兰州空军新生社成立，这是专门服务中苏空军将士的生活娱乐团体。新生社时常开展各种娱乐活动，增进中苏将士友情。1939 年 8 月 28 日，新生社举办了一次规模盛大的中苏空军将士联欢会，兰州市各界要人都来参加，会场上提供苹果、苏联香烟、红茶等。周恩来在延安跌断右臂，当天缠着绷带在甘肃民政厅长施奎龄陪同下也参加了这个联欢会。② 时值中日战况激烈、命运未卜之时，在兰州这个祖国的西北角，中苏将士携手并进，展现了中国乐观向上、积极抗敌的精神。

3. 成立空军基地。1937 年 12 月南京失守后，苏联志愿航空队驻守在南昌、汉口、兰州等机场。1938 年初，中国空军共有作战飞机 390 架。大部分为苏联援助的飞机。中国空军在兰州设立了空军第七总站，下辖焦家湾机场、拱星墩机场、东古城机场、西固城机场、中川机场和临洮机场，负责空军在西北地区的地勤补给。兰州成为西北地区最大的航空中心和重要的运输中转站。从苏联来华的飞机在兰州机场加油、检修后，再飞往各地机场。兰州设有空军第三工厂，专门修理各式飞机。兰州机场上经常堆满了卸下的援华物资，中苏部分空军在这里休整和训练，苏联空军驻华的代表处也设在兰州。为保证兰州空军基地的安全，基地内驻扎了防空部队和

---

① 萨空了：《由皋兰到迪化》，《半月文萃》1942 年第 1 卷第 7 期，第 24—31 页。

② 影尘：《忆兰州中苏空军将士联欢会》，《青年空军》1941 年第 4 卷第 1 期，第 46—47 页。

一支精锐的苏联歼击机中队，担负着保卫运输基地和护送苏联飞行队的任务。[①] 苏联志愿队的多名高级指挥官战斗之余在兰州空军基地指导中国飞行员学习飞行技术。援华军事总顾问崔可夫、空军大队长库里申科、布拉戈申维斯基等空军英雄，都曾驾驶飞机在兰州机场停留过，在天空留下他们的印迹。

由于兰州重要的战略地位，侵华日军也非常清楚兰州对于中国空军的重要性，急于拔掉兰州这颗眼中钉。为此，日军频频空袭兰州，欲借此摧毁西北交通、打乱苏联军援步伐，中苏空军进行了坚决抵抗，有力回击，使日本的阴谋无法得逞，兰州这座空军基地依然保卫着西北的天空，保卫着祖国的西北国防。

四、 成吉思汗陵迁兰

随着民族危机的加深，弘扬中国历史上民族英雄的伟大精神，成为鼓舞民众抗战的重要精神资源。成吉思汗是中国历史上伟大的民族英雄，在国家危难之际，国民政府希望能借助这种文化符号，提升国人团结抗战的自信心和凝聚力。

（一）移陵缘起

成吉思汗陵寝原在内蒙古伊克昭盟的伊金霍洛旗。七七事变后，日军相继侵占内蒙古的包头、归绥等地，内蒙古的德王（德穆楚克栋鲁普）已经背叛祖国，投降日本。日本为了进一步控制整个内蒙古，在蒙汉民族之间及蒙古族内部加紧进行分裂阴谋活动，指使德王盗劫成吉思汗灵柩，移葬于归绥，以为号召和欺骗蒙民。[②] 1939 年 1 月，日伪军向伊盟发动进攻，并扬言要在 3 月 21 日前攻占伊金霍洛，夺取成陵。[③]

---

① 罗志刚：《中苏外交关系研究（1931—1945）》，武汉大学出版社 1998 年版，第 131 页。

② 《阴谋暴露，敌盗成吉思汗遗骸》，《新中华报》1939 年 2 月 28 日。

③ 金城：《抗战期间亲历成吉思汗灵柩内迁》，载政协陕西省委员会文史和学习委员会编《陕西抗战史料选编》，三秦出版社 2015 年版，第 292 页。

面对严峻形势，为避免成吉思汗陵寝受到敌军盗劫或轰炸，伊克昭盟盟长兼成吉思汗陵"济农"沙王（沙克都尔扎布）赴重庆向中央政府请求迁移成陵，以策安全。沙王的请求，很快得到国民政府的批准。

（二）宝山安灵

1939 年 6 月，成陵起迁，沿途所经之地受到热烈迎祭，仪式极为隆重，"沿途蒙汉官民，均举行盛大祭礼，情况热烈"①。成陵奉移地点是甘肃省榆中县兴隆山，其在县西南十五里，离兰州仅五十公里，兴隆山为陇右第一名山，亦名争秀山。满山松柏，苍翠丰茂，与西北其他黄土山迥然不同。②甘肃省政府专门成立"迎厝成吉思汗灵榇筹备会"，做好前期准备工作，关于灵堂、道路、随护官员住所、驻守部队各项，均妥善布置，除灵榇安放地大佛寺外，山上娘娘庙、药王庙、灵官殿、菩萨殿四庙均精工修缮，粉饰一新。③

1939 年 7 月 1 日为成陵奉安日期。甘肃省政府主席朱绍良先期前往主持，"榆中县县长率同当地各界代表暨民众二千余人，至郊外十余里迎祭，旋即应同陵寝于正午行抵县城北门，当由朱主席率同甘省党政军当局及各团体代表举行迎祭。祭毕，陵寝行列继续向兴隆山前进，沿途民众夹道相迎，鞭炮之声，不绝于耳"④。到达山麓后，即由朱绍良偕同郑通和等政要"扶灵下车步行登山，于二时半将陵寝奉移至大佛寺之大佛殿上。殿之四周幔以黄绸，成陵居中，左为福晋灵榇，右为太祖御剑。至三时许，举行安灵祭，仍由朱主席主祭，仪式颇为隆重。成吉思汗寝陵奉移大典，至此乃告一结束"⑤。护送成陵的专员和甘肃省政府协商，专门成立了成陵办事处，随行守护成陵的达尔扈特人员的生活待遇，按一般公职人员对待，成陵由

①　《成吉思汗陵寝南移》，《晶报》1939 年 6 月 19 日。
②　何正璜：《谒成陵》，《旅行杂志》1944 年第 18 卷第 7 期，第 27 页。
③　薛衔天：《成吉思汗陵西迁记》，《炎黄春秋》2003 年第 5 期。
④　《成吉思汗陵寝奉移大典结束》，《晶报》1939 年 7 月 3 日。
⑤　《成吉思汗寝陵奉移大典完成》，《时报》1939 年 7 月 3 日。

兰州宪兵司令部一个排的兵力守卫，有关祭祀事宜，由达尔扈特自己主持。①

历时一个多月的成陵内迁圆满结束，"暂时在我伟大民族的摇篮圣地得一安息，不再惧敌人的攫夺……将成吉思汗的圣灵运入内地，彻底粉碎了敌人的盗窃利用的阴谋"②。一代伟人成吉思汗陵寝，由伊金霍洛奉移太白宫中，成为中华民族团结抗战的精神象征。③

（三）祭拜成陵

由于日军的侵略，成陵被迫迁移，沿途蒙古族、汉族民众，均从遥远村庄奔走而来，顶礼膜拜，情真意切。各族民众目睹圣灵远道播迁，悲愤激昂、同仇敌忾之情溢于垄亩。④ 随护成陵而来的达尔扈特人，在榆林看见民众热烈欢迎成吉思汗陵寝的情景，都感动得流泪，他们通电全国："誓本我太祖歼灭倭寇遗志，竭诚拥护最高领袖，抗战到底！以完成建国使命，复兴民族大业。"奉移成陵的护送专员王子旗西协理贡布扎布称："此次移陵意义重大，一切可表现蒙旗同胞抗战的决心。我们当誓死拥护中央，抗战到底，争取最后胜利，复兴中华民族。"⑤ 时人不禁感慨道："中华民族是整个的，蒙满一家不能分开，绝不容外人的挑拨离间。"⑥

成陵安厝兴隆山以后，政府非常重视对成吉思汗陵的祭奠。祭祀物品由政府供给，"在祭奠开始的几天，护陵头目照例是将祭奠所需的物品、数量，详细列表，送请榆中县府，照数发给的"⑦。每逢大祭省府要人都会参与，如1940年，在成吉思汗诞辰日，"朱绍良特派民厅长施奎龄来此致祭

---

① 贺守忠：《成吉思汗陵迁移之经过》，载《达拉特文史》第2辑，1997年，第49页。
② 剑：《成吉思汗》，《前线日报》1939年7月5日。
③ 黄奋生主编：《抗战以来之边疆》，史学书局1944年版，第28页。
④ 薛衔天：《成吉思汗陵西迁记》，《炎黄春秋》2003年第5期。
⑤ 《奉移成吉思汗灵榇，沿途民众热烈欢迎，达尔扈特人通电全国，拥护领袖抗战到底》，《边疆通信报》1939年第1卷，第4页。
⑥ 《成吉思汗陵寝南移》，《前线日报》1939年6月18日。
⑦ 洪文瀚：《兴隆山谒陵记》，载《榆中文史资料选辑》第2辑，1992年，第152页。

成陵，典礼于午刻开始，参加者有当地各界代表三百余人。先后献花圈、哈达、献灯，并读祭文，备极隆重。祭毕，又由阿拉善旗亲王兼蒙藏委员达理札雅致祭，直至三时许始散"①。1941 年 4 月，在成吉思汗大祭之期，省政府主席谷正伦亲自前往拜祭成陵，"并由阿拉善旗札萨克达理札雅、甘宁青监察使高一涵及第×战区总参议张泰浣陪祭。其他与祭者，尚有甘民厅长郑震宇等百余人。中国电影制片厂郑君里，亦前往参加，并将此隆重肃穆之祭礼，全部摄入镜头，即将运渝洗印放映"②。

　　除了政府在固定日期的祭奠，凡中外要人来到兰州，也纷纷参观祭拜，凭吊民族英雄成吉思汗。1940 年教育部部长陈立夫率领的行政院政务视察团西北组来到兰州，"陈氏以成吉思汗为我民族英雄，特于一日下午与巡视团各委，赴兴隆山致祭成吉思汗陵，以表钦仰"③。1940 年沙王前去谒祭，表示"为继承世祖剿倭未遂之志，敬告在天之灵，祈祷默佑，事毕遄返，率领蒙古健儿与倭奋斗，任何牺牲，决不顾惜"，并希望先祖成吉思汗的"在天之灵时加佑护，俾我抗战必胜，小鬼早败"。④ 同年南洋华侨陈嘉庚随华侨慰劳团回国劳军，来到兰州后，"以成吉思汗为民族英雄，极为景仰，十八日往兴隆山拜谒成陵"⑤。1942 年 8 月，蒋介石来兰州，按蒙古族祭祀仪式，祭奠了成吉思汗灵位并召见了护灵人员成吉思汗的嫡系后裔达尔古、达尔木二人。⑥ 1944 年美国副总统华莱士访问兰州，为表其对成吉思汗的崇敬之意，"由建设厅厅长张心一，外交特派员凌其翰等陪同前往成陵致祭"，华氏亲献花圈，"默对银棺肃立致敬"。⑦

　　国家处于特殊危难之际，精神的力量显得尤为重要。成吉思汗陵的迁

①　《甘肃省府致祭成陵》，《总汇报》1940 年 4 月 30 日。

②　《谷正伦率属致祭成陵》，《新闻报》1941 年 4 月 19 日。

③　《陈部长率政务巡视团致祭成陵》，《边疆通信报》1940 年第 2 卷，第 3 页。

④　《沙王启节去兴隆山祭拜成吉思汗陵》，《边疆通信报》1940 年第 2 卷，第 3 页。

⑤　《华侨巨子陈嘉庚谒成陵》，《边疆通信报》1940 年第 2 卷，第 3 页。

⑥　周霁青：《蒋介石莅兰与兴隆山招待所》，载《城关文史资料选辑》第 1 辑，1988 年，第 15 页。

⑦　《华莱士副总统致祭成陵》，《边疆通讯》1944 年第 2 卷第 8 期，第 11 页。

移与抗战有直接的关系，随着中华民族反侵略斗争的深入开展，国民政府审视纪念成吉思汗对抗战的意义，尽可能挖掘其积极内涵。成吉思汗的象征意义被化为抗战行动，为现实服务。①

五、 西北抗战大后方中心地位的确立

清末以降，国人持续关注西北开发。20 世纪 30 年代后，东部国土沦丧，西北战略地位更加重要，尤以甘肃为重。甘肃具有西北地区最佳地理优势，兰州也称为"西北咽喉"。"西北各省的交通，兰州是一个总枢纽地方。新疆与内地之交通，必要过兰州。青海与内地交通，也要过兰州。从兰州东北通宁夏，西北经甘、凉、肃以通新疆，西通青海。更由青海西南，为入藏大道。南溯洮河转顺白龙江至嘉陵江而达四川。"② 兰州不仅是西北交通的中枢，也是西北的政治中心，相较于宁、青、新三省，"甘省居于领导地位"③，蒋介石深知成功控制甘肃就意味着自己在西北战略上的胜利。

（一）抗战信心的鼓动与宣传

全面抗战爆发后，拥有广阔的战略纵深、丰富矿产资源的西北地区，战略地位逐步提升。1939 年时人提出"西北是我们进行华北抗战的重要支点"，"西北不但是屏蔽西南的重地，也是国际交通的孔道。"④ 1941 年底，随着抗战进入相持阶段、太平洋战争爆发和国际环境的急剧变化，西北地区在全国抗战的国防战略中地位愈益重要。而此时蒋介石也认为"今后我国局势，西北重于西南，对内重于对外，整军重于作战，经济重于政治也。"⑤ 在蒋介石看来，此时"我中国抗战与世界反侵略战争业已连成一片，

---

① 郭辉：《抗战时期"成吉思汗"纪念及其形象塑造》，《福建论坛》2017 年第 5 期。
② 范长江：《中国的西北角》，新华出版社 1980 年版，第 60 页。
③ 谢觉哉：《谢觉哉日记》上册，人民出版社 1984 年版，第 135 页。
④ 芒：《西北的轮廓》，《申报》1939 年 11 月 26 日。
⑤ 张其昀：《党史概要》第 4 册，中国台湾地区"中央"文物供应社 1962 年版，第 1678 页。

此诚我中国转危为安，转败为胜之重要时机"①，"抗战政略之成就，至今已达于顶点"②。因此，在抗战新形势下，蒋介石的国家战略发生调整，自1934年第一次考察兰州后，时隔8年，蒋介石于1942年8月再次考察兰州。

1942年8月15日，蒋介石夫妇在钱大钧、顾祝同、戴笠、吴忠信、贺耀组等机要随从陪同下，自重庆直飞兰州，下午一时抵兰并入住西关外九间楼，开始为期一个月的西北之行。

蒋介石抵达兰州后，总理纪念周、扩大纪念周等活动一律参加，一方面利用孙中山遗像、遗嘱，国民党党歌、国歌等政治符号，另一方面利用甘肃悠久历史文化、英雄人物等历史符号，进行抗战宣讲，其目的就是在全民族抗战背景下，向各民族广泛宣传抗战，激发民族自信心，增强抗日民族主义意识，以取得抗战的胜利。蒋介石积极参与各种纪念会活动，"通过主持仪式、发表训词、书告等，宣传国家大政方针，也表明自己在国家中的权威地位"③，更是向甘肃民众表明，自己才是中国抗战"最高领袖"和"唯一领袖"，逐步建构出所谓的"蒋介石崇拜"。中国较于日本，在政治、经济、军事、社会方面都比较落后，因此1942年蒋介石赴西北巡视，所进行的一系列动员活动和讲话，也都具有抗战与建国的双重性质。④

常年的军旅生活，使得蒋介石精神时常高度紧张，在宋美龄的陪伴下，蒋介石借出巡游历，欣赏山川风景，增进了夫妇感情，蒋在日记中就写道："妻爱至久弥笃，其诚笃精神，实世无其匹，一生爱人惟母与妻耳。"⑤ "夫妻和乐同道，足以制胜忧患也。"⑥ 8月16日上午，蒋介石在谷正伦、熊斌、吴忠信、胡宗南、贺耀组的陪同下来到榆中县栖云山、朝元观游览，认为

---

① 蒋介石：《加强抗战力量确立建国基础》，载秦孝仪编《先总统蒋公思想言论总集》第18卷，中国国民党中央委员会党史委员会1984年，第438页。

② 《蒋介石日记》1941年12月8日，美国斯坦福大学胡佛研究所档案。

③ 郭辉：《国家纪念日与抗战时期"蒋介石崇拜"》，《四川师范大学学报》（社会科学版）2016年第5期。

④ 段瑞聪：《抗战、建国与动员——以重庆市动员委员会为例》，载陈红民编《中外学者论蒋介石——蒋介石与近代中国国际学术研讨会论文集》，浙江大学出版社2013年版，第138—160页。

⑤ 《蒋介石日记》，1934年5月6日。

⑥ 《蒋介石日记》，1935年4月25日。

此地"山明水秀，茂林清流，泉声清澈，风光幽雅，实为皋兰附近不可多得之风景"①。

17日上午，蒋介石在兰州西北干训团团部主持召开各界扩大纪念周活动，他讲道："现在的兰州，较之六年前一切都有了进步，我们抗战建国的基础已经稳固奠定了。这对于我们国民革命与各位事业的前途，实在是很可安慰的！"②他急迫地呼吁："我们不到西北，就不知道中国的伟大与我们事业前途之无可限量……我们要求国家民族能够世世代代继续生存下去，就必须趁此抗战的时机，由我们这一代手里来建立千年万世永固不拔的基础！"③

8月18日上午，在胡宗南等人陪同下，蒋介石专程拜谒了成吉思汗陵，感叹"其庙貌威严雄伟，敬慕无已"④，拜谒后"以茶会慰勉守护成陵之蒙籍人士"⑤。蒋介石拜谒成陵不仅是出于民族团结的考量，更是在抗战建国的大背景下，彰显自己抗战领袖的地位，同时利用成吉思汗民族英雄的符号和祭祀成陵这种"仪式政治"，振奋全国军民的抗战信心。

（二）政治与军事的战略部署

蒋介石1942年巡视西北，意在加强西北政治军事建设以便更好地控制西北。8月22日，蒋在兰州兴隆山朝元观正殿主持召开驻甘肃各军团长军事会议。在会上，蒋对"协同精神之缺乏及其原因、指挥系统紊乱破坏会战秩序原因、保持机密之意义及不能保持之原因、不能确实掌握部下和改进战术原因、筑城工事、交通整备、兵要地志、学术修养"和日军各战区

---

① 《蒋介石日记》，1942年8月16日。

② 蒋介石：《开发西北的方针》（兰州，1942年8月17日），载秦孝仪编《先总统蒋公思想言论总集》第19卷，中国国民党中央委员会党史委员会1984年，第170页。

③ 蒋介石：《开发西北的方针》（兰州，1942年8月17日），载秦孝仪编《先总统蒋公思想言论总集》第19卷，中国国民党中央委员会党史委员会1984年，第172页。

④ 秦孝仪主编：《总统蒋公大事长编初稿》第5卷上册，中国国民党中央委员会党史委员会1978年，第180页。

⑤ 秦孝仪主编：《总统蒋公大事长编初稿》第5卷上册，中国国民党中央委员会党史委员会1978年，第182页。

军事部署等做出分析检讨，针对军队协同精神之缺失，蒋介石分析其症结是"封建意识和部落观念仍不能破除，感情用事，引起人事之摩擦……单线配备，逸失重点，备多力分，不能形成重点"。针对指挥系统紊乱从而破坏会战秩序原因，蒋介石认为一是"在实战时有少数指挥官违背指挥要诀，典令法规不能遵守，不能依当前状况及自己任务，予部下以适时适切之命令"，二是"对于下级之报告"，不判明真伪就加以上报，三是"典令法规不能遵守。"① 他督促西北部队经营建设要"军民合作，从事屯垦；爱护牲口，发展畜牧；兴办水利，开垦荒地；保护森林，注重造林；制造车辆，增强运输。"② 军事会议讲评结束后，蒋介石认为"西北军事，经此次指导，当有进益也"③。

党务工作是执政党赖以生存和发展的关键，但西北各省党务工作长期以来持续低迷令蒋介石颇为不满，尤以甘肃为甚。蒋来兰第三天"莅省政府会客厅，各高级官长与成绩优良者皆单独召见，垂询工作，听取省委厅长汇报"，并称"甘省干部皆为优秀人才，甚有希望，惟党务甚不振作，应加改正"。④ 他在兰州主持总理纪念周上，主讲《开发西北的方针》时提道："举凡宣传主义，唤起民众，训练民众等事，都是要由党来领导，大家同心协力，一致推动，才能发生成效。党的基础之巩固建立，是实行三民主义建设新的西北最重要的事项，对于西北党务的健全发展，一般党务工作同志，固然要尽到这个职责，其他军政教育各界主官，也同样的要担负起这个责任。"⑤

事实正如蒋所言，甘肃省作为国民政府统合西北的重要省份，其省党

　　① 蒋介石：《抗战形势之综合检讨》，载秦孝仪编《先总统蒋公思想言论总集》第 19 卷，中国国民党中央委员会党史委员会 1984 年，第 201 页。
　　② 蒋介石：《兴隆山军事会报训词》，载秦孝仪编《先总统蒋公思想言论总集》第 19 卷，中国国民党中央委员会党史委员会 1984 年，第 183 页。
　　③ 黄自进、潘光哲编：《蒋中正总统五记：困勉记》下，2011 年，第 857 页。
　　④ 周美华编：《蒋中正总统档案·事略稿本》第 51 册，台北"国史馆"2011 年，第 65 页。
　　⑤ 蒋介石：《开发西北的方针》（兰州，1942 年 8 月 17 日），载秦孝仪编《先总统蒋公思想言论总集》第 19 卷，中国国民党中央委员会党史委员会 1984 年，第 176 页。

部发展缓慢、力量薄弱，内部各派相互倾轧角力，不仅在抗战动员、党员发展方面收效甚微，而且一步步沦为甘肃政局中的边缘化角色，严重影响了国民党治甘策略的实施。返回重庆后，蒋介石总结认为要加强国民党对基层的领导，党政必须统一，他认为"党务和政治工作，绝对不容有两个方针，即如一县的县长，他的能力学问和经验，既可以胜任县长的职务，如果是党员的话，则县党部的书记长一职，就可由他兼任。使地方党政能够一致进行而不会分歧"①。蒋介石深知甘肃省存在党政职责不分、"党纪涣散"、党员"懒惰、虚伪、散漫、迟滞"等问题，但仍然没能进行有效整改，讲话最终沦为"口号政治"。

（三）西北开发的安排与促进

全面抗战爆发后，蒋介石在其政治规划中始终坚持抗战与建设并重。1938 年 3 月，国民党在重庆召开临时全国代表大会，制定《抗战建国纲领》，通过的《对于政治报告之决议案》称"抗战与建国宜同时并进，国家政治，宜与艰苦抗战之中，即奠立国家复兴之基础，以完成三民主义的国家建设"②。因此 1942 年的西北考察是蒋介石践行自己政治规划的重要一步。正如时人评论说："西北的开发，是重庆政权在大东亚战争勃发，海外路线完全被阻断后，欲由西北路线的开发，以行他力抗战，并欲由西北本身的经济开发，以为抗战力的培养，即所谓以一石投二鸟之策而着手的。"③

1942 年 8 月 17 日，蒋介石在兰州主持召开西北干训团扩大纪念周，提出"抗战与建国必须同时进行"④，他说道："大家不要以为，在抗战期中不

---

① 蒋介石：《视察西北之观感及中央同人今后应有之努力》，载秦孝仪编《先总统蒋公思想言论总集》第 19 卷，中国国民党中央委员会党史委员会 1984 年，第 319 页。

② 《中国国民党临时全国代表大会通过重要决议案》（1938 年 3 月 31 日），载中国第二历史档案馆编《中华民国史档案资料汇编》第 5 辑第 2 编"政治"（一），江苏古籍出版社 1997 年版，第 380 页。

③ 《华北施政现状（一）》，《申报》1943 年 4 月 15 日。

④ 蒋介石：《开发西北的方针》，载秦孝仪编《先总统蒋公思想言论总集》第 19 卷，中国国民党中央委员会党史委员会 1984 年，第 170 页。

能建国，要知道：我们一贯的国策，就是要一面抗战，一面建国，因此，我们一切建国事业，必须在抗战期中，努力完成，国家的前途才有希望。否则，如要等到抗战结束以后，才来建国，那宝贵时机一经错过，不仅国家要蒙受很大的损失，而且要重陷于危险的境地。"① 可以看出蒋介石巡视西北各地，对于经济开发、资源多寡、畜牧植被等极为重视。蒋介石鼓励与会人员在西北建设的事业中要确立方针、抱定决心。他说："开疆拓土应在西北，东南为海，无疆可拓也。昔日之吐谷浑即今日之上海，而人不知者，因今人之忽略边务也。"②

关于甘肃建设发展问题，蒋介石始终将造林绿化放在首位。在谷正伦夫妇陪同下游览五泉山时，蒋见"泉水清澈，古木参天，足滋欣赏"，颇为轻松，看到黄河北岸植被稀疏，认为"此乃政治与国家之羞"，③ 命令谷正伦"极力造林，以偿平生之愿"④，并且制定"兰州造林计划与经费"⑤。关于具体建设状况，蒋提出："造林、开渠、发展畜牧、开发驿运。"⑥

23 日，蒋介石到甘肃建设、农业、交通各展览会参观，惊叹"甘肃物产之丰富与进步之速，殊堪欣慰，此为西北破天荒之盛会也"⑦。当晚蒋介石记载其预定的西北应即刻解决之事项："一、西北文化团体之指导与组织应速着手。二、文化团体应以喇嘛为中心，推及回蒙各民族与宗教为方针。三、拉卜楞寺与敦煌为组织之基地。四、移民计划之速定。五、移民贷款与宣传。六、西北交通委会与运输计划之调制。"⑧

① 蒋介石：《开发西北的方针》，载秦孝仪编《先总统蒋公思想言论总集》第 19 卷，中国国民党中央委员会党史委员会 1984 年，第 172 页。

② 胡宗南著，蔡盛琦、陈世局编辑校订：《胡宗南先生日记》上，台北"国史馆"2015 年，第 146 页。

③ 《蒋介石日记》，1942 年 8 月 15 日。

④ 周美华编：《蒋中正总统档案·事略稿本》第 51 册，台北"国史馆"2011 年，第 55 页。

⑤ 《蒋介石日记》，1942 年 8 月 18 日。

⑥ 蒋介石：《开发西北的方针》，载秦孝仪编《先总统蒋公思想言论总集》第 19 卷，中国国民党中央委员会党史委员会 1984 年，第 180 页。

⑦ 《蒋介石日记》，1942 年 8 月 23 日。

⑧ 《蒋介石日记》，1942 年 8 月 23 日。

24 日，蒋介石在兰州上午参加国民党甘肃省党部纪念周活动，接见党部与青年团各干部。正午讨论新疆方针与政策时，他认为建设西北总方案包括以下几个方面："甲、交通；乙、造林；丙、水利；丁、移民；戊、屯垦；己、文化；庚、宗教；辛、种族；壬、制度；癸、教育。"① 目前西北开发建设的重要环节，包括"一、西北开发首要划区，选人负责主持；二、各区应分宗教、语文、种族、经济、卫生、教育分工进行；三、速办殖边蒙、回、藏学院；四、维系与培植各种族与各宗教之方针与办法；五、陕、豫造林令。"② 蒋介石关于西北开发的安排，在返回重庆后逐步得到了落实。

（四）掌控新疆的多重努力

掌控新疆长期以来都是蒋介石"梦魂萦怀"之伟大战略，他曾说："每闻友人为余述新疆天时、地势与物产之丰富优容，辄为之神往心驰，梦深系之……新疆之于我中华民族存亡，实无异于我东北四省，而其资源之丰富与国防之重要，则有过之而无不及也。能不令人梦魂萦怀乎？"③ 抗战爆发后，东部大片国土沦丧，蒋介石希望通过对新疆的实际控制，以达到巩固西北政局，激发全国抗战热情之目的。另一方面，蒋介石担心中国共产党通过新疆与苏联联系，因此实际管控新疆成为蒋介石防共、限共的重要举措，"决不许苏俄肆行其侵略，也不容中国共产党打通其国际路线，与苏俄打成一片，来改变整个亚洲的形势，构成世界和平的威胁"④。而苏联忙于对德战争，也为国民政府掌控新疆提供了外部条件。国民党要人郝柏村在解读《蒋介石日记》时也认为蒋介石 1942 年西北之行为"走访西北重镇，处理新疆盛世才内向问题"⑤。

---

① 《蒋介石日记》，1942 年 8 月 24 日。
② 《蒋介石日记》，1942 年 8 月 24 日。
③ 《蒋介石日记·本月反省录》，1941 年 9 月 30 日。
④ 蒋介石：《苏俄在中国》，载秦孝仪编《先总统蒋公思想言论总集》第 9 卷，中国国民党中央委员会党史委员会 1984 年，第 92 页。
⑤ 郝柏村：《郝柏村解读蒋公八年抗战日记（1937—1945）》，台湾远见天下文化出版股份有限公司 2013 年版，第 962 页。

1942 年 8 月 16 日，蒋介石于兰州电令在迪化（今乌鲁木齐）的朱绍良和盛世才，通报自己已达兰州，并邀请盛世才飞赴兰州，电文说："中昨已抵兰州，约驻十日，迪化机场驻有外兵否？如逸兄抽暇可飞兰州一叙，明日约有机飞迪也。"① 朱绍良同日复电蒋介石："限机兰电奉悉，职绍良遵即秘密返兰面呈一切，迪化飞机场并无外兵，谨复。"②

18 日，盛世才借口新疆局势紧张，无法赶赴兰州，电函蒋介石说："17 日苏联坦克车三辆、装甲车二辆、汽车三辆，经新二台向迪化开行，事前未接苏方照会，经派参谋长汪鸿藻向苏方交涉。新疆情形复杂，容缓晋谒聆训，手示敬悉，行旌平安抵兰，至深欣慰，窃职急愿亲赴兰垣晋谒，崇阶面聆教诲，惟目前新疆情形仍甚复杂，为策万全起见，拟恳逸民兄（朱绍良）到兰后代为请示，再行决定晋谒钧座办法。"③

19 日，朱绍良抵兰面见蒋介石，朱建议蒋介石亲赴新疆巡视，或再次督促盛世才务必来兰，蒋认为"皆不妥，以迪化机场已有俄国之驱逐机驻在也，最后决由妻代赴新传达旨意，以壮盛胆，亦所以慰之也"④。朱绍良此次来兰，携带和盛世才共同草拟的《条陈》一份，涉及政治、军事、外交等七条，蒋介石逐条做了批示。

20 日蒋介石电令罗卓英、国民政府航空委员会副主任毛邦初、外交部驻新疆特派员吴泽湘急赴兰州，安排派员赴迪化与盛世才谈判事宜，并拟定掌控新疆主权之方案：

> 一、先派第四十二军由兰进驻安西、玉门，以控制哈密俄军之第八团。二、委派新疆外交特派员，收回外交权归中央，使俄在新之外交纳入正轨。三、肃清新疆共党。四、令俄军离新疆境。五、收回迪化飞机制造厂，此对俄、对共之次序也。六、其他党务特派员、教育厅长与省府秘书长人选确定后，先令其入新疆与

① 周美华编：《蒋中正总统档案·事略稿本》第 51 册，台北"国史馆"2011 年，第 58 页。
② 周美华编：《蒋中正总统档案·事略稿本》第 51 册，台北"国史馆"2011 年，第 59 页。
③ 周美华编：《蒋中正总统档案·事略稿本》第 51 册，台北"国史馆"2011 年，第 69 页。
④ 黄自进、潘光哲编：《蒋中正总统五记：困勉记》下册，台北"国史馆"2011 年，第 856 页。

盛晤洽后，再加委任发表，以资审慎，总勿使盛疑虑也。①

蒋介石随即着手进行军事部署，命令第八战区长官部在武威成立第29集团军总部，李铁军任总司令，指挥所集中于兰州、武威、嘉峪关，派胡宗南第42军由兰州进驻安西、玉门，② 遥制哈密之苏联红军第八团，并作为国民党中央进驻新疆的准备。同日朱绍良在兰州会见胡宗南，朱在会谈中透露，"盛世才与苏联似已破裂矣，盛可代中央赠马三万匹，西北大量发展骑兵"。③ 8月21日，蒋介石于兰州"拟定新疆进行程序及收回主权方案，研究政治、经济、交通、国防、科学、工业各项建设要旨"④。

8月26日，蒋介石由兰州抵达西宁，蒋指示马氏兄弟要和衷共济，开辟公路，建设飞机场，以奠定邻接新疆地区的防卫与开发之基础，并要求马氏兄弟要全力支持国民党中央工作，为中央军进驻新疆开辟道路。⑤ 原本马步青的骑兵师驻扎河西，企图向新疆扩张势力，而蒋介石此番亲临西宁指示，自知军力有限的马步青迅即将骑五师从河西撤至青海。蒋介石任命马步青为柴达木屯垦督办，自甘肃河西走廊至新疆的通道全部畅通，由此奠定经营新疆、西藏的基础。蒋自记曰："马子云（步青）奉令撤防河西，移驻柴达木屯垦，此则关于统一西北、收复新疆之效用，实非浅显，殊为抗战中最大之成就也。"⑥ 在蒋介石日记记载的8月反省录中也谈道："马步芳河西驻军大部已撤退，中央军接防完妥，此为抗战与建国、开发西北大根据地之一重大事件也。"⑦

蒋介石本意在巡视青海后，亲自赴新疆会晤盛世才，因迪化机场有苏

① 黄自进、潘光哲编：《蒋中正总统五记：困勉记》下册，台北"国史馆"2011年，第856页。

② 秦孝仪主编：《总统蒋公大事长编初稿》第5卷上册，中国国民党中央委员会党史委员会1978年，第181页。

③ 胡宗南著，蔡盛琦、陈世局编辑校订：《胡宗南先生日记》上册，台北"国史馆"2015年，第147页。

④ 《蒋介石日记》，1942年8月21日。

⑤ 高素兰：《战时国民政府势力进入新疆始末（1942—1944）》，《"国史馆"学术集刊》2008年总第17期。

⑥ 黄自进、潘光哲编：《蒋中正总统五记：困勉记》下，台北"国史馆"2011年，第856页。

⑦ 《蒋介石日记·本月反省录》，1942年8月31日。

联军队驻守，情况颇为复杂，出于多方面考虑，29 日派宋美龄代为前往，赴新"传达旨意，慰劳当地军民，商决保全国家领土主权，还政于中央等问题。"①

29 日下午一时，宋美龄在顾祝同、朱绍良、吴忠信、梁寒操、毛邦初、吴泽湘等二十余人陪同下抵达迪化欧亚机场，随后宋美龄抵达盛世才公署，盛向宋美龄汇报了新疆当时政情，宋美龄代表蒋介石对盛氏九年来之治新成绩颇多嘉勉②，并且就新疆外交、军事、反苏、反共等事宜做了安排。盛世才表示："夫人此次出关，不只使我夫妇感动兴奋，更加强为党国尽忠，为委座效死之心……为国尽忠，为民尽孝，矢志拥护中央，尽忠党国，绝对服从领袖。"③

30 日双方举行秘密会谈，就允许国民党军队进入新疆、筹备设置中国国民党新疆省党部等问题达成协议。为了消除盛世才疑虑，吴忠信专门与盛长谈两小时，吴忠信告诉盛，将来新疆各项工作，全由盛决定，只要归附中央，仍可主政新疆。④ 宋美龄也向随访的各国记者表示："中央坚决相信盛氏，将来新疆各项工作需要中央协助与否，全由盛氏决定"。

蒋介石担心新疆地区苏联军队撤出与国民党河西部队快速进驻问题，担心"盛多疑不决""心神不安""应预防万一之变化"。⑤ 因此电令朱绍良："刻接财部电已汇美金一十万元于新疆省府，专备中央人员兑换新币之用，请与晋庸（盛世才）兄接洽"⑥，以对盛世才加以笼络。5 日下午，蒋介石与宋美龄商谈盛世才归附国民党中央问题，蒋介石得出结论"新疆盛晋庸（世才）对中央心理，已无恐惧之心，惟此一点已收成效，吾人一以

① 蒋介石：《苏俄在中国》，载秦孝仪编《先总统蒋公思想言论总集》第 9 卷，中国国民党中央委员会党史委员会 1984 年，第 93 页。
② 《代表委座视察，蒋夫人飞抵新疆》，《工商日报》1942 年 9 月 1 日。
③ 张大军：《新疆风暴七十年》第 9 册，兰溪出版公司 1980 年版，第 4908 页。
④ 吕芳上主编：《蒋中正先生年谱长编》第 7 册，台北"国史馆"、（台湾地区）中正纪念堂管理处、财团法人中正文教基金会 2015 年，第 197 页。
⑤ 《蒋介石日记》，1942 年 9 月 1 日。
⑥ 周美华编：《蒋中正总统档案·事略稿本》第 51 册，台北"国史馆"2011 年，第 138 页。

诚意待之，至其结果成败，固不计也"①。事实上，经过宋美龄亲赴新疆传达"意旨"，消除了盛世才疑虑，国民党中央派驻新疆的军队、党务、外交人员行事更为顺畅。

在国民政府政治与军事双重威慑下，盛世才与国民政府代表朱绍良达成协定，盛世才担任新疆省政府主席，兼国民党新疆省党部主任、新疆边防督办、第八战区副司令长官等职，新疆由此纳入中央统一的战区体系当中，统归国民政府统一管辖。国民党中央干部训练部副团长蒋坚忍在总结蒋介石此次西北巡视时说道："蒋委员长这次的视察，解决了中国历史上最大的问题——新疆省问题，确立了民族复兴的基础。"② 蒋介石在 1942 年底的总反省录中说："新疆省主席兼督办盛世才于七月间公开反正，归顺中央，效忠党国，而河西走廊马步青军队，亦完全撤退于青海。于是兰州以西直达伊犁直径三千公里之领土，全部收复，此为国民政府成立以来，最大之成功，其面积实倍于东北三省也。此不仅领土收回而已，而新疆归诚中央以后，我抗战之后方完全巩固……此非上帝赐予中华民族之恩泽，决不致此也。"③ 而随着 1944 年盛世才被调离新疆，国民政府在新疆的人事任命、党化教育、资源开发更加游刃有余，再无掣肘。

盛世才以武力起家，凭借其手中的军事力量，在中苏政府间见风使舵，千方百计维护其权力和地位，其本人凶残、多疑，以残酷手段统治新疆多年，为达目的，可谓不惜一切代价。新疆的战略地位和资源储备十分重要，作为"最高领袖"的蒋介石决不甘于盛世才这样的"危险分子"长期控制新疆，因此在政治时机有利的情况下，蒋介石刚柔相济，积极作为，果断收服盛世才，使国民党中央完全控制新疆，避免了领土分裂，维护了国家统一。

---

① 《蒋介石日记》，1942 年 9 月 5 日。
② 《重庆的西北工作与其将来》，《申报》1942 年 12 月 31 日。
③ 《蒋中正日记·三十一年总反省录》，1942 年 12 月 31 日。

（五）抗战大后方地位的进一步提升

在太平洋战争爆发前，国民政府迁都重庆，因此国家开发建设的重心都在西南地区，大量工厂、科研机构的内迁，给西南经济发展带去了源源不断的动力。但是由于后方准备不充分，战时建设屡遭困难，到 1941 年底，西南大后方建设已放缓，各项生产难以满足抗战需求，"单纯只是依靠西南大后方难以继续维持国民政府的抗战"①。有鉴于此，蒋介石一方面加大争取外援，另一方面转移视角，将目光投向广袤的西北，以此完成其既抗战，又建国的准备。

1942 年 9 月 21 日，返回重庆一周后，蒋介石在主持中央国父纪念周时，正式回顾总结了此次西北之行的收获与感想，他提出的一系列西北建设的思考和规划，很快影响到了国民政府的西北开发战略的实施。蒋介石讲道："这一次本席视察西北的结果与上次所见的情形比较，觉得这六年之中，我们西北无论政治、经济、社会各方面都有了极大的进步。我想现在全国各省的政治，恐怕要以西北几省的成绩最好，尤其是我们政治上几件基本的工作，他们都在积极进行，而且有许多已经完成了。"在提及巡视甘肃的印象时，他说："至于甘肃方面，无论教育，实业，这几年也有长足的进步，最近甘肃举行了四个盛大的展览会——历史文物展览会，物产展览会，矿产展览会和工业展览会——我们看了之后，就知道我们过去以为甘肃地瘠民贫的观念，完全是错误的；实际上一切农矿物产，甘肃无不应有尽有；尤其是石油和硝磺生产量的丰富，更是全国各省所无！"除西北得天独厚的优势条件外，广阔的战略纵深不仅增添了蒋介石抗战胜利的信心，并且使其对建设国家的前景也增添了无穷的希望，他发出感慨："如果我们说西南各省是我们现在抗战的根据地，那末，西北各省就是我们将来建国

---

①　潘洵：《论抗战大后方战略地位的形成与演变——兼论"抗战大后方"的内涵和外延》，《西南大学学报》（社会科学版）2012 年第 2 期。

最重要的基础！"①

此次兰州考察，极大改变了蒋介石的空间政治观念，他对西北的地理、人文、政治、经济环境都有了更深层面的了解，他说"从嘉峪关东至海州约五千公里，西至伊犁亦约五千公里，几千年来，我们国民安处东南，连国家真正的中心点，都认为是偏僻之地，这是何等错误的观念！"蒋介石再次鼓励政府官员、商团组织前往西北考察，投资贸易，移民发展，"我从前提倡大家到西北去，现在照国家的形势和需要来说，大家更应该到西北去。老实说我们如果有远大的志向，要成功一番事业，就只有到西北去。因为现在东南西南各省，差不多已经开发了，而西北地广人稀，地利未辟，国防未固，整个的开发，都有待于我们的努力。大家都知道：西北各省一切建国的条件，可以说都已具备，唯一的缺陷，就是人口稀少，所以我们政府应该想种种办法，来鼓励移民，便利移民；使他们到西北去从事开发，以奠立建国的基础"②。

9月22日，《大公报》就蒋介石西北归来发表短评，认为西北开发需要"辛苦经营"，"西北关系国运"。③在蒋介石9月反省录中，他回顾道，"此次西北之行，对于我国整个形势与国防要旨，方领悟大要，是为人生学识又一进步也"④。

蒋介石的西北之行，极大推动了国民政府开发西北的热潮，在国民党"最高领袖"的带动下，政府要员、工商企业家、工程建筑专家纷纷来到西北，国民政府更是组织规模庞大的"西北工业考察团""西北建设考察团"，将20世纪30年代以来就提出的西北开发方案举措落到实处，农林、交通、工矿、实业、金融等都开始取得长足发展，蒋介石更是亲自召见西北建设

① 蒋介石：《视察西北之观感及中央同人今后应有之努力》，载秦孝仪编《先总统蒋公思想言论总集》第19卷，中国国民党中央委员会党史委员会1984年，第317—319页。
② 蒋介石：《视察西北之观感及中央同人今后应有之努力》，载秦孝仪编《先总统蒋公思想言论总集》第19卷，中国国民党中央委员会党史委员会1984年，第318页。
③ 《蒋委员长西北归来》，《大公报》1942年9月22日。
④ 《蒋介石日记·本月反省录》，1942年9月30日。

考察团，"面授机宜"①。国民党中央宣传部专门主办"西北开发广播周"，目的就是"要叫全国同胞们认识西北，因为认识了西北，然后才说得到开发西北……'开发西北'、'重建西北'不但是今日抗战的大计，而且更是明日建国的大计"②。1942 年 11 月 12 日至 27 日，国民党第五届中央委员会第十次全体会议在重庆召开，全会通过了《积极建设西北以增强抗战力量，奠定建国基础案》，进一步明确了开发西北的基本原则和国家战略。

西北地区矿产资源丰富，因地制宜发展工矿业能有效带动地方战时经济发展。蒋介石回到重庆不久，经济部即派出由林继庸带队的西北工业考察团，赴西北进行了五个月的考察。考察结束返回重庆，林继庸大声疾呼："我们怨恨，西北这有用的劳工，宝贵的工业材料，优美的工业环境，为何如此糟蹋？我们不要怪谁，只可叹口气，问一声我们的所谓工程专家，工业大师们，你们这些年头躲在哪里？西北归来，万感交集，怀念着过去，把握着现在，希望到将来，不禁奋笔大呼：建工业者上向西北去！"③

蒋介石此次巡视西北，再次将开发西北作为一项国家战略持续推进，进而得出"西北是建国的根据地"的论断。在政策促动下，以兰州、宝鸡、天水为代表的新兴工业城市在战时蓬勃兴起，不仅加快了西北地区工业发展步伐，并且有力地支援了全国抗战，西北作为抗战大后方的战略重心地位进一步提升。

第二节　兰州抗日救亡运动

全面抗战爆发后，兰州成为西北抗战大后方的中心。面对民族危亡，身处抗战后方的兰州人民在中国共产党及全国进步力量的组织和推动下，表现出极高的抗战激情，掀起抗日救亡热潮。

---

① 沈云龙、林能士、蓝旭男：《凌鸿勋先生访问纪录》，台湾地区"中央研究院"近代史研究所 1997 年，第 177 页。

② 张道藩：《为什么我们要开发西北》，《大公报》1943 年 2 月 27 日。

③ 林继庸：《西北工业考察归来的感想》，《大公报》（重庆）1943 年 2 月 28 日。

一、 抗日救亡组织

全面抗战爆发后，在中国共产党建立抗日民族统一战线的影响下，兰州先后成立了一批抗日救亡组织，他们广泛进行抗日宣传，发动各界群众支援抗战。

甘肃妇女慰劳会。最初叫妇女后援会，于1937年8月初成立。甘肃省政府主席贺耀组的夫人倪斐君是妇女慰劳会的会长，她在谢觉哉及其夫人王定国同志的帮助下，思想觉悟不断提高，在甘肃的抗日救亡和妇女运动中发挥了积极作用，共产党员邢华是该会的秘书长，陈瑞等是其中的活跃分子和骨干。① 甘肃妇女慰劳会比较活跃，她们曾成立歌咏队、演出街头剧、组织妇女民众识字班、举行义卖和募捐等，并创办《妇女旬刊》、出墙报，在甘肃妇运史上，写下了光辉的一页。②

省外留学生抗战团。1937年10月成立，初名旅外同学会，由甘肃在平、津、沪、汉读书的学生组成。成员有50余人，但成分比较复杂，其中共产党员和进步分子有邢华、聂青田、黄键和宋尔恭兄弟等。建立初期，领导权为反动分子所把持，后来在兰州"八办"的指导下，反动分子被赶走，领导权逐渐掌握在进步分子手里。③ 他们一面吸收团员，一面创办快报，随时报道前方抗战消息，并成立三个数十人的宣传队，轮流到各公共娱乐场所，向群众宣传前方战况及国内外时事。还指令谷苞、李承荫、萧祖华等筹办《热血》周刊（后因印刷困难改为月刊），徐莿荪、李慕嫦、原烨等筹办街头剧团。④

甘肃青年抗战团。成立于1937年11月。最初是由罗伟、万良才、周廷

① 《抗战初期兰州的抗日救亡运动》，载中共兰州市委党史资料征集研究委员会编《抗战时期党在兰州的革命斗争》下册，1985年，第37页。

② 全士英：《兰州抗日救亡运动概述》，《兰州学刊》1985年第10期。

③ 全士英、关维民：《"八办"与兰州的抗日救亡运动》，载《兰州文史资料选辑》第8辑，1988年，第68页。

④ 甄载明：《抗战初期兰州的救亡运动》，载《甘肃文史资料选辑》第25辑，甘肃人民出版社1987年版，第60页。

贤等人负责，参加的人数不过一二十名。其在建立时就受到国民党控制，成立后，没有开展什么活动，实际是一个空架子。后来中国共产党的地下组织派樊大畏、蔺克义等参加进去争取领导权，并对其进行改造，广泛开展救亡运动。这时的青抗团才有了些生机，逐渐活跃起来。① 在城市和乡村开展了日益活跃的抗日救亡活动，举办读书会、讲演会，组建歌咏队、防空救护队、劝募队、慰问队，经常到医院慰问前方伤病员，深入到甘肃学院、兰州中学、兰州师范、兰州农校、兰州工校等学校中开展工作，并建立分团。在榆中、靖远、临洮、武威等地也相继发展了组织。全团人数最多时期约有一千余人。甘肃青抗团在甘肃的抗日救亡运动中起了主力军作用。② 后来它的许多成员加入了中国共产党或到延安参加革命。

西北青年救亡读书会。该会是中共甘肃工委领导下的一个群众性组织。成立于1937年冬，至年底已发展到六七十人，兰州各学校的师生均有人参加。读书会的会员绝大多数为进步师生。他们阅读进步刊物与书籍，经常讨论时事、政治、抗日等问题，工作开展得生动活泼。为了大力开展抗日宣传活动，该会于1937年底创办了《西北青年》，文章主要由兰州"八办"供给，这样就加深了他们对中共抗战方针、政策的理解，推动了甘肃抗日救亡运动的发展。③

中华民族解放先锋队和甘肃青年抗敌自卫会。中华民族解放先锋队有队员43人，其中主要是平津学生演剧队的成员，还有一部分是从各地转来的。它本来是属于中华民族解放先锋队西安队部，但后来在兰州也成立了地方队部。在青年中，有一部分人感到读书会不能满足要求，而中华民族解放先锋队又比较红不敢参加。因此，成立了甘肃青年抗敌自卫会，有会员20余人。中华民族解放先锋队与甘肃青年抗敌自卫会的组织和活动都处

---

　　① 罗杨实：《我所知道的甘肃青年抗战团》，载《兰州文史资料选辑》第8辑，1988年，第89—90页。

　　② 马祖灵主编：《甘肃统战史略》，甘肃人民出版社1998年版，第65页。

　　③ 马伟：《我党领导下的兰州抗日救亡运动》，《西北师大学报》（社会科学版）1982年第3期。

于秘密状态。①

伊斯兰学会与回民教育促进会。抗日战争爆发后，在中共甘肃工委和兰州"八办"的领导下，回族青年杨静仁、鲜维俊等人，利用"伊斯兰学会"这个旧的学术团体，积极开展抗日救亡运动。他们举办座谈会、出壁报、散传单，多次到兰州回民聚居各坊宣传演讲，受到广大回族群众的欢迎。他们还在回族群众的支持下，改组了被反动分子把持的"回教教育促进会"，并将它更名为"甘肃省回民教育促进会"。伊斯兰学会和回民教育促进会工作十分活跃，编辑出版了刊物《回声》，并邀请著名学者和进步人士作报告，如曾邀请进步作家茅盾为兰州文艺界作题为《抗战与文艺》的报告。②

这些组织开展了形式多样的抗日救亡活动，如举行反侵略大会、开展抗日游行示威、欢送抗日战士上前线、为抗日战士募捐（钱、寒衣等）、进行街头演讲、演活报剧以及召开时事座谈会、读书会、朗诵会、演唱会等。③其中以抗日文化宣传最为活跃，主要体现为：

第一，以抗战剧为题材的戏剧演出，这其中有几个团体表现相当活跃。其一为联合剧团，即血花剧团。它是由青年抗战团、省外留学生抗战团和妇女慰劳会联合组织的。团长聂青田（后来加入共产党），设计部长樊大畏。剧团于1937年11月成立后，积极开展宣传活动，大唱抗日歌曲。演出的节目有《凤凰城》《到前线去》《六年后的"九·一八"》《卢沟桥血花》等。他们的宣传活动，激发了广大群众的抗日爱国热情。

其二为西北抗战剧团，这个剧团是教育厅在民众教育馆组织的官办剧团。王氏兄妹的演出，引起了国民党当局的注意。他们成立"西北抗战剧团"，邀请王氏兄妹参加，企图控制王氏兄妹剧团。对此，在谢觉哉指导下，进步分子塞克、王洛宾等参加该团，把该团演戏的主动权控制在进步

①　全士英、关维民：《"八办"与兰州的抗日救亡运动》，载《兰州文史资料选辑》第8辑，1988年，第69页。

②　杨静仁：《抗日战争时期的兰州伊斯兰学会与回民教育促进会》，载《兰州文史资料选辑》第8辑，1988年，第81—84页。

③　宋仲福主编：《西北通史》第5卷，兰州大学出版社2005年版，第510页。

分子手里，演出了《打回老家去》《保卫卢沟桥》等抗日剧目。[①] 为使抗战戏剧深入民间，西北抗战剧团于 1940 年 5 月下乡宣传公演，"虽然男女团员都在步行着，但他们的工作热忱更因而提高了。前后共同公演出五十余次，有《放下你的鞭子》《民族公敌》等二十余剧"[②]。他们的外出巡演，宣传了共产党的抗日救国主张。

其三为王氏兄妹剧团，是爱国开明人士王云海的几位子女与进步作家吴渤在风起云涌的抗日救国热潮的感召下，自发组成的演出团体。为了做好抗日宣传，在作家吴渤的指导下，他们排练了街头剧《放下你的鞭子》，受到各界群众的欢迎和赞扬。[③]

另外还有新安旅行团和平津学生演剧队，它们是外地来兰州的两个进步团体，给兰州的抗日救亡运动带来了新的朝气。新安旅行团是由江苏省淮安县教育界人士汪达之发起组织的抗日救亡团体，于 1938 年 2 月由绥远来到兰州，受到民教馆馆长柴若愚先生的接待，同时协助解决生活困难，安排他们的演出活动。他们的宣传活动受到兰州各界的热烈欢迎，八路军驻兰代表谢觉哉曾多次去民教馆观看该团的演出，并为该团题词以示鼓励，要他们"以艺术武装手口，以理论武装头脑，从工作中锻炼成长为钢铁的战士"[④]。平津学生演剧队诞生于 1937 年 10 月，1938 年 8 月初，平津演剧队一行 26 人沿西兰公路步行来到兰州，在谢觉哉和中共甘肃工委的直接关怀和帮助下，克服当局的种种刁难和阻挠，顺利地在省民众教育馆演出抗战剧目，演出场面十分感人，群情激昂。许多民众自发地献物捐款，送到住处，资助演出队。他们白天、夜间连续演出，还分散到兰州师范学校、甘肃学院等一些学校教唱抗日救亡歌曲，一时形成热潮。[⑤]

① 全士英、关维民：《"八办"与兰州的抗日救亡运动》，载《兰州文史资料选辑》第 8 辑，1988 年，第 70—71 页。

② 云卿：《抗战剧运在兰州》，《新西北》1940 年第 2 卷第 3—4 期，第 151 页。

③ 龚成瑾：《风起云涌的兰州抗战文化活动》，《兰州学刊》1997 年第 1 期。

④ 柴木兰：《甘肃省民众教育馆的抗日救亡》，载《兰州文史资料选辑》第 8 辑，1988 年，第 114—115 页。

⑤ 龚成瑾：《风起云涌的兰州抗战文化活动》，《兰州学刊》1997 年第 1 期。

第二，在书报刊宣传方面，除原有的《西北日报》《甘肃民国日报》有一定篇幅做抗日宣传外。著名文学家萧军和音乐戏剧工作者塞克分别主编《甘肃民国日报》副刊，以及《西北文艺》《剧运》两个专栏。著名学者顾颉刚创办了通俗杂志《老百姓》（主编谷苞），共产党员刘日修、樊大畏出版了《西北青年》，妇女慰劳会出版了《妇女旬刊》（邢华编辑），杨静仁、鲜维俊等回族共产党员主编了《回声》，省外留学生抗战团出版《热血》，甘肃省抗敌后援会出版《抗敌》，进步作家吴渤编辑出版由毛泽东题写书名的《战号》等。此外，在兰州出版的还有从南京迁来的《苦干》月刊，第八战区出版的《政论》，西安迁兰的《现代评论》等刊物。丛德滋、于千等人还创办了《民众通讯社》，专门刊登新闻稿。①

当时销售进步书刊的书店有创办于1938年的生活书店，该书店出售《抗日游击战争中各种基本政策问题》《毛泽东自传》《列宁主义问题》等革命书刊近一百种，对宣传革命理论、教育广大人民群众，发挥了很大的作用。② 同仁消费合作社创立于1933年，是最早在兰州销售进步书籍的书店，在兰州传播进步思想，对推动青年知识分子走向革命方面，起了启蒙作用。1937年"八办"设立后，它的成员常到"八办"向谢觉哉、彭加伦等同志请教抗日问题，谢觉哉也常去该社讲演。"同仁"成为"八办"和地下党的一个宣传联络据点以及进步青年经常聚会的地方。许多青年在这里接受谢觉哉的教诲后，走上了革命道路。③

二、 抗战捐助运动

在中华民族生死存亡的紧要关头，身处后方的兰州民众同全国各族人民一样，克服种种困难，积极开展形式多样的献金运动，尽最大努力支援前线，共赴国难。

---

① 宋仲福主编：《西北通史》第5卷，兰州大学出版社2005年版，第510页。
② 马伟：《我党领导下的兰州抗日救亡运动》，《西北师大学报》（社会科学版）1982年第5期。
③ 全士英、关维民：《"八办"与兰州的抗日救亡运动》，载《兰州文史资料选辑》第8辑，1988年，第75页。

一日一分救国金运动。1937 年 11 月 2 日，国民党甘肃省党部发起一日一分救国金运动，并授权甘肃民众抗敌后援会办理。1938 年 1 月 10 日，平市官钱局自元月 1 日起实行一日一分救国金运动，该局所属分局职员亦一律施行，并拟每月解交一次。同时其他各机关团体等，也先后响应一日一分救国金运动。① 该运动持续到 1938 年年底，因该运动发起的初衷即为积少成多，且呼吁大家一日捐一分，因此各单位捐献数额均较小，稍大的捐献数额是累计到两三个月一次上缴的成果。② 但是此项运动系主动捐助，"以些小数目表示救国热心"③。

"七七"献金运动。1938 年为纪念全面抗战一周年，兰州市举行了纪念"七七"献金运动。7 月 7 日，在省政府门前献金台举行兰州各界抗战建国纪念献金活动，前往献金的各界人士极为踊跃。如"本省老同志杨尊一追随总理，奔走革命，两袖清风。此次兰州市举行献金，杨君激于爱国热忱，特兴资五十元"；更有"兰州市看守所犯人以本市各界人士连日献金极为踊跃，激于爱国热情，咸愿缩食三天，共集洋一十六元，交付献金台"。④ 截至 7 月 9 日，献金总额已达 2.3 万余元。7 月 14 日，兰州商界献金日趋踊跃，加之西北国有运输管理局的全体职员献金 3576 元，该日共收献金 8890 元，为献金日纪录。⑤ 7 月 19 日，省政府、省党部、后援会等机关当众开箱检验献金，献金总数达 4.5 万余元。⑥

1940 年 6 月，甘肃民众抗敌后援会决定发起"七七"三周年献金运动。为了更好地推动这次运动，分配了献金任务，全省献金总额最低限度定为30 万元，省会兰州定为 15 万元，其中商会至少应担任 1 万元，公会至少应担任 1 万元，外县各界应尽量捐献。并函请党政军首长、士绅富户及银行举

① 《一日一分运动》，《西北日报》1938 年 1 月 10 日。

② 郭云霞：《全面抗战时期甘肃劳军捐献运动研究》，西北师范大学历史文化学院 2018 年硕士学位论文，第 24 页。

③ 《一日一分金劝募原则》，《甘肃民国日报》1938 年 3 月 4 日。

④ 《本市各界昨献金仍踊跃》，《西北日报》1938 年 7 月 11 日。

⑤ 《爱国谁肯后人！狂热的献金！昨日献金数目达八千余元》，《西北日报》1938 年 7 月 15 日。

⑥ 《献金总数》，《甘肃民国日报》1938 年 7 月 20 日。

行献金示范，在"七七"纪念大会后举行示范典礼，公布示范数目。① "七七"献金首日，挑夫小贩等，前来献金的群体"形形色色，拥挤异常，台上台下，计如插稻之观"。朱绍良首先献金一千元，其他各机关、团体及商号负责人均进行示范献金，其中"不乏可歌可泣之义举"。如有民众感于"我国受人侵略，为抗战建国计，特将所有积蓄七元□角五分，全部呈献。"另有"洋车夫马老八以及郭书文，以血汗之资各五元，亲自携往献金台呈献，又恒街子洋车场各车夫共计六元□角，亦前往呈献"②。在献金第三日，"益趋热烈，乡村农民及蒙藏同胞，均冒雨至献金台前献金，兰地院看守所犯人，绝食一日献金"③。还有幼童积极参与捐献，甘肃省妇女会主办的幼稚园，购置糖果200颗、鲜花1束，由小朋友义卖捐献国家，并亲往献金台献金以示爱国热忱。④ 由于民众的积极参与，截至13日，"共收献金十六万一千零七十九元二角，及药品物品多种，至各县献金成绩亦佳，总计数可达三十万元"⑤。兰州市已经超额完成分配任务，到8月底结束时，兰州献金总额已达二十一万元。⑥

义卖献金。1939年1月甘肃省民众抗敌后援会发起义卖献金运动，历时半年。自运动发起以后，兰州各界积极响应，商界参与尤其积极，兰州南关聚福成商号首先捐洋25元，响应义卖献金。⑦ 活动结束时，共得献金11838.48元。

荣誉献金。甘肃民众抗敌后援会在发动义卖献金的同时，本着"'有钱出钱有力出力'之原则，并为出钱者享受永久荣誉计"，特发动全省各界荣誉献金运动。献金时期规定，兰州市自1939年5月2日起至5月底止，各

---

① 《省抗敌后援会发动七七献金运动，昨召集各界开会决定办法，献金总额暂定为三十万》，《甘肃民国日报》1940年6月19日。

② 《七七献金第一日成绩惊人》，《甘肃民国日报》1940年7月8日。

③ 《兰市七七献金益趋热烈》，《新闻报》1940年7月11日。

④ 《幼幼幼稚园义卖献金》，《甘肃民国日报》1940年7月7日。

⑤ 《兰市献金总数十六万余，各县成绩亦佳全省可达卅万》，《前线日报》1940年7月14日。

⑥ 《甘省献金总额已达廿一万元》，《新闻报》1940年8月25日。

⑦ 《聚福成义卖献金廿五元，昨送本报》，《甘肃民国日报》1939年1月26日。

县自5月10日起至6月10日止。为了鼓励民众踊跃捐献，还制定《荣誉献金办法》呈请省政府、省党部等机关备案，规定无论团体或个人，均依献金数目多寡，分别颁给奖品，如匾额、对联、奖章、奖状、银（铜）精美戒指之类。后援会还聘请艺术家黎昭钧、魏鸿范两人详加设计，精绘各种纪念章奖状式样并招工制齐。

兰州市荣誉献金开始后，名伶芙蓉鞏女士首先响应，捐献金戒指。兰州荣誉献金运动后来延期至12月底结束，后援会于1940年1月1日举行荣誉献金呈献典礼，共呈献19万元。后援会共发出省政府颁给匾额6幅，省府制赠纪念章92枚，后援会制赠纪念章119枚，奖状6纸，银戒指83枚，献金在5元以上20元以下者，按照献金办法予以登报赞扬以示鼓励。①

出钱劳军运动。1941年1月全国慰劳总会发起"出钱劳军"运动，根据全国慰劳总会的要求，甘肃省动员委员会开始筹备春节出钱劳军运动相关事宜，并设立出钱劳军运动委员会。2月4日出钱劳军运动委员会举行会议，商定全省募捐40万元，兰州分担15万元。2月10日兰州市开展各界出钱劳军运动竞赛大会，此次运动采取竞赛办法，在省府门前搭设献金台一座，由省垣各界按照筹备会决议的献金日期前往献金台当场献金。② 献金第一日，首由党政军首长献金示范，朱绍良、谷正伦各献金千元，其他党政军人士亦随之踊跃捐献。本日规定为党政军献金竞赛日，但藏回同胞及工人小贩自动参加者亦多，情况异常热烈。③ 15日为妇女界出钱劳军竞赛日，"谷夫人陈白坚主席，并献金千元，妇女群众当场响应，一日间共得一万七千余元"④。兰州出钱劳军竞赛大会2月19日结束，"省会各界献金，总计十五万六千余元"⑤。

在献金运动中，兰州人民同仇敌忾的情绪十分高涨，节衣缩食尽最大

① 《甘肃省民众抗敌后援会荣誉献金报告书》，甘肃省档案馆藏，档号52－2－37。
② 郭云霞：《全面抗战时期甘肃劳军捐献运动研究》，西北师范大学历史文化学院2018年硕士学位论文，第44页。
③ 《甘出钱劳军运动开始，各首长献金示范》，《前线日报》1941年2月12日。
④ 《甘省举行出钱劳军竞赛》，《新闻报》1941年2月17日。
⑤ 《甘全省献金成绩可逾四十万》，《前线日报》1941年2月21日。

努力支援前线，踊跃参与献金，正如时人评论："足见得处在后方重镇的同胞，没有一时之间忘了前方浴血抗战的将士，也没有一时之间忘了个人对于国家民族的责任与义务"①。

三、 妇女参与抗战活动

在抗战中，兰州妇女群体亦不甘人后，通过各种形式，以尽妇女群体对抗战的责任。面对国民党甘肃当局的消极抗战态度，兰州女师两个学生，愤于救国热情，化装男子留下遗书，奔赴前方参加抗日。②

（一）成立妇女抗日团体

甘肃较大的妇女抗战团体有两个，一个是甘肃妇女慰劳会，一个是甘肃省妇女工作委员会。

1. 甘肃妇女慰劳会。全面抗战爆发后，甘肃省政府主席贺耀组的夫人倪斐君，在"八办"谢觉哉同志的影响和帮助下，为了把甘肃姐妹们唤出闺房，投入抗日救亡运动，她与邢华、原煊、王德谦等女士，在兰州发起并成立了"中国妇女慰劳抗战将士甘肃分会"（简称"甘肃妇女慰劳会"）。③ 该组织成立后，积极开展抗日救亡活动，做了不少具体工作，主要有以下各项：

（1）组织抗日募捐活动。甘肃妇女慰劳会成立后，积极组织募捐活动，其成员每人各拿一本募捐册，分头去找自己的亲朋、老师、同学募捐，捐得的现金、实物汇交抗敌后援会，并在报纸上公布，"我们两位女同志，一位一天捐到二三十元（腿都跑肿了）；一位通夜不睡地为空军做锦标"④。倪斐君为甘肃妇女慰劳会做了很多工作，不仅自己积极参与募捐，还经常动

---

① 高一涵：《出钱劳军是人人应尽的责任》，《甘肃民国日报》1941 年 2 月 10 日。

② 彭加伦：《彭加伦关于兰州工作报告——统治阶级对合作抗战的反映与我党活动情况》，载兰州市档案局编《兰州红色档案》，中共党史出版社 2019 年版，第 171 页。

③ 王九菊：《抗日救亡活动中的甘肃妇女》，载《甘肃文史资料选辑》第 25 辑，甘肃人民出版社 1987 年版，第 69 页。

④ 中共兰州市委党史资料征集委员会编：《抗战时期党在兰州的革命斗争》下册，1985 年，第 107 页。

员官太太们捐献物资，在一次募捐活动中，倪斐君便带头献出一对金手镯，邓宝珊的夫人、省电信局长的夫人等也都捐出金银首饰等。[1] 该组织大力呼吁后方妇女界为抗战尽职，声言"此项捐募运动，并不限于金银质物品，凡属妇女所佩各样有价首饰，均可捐助，预料可得一相当数目，以贡献国家"[2]。从 1937 年 12 月至 1938 年元月中旬，甘肃妇女慰劳会陆续收到的各方面捐献物品（包括甘肃妇女慰劳会所捐）有：各色手套 6022 双、熟羊皮 247 张、新旧皮袄 47 件、毛袜子 1034 双、皮手套 466 双、各色棉毛手套 87 双、被褥 25 条、青布鞋 420 双、毛巾 73 条、牙刷 10 把、牙粉 14 袋、皮领 3 条、毛裤 2 条、棉袄 200 件、袜子 39 双。[3]

（2）举办妇女训练班。在谢觉哉的启发和指导下，甘肃妇女慰劳会有计划地训练了一批妇女干部和骨干，组织她们进行学习。比如在兰州的上、下沟静安门街道，甘肃妇女慰劳会便办起了妇女"识字班"，老师是住在此处的兰州一中学生，他们利用晚上和空闲时间，不但教妇女、儿童认字，还教唱抗日救亡歌曲，广泛宣传抗日救亡及爱国主义思想，激发民众的爱国热情。[4]

（3）在兰州筹办首届"三八"妇女节。1938 年 3 月 8 日，甘肃妇女慰劳会举行了兰州第一次纪念"三八"妇女节活动。由于甘肃妇女慰劳会动员兰州各界妇女积极筹备，纪念大会开得比较成功。大会会场设在中央广场，主要目的是通过这个大会，进一步推动妇女参加抗日救亡活动，提高妇女觉悟。[5]

（4）开展抗日宣传。甘肃妇女慰劳会成立了歌咏队，演出街头剧，组织妇女识字班，办墙报，开讲演会，搞漫画展览等。1938 年元月，甘肃妇

① 张秋霞：《大后方的甘肃与抗战》，《党的建设》1995 年第 10 期。
② 《甘妇女纷输首饰》，《大公报·临时晚刊》1937 年 8 月 21 日。
③ 王九菊：《记解放前甘肃两个妇女团体》，载《兰州文史资料选辑》第 1 辑，1983 年，第 145 页。
④ 尚季芳、原世聪：《妇女与抗战：抗战时期的甘肃妇女慰劳会述论》，《档案》2015 年第 4 期。
⑤ 王九菊：《抗日救亡活动中的甘肃妇女》，载《甘肃文史资料选辑》第 25 辑，甘肃人民出版社 1987 年版，第 71 页。

女慰劳会联合青年抗战团、留学生抗战团由朱芳兰带队前往上、下西园一带宣传抗日救亡，纪念"一二·九"学生运动，携带了大批宣传品及新编歌谣的印刷品广泛散发，宣传抗日。当时甘肃妇女慰劳会还在墙壁上用石灰水刷写了许多宣传抗战的大幅标语。① 在文字宣传方面，甘肃妇女慰劳会一开始就筹办《妇女旬刊》。旬刊的主要目的是宣传抗日救国的道理，其次是介绍各地妇女活动的情况。② 倪斐君在筹办《妇女旬刊》时说："我们要把这个刊物办成解放甘肃妇女的文字辅导刊物，要办成全省妇女的喉舌。"③

2. 甘肃省妇女工作委员会。1941 年秋甘肃省第二个妇女团体成立，是以陈白坚（谷正伦的夫人）为首的甘肃省妇女工作委员会，委员中很多都是官太太，还有一些地方上有名望的妇女。④ 在主任委员谷夫人领导之下，积极推进甘肃省妇女慰劳工作，其内容约分为经常慰问、季节劳军及特殊慰劳等三项。

（1）经常慰问。该项工作由该会慰劳组与甘肃省妇女慰劳分会共同发起，兰州各妇女团体及各女校组织妇女慰问队，每队设队长队副各一人，队员五人，每逢星期一三五，由队长率领队员前往各抗属家及各伤兵医院慰问，并代抗属及伤兵写信，报告抗战情形，讲笑话、唱歌曲，予以精神之安慰。

（2）季节劳军。每逢元旦、端阳、中秋等节日，该会慰劳组与慰劳分会会同兰州各界发起组织季节劳军运动，对本省驻军及各防空部队抗属、荣誉军人予以精神、物质之慰劳，以解他们"佳节思亲"之感。

（3）特殊慰劳。凡关慰劳工作，该会无不首先倡导，并积极参加兰州各界发起的"七七""双十""防空节"及文化劳军等运动。⑤

---

① 王九菊：《抗日救亡活动中的甘肃妇女》，载《甘肃文史资料选辑》第 25 辑，甘肃人民出版社 1987 年版，第 70 页。

② 王九菊：《记解放前甘肃两个妇女团体》，载《兰州文史资料选辑》第 1 辑，1983 年，第 145 页。

③ 王九菊：《抗日救亡活动中的甘肃妇女》，载《甘肃文史资料选辑》第 25 辑，甘肃人民出版社 1987 年，第 72 页。

④ 王九菊：《记解放前甘肃两个妇女团体》，载《兰州文史资料选辑》第 1 辑，1983 年，第 149 页。

⑤ 石清：《一年来之慰劳工作》，《甘肃妇女》1943 年第 2 期，第 85 页。

此外，该会还筹组抗属工厂。1943年选择兰州西郊七里河市政府所建之房屋为厂址，经费由省军管区司令部在"优待军人家属捐款"项下拨支国币13万元，其中5万元作开办费，8万元为流动金，随即开始购置器材，修缮厂址，收购原料。4月份开始生产，主要是从事羊毛纺织工业（织毛纺线）为抗属争取到了工作与学习的机会。①

（二）积极参与捐献活动

全面抗战爆发后，甘肃省新生活运动委员会发起为前线抗战将士征集物品运动，省立女子职业学校学生积极捐献，"家事科一年级生捐洋四十三元一角七分五厘，茶叶二两；织编科一年级生捐洋一十二元八角七分五厘，手套袜子各一双；全科二年级生捐洋五元六角五分，日光皂三块，金戒指一个；三年级生捐洋十元三角，鞋一双，电筒一个，共洋七十二元（物品除外）"②。1937年11月1日，女职附小捐献日用品以及慰劳品，计有"毛巾六十四条，白布毛巾二条，罐头八桶，线袜子三双，饼干一盒，电筒三支，力士皂一块，青袜一双，枕头四个，白衬衫两套，毛袜子两双，手套子三双，法币五元九角七分五厘"③。

1939年8月，全国征募寒衣总会发动征募寒衣运动，分给甘肃的数额为10万件。甘肃省征募寒衣分会根据各市县具体情况，分配捐献数额：省垣2万件，皋兰7744件，榆中3396件，永登3704件。④甘肃省主席朱绍良夫人积极组织妇女响应，"马步芳夫人马云英女士顷特汇兰万元，作为寒衣捐款。兰市各校女生，曾于双十节售卖国徽及鲜花，亦募得三千元"⑤。1941年2月10—17日，兰州举行出钱劳军竞赛大会，2月15日为妇女界献金日，谷正伦夫人陈白坚首先献金千元，妇女群众当场响应，当日共得1.7

①　简英：《抗属工厂的过去现在和未来》，《甘肃妇女》1943年第2期，第83—84页。
②　《女职输财捐物》，《西北日报》1937年11月4日。
③　《女职附小捐物劳军大批用品送新运会》，《西北日报》1937年11月1日。
④　《省征募寒衣分会通令各县扩大征募寒衣，各县应募寒衣数已分配妥当，如系代金买件以一元五角抵》，《甘肃民国日报》1939年9月24日。
⑤　《甘省妇女征募寒衣》，《总汇报》1939年10月16日。

万余元。① 在此次出钱劳军竞赛大会中，各业同业公会献金 50686.1 元，士绅及金融界献金 38108.2 元，党政军献金 18771.24 元，交通及实业界献金 9984.07 元，劳工界献金 3254.38 元，文化界献金 2944.8 元，自由献金 14732.8 元，妇女界献金数量位居第四位。

四、 知识青年从军运动

1944 年秋，日军大举进攻广西、贵州，严重威胁陪都重庆。9 月 16 日蒋介石号召全国知识青年积极从军，并提出"一寸山河一寸血，十万青年十万军"的口号，激发广大青年的民族大义和爱国热情。

（一）宣传与动员

甘肃省知识青年从军征集委员会于 1944 年 11 月 3 日成立。同时在"兰州市各机关团体中等学校及本会（国立四院校及西北公路局除外）成立登记处，主办发动从军运动事宜"②。西北公路局以及兰州国立各院校单独成立了征集机构。

各学校为倡导青年踊跃从军，纷纷聘请名流、学者赴学校进行宣导。1944 年 10 月 16 日，志果中学邀请胡维藩给全校学生做了《青年最高意义之服务》的演讲，他呼吁知识青年积极响应从军号召："故青年当其国家民族之生命遭受威胁时，知识青年应率先痛下不成功便成仁之决心，以一己个人渺小短促之生命去奋斗拼搏，争取国家民族整体无穷之生命。"③ 为了进一步使学生加深对时局的认识，国立西北师范学院聘请燕京大学梅贻宝教授作题为《世界大局的展望》的报告，劝学生对知识青年从军运动多加思忖，在抗战的最后阶段负起应有的责任，听者动容。④ 同时各学校也在积

---

① 《甘省举行出钱劳军竞赛》，《新闻报》1941 年 2 月 17 日。
② 《谷正伦等关于甘肃省办理青年从军经过的电文》，载中国第二历史档案馆编《中华民国史档案资料汇编》第 5 辑第 2 编"政治"（五），江苏古籍出版社 1998 年版，第 376 页。
③ 《胡维藩鼓励青年从军》，《甘肃民国日报》1944 年 10 月 17 日。
④ 《学府风光·师院》，《甘肃民国日报》1944 年 10 月 25 日。

极宣传动员，国立西北师范学院利用每周的总理纪念周活动，邀请本校教师发表对时局的看法，如喻益明在演讲《大战新形势及今后战局的决定关头》时，同学们热情参与，"室内座位拥挤非常，室外听众重重叠叠，注意情绪始终如一"①。该院院长李蒸先生也发表谈话，积极号召从军运动，"今后决定性之战争，须赖高度科学技术与最新式武器之运用。知识青年，已有科学基础，再施以短期的现代化军事训练，则杀敌致果，不成问题。切望中等以上学校身体强健的青年，均能奋发请缨"②。

加之，国民政府颁布了《知识青年志愿从军优待办法》等优惠政策，明确规定对从军青年的优待及对其家属的优待，使青年减少了从军的后顾之忧，可从容应征入伍。

（二）从军登记

知识青年从军登记开始后，兰州青年积极参与，报名登记者络绎不绝。从军人员主要是以青年在校学生为主。1944年10月31日，国立西北师院附中学生潘鉴廷、王文定等9人前去报名。③兰州中学征委会于11月6日成立，7日开始办公，"便有刘占庆、王泽、赵钟灵、未克昌、周国栋等14名青年报名"④。尤其是国立西北师院学生踊跃登记，学生王丕仁写道："家乡被日寇侵占后，我过着颠沛流离的生活。考入师院后，希望学点关于生活、工作、做人以及促进人类进步的真实能力与学问。但是，国家的要求超过了个人的私欲，国家需要我放下书本，拿起枪杆，于是我投入了为祖国而战的十万青年军"⑤。到1944年底，国立西北师院报名登记学生已达133人，其中男性120人，女性13人。⑥根据省征委会的统计，截至1944年11

① 《学府风光·师院》，《甘肃民国日报》1944年6月11日。
② 《李院长发表谈话，响应从军》，《西北日报》1944年11月3日。
③ 《从军运动热烈展开，请缨杀敌络绎不绝》，《西北日报》1944年10月31日。
④ 《公务人员接踵请缨》，《甘肃民国日报》1944年11月9日。
⑤ 王丕仁：《我投入了为祖国而战的十万青年军》，《西北日报》1944年12月31日。
⑥ 尚季芳、颉斌斌：《请缨报国：战时国立西北联合大学的知识青年从军运动——以国立西北师范学院为中心》，《档案》2015年第7期。

月份，兰州市登记从军青年已达 1582 人；在职业方面，科学界 276 人，军界 245 人，政界 293 人，工商界 378 人，其他 390 人；在教育程度上，专科以上者 106 人，中等学校者 994 人，同等学力者 482 人。①

学校的教员也积极参与，在知识青年从军的热潮中，国立西北师院文书曹成贵一马当先，给征集委员会主任李蒸上《请缨书》，内容慷慨激昂，令人振奋："窃成贵心存杀敌，志切报国，久有从军之志。兹为响应委座青年从军之号召，特此首先报名，期与敌人拼命于战场，为民族争光荣。幸而不死，凯旋归来，再效力于钧座。恳祈准予报名，以全此志是感！"曹成贵最终与另一个师院文书张恩福参军。更让人感动的是西北师院史地系教授张云波先生也积极响应从军。征集委员会主任李蒸亲自致电全国知识青年志愿从军指导委员会："本院史地系教授张云波先生，志愿从军，虽已逾龄，惟因学有专长，可否特准从军并指派专门工作。理应附呈张云波教授简历及志愿研究科目，电请钧会鉴核。"张云波先生此时已 38 岁，超过从军上限 35 岁的年龄。最终张先生没有得到批准，但其请缨杀敌的壮志值得宣扬。② 教员们除了自己参与登记，还鼓励自己的亲属参军，兰州中学征委会成立后，为激发学生参军热情，"该校教务主任吴锦州以身作则，送其子吴懋登记从军，继之庶务组长陈世良也遣其弟陈世勇，以示倡导"③。兰州市 72 岁老人带着儿子张孝赴征委会登记，庄重地说："本人已届年迈，未能报效国家，深引为憾。愿选幼子从军，为国牺牲"④。

各公务人员、工厂职员、商店店员也都纷纷前往登记。如民国日报广告股股长王增绪、市政府财政局徐瑞龄、南山贸易商行田通海等也积极登记，强烈要求应征入伍。⑤ 从沦陷区来的青年人，更能体会到山河破碎流亡

---

① 《请缨健儿籍贯统计》，《甘肃民国日报》1944 年 12 月 6 日。

② 尚季芳、颉斌斌：《请缨报国：战时国立西北联合大学的知识青年从军运动——以国立西北师范学院为中心》，《档案》2015 年第 7 期。

③ 《公务人员接踵请缨》，《甘肃民国日报》1944 年 11 月 9 日。

④ 《七二老人送子从军》，《甘肃民国日报》1944 年 11 月 11 日。

⑤ 安晓芬：《论抗战后期甘肃"十万知识青年从军运动"》，西北师范大学历史文化学院 2012 年硕士学位论文，第 24—25 页。

的痛楚，复兴公司西北分公司职员刘国瑞为辽宁人，是复兴公司第一个报名的青年，他说："我从军的理由几乎用不着说，东北沦陷十三年了，而我们还一直在外流浪着，何年何月可以回老家呢？我们要打回老家去，打回东北去！"①

女性青年基于爱国热情，也纷纷要求从军报国。西北公路局女职员卜昭第、张展、梁瑛、姜瑚等四人，向该地军管区声明登记，"此为甘省女青年从军之先声"②。兰州回族青年金瑞林代兄从军，成为西北回族妇女首先报名者，被赞为"回教之木兰"③。师院附中初一级学生佟碧明、胡雯云、柏俊麟、吴剑侠和张秀芝五名女生，她们中年龄最小者 14 岁，最大者 16 岁，按入伍最低年龄 18 岁的规定，她们均未达到要求，征委会不予登记，该等女生"始则滔滔辩论，继则痛哭流涕，泣不成声，且谓：'吾等系陷区儿童，备受敌人之压迫，吾等之庄村及田园，迄今在敌人践踏之下，此时如不复仇，更待何时。'"无奈之余，登记部准予暂时列名，待报告上峰讨论后再做处理。被正式批准入伍的女生也不乏其人。1945 年 1 月 22 日，前往省征集委员会集体报到者有耿钦谢、张秀英、范慧贞、张德英、阎钟和、王兰、张文珍、丁玉清、严菲、郑爱梅、董国华、鞠敏和孟庆顺等 13 名女生。④

（三）慰劳与集中

为了做好慰劳工作，省征委会成立"甘肃省知识青年志愿从军慰劳会"，并电告各县市政府分别组织慰劳委员会，对从军青年在服装、住宿、饮食、交通及毛巾、肥皂、牙刷、牙膏、鞋袜等生活方面给予慰劳；对患

---

① 《记复兴公司的从军者》，《甘肃民国日报》1944 年 12 月 14 日。

② 周锦涛：《抗战后期知识女性青年从军运动述评》，《湘潭大学学报》（哲学社会科学版）2017 年第 1 期。

③ 安晓芬：《论抗战后期甘肃"十万知识青年从军运动"》，西北师范大学历史文化学院 2012 年硕士学位论文，第 24 页。

④ 尚季芳、颉斌斌：《请缨报国：战时国立西北联合大学的知识青年从军运动——以国立西北师范学院为中心》，《档案》2015 年第 7 期。

病青年随时派医生诊治，或发给常用药品令随身携带备用。①

兰州各界不仅积极捐款，商界捐助 1100 余万，省垣各机关团体，捐助 740 余万。② 而且兰州市的"餐食、戏剧电影、浴室、理发……等业，或参加服务，或协办慰劳"③。在登记过程中，西北师院各社团就举办慰劳从军青年学子的活动，以该校的国剧社演剧活动最为突出，樊丽贞、樊又贞姊妹表演的《钓金龟》，袁夫人、张健等同学表演的《四五花洞》等，都非常精彩。④

国立西北师院对于被批准正式入伍的学生，每人赠给由学校女生亲手制作的校旗一面，希望其努力报国，并于 1944 年 12 月 18 日上午 9 时在大礼堂，为从军学生 120 多人举行盛大欢送会，在校师生 3000 余人参加，首由院长李蒸讲解成功、成仁真谛，教职员代表李建勋、方永蒸致词慰勉，学生代表吕作矩致欢送词，从军代表王丕仁致答词，会场气氛极其热烈。当日师生还为从军青年捐款 15 万元。该院从军学生前往市区统一集中时，十里店各界又举行了欢送大会，到场远征军 130 余人（包括其他机关知识青年），各机关、学校及附近民众 6000 余人参加，盛况空前，由师院教授王镜铭主持并致欢迎词，李蒸等相继讲话，远征军代表李玲善致答词。⑤

1944 年 12 月 20 日，除天水、平凉专区外，甘肃省其他各县市从军的知识青年开始向兰州集中报道，由省征委会验收并统一送往军营受训。集中完毕后，1945 年 1 月 1 日在兰州东教场举行了盛大的欢送会，欢送者甚多，省政府主席谷正伦讲话，表达了对青年们的期望。每人分赠毛巾一条，慰劳书信一件，谷正伦赠"振我国威"锦旗一面，妇运会赠"壮志凌云"

① 赵世英：《甘肃"知识青年从军"琐忆》，载李克义主编《兰州文史资料选辑》第 24 辑，2006 年，第 44 页。

② 尚季芳、颉斌斌：《请缨报国：战时国立西北联合大学的知识青年从军运动——以国立西北师范学院为中心》，《档案》2015 年第 7 期。

③ 谷正伦：《甘肃省慰劳从军知识青年征信录》，甘肃省慰劳从军知识青年委员会 1945 年印，第 10 页。

④ 《学府风光·师院》，《西北日报》1944 年 12 月 3 日。

⑤ 尚季芳、颉斌斌：《请缨报国：战时国立西北联合大学的知识青年从军运动——以国立西北师范学院为中心》，《档案》2015 年第 7 期。

锦旗一面，并且发放慰问金 550 万。① 当日，甘肃第一批从军知识青年 1260 人，在总领队张文郁的带领下乘汽车送往汉中的青年军 206 师。

甘肃省服役女青年于 1945 年 1 月 15 日开始集中，甘肃省妇运会、妇工会及市妇女会等机关于 1 月 26 日借兰州市商会大礼堂，举行欢送大会，设宴招待从军女青年，当场每人分赠慰劳信一封，毛巾一条，绣有"远征纪念"纱巾一条，发放慰劳金二千五百元。② 2 月 27 日，78 名从军女青年由省征委会送往重庆，归新成立的训练总监部集中训练。③ 后来甘肃省又先后从兰州送出三批从军青年，据 1945 年 2 月甘肃省征委会工作报告："全省登记总数 10316 人，女 232 人，共有 10548 人，检查合格者，男有 6720 人，女 100 人，共有 6820 人。"④ 远远超过了甘肃省原有的配额。如榆中县人口 8 万，从军青年配额 60 人，而应召入伍者 152 名，"皆里中出类拔萃、忠勇有为之士"⑤。

第三节　兰州空战

七七事变爆发后，日本侵华步伐加快。兰州作为西北国际通道和西北抗战大后方重要节点，在 1937 至 1941 年间，遭到了日军的残酷轰炸。轰炸给兰州民众及其财产造成了巨大创伤。中苏空军英勇抗敌，取得了重要战果。兰州空战为支援前方战场和稳固西北国防作出了重要贡献，在中国抗战历史上占有重要地位。

---

① 《兰市空前壮举！东校场上盛大集会，欢呼高歌送别征人》，《甘肃民国日报》1945 年 1 月 2 日。

② 安晓芬：《论抗战后期甘肃"十万知识青年从军运动"》，西北师范大学历史文化学院 2012 年硕士学位论文，第 30 页。

③ 张开选：《所谓知识青年从军运动在甘肃》，载《甘肃文史资料选辑》第 2 辑，甘肃人民出版社 1987 年版，第 144 页。

④ 《甘肃省征委会工作报告》（1945 年 2 月），载中国第二历史档案馆编《中华民国史档案资料汇编》第 5 辑第 2 编政治（五），江苏古籍出版社 1998 年版，第 377 页。

⑤ 《榆中县知识青年志愿从军题名》，载薛仰敬主编《兰州古今碑刻》，兰州大学出版社 2002 年，第 338 页。

一、 防空措施

（一） 日军轰炸兰州的原因

1937 年 8 月 21 日，中苏签订《中苏互不侵犯条约》。经中国政府争取，苏联决定向中国提供军火援助。苏联提供的飞机、大炮、机枪、弹药、汽油和汽车要从阿拉木图起运，经中国霍尔果斯口岸运入新疆，在新疆与甘肃边界处的星星峡交接，经甘肃河西走廊运抵兰州，再从兰州运往战时临时首都重庆及全国各战场。兰州又是战时统管绥远、宁夏、甘肃、青海、新疆等省军务的第八战区司令部所在地和总揽甘肃省军政事务的省会所在地。抗战开始后因中国空军损失殆尽，兰州又成为航空委员会为重建空军而布设在西北大后方的空军重要基地和飞行员训练中心。

中日战事甫一展开，日军便从北平、包头，后来从山西运城机场连续派出大批次飞机，大肆轰炸兰州，其目的在于炸毁兰州以及其他西北国际通道上的重要城镇，使苏联援华物资难以运抵战场；炸毁设在兰州的第八战区司令部和甘肃省政府，使西北军事指挥中心陷于瘫痪；炸毁兰州几个飞机场和战机及高射炮阵地，使兰州失去防卫能力；轰炸兰州及各地的民房、民众，迫使甘肃军民失去抵抗信心。

（二） 兰州的防空军力

1937 年 9 月 15 日，兰州成立甘肃省会防空司令部（后改为甘肃全省防空司令部），统一指挥兰州及全省的防空事宜。司令部设在城南郊五泉山上，隶属第八战区司令长官部，首任司令官为国民政府军委会西安行营派驻兰州副主任、甘肃省政府代主席贺耀组，副司令分别由驻甘肃部队新 1 军军长邓宝珊和 80 军军长孔令恂兼任，191 师师长杨德亮兼任参谋长，具体负责防空事宜。1937 年年底贺耀组调离兰州，防空司令官一职由刚刚担任第八战区司令官的朱绍良兼任，1941 年以后由谷正伦接任甘肃省政府主席和防空司令。

防空司令部下设三科三室：第一科负责积极防空事宜，统一指挥高射炮部队、空军部队、地面警备部队、照测部队。第二科负责防空情报事宜，管辖情报所、防空总台、防空监视队哨。第三科负责消极防空事宜，下设防护总团、分团，下属有避难管制队、救护队、消防队、警报队、警备队、灯火管制队、交通管制队。参谋室负责作战计划和业务人员训练事宜。秘书室办理公文处理。军需室办理后勤事宜。① 防空司令部还组织成立了兰州、天水、平凉、武威、酒泉五个警备区，形成以兰州为中心的全省防空网。防空司令部为及时掌握敌机空袭行动信息，还建立了一个防空情报网：首先是建立通信网络，除利用原有的军用报话线路和有线电话线路外，还在西吉、固原、海原一线设立两条防空专线。另外又派出 600 多个监督哨队前赴省内外各要地，监视来袭敌机。各地配备 40 多部无线电台。如发现敌机来袭，各哨队即以电报、报话机和有线电话随时随地上报，以便预做防备。后来，敌人把山西运城机场作为袭击兰州的固定空军基地之后，兰州军方还派出一个秘密特工小组，潜入运城，及时侦察并报告敌机行动信息。②

　　鉴于兰州地区没有空军部队，国民政府决定在兰州设立中国空军第四路司令部（也称兰州空军司令部），归第八战区司令长官部统辖。黄秉衡、罗机将军先后任司令官，统一指挥和协调西北地区的防空作战。1937 年 10 月 22 日，苏联志愿航空队首批人员到达兰州，后来陆续增加到一百余人，包括四五十名飞行员和若干地勤人员，驻扎在拱星墩机场，苏联志愿航空队约有飞机二十多架，指挥官为耶列布琴科。1938 年 12 月从内地调来驱逐机第 5 大队所属第 17 中队，在西固城空军基地训练后留守兰州。第 17 中队和苏联志愿航空队驻守在西北地区最大的空军基地拱星墩机场。③ 新组建的

　　① 叶建军：《回忆八年抗战期间的兰州防空》，载中共兰州市委党史办公室编《兰州空战——（1937—1943）兰州空战资料选编》，2015 年，第 104 页。
　　② 彦生：《访原兰州市政协常委、抗战时期甘肃全省防空司令部参谋长叶建军先生》，《档案》2005 年第 2 期。笔者注：防空司令部参谋长为杨德亮将军，叶建军自 1938 年 5 月起任甘肃省防空司令部下设的参谋室负责人，负责制定作战计划和培训专业人员。
　　③ 《兰州空战始末》，载中共兰州市委党史办公室编《兰州空战——（1937—1943）兰州空战资料选编》，2015 年，第 18 页。

驱逐机独立第 15 中队驻守在西固城机场。从后来的作战记录看，这两个中国空军中队加上苏联志愿航空队一个驱逐机中队，飞机最多时共有战机约60 架，这就是兰州的空军基本作战力量。

防空司令部在兰州还设立了空军第七总站，又称兰州机场总站，下辖兰州拱星墩机场、榆中东古城机场、西固城机场、中川机场和临洮机场五个机场。① 1938 年，中国空军还在兰州西固城设立了一个空军训练基地，负责训练刚从空军军官学校毕业的学员和从各作战部队抽调的学员。基地的名称是"驱逐总队"，总队长为刘炯光。机场经常停泊着一百多架飞机，有三四百个飞行员。一批批的青年飞行员在这里经苏联教官严格培训，掌握了飞行技术和作战技能后，飞往全国各地战场参战。这里实际上成为中国政府在淞沪会战中空军损失殆尽后重建空军的最大后方训练基地。1940 年初又从洛阳迁来空军第三工厂，负责修理各式飞机。

担任兰州地面防空任务的是中央防空学校炮兵团的一个高射炮营，分别驻防在黄河北岸白塔山上和黄河南的四墩山（今伏龙坪）上。此两处为兰州城的制高点。还有一个连部署在城东郊拱星墩机场附近，以保卫军用机场。此三处共配备了 4 门射程为 5000 米的苏制大口径高射机关炮，6 门射程约为 2000 米的德制苏罗通高射机关炮，以及三十多挺高射机枪，初步形成地面对空火力网，配合空军保卫兰州。②

（三）兰州的防空措施

为组织市民在敌机来袭时及时躲避、疏散，防空司令部采取了一套措施。积极利用防空警报器传送信号便是其中之一。当时兰州有汽笛两处，手摇警报器两台，警钟四百多口，分布于市区中心地带，后又增加电动警报器一台。除了音响警报之外，还设立了视觉警报信号，即在五泉山、四

---

① 《关于抗日战争时期苏联援助中国抗战在兰州地区援助情况的调查》，载赵国强主编《甘肃抗战实录》，甘肃文化出版社 2015 年版，第 230—234 页。

② 叶建军：《回忆八年抗战期间的兰州防空》，载中共兰州市委党史办公室编《兰州空战——(1937—1943) 兰州空战资料选编》，2015 年，第 105 页。

墩坪、广武门城墙、省政府门前、白塔山等处悬挂彩色旗帜和灯笼。据兰州市北面滩新村 85 岁的郭永福老人在 2017 年 7 月 22 日接受笔者采访时回忆，他当时还是个七八岁的孩子，已经能记得事情。敌机白天来袭时我方升彩旗，晚上来袭升彩灯。灯是清油灯，一个大黑碗，棉花捻的灯芯，外面包上彩纸。旗帜和灯笼都分为黄、红、白三色。黄色是预警，红色是敌机来临的警报，白色是警报解除。尤其是晚上，灯笼从两面山上升起来，十分醒目，远近的人都能看见。听到汽笛声或看见预警警报旗、灯笼，大家就带上家小往山上跑，叫作"跑飞机"。

当时军政当局对如何防备敌机袭击经验不足，前期只是采取了简单的措施。直到遭到日机连续空袭后，当局才逐渐总结经验，于 1940 年制定出《兰州市疏散计划纲要》，对防空事宜作了详细部署，防空工作逐渐走上正轨。

此外，甘肃省警察局发布通告，要求市民在院子大门外多备沙包，多掘水池，以为灭火之用；老幼妇孺尽量疏散至城外村庄或外县，以免遇空袭时疏散不及；闻警报后，所有人从速躲避，不可乱跑或在屋顶、山冈、空地上观看敌机，汽车、大车应即隐蔽，不可停放在要路口影响交通；夜间闻空袭警报后，应即熄灭灯火，不给敌机提示袭击目标；等等。[①] 省会防护总团发布通知，因本市警钟为数甚少，特收集多面铜锣，分发各分团，于分团岗位处、屋檐下悬挂一只，闻警报时即与警钟一并敲响。[②] 夜间遇空袭警报时，汽笛急鸣，铜锣、警钟连连敲响，红灯笼冉冉升起，在夜空中特别醒目。多种警示，城内外市民遂皆能闻知，无复疏漏。据叶建军介绍，为了让所有的市民警觉疏散，后来还增加了一项措施，汽笛发出空袭警报后，先鸣炮三响，以后每批敌机到达，加放号炮一响，以引起避难市民的注意。另外，还成立了避难指导队，根据防空壕、防空洞的分布和容纳人

---

① 《甘肃省会警察局关于市民目前对于防空亟须办理及注意事项》，《甘肃民国日报》1937 年 12 月 17 日。

② 《省会防护团布告市民将悬铜锣代替警钟》，《西北日报》1937 年 12 月 17 日。

数，划分地区、定人定位，指导人们避难，使秩序逐渐有条不紊。在消防方面，饬令各机关、工厂购置水龙和其他消防器材，在兰州各街巷指定适当地点，修建蓄水池多处，开渠引五泉山泉水及阿干河水，并经常保持一定水量。1941年，兰州市防护团消防大队购置了4辆消防汽车，以保证在发生火灾的紧急情况下能及时赶到救火。"这些措施的施行，对市民的及时躲避，减少伤亡起了很大作用。"①

二、 中苏空军联合抗敌

1937年11月5日，日军7架轰炸机来袭，在兰州东郊的拱星墩机场投弹数枚。这是日军首次试探性空袭兰州。12月4日，日本11架飞机空袭兰州。② 防空司令部提前接到情报后，及时拉响警报，做出预警。中午11时45分，11架日军三菱96式陆攻轰炸机从西面呼啸而来，飞越兰州市上空，飞到市东郊野外，扔下9颗炸弹，炸伤民众4人，炸死2人。地面高射炮和高射机枪开火扫射，敌机见兰州早有准备，狼狈逃走。

12月21日，日军18架轰炸机从包头机场起飞，分为两队，一队从陕北榆林方向、一队从宁夏中宁方向分头向兰州扑来。11时10分，空袭警报声大作。军警部队与各防护支团立即全体出动，分头指挥各处市民就近躲入挖好的防空壕。12时许，9架敌机飞临兰州上空。兰州空军机队提前升空拦截。地面高射炮、高射机枪猛烈射击。敌机遭到地面炮火攻击后，遂飞至东郊，向地面民房密集处扔下12颗炸弹。由于民众疏散及时，仅炸毁民房三十余间，伤男女各一人。下午3时，又有9架从中宁方向飞来的日军轰炸机飞近兰州，兰州空军飞机再次升空拦截。敌机见我早有防备，未及扔炸弹。午后4时，警报解除。"纵观本日敌机两次来袭，各部门表现均极紧张，尤其防护团人员及军警出动迅速、指挥得力，故市面秩序井然，居民

---

① 彦生：《访原兰州市政协常委、抗战时期甘肃全省防空司令部参谋长叶建军先生》，《档案》2005年第2期。

② 赵国标：《抗战以来空军在西北作战经过概要》，《甘肃民国日报》1942年8月14日。

亦镇定不乱，毫无恐惧。"①

　　1937年冬天，日军正在集中陆空精锐部队连续攻击上海、南京和华北、山西地区，对兰州的空袭只是一些试探性攻击。到了1938年初及年底，随着苏联援华物资从新疆、兰州一线的运入量增多，敌人的空袭行动也逐次扩大规模，兰州的防空战越来越激烈。

　　1938年1月21日，日军5架轰炸机袭击兰州。2月20日，"上午11时，日机第一批九架，由北方侵入市区上空，经东郊泥窝庄（今宁卧庄），向飞机场投弹；第二批十二架由西面侵入市区上空，在北园白云观附近、省立医院（今兰医二院东边）、制造厂、木塔巷、贤侯街、县门街等地均投弹轰炸。当敌机进入市中心上空时，我机起飞迎击，南北山所架设的高射炮齐发，共击落敌机九架"②。三天后，又有36架日机轰炸兰州。日军出动的飞机数量连连倍增，轰炸越来越剧烈。

　　这年春天还发生了西固空军基地突然遭到一股受日本间谍操纵的土匪武装袭击的事件。警卫部队经过激战将土匪击退。③

　　1938年下半年日军飞机轰炸兰州的情况，据兰州空军司令部第一科科长赵国标报告："二十七年：（一）十一月十五日拂晓，敌轰炸机三架，袭击兰州，我以优势之驱逐兵力，分批升空警戒，敌机未敢窜入。"④另据拜襄华回忆，"1938年日机轰炸兰州时，有一次在苏联空军参战下，曾击落敌机19架，苏联空军战士阵亡两人，当时葬于兰州飞机场某山根"⑤。这些亲历者的回忆说明，1938年下半年确有敌机来袭，兰州空军曾击落敌机多架。⑥

――――――――――

　　①　《敌机昨日两度袭击省垣》，《西北日报》1937年12月22日。

　　②　李孔炤：《日机空袭兰州纪实》，载赵国强主编《甘肃抗战实录》，甘肃文化出版社2015年版，第504页。

　　③　林叶：《"第五纵队"偷袭西固空军基地经过》，载《兰州文史资料选辑》第23辑，兰州大学出版社2004年版，第22页。

　　④　赵国标：《抗战以来空军在西北作战经过概要》，《甘肃民国日报》1942年8月14日。

　　⑤　《抗日战争时期空军阵亡烈士花名册》，载赵国强主编《甘肃抗战实录》，甘肃文化出版社2015年版，第227—229页。

　　⑥　笔者注：拜襄华的回忆未说明这次空战发生在1938年的具体哪个时间，据他说的苏联空军战士牺牲二人之情况，应为11月2日之事。至于一次击落敌机19架，未见诸报道，疑是记忆有误。

1938 年冬天，中国空军驱逐总队副总队长毛瀛初率领第 5 大队的第 17 飞行中队和独立第 15 飞行中队从四川移驻兰州，苏联空军志愿队的一个驱逐机中队也来到兰州助战，分别驻守在西固机场和拱星墩机场。中央空军和苏联空军的加入，大大增强了兰州空军部队的作战力量。

从 1939 年 2 月起，日军重新选定了离兰州距离比较近的山西运城机场，把陆军第 1 飞行团第 12 战队、第 60 战队、第 98 战队的百余架飞机调集到此①，同时拟定由东北关东军大本营调动更多飞机的计划，准备实施"第一次大规模内陆攻势"。另外，日军鉴于空袭时总是被预知（运城机场附近有我方特工小组在监视敌机动向，随时发报），② 决定调整战术，采取佯攻与实攻相交替、白天突袭与夜间偷袭相结合的办法。

2 月 5 日，驻重庆的空军指挥部获知敌军第 1 飞行团的大批飞机转场至运城的情报后，派第 8 大队第 10 中队中队长刘福洪率领 4 架沃特 V-11 攻击机，从成都出发飞临运城上空，投下 40 枚 14 公斤重的炸弹。日军惊恐不已。返航途中，刘福洪的座机因发动机超温发生爆炸，刘福洪及机上两名战士殉难。而驻兰州的第 17 中队也因日军飞机进驻运城，可能袭击兰州，取消了进驻西安支援地面部队的计划。③

2 月 7 日，日军指挥部向第 1 飞行团下达了攻击命令，"主要目标为兰州东机场，预备目标为兰州市区"④。2 月 9 日，"敌轰炸机六架窜甘，我驱逐部队升空警戒。敌知我有备，向东回窜，归途炸平凉、固原等地"⑤。2 月 12 日，日军 29 架轰炸机从运城机场起飞，预定 13 点到达兰州，以攻击拱星墩机场为主，兰州市区为辅。由于领航员判断失误，机队向北偏航，

---

① 徐华江：《史述兰州大空战》，载中共兰州市委党史办公室编《兰州空战——（1937—1943）兰州空战资料选编》，2015 年，第 179 页。

② 叶建军：《回忆八年抗战期间的兰州防空》，载赵国强主编《甘肃抗战实录》，甘肃文化出版社 2015 年版，第 510 页。

③ 《兰州空战始末》，载中共兰州市委党史办公室编《兰州空战——（1937—1943）兰州空战资料选编》，2015 年，第 20 页。

④ 《兰州空战始末》，载中共兰州市委党史办公室编《兰州空战——（1937—1943）兰州空战资料选编》，2015 年，第 20 页。

⑤ 赵国标：《抗战以来空军在西北作战经过概要》，《甘肃民国日报》1942 年 8 月 14 日。

将距兰州一百多里、地处黄河边上的靖远县城误认作是兰州城，将 54 枚 50 公斤级炸弹倾泻下去，靖远县城一片狼藉。① 下午 2 时许，日军 26 架轰炸机飞抵兰州上空，立即向市区投弹。② 这两批敌机抵达前，中国空军第 17 中队已升空，中队长岑泽鎏和僚机徐吉骧少尉带领机组给予了坚决堵截。③

　　2 月 20 日上午，日陆军第一飞行团的 30 架轰炸机，分三批猛扑兰州。④ 苏联志愿航空队大队长耶列布琴科率领 14 架 E－16 战斗机起飞，岑泽鎏的第 17 中队 15 架 E－15 战斗机随后起飞，中苏两个机队在空中巡视警戒。独立第 15 中队则负责守护西固城空军基地。下午 2 时 50 分，17 中队战机升至 4000 多米高度时，发现了第一批 9 架敌机，中苏空军英勇抗敌，打落敌机多架，敌 98 战队溃散，分头逃窜。3 点 5 分，日军第二批 12 架轰炸机又进入兰州空域，被耶列布琴科率领的苏联志愿队 14 架战斗机拦截，被击落 5 架。不久，第三批 9 架日机也飞临兰州。中、苏空军飞机联手对敌。两个多小时后，被重创的两个敌机群仓皇退走，1 架敌机被地面防空高射炮击中坠毁。

　　此战，"我以旺盛之攻击精神，勇猛合击，战况空前激烈，敌机队形，即形紊乱"⑤。日机连同返航途中坠落者共损失 9 架，残骸被我军一一找到。据《甘肃民国日报》记者事后到现场观看，有一架 BR－20 重爆轰炸机，是日军 98 战队服部武士大队二井卓中队的带队长机，中队长二井卓大尉和上田虎雄大尉当场死亡，还有 5 个士曹也已毙命。留下 5 双皮靴和 1 顶航空帽，一排没有发射出去的机枪子弹，隔开三五个就有一颗红头子弹，这是毒气弹或燃烧弹的标记。记者又到部队营房观看从这架飞机残骸中找到的其他物品，"这里有着敌人的两把指挥刀，一把是敌人空军官佐佩用的，上面刻着'明治二年三月义明夫广房作'；另外一把是陆军军官佩用的，握手的地方还有三个

　　① 《兰州空战始末》，载中共兰州市委党史办公室编《兰州空战——（1937—1943）兰州空战资料选编》，2015 年，第 20—21 页。

　　② 赵国标：《抗战以来空军在西北作战经过概要》，《甘肃民国日报》1942 年 8 月 14 日。

　　③ 《兰州空战始末》，载中共兰州市委党史办公室编《兰州空战——（1937—1943）兰州空战资料选编》，2015 年，第 21 页。

　　④ 赵国标：《抗战以来空军在西北作战经过概要》，《甘肃民国日报》1942 年 8 月 14 日。

　　⑤ 赵国标：《抗战以来空军在西北作战经过概要》，《甘肃民国日报》1942 年 8 月 14 日。

红星。根据推测，这一架飞机中也许有一个敌人陆军军官坐在里面观战，两把指挥刀都开了口，这是证明敌人已经准备着自杀的最后一着了"。值得注意的是，还有一张从日本爱知县寄来的明信片、一张照片。照片上是东京驿前的一家旅馆，有两位女性和一位男性，大概是二井卓大尉的父亲、母亲和妻子。两本日记本，一本被子弹穿过，另一本记载着 1938 年 11 月 14 日起至 1939 年 2 月 21 日二井卓驾机从武汉飞到上海，又从上海飞到大场的历程，还写有"空中困难，家乡在那一端"之类的伤感句子。①

图 4-4　兰州空战中被击落日机中的机关枪和护身旗

（载《中华》1940 年第 86 期）

---

① 《敌机残骸巡视记》，《甘肃民国日报》1939 年 2 月 23 日。

1939 年 2 月 23 日 11 时，我空军接到敌机来袭的警报。12 时 20 分，防空司令部报告敌机 20 架由庆阳西峰镇向兰州航进。驻西固的第 15 中队主力机群立即起飞。12 时 40 分，20 架敌机分两个批次，前机群 8 架，后机群 12 架，由兰州东北方向进入市区上空。这时候带着 3 架战机正在空中巡逻的余平想即刻率领 3 架战机占据有利位置，向敌机群发起第一波攻击！李德标中尉率先击中一架敌机。这时在不同空域巡逻的第 17 中队的 10 架战斗机和第 15 中队的主力机群立即赶来投入战斗。在西固城基地指挥战斗的驱逐机总队副总队长毛瀛初也驾驶一架霍克－3 战机起飞参战。在拱星墩机场上观战的苏联飞行员们也纷纷驾机起飞参战。一时间，这场空战演变成了一场敌我双方的围攻战。① 据李德标回忆：

> 日本轰炸机群与我机距离逐渐接近，刚才所见耀目闪光，渐渐已变成可见的巨大飞机。那是日本鬼子的轰炸机，似乎是一大群，可是时间急迫，来不及点数。长机领导我们三架飞机，恰好正在敌机群的航路之前右上方，拦个正着。我当时不假思索，立即带升机头，向右倾侧，推头俯冲，向敌机群对头攻击，用拇指使劲按住机枪按钮，机上四挺机枪子弹成串冒出，射向敌机。在向敌机群进行第二次射击后，通过敌机群后方拉起机头时，猛然看见敌轰炸机两架，在我机稍远处的前方，突然爆炸，耀目火光一闪之后，变成两团巨大火球，自空中冉冉坠落地面，极为壮观。着地之后，烈焰四散，范围颇广。再抬头一看，又见另一架敌机，拖着黑烟渐渐落后，继之也爆炸下坠。②

空战过程中，第三批 20 架敌机到达兰州上空。这批敌机没有去解救被围攻的敌机，而是在城内中央广场及附近的黄家园、曹家巷、学院街、东大街、南关、贡元巷、黄河沿、东城壕等处上空大量投掷炸弹、燃烧弹。③ 隐蔽在白

---

① 中共兰州市委党史办公室编：《兰州空战——（1937—1943）兰州空战资料选编》，2015 年，第 22—23 页。
② 转引自王禄明《日机被击落的历史片段》，《档案》2005 年第 2 期。
③ 《兰垣空战再告大捷，昨击落敌机六架》，《甘肃民国日报》1939 年 2 月 24 日。

塔山、伏龙坪上的高射炮、高射机枪立即向掠过头顶的敌机猛烈射击。

2月20日、23日的兰州两次空战，中苏空军共击落日机15架。这是自武汉和广州失守以后，中国空军取得的一次重要战果，对中国军民的抗敌士气是一个有力的鼓舞。27日，《新华日报》发表短评说："最近兰州空战，我空军一再告捷，更说明了我数量较少而英勇的空军，战斗力在日益增强中。我们对英勇善战的空军，予最崇高的敬礼，并希望政府能实现参政会第三次大会所通过的加紧扩大空军建设案，尽速的增强空军，给敌寇以致命的打击！"①

然而，日军在23日的空袭，兰州受损比较严重。敌机共投弹二十余枚，炸毁民房、商肆、烟坊、妓院、摄影室、旅社百余间，死伤十余人。② 位于市中心繁华地带的中山市场，中了3颗炸弹，破坏严重。东城巷138号和139号两家住户被炸毁房屋9间，死2人，伤9人，家庭损失惨重。地上的炸弹坑有一丈多深。唐贞观年间修建的名刹普照寺被燃烧弹命中，藏经楼被烧了个精光，寺藏珍稀经卷大藏经《永乐南藏》、佛像、唐人精美壁画等稀世珍宝大部被烧毁或被倒塌的房屋掩埋，方丈蓝众诚也被炸死。

此次轰炸之后，普照寺于同年10月、11月、12月又遭日机连续轰炸，"日机的燃烧弹彻底炸毁了大雄宝殿、法轮殿、天主殿、哼哈二将殿、药师殿、星宿殿，全寺付之一炬，尽成焦土。劫后，普照寺建筑仅有东侧的观音堂和寺门幸存，那座悬于寺内的金代章宗泰和二年（1202）铸造的铁钟，也倾倒在残垣瓦砾之中。普照寺继由蓝方丈的师弟王月庵住持，收拣藏经残卷"③。这些残存经卷后在王月庵、水梓等人的努力下得以补抄修复，而唐代名刹普照寺今已不存，只剩下劫后余生的一座金代铁钟至今仍安放在五泉山上。

---

① 《给敌空军更大的打击》，《新华日报》（汉口重庆）1939年2月27日。
② 《敌机昨袭兰垣，市区被炸情形》，《甘肃民国日报》1939年2月24日。
③ 姜洪源：《劫后余生的普照寺明代经卷》，《甘肃日报》2017年3月18日。

图4－5　兰州古刹普照寺被炸，幸存金泰河铁钟及钟台

（载《大美画报》1939年第3卷第8期）

　　2月份敌机的两次轰炸目标之所以比上几次准确，显然是敌军得到了情报。甘肃军政当局怀疑有内鬼，经精心侦查，果然发现位于辕门街的久大商行系由日本特务和汉奸开设，在为日军搜集情报。商行立即被警方查封，日本特务和汉奸被抓捕，审讯后证据确凿，全数枪毙。①

　　1939年3月7日，敌机46架分四批袭击甘肃，我机群起飞警戒，四批敌机"鉴于上月二十、二十三两日之重创"，不敢进入兰州上空，只向宁夏、平凉、武威等地投掷炸弹泄愤后返航。9月30日，15架敌机来犯，我军战机起飞警戒，敌机未敢进入兰州。日军在白天袭击遭受重创的情况下，

---

　　①　邓明：《街巷旧事：城关地名掌故》，甘肃文化出版社2017年版，第30页。

遂采用夜间偷袭。10月28日夜0点4分，四批敌机57架陆续到达兰州，在东大街、东关、博德恩医院、山字石皖江会馆等处投弹轰炸，炸毁房屋六七百间。其时人们正在熟睡，人员伤亡较多。11月29日半夜至30日拂晓，敌机又分四批来袭。① 被地面照测部队发现，在强大的探照灯光柱照射下，敌机胡乱投下一些炸弹离去。

图4-6 中国空军追击日机

（载《中华》1940年第86期）

1939年12月，日军陆军航空队和海军航空队决定对兰州联合实施"100号作战计划"，敌机数量骤增，轰炸次数密集，达到了自1937年底以来的高峰。12月1日，敌机48架，分两批袭击兰州，"我驱逐部队，起飞迎击，发生空战，激烈异常。敌机投弹后东窜，其中二架，（被）我击伤冒

---

① 赵国标：《抗战以来空军在西北作战经过概要》，《甘肃民国日报》1942年8月14日。

烟。我机五架受弹伤，但均安全降落"①。12 月 26 日 6 时起，敌轰炸机 99 架②分三批出动，袭击兰州。敌机分别攻击兰州市区和东古城机场，"我以劣势兵力，起飞迎击各敌，皆战至敌尽方止。敌机三架，被我机击落。我机两架微有损伤。其余敌机仓狂投弹后东窜"。另地面高射炮击落一架日海军航空队飞机。次日，"敌轰炸机九十八架，分批袭兰，我以劣势驱逐兵力，起飞迎击，我机向敌大编队群于浓密之火网中，反复攻击，敌机一架，即被击落，另一架重伤冒烟，其余敌机仓皇投弹后窜去"。第三天，又有"敌机九十七架，分两批以重层配备，成纵队及人字队形，进入兰市。我驱逐队适时起飞，仍陆续以前两日之攻击精神，奋勇迎击，但以兵力过少，攻击未奏效果，我机一架，略有损失"。③

1939 年 12 月底，日军共出动 342 架飞机轰炸兰州，是抗战时期袭击兰州飞机数量最多、轰炸最猛烈的一个月。西固空军基地遭到敌机群猛烈轰炸，蒙受重大损失。④ 我方四天内共击落敌机 5 架，击伤 3 架。苏联飞行员古力芝、郭尔皆耶夫、伊萨耶夫驾驶的飞机在空战中被击伤，三人英勇捐躯。中方先后有 8 架飞机受伤。郑君里在日记中详细记述了他和同事老姚等人"跑飞机"的情形以及看到的惨景。12 月 26 日敌机来袭时，他们随慌乱的人流跑到山上防空洞躲避，警报解除后回到住处，看到住房周围的民居还在熊熊燃烧，"兰州已经被破坏了五分之二，所有大一点的建筑物都炸得光光的……"28 日，他们跑到黄河北岸山上躲避，看见"敌机今日炸的目标是黄河铁桥，河南河北（指黄河两岸）近桥处都落弹，灰黄的飞土又变成了烟火味的雾，一阵阵的逼进来。凭山丘的撼动，有经验的避难者说今天炸的是河北"。警报

---

① 赵国标：《抗战以来空军在西北作战经过概要》，《甘肃民国日报》1942 年 8 月 14 日。
② 据聚川撰写的《路志霄与〈敌机袭兰纪略〉》一文介绍，当时的兰州师范教师李恭根据目击实况和报纸资料写成《文史别记》。路志霄又据此遗稿中的日记内容写成《敌机袭兰纪略》一文，原载于台湾出版的《甘肃文献》。文中记载当日敌机分四批侵入，共 134 架，均投掷燃烧弹。与《抗战以来空军在西北作战经过概要》一文记载的当日日军出动飞机 99 架不一致。聚川文见中共甘肃省委党史研究室编《甘肃抗战》，中共党史出版社 2015 年版，第 593—600 页。
③ 赵国标：《抗战以来空军在西北作战经过概要》，《甘肃民国日报》1942 年 8 月 14 日。
④ 《兰州空战始末》，载中共兰州市委党史办公室编《兰州空战——（1937—1943）兰州空战资料选编》，2015 年，第 26 页。

解除后回住处的路上,他看见"铁桥像条墓道,闪动着疏落落的幽灵,城门被炸倒了","进门大家就说一句'你还没有死……'"①

由于我方空军和地面炮火的拼死阻击,除了兰州市区机关、民房和西固空军基地蒙受重大损失外,敌机并没有炸中其他重要目标。中山铁桥虽布满弹痕,却依然屹立在黄河之上,战后车马照常通行。兰州的几个机场、山上的高射炮阵地和甘肃省政府、第八战区司令部等处未受重大损伤。苏联援华物资集散地方因为严格保密,也未被敌人发现。到了夜里,转运车队、骆驼队照常出发。据叶建军回忆,我空军并非一味防守,有时候还主动出击。"1939年某日,我空军一队,乘日机轰炸返航之时,尾随其后,乘敌机在运城机场降落之时,进行轰炸,投弹六十多枚,炸毁敌机四十多架,使敌机不敢再在运城机场停留大批飞机,大大削弱了敌人轰炸兰州的空中力量。"②

图4-7 兰州空战时被击毁的日本飞机

(载《中华》1940年第86期)

---

① 郑君里:《民族万岁:郑君里日记(1939—1940)》,上海文化出版社2013年版,第321—326页。

② 彦生:《访原兰州市政协常委、抗战时期甘肃全省防空司令部参谋长叶建军先生》,《档案》2005年第2期。

1940 年日军将轰炸重点放在了重庆，基本停止了对兰州的轰炸。从 1941 年 5 月起，日军开始投入最新式的零式战斗机，与轰炸机一起出动，继续轰炸兰州。零式战斗机是日本新生产出的最新战机，主体是木质结构，机身远比金属飞机轻，因而速度极快（最大时速超过 500 公里），转弯半径小，爬升率高，灵活性强，航程达到 3000 公里，且机枪、炮火火力配置相当凶猛，使用副油箱时飞行时间可达 6 小时以上，完全可以随轰炸机出动长途奔袭。1941 年 5 月 21 日，"敌轰炸机二十七架，进袭兰州，我驱逐部队适时升空警戒，（敌）进入兰市之处，即被我机发现，迎头攻击，当被我击落一架，其余敌机，在东郊盲目投弹后回窜"。5 月 22 日，"敌零式驱逐机十二架，初次协同其轰炸机二十五架，分批袭兰，并以侦察机一架为前导"。敌人先派一架侦察机先进入兰州上空侦察，为零式驱逐机搜索目标。侦察机未发现我方驱逐机的踪迹，于是大队轰炸机和 12 架零式战机随后进入兰州上空。这时我隐藏在临洮机场的飞机群突然出现在敌轰炸机编队面前，敌机措手不及，激战中被击落 1 架，负重伤 1 架，于返航途中坠毁。

　　为保存仅有的空军力量，避免与敌机决战受损，兰州空军司令部决定，"我以驱逐兵力，转用于其他基地"。这样一来，兰州的防空任务就全部落在了高射炮部队和警卫部队身上。5 月 27 日，敌 24 架轰炸机、20 架零式战斗机分两批进袭兰州。这次攻击的主要目标是西固机场战斗机群，但敌机盘旋良久，未发现我方机群，最后发泄式扔下一批炸弹后飞走。6 月 18 日，又有 19 架零式战斗机、23 架侦察机分四批飞临兰州。这次敌机的攻击目标转向东郊机场，但又扑了一个空。6 月 22 日，敌人只派出 16 架零式战机，分两批飞抵兰州东古城机场低飞盘旋，寻找我机群决斗。① 结果连一架飞机都没找到，向地面扫射一阵后飞走。

　　这三次日军出动大批零式战机袭兰，本要一举歼灭兰州空军，但阴谋未得逞。日军认为兰州已不足戒备，6 月 23 日只派出 4 架轰炸机和几架零

---

　　① 赵国标：《抗战以来空军在西北作战经过概要》，《甘肃民国日报》1942 年 8 月 14 日。

式战机在西固城胡乱炸了一阵，而以 27 架轰炸机轰炸西宁。转移到西固的高射炮部队和警卫部队高射机枪集中火力射击敌机。两架低飞搜索的零式战斗机被我高射火力网套住，左冲右突不得逃脱，当场被击落！①

零式战机在兰州毫无战绩，反被击落两架，日军大为恼怒，伺机报复。1941 年 8 月 5 日，驻防成都的空军第 5 大队 18 架 E－15 战斗机，为回避敌零式战机的锋芒，由时任副大队长余平想带队，飞往天水躲避。飞机甫一降落，9 架日本零式战斗机即从云层钻出，直扑机场而来，我方 18 架战机顷刻一溜中弹，起火、爆炸，全部被毁。这是中国空军在甘肃遭到的最大的一次损失。②

8 月 25 日，敌轰炸机 8 架飞临兰州投弹。8 月 31 日，敌 12 架轰炸机轰炸兰州西固时，又一架轰炸机被我西固地面炮火击中，坠落到皋兰县境内。③ 有人目睹了这架敌机坠落的情形："当时，一个牧羊人正在山中放羊，听到空中突然传来一声巨响，他抬头一看，发现一架飞机拖着白烟徐徐坠落。后经调查证实，原来是一架日机被我方炮火击中，在空中爆炸后坠毁于皋兰县来乐乡的小干沟村。其中飞机的一翼和机头坠落在小干沟村东约一里处，其余部分则坠落在当地村民张明辉、张廷凯院内。当飞机落地时，又发出一声爆炸，机上所有人员和枪械弹药被炸得粉碎。在血肉模糊的现场中，依稀可看到有 5 个人头，其中只有一具尸身还比较完整，其余尸身已无从查找，总共'死者定在 6 人以上'。日机坠落时，炸伤居民 10 人，其中重伤 7 人，炸毁房屋 57 间。"④

1941 年 8 月以后，苏联与日本签订《苏日中立条约》，随后就终止了对中国的物资支援。日军轰炸兰州的规模也渐次减弱直至停止。

三、 兰州空战的影响

从 1937 年 11 月 5 日日军第一次袭击兰州开始，至 1942 年 8 月 31 日

---

① 赵国标：《抗战以来空军在西北作战经过概要》，《甘肃民国日报》1942 年 8 月 14 日。
② 曾景忠：《军法过严，白崇禧智救军官》，《南方都市报》2008 年 7 月 1 日。
③ 赵国标：《抗战以来空军在西北作战经过概要》，《甘肃民国日报》1942 年 8 月 14 日。
④ 转引自王禄明《日机被击落的历史片段》，《档案》2005 年第 2 期。

止，近五年时间里，兰州共遭到日军空袭 36 次，日军共出动飞机 676 架，投弹 2738 枚。① 我方共击落敌机 47 架，击伤多架。

从兰州空战的整个过程看，兰州防空部队与敌力量相差非常悬殊。日陆军航空队第一飞行团三个战队驾驶着当时最先进的轰炸机，后来又有海军航空队大批轰炸机和凶悍的零式战机参战。而中方常驻兰州的空军部队只有第 17、第 15 中队和苏联一个驱逐机中队，作战飞机只有四五十架。地面防空部队只有一个营，十门高射炮、三十多挺高射机枪。敌机每次出动飞机几十架甚至上百架，且我方处于被动防守的不利地位。兰州遭受敌机长时间多批次疯狂轰炸，但我军利用情报、敌人的傲气和战术上的失误及其对兰州布防变化情况不甚熟悉的弱点，采取灵活机动的战法，成功地守护住了战略要地兰州。

（一）兰州防空战的损失

与抗战期间遭敌机轰炸最严重的其他城市相比，兰州的损失是比较小的。有资料显示，1937 年 7 月 10 日，日军对北平 4 次轰炸，造成 4000 多人伤亡；7 月 13 日，日机轰炸天津，伤亡 3000 多人；8 月 13 日，日机轰炸上海，伤亡 12000 多人。而兰州在近五年时间里总共被炸死炸伤 406 人。② 这与兰州人口远比上述城市少、居住较分散有关，更与兰州军方组织防空有方、抗击敌机有力有关。敌机集中轰炸的一些重点目标和要害机关，除西固空军培训基地受损严重外，其余如中山铁桥、五个空军机场和战机、高射炮和高射机枪阵地、第八战区司令部、甘肃全省防空司令部、兰州空军司令部等，都没有受到大的损伤。最重要的是，苏联援华物资大通道始终不曾被敌机切断，滚滚驼队、车流一直在顽强地将援华物资运入兰州，而后运向全国各战场。兰州军民以血肉之躯保住了宝贵的军火运输线，有力

---

① 关于日军空袭次数、每次出动的飞机架数，特别是投弹数量，当时的记录和各种后人写的文章都说法不一，差别颇大，很难考订孰对孰错。本书主要采用了原始档案数据，对说法不一的数据做了一些甄别、选择。

② 《甘肃省各县市遭受敌机空袭人口损害统计表》，甘肃省档案馆藏，档号 14 - 2 - 566。

地支援了在前线奋战的各支部队。

除了运送苏联援华物资之外，甘肃车队、骆驼队还为陕甘宁边区的八路军部队接运、转送了新疆各界人士捐赠的 30000 件皮衣。1942 年，在重庆汽油紧张之时，兰州还组织羊皮筏子运输队，将一批批汽油从四川广元的嘉陵江上运抵重庆。沿江迤逦而来的兰州皮筏队第一次抵达重庆朝天门码头之时，山城军民观者如潮，欢声雷动，并特地举行了盛大的欢迎皮筏航运队大会。中外记者登筏参观访问，在当地报纸上作了报道，还拍摄了电影。①

空军将士在与大批敌机的殊死格杀中，有不少飞行员献出了生命。据有关统计显示，在兰州空战中，阵亡或因其他原因死难的中苏两国飞行员共有 63 名。②1944 年 11 月以空军第四路司令官罗机等人之名义撰写的《空军第四军烈士墓记》（墓碑今已不存）亦记载，③"甘肃在二十六年至三十一年间，为俄机运入孔道，亦为空军部队训练中心，在此境与倭寇空战百余次，阵亡与殉难诸烈士，共有 63 名。其最著者，若二十七年三月，在东岗镇□机张君泽、李仲武等 30 余烈士；二十八年十二月在兰州等处外员郭尔皆耶夫等 7 烈士；三十年三月在哈密接新机葛文德等 10 余烈士；三十一年十一月在兰州天山号机郑长庚等 9 烈士。或因杀敌阵亡，或缘飞行失事，或为教匪狙击，或被倭机轰炸，是皆空军之积（精）英，国家之瑰宝。追念功勋，痛悼良殷！"为纪念这些烈士，罗机呈准经费 36 万元，并利用兵工及官佐轮流服务，建成一座墓园，以资永久纪念。

除了这份墓记，留存下来的还有几张那时候飞行员们私下拍摄的照片，成了他们留在人世间的唯一影像。

---

① 王信臣：《抗战时期从广元到重庆皮筏运输汽油的回忆》，载赵国强主编《甘肃抗战实录》，甘肃文化出版社 2015 年版，第 352—353 页。

② 王亚民：《甘肃省抗日战争时期人口伤亡和财产损失调研报告》（节选），中共党史出版社 2015 年版，第 523 页。

③ 《空军第四军烈士墓记》，甘肃省档案馆藏，档号 5-2-12。

图4-8　中国空军第17中队飞行员

（前排左起：叶炳琪、王汉勋、岑泽鎏、郭耀南；

后排右起：陈桂民、张光普、任肇基、徐华江、叶恩强。

载赵国强主编《甘肃抗战实录》，甘肃文化出版社
2015年版）

　　岑泽鎏出生在广东省一个华侨家庭。九一八事变之后，他报考了广东航空学校，毕业后因飞行技术精湛被选入萃集中国空军精英的尖子部队第五大队。

　　1937年8月13日，淞沪战役开战。14日，日军轰炸机群袭击南京，岑泽鎏与战友们奉命出击，击落敌轰炸机6架，岑泽鎏击落敌机一架。1938年，岑泽鎏因技术超群、勇猛善战，被任命为中队长。这年6月至10月，岑泽鎏部参与武汉保卫战。他多次率队与数倍敌机群展开激战，在异常凶险的情况下击落敌机多架。他本人击落敌机1架，在激战中受伤。1939年任第17中队中队长。不久，第五大队（其四个中队驻防成都）之17中队在兰州集训完后接收E-15战机，奉命仍驻兰州，加强对兰州的防守。这一年，正是日军对兰州实施轰炸最猛烈的一年。据跟随岑泽鎏参加这两天战斗的三号僚机飞行员徐华江回忆，2月20日，敌机30架来袭，"我司令部于十四时零七分，令我十七中队E-15机九架起飞，并升高至四千米，

在兰州机场上空盘旋，于十四时五十分，发现第一批敌机九架，由西北方向进袭兰州机场，其高度约三千米，正位于我机右前下方。岑队长即刻摇翼下令全队攻击。一时我机九架齐下，对准敌机九架攻击。当第二次再攻击时，敌机一架中弹起火，坠于皋兰山上。攻击不久，又一架敌机摇摇欲坠，终于撞击地面，一团红火黑烟，冲向天空。再数分钟后，左前方一架敌机着火坠地。我们继续攻击，敌队形溃散，分头鼠窜。我们也分头追击。是役，我队长岑泽鎏将日机领队机击落，副队长马国廉将敌第二分队三号机击落"。20 日、23 日两次空战，岑泽鎏带领战友们共击落敌机 15 架，创造了中国抗日战争空战中击落敌机数量最多的战绩。此战后，航空委员会派专人赴兰州嘉奖慰劳。①

据一份"东岗镇空军烈士公墓中烈士碑文"记载，牺牲在兰州的苏联志愿航空队飞行员有姓名记录的人员有 7 人，分别是罗曼诺夫、郭尔皆耶夫、波拉技诺夫、伊萨耶夫、雅士、司切帕诺夫、马特烈士。还有一座合葬墓，碑文是"张文衡、苏名烈、邝文及友邦同志贰员，空军五烈士之墓，1938年 3 月 19 日立"。② 这两名苏联人员未留下姓名。据曾在飞机场当场兵的刘志明回忆，1939 年 12 月 26 日，日本飞机分三批一百多架，空袭兰州，苏联驱逐机起飞迎击日机。"在这次空战中，牺牲了苏联空军分队长古力芝。古力芝驾驶的飞机坠落在现气象台对面机场边，当即就地安葬"。③ 除上述十人，还有一百四十多个苏联军人参加过兰州保卫战，其中有不少人血洒长空，埋骨陇原，但伤亡情况未留下记录。

（二）难民救济

在近五年的空袭中，兰州市民被炸死 215 人，其中男 191 人，女 24 人；

---

① 徐华江：《史述兰州大空战》，载中共兰州市委党史办公室编《兰州空战——（1937—1943）兰州空战资料选编》，2015 年，第 178—181 页。

② 《抗战时期兰州空战阵亡苏军事迹史料》，载甘肃省档案馆编《晚清以来甘肃印象》，敦煌文艺出版社 2008 年版，第 239 页。

③ 《抗日战争时期空军阵亡烈士花名册》，载赵国强主编《甘肃抗战实录》，甘肃文化出版社 2015 年版，第 227—228 页。

被炸伤 191 人，其中男 162 人，女 29 人。被炸毁房屋 21669 间。城市满目疮痍，到处都是残墙断壁和凄惨的哭声。①

甘肃省会警察局第一分局于 1940 年 1 月 22 日所造的《兰州市敌机轰炸人民死伤调查表》中，详细地记载了轰炸中部分死亡人员的社会身份和所操职业。如"易中兴：45 岁，原籍四川，是一个卖水工，轰炸中在兰州市会馆巷 23 号被压死。老胡：60 岁，原籍甘肃皋兰，是一个街头说书人，在会馆巷 23 号被压死；马顺如：29 岁，原籍河南，是一个出苦力的洋车夫，轰炸中在山字石 102 号被压死；高杨氏：37 岁，原籍甘肃皋兰，是一个厨子，家住火药局 6 号，在中山林被压死；周英仁：19 岁，原籍皋兰，是西北公路局勤务，家住北门街 131 号，在中山林被压死；甘应福：67 岁，原籍甘肃永登，是一个小商人，在马坊门 38 号被压死；李新民：18 岁，原籍陕西，是一个唱戏者，在县门街 72 号家中被压死；冯祥盛，29 岁，原籍皋兰，是一个面商，家住县门街 31 号，在中山林被压死"。一些幼小的生命，也在轰炸中未能幸免，日军暴行令人发指，如"高尕女：年仅 3 岁，家住火药局 6 号，在中山林因避难所倒塌被压死；蒲丑丑，8 岁，原籍甘肃皋兰，在山字石 61 号家中被压死"。②

据张玉民老人回忆，抗战时期，他家住在兰州市伏龙坪上的窑洞里，家有 5 口人。他当时十多岁。一个冬天的早晨，一家人还在酣睡，突然有炸弹落下，地动山摇。他家的窑洞顷刻倒塌，一家人埋在里面，眼前一片漆黑，任凭怎么呼喊也无人能听见。轰炸过后，救援人员赶紧刨挖，他和父亲、哥哥被挖出来时还有口气，母亲和年幼的妹妹已经窒息死亡。邻居彭家的窑洞也被炸塌，数口人死去。还有个王姓人家，因坍塌的窑洞里还有一道口子通到外面，一家人顺着这道口子爬了出来。又有一次，日军飞机在山坡上炸出个好大的坑，张玉民往里一看，里面躺着十几具尸体，男女

---

① 《甘肃省各县市遭受敌机空袭人口损害统计表》，甘肃省档案馆藏，档号 14 - 2 - 566。
② 《兰州市敌机轰炸人民死伤调查表》，甘肃省档案馆藏，档号 4 - 2 - 11。

老幼都有，惨不忍睹啊。① 老人还回忆道："在1941年的一天，我舅舅住的金昌路、广武门一带，有家姓王的人家结婚。人很多，来了一二十个亲戚，还有许多看热闹的人。到了晚上，日机来袭，在这家庭院里丢了2枚炸弹，在那儿的人被炸死炸伤20多个，新郎当场被炸死，腿都给炸没了，现场实在太惨，新娘没被炸死，却从此不见了踪影。"② 日本轰炸给张玉民老人留下了惨痛的记忆。

图 4 - 9　兰州空战时被日机轰炸后的街道

（载《中华》1940 年第 86 期）

财产损失更是数额巨大。据统计，日军轰炸造成兰州市的直接财产损失折合成当时的国币来计算，房屋损失共达 11150800 元，器具损失达 910704 元，现款损失 408690 元，服着物损失达 1575211 元，古物、书籍 588475 元，其他物品损失达1230358元，共计达 15864238 元。③ 某些机关单

---

① 陈乐道：《日军飞机轰炸兰州片段》，《中国档案》2005 年第 9 期。
② 陈菊：《难以忘却的记忆——亲历者讲述日军轰炸兰州》，《甘肃日报》2005 年 8 月 11 日。
③ 《甘肃省历年遭受敌机空袭损害统计表》，甘肃省档案馆藏，档号 16 - 2 - 459。

独统计了自己的损失，兰州市警察局财产直接损失共计 24000 元，其中被毁 30 间房屋约值 21000 元，器具被毁约值 3000 元。① 省政府卫生处财产直接损失 46184 元，被毁建筑物约值 13364 元，器具约值 70 元，图书约值 50 元，医药用品被炸毁 50 箱，医疗器械被炸毁 14 种约值 1630 元。② 甘肃省教育厅及所属机关财产直接损失 4296166 元③，甘肃省财政厅财产损失共计 34520 元。④

日军轰炸所致兰州的间接财产损失，某些政府机关有单独的统计，如兰州市警察局财产间接损失共计 4500 元，其中迁移费 2000 元，抚恤费 2500 元。⑤ 甘肃省教育厅及所属机关财产间接损失共计 199336 元，其中迁移费 80308 元，防空设备费 106728 元，疏散费 10300 元，救济费 2000 元。⑥ 省物价管制委员会财产间接损失 6200 元，⑦ 省农业改进所财产间接损失共计 15000 元⑧。这只是部分机关的间接损失，其他机关的总体数字，当更惊人。

日军"无差别轰炸"过后，甘肃省政府对灾民进行了全力救治和救济。据有关档案记载，为及时救治受伤民众，省府主持成立了救护大队，要求"省垣各公私医院及各临时诊疗所，在空袭及空袭后之救护工作，统归由救护大队长杨树信指挥，其他军队、机关及学校所设之医疗室，亦须协同担任救护工作"；要求各公私医院、教会医院及诊疗所于空袭时收容伤病人，应免除平常规定门诊住院一切手续，力求简便，并不得藉病床缺少、房屋窄狭有推诿不收情事。救护大队有专门的防空洞，遇空袭时医务人员迅速撤入防空洞，并在那里抢救受伤人员。市政府还将梁家庄新建成的一些房屋拨给救护大队，作为市区较大的一处临时治疗所。

---

① 《1944 年 3 月 21 日兰州市政府呈报战时公私财产损失报告表》，甘肃省档案馆藏，档号 14 −2 −579。
② 《甘肃省政府卫生处财产直接损失报告表》，甘肃省档案馆藏，档号 14 −2 −579。
③ 《甘肃省教育厅及所属机关财产直接损失报告表》，甘肃省档案馆藏，档号 14 −2 −579。
④ 《甘肃省财政厅日机轰炸财产损失报告表》，甘肃省档案馆藏，档号 16 −2 −459。
⑤ 《兰州市警察局财产间接损失报告表》，甘肃省档案馆藏，档号 14 −2 −579。
⑥ 《甘肃省教育厅及所属机关财产间接损失报告表》，甘肃省档案馆藏，档号 14 −2 −579。
⑦ 《甘肃省物价管制委员会财产间接损失报告表》，甘肃省档案馆藏，档号 14 −2 −579。
⑧ 《甘肃省农业改进所财产间接损失报告表》，甘肃省档案馆藏，档号 14 −2 −579。

图 4-10　兰州被炸后，军民抢救受伤同胞
（载《中华》1940 年第 86 期）

　　救护大队下面设立了担架营、掩埋队，专司在街上抬运受伤和死亡人员。凡空袭中受伤被送至各医疗机构的民众，由政府每人每月发医药费一块银圆，以资救济。赈务会、空袭紧急救济联合办事处及红十字会等机构负责在空袭后尽量收容难民，呈报给防空司令部转呈省府予以安置、救济。死者每人发放 60 元，重伤者 40 元，轻伤者 15 元。掩埋队将死亡人员抬至适当地点停放，听候家属认领；如无亲友认领，则由掩埋队分别妥为掩埋。[①] 可以看出，经过三年多的摸索总结，到了 1941 年时，政府的救护、救济措施较前已远为周密细致，救济也取得了一定成效，尤其强调国家在救济难民中的主导地位和责任，救济思想不断进步，救济制度逐步完善。[②]

　　全面抗战时期日军轰炸给兰州人民造成了不可估量的损失，创痛巨深。兰州空战在抗日战争史上具有重要的地位和作用：它挫败了日寇的战略企

---

　　① 《甘肃省会防护总团关于空袭救护工作的会议记录》，见赵国强主编《甘肃抗战实录》，甘肃文化出版社 2015 年版，第 191 页。
　　② 杨红霞：《抗战时期日本轰炸甘肃研究》，西北师范大学历史文化学院 2014 年硕士学位论文，第 76 页。

图，保障了西北国际通道的安全畅通；重创了日本空军，遏制了其远程进攻西北内陆、掌握制空权的战略；极大地支援了正面战场作战特别是其他战区的空战；对推动兰州乃至甘肃人民踊跃支援和参加抗战产生了重大影响。①

四、 兰州抗战遗址

抗日战争时期，兰州是抗战大后方具有战略意义的城市，为抗战作出了重要贡献，留下了一大批抗战遗迹。

（一）第八战区司令长官部、甘肃省会防空指挥部

1937 年 11 月，第八战区司令长官部及甘肃省会防空指挥部在兰州成立，以五泉山中古木掩映的寺庙殿宇为办公场所，以避日本飞机轰炸扫射，并将这里列为军事禁区。当时在办公地点构筑了几处防空洞，今存两处：一处在武侯祠，总面积 480 平方米，覆盖层 72 米，有 3 个出口；另一处在千佛阁之上西侧，平面呈 U 形，各长两三百米，宽两三米，高三四米，系黄土覆盖，用木梁支撑加固，有东西两个出口。五泉山有足够的殿宇，供第八战区司令长官部及甘肃省防空司令部办公，山上有充足的泉水供饮用，而五泉山又贴近皋兰山，日本飞机无法空袭，从而保障了这两个指挥系统的安全，对抗战的最后胜利立了战功。

（二）八路军驻兰州办事处

八路军驻兰州办事处位于南滩街 54 号（今甘南路 700 号），为原甘肃提督马安良公馆。1937 年 7 月，中国共产党中央党代表谢觉哉来兰州，租用前院，成立红军办事处，旋改为八路军驻甘办事处，习惯称八路军驻兰州办事处，彭加伦、伍修权任处长。

1938 年 2 月，兰州八路军办事处迁至孝友街 32 号（今酒泉路 185 号），

---

① 孙继虎：《抗日战争时期的兰州空战述论》，《西北师大学报》（社会科学版）1995 年第 3 期。

直至 1943 年 11 月撤回延安。兰州八路军办事处坐西朝东，西靠城墙，东临大街，大院内有大小不等十来间平房，原为王姓水烟坊。大院南侧建一小四合院，坐北朝南，原为水烟坊主人住宅。

新中国成立后，这两处八路军办事处旧址几经修缮，1980 年辟为八路军驻兰州办事处纪念馆，2006 年由国务院公布为国家级文物保护单位。

（三）苏联驻华大使馆代表处

1936 年，由甘肃制造局局长陶宗震选择颜家沟果园，设计并监督施工，为 51 军军长兼甘肃省主席于学忠建成一栋坐西朝东砖混二层住宅楼，前厅一层，上为阳台，楼二层五开间，楼顶为阳台，约有住房三四十间，建筑面积五六百平方米，楼西为后花园。

1938 年，第八战区司令长官朱绍良划给苏联人居住办公，苏联驻华大使馆代表处、商务代办处以及援华空军招待所等部门入驻这里。援华空军分批入驻，有时六七十人，有时四五十人，有时三四十人，常驻的苏联工作人员有三十多人，除领导、顾问外，另有电报员十六七人。勤杂工为中国人，有十八九人。

1955 年前后，解放军第一医院入驻这里，现为该医院最东部，其对面路东杨家园 2—6 号为兰州邮政局家属院。

（四）西北公路局旧址

兰州城安定门外龙尾山下萧家坪有兰州府城隍行宫及山麓三光殿等古建筑群，全面抗战时，担负西部抗日大后方军事运输任务的交通管理机构西北公路局就在这里办公。

1938 年 3 月到次年 3 月，西北公路局在其后背山沟（今伏龙坪下赴皋兰山三台阁公路起始处）内掘 3 座山洞作为汽油库，每座长 30 米，可储藏汽油两万加仑。开掘 21 座山洞作为汽车库，可容纳 60 辆汽车。

（五）第八战区陆军医院等遗址

华林山满城建于清乾隆四十七年（1782），墙高 8 米，南北长约 480 米，东西宽约 170 米，面积 81600 平方米，东西北开城门，内建衙署 141 间，兵房 1200 间。驻防督标右营参将。全面抗战时，八战区陆军医院、工兵第七团第一营曾在这里办公。满城今存。

（六）红泥沟电台遗址

1932 年初，邵力子任甘肃省主席，将 100 瓦电台 1 部，拨给兰州电报局，于 7 月 1 日装设在南关高壁寺，定名为交通部兰州无线电台，此为兰州公众无线电台之始。自 1933 年到 1937 年，交通部 3 次拨来 8 部不同型号的电台，除供兰州、甘肃各地和天津、郑州、西安通报外，还担负与陕西、宁夏、新疆及绥远西部各地无线电转接任务。1938 年 11 月，为防备日本飞机轰炸，保障通信畅通，将高壁寺无线电发讯设备运往崔家崖马王庙，成立发讯台又将收讯设备运到红泥沟法轮殿，成立收讯台和无线电报房，并在收讯台和无线电报房之间架设遥控线路 15 公里。同期，设在箭道巷的甘宁电政管理局的有线电报报房、长途台也迁往红泥沟，称临时通信处。占用红泥沟庙产 2000 多平方米，房屋 20 间，山洞 3 处。

红泥沟树木密集，半崖有殿宇，宜于通信设施隐蔽，又有饮用水源，尽管日本飞机狂轰滥炸，但电台安全无恙，一直保障通信顺畅，为抗战胜利作出贡献。1946 年，无线电和有线电通信设备运回原处。红泥沟电台遗址现为甘肃省传输局兰州线务站办公楼。

（七）飞机场

全面抗战时期兰州有 4 个机场，其功能为停泊中国及苏联战斗机，保卫兰州空域，联合狙击日本轰炸机和战斗机，承担苏联援华物资的接收和中转，承担苏联飞行员培训中国飞行员的任务。

1. 拱星墩机场。位于兰州城东 1.7 公里的东川墓葬区，北临拱星墩，故名拱星墩机场。1932 年 5 月建成，东起焦家湾小洪沟，西靠老狼沟，南依罗汉山、将军山，北邻西兰公路。机场跑道为东西方向，沙石道面，长1580 米，宽 30 米。全面抗战爆发后，变为军民两用机场，将土筑跑道改建为长 1200 米、宽 40 米的混凝土跑道。机场的北大门外就是西兰公路。大门右边是中苏友好接待站，是苏联空军志愿队吃饭购物的地方。总部设在机场南边，它的左面是一进三院的营房，前院驻警卫机场的国民党航特旅二团二营的营部，后院驻苏联空军志愿队。1987 年机场关闭，建为二热小区。

2. 西固城机场。位于西固区西固城北侧，1938 年 8 月建成使用。东距陈官营约 2 公里，西距西柳沟 3 公里，南距南山根 1.5 公里，北距黄河约2.5 公里，机场长约 2 公里，宽 800 米，总面积 16 万平方米。机场内设有指挥部和简易营房，有一个连的兵力防守。机场周围挖掘防空洞、防空壕、防空坑 2500 个，以防日本飞机空袭。1953 年 12 月，中国人民解放军总参谋部指示保留备用。1955 年停用，随后建为兰州六中、兰州阀门厂、兰州棉纺厂、兰州平板玻璃厂等工厂及家属区。

3. 东古城机场。位于榆中县清水驿乡东古城村西北 1.5 公里处。1936年建成，长 1200 米，宽 900 米。沙石路面跑道。新中国成立后，机场土地大部被农民垦为农田，只留 1000 米长的跑道。1958 年，中国人民解放军总参谋部批准废弃。

4. 中川机场。位于永登县秦王川中川镇。1938 年，甘肃省政府令永登县征集农民工 1000 人，配合驻军骑五师建成中川机场。机场长 960 米，宽780 米。1949 年秋由中国人民解放军接管。1968 年将机场西移 8 公里至马家山下，几经扩建成为新的中川机场。

（八）四墩坪头墩防空警报岗

1937 年 11 月，甘肃全省防空司令部与甘肃省会警察局建立起防空警报网络，位于龙尾山西支的四墩坪（今望垣坪、伏龙坪），山上四个清代墩台上皆设防空警报发布岗，今存头墩、三墩，皆保存完好。头墩位居龙尾山末端、新桥小学之上；三墩位于伏龙坪中街 262 号院内。

（九）邓家花园

邓家花园位于兰州市鱼池子。1933 年起，为绥靖公署驻甘行署主任邓宝珊居所。1937 年 10 月，邓宝珊任二十一军团长，驻防榆林。次年空军第四路司令部在兰州成立，无驻地，邓宝珊夫人崔锦琴遂将花园住房无偿借给司令部使用。1941 年 6 月 30 日，崔锦琴携子女躲在徐家山枣树沟砂洞中防空袭，因炸弹震动，砂洞坍塌，崔锦琴罹难，葬于邓家花园，空军第四路司令部敬立"义薄云天"碑，表彰这位为抗战作出贡献的杰出女性。墓与碑今存。

（十）励志社

1933 年，在今通渭路东侧甘肃省政府后楼空地建成励志社兰州分社，坐南朝北，为两层歇山顶砖混结构楼房，内部装修及设施则为欧式，设壁炉取暖，会客厅兼做舞厅。为当时兰州顶级宾馆。

1936 年 11 月 20 日，张学良自西安飞抵兰州，下榻励志社 2 楼 209 号房间，召见甘肃省主席于学忠等东北军高官密谈，遂于 12 月 12 日发动西安事变。1937 年 8 月 13 日，甘肃省政府主席贺耀组在励志社设晚宴，宴请中国共产党中央代表谢觉哉，商谈国共合作事宜。1942 年 1 月林彪自苏联乘飞机返延安，途经兰州，在励志社住了几天。1937 年 10 月以后，苏联的外交代表处、军事代表处及空军招待所入驻兰州励志社，后来全部迁往颜家沟新址。1942 年初，美国共和党候选人威尔基飞重庆访问时，途经兰州，入驻励志社。2007 年拆除，改建为市委南楼。

（十一）西北大厦

西北大厦 1944 年建成，位于兰州市城关区第一新村 4 号。占地面积18000 平方米。大厦为砖木结构，高二层，门厅三层。有客房 80 多间，有可容 500 多人同时就餐和集会的礼堂，还有活动舞台及会议场所。楼外有篮球场、排球场。为当时兰州市最时髦的宾馆。美国副总统华莱士、中国战区

统帅蒋介石的参谋长魏德迈将军等住过。1949 年 9 月 2 日，因电线短路失火被焚。后由工程师柴应龙设计，1950—1951 年共和建筑公司依原样重建。现由兰州铁路局党校使用并负责保护管理。

（十二）徐家山林场

徐家山柏树台立有《中正山造林碑记》，碑阳镌"中正山"三大字，上款"中华民国三十二年八月吉日"，下款"谷正伦敬题"。碑阴镌《中正山造林碑记》，由兰州人高光寿书丹，碑今存。此碑记载，1942 年夏，蒋介石巡视兰州，拨专款 200 万元，用作南北两山造林事宜。谷正伦将金城关至枣树沟长达 10 多里的面城山地，命名为中正山。开掘水平沟、鱼鳞坑，以利蓄水保墒，栽植白榆、沙枣、侧柏、红柳等耐旱树种，以雇工为主，省城党政机关、军队、学校师生为辅的方式，开展造林工作。到 1944 年成林，美国副总统华莱士登山参观，给予好评。现为国家级森林公园。

（十三）兴隆山大佛殿成陵暂厝处

成陵是成吉思汗的陵寝，原在内蒙古伊克昭盟伊金霍洛旗。1939 年日寇与伪蒙组织企图盗劫成陵，破坏蒙汉关系，国民政府遂决定将成陵迁移到榆中县兴隆山，以凝聚蒙汉民心，共同抗日救亡。7 月 1 日，成陵车队进入榆中县境，甘肃省主席朱绍良率文武官员、各界代表、民众近四万人郊迎十余里，举行迎祭，并随陵至县西南的兴隆山供奉在大佛殿中，由朱绍良主祭。其后，监察院院长于右任、甘肃省主席谷正伦、赣南专员蒋经国等国民党高官都祭祀过成陵。

1949 年马步芳将成陵迁至青海塔尔寺。1954 年 3 月，成陵迁回伊克昭盟伊金霍洛旗。1989 年在兴隆山重修大佛殿，塑成吉思汗坐像。1991 年以成吉思汗纪念馆的名义正式开放，成为爱国主义教育基地之一。

（十四）兴隆山蒋介石别墅

蒋介石别墅位于榆中县兴隆山栖云山麓，1942 年建成。为砖木结构二层小楼，建筑面积 281.58 平方米。设阳台、壁炉。一层进门有楼厅、候见室、侍从人员休息室、会议室。二层有小会议室、小办公室、机要室、卧室、化妆室、洗涤间、卫生间。1942 年 8 月中下旬，蒋介石携夫人宋美龄与随员居住。蒋介石在此召开军事会议，与会者有张治中、朱绍良、白崇禧、顾祝同等战区司令长官，会期三天。20 世纪 80 年代按"修旧如旧"的原则修缮，作为兴隆山景区的景点，供游客参观。

（十五）永登县苏联援华人员接待站

苏联援华人员接待站也叫"俄国站"，位于永登县西关赵和斋院内，1939 年设置招待所，接待苏联援华军用物资汽车队运输人员。占地 4 亩多，分为三个院落：前院为苏联人住房，多为大房间，也有小房间，供带家属的苏联人住宿，有淋浴设备，还有游艺室。后院靠城墙，为饭厅及招待所工作人员宿舍。另外一个院子是停车场，可停百辆汽车。

（十六）空军第四军烈士墓

空军第四军烈士墓位于兰州东岗镇古城坪南麓焦家湾马家洼下。抗战中，保卫兰州空战中牺牲的中国和苏联飞行员，暂厝在焦家湾南罗汉山牛嘴山麓。1942 年，空军第四军司令李瑞彬购置马家洼下何、李二姓 18 亩地，筑为烈士墓。1944 年 10 月至 11 月，空军第四军司令罗机呈准经费 36 万元，利用兵工及官佐义务劳动，将烈士灵柩全部迁葬空军第四军烈士墓，计埋葬有中国飞行员烈士张君泽等 30 余人，苏联飞行员烈士郭尔皆耶夫等 7 人。墓北为明长城，修葺一新，栽植名木，掩蔽黄河。墓南靠马家洼等三条山洼，均筑围墙，栽植桃、杏等树，严禁牧樵。中间大厅设祭坛，厅前树《空军第四军烈士墓记》丰碑，再前立大门，内设守墓室两间，由两人看护墓园。外辟停车场，拓建汽车路，连接山下西兰公路。每年清明节，空军第四军官员皆来祭扫。20 世纪 50 年代清明节，苏联援助兰州工业建设的专家及其夫人常来祭扫苏联烈士。1966 年以后，中苏关系恶化，墓园被平，烈士遗骸移葬附近山沟中。

（十七）忠烈祠

忠烈祠位于中山林东部、今市政大坡北口西侧。抗战中，甘肃省政府在中山林建忠烈祠，自南朝北，最北为今白银路，建三楹砖混结构牌坊，蒋介石题额"天地正气"四字。进牌坊为广场，其南上三级石阶为大门，题额"忠烈祠"三字。大门内为祠堂，呈长方形，高约十米。进祠堂，南墙中央镶嵌紫红色大理石，上镌张自忠、李家钰、郝梦龄、佟麟阁、王铭章、戴安澜等抗日烈士姓名、籍贯、军衔、生卒年。1947 年 1 月 10 日，甘肃省政府在祠堂前广场举行甘肃籍 4736 名抗日烈士安位仪式，牌位供奉在祭坛上，坛前为祭案，点特大红烛，贡献刮毛剥皮猪羊各二具，是为古代少牢规格。

每年清明节、七七抗战纪念日举行祭祀典礼，省市官员及省城机关团体、军人、学生和市民代表与祭，由省主席读祭文，向烈士三鞠躬，并瞻仰烈士牌位。1966 年拆除忠烈祠。1980 年前后拆除牌坊，2004 年建成高层商品楼中广·千隆花园，门牌号为白银路 55 号。

第　五　章

全面抗战时期兰州的经济

　　全面抗战时期，随着日本侵华深入，东南沿海沦陷，西南、西北战略地位提升，"西南是抗战根据地，西北是建国根据地"①。在国民政府"抗战建国"纲领指导下，西北出现了开发新热潮。作为抗战大后方的甘肃兰州，在政治、经济、文化、教育各方面得到国民政府的大力扶持和建设。省主席谷正伦"在进步中求安定"的治甘原则，以"因抗战推进建设，以建设充实抗战"为施政目标②，使得兰州经济发展在制度政策的有效保障下有了长足进步。建设厅厅长张心一提出"五年建设计划纲要"，对兰州经济的发展与繁荣做出了诸多努力。兰州传统农业、手工业和商业在稳步发展的同时，社会经济结构也发生了明显变化。工矿、交通、邮电通信、金融等现代产业，已不再处于零星萌芽状态，而是在兰州社会经济生活中起着举足轻重的作用。兰州经济发展为抗战作出了重要贡献，对战时军需民用物资的流通和调剂功不可没。当然由于中央和地方政令不一，许多经济建设的相关政策、措施制定和实施力度不够，又缺乏长远计划，仅是应付抗战需要，此时兰州经济发展带有很强的政治性和军事性。随着抗战结束，兰州经济一度走向衰退。

---

① 蒋介石：《开发西北的方针》，《中央周刊》1943 年第 27 期，第 172 页。
② 《农民银行试办甘肃省九县市实物借贷》，《边疆通讯》1944 年第 2 卷第 6 期，第 14 页。

第一节　农牧业与水利

　　甘肃作为一大农业区域，由中部兰州区、西部河西区、南部陇南区、东部陇东区四部分组成。① 其中，中部兰州区得黄河水利，农产至为丰富。全面抗战时期，在中央和地方政府提供的资金、技术、人才合力支持下，兰州地区的农业通过技术改良、培育优良品种、防治病虫害、发展畜牧业、开展农贷合作运动、兴修农田水利等举措，很大程度上提高了农业生产技术水平，改善了农民生活条件，打破了传统农业结构，初步形成了具有现代意义的区域型农业经济结构。

一、　甘肃农业改进所与农业改良

　　全面抗战时期，为保证军需民食和后方稳定，甘肃省政府注重农牧业生产与改良，"举凡农作物品种之改良，病虫害之防治，土壤肥料之研究，经济作物之栽培，农产加工之辅导，农具之改良，农业推广机构之充实"等举措渐次实施，② 对农牧业稳定增产裨益甚多。1938 年秋，为统一农林畜牧机构和改进农业，甘肃省政府在兰州雁滩特设农业改进所，③ 相继在皋兰、榆中、永登等 14 县成立农业技术推广所。同时，经济部西北畜牧场、省立第一农事试验场、沿黄造林办事处均划归该所，专门负责改进农林畜牧工作。

（一）积极引进和推广农业良种

　　1. 收购、推广优良麦种。甘肃农业改进所在各农场试验小麦，结果以陇南、陇东两区的泾阳 302 麦，皋兰一带的美国玉皮、武功 774 成绩甚佳，

---

　　① 《甘肃农业概况》，《西京日报》1933 年 10 月 31 日。
　　② 《甘肃经济建设方案》，《甘肃民国日报》1947 年 12 月 6 日。
　　③ 《组织省农业改进所》，《甘肃合作》1938 年第 24 期，第 7 页。

推广后颇受农民青睐。1946 年，在天水推广种植泾阳 302 号 36360 市亩，临洮推广种植武功 806 号小麦 60 市亩，榆中推广种植本地良种红花麦 370 市亩。1947 年，皋兰、榆中、临洮三县农业推广所推广种植美国玉皮 76 市亩，武功 774 号 6163 市亩，[①] 为扩大该项良种推广及保持推广品种完整起见，甘肃省农业改进所于麦收前选择忠诚可靠的推广农家，指导去杂去劣、收割脱粒等工作，除自行留种部分，其余全部收购，推广给其他地区。此种工作，由县农业推广所进行督导，在皋兰、临洮、天水利用农行贷款收购2000担。[②]

小麦试验方面，主要包括春小麦区域适应试验、春小麦品种比较试验、春小麦纯系育种、冬小麦纯系育种四方面。其一，春小麦区域适应试验。该试验由甘肃省农业改进所与中国农业银行合作办理，所办品种有 25 项。自 1936 年始，分别在雁滩、陇东、河西、洮岷各农场办理，至 1938 年，获得适应良种。其二，春小麦品种比较试验。主要对河西场的 12 个品种、张家寺场的 15 个品种，进行随机五行区排列试验。其三，春小麦纯系育种。主要在雁滩场进行五行试验，总共 117 个品种。其四，冬小麦纯系育种。主要在陇南、陇东农场进行。另在雁滩场、张家寺场进行小麦杂交育种、小麦品种观察以及小麦栽培试验。同时，该所竭力防治小麦黑穗病问题。皋兰、榆中、永登、临洮、张掖等七县农业推广所指导农民拔除病穗，其中榆中县指导拔除小麦病穗 1587 亩。[③] 以上因地制宜的试验改良，有助于各个地区小麦产量的提高。

2. 推广植棉。因甘肃产棉较少，且多为本地棉，为增加生产起见，1938 年甘肃农业改进所拟订《推广棉作计划大纲》，计划在兰州、天水、平凉、张掖 4 县设立办事处，推广指导植棉，预计兰州区推广棉田 25000 亩，天水区 25000 亩，平凉区 7000 亩，河西区 3000 亩。其中兰州区推广的县份

---

① 甘肃省政府秘书处编：《甘肃省政府工作报告》，1947 年，第 51 页。
② 甘肃省政府秘书处编：《甘肃省政府工作报告》，1947 年，第 44 页。
③ 甘肃省政府秘书处编：《甘肃省政府工作报告》，1947 年，第 46、51 页。

有皋兰、榆中、洮沙、临洮、定西、景泰、靖远 7 县。[①] 甘肃农业改进所派遣指导员协同合作委员会与各县政府，购买并散发棉种，编印分发各种植棉知识手册宣传植棉技术。同时，购备原料及器械，指导棉农治虫，以免灾害。并且利用农贷，购置棍轴轧花机，指导农民轧花。

1939 年，甘肃农业改进所积极推广棉花种植，总计补助 3500 元，推广改良品种 2000 亩，雨季产皮花 1500 担，较本地棉花多收 500 担。[②] 1940 年，设立农业推广组，推广新的农业科学技术，并实行植棉三年计划，计划第一年在皋兰等 11 县推广种植棉田 13 万亩，第二年在平凉等 13 县推广种植棉田 3 万亩，第三年在靖远等 13 县推广种植棉田 34 万亩，总计三年中推广种植棉花 50 万亩。[③] 其中皋兰区选择适合当地气候的美棉，包括脱字棉、斯字棉、德字棉 3 种，在皋兰试验农场先行种植 10 余亩，观察其生长情形是否适合该区自然环境。试验结果以成熟较早的脱字棉生长最佳，每亩产量约 35 斤。该年度即将此种棉花作为推广标准，大量种植。此外，为在最短时间内获得大量优良种子，进而推广给该区农民，甘肃农业改进所通过混合选种的方式，共栽培优良种子 17 亩。[④]

3. 扩大育苗造林工作。1938 年，为扩大育苗工作，甘肃农业改进所在兰州七里河王家堡开辟皋兰苗圃，由技师同皋兰县府职员查勘所需地亩，因靖远苗圃仅有 20 亩，乃决定扩充为 200 亩。[⑤] 1940 年，甘肃农业改进所成立皋兰苗圃，地点在皋兰附近的雁滩及羊寨，面积 300 余亩，每年出苗木百余万株。同时，协助榆中县政府设立榆中县苗圃。中山林苗圃在兰州城南郊，面积 8 亩余，每年出苗木约两万余株，专供中山林补植之用。[⑥] 雁滩苗圃面积过小，每年所出苗木不敷应用。1947 年春，于张家寺场开辟 30

---

① 《植棉指导所棉业计划利用农贷尽量推广俟省府核准后实行》，《甘肃合作》1938 年第 9 期，第 7 页。

② 《各省推广概况》，《农业推广通讯》，1939 年第 1 卷第 1 期，第 14 页。

③ 《甘肃省植棉三年计划开始实行》，《农业推广通讯》1940 年第 2 卷第 5 期，第 20 页。

④ 甘肃省政府建设厅编：《甘肃建设年刊》，1940 年，第 106 页。

⑤ 《省农业改进所扩充苗圃》，《甘肃合作》1938 年第 27 期，第 7 页。

⑥ 罗舒群：《民国时期甘肃农业水牧事业开发状况研究》，《甘肃社会科学》1986 年第 3 期。

亩，以便增加育苗数量。① 造林方面，主要进行沿黄造林、大林区造林。甘肃农业改进所规定马衔山为省中部造林区，在兰州南、北山进行荒山造林，建造中山纪念林、兰州市风景林。为节省经费，专门发动全市各机关团体、民众进行扩大造林运动，其中造林成绩显著的有 42 军纪念林、西北干训团纪念林、青年团纪念林、难民救济会造林等。1940 年，共发出苗木约 20 万株。1941 年，以苗木 50 万株供省会造林之用。在中山林黄河沿岸及中和滩等处种植洋槐、白榆、沙柳、白杨等 31760 株。② 另外，甘肃农业改进所积极督导各县农推所育苗造林。1947 年，在皋兰、榆中、永登、临洮等县指导农民植树 134068 株，播种育苗 10223 亩，插条育苗 222150 株，树种主要有白杨、沙柳、白榆、洋槐、臭椿等。③

4. 推广水土保持工作。1947 年春，皋兰、榆中、临洮、静宁等农业推广所利用农暇时间，指导农民挖掘水平沟 27018 市尺，沟内多植杨柳、白榆等树。④

5. 支持农会业务。甘肃农业改进所积极支持农会收购优良麦种。通过向农业银行贷款，将天水、皋兰、临洮、岷县等处的优良麦种发放给农会，作为翌年换种之需。该所还开展辅导农会会员训练工作。1947 年 2 月，兰州市农会办理农会训练班，由皋兰农业推广所技术人员讲授农事课程，讲解小麦黑穗病防治法、农作选种育苗造林、水土保持、耕作技术等问题，效果颇佳。

6. 雁滩农村建设实验区。鉴于甘肃农村贫苦，农民知识欠缺，很难传播普及相关农业试验研究结果。因之，甘肃农业改进所举办雁滩农村实验区，由兰州市政府主持，农林部农业推广委员会提供材料，甘肃省农业改进所负责技术支持，举办农家访问及调查工作，将试验成果由点而面，由近及远进行推广，提高农民的农业知识，使农业生产更加科学合理。

---

① 甘肃省政府秘书处编：《甘肃省政府工作报告》，1947 年，第 48 页。
② 甘肃省政府建设厅：《甘肃建设年刊》，1940 年，第 105、48 页。
③ 甘肃省政府秘书处编：《甘肃省政府工作报告》，1947 年，第 51 页。
④ 甘肃省政府秘书处编：《甘肃省政府工作报告》，1947 年，第 51—52 页。

另外，甘肃农业改进所在张家寺经营果园，进行果苗繁殖和推广，番茄品种观察，甜瓜类结果品性观察，蔬菜繁殖，培育各种优良蔬菜种子及花卉繁殖。榆中农业推广所指导农民利用杂草、稿秆等废物制造堆肥2250担，施肥面积430市亩。[1] 另外，甘肃农业改进所还开展了牧草繁殖观察试验、合作牧草试验、荒山牧草品种比较试验、荒山牧草繁殖试验、砂田试验及植物病虫害防治等工作，成效显著。

（二）推动畜牧业发展

1938 年，甘肃农业改进所与军政部合办山丹牧场，筹设洮岷、陇南、陇东、河西4个畜牧场，以改良家畜为中心工作。1940 年，农林部在岷县设立西北羊毛改进处，1944 年迁至兰州，设陇南推广站、河西推广站、陇东推广站，通过人工授精技术进行羊种改良与推广。以上三站有羊种531只，至1947 年，第一代杂交羊种以人工授精方法推广2487 只。此举提高了毛质细软程度，产毛量也增加一倍。[2]

1941 年 2 月，卫生部在兰州设立西北兽疫防治处，主要防治牛、羊等家畜及驿运牲畜疫病问题。下设流动防疫队5 个，宁夏、青海工作站2 个，设洮南牧场（后迁兰州），附设各种实验室。1941 年至1942 年，其所属血清制造厂制成牛瘟脏器苗24.5 万毫升和抗牛瘟血清21.7 万毫升。1942 年，成立甘肃省兽疫防治大队，下设洮岷、天水两分队。当时牛瘟在甘南、武都、临洮呈暴发性传播，兽疫防治大队主要用西北防疫处生产的牛瘟脏器苗及血清防治牛瘟，防疫率达60%—70%。[3] 另在海原、夏河、卓尼设立推广站4 处，巡回工作队5 队。1942 年底，指导牧户11187 户，受益羊只432031 头，改善羊毛698140 斤。设置特约羊群931 户，进行示范推广。[4] 1944 年 1 月 1 日，在兰州成立甘肃

---

① 甘肃省政府秘书处编：《甘肃省政府工作报告》，1947 年，第 52 页。
② 甘肃省政府统计处编：《甘肃省统计年鉴·农林畜牧》，1948 年，第 10 页。
③ 甘肃省地方史志编纂委员会编：《甘肃省志·畜牧志》，甘肃人民出版社1995 年版，第 27 页。
④ 张心一：《六年来甘肃生产建设（1941—1946）》，载《甘肃文史资料选辑》第 26 辑，甘肃人民出版社1997 年版，第 3 页。

省畜牧兽医研究所，研究运用山羊血素防治牛瘟，其免疫期长，成本低廉，应用方便，为我国预防牛瘟开辟一新纪元。此外，国防部西北马政局负责办理军马培育与改良工作，在兰州地区设有榆中马衔山军牧场、永登松山军牧场，在岷县设有马场，引用中外优良马种数十匹。

上述农牧业机构的成立及其技术改良与推广，使兰州地区的农牧业生产条件有所改善，一定程度上保障了农牧业的科学、持续、稳定发展。

二、 农贷合作运动

全面抗战时期，在中央和地方政府合力推动下，甘肃举办农贷合作运动，成效颇著。正如1938年2月7日朱绍良在扩大纪念周报告中所言："鉴于全面抗战的局势，甘肃实负有屏障中枢的责任，非迅速增强实际力量，无以适应抗战需要；鉴于甘肃现状与抗战形势不能适应，非切实培养民力不足以言动员；鉴于旧的传统的经济社会关系的束缚，使甘肃经济文化，陷于停滞状态，非开辟新途径不能使广泛下层民众卷入保卫祖国运动的洪流；迅速利用现有和平间隙为全面动员树立可靠基础，并于最短期内解决粮食问题。"以使"农村从凋敝贫困的泥泞中，登于活跃富裕的大道，以为全民动员树立基础"。①

（一）成立合作机构

甘肃省合作事业创始于1935年，当时由中国农民银行兰州分行以农贷方式开始倡办。1936年春季，成立合作行政机构甘肃省农村合作委员会，并于1937年5月进行了局部改组。七七事变爆发后，为适应抗战需要，增进抗战力量，该机构与中国农业银行兰州支行农贷人员合力推进，加派合作指导人员分赴各县，从事推广工作。为加强领导力量，1938年10月，甘肃省农村合作委员会改为主任委员制，由省政府主席兼任，使得合作与行政密切配合，合作事业获得迅速发展。1939年8月间改为甘肃省合作委员

---

① 《农贷的真实意义》，《甘肃合作》1938年第10期，第2页。

会，主任委员仍照旧制，加设常务委员 1 人，以建设厅长兼任，除原有总干事外，增添副总干事 1 人。1941 年 4 月，遵照国民党中央规定，甘肃省合作委员会奉令结束，另行成立甘肃省合作事业管理处，隶属建设厅。至此，合作领导机构正式成为一般行政系统。

（二）具体进展

甘肃省政府推行农贷合作运动的最初目的是救济农村。起初所采用的方式较为简单，主要在各县成立互助社，办理贷款收放。随着抗战军兴，为加强抗战力量，合作组织始入正规，互助社改为信用社，并增大数量，推广到全省所有农村。总体上，甘肃省农贷合作运动共分为三期，有信用、生产、消费、供给、运销、公用六类贷款，其中农民贷款较多的是信用和生产方面。

第一期，1935 年 5 月至 1937 年 9 月，是合作组织创办期，亦是贷款救济时期。1935 年 6 月，中国农民银行在兰州设立分行，在榆中、皋兰两县指导农民组织信用合作社，供给生产资金，是为甘肃省办理农贷之始。[①] 1936 年春，甘肃省政府设立省农村合作委员会，统筹全省农村合作事业。因草创伊始经费困难，推广工作由农民银行主持，并增划临洮、陇西、定西、靖远、天水、平凉、金塔、酒泉为农村合作推广区，共组社 229 社，有社员 3207 人。[②] 1937 年，甘肃省农村合作委员会经实业部补助，由甘肃省政府拨一部分经费，蒋介石电令农民银行拨款 50 万元，救济因雹灾匪灾遭受损失的农民，由农民银行与合作委员会一起择定临洮、渭源、陇西、岷县、漳县、临潭、景泰、靖远、海原、定西、会宁、通渭、静宁、永登、古浪等 15 县为救济县。以 3 个月为期，由甘肃省农村合作委员会负责组社，农民银行负责贷款。至 1937 年 9 月底，共组有互助社 409 社，有社员 18205

---

① 杨子厚：《对甘肃农贷之实质建议》，《新西北》1942 年第 6 卷第 1—3 期，第 170 页。关于社员人数，在《甘肃合作事业报告》中统计社员人数为 3314 人。

② 甘肃合作事业管理处编：《甘肃合作事业报告》，1942 年，第 5 页。

人，共发放贷款 495245 元。[①] 因在试办期内，受贷款额限制，合作社与社员数量偏少。但总体上，当时物价低廉，对于安定农村有很大成效，随即中央增拨贷款百万元，合作组织进入第二阶段。

第二期，1937 年 10 月至 1941 年 4 月，是合作组织推广期。1937 年 10 月，蒋介石增拨 100 万元，开始二期农贷，继续办理其他各县农贷。自 1938 年 1 月开始，区域扩大至 41 县，3 月完成组贷工作，共组成 926 社，有社员 50815 人，共发放贷款 987694 元。

1938 年 5 月，蒋介石复拨 350 万元，继续办理农贷。分两次举行，第一次自 1938 年 4 月至 6 月，第二次自 7 月至 12 月底结束，全省有 67 县建立合作组织，共组社 2700 社，有社员 132365 人，共发放贷款 3408931 元。[②] 其中，在第二次开办中，24 县可支配贷款共 156 万，其中皋兰 15 万，榆中 8 万，定西 6 万，永登 8 万。[③]

1935 年 11 月，榆中县开始创立信用合作社 2 社，次年增加 7 社，是甘肃省创办合作社较早县份。1937 年，再办 7 社，三年共组 16 社。至 1938 年底，共组有 86 社，有 4034 名社员，股金总额 9710 元，所缴股金 9340 元，发放贷款总额达 29628 元。[④] 至 1939 年，皋兰发放农业贷款 401008 元，榆中发放贷款 112045 元，永登发放贷款 112260 元。[⑤] 在此期间，由于整个甘肃合作指导经费有限，人事不健全，各县无常驻工作人员，农贷合作运动的发展未臻完善。

为节省人力、物力，健全合作组织起见，甘肃省农村合作委员会拟定合作社调整方案，一律改组为信用社，限期提前偿还互助社贷款，并调整旧社，组织新社，开始试办生产、消费等合作。1940 年 1 月，所有互助社

---

① 杨子厚：《对甘肃农贷之实质建议》，《新西北》1942 年第 6 卷第 1—3 期，第 170 页。关于社员人数，在《甘肃合作事业报告》中统计数字为 18345 人，贷款数额为 495254 元。

② 杨子厚：《对甘肃农贷之实质建议》，《新西北》1942 年第 6 卷第 1—3 期，第 178 页。

③ 《三期农贷第二次 26 县局即将开办》，《甘肃合作》1938 年第 21 期，第 6 页。

④ 洪谨载：《榆中县信用合作社及社员经济状况调查》，《甘肃科学教育馆学报》1940 年第 2 期，第 105—106 页。

⑤ 《甘肃各县农贷统计》，《甘肃合作》1939 年第 2 卷第 4 期，第 9 页。

改组完竣。甘肃省与四联总处商定扩大农贷范围，贷款总额共计 2000 万元，除 600 万元用以开发水利外，其余全部办理农贷。① 1940 年底，实际发放贷款累计数为 15895242.74 元，建立组社 4362 社，社员共有 202991 人。② 至 1941 年 4 月底，全省合作社数达 6535 社，社员总数达 351454 人。③ 永登县自一期农贷，共组织互助社 19 社，于 1938 年底还清贷款后，正式改组为合作社 19 社，由农行贷款 31400 余元。④

第三期，1941 年 5 月之后，为合作组织调整精进期。合作事业管理处成立后，为使组织合理化，一方面派员分区视导，着重整理旧社，加强管制，使组织合理化；另一方面，积极充实业务活动，推行产销合作，使金融流通与新县制相配合，实施国民经济建设。截至 1942 年 3 月，合作社数达 6641 社，社员总计有 366824 人。⑤ 其中，兰州地区皋兰、榆中、永登三县统计数字如表 5 – 1 所示：

表 5 – 1　中国农民银行所辖各县农村合作社放款统计表⑥

县别	合作社数	社员数	贷款总数
皋兰	280	15104	56782
榆中	105	4959	31803
永登	130	8126	55008
包括其他各县总计	4071	208465	1000873.3

由表 5 – 1 观之，兰州地区三个县份中，皋兰组社最多，永登次之，榆中最少。三县共有合作社 515 个，占全省合作社的 12.65%；共有社员

---

① 《甘省府与四联总处商定扩大甘省农贷范围》，《经济汇报》1940 年第 1 卷第 16 期，第 100 页。

② 杨子厚：《对甘肃农贷之实质建议》，《新西北》1942 年第 6 卷第 1—3 期，第 178 页。

③ 甘肃合作事业管理处：《甘肃合作事业报告》，1942 年，第 6 页。

④ 《永登各互助社改组合作社》，《甘肃合作》1938 年第 9 期，第 7 页。

⑤ 甘肃合作事业管理处编：《甘肃合作事业报告》，1942 年，第 7 页。

⑥ 杨子厚：《对甘肃农贷之实质建议》，《新西北》1942 年第 6 卷第 1—3 期，第 171—173 页。

28189 人，占全省社员数的 13.52% ；贷款总计 143593 元，占全省总贷款的 14.35% 。这说明皋兰、永登、榆中三县组社情况较好，向中国农民银行贷款数额比例较大。

甘肃省兰州地区的铺砂工作，是农业防旱、抗碱、保土、保温的有效土地改良方法，但农民苦于缺乏资金无力投资。为此，1942 年冬，中国农民银行举办土地改良铺砂放款，以农民组织的土地信用合作社为放款对象，协助农民铺砂改良土地。截至 1945 年 6 月底，统计兰州地区土地信用合作社，总计皋兰有 99 所，社员 3428 人，榆中 24 所，社员 799 人，永登 27 所，社员 587 人，兰州市 4 所，社员 231 人，湟惠渠特种乡 1 所，社员 88 人。① 具体流程是，凡拟申请放借款社员，需以改良的土地交给合作社，作为向农行申请贷款的抵押担保，合作社汇总各社员申请数额，经当地合作行政机构介绍，向农行申请放款。考虑到农民资金及劳力供应问题，由农行进行核贷工作，农行放款标准是每社员每次最多只能申请改良土地 5 亩，放款期限为 2 至 3 年，放款归还采用年平均等额办法。贷款利率为：1942 年月息 8 厘，1943 年月息 1 分，1944 年月息 2 分 5 厘。1942 年，农行每亩放贷 400 元，1943 年上期 800 元，下期 1200 元，1944 年上季 1600 元，下季 2000 元，1945 年上季，有少数每亩贷给 2500—3000 元。1942 年至 1945 年，甘肃中部通过铺砂共改良土地 46782.04 市亩。其中皋兰 17624.31 市亩，榆中 4796.3 市亩，永登 2613.3 市亩，兰州市 682.39 市亩，湟惠渠特种乡 160 市亩。② 此次放款最初仅在皋兰县试办，后来在其他地区渐次推广，数额亦逐年增加，进展情形颇佳。整个甘肃中部地区，至 1942 年底，累计贷出 114750 元，1943 年贷出 10317468 元，1944 年贷出 39426834 元，1945 年 6 月底贷出 76913551 元。其中皋兰贷款金额 24753811 元，榆中为 10787100 元，永登为 3409800 元，兰州市为 1192240 元，湟惠渠特种乡

---

① 中国农民银行土地金融处编：《甘肃中部之砂田》，1947 年，第 34 页。
② 中国农民银行土地金融处编：《甘肃中部之砂田》，1947 年，第 34—36 页。

480000 元。① 通过贷款铺砂，兰州地区土地每年地产及收益有所增加，地价有所升值。地价的增长情况没有确切统计，据一般估计，在兰州附近每亩可值 3 万—4 万元。至于每年增产情形，可就各县贷款铺砂土地作物面积进行估计，兰州市西瓜种植面积达 341.19 市亩，蔬菜达 341.19 市亩，合计682.38 市亩。皋兰小麦种植面积达 8812.15 市亩，西瓜达 4406.08 市亩，棉花达 4406.08 市亩，合计 17624.31 市亩；永登小麦种植面积达 2613.3 市亩，榆中达 2398.15 市亩，西瓜达 959.26 市亩，棉花达 479.63 市亩，蔬菜达 959.26 市亩，总计 4796.3 市亩；湟惠渠的棉花种植面积达 160 市亩。②

水利贷款方面，1943 年 10 月，甘肃合作事业管理处与农民银行增加贷款 300 万元，并下令皋兰、天水等 7 县组织水利合作社，实施小型水利贷款。③ 1944 年，农行增加甘肃农贷总额 8000 万元，预计可改良耕地 4 万余亩。④ 1947 年，国际救济会与甘肃省政府举办农田小额水利贷款，计贷放湟惠渠工赈款 4600 万元，拨助金龙坝垦区耕种贷款 750 万。⑤

不过，农贷合作运动在开展过程中也存在一些问题，这些不仅在兰州地区存在，而是整个甘肃所推行区域普遍存在。主要表现为：其一，贷款额度低。按甘肃省合作管理处统计，单位合作社平均借款额为 4711 元，单位社员平均借款额为 86 元，此数目在往日物价平稳时期，或许可以发生些微作用，但在物价狂涨之际似嫌太少。其二，贷款期限短。甘肃省农贷以信用贷款为最多，约占 90% 以上，其期限为 1 年至 1 年半，而农业生产有其天然限制，如贷款期限过短，则不能适应生产需要的自然规律，往往使有用的资金转于滥费之途，增加了农民负担，助长高利贷的盛行。其三，放款有失原则。中国农民银行规定，农贷的贷款原则必须用于直接增加生产与扩大耕地及农田水利、畜牧、造林等事业。但事实上，农贷偏重于农

---

① 中国农民银行土地金融处编：《甘肃中部之砂田》，1947 年，第 35、49 页。
② 中国农民银行土地金融处编：《甘肃中部之砂田》，1947 年，第 34—37 页。
③ 《甘肃合作事业管理处与农民银行增加贷款》，《新疆日报》1943 年 10 月 23 日。
④ 茅舍：《农贷八千万，物价较稳定》，《经济新闻》1944 年第 3 卷第 26 期，第 3 页。
⑤ 《国际救济会举办甘肃农田贷款》，《蒙藏月报》1947 年第 19 卷第 3 期，第 9 页。

村信用方面，尚未达到理想状况，农行当局有鉴于此，乃将农村信用放款一律改为农村生产放款，严禁消费放款。[1] 最后，该运动缺乏集体经营的效率，缺乏农村组织、农业金融、农业技术各方面的有效联系与配合。[2] 以上问题的存在，不利于兰州地区农贷合作运动的有效开展。

三、　农田水利

（一）　开发水利缘由

兰州地区虽地处黄河流域，有黄河行经山谷之间，但两岸多为高原台地，引水灌田有相当难度。据 1945 年统计，兰州地区的皋兰耕地总面积达732499 亩，但灌溉水地仅有 40511 亩，占耕地总面积的 5.53%；永登耕地总面积达 1123272 亩，但灌溉水地只有 87270 亩，占耕地总面积的 7.77%；榆中耕地总面积达 933788 亩，但灌溉水地只有 65393 亩，占耕地总面积的7%。[3] 说明虽有黄河水经过，但囿于技术条件、自然灾害等主客观因素的限制并未充分利用。所谓农民"虽终年劳苦，犹不免生活困难，实因水利不兴，旱灾为虐，耕地减少，农产不丰所致。"[4] 因地理环境上的限制，"欲谋西北农业之发展，非以开发水利为前提"[5]。这就要求政府加大技术和资金投入，开凿水渠，有效利用黄河水进行灌溉。只有"多兴水利开沟渠，始能使荒凉之西北变为殷富之区域"[6]。

二是民生的需要。自抗战军兴，东部各地相继沦陷，西部人口激增，消费浩大，物产时有匮乏，如不积极兴办水利，民食问题就无法得到根本解决。要解决农耕问题，首要经营西北的水利。[7] 与民生息息相关的农业问题与其他各行各业形成连锁反应，影响到工业发展的基础与文化风气的开

① 成治田：《甘肃农贷前途之瞻望》，《甘行周讯》1946 年第 148 期，第 5 页。
② 杨子厚：《对甘肃农贷之实质建议》，《新西北》1942 年第 6 卷第 1—3 期，第 177 页。
③ 《甘肃省农业概况估计》，甘肃省政府 1945 年印，第 209 页。
④ 崔叔仙：《甘肃农田水利贷款概述》，《本行通讯》1942 年第 44 期，第 19 页。
⑤ 《陕西甘肃河渠现况》，《经济研究》1941 年第 2 卷第 12 期，第 107 页。
⑥ 胡松林：《建设西北之我见》，《西北问题论丛》1945 年第 2—3 辑。
⑦ 严重敏：《西北地理》，大东书局 1946 年版，第 2 页。

化。时任甘肃省银行总经理的朱迈沧在《甘肃之水利建设》中谈道，"今日国人以言开发西北，多注视交通与工业"，但"水利不修，灌溉不兴，农业生产无多，则工业原料之缺自难望其发闳"，所以"吾人欲建设西北，允宜配合工业化之实施，积极推进水利建设"。[1] 亦如王树基所言："水利失修，人谋不藏，所以沃洲面积日小，戈壁浸淫扩大，卒致荒烟野蔓，成为罕人之境。水是人类文明之养料，水利不兴，万事难成。"[2] 可见，兴修农田水利在气候干旱的甘肃迫在眉睫，在民生需要上甘肃地方当局急需主持兴办水利事业。

三是国防的需要。西北为国防最重要的一环，而甘肃又为西北国防的重心，这在孙中山的实业计划中所建筑的铁道系统以兰州为中心便可说明。抗战军兴后，因国际交通的需要，甘肃成为国际物资转运的重要地区。并且，甘肃民族关系较为复杂，要巩固西北国防，"自非以改善民生，充实经济力量，谋物产之发展，然后人口可以繁荣，国防建设方可巩固"[3]，此为急需兴办水利事业的另一原因。

（二）成立甘肃水利林牧公司

全面抗战爆发后，西北的水利建设得到国民政府的重视和支持，先后颁布了一系列兴修农田水利的组织办法与奖励条例，如《水利建设纲领》《水利法》《办理各县小型农田水利贷款暂行办法》《兴办水利事业奖励条例》《中国农民银行办理小型农田水利工程贷款办法》《请建设西北灌溉局，普遍开发西北新、青、甘、宁、绥、陕、晋、豫等省农田水利，增加粮食生产以奠国基案》等等。甘肃省政府为适应此种迫切需要，1941 年 4 月，与中国银行总管理处合作，组织成立甘肃水利林牧公司，目的是"以科学方法，因地制宜，因势利导，从事甘肃农田水利之开发与森林畜牧之经

---

① 朱迈沧：《序》，见王树基《甘肃之水利建设》，1945 年。
② 王树基：《甘肃之水利建设》，甘肃省银行 1945 年印，第 209 页。
③ 崔叔仙：《甘肃农田水利贷款概述》，《本行通讯》1942 年第 44 期，第 19 页。

营"①。是年4月23日，双方签订《发展甘肃省农田水利及林牧事业合作办法》，规定公司资本定为1000万元，由甘肃省政府承担300万元，银行承担700万元。②股息定为年息6厘，以办理农田水利为主要业务，森林畜牧为附属事业，并且农田水利事业费不得少于投资额的七成，需依照甘肃省政府的方针实行。公司以股本每年应得的红利作为在甘肃省办理与公司有关事业的各种基金。③显然，双方并不以营利为目的，而是为了发展经济建设事业。在组织方面，公司依照公司法中有关股份有限公司的规定，以股东会为最高机构，以董事会为代表执行业务机关，设总管理处，总经理1人及协理2人，其下分设秘书室、总务会计2处，业务、水利、森林、畜牧业务4部，室设主任，处设处长，部设经理，分掌各项事务，并在各个部下设立相关机构。④专门负责承办甘肃所有农田水利工程，由水利委员会总工程师周礼主持督导。⑤承办范围包括：第一，关于甘肃省农田水利工程暨其他有关水利工程的勘查、测量及设计事项；第二，关于上列工程的施工及修养事项；第三，其他有关工程事项，每届工程完竣后，由省政府验收接管。公司承办委托事项所需的管理费，由国民党甘肃省政府按实支工款7%支给。

（三）兰州水利发展概况

在中央与地方政府的重视，中国银行资金投入以及甘肃水利林牧公司的积极承办下，兰州地区水利建设有了很大进步。1941年，甘肃水利林牧公司以经费500万元在省垣附近完成了一些渠道。1942年落成的湟惠渠，也是以2500万元水利费用款下修成的。⑥

湟惠渠，自永登黑河子引湟渠，经张家寺、达家川、吊庄子等村深入

① 沈怡：《一年来之甘肃水利建设》，《经济建设季刊》1943年第1卷第3期，第276页。
② 《甘肃水利林牧公司昨正式成立》，《甘肃民国日报》1941年4月25日。
③ 甘肃省水利林牧管理处编：《甘肃省水利林牧公司概况》，1942年，第2页。
④ 甘肃省水利林牧管理处编：《甘肃省水利林牧公司概况》，1942年，第3页。
⑤ 赵宗晋：《甘肃农田水利概述》，《新甘肃》1947年创刊号，第39页。
⑥ 李克：《甘肃经济建设一瞥》，《解放日报》1942年12月23日。

盐沟，而达黄河，蛇蜒皋兰、永登两县，长 30 公里又 227 米。[1] 1938 年 8 月 15 日，洮惠渠全部竣工放水，9 月 1 日，省政府成立测量队施测。至 1939 年 2 月底，测量队测量完竣。3 月 1 日，改组成立的湟惠渠工务所开始施工，由工程师王力仁主持。施工方式大部分采用小包工制，石匠、技术人员从河南、陕西等省招募而来。当时水泥奇缺，大型建筑所需水泥均从重庆采购，所用木料、白灰从青海、窑街采购，全部由水路羊皮筏子运送。因渠线过长，为工程便利起见，分设三段，一段在河嘴子，监修渠口至 8 公里各项工程；二段驻马回子，监修 8 公里至 20 公里各项工程；三段在大沟岗子，监修 20 公里至渠尾各项工程。该渠工程分建筑和土石方工程两部分，由经济部拨款兴修，预算总数为 609840.09 元，后以工料价增长，又呈请追加预算四成，共计总数为 881565.92 元。[2]

1941 年 8 月，水利林牧公司受甘肃省政府委托，统筹全甘肃水利事宜，其中湟惠渠由该公司接办。接办之始工程仅完成 30%，经该公司积极督促及中国银行、中央银行、交通银行、中国农民银行四行竭力协助，1942 年 4 月工程全部竣工，5 月 24 日，正式举行放水典礼。全工程共完成进水闸 1 座，泄水闸 3 座，节制闸 4 座，冲刷槽 1 段（长 1331.8 米），渠身渡槽 14 座，山洪渡槽 4 座，跌水 2 座，干支渠陡坡 6 段（长 770.15 米），隧洞 9 段（长 3697.7 米），桥梁 5 座，涵洞 19 道，水管 31 道，沟水入渠 29 处，斗门 22 座，支渠 21 条（长 18.87 公里），共开挖填土石 44.7 万多立方米，工程总投资 6714278.71 元。[3] 湟惠渠完成后便开始试水，"沿渠父老，望水莫不争相跪迎"[4]。

该渠修成后，为方便放水，国民党甘肃省政府电令永登、皋兰两县政府成立水董会，但因沿渠农民互相观望，久未成立。1943 年 11 月，湟惠渠

① 《甘湟惠渠验收》，《革命日报》1943 年 10 月 18 日。
② 甘肃省政府建设厅编：《甘肃建设年刊》，1940 年，第 64 页。
③ 兰州市红古区地方志编纂委员会编：《兰州市红古区志》，兰州大学出版社 2001 年版，第 238 页。
④ 《定期放水之湟惠渠概况，费款 390 余万元，灌田 3 万市亩》，《甘肃民国日报》1942 年 5 月 21 日。

管理处处长余斌在放冬水期间，逐日向农民宣传劝导，农民逐渐了解，各村水董代表陆续举出，水董会遂告成立。① 水董会的成立使得农民灌溉的积极性提高了，而且水渠的管理趋于正规化、科学化。该渠按季放水，成绩颇佳，共可灌田 25000 市亩。水董会将所灌田地划分为单位农场，由自耕农领种，仅就灌水面积 10756 市亩计算，增产小麦 13500 市石，粮 5250 市石，约共增产 1400 余万元。② 皋兰县约增产小麦 2000 市担，□12000 市担，豆 8700 市担；永登县约增产小麦 6500 市担，豆 850 市担，又新辟红土地栽种杂粮糜子、谷子，约增产 1700 市担。此外，尚有农业改进所经营的农场，收成除小麦、杂粮外，收获甜菜 16 万斤。③ 如灌溉地亩暂以 25000 亩计算，则每年超收总值为 100 万元，灌溉后的田地，地价增至百倍，收获量亦增至三四十倍，足见该渠的经济价值颇大。④ 但由于技术条件的限制，工程质量不高，渠道多处塌方堵塞，影响正常通水，水渠效益未得到充分发挥。至 1949 年，灌溉面积不到万亩，占设计可灌面积 2.5 万亩的 40% 左右。⑤

　　全面抗战时期，水利贷款是兰州地区农贷中的主要项目。自 1940 年起，中国农民银行除与中国银行、中央银行、交通银行三行局联合贷款兴办大规模农田水利工程外，还自备资金 200 万元，与该省合作事业管理处合作，以合作社方式在各县举办小型农田水利工程。此项小型工程，包括开挖或整理旧渠、修建或修理水车，以及各种防洪水冲刷工程，堵水或蓄水工程，或其他改善土壤工程，涸池排水工程，修建一切应需设备，利用地下水灌田，及其他农田水利工程。经各方协助推动，农民纷纷请求贷款，贷款对象以修理水车，开凿或修理旧渠，及修建堤圩等工程为多。如此，预计

　　① 《湟惠渠水董会已告成立》，《甘肃民国日报》1943 年 11 月 24 日。

　　② 《甘湟惠渠验收》，《革命日报》1943 年 10 月 18 日。

　　③ 《湟惠渠工程整理完竣，定明日验收，本年秋灌地 10756 亩，全年共增益 1400 余万元》，《甘肃民国日报》1943 年 10 月 15 日。

　　④ 《陕西甘肃河渠现况》，《经济研究》1941 年第 2 卷第 12 期，第 109 页。

　　⑤ 兰州市红古区地方志编纂委员会编：《兰州市红古区志》，兰州大学出版社 2001 年版，第 239 页。

1942 年度受益田亩约 3 万亩，每年农产物增益约 300 万元，地价亦有所增益。[①] 截至 1944 年 4 月，小型水利合作推广区域达 17 县，贷款约 600 万元，受益田亩约 14 万亩，即全年增加农产收益价值约 10000 万元以上。至 1944 年底，该行对甘肃小型水利贷款已增至 900 万元。在其所投资的兰州地区，兰州市贷款 37 万元，受益 6974 亩；皋兰贷款 75 万元，受益亩数 13654 亩；榆中贷款 12 万元，受益 1674 亩。[②] 总体上来讲，皋兰共有 13 个水渠，灌田 36300 亩；榆中有 2 个水渠，灌田亩数 1000 亩；永登有 10 个水渠，灌田 107400 亩。[③] 另外，永登县红古城渠，渠长 53.4 公里，引导大通河之水，约可灌溉 115000 亩，工程费约 219000 元。皋兰县官滩渠，渠长 24 公里，约可灌溉 2000 亩，工程费 1 万元。[④] 这表明国民党甘肃省政府重视兰州地区农田水利的兴修，逐渐加大资金投入力度，改善自然条件，保证粮食产量，提高民众生活水平。1945 年，甘肃省合作事业管理处运用美国援华联合会贷款作为扶助合作组织，办理小型农田水利的基金放贷。贷款区域暂以靖远、宁定、康乐、永登四县为主要范围，在办理有所成效后逐渐推广。累计发放贷款总额达 1900 万元，其中宁定县李家坪渠 800 万元，康乐县古川渠 300 万元，靖远县平坦堡 400 万元，永登县黄乐渠 400 万元。[⑤]

纵观战时兰州地区水利建设，在人力、财力、物力有限的环境下，对于新渠开凿，旧渠整理，推广小型水利，仍"无一不在分头推进，并获有相当成观"[⑥]。各项农田水利事业的兴办对于雨量缺少、荒地广大的兰州地区来说，不仅农民可以获得实利，"民食之充实，荒旱灾象之免除，与大西

---

① 《本省水利事业积极推进中，水利林牧公司组水何勘测队，农行贷款举办各县小型水利》，《甘肃民国日报》1942 年 5 月 8 日。

② 李中舒：《甘肃农村经济之研究》，载西北问题研究室编《西北问题论丛》1944 年第 3 辑，第 71—72 页。

③ 甘肃省政府编：《甘肃省经济概况》，1944 年，第 24—25 页。

④ 《陕西甘肃河渠现况》，《经济研究》1941 年第 2 卷第 12 期，第 110 页。

⑤ 《甘肃省促进合作组织办理小型农田水利工程贷款办法》，《甘肃省政府法令公报》1945 年第 2 卷第 19 期，第 30 页。

⑥ 王树基：《甘肃之水利建设》，甘肃省银行印刷厂 1945 年印，第 209 页。

北之国防经济建设，均可裨助甚多"[1]。

四、 特色农业与农产品

兰州的地理环境造就了独具特色的农业发展模式，如砂田、水车闻名全国，而农产品水烟、百合、白兰瓜、软儿梨、兰州桃和籽瓜等享誉天下。"兰州气候冬天虽冷，并不怎样奇寒，春秋二季，天气温和特别是夏天，不感炎热，城市居民精于园圃，瓜果菜蔬，种类繁多。百合、苹果均很有名，所产之醉瓜、软梨，其味甜美，更为他者所不出，一年四季瓜果不断，故有瓜果城之称。"[2]

（一）砂田

因甘肃中部气候干旱，雨量较少，为了保持水土，兰州地区皋兰、榆中、永登均铺有砂田，另临洮、洮沙、会宁、靖远、景泰等地亦有很多砂田。砂田是甘肃黄河流域特有的土地改良方法，当地民众以卵石或片石夹以细砂，铺敷地面，以促使作物茂盛生长。

砂田的种类共有三种：一是依砂石种类划分，有井砂、岩砂、沟砂、河砂、红砂五种；二是依砂石作用划分，可分为农作砂田、蔬菜砂田、果树砂田三类；三是依砂石时效言，有新砂田和老砂田之分。砂田的栽培方法与旱地栽培作物相似，不同点是在耕种时需将砂石移至一边，事毕重新铺上。该栽培法功效显著，有保水、保土、保温、去碱等作用，促使作物生长情况良好，产量增多，品质优良。砂田亦有缺点：其一，铺砂费用颇巨。农民每感资力不足，不能做大量投资。其二，砂地的时效性。砂地耕种期限超过三十年，即为老砂地。二十年之内属于新砂地，每亩可产小麦1市担以上。四十年的砂地，则仅产7市斗，四十年以上，最多仅能产3市

① 崔叔仙：《甘肃农田水利贷款概述》，《本行通讯》1942年第44期，第20页。
② 西北局城工部编：《兰州调查》，1949年（作者根据内容推测），第1—2页。此书为兰州民间收藏家甘肃临洮辛甸文化博物馆馆长杨楠先生提供。

斗。①总体上，砂田是农民对土地的一种改良方式，作为兰州地区的特色农业，其经济价值明显。砂田与修渠灌溉相比，有其自身优点。虽修渠可一劳永逸，但耗费时间、财力、人力巨大，且偶有损毁，则牵一发而动全身，全渠均不能引用。而铺砂可由农民个人分别进行，利用冬季闲暇劳力，逐亩施工，每成一亩，即收一亩之效，推进较易，此为铺砂胜于造渠之处。同时，用砂田种植的棉花、西瓜、白兰瓜、蔬菜等经济作物产量高，非灌溉地所能及，"故铺砂虽有其天然不可弥补的缺点，然于利害权衡之下，犹有其存在之价值也"②。

（二）水车

兰州水车，又名"翻车""天车""灌车"，是一种古老而省力、造价低廉、不污染环境、管理简便的农田提灌设备。因黄河水位较低，而耕地较高，引水至为困难，当地农民便择地利，用水的冲力，使带有水斗的水车自行旋转，带水起升，汇注槽内，引灌田亩。③相传此种水车是左宗棠西征时下令按照湖南水车仿造而成，又据《皋兰县志》记载，是嘉靖年间皋兰人段续（字绍先，号东川，明世宗嘉靖二年进士，任云南道御史），在西南各省游官，发现当地利用水车灌田极为方便，回兰州后仿建试用。几遭失败，又赴云南考察，经再三修改，最终成功，兰州黄河两岸农民皆依照仿制，风行一时，收效显著，造福一方。④民国诗人崔半僧有《水车》诗云："水飞轮轮浪如山，引得黄流稼不艰。漫把机心浊抱瓮，段公遗爱在民间。"诗文生动形象地表达了水车的构造原理、作用，以及对水车创始人段续功绩的赞颂。⑤

水车由木工制造，轮大者直径达6至7丈，小者2丈，每车可供水300至500亩。根据水车大小而异，凡高河身6丈上下之地，皆有设置应用。只因每具

---

① 中国农民银行土地金融处编：《甘肃中部之砂田》，1947年，第11—12、24页。
② 中国农民银行土地金融处编：《甘肃中部之砂田》，1947年，第29页。
③ 甘肃省政府编：《甘肃省经济概况》，1944年，第26页。
④ 《兰州水车》，载《兰州文史资料选辑》第7辑，1988年，第135页。
⑤ 赵世英：《兰州水车史料辑零》，载《兰州文史资料选辑》第25辑，2010年，第190页。

制造费过昂，在全面抗战前达五六千元，故多由一村或数家合作设置。① 另外，水车转动时间没有定数，主要随着车轮上下游水位差及车身轻重而变。以皋兰县黄河南岸86架水车为例，其转动时期从5月开始，8月结束。而春麦平均在3月中旬播种，4月初已需水灌溉，如因黄河汛期推迟，水车无法立即转动，故水车浇水时间无法把握，这是水车不能大力发展的一大原因。

兰州水车分布情况，据1935年统计，自兰州西面黑嘴子以下，至靖远县，两岸水车四五百架，灌田162500余亩。② 若仔细划分，以中山桥为界，黄河南岸由中山桥往西沿岸24处，共有水车58轮，灌田5216亩；黄河南岸由中山桥往东沿岸有10处，共有水车24轮，灌地3085亩；黄河北岸由中山桥往西沿岸10处，共有水车15轮，灌田2200亩；黄河北岸由中山桥往东沿岸1处，共有水车30轮，灌田5250亩。由中山桥往上黄河夹心滩三处，共有水车4轮，灌田400余亩；由中山桥往下黄河夹心滩的雁滩（即十八家滩）15处，共有水车29轮，灌田3989亩。总计共有64处，建造水车160轮，灌田20140亩。③ 由以上灌地面积可知水车对兰州农业灌溉发挥着至关重要的作用。

至于水车修理情况，分为大修和小修两种工程，小修每年一次，通常在河面冰消后水车未转动时进行，包括挖巷、车身零星修理等工作。大修十年一次，包括大小辐条及水斗的更换工作。根据中国农民银行历年小型贷款修理兰州地区水车数据，可知大概：1941年，修理4架，贷款137440元，每架需款23900元，受益1335亩；1942年，修理48架，贷款924200元，每架需款19350元，受益9765亩；1943年修理43架，贷款1092040元，每架需款27800元，受益13453亩；1944年，修理85架，贷款4066500元，每架需款27900元，受益35241亩，总计四年共修理182架，

① 华西协合大学西北考察团编：《华西协合大学西北考察团报告》，军事委员会运输统制局1942年印，第116页。
② 中央银行经济研究处编：《甘宁青经济纪略》，中央银行经济研究处总务科1935年，第82—83页。
③ 赵世英：《兰州水车史料辑零》，载《兰州文史资料选辑》第25辑，2010年，第192—196页。

贷款6220500元，共受益55794亩。[①] 从以上数字可见，1944年修理的水车架数最多，这与该年黄河洪水量在历年中最大有关，导致所冲毁的车数较多。同时，也有未向农行贷款，由民间集款自行修理的水车。

（三）水烟

水烟，是久负盛名的兰州特产，以"丝、色、味"三绝著称，有"兰州水烟甲天下"声誉。水烟在兰州种植，始自明末清初，因产烟区主要集中在中部兰州附近，故有兰州水烟之称。最先为自种自用，后来作为商品销售到全国。水烟以皋兰、五泉山的最佳，榆中、临洮次之，靖远、陇西、武山、天水、西和、合水、高台等县又次之。每年五、六月栽种，秋后采叶折叠或捆，削为细丝。[②] 兰州附近灌溉区域所栽的水烟叶片肥厚，普通宽约6寸，长约尺许。自栽至割，有施肥、除草、打叉、灌水等项，手续颇多。六月初栽植，秋后霜前收获，称为绿烟叶，用以制青条烟丝。霜后枯黄收获的是黄烟叶，用以制造黄烟丝。水烟每亩产量可视土壤、肥料、栽培、管理情形判断，按一般情形而言，绿烟叶厚，施肥多，均选肥厚的水田种植，每亩产250斤—550斤，黄烟叶薄，可产200斤—300斤，绿烟价值较黄烟为高。[③]

水烟的栽培方法，主要有育苗和移植两项。第一，育苗。兰州烟农在谷雨立夏之时，选择灌溉、排水便利的田地，向东南或南方作宽四尺，长短不等的苗床，畦埂高三四寸，每亩烟田需半分地的苗床，床内施以肥料，每分地600斤，然后将土与粪充分混合、摊平。将种子浸于温水中等待发芽，每日换水一次，六七日后种子露白芽，遂混以细沙或草木灰均匀撒于床内，略加铺压，即行灌水，灌水量约为2寸。同时，需要将苗床整治极平，即使种子漂浮水面也不致堆积一处，待水落后，覆盖麦草。以后逐日向草喷水，约十日间苗出土后，除去覆草，第二次灌溉，灌水量约为3寸。

---

① 甘肃水利林牧公司编：《甘肃省黄河沿岸水车概况及兰州十里店水车抽水机试验计划》，1945年，第2页。

② 《甘肃农业概况》，《西京日报》1933年11月1日。

③ 甘肃省银行经济研究室编：《甘肃之特产》，兰州俊华印书馆1944年，第41页。

苗高 2 寸左右，进行第一次育苗，并撒入大粪粉。再过二旬，苗高 2 寸，即行定苗，各苗距离约为 1 寸，到小暑前一周，再施以粪肥，并进行第三次灌溉，斯时烟苗生长极速，至小暑时达 3 寸以上，此为移种的最佳时期。第二，移植。在种烟之前的田地，一般作物多为大麦、小麦或小扁豆，烟农于前作物收获后，普遍不耕犁，只将畦埂略事整顿，即行移植。栽植前依株行距，掘深四五寸之穴，中施肥料，与土泥匀，每次栽烟一株，栽完一畦，即行灌水，以免干燥。亦有栽时不施肥料，而于数日后再施者。此后随时进行灌溉，直至"回青"为止。

图 5-1　闻名全国的兰州水烟
（载《中华》1935 年第 37 期）

兰州水烟在甘肃出产物中占有很重要的位置，行销东北及江、浙、闽、粤、赣、湘各省。晚清至全面抗战初期，是兰州水烟的极盛时期，在兰州出口贸易中占很大比重。以 1934 年为例，水烟的出口数量共 18611 担，每担 360 斤，价值 2184117 元。而其他出口货物，皮毛出口数量共 34276 担，每担 240 斤，价值 822624 元；药材出口数量共 143261 担，每担 100 斤，价值 133232.73 元；估衣出口数量 3765 担，每担 240 斤，价值 7530 元。[①] 九一八事变后，东北销路停滞。因甘肃政局动荡，捐税加重，旱灾严重，水烟收成日薄，加以全面抗战爆发后，苏浙闽赣相继沦陷，销路随之日蹙。

---

① 高良佐：《西北随轺记》，建国月刊社 1936 年版，第 64—65 页。

在 1926 年以前，兰州共有绿条烟商 60 余家，黄烟商 50 余家，每年产绿条烟约 40000 担，黄烟约 4000 担。[①] 至 1933 年，兰州共有绿条烟商 24 家，黄烟商 11 家，绿烟每年约出 13600 担，黄烟每年约出 709 担。[②]

到 1942 年兰州、榆中、靖远等地，共产青烟丝 4408682 斤，棉烟丝 3303170 斤，合计总产量 7711852 斤；1943 年青烟丝下降到 2176010 斤，棉烟丝下降到 2493056 斤，合计总产量为 4669066 斤。[③] 水烟产量减少，销售日衰。

烟叶作为兰州乃至甘肃的一大出产物，对于制烟之业甚为重要，凡种烟之地皆制烟，从而带动了兰州工商业的发展。在最突出年份，如 1923 年皋兰（包括兰州）种烟面积占可耕地的 47%。[④] 据铁道部业务司商务科调查，甘肃段沿线的制烟厂有皋兰、洮沙、临洮、陇西、武山、甘谷、榆中等 7 县，共有从业工人 16000 余人，每年共产水烟 800 余万公斤，值价 200 余万元。其中尤以皋兰为主要，有从业工人 13000 余人，约占全线烟业工人 84%，年产水烟 540 余万公斤，约占全线烟产量 67%，值价 120 余万元，约占全线烟产值 64%。[⑤] 这对解决当地民众就业，加强对外贸易交流具有重要作用。兰州水烟自烟叶种子育苗开始，以至烟丝成品运输于待售地点，所有直接赖此为生者，有烟农、烟坊股东、经理、会计、工人及其家庭；所有间接赖此为生者，有木工、铁工、麻工、贩运商、信用商、运输商，以及厂栈行号。据统计，在甘肃境内以此为生至少有 30 万人，在兰州市一地，至少在 5 万人以上，占兰州市总人口的五分之一。[⑥] 其不仅在经济上占甘肃省对外贸易第一位（次为皮毛、药材），即在国家财政收入上，亦为国税中主要税源，"其与国计民生的关系，可云至深至巨"[⑦]，足见水烟业在兰州的

---

① 《兰州水烟衰落实况》，《西北文化日报》1933 年 2 月 24 日。

② 《兰州水烟》，《西京日报》1934 年 1 月 29 日。

③ 严树棠、李建基：《解放前的兰州水烟业》，载《甘肃文史资料选辑》第 14 辑，甘肃人民出版社 1983 年版，第 63 页。

④ 严树棠、李建基：《解放前的兰州水烟业》，载《甘肃文史资料选辑》第 14 辑，甘肃人民出版社 1983 年版，第 57 页。

⑤ 铁道部业务司商务科编：《陇海铁路甘肃段经济调查报告》，1936 年，第 41 页。

⑥ 杜景琦：《兰州之水烟业》，伦华印书馆 1947 年，第 45 页。

⑦ 杜景琦：《兰州之水烟业》，伦华印书馆 1947 年，第 2 页。

经济地位比较突出。

（四）白兰瓜

白兰瓜，是兰州的著名瓜种。瓜型浑圆，皮白瓤绿，甜蜜爽嫩，清香扑鼻，驰名全国。[①] 但白兰瓜并非兰州土特产，而是从美国引进，这与甘肃省建设厅厅长张心一和美国副总统华莱士之间的情谊有关。1943年，美国生态学家及水土保持专家罗德明博士与蒋德麒、张乃凤等到兰州考察水土保持时，与张心一谈到1944年美国副总统华莱士将要访问兰州，需要带些什么东西给他，张心一请他带些能抗旱的饲草种子。罗回到华盛顿转达了张的请求。1944年6月，华莱士来到兰州，带来几十种饲料种子、"蜜露瓜"种子和三角锯齿铲子。为了体现互惠原则，张心一选送华莱士一些"珍珠梅"种子。1945年，收获第一批瓜，甜度高于美国所产，当时称为"华莱士瓜"。[②] 1946年，兰州有砂田的农民开始推广此瓜，主要种植于兰州青白石乡白道坪村，以后逐步推广到皋兰水阜、石洞、忠和以及靖远、河西等地区。青白石地处黄河北岸，南临黄河，北依重山叠峦，是素享盛名的"瓜乡"，所产白兰瓜较他处为佳。但因气候变化，品种混杂退化，一度质量下降，后经兰州市农科所多年研究，培育出"兰甜5号""白兰22号"和"白兰24号"新品种。[③] 1952年10月，甘肃省政府主席邓宝珊指示，经甘肃省各族各界人民代表政治协商委员会研究，根据此瓜皮纯白，源于兰州之意，将此瓜改名为"白兰瓜"[④]，从此白兰瓜称谓沿用至今。

（五）百合

百合，兰州著名土特产，洁白如玉，瓣肉肥硕，香甜可口，营养丰富，

---

① 《白兰瓜》，载《兰州文史资料选辑》第7辑，1988年，第159页。

② 张心一：《兰州白来瓜的来历》，载甘肃省地方史志编纂委员会编《甘肃省志·农业志》下册，甘肃文化出版社1995年版，第1194页。

③ 《白兰瓜》，载《兰州文史资料选辑》第7辑，1988年，第159页。

④ 甘肃省地方史志编纂委员会编：《甘肃省志·农业志》上册，甘肃文化出版社1995年版，第479页。

以名菜良药而闻名。著名植物分类学家孔宪武在《兰州植物通志》中谈道："兰州百合，味极甜美，纤维很少，又毫无苦味，不但闻名全国，亦可称世界第一。"据测定，兰州百合含蛋白质4.39%，淀粉6.96%，蔗糖9.78%，另含脂肪、17种氨基酸、8种维生素、28种无机盐和微量元素，其中精氨酸、谷氨酸、锌等含量较高。对改善人们营养状况，特别是对婴幼儿、老年人营养价值很高。百合还可药用，《本草求真》记载："百合利于肺心，是能敛气养心，安神定魄，保肺止咳的良药。可治病后余热未清，气阴不足，烦躁失眠等症。"[1] 有研究证明，从百合中提取的多糖和生物碱的药理实验结果，对增强人体免疫功能和抑制肿瘤均有一定作用，可见百合在医药应用上有很大前景。百合性喜生长在气候温和凉爽，夏季无酷热高温，昼夜温差较大的环境，多生长在海拔2200米的二阴山区，一般用不定根上生成的小鳞茎（俗称"母籽"）作繁殖材料，从母籽到成品约需4至5年。百合的鳞茎呈白色，球形或扁圆球形，鳞片扁平肥大，长6厘米，宽3厘米，成品鳞茎高6.3厘米，横径8至10厘米，平均重150克—250克，大者500克以上。[2]

兰州栽培百合的历史，据1908年纂修的《甘肃新通志》记载：百合，"皋兰（兰州）向不产此，近来人试种之，得利甚优，今种者甚多"[3]。1928年，《甘肃物产调查表》记载："百合，兰州黄峪沟（今七里河区）驰名全国，榆、平次之，可归甘特产。"正如兰州当地老农所言："其栽培时间，约在三十年左右。"[4] 1947年，甘肃省农业改进所编制的《甘肃农林牧三年建设计划》中提到"百合为兰、平二地特产，为全国之冠，估计年产215.35万斤。"[5] 所产之地主要集中在距兰州城三十里的西果园、榆中、永

---

① 《兰州百合甲天下》，载《兰州文史资料选辑》第7辑，1988年，第169页。
② 兰州市地方志编纂委员会编：《兰州市志·科学技术志》，兰州大学出版社1999年版，第229页。
③ 转引自喻衡：《兰州百合初步调查》，《农业推广通讯》1944年第6卷第2期，第71页。
④ 喻衡：《兰州百合初步调查》，《农业推广通讯》1944年第6卷第2期，第71页。
⑤ 甘肃省地方史志编纂委员会编：《甘肃省志·农业志》上册，甘肃文化出版社1995年版，第468页。

登、川子沟、青岗岔、庙尔沟、陆家沟、袁家湾一带。最初提倡栽种的人是兰州黄峪沟一杨姓人。1942 年，兰州百合种植面积达 325 市亩，其中袁家沟 70 市亩、青岗岔 65 市亩、徐家沟 40 市亩、卷滩 30 市亩、湾沟 30 市亩、川子沟 20 市亩、陆家沟 15 市亩、庙尔沟 15 市亩、西果园 10 市亩、其他零星地带 30 市亩，① 因上述地方海拔高，四面环山，雨量较少，气候干燥，土质松软，排水良好，故此地所产百合果实肥大，白嫩而无苦味，冬季煮而食之，味甘如蜜，水分多，纤维少，营养丰富。②

百合是一种中看、中吃、中听的佳品。在当地用作蔬菜，堪称绝品。可炒、可烹、可蒸、可汤，咸甜均宜，有"八宝百合""蜜汁百合""百合桃""干蒸百合"之称。每年旅客携带省外的数量极多，只是产量不大。③ 在兰州乡俗中，百合被当作一种吉祥喜庆的东西，赋予百年好合寓意。旧式婚礼，新娘的嫁妆中，"红枣、核桃、红鸡蛋、百合是少不了的压箱之物，供贺喜的客人们争相抢取。新婚在迩，有的新娘要用灵巧的手将百合精心妆饰一番，她们用红色或金色的皱纸在洁白如蓓蕾的百合上糊上一道腰封，再放到红绿丝线结成的网络中，外表异常美观。寄托了对幸福生活的憧憬"。④

（六）软儿梨

软儿梨是一种晚熟梨，是兰州诸多梨品中的佼佼者，又名化心、香水。《皋兰县新志》记载："香水梨俗名软儿，秋时色青黄，味微酸，藏至冬末春初变软而黑，肉悉成浆，甘如蜜"。于右任有诗曰："冰天雪地软儿梨，瓜果城中第一奇。满树红颜人不取，清香偏待化成泥"。足见此果传神之处。软儿梨树枝干健壮，适应力强，结果期长，产量高，适应兰州地区气

---

① 喻衡：《兰州百合初步调查》，《农业推广通讯》1944 年第 6 卷第 2 期，第 71 页。另文中所统计兰州百合共 355 亩，笔者重新计算共 325 亩，特此说明。
② 甘肃省银行经济研究室编：《甘肃之特产》，兰州俊华印书馆 1944 年版，第 133 页。
③ 甘肃省政府编：《甘肃省经济概况》，1944 年，第 39 页。
④ 《兰州百合甲天下》，载《兰州文史资料选辑》第 7 辑，1988 年，第 170 页。

候和土壤。初春开花，如一柄雪伞，夏末秋初，满园丰满的果实累累枝头。① 至秋末冬初采摘，果大有四五两，包含籽粒最多，不能生食，需贮藏一段时间使其绵软后才能吃，一般冬天冻住，春暖后自行解冻或用温水泡，去皮而吃其肉水，味道甘甜，品质亦佳。果皮成熟时为淡黄色，贮藏后渐变为暗色，冻结后为黑色。② 兰州软儿梨以皋兰什川的品质最佳，其树势强健、生长快、结果早、寿命长、抗寒耐旱、适应性强。存活二三百年的软儿梨树虽已老化，但每棵每年仍结果200—400公斤，盛果期的软儿梨树，最高株产可达800公斤，平均株产250公斤，年总产软儿梨100多万公斤，行销省内外，闻名陇上。③

五、 湟惠渠特种乡

1942年4月，湟惠渠建成后，所灌溉区域的土地由贫瘠变为肥沃。因人口多，土地少，导致人地关系紧张。为缓解人地矛盾，充分发挥湟惠渠水利效能，1943年11月5日，甘肃省政府专门设立湟惠渠特种乡公所，推行土地政策，实施新县制。内设乡长、副乡长，及民政、经济、文化、警卫四股处理一切行政事宜，辖达川、河湾、平安、通宁4保58甲1669户6353口④，直属省政府，不受任何县府节制。⑤ 并以实行"耕者有其田"为宗旨，是民国时期全国唯一的特种乡公所。

在湟惠渠未开通前，河嘴、平安、达川等乡土地大多为黄草滩和老沙地，"瘦田无人耕，耕开万人争"。而湟惠渠开通放水后，当地的一些地主绅士开始大量兼并土地，致使达川、张家寺一带地价猛涨，以前一亩地价只有六七元钱，湟惠渠修建后涨到几十元甚至上百元。为此，甘肃省政府推行土地征收、重划农场，放领给无地农民耕种。建设厅厅长张心一以省

---

① 《软儿梨》，载《兰州文史资料选辑》第7辑，1988年，第165—166页。
② 甘肃省银行经济研究室编：《甘肃之特产》，兰州俊华印书馆1944年版，第129—130页。
③ 冯自多、张德庆：《久负盛名的兰州特产》，载《皋兰文史资料》第1辑，1993年，第127页。
④ 皋兰县档案馆编：《湟惠渠特种乡史料研究》，甘肃澳翔印业有限公司2018年，第3页。
⑤ 《湟惠渠设立特种乡，直属省政府》，《甘肃民国日报》1943年11月11日。

政府名义发布文告："在湟惠渠开通以后买卖的土地，一律不能算数。政府要把这片土地先收买下来，然后再统筹分卖给无地和少地的农民。"并与民政厅厅长郑正玉起草"耕者有其田"实验报告，呈送行政院院长孔祥熙，孔将报告转交土地管理局责成主办。随后，土地局派员至达家川进行实验，但受到当地地主阻挠，工作无法开展。张心一重组人马，采用收购、赎买办法逐步解决。按照土地性质、地主类别，将土地征收分三期进行，共征收土地25644亩。重新估算土地价格，对于低价发放问题按土地肥瘦划分为三等九级进行补偿，每亩最高1000元，最低100元。因物价上涨，地价随之上涨为每亩5000元至10000元。在三期中，共补偿地价1308860350.7元。依据所征收土地的优劣状况，划分为1162个单位农场，由农户承领自耕1103个农场，其中20—30亩的农场768个，占所规划总农场数量的66%；其中10亩以下的农场4个，占极少数。为补偿征收土地费，湟惠渠特种乡公所向中国农民银行贷款1600万元，扶植自耕农达1100多户。[1]

1944年秋，乡公所向中国农民银行贷款400余万元，征收耕地12000余亩，将农场划分为400余单位，至1945年秋季全部放领完毕。[2]当地农民在"家家有田种，人人有饭吃"口号下，对政府的土地公有、平均地权政策有了普遍认识，对放领耕地极为踊跃，对维护新政尤为热心。1945年，湟惠渠的维修工程由农民自动筹款百万元，集民工万余名，土车6000余辆，昼夜赶修，不久竣工放水。为推行土地政策，加强湟惠渠工程管理，1947年8月13日，甘肃省政府颁布《甘肃省湟惠渠管理局组织规程》，特设甘肃省湟惠渠管理局。局址设于张家寺，设三科分掌各项业务，第一科掌理民政、地政、文化、财政、田粮、役政，及不属于其他各科事项；第二科掌理工程修缮、水渠管理，及其他建设事项；第三科掌理合作事业、农场、苗圃，及其他生产事项。[3] 这对发展生产事业和促进地方自治发挥了重要作用。

---

① 皋兰县档案馆编：《湟惠渠特种乡史料研究》，甘肃澳翔印业有限公司2018年，第3页。
② 《甘肃湟惠渠特种乡落成》，《民主与科学》1945年第1卷第4期，第66页。
③ 《甘肃省湟惠渠管理局组织规程》，《甘肃省政府公报》1947年第664期，第12页。

通过设立湟惠渠特种乡公所，使得该地的农业生产条件和农民生活面貌得到改善和提高。在甘肃省政府的努力推行下，至 1945 年，湟惠渠特种乡公所初步实现了国民政府所推行土地政策的最高理想——"耕者有其田"。其所贯彻的民生主义，堪为全国楷模。[①] 新中国成立后，湟惠渠特种乡公所划归皋兰县，行政区改为皋兰县湟惠区，最终于 1958 年撤销。

第二节　传统手工业与新兴工业

全面抗战时期，兰州成为西北抗战大后方的中心，肩负着抗日救亡的重大使命。因此，国民政府加大对兰州的经营力度，地方政府亦提倡扶助实业，加之沦陷区工厂及技术人员内迁的影响，这一时期兰州工业较战前获得大幅度的发展，成为兰州工业发展史上的一个重要阶段。

一、手工业的发展

全面抗战时期，由于国民政府提倡及民众生活的需要，兰州原料比较丰富的毛纺业、皮革业等传统手工业获得较快发展，同时也出现了一些新兴手工业。

（一）传统手工业的发展

毛纺业是兰州历史悠久的手工业，全面抗战爆发以后，随着人口及资金的流入，兰州毛纺业发展较快。在毛褐织物方面，据 1944 年统计，榆中、永登、皋兰三县每年毛褐产量均为 500 匹。[②] 在毛毡方面，兰州市毛毡制品精美行销西北各省，是各民族冬季的必需品。1943 年兰州市有毡房 14 家，毡房组织有独资经营及合股经营之别，经理与工人往昔为师徒关系，在收徒拜师之际，言定学习年限及待遇。后改用雇工制，依手艺或物价而定每

---

① 《甘肃湟惠渠特种乡落成》，《民主与科学》1945 年第 1 卷第 4 期，第 66 页。
② 王树基：《甘肃之工业》，1944 年，第 38 页。

月或每年工资若干。兰州各毡房多为小本生意，战前因资金短少，营业不振。全面抗战爆发后，随着内地人口增加，销路渐旺。政府又为扶助小规模工商业起见，设小本贷款处，由省银行兼办，不取利息，各毡房多互相保证联合借款，资金乃渐见活动。① 1944 年兰州毡房数为 16 家，以制造平面毡为主，间有数家每年秋季制造鞋、毡帽。此外，尚有盐场堡兴农纺织工厂，兼营毡鞋制造。据调查，兰州市每年可产平面毡 7000 页、毡鞋 4000双、毡帽 2000 顶，皆在当地零销。② 兰州各毡房所用羊毛，多来自榆中北山及皋兰北辰乡。各毡房每年所用羊毛数量，在全面抗战爆发以前，每家最多不过一万三千余斤。迨抗战军兴，毡毯销路日广，用毛量亦随之增加。现在每家用毛量最多者，年约二万六千余斤，所有毡房全年用毛量约二十万斤。③

毛毯也是毛纺业的重要出品，毛毯业在甘肃省不是农民副业，而是由小型的工厂或合作社经营。仅有兰州、天水两地的提花毯等输出省外。1943年兰州有 25 家毛毯厂，其中榆中有 4 家。④ 据统计 1944 年兰州生产，"毛毯 2090 条，军毯 33120 条，栽绒毯 2340 方尺"⑤。毛编品是甘肃省最普及的毛类加工业，专门制造毛编品的厂家不多，只在兰州等地略有数家，其余大都是农民副业。毛编品产量情况，1944 年兰州大件毛织品年产量 5000件，小件毛织品年产量 20000 件，毛线年产量 50000 斤。榆中县则分别为5500 件、10000 件、5000 斤。⑥ 毛袋柔软而有弹性，经久不坏。兰州每年毛袋产量 5500 条，永登 500 条。⑦ 据 1944 年 6 月统计，甘肃有棉毛纺织工厂206 家，兰州、榆中、永登、西固地区有 74 家，其中棉纺织 17 家，毛纺织57 家，其中 73 家是全面抗战期间设立。⑧

---

① 李屏唐：《兰州羊毛加工业调查》，《贸易月刊》1943 年第 4 卷第 9 期，第 30 页。
② 王树基：《甘肃之工业》，1944 年，第 41—42 页。
③ 李屏唐：《兰州羊毛加工业调查》，《贸易月刊》1943 年第 4 卷第 9 期，第 30—31 页。
④ 王树基：《甘肃之工业》，1944 年，第 47 页。
⑤ 陈之行：《兰州农工业》，《经济新闻》1944 年第 2 卷第 49 期，第 4 页。
⑥ 王树基：《甘肃之工业》，1944 年，第 49—50 页。
⑦ 王树基：《甘肃之工业》，1944 年，第 53 页。
⑧ 王树基：《甘肃之工业》，1944 年，第 61—75 页。

全面抗战时期是兰州毛皮业大发展的时期，60%以上的皮衣商店均设立作坊，自己收购自己制作、销售。加以野生皮由少量经营而转为大量经营，京津客人来兰收购野生皮者日益增多，四川、湖北、昆明一带客人收购羊皮毛者也逐渐增加。全面抗战爆发后，因交通阻塞，北平、上海等地相继沦陷，兰州人口增加，外销皮货畸形减少，内销皮货日益兴盛，有些钱庄也趁机投资开设皮铺，故皮铺由原来的 17 家，发展成为 26 家，增加 9 户。①在家畜皮张生产方面，据 1942 年调查，西固年产 30 张牛皮、永登 380 张、榆中 500 张；西固年产山羊板皮 120 张、永登 420 张、榆中 1200 张；西固年产老羊皮 500 张、永登 5200 张、榆中 5000 张；西固白二毛羔皮年产量300 张、永登 1000 张、榆中 8000 张。② 兰州市皮衣业估计年产皮衣一万五千件，向川陕豫直接输出者约一万件。③

全面抗战前，甘肃省制革工业亦属寥寥，在兰州仅有鸿泰一家，设备简陋，出品无多。自 1937 年以后，本省所产皮革制品日益畅销，土法制革亦遂加改良。④ 据 1944 年 2 月统计，兰州有制革厂 21 家，甘肃全省有 26 家。

兰州的造纸厂在 1941 年前只有 3 家，1943 年增加到 10 家，产量骤增 5倍，每年产纸 15 万张，土报纸、包货纸各占半数。二者名异实同，差别仅在于质地稍有粗细。⑤ 白麻纸，为农民主要用纸，书写、裱糊、包装均用之。兰州年产 13200 刀，原料系采取废麻与纸筋（由废纸浸制），出品较粗，仅能作包装之用，故又名包货纸，仅供本地销售。⑥ 草纸，质料较厚，其用途较少，仅能包货及作手纸，为人民之普通用纸。兰州小本经营的纸坊有数十家，均从事草纸之制作，因此纸易于制造，所用原料大都以草料

① 兰州市工商联：《兰州市皮毛业的历史沿革》，载甘肃省工商业联合会编《甘肃工商史料》第 2 辑，1990 年，第 45—46 页。

② 经济部中央工业试验所兰州工作站等编：《甘肃工业资源·兰州市工厂调查》下编，1942年，第 42—43、44—47、53—54 页。

③ 陈鸿胪：《甘肃省之固有手工业及新兴工业》，《西北问题论丛》1943 年第 3 辑，第 158 页。

④ 王树基：《甘肃之工业》，1944 年，第 121 页。

⑤ 陈鸿胪：《甘肃省之固有手工业及新兴工业》，《西北问题论丛》1943 年第 3 辑，第 170 页。

⑥ 王树基：《甘肃之工业》，1944 年，第 167 页。

为主，故产量甚巨。土报纸，兰州四郊从事制造土报纸者有十家，即甘肃省银行造纸厂、新华造纸厂、青年合作社造纸厂、泰成造纸厂、富陇造纸厂、永和造纸厂、同兴造纸厂、家庭造纸厂，年产土报纸 25280 刀，其中以甘肃省银行造纸厂规模较大，产量最多。①

陶瓷业方面，窑街的陶瓷是甘肃省久负盛名的传统产品，1936 年以后随着享堂峡道路不断开凿扩修，车马得以通行，给窑街的陶瓷业带来了生机，陶窑数量不断增加，窑场星罗棋布，窑火相望，遍及窑街的红山、上街、下窑一带，陶瓷生产达到鼎盛时期。据不完全统计，小小窑街镇上，先后出现了大、中、小三种陶窑 36 个，还不包括白瓷窑、砂瓷业。1944 年开工的永登民生瓷厂资本额达 180 万元，出品缸盆碗 10000 件，工人 50 名，年产值 20 万元。陶瓷制作技术也不断进步，甚至生产出一种鲜为人知的粗白瓷，产品有碗、碟、杯、壶等。② 皋兰县阿干镇为甘肃中部著名黑粗瓷及缸锅产地，当地有窑业 18 家，从业人员 500 余人，产量颇大，销售于附近各县。③

除上述各种手工行业外，其他手工业也有较大发展。如木器业中，兰州家具店就有 20 家，全市木工匠至少有 2500 人。制箱业方面，因兰州产水烟，兰州有 7 家专门制造装水烟的木箱，全省每年至少制作水烟箱 9 万个。④ 这一时期虽然不是所有的传统手工业都获得发展，但总体趋势处于上升阶段。

（二）新兴手工业部门的出现

这一时期甘肃出现的新兴手工业部门，可以分为国外的机器工业品引进后，在国内形成以手工业方式生产和经营的手工业；因对外贸易发展而形成的手工业；以进口原料生产而出现的手工业等类型。⑤ 兰州手工业也体

---

① 王树基：《甘肃之工业》，1944 年，第 171—172 页。
② 《窑街旧时的陶瓷业》，载《红古文史资料》第 7 辑，2010 年，第 5—9 页。
③ 陈鸿胪：《甘肃省之固有手工业及新兴工业》，《西北问题论丛》1943 年第 3 辑，第 120 页。
④ 陈鸿胪：《甘肃省之固有手工业及新兴工业》，《西北问题论丛》1943 年第 3 辑，第 115 页。
⑤ 黄正林：《延续与革新：近代甘肃手工业问题研究》，《青海民族研究》2015 年第 1 期。

现出这种变化。

1. 国外的机器工业品引进后，在国内形成以手工业方式生产和经营的手工业。如肥皂业，肥皂一物为洗濯之必需品，甘肃虽每年所产牛羊油脂量丰富，但在全面抗战以前，洗涤主要用碱胰子和羊胰子，且是原始制法，纯为家庭手工业。① 全面抗战以后，沿海肥皂业西迁，给兰州带来了新式肥皂制造技术，如时人所言，"一二年来，因厂数之激增，品质等之竞争，大有不可同日而语之势"②。肥皂业成为抗战时期兰州发展最快的行业之一，有雍兴公司兰州实用化学厂、自强化学工业股份有限公司、陇右化学工业社等十数家肥皂制造厂。但多以数业并举，并非单独专营，故生产力有限。上述各厂，出品以雍兴、自强、陇右为佳。自强公司之精制肥皂，色洁而质透明，近似日光肥皂。③ 以上工厂每年生产肥皂总量约有 40 万斤。

玻璃业。1938 年 12 月明华玻璃厂在兰州西郊蒋家庄设立，标志着甘肃玻璃业开始兴起。1943 年兰州有 7 家玻璃厂，皆为小规模经营。④ 此外，还有卫生署西北防疫处附设玻璃厂一家，专制医药上所需用之药瓶、牛痘苗管、茶杯等器皿，并不对外营业，专供自用。各厂出品，以各色料瓶、茶杯及药瓶为大宗，煤油灯罩、各种电灯罩及花瓶等次之。平面玻璃，原由锦生玻璃厂制造，嗣以成本太高，销路滞呆，逐渐停制。玻璃产品主要销往兰州及附近各县，也运销青海、宁夏等地。⑤

油墨制造业。七七事变以后，中国油墨主要产地相继沦陷，甘肃印刷出版事业顿感原料缺乏，油墨来源稀少。1940 年 7 月，家庭手工小规模之西北油墨工厂设立于兰州市郊七里河，其所用原料，如胡麻油、松香、松烟等完全就地取材，石墨取于青海。产品销售于甘宁青各省大市场，各报社、印刷

① 陈鸿胪：《甘肃省之固有手工业及新兴工业》，《西北问题论丛》1943 年第 3 辑，第 166 页。
② 王树基：《甘肃之工业》，1944 年，第 85 页。
③ 王树基：《甘肃之工业》，1944 年，第 90 页。
④ 陈鸿胪：《甘肃省之固有手工业及新兴工业》，《西北问题论丛》1943 年第 3 辑，第 165—166 页。
⑤ 王树基：《甘肃之工业》，1944 年，第 101 页。

社及机关学校亦有采用。每月销售油印墨约400磅，石印墨300磅左右。[1]

2. 因对外贸易发展而形成的手工业。羊毛洗制业。抗战前兰州羊毛多输往日本，抗战时则大批输往苏联。然羊毛杂质太多，如不清洗干净不利于出口贸易。土法以皂荚、肥皂洗濯，难获得优良洁白之原毛，不能用于制造上等毛织物。1940年刘鸿生在兰州兴办了西北洗毛厂，从事洗毛和打包。洗毛全过程，除洗毛、脱水为机械外，其余均为人工操作。[2] 全面抗战以后，猪鬃成为甘肃换取外汇的重要商品，被誉为甘肃六大特产之一。据1944年统计，全省当年洗制猪鬃约在十五万市斤左右。但洗制猪鬃的工厂，全省仅兰州有一家，每年洗制熟鬃二百余箱。该厂原名万顺商行，由商人集资筹设，成立于1940年8月，因经营不当，遂于1942年7月交由复兴公司西北分公司接办。[3]

3. 以进口原料生产而出现的手工业。白铁业即洋铁业，是依靠洋铁皮发展起来的手工业。甘肃省白铁业主要分布在较大城市，"兰州市约有三十家，已入镔锡职业工会之工人有五十七人，为全省最发达之地"[4]。

二、兰州水烟业

兰州水烟是甘肃历史悠久的重要土特产之一，并成为畅销全国、深受人们喜爱的佳品。因原料及制作方法的差异，计有青烟、黄烟、棉烟、麻烟四种类型。

（一）兰州水烟业的兴盛

1923至1926年是兰州水烟业极盛时期。1923年水烟运输畅旺，该年全行业共计销售青烟3万担，棉烟1万担，创造了水烟史上畅销的黄金时代。

---

①　王树基：《甘肃之工业》，1944年，第94页。

②　李锐才、刘子蔚：《解放前兰州西北洗毛厂概况》，载《西北近代工业》，甘肃人民出版社1989年版，第313页。

③　王树基：《甘肃之工业》，1944年，第183—184页。

④　陈鸿胪：《甘肃省之固有手工业及新兴工业》，《西北问题论丛》1943年第3辑，第112—113页。

当时兰州开厂营业者达 140 家，其中大、中、小规模烟坊数量分别约占 10%、30%、60%。① 这一时期，一林丰烟坊加工的水烟有一千多担，连同收购的水烟，年销量共有五千多担。每年的利润由二三万元增加到十三四万元，其销售网络，"大体可以分为总号、分号、支号、驻庄等层次，除总号（原在西安）外，分号有上海、兰州（水烟厂），支号有南通、苏州、石港、平湖等处，至于临时性的驻庄，有汉口、成都、天津、安化等"②。

在市场上，由于兰州水烟的认可度非常好，商家们就打着兰州水烟的招牌营销谋利。在汉口、南京、上海等地，"二十年前每一个出售水烟店的门口，哪一家没有一块经销皋兰红泥沟口细条烟丝的金字招牌，他们利用着这个富有诱惑的招牌，经营他们一本万利的生意"③。水烟的畅销，刺激了烟叶的种植，1923 年，"皋兰（包括兰州）种烟面积竟占可耕地百分之四十七，其他地区在民国十年左右水烟出现兴旺的情形下，烟田也大大有所增加"④。制烟工人最多时达六七千人，直接依赖水烟为生者，"在甘境据估计至少有三十万人，在兰州市一地，至少亦在五万人以上，即占兰州市人口五分之一"⑤。由于兰州水烟大量外运销售，给沿途各地也带来可观的收益。1923 年因马福祥在绥远对京绥路上的兰州水烟重税苛征，烟商们纷纷改道陇海路运输，使当地的税收和运费收入大为减少，"闻即兰州水烟一项，每年有十万箱。向由京绥路运，每件按九十斤还税，因绥远税局改章，须按百斤还税。马福祥又抽烟捐二成，故烟商改由陇海路转运，致京绥路每年损失运费二十余万"⑥。

兰州水烟除运销本省外，大部分销往外省。其运销格局经过土客商漫长岁月的构建，到全面抗战前全国性的销售网络已基本形成，其运销路线

---

① 严树棠、李建基：《解放前的兰州水烟业》，载《甘肃文史资料选辑》第 14 辑，甘肃人民出版社 1983 年版，第 67—68 页。

② 《关于送上兰州一林丰水烟厂史料报告》，甘肃省档案馆藏，档号 121 - 1 - 82。

③ 新民：《皋兰特产——水烟》，《西北经济日报》1948 年 1 月 29 日。

④ 严树棠、李建基：《解放前的兰州水烟业》，载《甘肃文史资料选辑》第 14 辑，甘肃人民出版社 1983 年版，第 57 页。

⑤ 杜景琦：《兰州之水烟业》，伦华印书馆 1947 年版，第 45 页。

⑥ 《苛税影响京绥路，马福祥重征兰州水烟，烟商改道路收已减少》，《京报》1923 年 11 月 3 日。

可分为，东、西、南、北及海路五条，第一条，由兰州、平凉、西安、龙驹寨、老河口、汉口、苏州、南通，而运抵上海者，是谓之东线；第二条，由兰州、天水、广元、成都、重庆，而运云贵各地者，是谓南线；第三条，由兰州、武威、张掖、酒泉、敦煌、哈密，而运达迪化者，是谓西线；第四条，由兰州、靖远、宁夏、包头、归绥、大同、张家口，而达平津各地者，是谓北线；第五条，由上海再转运至烟台、营口等地者，是谓海线。①此外，以上五条外运线路，凡经过的城市都要顺路供应。也有通过沿线时辗转供应的，如南郑、太原、洛阳，均是水烟重要销地，各烟坊经常派驻专人推销。② 根据以上销售路线的勾勒，可以看出兰州水烟业兴盛时的运销格局是以兰州为中心向全国输出，形成四通八达的运销网络。

图5-2　兰州水烟由黄河顺流而下，运至包头上岸

（载《中华》1941 年第 100 期）

---

①　杜景琦：《兰州之水烟业》，伦华印书馆 1947 年版，第 10 页。

②　严树棠、李建基：《解放前的兰州水烟业》，载《甘肃文史资料选辑》第 14 辑，甘肃人民出版社 1983 年版，第 67 页。

兰州通史·民国卷

（二）兰州水烟业发展乏力

由极盛时代至抗战爆发前，是兰州水烟业发展乏力时期。1923年兰州水烟的畅销，"大大刺激了水烟的生产和烟叶的种植，也吸引了许多专营运销的临时商，和一些坐商都兼行跨业的来经营水烟"，这种盲目竞争的结果导致供过于求。加"一九二七年后，随着时代的演变，纸烟又和水烟在农村争夺市场，纸烟吸食方便，远非水烟所可比拟"①。于是兰州水烟市场便有了一定的局限性，得不到继续发展。1928年后又因时局变化，军阀混战，交通阻塞，水烟业受到严重打击。以致生意萧条、相继倒闭，能继续营业者，只有六七十家。② 到1930年，烟价继续下跌，推销不出，"水烟销售陷于停顿状态，有些较小烟商都赔累破产。许多驻天津等地的庄客，由于烟价跌落无法销出，几个月后烟价已不敷支付积欠旅栈食宿和仓库的费用，有的弃货逃走，有力者虽依靠分、支号门市部的零销，勉强维持，但也赔累颇巨"③。

（三）兰州水烟业逐渐衰落

全面抗战爆发后，兰州水烟的主要销售市场即我国中东部地区相继沦陷，使兰州水烟业面临着在夹缝中求生存的困境，逐渐走向衰落。

战时环境对兰州水烟物流体系产生诸多限制，使兰州水烟运输步履维艰。首先，由于日军对兰州及其周边地区进行战略轰炸，阻碍兰州水烟从产地运出。主要体现为：一是运出少量货物。如兰州著名烟坊一林丰，因日军轰炸交通阻塞，烟坊的货发不出去，每年发货量平均不过一千七八百

———

① 姜志杰、聂丰年：《兰州水烟业概况》，载《甘肃文史资料选辑》第2辑，甘肃人民出版社1987年版，第188页。
② 严树棠、李建基：《解放前的兰州水烟业》，载《甘肃文史资料选辑》第14辑，甘肃人民出版社1983年版，第68页。
③ 姜志杰、聂丰年：《兰州水烟业概况》，载《甘肃文史资料选辑》第2辑，甘肃人民出版社1987年版，第188页。

312

担。到抗战胜利时，存货仍然有两千多担。① 二是货物滞存于仓库，储存时间延长以致积压、霉变。由于面临轰炸的风险，大量水烟无法及时运出，只能库存保管。"兰州市区迭被敌机轰炸，各烟坊因交通堵塞不能外运之积存烟丝，均盖藏于防空洞内或偏僻之乡村，以致旷延时日烟质变霉"。从1938年至1944年，兰州一林丰等10家烟坊霉变的青烟就高达114万余斤。

其次，交通不畅，遭受损失。面对变幻莫测的战争形势，为了尽可能地安全运输，烟商甚至使用交战国以外国家的船只运输。在太平洋战争爆发前，兰州烟商曾运六百余箱水烟经宁夏、包头、张家口到天津，并"搭英国怡和公司轮船运往上海，不意在航海途中，太平洋战争爆发。怡和轮到上海不敢靠岸，乃转驰香港而香港已沦陷，遂在南海中自动沉船，以致货轮俱空"②。随着日军侵略的步步推进，水烟运销更加艰难，不仅"近因国难影响，道路梗塞，所发货物完全堆积沿途不能到达行销地"③。而且在运输途中有遭受敌机轰炸的风险，"抗战期间烟丝运销受尽万难，运至中途被敌机炸毁者共约两千余箱"④。

沦陷区市场秩序混乱，销售无法顺利进行。首先，兰州水烟受到非法仿制。由于中东部国土不断沦陷，兰州水烟运销受阻，货物供应无法保障。因此，面对上海等地市场需求旺盛的商机，外省开始仿制，特别是山西曲沃对兰州水烟的仿制大行其道。1937年以后，"山西曲沃等地，完全仿照兰州青烟丝制法并加以改良，借交通便利及生产成本较低关系，曾大量向长江下游各埠运销，对于兰州青烟丝运销影响至大"。以1946年上海地区为例，兰州青烟丝在上海销售数为"7705箱，计886075市斤"，而山西曲沃在上海总销售数为"12600箱，计1449000市斤"。在激烈的市场竞争中，曲沃等地的水烟已经凌驾于兰州水烟之上。

其次，日军对沦陷区的经济采取野蛮的掠夺政策，货物运到沦陷区销

① 《关于送上兰州一林丰水烟史料报告》，甘肃省档案馆藏，档号121-1-82。
② 杜景琦：《兰州之水烟业》，伦华印书馆1947年版，第26—27页。
③ 《皋兰县烟丝同业公会主席翟耀山提案》，甘肃省档案馆藏，档号53-3-12。
④ 《甘省烟业之现在与未来》，《甘肃民国日报》1947年3月12日。

售,不仅受到各种限制,而且遭到侵略者的没收。"自太平洋日美战起,敌人在沪为所欲为。对于由内地运沪货物百方留难,并借口套换上海资金内流,遂将在沪各家存烟一千六百余箱悉数充公没收"①。不仅进入市场的货物安全无保障,而且经营活动也无法正常开展。上海沦陷后,日寇实行经济封锁,一林丰上海号址虽在法租界也被封闭,其在上海分号的门市从1937年到1939年都处于关闭状态。②

抗战全面爆发后,地方的苛捐杂税繁多,危害日益严重。兰州水烟"每担烟由兰运沪,匣税运水合计,恒超过成本四倍,无利可获"③。1934年5月国民政府召开第二次全国财政会议,下决心对地方财政进行整顿,废除苛捐杂税等。由于军阀割据各自为政,且不久全面抗战爆发,各地为解决财政困难,对国民政府的裁厘命令与财政会议废除苛捐杂税的决议多置之不理,继续"征收各种苛捐杂税,甚至搞变相厘金"④。由于苛税束缚,兰州骏川成烟坊虽多次谋求发展,但依然惨淡经营。长期以来,政府"总是把对水烟的税收,当成一块肥肉,任意我取我求,毫无约束。商人在兰州烟酒税局完税以后,运到各县还要完纳'检查税'。检查税没有一定数额,由各地关卡任意勒索"。抗战时期兰州又有"所谓'壮丁费''防护团费'等等,也指明向烟厂索取"。在谷正伦担任主席时期,还成立了"一个所谓经济检查队,曾经将烟厂制烟时使用的清油,列为罪状,进行苛索"。⑤

随着日军侵略的加剧,我国国土不断沦陷,兰州水烟市场也随之萎缩。兰州水烟向以津沪两埠为总销处,天津主要分销于东三省一带,九一八事变后,东三省沦陷,"复以伪满敌货之影响,关东三省销路断绝,每年营业数额,已由三万担递减至一万余担"⑥。兰州水烟失去东北市场,发展严重

---

① 杜景琦:《兰州之水烟业》,伦华印书馆1947年版,第23、27页。
② 《关于送上兰州一林丰水烟厂史料报告》,甘肃省档案馆藏,档号121-1-82。
③ 《提倡国货声中之兰州水烟》,《中行月刊》1933年第6卷第3期,第142页。
④ 齐海鹏、孙文学:《中国财政史》,东北财经大学出版社2018年版,第377页。
⑤ 马鹏程:《兰州骏川成水烟厂》,载《甘肃文史资料选辑》第14辑,甘肃人民出版社1983年版,第81页。
⑥ 《市商会呈财政部请撤销各省西烟苛税》,《申报》1936年6月26日。

受挫，"销路既细，烟价亦落，烟商受损甚巨，而关闭者遂多矣。以前兰州烟商共六十八家，现仅三十余家"①。此时兰州水烟的运销格局受到极大影响。

全面抗战爆发后，平津被日军占领，北向商路中断。继而日军转战上海，"淞沪事变发生后，条烟销场一落千丈"②。上海沦陷，销场减少，遂致兰州水烟业逐渐衰落，"青烟就全无销路，有些烟厂曾将青烟试销于陕西各县和山西等地，但以货路不对，销售不多。所以从一九三七年到一九三九年，兰州青烟产量，不足万担之数，特别是一九三七年许多烟厂就未开工，一九三八年到一九三九年虽然仍继续生产，但无法运销，各烟厂积存烟丝很多"③。随着沦陷区的扩大，兰州水烟运销格局愈发面临严峻形势，特别是"苏浙闽晋，相继沦陷，销路随之日蹙，现仅西北一隅而已"④。除"棉麻烟丝因销路多在内地用驮运走旧路外"，青烟大宗销场的沦陷，使烟商处境艰难，但烟商仍不惜耗费大量运费，冒着生命危险，又临时采取以下线路运输，"1. 出潼关，经洛阳、漯河、周口、界首、蚌埠，换津浦车而达上海；2. 出紫荆关，经南阳、老河口、汉口，搭轮东下而达上海；3. 由陇南、四川、贵州、广西，出镇南关，走西贡搭海船绕航至上海"⑤。虽然如此，但效果不彰。

三、 窑街煤矿与阿干镇煤矿

随着全面抗战的爆发，煤炭等矿产资源成为重要的战略物资，受到政府的高度重视。加之，兰州逐渐成为西北抗战大后方的中心，工业生产和居民生活对煤炭的需求量也大幅增加，促使兰州地区的煤矿资源得到进一

① 潘益民：《兰州之工商业与金融》，商务印书馆 1936 年版，第 105 页。
② 《提倡国货声中之兰州水烟》，《中行月刊》1933 年第 6 卷第 3 期，第 143 页。
③ 姜志杰、聂丰年：《兰州水烟业概况》，载《甘肃文史资料选辑》第 2 辑，甘肃人民出版社 1987 年版，第 189 页。
④ 舒联莹、焦培桂：《兰州水烟之产销及制造》，《农业推广通讯》1943 年第 5 卷第 10 期，第 71 页。
⑤ 杜景琦：《兰州之水烟业》，伦华印书馆 1947 年版，第 19 页。

步开发。

（一）窑街煤矿

窑街位于大通河下游东岸，煤炭资源丰富，时人对其煤矿储量、煤层分布以及煤矿的化学性质等，都有明确的认识，"煤田南北长约八里，东西宽二三里，含煤地层为侏罗白垩纪，可采之煤只有一层，厚由二公尺至五公尺，煤田储量可由五百公吨到一千公吨。煤多属低级烟煤，灰份在百分之四十五左右，硫份不过千分之五，成大块少碎末"①。窑街煤矿虽然储量不大，但对于缺少燃料的兰州来说，开发它显得尤为重要。1941年冬，国民政府资源委员会与甘肃省政府合资成立永登煤矿局，有职员33人，工人120人。②矿区位于"永登窑街煤田之南山及后山二处，面积570公顷"，并在生产中使用少量机器设备，"拉坡绞车两部，二十马力之木炭及柴油发动机各一部"。在"三号井至湟水边之虎头崖村，筑有长约十二公里之轻便轨，运送矿井产煤。有煤车170辆，每车可载煤半吨"。这是窑街官办煤矿的开始。

在生产组织上，矿局"采煤用包工制，三十一年冬有工人150人，约可日产煤十余公吨，三十一年度内，共产3209公吨。预计于三十二年度内，日可采煤二百公吨"。窑街煤矿开采的煤，以就地销售为主。1942年甘肃水泥公司在窑街建成投产，其生产所需燃料主要来自窑街煤矿的烟煤。因此，窑街煤矿开采的煤"大部销窑街镇之甘肃水泥公司，每吨山价三十一年十月为八十元"。一小部分"销永登、民和、湟水及黄河两岸居民"。运销于兰州时，则"由虎头崖沿湟水顺流而下110公里即至兰州，以皮筏运输，每筏可载煤半吨"。此外，窑街"煤田内尚有土窑十余家，日可产煤十吨，皆销各处居户"。煤矿局还计划将来增产后，"每日销水泥公司二十吨，兰

---

① 《物产丰富之永登窑街——煤、铁、水泥、石油、木材》，《甘肃贸易》1943年第2—3期，第37页。

② 《中国煤炭志》编纂委员会：《中国煤炭志·甘肃卷》，煤炭工业出版社1997版，第303页。

州电灯厂十吨,机器厂三十吨,砖瓦窑五十吨,其他机关十吨,合计每日可销一百二十吨"。但在 1943 年 11 月永登煤矿局与阿干镇煤矿厂"合并组织为甘肃煤矿局,由甘省府及资源委员会合办,出整理费千万元,作为整理阿干镇矿厂之用。永登煤矿局之轻便轨亦已拆卸运至阿干镇矿厂应用"[①]。1943 年永登煤矿局产原煤 1 万吨,这是兰州解放前窑街煤矿的最高年产量。

(二) 阿干镇煤矿

阿干镇一带煤矿开采较早,是甘肃著名煤矿区之一。不仅煤矿资源丰富,"煤层约有四层,平均厚四公尺。自镇西北五里之小山顶起,经柳树湾、沙子沟、阿干镇,越水磨沟东南至夏家沟、高岭沟、大坩沟、铁冶沟,而至山寨。连续延长十五六里,走向略成西北东南,全区储量约一千九百万吨。小山顶为煤主要产地,山寨为炭产中心"[②]。而且煤质优良,"为含灰、硫较低之烟煤"[③]。其中小山顶煤矿俗称煤山,是该区最重要的煤矿。但都是商办手工开采,人工成本较高且效益不佳。1932 年甘肃省建设厅尝试改变经营方式,"拟将阿干镇所有煤矿一律收回,归公经营"[④]。

1937 年阿干镇煤矿有矿洞 48 个,工作人员有 1382 名,每日产煤量为419680 市斤。[⑤] 为了加快煤矿开发,1939 年甘肃省建设厅给阿干镇煤矿管理处拨款十余万元,但全面抗战期间购买机器困难,该管理处"为避免使用机器计",就开凿了平窑一口,然其"设备不周,一切全恃人力,致每日产量,仅十八公吨至二十公吨"[⑥]。全面抗战时期,本区煤田虽有部分机器

① 白家驹:《第七次中国矿业纪要:各省矿业近状》,《中国矿业纪要》(地质专报丙种第 7 号)1945 年,第 297 页。

② 李式金:《阿干镇之地理及煤矿陶业概况》,《甘肃科学教育馆学报》1940 年第 2 期,第 88 页。

③ 白家驹:《第七次中国矿业纪要:各省矿业近状》,《中国矿业纪要》(地质专报丙种第 7 号)1945 年,第 297 页。

④ 《甘肃阿干镇煤矿公营因民人技术幼稚》,《矿业周报》1932 年第 214 期,第 728—729 页。

⑤ 《甘肃省皋兰县阿干镇煤矿产量统计表(二十六年)》,《甘肃省统计季报》1938 年第 2 卷第 1—4 期,第 23 页。

⑥ 甘肃省建设厅:《阿干镇煤矿管理处工作报告》,《甘肃建设年刊》1940 年,第 176 页。

设备，但手工开采依然处于主流，"本煤田内各矿洞大部为土法采掘，时兴时辍，工人之流动性甚大"，在需求旺盛的季节，矿区"工人有一千四五百名至两千名，每日约可产煤三百吨"。①

阿干镇矿区距离兰州市区较近，全面抗战后兰州因人口的增多及工业的发展，对煤炭的需求量增加。因此，阿干镇煤矿的煤，在销路上"以兰州为主，临洮、临夏、洮沙等县则销量较少。炭山所产之煤，多供给兰州电灯厂、造币厂、制造厂之用"②。煤价因质量及季节不同而有差异，"煤块每吨山价冬季每吨元半至十元，夏季五元至六元，碎煤二元至七八元"。煤矿产品的销售运输，主要靠大车与牲口，"驴驮约一百四十斤（大斤）至一百八十斤，骡驮可二百斤。由山寨运煤炭至山寨沟门，每一驮须运费二角，至阿干镇则须四角。由阿干镇至兰州，牲口每驮约八角至一元，大车则须五六元，每车之载量，约一千二百斤。由阿干镇至小山顶，每驮须运费二角。由小山顶运煤至省城，每驮售价约一元七八角"。③ 由于交通不便，运输成本不断增加，以大车运煤为例，"抗战初期，由小山顶运至兰州，每吨需八九元运费，至三十年运费涨至八十元一吨。现时物价飞涨，运费之增加亦不止数倍"。因而煤价也随之上涨，"二十七年阿干镇块末煤售价每吨2.5元，炭每吨10元。至三十年块末煤每吨山价60元，炭价每吨80元。兰州煤价每吨二百余元"。④ 1944年"甘肃煤矿局为解决阿干镇矿场的煤炭外运问题，自购铁轮大车20辆，以贷款形式转贷给车户，向兰州各用户转运煤炭。后又为兰州煤栈购置胶轮大车2辆，专门向兰州各零星用户转运煤炭。"同时，"购置嘎斯汽车2辆，向永登、阿干镇两矿运送器材，回程拉

① 白家驹：《第七次中国矿业纪要：各省矿业近状》，《中国矿业纪要》（地质专报丙种第7号）1945年，第298页。

② 李式金：《阿干镇之地理及煤矿陶业概况》，《甘肃科学教育馆学报》1940年第2期，第89页。

③ 李式金：《阿干镇之地理及煤矿陶业概况》，《甘肃科学教育馆学报》1940年第2期，第89页。

④ 白家驹：《第七次中国矿业纪要：各省矿业近状》，《中国矿业纪要》（地质专报丙种第7号）1945年，第298页。

运煤炭。这是甘肃煤矿第一次使用汽车外运煤炭。"①

由于阿干镇煤矿地位重要，政府对阿干镇煤矿的开发也给予重视。为整顿煤矿秩序，提高产能，1938 年 8 月，甘肃省建设厅设立阿干镇煤矿管理处，调查和整理阿干镇煤矿的矿业权，以期"加以整理，逐渐导入常规，使合法取得矿业权，予以确切之保证与扶持，而不合法理之采矿者，逐渐减少"②，并兼营开采任务。1942 年 1 月，国民政府资源委员会和甘肃省政府等单位成立甘肃矿业公司，将阿干镇煤矿管理处代为经营改组，改名为甘肃省政府阿干镇矿厂。改组之后，该矿厂成为"该煤田较有工程计划之矿洞"③。1943 年 11 月，阿干镇煤矿厂与永登煤矿局合并为甘肃煤矿局，由甘肃省政府与国民政府资源委员会合办。通过这种整合，促进了煤矿的开发。甘肃煤矿局烟煤产量逐年增加，1942 年为 3249 公吨，1943 年为 7864 公吨，1944 年达 14326 公吨，1945 年为 18959 公吨。④

四、 新兴工业

全面抗战爆发后，兰州逐渐成为西北抗战大后方的中心，为了战时经济的需要，国民政府日益关注其建设，并进行重点开发，兰州近代工业出现短暂繁荣的局面。

（一） 兰州近代工业的发展变化

全面抗战时期，兰州的近代工业得到较大发展，改变了兰州以旧式手工业为主的落后局面，呈现出新的格局。

1. 工厂数量增加，规模扩大，资金、技术力量得到充实。在 1938 年以前，兰州仅拥有机械、纺织、制革、面粉、制药、玻璃、化学、火柴、纸

---

① 《中国煤炭志》编纂委员会编：《中国煤炭志·甘肃卷》，煤炭工业出版社 1997 版，第 296—297 页。

② 《阿干镇煤矿管理处整理阿干镇煤矿》，《甘肃民国日报》1938 年 8 月 27 日。

③ 白家驹：《第七次中国矿业纪要：各省矿业近状》，《中国矿业纪要》（地质专报丙种第 7 号）1945 年，第 297—298 页。

④ 李学通：《抗日战争》第 5 卷，四川大学出版社 1997 年版，第 376 页。

烟等机制工业 27 家，工人不过数百人，总资本额约二三百万元。到 1942 年，机制工业数为 121 家，工人数为 1526 人，总资本额为 1476 万元；到 1944 年 6 月，机制工业数达到 236 家，工人数为 3383 人，资本总额为 1 亿余元，分别比战前增长数倍至数十倍。① 毛纺织业是兰州本地传统工业，也是发展较快的行业。1941 年创办的雍兴公司兰州纺织厂，资本额达 60 万元，纺织机器比较齐全，有铁轮机 40 台，织呢机、洗呢机、打土机等各 1 台，此外还有染锅 3 座，5 匹马力及 2 匹马力发动机各 1 台。由于采用机器生产，不仅提高了效率，而且提高了产品质量，使该厂出品为兰州市各毛纺业之冠。制革工业方面，由水利林牧公司投资的兰州制革厂，设备较完备，有抽水机 1 架、木桶 200 个、磨皮机 3 架、缝纫机 4 架，工人有 80 名，产品有牛羊皮革、各种皮件及军用革。② 除以上行业外，其他行业也都有不同程度的发展。造纸业方面，甘肃省银行造纸厂为规模较大者，机器造纸设备齐全，如原料无问题，制品可以满足兰州市需要。③

2. 重工业和一些新兴工业的出现。在战时经济体系中，国民政府优先发展重工业，以支援抗战。在煤炭业方面，为了提高生产能力，1943 年 11 月永登煤矿局与阿干镇煤矿厂合并为甘肃煤矿局，烟煤产量逐年增加，1942 年为 3249 公吨，1943 年为 7864 公吨，1944 年为 14326 公吨，1945 年为 18959 公吨。④ 在电力工业方面，兰州电气事业发端于民国初年。全面抗战爆发后，出于后方军工、民用事业用电考量，国民政府建设部资源委员会与甘肃省政府合作，对兰州电业进行改组扩充，在电灯厂的基础上，组建兰州电厂。之后不断进行扩充，兰州电厂发电量逐年大增，"1938 年 12 万度，1939 年 41 万度，1940 年 54 万度，1941 年 80 万度，1942 年 126 万度，

---

① 杨兴茂：《近百年甘肃五次大开发纪略》，载甘肃省档案馆编《晚清以来甘肃印象》，敦煌文艺出版社 2008 年版，第 9 页。

② 李琴芳编选：《经济部西北工业考察通讯》（下），《民国档案》1996 年第 1 期。

③ 王树基：《甘肃之工业》，1944 年，第 206 页。

④ 李学通：《抗日战争》第 5 卷，四川大学出版社 1997 年版，第 376 页。

1943 年 192 万度，1944 年 293 万度，1945 年 353 万度"①。除了重工业不断发展，还兴起了一些新兴工业。化学工业方面，有资源委员会与甘肃省政府合办的化工材料厂，以及雍兴公司兰州实用化学厂、自强化学工业有限公司等；玻璃业方面，有明华、锦生两家玻璃厂；水泥业方面，有甘肃水泥厂；制药业方面，卫生署在兰州建立了西北制药厂，资本一千万元，主要出品有硫酸镁、硫酸钠、高锰酸钾等，以上皆成为抗战后兰州市新兴工业。②

3. 机械化程度有所提高。全面抗战前，兰州机制工业发展缓慢，机制工厂仅有 27 家。而抗战结束后，兰州机制工厂数增加到 121 家。机制工业数量的增加，使工业生产的机械化程度提高。在纺织业中，从 1938 年到 1943 年，新设工厂就达 46 家，大部分都使用机器或半机器生产。③ 1941 年，经过资源委员会和甘肃省政府改组的甘肃机器厂，"设备日渐充实，马力在二百八十二匹以上，熔炉有二三吨以上者各一，非一般市商之熔炉所能比拟。车床由四尺至十六尺，刨床有十二寸至十二尺，其他六角车床、精密铣床、平铣床、落地铣床、万能工具磨床、内磨机，均各自带马达，为西北所仅有"。1945 年 2 月，兰州市机器业"藉电力推动的作业机，全市约有车床八十六部、刨床二十一部、钻床三十五部"④。

4. 民营资本数量增加。1937 年 6 月，兰州市人口有 10 万余人，到 1945 年 3 月增长为 17 万余人。随着人口的大幅度增长，对工业品的需求也逐渐增加，促进了轻工业的发展。1940 年上海实业家刘鸿生与兰州的复兴商业公司西北分公司合资，创办了西北洗毛厂。1943 年他又与经济部、甘肃省政府等合资 1 亿元，筹建西北毛纺厂，1945 年 10 月正式投产。这时的西北毛纺厂有 420 枚纱锭，260 名员工，可年产粗毛呢 5 万余米，并可织出

① 杨兴茂：《民国时期的兰州电厂概况》，载《兰州文史资料选辑》第 11 辑，1990 年，第 60 页。
② 王树基：《甘肃之工业》，1944 年，第 206 页。
③ 《抗战时期兰州的产业调查》，载《兰州文史资料选辑》第 11 辑，1990 年，第 111—116 页。
④ 外行：《兰州的纺织行业与机器业》，载《兰州文史资料选辑》第 11 辑，1990 年，第 88 页。

制服呢、花呢、军毯等品种。[1] 民营资本除依附官僚资本外，也独立发展。如制革工业中的建国制革厂，成立于1941年，资本额为50万元，远远超过水利林牧公司投资的兰州制革厂15万元的资本。[2] 据1944年调查，在兰州38家重铁工业中，有30家为民族资本企业，比较著名的有森森机械厂、济生铁厂、义纪修理厂、太力修理厂等。在兰州14家化学工厂中除4家为官办企业外，其余10家均为私营。[3] 1944年6月，兰州共有"官办和民营大小毛纺厂62家，总资本783万元，工人1320人。其中除军政部兰州织呢厂、雍兴公司兰州毛纺厂、中国工业合作协作纺织试验所、花纱布管制局兰州实验工厂等7家官办企业（总资产361万元，工人617人）之外，民营手工业和工业生产合作社几乎占总数的一半左右"[4]。在面粉、纺织、烟草等行业中，民营资本也都占有一定的比例，但大多是中小规模，没有形成较大的民营资本集团。

（二）兰州全面抗战时期工业的特点

在全面抗战的特殊历史条件下成长起来的兰州近代工业，具有以下特点。

1. 外力推动作用明显。全面抗战爆发后，兰州战略地位凸显，逐渐成为西北抗战大后方的中心，国民政府从国家层面加大了对兰州的投资和建设力度。主要通过国民政府经济部资源委员会、军政部、交通部、卫生署、中国银行等机构，以独资或与甘肃合资经营等方式相继兴办或改建了甘肃矿业公司、甘肃煤矿局、甘肃机器厂、甘肃化工材料厂、中央电工器材厂、兰州电池厂、兰州电厂、兰州织呢厂、兰州制药厂、兰州面粉厂等大批官

---

① 李锐才：《兰州西北毛纺厂回顾》，载《兰州文史资料选辑》第11辑，1990年，第148—150页。

② 《抗战时期兰州的产业调查》，载《兰州文史资料选辑》第11辑，1990年，第127页。

③ 《甘肃省志·机械工业志》编辑室编：《甘肃省机械工业志》，甘肃人民出版社1989年版，第7、374页。

④ 杨兴茂：《近百年甘肃五次大开发纪略》，载甘肃省档案馆编《晚清以来甘肃印象》，敦煌文艺出版社2008年版，第9页。

办工矿企业。

2. 官僚资本占主导，民营资本微弱。全面抗战时期，兰州的民营资本虽获得较快发展，甚至在有些行业中处于优势地位。但是在整个兰州工业经济体系中，官僚资本仍处于绝对的主导地位。甘肃水泥公司是"由资源委员会、交通部、中国银行、甘肃省政府四家投资，是股份有限公司形式。资本原定为法币 450 万元，1941 年 10 月追加了 350 万，1943 年 8 月又追加了 400 万，合计固定资本为 1200 万元"①。这种资本规模是民营资本难以企及的。全面抗战期间，在兰州建立的 14 家化学工业中，"4 家官僚资本的资金 92060 元，占 94%，而 10 家私人资本企业的资金为 6269 元，占 6%"②。民营资本无法与官僚资本比肩，处于从属地位，发展受到诸多限制。因此，时人呼吁政府关注民营资本的发展，"在民族工业幼稚之兰州市，政府应于发展公营事业之原则下，仍得尽量扶植私人企业之工业"③。

3. 机械化程度低。抗战军兴，在国民政府和工业界的提倡下，兰州各种工业次第创设革新。其中"面粉、造纸、玻璃、化学、制药、水泥、纸烟等机制工业，亦莫不勃然而起"④。虽然兴建了一批机制工业，但也存在着机械化程度低的问题，当时兰州的 14 家化工企业，大多缺乏"机械"实力，影响企业的生产及经营，"大部分工业，仍属机制与手工参半。其如化学工业、制药工业，名为国产工业，主要原料仍多利用舶来品，价格昂贵，成本加增，产品日绌，供不应求。此种问题，充分表现兰州市机制工业犹在幼稚程途中"⑤。

总之，全面抗战时期，国民政府高度重视兰州发展，并以国家力量有计划地推动兰州的生产建设事业，兰州的开发达到前所未有的程度，工业发

① 张思温：《甘肃水泥公司的三起三落》，载《兰州文史资料选辑》第 11 辑，1990 年，第 95 页。

② 《甘肃省机械工业志》编辑室编：《甘肃省机械工业志》，兰州大学出版社 1989 年版，第 374 页。

③ 王树基：《甘肃之工业》，1944 年，第 209 页。

④ 王树基：《甘肃之工业》，1944 年，第 205 页。

⑤ 王树基：《甘肃之工业》，1944 年，第 206—207 页。

展达到一定规模，在兰州经济体系中起着越来越重要的作用。兰州近代工业体系的雏形已初步确立，"一个新工业基地的浮雕已呈现在我们的面前"①。

五、 工合运动

全面抗战爆发后，由于国民政府军事上的不断失利，我国重要的经济地区相继沦陷，国民经济遭受重大损失。为增加战时生产，支持长期抗战，以路易·艾黎、埃德加·斯诺、宋庆龄、胡愈之和卢广绵等人为首的一批中外人士联名发起成立中国工业合作协会的号召。在国民政府和中国共产党的支持下，先后在西北、西南、川康、东南等地成立工合办事处，下设工合事务所，组建各种生产合作社，以生产军需和民用产品为目的，支援抗战、建设地方，力图在经济破败的西部地区开辟社会发展的新进路，为西部地区打下民生和民主建设的基础。西北工合办事处设在宝鸡，工作范围为河南、河北、湖北、山西、陕西、甘肃、青海。当时在湖北老河口，河南镇平，山西晋南、阳城，甘肃兰州、天水，陕西西安、延安、榆林、凤翔、双石铺、安康、白河等地均设有工合事务所，共创办合作社 500 余个。② 1939 年 3 月 25 日兰州工合事务所成立，积极开展工合运动，促进后方生产发展。

（一）兰州工合事务所的组织概况

兰州工合事务所成立后，"共分中区、东区、南区、北区、东北区五处，散布在三十六县中工作"③，并不断完善事务所的组织机构，设立总务、合作、财务、技术、供销五股，并设妇女支部。为了推动生产，促进工合事业的发展，兰州工合事务所先后又组建了毛毯管理处、工合实验厂、军毯纺织厂、兰州工合金库、兰州工合供销处、工合运输站、兰州工合弹毛

---

① 刘尊棋：《进步中的甘肃工业》，《建国月刊》（金华）1940 年第 1 期，第 114 页。

② 尚季芳、张春航：《经济与思想之改进：战时工合运动与西北社会变迁》，《历史教学》2013 年第 2 期。

③ 《兰州工合》，《工合简讯》1939 年第 6 期，第 1 页。

厂、兰州工合合纱厂、兰州工合医务所、工合联合社、兰州工合研究所、工合培黎学校等附属机构。① 截至 1939 年 9 月，已成立 34 社，包括军毯、毛纺、毛编、裁绒、泥木油漆、印刷、军用皮件、面粉（兼营粉笔）、漂织、染布、纺织、织袜、制革、罐头、漆布（兼营木器）、制鞋、服装、砖瓦、铁器、皮衣、肥皂等 21 种行业，共有社员 260 余人，其中女社员 36 人。社员来源于 21 个省份，其中以甘肃籍最多。② 兰州工合事务所坚持社员集资、民主管理、独立核算和自负盈亏的办社原则，因此人们踊跃组社，生产积极性高。工业合作社主要分布在兰州市区，以及榆中的金家崖、条城等地。③

兰州工合事务所不仅会分期赴阿干镇、榆中、临洮、岷县等地作工业调查及积极提倡妇女参加后方生产等工作。还加强对各社的考核，以检查工作的缺点，了解各社的进展情况。1939 年 9 月，委托甘肃科学教育馆洪谨载先生考核各社，并对成绩优良者予以奖励。④ 同时，兰州工合事务所也非常注重自身业务能力的提升，积极开展业务培训。为提升培训的效果，培训后还有一番检查工作，以督促工作人员认真践行。

（二）开展生产与地方经济发展

生产军需品是兰州工合事务所的重要工作。1939 年 8 月中国工合和军政部签订议定书，承制第一期军毯任务。西北区办事处分给兰州工合事务所 6 万条，为及时完成任务，兰州工合事务所组织各社"凡能开工者，多系配合军毯工作，办理纺织业务"⑤。同时"加紧做着人力的动员工具的动

---

① 馬寿山：《中国工合运动在兰州》，载《甘肃文史资料选辑》第 14 辑，甘肃人民出版社1983 年版，第 32—37 页。

② 《工作报告与计划：兰州事务所工作概况》，《西北工合》1939 年第 2 卷第 10 期，第86—87 页。

③ 馬寿山：《中国工合运动在兰州》，载《甘肃文史资料选辑》第 14 辑，甘肃人民出版社1983 年版，第 39 页。

④ 《工作报告与计划：兰州事务所工作概况》，《西北工合》1939 年第 2 卷第 10 期，第86—88 页。

⑤ 《兰州工合事务所三十四年度工作报告》，《工业合作》1946 年第 22—23 期，第 14 页。

员",于是兰州各界群众被发动起来,抗战情绪高涨,自愿参加到制军毯工作中。在乡村,妇女们"用纺锤,用手撚,用各种各样的旧式纺车"等落后的生产工具进行纺线。在城市,"有三百多架手摇或足踏的纺车转动在军毯运动范畴内的每一个角落"。军毯机有一百多架"分散在各军毯纺织合作社、织呢厂,和几个有关工业的学校里。有的在日工以外,还加开夜班,这情形不同于一般工厂,为帮助战士而加工,人们是劳而无怨的"。后方医院有三百多伤兵"自愿纺线供给制造军毯,他们虽然负伤了,不能到前线,但仍然为前线工作着"。启明纺织合作社是抗战军人家属组成的,"她们的儿子、丈夫或父兄参加前线作战,她们在后方参加了生产,为着使她们自己的亲人得到温暖,为着她们自己的亲人早早凯旋归来"①。承制军毯任务得到群众的积极参与,"参加纺线的 1000 多农户,承制军毯者 700 多人,共纺线 35 万多斤,制作军毯 14 万多条"②。第一期承制军毯任务按期保质保量完成,之后兰州工合又承制了三期军毯。

除了制作军毯,兰州工合事务所还组织生产其他军需物品,军需局还向"制革社、毛皮社,订购了五十万元的骑兵皮外套、皮帽、皮靴、马鞍、马盔等"。由联合社门市部供给民用产品,"销售给军队方面的毛巾、袜子、肥皂、制军服的布匹等等,更是不可计算"。③

兰州工合事务所承制军毯等工作,不仅向政府提供了大批军需物资,支援了抗战。而且也利用了当地的富源,促进了毛纺织业的发展。鉴于兰州是羊毛、皮张的集散地,兰州工合事务所为了利用这些富源,就把毛皮业作为主要发展业务。全面抗战爆发后,西北所产的大批羊毛除了运到苏联一部分外,大部分都没有出路,毛价因之跌落,而兰州工合事务所承制

---

① 高天:《送温暖到前线:在百万军毯运动号召下的一个角落》,《黄河》(西安)1940 年第 3 期,第 93—94 页。

② 甘肃省地方史志编纂委员会编:《甘肃省志·轻纺工业志》,甘肃文化出版社 1995 年版,第 371 页。

③ 司徒澈著,何克原译:《兰州的工合》,《中国工业》(桂林)1942 年第 11 期,第 32—33 页。

军毯，需要大量原毛，所以"现在毛价，已由每斤三角，涨至七角了"①。

兰州工合事务所还努力生产民用物资，满足民众生活需要。兰州当时工业不发达，工业生产合作社的出现，便成了当时兰州重要的工业生产大军。原来兰州市日用必需工业品大多依靠外省供给，全面抗战开始以后，沿海工业城市沦陷，工业品货源不足，加之交通不便，经常供不应求。工合生产合作社根据市场情况，机动灵活，以销定产，很快就生产出市面奇缺的商品。同时工合产品种类繁多，且物美价廉，深受消费者欢迎。②

3 中国工业合作协会成员观赏兰州培黎学校学生所织地毯

（载《环球》1946 年第 9—10 期）

（三）工合运动中的妇女解放

在开展工合运动过程，兰州工合事务所重视动员妇女参加生产工作，

---

① 鞠抗捷：《军毯运动与毛纺织工业》，《西北工合》1939 年第 2 卷第 10 期，第 19 页。

② 焉寿山：《中国工合运动在兰州》，载《甘肃文史资料选辑》第 14 辑，甘肃人民出版社1983 年版，第 41 页。

且成绩比较显著。在兰州工合事务所的推动下，成立了陇光妇女纺毛社、三八妇女社等妇女合作社。在第一期制作军毯运动中，许多妇女都参加了纺毛工作。不仅城里妇女被动员起来，就是乡村妇女也"大群的跑进城里来，领毛、纺线"，大家族中的族长也"把家庭妇女的劳力组织起来，向事务所供给毛线"。而且"所有各合作社社员的家属，各学校的女学生，先先后后的投向军毯运动的主流"。① 工合运动为妇女直接参加社会事业提供了舞台，妇女的生产实践不仅增加了抗战力量，而且使妇女得到政治教育，"从前只知为丈夫、儿子劳力的妇女，今天竟然做衣做鞋贡献给浴血抗战的战士了"②。

妇女参加工合生产，有利于解决妇女经济生活的独立自给。"劳力在甘肃，一向是最被贱视的东西，女人下田去做工，只能赚到一二角钱一天，日子惨苦得不可想象。她们是人，但她们的劳力却不够换得一个人起码的待遇！"但是工合运动的开展，为她们开辟了生活的源泉。"纺一斤毛线就是四角钱，事务所发给的纺车，再生疏的手也可以一天纺出一斤以上，何况他们都是熟练的纺毛工人"③。因此，在第二期军毯制造时，参加纺毛的妇女更多，"尤其与甘省府合作，仅在省会区将三万妇女参加"④。随着工合运动的开展，参与其中的妇女不仅生活得到改善，思想观念也在进步，逐渐摆脱传统观念的束缚。

（四）开展工合教育

为促进兰州工合事业的进一步发展，需要加强对社员的技术培训。1942年秋，在路易·艾黎等人的支持下，兰州培黎学校在兰州黄河北岸穆柯寨

① 高天：《送温暖到前线：在百万军毯运动号召下的一个角落》，《黄河》（西安）1940年第3期，第93页。

② 蒋之伟：《工合运动与妇女运动》，《西北工合》1939年第2卷第3期，第11页。

③ 高天：《送温暖到前线：在百万军毯运动号召下的一个角落》，《黄河》（西安）1940年第3期，第94页。

④ 薛觉民：《兰州工合剪影：兰州的劳工托儿所》，《西北工合》1941年第4卷第10期，第12页。

创办。刚开始经费不足，设备简陋，只有 30 多名学生，但都是各社派来的
优秀青年。1944 年以后，由于工合国际协会的捐款增加，该校"设备也逐
渐扩充，有纺织、栽绒、机械、化学等实习工厂。学生上午上课，下午实
习劳动。由于在兰州聘请教员比较容易，所以兰州培黎学校的文化课程较
为扎实"①。该校的教育方法偏重于"自学与指导"和"教学做的合一"。
艾黎在校内的大部分时光是和学生们一起活动，很少在教室内上课，主要
是在劳动和课外活动时间进行生活教育。有点业余时间，就给学生理发。
中午领着大家去黄河学游泳，有点像孩子们的保姆。后来又办起一个附小，
由培校学生当附小的"小先生"。② 兰州培黎学校这种办学方针"与当局格
格不入，按规定学生不能分配到国民党所属机构中工作"，兰州培黎学校校
长张官廉采取灵活的工作方法，利用讲演、写文章等方式，争取到了一批
国民党上层人士及社会贤达对学校的支持和声援。培校当时虽有国际友人
和国际机构的资助，但也经常发生经济困难，张官廉先生总是多方奔走，
以展销学生生产的产品等方法，维持学校的生存。③

为办好工合事业，兰州工合事务所还根据实际情况，不办普通的工合
小学，而办工合学校。学科内容包括识字、会计、卫生、体育、唱歌、常
识等，上课的时间多是利用晚上。如工合班专讲工合章则和工合常识，识
字班专为帮忙扫除社中文盲。上课前先做体育训练，接着唱歌，然后分班
上课，利用工合食堂宿舍及办公室当教室等。④ 工合教育委员会还编辑工合
读物及宣传小册，定期出版工合简报，为各社互通消息联络感情的一种工
具，颇受各社员工欢迎。为方便工合社员工的进修，兰州工合事务所成立
图书室，购备国内工合的书报刊物及有关工业技术的书籍，以备各员工借

　　① 张官廉：《路易·艾黎与山丹培黎学校》，载《文史资料选辑》第 80 辑，文史资料出版社
1982 年版，第 198 页。
　　② 靳东岳：《甘肃是路易·艾黎的第二故乡》，载《甘肃文史资料选辑》第 35 辑，甘肃人民
出版社 1992 年版，第 25—26 页。
　　③ 王松山等忆，张雪梅整理：《张官廉同志与兰州"工合"》，载《甘肃文史资料选辑》第 35
辑，甘肃人民出版社 1992 年版，第 191 页。
　　④ 薛觉民：《兰州的工合学校》，《西北工合》1941 年第 4 卷第 10 期，第 14 页。

阅参考。①

为动员更多的妇女参加工合生产，就必须解决她们幼儿教育问题。第一期军毯制作任务开展后，许多妇女都来参加纺毛工作，她们"只好把孩子放在纺车旁边的地上让他吃土撕毛，甚至大小便吃睡都在同一处所"。第二期承制军毯任务开始后，参加纺毛的妇女更多，托儿的问题更感迫切，于是兰州工合事务所与甘肃省妇女会主办了兰州劳工托儿所，该所仍用合作的大原则，起初工作人员还担心无人来报名，最后竟然有50多个孩子去报名，而且多是工人的孩子。②

（五）开展医疗卫生活动

因为机器缺乏，工合社从事生产，主要靠人力。因此"人力便是唯一的机器，所以爱惜人力，培养人力，便可促进生产的增加"③。兰州工合事务所注重开展社员的医疗卫生活动，改善他们的衣食住及环境卫生。

兰州工合事务所和甘肃省卫生处联络，到了疾病最易传染的时期，"定期召集每个社员打预防针，春天来了，当即发起种痘运动。不但社职员连附近居民兵士学生一律为其种痘"④。这种临时性的卫生工作，难以满足社员的医疗卫生需求，"我们想总应有一个比较彻底的长久的办法"，于是兰州工合事务所与省卫生处合作共同办理卫生事宜，首先对每一个社员及练习生进行体检，根据全面的检查结果，再进行疾病治疗及预防的工作。在城区方面"是请大夫及护士等轮流到各社去检查"，体检结束后，"便是由卫生事务所派护士定期到各社作预防及治疗的工作"。同时注意环境卫生的改善，然"因为住所饮食衣着等，都往往有经济及环境的限制，职业病的防止亦困难"，所以只能尽可能地帮助各社加以改善。

---

① 采芳：《兰州联合社的工作》，《西北工合》1941年第4卷第19期，第7页。

② 薛觉民：《兰州工合剪影：兰州的劳工托儿所》，《西北工合》1941年4卷第10期，第12页。

③ 薛安惠慈：《兰州的工合卫生事业》，《西北工合》1941年第4卷第10期，第13页。

④ 薛觉民：《兰州的社员福利事业》，《西北工合》1940年第3卷第6期，第46页。

在治疗方面，兰州工合事务所在联合社办了一个较完备的卫生室，"每星期由卫生处派医生来两次，补巡回治疗的不足。倘若再病比重大的，便由此卫生室免费介绍至卫生事务所治疗"。各社日常卫生由各社推定的卫生员负责，这个卫生员"必须加入工合学校的卫生班，每周至少受一次的训练"①。

工合运动不仅关注社员的身体健康，而且努力为社员创造一个充满活力的新生活体验，帮助社员树立新的生活面貌。在娱乐方面，"以往每月曾经举办过社员月会，除普通讲话报告之外，多有娱乐节目，有时各社轮流表演，有时请教育厅电影等为其映演电影"。兰州遭遇日军大轰炸后，兰州的工合疏散到乡下，兰州工合事务所为鼓励社职员，"特与政治部电影接洽，在各疏散的工合区中，大演其抗战有声影片，并可利用播音器为观众讲话及唱歌，参观的人不但是工合社职员，附近十数里的村民都来参观"②。在谋社职员的生活便利方面，因为各社疏散乡间，往往社员在因事进城时，在食宿方面大感不便，于是兰州工合事务所为招待来兰工合之友及工合同人，"特设立工合招待所，内设宿舍食堂浴室各部"③。为养成各社员的储蓄习惯和节约风尚，于是兰州工合事务所给"各社讲授节约储蓄一课，同时并规定每个社员每月之储蓄额决定由会计扣除，送至邮局代为储蓄，其支取储金非经各社理事会主席签名盖章不能支取"④。试图通过这种引导，使社员们的日常生活习惯和观念逐渐发生变化。

总之，诚如李约瑟在兰州时看到，"中国'工合'的技工学校，不仅兰州有，双石铺和成都也有。在技校里，许多有希望的童工不仅得到技术培训，还受到良好的全面教育。在兰州可以看到16岁左右的男孩能明了有关纺织业的一切奥秘，或几位新近来自边远地区的西藏青年在学习和工作。

---

① 薛安惠慈：《兰州的工合卫生事业》，《西北工合》1941年第4卷第10期，第13—14页。
② 薛觉民：《兰州的社员福利事业》，《西北工合》1940年第3卷第6期，第46—47页。
③ 采芳：《兰州联合社的工作》，《西北工合》1941年第4卷第19期，第7页。
④ 薛觉民：《兰州的社员福利事业》，《西北工合》1940年第3卷第6期，第47页。

'工合'的技校也是当地的文化中心，它使民歌之类的民间文化保持活力。"[1]战时工合运动的开展，众多机构的出现，将他们组织起来进行生产自救，减轻了国家负担，极大地支援了抗战。一系列新观念的引入，对亲身参与工合运动的群众，给了一定民主教育和思想启蒙，且对西北地区封建、保守的风气予以冲击，对催生西北社会向着近代化迈进起到了比较重要的作用。[2]

第三节　商业与财政

全面抗战时期，兰州政局相对稳定，加之政府的扶持，兰州商业、金融业获得较快发展。同时，国民政府为了增强抗战财力，适时调整财政税收政策。

一、商会与商帮

全面抗战爆发后，兰州成为抗战大后方，随着沦陷区人口及资金的不断涌入，全面抗战时期兰州商业一度活跃，成为全国重要的商业城市。

（一）商人

全面抗战爆发后，兰州的商业得到迅猛发展。1941年建市之后，全市有商户约1110家，1943年增加到1398家，1944年猛增为2071家，1945年则为2178家。[3]这一时期兰州商店数量有了显著增长，与之相应从业人数也随之增加。1945年兰州人口数为155494人，从事农业生产的有13032人，从事商业的人数则达到了17379人。[4]从事商业的人数已经超过从事农

---

① ［英］李约瑟、［英］李大斐编：《李约瑟游记》，余廷明等译，贵州人民出版 1999 年版，第 145 页。

② 尚季芳、张春航：《经济与思想之改进：战时工合运动与西北社会变迁》，《历史教学》2013 年第 2 期。

③ 西北军政委员会贸易部编：《西北商业概况》，西北人民出版社 1952 年版，第 35 页。

④ 甘肃省财政厅编：《甘肃统计年鉴》，1946 年，第 61 页。

业生产的人数。

在兰州经商的商人并非以兰州本地人或甘肃人为主，而是以山西、陕西、平津等外地商人为主。综合 1941 和 1942 两年的兰州同业公会会员籍贯，在收录的 43 个行业中，商人总数为 2547 人，其中外地商 1420 人，本地商 1127 人，外地商占到总人数的 55.75%。在 4 个行业（钱商业、纸烟业、理发业、铁器业）中外地商比重为 100%，即外地商人居于完全垄断地位。外地商人比重占一半以上的行业有 27 个，占总行业数的 62.79%。即使在兰州特色的水烟行业中，亦多是陕西同朝人。陕西同朝人资力雄厚，差不多垄断了水烟的生产和销售。1941 年兰州市有 63 个水烟业商号，81 名会员。其中甘肃籍 33 人，其余皆山陕商人。① 另据 1943 年到 1944 年的统计，兰州工商业的构成，除了极少数由封建特权阶级和军阀官僚把持的企业外，其余商户大多来自山西、陕西、河北、山东、河南等省，他们大多数是合伙经营企业。②

全面抗战时期兰州商店的经营规模也在不断扩大，据统计，在 1945 年兰州市的商店总营业额达到 10 多亿元。③ 纳税能力是资金规模的重要体现，闻名全国的兰州水烟业资金雄厚，大中厂商多数兼营茶、布、杂货，故为兰州税源重点。虽在全面抗战时期受战事影响，由兴盛走向衰落，经营厂商亦由极盛时期的百十户，降到五六十户，但税源仍极为可观。税务部门为了控制税收派有驻厂员，专司稽征烟叶、烟丝税。除水烟行业外，负税能力较大的，还有钱庄、布行、百货、食品、药铺、茶商、行栈、皮毛、木材、制造加工、粮店、铁铺、杂货、运输、书籍文具、饮食旅店、理发、浴池等业。也有些官营事业和极少数的官商合办企业。总计全市纳税单位，资本在两千元以上者，计有四百多单位。据 1943 年到 1944 年的统计，全市工商业及摊贩共达三千多户。这些行业，由于战时人口增加，消费量上增，

---

① 邵彦涛：《近代兰州区域市场中的客商概述》，《高等函授学报》2010 年第 8 期。

② 李建基：《解放前的兰州直接税》，载《甘肃文史资料选辑》第 14 辑，甘肃人民出版社 1983 年版，第 101 页。

③ 甘肃省财政厅编：《甘肃统计年鉴》，1946 年，第 61 页。

业务均有不同程度的发展，形成兰州稳定可靠的税源。①

（二）行会与商会

兰州工商业都组织有各自的行会，各个行业的经营范围和入会条件，都有具体规定。如兰州行栈业规定，不接待过往旅客，这就不同于一般旅馆。在业务上不自营，以代客买卖，代客转运，代办信托业务，代客报关纳税，收取佣金、堆栈、食宿等费为营业收入。其收费标准，须经会员大会通过，报请政府批准，共同遵守，不准跳行兼业，不准破坏行规。如兼有自营业务，须另行登记，领取营业执照，加入专业同业公会。当时在兰州地区，五家以上同业，就可以成立同业公会。②

全面抗战时期，随着商业的发展，不断形成新的行会，行会数量增加。西北气候寒冷，盛产皮衣且质高价廉，随着兰州人口的大量增加，"外地人以穿着兰州皮衣或馈赠亲友而购买的日益增多，皮货店的生意兴隆旺盛，由原来的十几户也增加到二十多户"③，并在1942年1月正式成立了皮货业同业公会。兰州西式行业经营西服制造的商店开始于全面抗战时期，这期间，兰州先后成立的西服行业有二十家之多，并设立了西服业公会，由陆都西服店经理担任理事长，随之出现了中、西式服装行业的分立局面。④ 随着新行会的不断设立，兰州商业由20世纪30年代的30个主要行业，发展到1942年的43个行业。

不仅行业增加，各行业的会员也日益增多。甘肃不产茶，却是主要销售市场之一，兰州是茶叶转销西北的主要集散地，故兰州茶商聚集。全面

---

① 李建基：《解放前的兰州直接税》，载《甘肃文史资料选辑》第14辑，甘肃人民出版社1983年版，第100—101页。

② 陈茂春：《兰州市的行栈业》，载《甘肃文史资料选辑》第13辑，甘肃人民出版社1982年版，第123—124页。

③ 兰州市民建、工商联工商史料工作组：《兰州皮货业简史》，载甘肃省工商业联合会编《甘肃工商史料》第1辑，1989年，第95页。

④ 兰州市民建、工商联文史组：《兰州服装业的发展简史》，载《兰州文史资料选辑》第11辑，1990年，第202页。

抗战前，兰州茶叶公会有会员 40 余家，1942 年增至 60 家。① 兰州行栈业同业公会成立于 1943 年，"当时会员 17 家，到 1945 年抗战胜利时，会员增至 70 多家"②。

为了更好地协调行业及行业与政府之间的关系，还成立了兰州市商会。商会在维护会员利益、促进商业发展方面起了重要作用。由于贺笑尘在兰州商界颇负盛名，1940 年被商界人士选为兰州市商会会长，任职达 7 年之久。在此期间，贺笑尘为维护工商界利益，曾竭力周旋于国民党党政要人和地方官吏之间。③

（三）商帮

全面抗战爆发后，外地商人以前所未有的速度涌入兰州，兰州商人队伍日渐壮大，竞争日益激烈，也推动了商帮组织的发展。

山陕帮占主导地位。山陕商人是兰州重要的商人群体，他们来兰经商最早，人数也最多。山西人在兰州经商者有"上府帮"的榆次、太古、平遥、介休等县；也有"南路帮"的临津、稷山、猗氏、万泉等县。但人数最多的要算"绛太帮"，绛太人在兰州最多时达一万余人。兰州的海菜行（酱园）、行栈业几乎全为绛太人经营。从事绸布、百货、五金、铁器、杂货、行商的也为数不少。④ 与山西商人并称的是陕西商人，如兰州水烟行业中的陕帮，以大荔、朝邑即所谓同朝帮为主，他们大多经营青烟，多为合资经营企业且资金充足，不但自己设厂生产，还大量收购小烟厂产品。水烟商号一林丰和协和成是联号，它们资本额高达一百万两银子。⑤ 1940 至

---

①　宋仲福、邓慧君：《甘肃通史·中华民国卷》，甘肃人民出版社 2009 年版，第 212 页。

②　陈茂春：《兰州市的行栈业》，载《甘肃文史资料选辑》第 13 辑，甘肃人民出版社 1982 年版，第 124 页。

③　兰州市民建、工商联文史组：《原兰州商会贺笑尘先生史略》，载《兰州文史资料选辑》第 11 辑，1990 年，第 215 页。

④　张世钰：《略谈原兰州经商的山西绛太帮》，载《兰州文史资料选辑》第 5 辑，1986 年，第 155—156 页。

⑤　严树棠、李建基：《解放前的兰州水烟业》，载《甘肃文史资料选辑》第 14 辑，甘肃人民出版社 1983 年版，第 68 页。

1946 年，是兰州金店行业发展的兴盛期，但大多数金店都是由陕帮商人所开，他们主要业务是制作并出售金条，其次是加工金饰品。

其次为本地帮。如水烟行业中，除了陕帮就是兰帮即甘帮。甘帮又称本地帮，以兰州、皋兰、榆中人为主，他们大多经营黄烟。本地帮多办独资企业，资本规模较小。① 皮毛为甘肃主要出产之一，全面抗战时期是兰州皮毛业大发展时期，据 1942 年调查，经营皮毛业的 22 家商店共有资本 150 万元左右，其中最多的为 18 万元，最少的为四五千元。渭南帮商店共有 10 家，本地皋兰帮商店有 7 家，河北帮有 3 家，属于本省秦安及湖南省者各 1 家。② 总体而言，本地帮资力没有山陕帮雄厚，经营商号以杂货业居多。

除了以上两大传统商帮，兰州还有其他商帮。在兰州市百货行业中最能体现，1935 年到全面抗战初期（1940 年以前），兰州市百货商店已发展到一百多户，所营商品既有京、津传统品种，又有沪、汉新兴产品，百货业成为兰州最兴旺发达的大行业。兰州百货业原系外地客商汇集而成，因而很自然地形成了各种商帮，计有京津帮，其后相继形成了河北省的献县帮、冀州帮、高阳帮，以及山陕帮、直鲁豫帮等。他们资金虽有大有小，经营的品种也有多有少，但大都殷实稳妥，都有各自的管理经验和竞争优势。例如京津帮的庆盛和、明义号以及陕西人经营的元聚懋，都是当时京货行的一等商店，它们主要经营高档呢绒绸缎、进口布匹，而且品种多样、尺码量足，同时重视门市信誉，服务热情周到，故在同业和顾客中声誉甚隆。河北冀州帮、高阳帮是全面抗战时期兰州百货业中最活跃的新兴力量，他们通行情、善宣传、敢冒风险和勇于竞争，因而业务发展较快。如冀县人张俊峰 1937 年来兰州开设协华百货商店，短短十年时间，由协华离号的人员就先后在兰州开设了大丰、建中、益中、三友、正昌、协丰、福丰等百货商店。山东帮和河南帮资金较少，多是小商贩，在全面抗战初期先后

---

① 严树棠、李建基：《解放前的兰州水烟业》，载《甘肃文史资料选辑》第 14 辑，甘肃人民出版社 1983 年版，第 68 页。

② 兰州市工商联：《兰州市皮毛业的历史沿革》，载甘肃省工商业联合会编《甘肃工商史料》第 2 辑，1990 年，第 42 页。

成立了双义成、德合永、裕泰亨、德兴恒、富盛昌、忠和庆等二十多户商店。其中元顺成百货商店，创始人是山东的王风元，他1923年来兰州时仅是一个沿街叫卖的"货郎子"，到全面抗战中期就成为拥资十万元的富裕商人。①

除了传统商帮，还形成了新的商帮。在食品行业中，自七七事变以来，由东北迁兰经营南味食品的商号有上海、大升、中国、天生园四家，它们以独特的生产和经营方式在全市开展业务，在一个较长的时期内，形成了所谓"上海帮"（实际是绍兴帮）与山陕帮之间的竞争。② 在兰州金店行业中，分陕帮与江浙帮。1944年迁到兰州的老凤祥金店以专门生产黄金饰品而著名，其属于江浙帮，门首有"浙江老凤祥"的金字牌匾。③ 在1938到1941年间，川货业在兰州设立代客卖批并兼营的商号就有同顺合、嘉渠号等七家，以经营卷烟、绸缎，以及四川名特药材为主。与此同时，零售商店也经营四川竹木器、铁器用具、手工艺品等。他们极少去成都进货，大都在兰州批发商店就近进货、就地销售。这样逐渐形成了川杂货业，进而发展为"川帮"。由于川人的逐渐增多，经营川货的行坐商颇为发达。川人在兰州黄家园开设的一个茶馆，也随之成为川商的交易所。④

二、 兰州老字号

老字号是在竞争中传承下来的名牌，在行业中独树一帜，并取得社会的广泛认同。随着时代的变迁，老字号留下的不仅是信誉良好的产品、技艺和服务，也承载着人们的文化情怀与记忆。兰州作为一个多民族交融的

———————

① 吉茂林口述，李馨园整理：《兰州市百货业简史》，载甘肃省工商业联合会编《甘肃工商史料》第1辑，1989年，第65—67页。

② 徐之光供稿，李馨园整理：《兰州的南味食品业简介》，载甘肃省工商业联合会编《甘肃工商史料》第1辑，1989年，第102页。

③ 赵景亨：《对兰州当铺的回忆》，载《兰州文史资料选辑》第11辑，1990年，第178—179页。

④ 陈茂春供稿，李馨园整理：《四川杂货业在兰州》，载甘肃省工商业联合会编《甘肃工商史料》第1辑，1989年，第99—100页。

城市，在商业发展中，培育了众多独具特色的老字号。

工艺美术行业中的老字号，主要是兰州刻葫芦。它是一种在葫芦的硬壳上雕刻上人物、山水、动物以及文字等，进而成为一种供人们赏玩的工艺品。兰州刻葫芦小的如鸡蛋，大的似茶壶，皮质细腻，色泽黄白，滑润光洁，外形椭圆，十分美观。在精选的葫芦上，由雕刻艺人用特制的小刀和钢针，刻上图案、文字，再饰以松墨即成。雕刻葫芦艺术价值的高低，主要取决于艺人的设计和刻技。①

据说，这种工艺创始于清光绪年间。初刻花草、刀马人物与名胜风景，均系儿童玩具，售诸街市。后来经过张广建的提倡和兰州艺人李文斋的精心创作，使其由民间跃入上层社会，成为官僚士绅馈赠的艺术珍品。李文斋的制作品，起初只流行在甘肃官府和商号间。1922 年前后，由兰州古董商携往北京，引起同行的注意，并誉为"绝技"。于是兰州的"刻葫芦"便驰名京津，行销海外。

李文斋的作品，"描写"多于"雕刻"，且以潇洒、挺秀的艺术刀笔，在横不过一寸，高不过半寸的葫芦上，出色地再现了复杂的社会现实事物。李文斋的"刻葫芦"多取材于历史故事和神话传说，其中以《桃花源记》《赤壁赋》和《兰亭集序》最为拿手，堪称杰作。李文斋刻葫芦的艺术风格吸取了中国画中既不脱离"形似"，更追求"神似"的传统表现手法。画面主题突出，意义简单明了。画人物，寥寥数笔，栩栩如生，特别"神似"；绘山水花卉，疏而不稀，情意盎然。而且他的蝇头行书及小草，横竖成行，潇洒丰满，自作诗词，堪称佳品。不幸的是，1938 年李文斋被国民党当局非法逮捕关押，最后死于非命。②

20 世纪 40 年代初，兰州又有一位雕刻葫芦的艺人阮光宇，在继承前人成就的基础上，进一步发展了这项工艺。阮光宇把《西厢记》《红楼梦》等作品中的

---

① 《甘肃老字号》编委会编：《甘肃老字号》，甘肃人民出版社 2008 年版，第 11 页。
② 徐慧夫：《甘肃"刻葫芦"名家李文斋》，载《甘肃文史资料选辑》第 2 辑，甘肃人民出版社 1987 年版，第 193—196 页。

人物故事，巧妙地安排在葫芦的画面上，并配以诗词文字、山水风景。他雕技娴熟，刻工细致，使雕刻葫芦作为一项美术工艺品更臻完美。[①]

医药方面的老字号较多。兰州万全堂药店，是河北省人刘万芳于1937年创办，初名为万全药庄，专营批发业务。1938年在酒泉路开设门面，更名为万全堂国药店。万全堂一贯仿效北京同仁堂的经营方式，因而人们称其为"京药店"。该店特别重视中药饮片的加工炮制，甚至不惜高价，聘请名师高手，精工制作。万全堂的"刀头"，就是以98元银币的月工资从北京达仁堂请来的，而且是用飞机接来。因此，万全堂所制药品光洁新鲜，气味芬芳。个别处方需特殊加工的药物，门市部设有小炒、小炙，以便及时炮制。该店配制各种中成药约一百余种，其中仿北京同仁堂处方炮制的虎骨药酒，驰名西北。

万全堂在经营管理中有严格的规章制度。如柜头的工作繁重而琐碎，还要谦逊和蔼，能言善讲，应付自如。其任务是接待顾主、接方、配齐、检点配好的汤剂，检点无误后盖章发药。顾客取药时，也要做到三对口，即对牌号、对人名、对数量。柜头还要关心病患，问病卖药。做到小病当医生，大病当参谋，想方设法，按方配齐，以求患者称心如意。这些做法虽然琐碎繁杂，但因直接关系患者的生命安全，也便于群众的监督，不失为药店的一种优良传统。该店还经常聘请名医坐堂应诊，每逢节假日各种药品均八折优待。[②]

兰州安泰堂药店，以还少丹最为有名。1938年安泰堂经理广邀诸家名医对该店的还少丹处方进行修订，使配方日臻完善，并更名为"固本还少丹"。同时，为了防止假冒，取得法律保障，安泰堂精心设计了"睦记双鹿灵芝"商标，在国家商标局登记注册，进而成为全国知名的中药品牌。安泰堂药店本着济世救人的经营宗旨，定期为百姓免费发放药品。兰州秋冬

① 《甘肃老字号》编委会编：《甘肃老字号》，甘肃人民出版社2008年版，第12页。
② 刘培芳、袁重华：《万全堂国药店的经营之道》，载《甘肃文史资料选辑》第42辑，甘肃人民出版社1996年版，第200—203页。

交替之时，气管炎、咳嗽病多发，安泰堂就发放养阴清肺汤蜜膏。春夏之交多发白喉病，安泰堂就拿出内服药异功散，及外用贴药红膏药。另有经名医调配而成的健儿素子等药品，药店也皆以造福群众为念，进行无偿施予。安泰堂以药济世的美德，吸引名流为其题词褒奖。国民党元老于右任题"心存胞与"，抗日名将关麟征题"济世活人"，朱绍良题"草木千秋"等，对安泰堂治病济世的业绩给予肯定。①

此外，比较有名的医药老字号还有创办于清同治十二年（1873）的兰州庆仁堂药店，该药店土法提炼浓缩的妇科良药月事丸，因服用方便，疗效显著，颇负盛名。创建于1927年的兰州怡泰堂药店，在全面抗战爆发后，惨遭日军轰炸，该号经营者不忍同胞手足饱受病痛折磨，也不愿自己的医药技艺被湮没，于是重新在旧址开业，改名义泰堂。以期用他精湛的医术，为战火中受害的百姓疗伤止痛。②

图5-4 安泰堂国药号广告

（载易君左《新兰州》，《和平日报》社1947年编印）

---

① 柳栋：《兰州老字号"安泰堂"药店探源》，《甘肃文史》2020年第1期，第69、73—74、80页。另参见柳栋《还原真实的兰州"安泰堂"药店》，《兰州百年"柳合山堂"有关资料汇编》，2018年，第81—96页。

② 《甘肃老字号》编委会：《甘肃老字号》，甘肃人民出版社2008年版，第160、164—165页。

食品行业方面的老字号，主要有天生园和致兰斋。兰州市天生园食品厂开办于1943年，地处市中心繁华的中央广场，资金为银币五千元。由浙江钱清县人高鹤年连东带掌，独自经营。其为前店后厂模式，技工、辅工和营业员共计13人。厂设糕点、面包、酱油三个车间，主要生产饼干、面包、苏式糕点、南味小吃、味醋酱油等食品，颇受顾客欢迎。[①] 另由其妻往来于沪、杭、苏之间，购进饼干、罐头以及名特产品。商店设备采用玻璃橱窗，瓶罐陈列鲜艳、整齐美观，营业人员西服革履，彬彬有礼，富有"海派"之风。因此，生意日益兴隆，是食品行业中资金大、人员多、技术力量雄厚、经营管理较好的一家。[②]

致兰斋食品店由山西人柴作栋于民国初年创办，初期生产糕点以京式为模式，品种分酥皮、硬皮、熟面、油炸四类。其遵守业精于勤、薄利多销、讲究信誉、货真价实、童叟无欺的经营理念。糕点由糖、油、面合理配方，严格操作规程，尤以待人和气为群众所称道。日久天长，创出了声誉，成为全市闻名的食品商店。特别是十六个头的饽饽点心，驰名于市，为市民所信赖。当时的官府士绅、居民群众，以及郊区农民购买者络绎不绝，甚至远销至河西各县。[③] 1929年柴仲圭接管业务后，力争做精做细创名牌。传统的酱菜除散装外，新添了竹篓包装，打开了更为广阔的外销市场；海鲜、干鲜、海味一应俱全，集海菜之大成；糕点在家传十六头饽饽点心的基础上，又创制了水晶饼、太师饼、到口酥、芙蓉饼等数十个品种，采用彩纸和木匣包装。这时致兰斋已成为兰州及周边有口皆碑的大字号，前清举人、吏部主事张绍庭为致兰斋题写了牌匾。清翰林院编修刘尔炘重题匾名。众人的口碑、名人的垂青，使致兰斋闻名西北，经营业绩更加

① 《兰州天生园食品厂公私合营概况》，载甘肃省工商业联合会编《甘肃工商史料》第1辑，1989年，第146页。

② 徐之光供稿，李馨园整理：《兰州的南味食品业简介》，载甘肃省工商业联合会编《甘肃工商史料》第1辑，1989年，第105页。

③ 《柴仲圭先生与致兰斋的经营史略》，载《兰州文史资料选辑》第11辑，1990年，第221—222页。

辉煌。①

全面抗战时期，柴仲圭在致兰斋的基础上，又办起了德顺诚食品店、顺德百货店、中盛永祥广杂货批发店，至此形成了以致兰斋为龙头的商业集团，致兰斋进入鼎盛时期。

地方风味小吃方面的老字号，主要有高三酱肉和马保子清汤牛肉面等。高三酱肉，以色泽明亮、肉烂味香、适口不腻而蜚声金城。高三酱肉创始人高宝印是陕西咸阳人，在兄弟中排行第三。民国初期来到兰州，他喜爱烹调，善于钻研，下决心独创酱肉风味，在选料、配料、运用火候等环节上狠下工夫。试验阶段，每天都煮几斤肉，不断改进调料、火候，进行品味比较。经长期的探索，到1923年，技艺成熟，成品应市。

后来，高宝印将店铺迁入大佛寺中山市场，定字号名为"福华轩"，自此声名鹊起。"福华轩"酱肉选料严格，选用当日宰杀的新鲜肉，所用调料则由经营地道药材的安泰堂、万顺堂两药店保质供应。高三酱肉加工极精细，对肉皮烧烙、切剁宽窄皆有要求。带皮硬肋肉，先用烙铁烧烙肉皮，再用小刀刮洗除污，使皮呈红黄色。然后由脊到肋，切成2—3斤的长条，用柔软的马莲捆好。自入夜投入锅中，其间几经加水，升火压火，至天明出锅，然后应市。温度始终保持不冷，香味浓郁不散。高三酱肉不仅质量要求甚严，而且为了保证新鲜，宁缺毋余，宁肯少卖，也不卖剩货。因此，中午一过，即关店门，以免延时过长影响色味。②

兰州回民夙有以家庭为作坊经营小吃的传统，其中以精细别致的做工、味美价廉而闻名的马保子清汤牛肉面最为著名，深受人民群众的喜爱。兰州回民马保子于1915年间，在家里制作"热锅子"牛肉面，肩挑于市沿街叫卖，藉以为生。1919年租得东城壕北口一间铺面，开始了坐商的小本经营。他早上卖清汤牛肉面，下午煮些牛、羊肝子摆在门口叫卖，然后将煮

---

① 《甘肃老字号》编委会编：《甘肃老字号》，甘肃人民出版社2008年版，第229—230页。

② 高冠英、逸樵：《高老三与福华轩酱肉》，载《甘肃文史资料选辑》第44辑，甘肃人民出版社1996年版，第223—224页。

过牛、羊肝子的汤加入牛肉汤内，勾出了清香美味的牛肉面汤。①

1925 年，马保子牛肉面开始由马杰三经营。全面抗战后，马保子将牛肉面馆迁至中正路 141 号（今酒泉路）。马杰三除了按原有的方法精心制作，还特别在调汤技术上下工夫。他学习各派制汤手艺，取长补短，经过多次试验，最终研制出牛肉面汤独家配方及牛肉面一整套制作工序。马杰三的牛肉面汤，分扫汤、顶汤、兑汤三大工序。所用香料、药料有 20 多种，除了具有去腥增香的作用，还具有温中驱寒、活络舒筋的医药功能，深受市民的喜爱。马杰三每天"以汤销面"，没有牛肉清汤时，宁肯让顾客第二天再来，绝不凑合，毁了自己的信誉。马杰三经常夸他的牛肉汤是"开胃汤"，不少人喝了头碗，还想再来一碗。马杰三还创制了炸辣子油技术，以供顾客佐餐。兰州牛肉面有"二细""三细""大宽"等多个品种。在马杰三的苦心经营下，兰州牛肉面形成了"一清（汤清）、二白（萝卜白）、三红（辣椒油红）、四绿（香菜、蒜苗绿）"为其规范的质量特征。②

三、　新式银行业

全面抗战爆发后，兰州逐渐成为西北抗战大后方的中心，是为国民政府抗战提供财力、物力的重要基地。这一时期，兰州地区新式银行相继设立，较完备的金融网络开始形成。

（一）　银行机构数量的增加

截至 1945 年 8 月，兰州共有金融机构 31 家，其中国营 7 家、省营 1 家、市营 1 家、商营 10 家。除此之外，还有钱庄 6 家、保险 3 家、信托 1 家，外省银行驻甘办事处若干。③ 兰州银行业中，国家行局除了四行总处设有兰州分处外，还有中国银行、交通银行以及邮政储金汇业局的分支机构；

---

① 李馨园：《兰州马保子清汤牛肉面馆史略》，载甘肃省工商业联合会编《甘肃工商史料》第 1 辑，1989 年，第 113 页。

② 《甘肃老字号》编委会编：《甘肃老字号》，甘肃人民出版社 2008 年版，第 232—234 页。

③ 王恭：《建国前夕的兰州金融》，载《兰州文史资料选辑》第 10 辑，1989 年，第 239 页。

外地商业银行在兰分行有：中国通商银行兰州分行、四明银行兰州分行、长江实业银行兰州分行、山西裕华银行兰州分行、大同银行兰州分行、永利银行兰州分行、亚西银行兰州分行、华侨实业银行兰州分行、绥远省银行兰州办事处、上海信托公司兰州分公司；兰州本地银行有：兰州市银行、兰州商业银行、甘肃省银行、甘肃省合作金库。全面抗战时期兰州近代银行业形成了中央、地方和私营三级金融网络，在这一体系中，以国民政府中央的金融机构为核心，因资金雄厚，其经营活动，足以影响本市金融市场。

（二）业务的增加和规模的扩大

初创时期的兰州银行业，业务范围较小，规模也不大。而在这一时期，其经营业务范围不断增加。如甘肃省银行除了办理各项存放款及汇兑业务外，还办理信托、代理公库等业务。为办理信托业务，该行设立信托部，主要负责：1. 收购物资。受财政部贸易委员会的委托，收集本省土产，运输外销，内以富裕工农，外以结取外汇。2. 运销平价物品。依照社会需要向省外购运各种日用必需品，平价发售，上以辅助平价政策，下以安定民众生计。运销物品计有布匹、食粮、教育文化器具、燃料、清油等四类。3. 运输业务。由该行自备胶轮大车，代理公共机关或公营事业机关，暨各商号办理运输，略取手续费，藉畅货流。4. 保险业务。代理中央信托局保险部办理各种保险业务。代理公库业务，截至 1941 年底，共计有省县支库 36 处，市库 1 区。随着国民政府改革财政系统，1942 年奉命代理国库业务，经与中央银行订约办理，其代理地点为临夏、临洮、榆中等 22 处。还协助省政及地方的建设事业，如协助推行增粮政策，协助省营贸易事业，辅助农村金融，办理小商业贷款，扶植手工业生产等事务。[①] 此外，还在南京、西安设立办事处，在上海、重庆设有汇兑组。甘肃省合作金库设有秘书、

---

　　① 朱迈沧：《甘肃省银行概况（附表）》，《金融知识》1942 年第 1 卷第 6 期，第 100—103 页。

业务、实物放贷、会计等股，仅放款业务就有抵押贷款、农业生产贷款、工业生产贷款、运销贷款等项目。①

随着银行办理业务范围的扩大，其营业规模也随之增长。为保证省银行的实有资本，除省政府陆续拨资外，财政部又从国库投资 300 万元，这样甘肃省银行的实有资本合计为 800 万元，比成立时增加了 7 倍多。随着省银行实力的增加，它的营业规模也开始扩大，在全省各地的分支机构不断增多，"每县最低限度设有一个以上之单位"②。在吸收存款方面，甘肃省银行从 1939 年成立至 1945 年间，存款呈现逐年增多趋势，1939 年下期存款总计 1301 万余元，1945 年下期则为 259578 万余元，增长了近 200 倍。③ 据中央银行兰州分行 1946 年调查，兰州市 18 家银行钱庄的存款总数为 29.3 多元，其中以甘肃省银行吸收存款最多，约占存款总额的半数。其次为中国通商银行，存款总数达 2 亿元以上，再次为永利银行及甘肃合作金库，存款总数达 1.7 亿元。其他如兰州商业银行、亚西实业银行、四明银行、上海信托公司、山西裕华银行等，均在 1 亿元以上。不仅存款规模扩大，放款规模也大幅增长。仍据上项调查，兰州市各商业银行及省银行的放款总额为 13.45 亿余元，其中以甘肃省银行放款最多，达 5.67 亿余元，约占放款总数的 24%；其次为甘肃省合作金库，计 1.68 亿余元，约占 12%；再次为兰州商业银行及四明银行，各达 1.1 亿元，约占 8.5%。④

（三）兰州银行业的影响

第一，促进了兰州地区农业的发展。向各地发放农业贷款，支持农业发展，是银行的业务之一。1942 年 9 月，甘肃的农贷进入专业时期，由中

---

① 张令琦：《解放前四十年甘肃金融货币简述》，载《甘肃文史资料选辑》第 8 辑，甘肃人民出版社 1980 年版，第 141、159 页。

② 朱迈沧：《甘肃省银行概况（附表）》，《金融知识》1942 年第 1 卷第 6 期，第 99 页。

③ 王巍：《民国时期兰州金融近代化研究》，西北师范大学历史文化学院 2013 年硕士学位论文，第 29—30 页。

④ 中央银行兰州分行：《兰州市金融业概况》，《中央银行月报》1947 年新 2 卷第 4 期，第 74 页。

国农民银行兰州分行专门负责,该行设有农贷股,专办此项业务。其后省合作金库成立,亦办理各种农业贷款。在此之前,甘肃银行、中国银行兰州分行也办理过农贷业务。1944 年 2 月起,省合作当局,曾商同省银行及省合作金库合办实物贷放,在皋兰、榆中等 23 县,从 1944 到 1945 年,共贷出种子贷款 70190042 元。① 甘肃省银行对农村水利事业予以贷款支持,对水利林牧公司贷款 195 万元,对溥济渠水利工程贷款 2.4 万元。② 开凿永登湟惠渠时,中国农民银行兰州分行就承贷工程费 400 万元,该渠修成之后,可灌溉农田 2.5 万亩,使附近农村受益很大。③ 中国农民银行兰州分行发放水车贷款,用来发展小型的农田水利。1941 年 11 月至 1943 年 5 月,就先后 6 次对皋兰进行水车贷款,数额达 35.05 万元,受益田地7592亩。④ 为促进战时生产并适应甘肃农贷环境的需要,中国农民银行兰州分行举办畜牧生产贷款,贷款用途,"1. 购买牛马羊骡驴猪及鸡鸭所必需之资金;2. 改良家畜品种及购买种畜之必需资金;3. 购买饲料及药剂之费用;4. 畜产加工设备费及运销之费用;5. 修缮畜舍所必需之资金"⑤。银行的农业贷款对恢复农村经济,促进农业生产起到重要作用。

第二,促进了工商业发展。西北地区经济不发达,社会积累水平低,来自银行的投资,就成为发展地区工商业的重要资金来源。在工矿业方面,1941 年 3 月,资源委员会、中国银行、交通银行与甘肃省政府合资在兰州创办甘肃水泥公司,资本 450 万元,分为 4500 股,三方各占一定比例。1942 年,甘肃省政府与资源委员会、中央银行等四大国有银行联合投资创办了甘肃矿业公司,公司以开采甘肃省的煤铁矿及从事冶炼为主要业务。

---

① 王恭:《建国前夕的兰州金融》,载《兰州文史资料选辑》第 10 辑,1989 年,第 249—250 页。

② 郭荣生:《五年来之甘肃省银行(附表)》,《财政评论》1944 年第 12 卷第 6 期,第 80 页。

③ 《兰州交通银行卅一年度办理甘肃农贷概况·中国农民银行兰州分行办理农贷业务报告书》手抄本,1943 年,第 23 页。

④ 成治田:《战时甘肃省小型农田水利概述》,《中农月刊》1944 年第 5 卷第 9—10 期,第 38—39 页。

⑤ 《中国农民银行兰州分行县合作金库办理畜牲生产贷款暂行办法》,《本行通讯》1943 年第 56 期,第 77 页。

额定资本1000万元，初收300万元，而后增为800万元。① 各工厂在经营中往往也会得到银行贷款的支持，甘肃省银行在1943至1945年的贷款中，工矿业贷款的比重分别为42.57%、34.35%、31.03%。② 银行还投资地方经济建设事业，甘肃省银行成立5年内先后对煤矿机器厂、甘肃造纸公司、甘肃印刷公司、华亭瓷业公司、华西实业公司、裕陇仓库进行投资，加上对国立西北医院、国立西北技艺专校、中央通讯社等医药文化机关的贷款，总数约在三千万元以上。③

对商业进行投资也是银行的重要业务。甘肃省银行在1939年就对商界进行贷款，"本行已贷给各商款统计已有三百八十余万之多。此在目前尚无反响，俟商人贷款贩运各种货物来省，货物充斥市面，物价自可平抑"④。还帮助小商业融通资金，"该行于三十年度举办土产押放，以便经营羊毛、皮张、药材、水烟等土产商人，资金灵活，待价而沽。此外对于运销日用必需品商人，资金困难时，亦予融通，俾商品来源不致匮乏，物价可以稳定。综计此项小商业资金，卅年度共贷出1818334元"⑤。随着法币贬值，物价高涨，商业投资获利大，因而各行把资金竞相贷放商业。据统计甘肃省银行1943至1945年的贷款中，商业贷款所占比重分别为9.09%、14.77%、55.70%，商业贷款在1945年成为该行最主要的放贷项目。另据中央银行兰州分行1946年的调查，兰州市各行庄吸收的存款，多作商业放款之用，"就放款种类而言，则以商业放款占多数，计占百分之七十"⑥。银行还直接参与商业活动，甘肃省银行在其所属信托部有汽车、胶轮大车30余辆，经常来往于西兰线上，从兰州把水烟运到陕西，回程时载运布匹、

---

① 陈真：《中国近代工业史资料》第3辑，生活·读书·新知三联书店1961年版，第1368、959页。

② 王恭：《建国前夕的兰州金融》，载《兰州文史资料选辑》第10辑，1989年，第246页。

③ 郭荣生：《五年来之甘肃省银行（附表）》，《财政评论》1944年第12卷第6期，第80—81页。

④ 《甘肃省银行积极发展业务》，《金融周报》1939年第8卷第19期，第14页。

⑤ 郭荣生：《抗战期中之甘肃省银行》，《经济汇报》1942年第5卷第9期，第65页。

⑥ 中央银行兰州分行：《兰州市金融业概况》，《中央银行月报》1947年新2卷第4期，第74页。

纸烟等货物。该部还在省内借运送现金之名，贩运货物。①

四、 财政税收

全面抗战时期，为配合军事、政治及经济建设需要，奠定抗战建国的基础，国民政府对财政税收事业进行相应调整。兰州的财政税收情形体现这种变化又具有自身的特点。

（一） 财政体系的变革

1. 公库制度的实施。1938 年中央正式颁布公库法，甘肃省于 1941 年 1 月开始"施行公库制度，由甘肃省银行代理公库，计有兰州、永登、榆中等分支库 35 处"②。1941 年皋兰、榆中、永登成立县公库，各项款项收支，均按公库法规办理。兰州市成立后，市政府决定由甘肃省银行兰州分行代理兰州市公库，所有市属各项收支均由市公库统收统支。③

2. 预算制度的确立。全面抗战前，国民政府在其他地区已经推行预算制度，然"抗战以前的西北各省预算，徒有其名"④。1938 年甘肃省政府始制定《整理县地方财政实施步骤》，规定厉行会计制度，按年编制预算，建立账簿、报表制度。同年各县始编制年度收支预算，当年皋兰、榆中、永登三县财政预算收入 33 万元，其中田赋带征占 57.3%，各项杂捐 23.8%。预算支出 33 万元，其中行政费支出占 32.9%，教育费占 30.9%，建设费仅占 3.4%。1938 年甘肃省政府规定各县、局预算总额级距，全省共分 10 级。皋兰县为 2 级，年收入 18 万—20 万元；榆中县为 6 级，年收入 6 万—8 万

---

① 王恭：《建国前夕的兰州金融》，载《兰州文史资料选辑》第 10 辑，1989 年，第 247—248 页。

② 士心：《抗战四年来的西北财政与金融》，《甘行月刊》1941 年第 1 卷第 4—5 期，第 14 页。

③ 兰州市地方志编纂委员会：《兰州市志·财政税务志》，兰州大学出版社 1998 年版，第 39—40 页。

④ 士心：《抗战四年来的西北财政与金融》，《甘行月刊》1941 年第 1 卷第 4—5 期，第 8 页。

元，永登县为 8 级，年收入 4 万—6 万元。①

在预算制度上，1942 年改订财政收支系统实施后，使县市地方预算的制度得以确立。兰州市在 1942 至 1945 年的预算数，即 1942 年为 6100595 元，1943 年为 38720207 元，1944 年为 73436000 元，1945 年为 186621907 元。兰州市的预算在逐年大幅增加。1945 年兰州市分类预算为所得税 54600000 元，利得税 43200000 元，遗产税 2394000 元，营业税 63000000 元，印花税 16500000 元，地价税 5821721 元，土地增值税 1106186 元，合计为 186621907 元。而 1945 年实际征收数达 213718269 元，计超额 27096362 元。②

3. 地方自治财政的实行。1941 年国民政府为增强战时财政统筹力量，促进地方自治发展，颁行《改进财政收支系统实施纲要》，分全国财政为国家财政与自治财政两大系统，以省级财政并入国家财政系统，以县市财政为自治财政系统。③ 国民政府中央为了扶植自治财政发展，分拨国税补助地方财政。如果从现代工矿业投资角度考察，上述改革的目的在一定程度上得到实现，甘肃是"受益"省份。战时甘肃建设的约 20 个较大的工矿、科技、农田水利项目，几乎全是中央投资兴办，只靠甘肃是办不到的。④ 这些重大项目主要集中在兰州，对兰州的经济、社会发展都具有重要的支持作用。改订财政系统后，县市税捐较以前增加。在财政支出方面 1938 年到 1947 年，皋兰、榆中、永登三县共支出 85833 万元，其中行政管理费占 65.79%，经济建设费占 17.03%，文教卫生费占 13.05%，其他支出占 4.13%。⑤

---

① 兰州市地方志编纂委员会编：《兰州市志·财政税务志》，兰州大学出版社 1998 年版，第 7、38 页。

② 李建基：《解放前的兰州直接税》，载《甘肃文史资料选辑》第 14 辑，甘肃人民出版社 1983 年版，第 108 页。

③ 中华年鉴社编：《中华年鉴 1948》下册，中华年鉴 1948 年版，第 1147 页。

④ 宋仲福、邓慧君：《甘肃通史·中华民国卷》，甘肃人民出版社 2009 年版，第 137 页。

⑤ 兰州市地方志编纂委员会编：《兰州市志·财政税务志》，兰州大学出版社 1998 年版，第 8 页。

（二）税收制度的调整

税收是政府的主要财源，随着兰州地位日益重要，"中央鉴于其地位之重要，尽绝大努力，百计振刷，对症下药，首关革新者税制也"①。兰州税收的调整主要体现为：

1. 田赋三征。为保证军粮民食，1940 年行政院会议决定全国田赋征收实物，并于 1941 年将原属于地方的田赋收归中央。田赋三征即田赋征实、粮食征购和粮食征借的合称。1941 年，兰州市及皋兰县、榆中县、永登县按正、附税额，每元以小麦 1.6 斗计征。次年又改为征购，即"征一购一"，价格由县、市按市价核定，手续繁杂，其时物价飞涨，农民领到粮款，货币已贬值。名为征购，实则摊派勒索。1944 年紧缩通货，粮食征购改为征借，仅发粮券不发粮款，不计利息，从 1948 年起，分 5 年偿还或抵缴田赋。②田赋三征是国民政府在全面抗战时期实施的经济政策，加重了农民的负担。

2. 其他税捐的调整。全面抗战爆发后，一些富商大贾逐渐向后方转移，兰州工商业亦随之发展。国民政府财政部门在兰州先后设立机构，开征各项税收。

第一，设立新的税务机构。新设立的税务机构主要是兰州海关和兰州直接税局。1942 年兰州设海关总关，接办原甘宁绥区货运稽查业务。4 月 15 日开征战时消费税，由海关及所属分卡负责征收。兰州海关所属分卡有东岗镇、西稍门、黄河铁桥、兰州邮局、兰州飞机场、兰州公路站等。③ 兰州总关及所属各支关所，1942 年收入为 1345 万余元，1943 年为 1926 万余

---

① 陈钦禹：《一年来之兰州直接税》，《甘青税务月刊》1944 年第 1 卷第 3 期，第 9 页。

② 兰州市地方志编纂委员会编：《兰州市志·财政税务志》，兰州大学出版社 1998 年版，第 7 页。

③ 兰州市地方志编纂委员会编：《兰州市志·财政税务志》，兰州大学出版社 1998 年版，第 40 页。

元，1944 年为 6057 万余元。① 国民政府为了实行战时财政，不仅对间接税进行整顿，又倡议实行直接税，推动税制转型，兰州直接税局就是在这种情形下设立的，国民政府认为"可以凭借这个办法来实现有钱出钱、合理负担的新税政策"②。

第二，增设新税，扩大课征范围。国民政府在全面抗战开始后，先后开征了非常时期利得税、遗产税、临商税、财产出卖所得税、财产租赁所得税等，这些税收均因税款由纳税人直接负担，故称为直接税。

1939 年开始向工商企业征收非常时期过分利得税，这项税收在当时情况下，对获得巨额利润的坐商、行商课以重税，曾起到增加税收的作用，如 1942 年兰州直接税局所得税实收数为 5313290 元，而利得税实收数则达 7819098 元。1943 年所得税实收数为 9286616 元，利得税实收数则达 14491144 元，可见过分利得税的征收数量非常可观，且在逐年增加。抗战中兰州商贾云集，此项税收的征收工作尚称顺利，年年超额完成计划。遗产税是国民政府效法英美税制而举办的一项新税，兰州于 1940 年经过广泛宣传而开始征收。但我国传统社会习俗，并不认为继承是一种所得行为。况且拥有财产、合乎纳税标准的大多为豪门巨绅、官僚地主，他们倚仗权势进行抵制，所以这项税收在兰州开征以来，年年完不成计划，是有其名而无其实的一项税收。1941 年又开征临商税，即通过货运登记，对临时跑买卖的行商进行征税。兰州系西北货物集散地，运输频繁，开征这项税务，一面增加了税收，一面也起到限制投机取巧、防止偷税漏税的作用。1942 年 7 月，国民政府公布《营业税法》，兰州直接税局根据新税法把特种营业税纳入普通营业税中，采取单一的比例税率，分别按营业额和资本额两项课征，按资本额者每季征一次，按营业额者每月征收。以兰州局来说，1945 年营业税计划征收额为 6300 万元，比所得税、利得税都高，说明营业税收

---

　　① 杨志一：《抗战时期的"兰州关"》，载《甘肃文史资料选辑》第 26 辑，甘肃人民出版社 1987 年版，第 116 页。

　　② 李建基：《解放前的兰州直接税》，载《甘肃文史资料选辑》第 14 辑，甘肃人民出版社 1983 年版，第 97 页。

在财政收入中具有重要地位。1945 年兰州直接税局又从市田粮处接办了包括地价税和土地增值税在内的土地税，这项税收是采取累进税率。地价税每年课征一次，土地增值税仅于一定时期或地权转移时课征。同年兰州局地价税预算为 582 万元，土地增值税为 110 万元，仅占全局当年总预算的 3.6%。

直接税由原来的一种所得税，经过八年全面抗战增加到所得税、利得税、遗产税、印花税、营业税、土地税六种税收。全面抗战期间兰州直接税税收任务年年增加，除遗产税、财产租赁和出卖所得税完不成计划外，其他各税均能超额完成。①

除了以上税收，全面抗战爆发后，为适应抗战的需要，国民政府还新增了各种杂费。皋兰、榆中、永登三县增列"抗战特别费"支出，包括国民自卫总队常备队经费、壮丁训练费、抗战动员委员会经费、防空传递哨经费等，其经费以临时摊派（包括地亩摊款）、临时商捐为来源。1937 年皋兰、榆中、永登三县抗战特别费支出为 7.6 万余元。皋兰县于 1941 年开征筵席捐、娱乐捐、乐户捐。1941 年兰州市开征地价税、房捐。1942 年兰州市征收商户路灯捐、民户路灯捐。1942 年皋兰开征营业牌照税，当年征收 1.3 万元。②

第四节　邮电交通与电力

兰州作为我国西北边疆重要城市，加紧开发已经成为国人一致的认识，而"开发边疆之工作，莫急于发展交通，路、航、电、邮各有任务，而互相为用"③。全面抗战时期，兰州的战略地位提升，国民政府对兰州愈加重

①　李建基：《解放前的兰州直接税》，载《甘肃文史资料选辑》第 14 辑，甘肃人民出版社 1983 年版，第 97、105—108 页。
②　兰州市地方志编纂委员会编：《兰州市志·财政税务志》，兰州大学出版社 1998 年版，第 7、39—41 页。
③　赵曾珏：《中国邮政之事业》，商务印书馆 1947 年版，第 41 页。

视，兰州的工业经济及基础设施建设获得较快发展，其中与军事及民生相关的邮电、交通与电力事业也得到了长足的发展。

一、　邮电通信

全面抗战爆发后，东部迁入兰州的人口、厂矿企业逐渐增多，兰州经济得到了较快发展。邮件数量也相应增多，邮政业务较为发达；电报、电话在服务军政系统的同时，也为商业机构和民众所使用。

（一）邮政

全面抗战前，兰州的邮汇兑行情平稳，邮汇行情如下："计由兰汇往上海、南京、北平、天津每百元贴二角五分；汉口、成都、重庆贴三角；绥远贴□角五分；洛阳、郑州贴三角；西安贴二角五分；青海贴一元；宁夏贴五角；新疆迪化、哈密等处贴一元。本省方面，计由兰汇往平凉、天水贴二角五分；靖远、陇西、临洮贴五角；临夏、武威贴一元；张掖贴一元五角；酒泉贴二元。"①

全面抗战爆发后，东部邮政通讯受阻，中华邮政总局为了挽回损失，进一步扩充邮政事业，服务于抗战大局，在大后方开辟新的邮路，增加邮政网点。1938 年 4 月 24 日，邮政管理局公告，限制通汇区汇额，开封、兰州、迪化等均无限通汇。② 因此，兰州的邮政事业得到了快速的发展。具体表现在以下几个方面：

1. 调整管理机构。国民政府时期划全国为 24 邮区，各邮区设立邮政管理局。全面抗战爆发后，东部若干邮区相继沦陷，"不得已于省区内完整地方暂设办事处管辖之"③。1943 年 10 月，甘肃邮政管理局增设邮务帮办和财务帮办，协助局长办公，计核股分为会计股和出纳股，增设储汇股。

---

① 《兰州邮汇行情》，《西京日报》1937 年 7 月 5 日。
② 《邮政管理局公告，限制通汇区汇额》，《华美晨刊》（华美晚报晨刊）1938 年 4 月 24 日。
③ 赵曾珏：《中国邮政之事业》，商务印书馆 1947 年版，第 5 页。

同时，鉴于西兰公路以胶轮车运输邮包"商人最感不满"的情况，向邮政总局申请与西兰路试办汽车运输包裹，大力发展汽车邮运事业。并对轻质邮件如信函、明信片、报纸的运送、交接、签收运费标准及如何结算等作了详细规定。①

2. 扩充邮务。国民政府统治时期，邮政业务分为独占业务、专营业务、兼营业务和代理业务四种。在全面抗战期间，为协助发展教育文化事业及便利宣传起见，于1933年1月间，创办图书小包业务，为兼营业务之一种。② 为更好地服务于抗战大局，国民政府不断扩充后方邮务。甘肃邮政管理局响应政策，于1939年7月3日设立炭市街（今中山路）支局，同时在孔家崖、盐场堡、二十里铺分别设立邮政代办所。1940年11月22日，拱星墩邮政代办所升格为三等乙级邮局。1941—1945年，窑街、十里店、阿干镇为三等乙级邮局，南关、中山路、和平路、西津桥设支局，储金汇业局、车站办事处、一只船汽车站附设邮局；民主东路设立邮亭，西固城、崔家崖、东岗镇、西果园、土门墩、雁滩、宁卧庄、深沟子、徐家湾、八里窑、孙家台、晏家坪设邮政代办所12处，另设邮票代售处33处。③

3. 延长邮路。国民政府时期的邮路分为五类：邮差线、航船线（帆船线和轮船线）、铁路线、汽车线、航空线。其中，邮差分五种：步差、自行车差、骑差、马车差、手车差。步差每日约走30公里，骑差每日约走100公里。④ 据1937年甘宁青邮务概况整理统计，甘宁青三省共有"主要邮差邮路七千六百五十一公里，次要邮差邮路五千零九十七公里，汽车邮路六百一十余公里，航空邮路一千八百七十二公里，总计各种邮路全长为一万五千二百三十一公里"⑤。

———————————

① 《甘肃邮政管理局与西北公路运输管理局运输邮件合同》（1941年），载马振犊主编《抗战时期西北开发档案史料选编》，中国社会科学出版社2009年版，第311—313页。

② 赵曾珏：《中国邮政之事业》，商务印书馆1947年版，第13页。

③ 兰州市地方志编纂委员会等编：《兰州市志·邮政志》，兰州大学出版社1996年版，第177页。

④ 陈林：《我国之邮差运输（上）》，《现代邮政》1947年第1卷第2期，第9页。

⑤ 《甘宁青邮务概况，邮路长一万五千余公里，局所共设四百三十余处》，《中央日报》1937年8月9日。

因东部大部分地区沦陷，迁移至兰州的民众增多，需邮迫切，延长邮路十分必要。兰州的邮路具体包括旱班邮路（主要是由人力畜力组成的运递邮件的路线）、汽车邮路、航空邮路和自行车邮路。1939 年，"邮政局为便利本省邮运，特开辟新邮路三线。一、由陕省双石铺至两当起，经天水直达定西转抵兰州；二、由莲花城起至隆德，与西兰路衔接；三、由五原起经宁夏至平凉，亦与西兰路连接，转抵兰州"①。欧亚航空公司因维持后方空运及疏散客货邮件起见，自 9 月 10 日起，实行更改航班如下："每星期日、三两天，由重庆飞桂林，原机由桂林回重庆，当日续飞成都；由重庆可转西安、兰州及汉中；由成都可转昆明，惟以上时期得随时更改，不先通知。"②

1943 年，兰州将通往各地的步差邮路调整为：兰州至定西，兰州至宁夏，兰州至张家川，兰州至西宁，兰州至临夏，兰州至榆中，兰州至景泰，兰州至店子街，兰州至马家园子，共 9 条步差邮路。兰州委办汽车邮路 6 条：兰州至西宁间 1 日 1 班，兰州至西安逐日班，兰州至天水 7 日 3 次班，兰州至武威 7 日 2 次班，兰州至张掖间 6 日 1 班，兰州至酒泉 7 日 2 次班。航空邮路，除之前开辟的外，中国航空公司渝（重庆）迪（化）线由重庆飞经兰州抵迪化（乌鲁木齐），每周四飞抵兰州，周五飞往迪化，星期日返兰，带运轻航邮件。此外，还开辟了兰州至西果园自行车邮路，长 17.3 公里。③

4. 改订邮件资费。全面抗战爆发后，各地物资供应紧张，物价渐次高涨，邮局所需人工、材料、运输等费用有增无减，以致出现入不敷出的状况。为了应付这种局面，甘宁邮政管理局自 1940 年 9 月 27 日起实行增加邮费。④ 1941 年 11 月 1 日再度增加邮费，额度为在现行标准的基础上再增加一倍。尽管两度提高邮费，但仍感收入短绌，"所增费率较战前不过十倍，而各地一般物价较战前有增至数十倍乃至百倍以上者"，不得已又于 1942

①　《新邮路，邮局添辟三线》，《甘肃民国日报》1939 年 10 月 14 日。
②　《欧亚公司更改航班》，《扫荡报》（桂林）1939 年 9 月 10 日。
③　兰州市地方志编纂委员会等编：《兰州市志·邮政志》，兰州大学出版社 1996 年版，第 197—207 页。
④　《邮资加价，各地纷起实行》，《扫荡报》（桂林）1940 年 9 月 29 日。

年 12 月 1 日 "照当时资率增加百分之二百有奇"。① 当时 "一封平信的邮费，就需要五十分邮票，这个数字在一般有钱人倒不感觉什么，可是在一般士兵、学生以及下级公务人员的经济负担上，就很有些重量"②。1943 年5 月，鉴于近年来邮政局及邮路的扩充，运费、人工、材料开支日益高昂，经济至感支绌，而收入有限……为减轻国库负担，节省战时人力物力起见，甘宁邮政管理局决定再增订邮费。③

5. 充实办事人员。国民政府西迁重庆后，后方邮政业务剧增，同时邮务人员顿感缺乏。为了缓解这一困难，邮政总局一方面设法由战区各局抽调干练人员，分配后方服务，一方面招考邮务员数十次，录取将近 7000 人，除未到者及补缺额者外，实际增添约 3000 人。截至 1942 年 9 月底，全国共有各类邮政人员41516 人，其中，甘肃共有 999 人，其中邮务长、副邮务长各 1 人，甲等邮务员20 人，乙等邮务员 85 人，邮务佐 186 人，信差 142 人，邮差及其他工役 564人。④ 为提高邮务人员素质，1942 年甘肃邮政管理局举办兰州当地差工文化补习班，约 40 余人参加。学习科目有公民、国文、英文、算术、常识 5 门。1943 年2 月 15 日，甘肃邮政管理局在兰州开办补习班，举办第二学年第一学期补习班。1944 年 1 月，邮政职工补习班期满结束，毕业人数 10 名。⑤

出于抗战之需要，兰州邮政业在这一时期，得到了一定程度的发展，兰州的邮件载运，由飞机、汽车、自行车代替。但不通公路的县区，仍然是畜力驮运，边远山区只好驮运或人力步行背送至乡公所、村公所；除公文外，凡属私人信件，即由收信人跋山涉水，亲到乡、村公所领取。⑥ 邮件的运输效率仍然较低。按照规定，由兰州发出经平凉至西安的邮件 4 日到

---

① 《国民党中宣部国际宣传处拟〈战时邮政概况〉》（1943 年），载马振犊主编《抗战时期西北开发档案史料选编》，中国社会科学出版社 2009 年版，第 339 页。

② 《向邮政当局进一言》，《扫荡报》（桂林）1942 年 12 月 1 日。

③ 《邮费加价，业经通过》，《西北文化日报》1943 年 5 月 20 日。

④ 《国民党中宣部国际宣传处拟〈战时邮政概况〉》（1943 年），载马振犊主编《抗战时期西北开发档案史料选编》，中国社会科学出版社 2009 年版，第 346—347 页。

⑤ 兰州市地方志编纂委员会等编：《兰州市志·邮政志》，兰州大学出版社 1996 年版，第 264 页。

⑥ 赵世英：《兰州旧邮政发展纪略》，载《城关文史资料选辑》第 6 辑，1997 年，第 114 页。

达，但根据 1944 年 10 月份统计，需时最少的为 5 日，最多的达 13 日之久，平均时间为 8 日，比规定时间晚了一倍。省内运率也不容乐观。以兰州至天水间同一时期邮件为例，规定汽车 2 日到达，邮差 3 日到达，但实际每件平均费时 7 日，费时最多的有 11 日；由兰州至酒泉，规定汽车 4 日到达，邮差 7 日到达，但送达时已是 8 日后了，以致人们普遍不满。①

（二）电信

因抗战需要，兰州的电信建设，成效数倍于抗战前，无论是机械设备、总线长度、员工名额、局所及业务数字，均有显著增加。② 斯时的兰州电信，主要包括电话和电报两大部分，由电政管理局负责。据当时在该局工作的刘子敏回忆，1937 年抗日战争全面爆发，西北为大后方，形势相当重要，敌人违背国际公法，在我不设防城市狂轰滥炸，兰州市为西北军政经济中心，日寇空袭频繁。电政管理局为保护电信器材设备及工作人员安全，确保电讯畅通无阻，积极筹设郊外报话房，疏散空袭目标。将积有五十余年历史之报房设施和长途台，于 1938 年 10 月 16 日，由城内箭道巷迁至南郊红泥沟，称为"临时报房话房"。报务课为管理指挥方便，在临时报房和城内原址，分两处办公。不久城内部分又迁至五泉山二盘磨办公。报房迁往城郊后，电报收发处仍留城内办公，中间因空袭紧张，曾一度迁往南关发报台开放营业，于 1940 年仍迁回箭道巷旧址。至于军政电报的接收，则随着报房迁往郊区，在郊区报房增设免费电报收发处，便于随收随发，传递迅速，临时报话房在红泥沟坚持工作历 8 年之久，每遇空袭，报话工作人员均能严守岗位，重要报话及防空情报，从未中断。抗战胜利后，1946 年 8 月始将报话房迁回城内箭道巷新楼继续通信。③

---

① 《余翔麟关于派员视察兰州至宁绥各地邮务情形致邮政总局呈》，载马振犊主编《抗战时期西北开发档案史料选编》，中国社会科学出版社 2009 年版，第 355—358 页。

② 聂传儒：《西北电信之回顾与前瞻》，《抗战与交通》1941 年第 71 期，第 1209 页。

③ 刘子敏：《解放前甘肃电信事业发展概况》，载《甘肃文史资料选辑》第 26 辑，甘肃人民出版社 1987 年版，第 73—74 页。

1. 电话。兰州全面抗战时期的电话事业，主要包括长途电话和市内电话两部分。在长途电话方面，早在 1936 年 2 月，甘宁电政管理局鉴于甘宁长途电话事业仅具雏形，急谋扩充，以利交通。唯为经济人才所限，计划分三期办理："第一期，一面先将兰州电话杆线积极整顿，在城关以内一律更换新杆，将原有枯腐电杆，悉移置于郊外五泉山、小西湖、拱星墩及河北等处；关于长途方面，则以兰州为中心，东至甘草店、定西、静宁、平凉、泾川、邠县、长武、而达长安，北至靖远、一条山、中宁、吴忠堡、大□等处，西至武威、古浪、永登等处，南至临夏、再清水至天水，武都至碧口等处，亦正在购备杆线，设法完成中。第二期，俟宁夏电报第二线修竣后，则开放磴口、石咀山、宁夏至兰州长途电话，同时，并将西路之张掖、酒泉，南路之徽县、岷县等处，亦分别开放，期限约在来春。第三期则依次开放，兰州至西宁、兰州至绥远、临河，兰州至玉门等处电话。"①

1937 年，国民政府交通部为发展西北电话通信事业，拓展国内长途电话线路，"决定架设西兰间新铜话线，谋各省电讯之彼此联络，与各界之通讯相互便利"②。将平凉与兰州的通信以铜线连接，兰州自此与内地京、津、沪、汉、沈阳等九省市连线，且话音清晰、畅通无阻。后来重庆与兰州间的通讯联系日趋重要，交通部又创设兰渝长途电话。③ 同时，铜话线也渐趋普及，1939 年修建兰州—天水—双石铺铜话线。1940 年 12 月，兰州至成都无线电话开始营业，"话音甚为清晰，通话时间为十一时至十二时半，十九时至二十点，蓉兰通话，每次收费五元四角"④。1941 年，设置兰州与西安、成都、昆明等地的无线电话。⑤ 1943 年展修兰州—武威铜话线，并装设兰州

---

① 《甘宁间电话，拟分期扩充》，《西京日报》1936 年 2 月 12 日。
② 《西兰间新电话线，平兰段月内完成，可与九省长途电话联络通话》，《甘肃民国日报》1937 年 7 月 7 日。
③ 《兰渝长途电话，在积极筹备中》，《甘肃民国日报》1939 年 2 月 2 日。
④ 《□昆铁路日前通车，蓉兰正式通话》，《扫荡报》（桂林）1940 年 12 月 22 日。
⑤ 《西安与兰州等地，设置无线电话》，《工商日报》（西安）1941 年 7 月 24 日。

至西安单路载波。① 同时，开放乌鲁木齐至兰州的商用无线电话。② 1944 年 4 月，新疆哈密装设无线电报话两用机，分通兰州及乌鲁木齐。③

在市内电话方面，1935 年，兰州市内电话由甘宁青电政管理局接管，正式纳入国营电信通讯系统。当时有磁石式交换机 2 座，总容量 200 门，实装 141 户。其分布为：公署 43 部，警察局 21 部，军队 8 部，学校 8 部，住宅 21 部，商号 16 部，工厂 2 部，银行 4 部，医所 5 部，报馆 6 部，旅社 2 部，菜馆 2 部，局用 2 部。全面抗战爆发后，为适应兰州城市发展之需要，兰州市市话线路进行了延长。1939 年，兰州市市话线路达 73 杆公里，电杆有 755 根，设立架空电缆 3 条，3.6 皮长公里，亦为兰州使用架空电缆之始。1941 年，先后在兰州西郊西园和南郊碱滩，设立两个市话分局，并在总局增设磁石式西门交换机 6 部，全部电话机 570 部；线路随之增至 87 杆公里，线长 900 公里。1944 年，兰州市内电话严重供不应求，年底增设线路 20 杆公里。④ 此外，电政管理局电话营业处曾"以近来用户激增，话务繁忙，为提高工作效率起见，曾严饬司机人员，除因机线发生障碍及特殊情形外，限回答用户电话不得超过十五秒钟，并望用户在叫电话之先，应先查明被叫人所在地之号码，万勿仅告司机者要某某人电话，致接线人碍及工作"等。⑤

2. 电报。民国期间，兰州有线电报发展较为迅速，电报线路建设分东西干线和南北支线。东干线，由西安起至窑店 420 华里进入甘肃，经泾川、平凉、固原到达兰州共 1080 华里；西干线由兰州起经武威、张掖至酒泉，线路全长 1330 华里；北支线，始建于 1903 年，兰州至固原，并由固原北门起，经中宁，至银川，续建 675 华里；南支线，先架通兰州至临夏电报线路，又续建导河至临洮、天水，后又延建天水至清水并接陕西凤翔、天水至成县，从成县通碧口后到武都，自兰州至碧口兼管临洮至临夏，天水至

---

① 李清凌：《甘肃经济史》，兰州大学出版社 1996 年版，第 216 页。
② 《交通处呈准政府，开放迪化兰州商用无线电话》，《新疆日报》1943 年 2 月 16 日。
③ 《哈密迪化兰州，无线电话开业》，《滇西日报》1944 年 4 月 20 日。
④ 兰州市地方志编纂委员会等编：《兰州市志·电信志》，兰州大学出版社 1998 年版，第 102 页，第 115 页。
⑤ 《电政管理局改良电话》，《甘肃民国日报》1938 年 1 月 28 日。

清水，共计 2083 华里，均为单铁裸线人工报路。1937 年，兰州至榆中等地的电路开通，电报网络基本覆盖兰州至各重要军政、商业要地。为服务抗战大局，兰州电报通信有所加强，1939 年增装音响机 2 部，至 1945 年，整套音响机 8 部，自动收发报机有 23 部，三柱凿孔机 9 部，键盘凿孔机 3 部。至 1945 年，自动收发报机有 23 部，三柱凿孔机 9 部，键盘凿孔机 3 部。①

根据 1936 年《国内电报营业通知》，有线电报的业务分为官军电报、局务电报、私务电报、公益电报、特种电报五类。1941 年兰州至西安开办特快电报业务，收报时间每日上午 7 时至下午 9 时。准用中、英文明语，以 40 字为限，自交局之时至送达收报人止，最迟不得超过 8 小时。② 1944 年，为便利电讯，开放兰州、成都特快电报，并增加兰州至重庆特快业务。③

兰州的无线电报事业发端于 1932 年，邵力子任甘肃省主席时，将所携带的陆海空军总司令部修械厂制造的 100 瓦特短波无线电收报机一部，拨给兰州电报局装用，又派曾在上海学习无线电专业的邢传经、伏景聪二人负责架设，先后与郑州、洛阳、天津等台通报。全面抗战爆发后，国民政府交通部及军方先后拨给五百瓦特无线电机两部，予以装设。嗣后又将一座暂停发讯台，装设于南关高碑寺内。1939 年，为适应抗战通信需要，交通部从美国购进 ET – 4302 型 4 千瓦大型发报机 8 套，兰州分得 1 套，与此同时还有 200 瓦报话双用机 1 部，3000 瓦发报机 1 部，扩建崔家崖发讯台机房，架设菱形定向天线。收讯台由五泉山红泥沟迁至龚家湾一座祠堂内，装设 CR – 88 型收讯机 1 部，RCA 终端机电报 1 部，自动发报快机及波纹收报机各 1 部，收发讯台、报房和长途台之间，装有遥控线路。1940 年，兰州无线电又添设 SRC3PP 新式无线报话双用机 1 部，12 月 1 日将红泥沟无线报房迁往龚家湾与收讯台合并，报房内首次装设收发报快

①　兰州市地方志编纂委员会等编：《兰州市志·电信志》，兰州大学出版社 1998 年版，第 29、35、37 页。

②　兰州市地方志编纂委员会等编：《兰州市志·电信志》，兰州大学出版社 1998 年版，第 42 页。

③　《便利电讯，兰州重庆间增特快电报》，《甘肃民国日报》1944 年 1 月 23 日。

机。① 1941 年，交通部又拨四启罗瓦特（千瓦）报话台装设局内，无线报房即使用该机，与成都、重庆等处通报，并将发讯台设在西郊崔家崖，收讯台设在龚家湾。同时，为了防空安全，特将报房迁移郊外，与有线电同设；对收发讯台，另设主任工程师负责技术管理，技术员若干人，解决维护检修机件、值班开机之责。②

无线电报的报路情况，1937 年，兰州至重庆、宝鸡开通直达双工电报电路，南京单工电报电路，省内开通兰州至平凉、靖远、张掖、夏河人工电报电路。出于防空需要，12 月 11 日，兰州架设专用电台 1 座，与平凉、张掖、宁夏、中宁、海原、天水、西宁、二里子河、一条山电台传递防空情报。1941 年 4 月 5 日，兰州至定西开通无线人工电报电路。1942 年无线电报电路，已具有一定规模，形成以兰州为中心的通信网，直达电路 21 处。1943 年，兰州至合作、东胜、五原开通无线人工电报电路，1945 年，兰州至天水首次开通无线韦氏快机电报电路。③

概括而言，因抗战时期的军政需要，兰州的邮电通信事业有了较快的发展，不仅在数量上有较大的增长，在服务对象上也有较大的扩展。在服务抗战军事、政治机构使用的同时，也在逐步走向社会和群众，如邮政延伸至乡镇、工商界开始利用电信等。

二、 交通运输

全面抗战以来，兰州日趋繁荣，成为西北交通之中心，亟须筹设市政府，以促进各种建设事业之发展。④ 设市后，兰州城市的发展变化是多方面的。不仅体现在城市建制区划、空间结构、道路改造等方面，在新式交通

① 兰州市地方志编纂委员会等编：《兰州市志·电信志》，兰州大学出版社 1998 年版，第 57—58 页。

② 刘子敏：《解放前甘肃电信事业发展概况》，载《甘肃文史资料选辑》第 26 辑，甘肃人民出版社 1987 年版，第 71—72 页。

③ 兰州市地方志编纂委员会等编：《兰州市志·电信志》，兰州大学出版社 1998 年版，第 61—62 页。

④ 《筹设兰州市政府》，《甘肃省政府公报》1941 年第 500 期，第 54 页。

运输方式上也取得了较大的进展。

（一）城市道路改造

1941 年 7 月 1 日，兰州市正式成立之初，行政管辖市域面积仅仅约 16 平方公里。后因市区狭小，城市规划和城建难以展开。兰州市政府呈文甘肃省政府提出扩展市区范围请求。经省市负责部门实地勘察后，呈报省政府，确定兰州市市区新范围为：黄河南岸，东起阳洼山，西至土门墩，南界八里窑、皋兰山顶；黄河北岸，沿黄河所有滩地，东起盐场堡，西至十里店。1942 年 4 月正式接管并竖立界石，兰州市区总面积扩展到了约 146 平方公里。①谷正伦认为兰州"因为交通阻碍，以致开发困难"②。为此，特制定建设计划三点："1.增辟公路与省道，便利物资之输入与外销；2. 改善及发展交通运输事业，适应国民经济之需要。3. 加紧地方交通联络，以为争取最后胜利之准备"③。

1. 城区道路改造。首任市长蔡孟坚深感兰州"大部分多是羊肠小道，见人力车交错，亦感困难，更无人行道、快车道、慢车道可言"，故采取了"先拆后看"的做法，"即先从拆马路、促进市区建设做起，明知在这保守性较强的西北文化古城，遭遇阻挠必多，仍不顾一切困难，决定以修筑马路为建市重点"。④

为此，省主席谷正伦和兰州市长蔡孟坚提出了"一面抗战，一面建设"的方针，并对城市道路改扩建策略做了一些规划。1940 年兰州市区设计委员会成立，8 月改为市区建设委员会，随后又绘制了兰州市区平面图；1942年兰州市工务局规划了兰州市下水道布置方案等。⑤此外，兰州市当局针对旧城进行了改造，使得兰州市政建设逐步走上了现代化之路。市政府通过财政拨款、政府贷款和民间集资等渠道筹措资金，拓宽和新修道路。

① 兰州市地方志编纂委员会等编：《兰州市志·建置区划志》，兰州大学出版社 1999 年版，第 158 页。
② 谷正伦：《建设西北的几个工程问题》，载《谷正伦言论集》第 4 辑，第 161—162 页。
③ 谷正伦：《积极完成本省建设计划》，载《谷正伦言论集》第 4 辑，第 56 页。
④ 蔡孟坚：《首任兰州市长的回忆》，载《兰州文史资料选辑》第 13 辑，兰州大学出版社 1992 年版，第 2—5 页。
⑤ 金钰铭：《兰州历史文化·历史沿革》，甘肃人民出版社 2007 年版，第 187 页。

表5-2　1937—1945年间兰州城市道路扩建情况①

	改扩建范围	改扩建内容	投资额度
1937年7月	城关内主要干道	铺设土浆碎石路面	3万余元
1938年	左公东、西路（今旧大路、民主西路，白银路）	拓建	
1940年8月	五泉山道路，防空路（南门至五泉山）	新建	约2.24万元
	后五泉道路，上、下西园道路，桥南线（今中山路），颜家沟—中正大街，山陕会馆（山字石东侧）—黄河沿段，安定门—行宫段（今市运输公司汽车队处），中正大街—农业学校段（今兰医二院东侧）	翻修拓建	
	小西湖—西固城公路（全长约17公里）	勘测设计	
1941年7月	城市新干道10条（21公里）	规划设计	
1942年上半年	民国路（今武都路），益民路（今庆阳路），中正路（今酒泉路），中华路（今张掖路），中山路，宗棠路（今临夏路）	改扩建（车道8—10米，铺设碎石路面；人行道1.5—3米，铺设青砖；5—6米间植行道树1株）	市财政担保贷款和受益户集资按4：6出资（不含过境道路相关投资）
1943年—1945年	中华路东段（广武门至东教场），崇信路（今武都路），中正路南段（白银路至五泉山），定西路西段（九间楼至七里河黄河渡口），庆安路（张掖路至滨河路段），民勤路（今永昌路），靖远路	改扩建（路幅12—20米，铺设碎石路面，人行道铺设青砖）	
	民国路，林森路（今永昌路），西花园路（通渭路至甘肃群众艺术馆），太平桥路（小沟桥东段，颜家沟至旧大路），中华路东段，左公路，靖远路等	拓修	

① 兰州市地方志编纂委员会等编：《兰州市志·市政建设志》，兰州大学出版社1997年版，第29—30页。

在兰州城市道路改造的过程中，据1941年8月甘肃省府颁布的《兰州市修筑市路征收工程费暂行章程》第4条规定：临路地基之摊费，除就临筑道路两旁地基（不论其为店铺、住宅、空地），宽度按照应征受益费总额，分别摊收二分之一外，其余二分之一按受益地面积之多寡分摊。① 对于"应行拆退之房屋土地，由市工务局依照设计路线，将应退尺寸预先通知住铺各户，限期自行拆退，逾期不拆得由本市工务局雇工代拆，工费仍由各户负担。"且"所有房屋拆迁部分，全院深度剩余在二公尺五及面积在六十平方市尺以上仍能建筑者，概不发给拆迁费"。② 1943年，兰州市政府开辟了两个新村作为住宅区。③

兰州城区道路改造突破了城墙原有的传统城市边界。兰州城市在向外发展的过程中，黄河南北两岸原来作为区域交通道路的省际官道也因城市道路的扩建，被逐渐纳入城市内部规划中来。最终在老城与省际官道（左公路）之间形成了以旧城为中心，环路（左公路）和略成放射状的城市支路（老城与左公路之间）相交织的新增城市道路网络，实现了兰州近代城市道路网络的第一次突破。④

2. 兰州城际道路建设。除对城区道路进行改扩建外，为承担国际援华物资由西北运进之需要，甘新、西兰公路成为国际交通运输线，而兰州地处两条干线公路的起止点，交通量随之增加，对公路技术标准也提出了新的要求。为此，甘肃省建设厅组织的甘新公路工程处，组织施工整修了兰州城至红城子40公里段，铺筑了碎石路面。同时，国民政府决定成立甘新公路督办公署，对全线进行了整修。至1939年2月，兰州段140公里修筑工程基本完工。此外还修建了兰州城至西固，三角城至兴隆山等公路，计长33.5公里。又因公路兴修初期，对其养护工作不够重视，导致"无风三尺土，有雨满车泥"，时人更是称西兰公路为"稀烂公路"。马车、汽车混

① 《兰州市修筑市路征收工程费暂行章程》，《甘肃省政府公报》1941年第510期，第24页。
② 《兰州市修筑市路拆迁房屋暂行规则》，《甘肃省政府公报》1941年第510期，第30页。
③ 杨永春：《兰州城市概念规划研究》，甘肃人民出版社2004年版，第6页。
④ 严巍：《兰州近现代城市形态变迁研究》，东南大学建筑学院2016年博士学位论文，第99页。

行以及雨水冲刷，公路损坏严重，严重影响通车。1939 年冬，交通部西北工程处成立，设甘青公路工务所，统管甘新、甘青两条公路的施工和改善。兰州至红城子段，共设三个道班和一个特工班。兰州城至河口段，共设道班两个，每班有道工 20 人，担负公路的改善和养护工程。[①]

据 1943 年统计，以兰州为起止点的公路有：甘新路（兰州至星星峡）、甘青路（兰州至享堂）、西兰路（兰州至窑店）、甘川路（兰州至川界）、兰西路（小西湖至西固城）、兰中路（兰州至中川镇）。[②] 这些以兰州为起止点的公路建设，将兰州与周边省市紧密连接，加强了与周边省市的联系。

总之，全面抗战期间兰州城市道路改造，不仅满足了西北大后方支援抗战的需要，同时也加快了兰州城市的现代化进程，带动了兰州城市经济的发展。

（二）交通运输方式

全面抗战期间，兰州的战略地位凸显，为支援前线抗战之需要，兰州的交通运输方式也大为改变。

1. 陆路交通。城市道路的改造，使得新式交通运输工具在兰州迅速投入使用，包括公共交通汽车、交通马车、洋车等。

（1）公共交通汽车。1941 年 12 月，兰州首次开办公共交通汽车，市政府利用新绥公司 6 辆旧汽车改燃木炭，开辟中央广场—小西湖、中央广场—十里店两条线路。1943 年 5 月"市政府于本市自黄河桥至十里店交通车开行后，现复继续商请西北公路局，于今起加开省府门前至七里河交通车。该线共分七站，一、省府门前，二、西关什字，三、樨桥，四、小西湖，五、防治处，六、指挥部，七、七里河，每日自上午七时起，往返八次，票价极低，从此市区交通益形便利"[③]；1945 年 2 月，开通南门什字至十里

---

① 兰州市公路交通史志编写组编：《兰州市公路交通史》，人民交通出版社 1990 年版，第 37—38、40 页。
② 《甘肃公路里程表》，《甘肃贸易》1943 年第 2—3 期，第 21 页。
③ 《加开交通车今日开始》，《甘肃民国日报》1943 年 5 月 1 日。

店与七里河之新线，极大地方便了人们出行。

（2）交通马车。交通马车是由轿车子改进，木轮改为胶轮，单排座改为双排座，满载可乘坐 8 人，比轿车子平稳舒适，速度也更快。且按固定线路行驶，沿途可上下乘客，统称为"交通马车"或"马拉交通车"，简称"交通车"。至 1942 年，兰州有 300 多辆交通马车，成为市区的主要交通工具。这种车子的最大特点是：木制车排上置一轿箱，可为乘客遮风挡雨，防晒御寒，提供一个舒适的乘车环境，其制作、装潢极具特色。整个轿箱由刨制光滑的宽木条通过榫卯连接成框架，再在框架内开槽处镶薄木板制成。箱顶部作成中间略为鼓起的圆拱形，可使雨水从两边流落。轿箱两侧和后部偏上部位各开有主窗，可采光，保持箱内明亮，又便于乘客隔窗观景，窗上挂有丝绸窗帘。轿箱左前方开有一小门，挂有一白门帘，为乘客进出轿箱的出入口。车箱内两边和后面紧靠箱壁固定有木料制成的长条箱式矮凳，上铺布垫，垫面有刺绣，为乘客座位。轿箱作工精致，油漆刷饰，装潢大方，美观实用，彰显出鲜明的西北风格。驾辕马匹颈下挂有一只锃光发亮的铜铃铛，红绫装辔头，更添一分喜庆氛围。①

（4）洋车。"洋车也称'人力车'，由人力挽拉的单座双轮人力车，由日本传入中国，故称'东洋车'，洋车一般漆为黑色，木制车厢有座，上装折叠式半圆形车篷，下安金属车轮，用的是充气橡胶轮胎，车辕由榆木、槐木制成，右辕前端安着铜制小喇叭，车夫拉客奔跑时用于警示行人，让其让路。"② 1938 年，兰州市的人力车夫在职工会登记的已有 470 人，未登记的还有 100 多人。③ 同时，甘肃省警察局"为增进兰州市人力车夫文字知识，并体恤车夫营业时间起见，决设人力车夫识字班。定自本月十日起，假兰州大戏院开始授课，定每日自上四时起至六时止为教学时间。课程仿成人班，采用教厅所编之《国民必读》，由该局备发。每人应自备石板石

---

① 李振宇：《忆解放初期兰州市面某些行业》，载《城关文史资料选辑》第 14 辑，2014 年，第 144—146 页。

② 邓明：《兰州历史文化·民俗民风》，甘肃人民出版社 2007 年版，第 111—112 页。

③ 《兰州市的人力车夫生活概况》，《甘肃民国日报》1938 年 3 月 1 日。

笔，以便习字。期限暂定一月，必要时得延长之"①。由于兰州人力车一里路需要 2 角车费，高额的车费也使得普通民众难以支付，故而，洋车也只是少部分人乘坐。

2. 水运交通。兰州与外地的水路交通有三条线路，即黄河、洮河、大通河，"以上三路之航运工具有木筏、牛皮筏、羊皮筏三种，但只可顺流而下，不能逆流而上"②。因甘青之地"以牧畜业之发达，牛、羊皮不可胜用，喜其轻而固，浮而不沉，因制之成袋子，又联结而为筏子，为济川之利器。"③ 据载，羊皮筏的具体制法与运输："宰羊时不破其腹，将体肉挖空后，固结颈部，吹大而干之，即可浮水负重。每筏需羊皮十三只，分四排，每排三只，惟第二排为四只。每筏浮力可载四、五人，舟子一人，两手持桨，其任务并非驾驶，而使筏常在中流，如舵之作用，泛然而下，不为急流冲近岸滩，入座其上，离水仅数寸耳。但此种羊皮筏只供下水单程，不能溯流而上，到达目的地，舟子背负皮筏，步返上游，再供雇乘。兰州上下游数百里，皆用此交通工具，有时亦用牛皮筏。"④ 兰州皮筏的筏运可分对岸摆渡和长途水运两种：对岸摆渡水途短风险小，多为载人（8—10 人）或载脚户牲口、货物过河，每天往返于河沿两渡口之间，次数不等。过河后，乘筏人依据所带物品情况付给筏工"水钱"，筏工月收入微薄。长途筏运分市内、省内、省外三类，其特点是运输线长、负载量大面宽。市内段达家川至雷滩河（工人文化馆一带），省内段达家川至靖远一带，省外段远至内蒙古包头。市内筏运货物以农产品为主，如达川、河口、柴川的红枣，新城的绿烟，梁家湾的冬果梨，伍地川的粮食、绿烟、棉花、西瓜、蔬菜等。或乘人可从上游直达兰州，筏工当日扛筏徒步返回。若筏运远至靖远，可将小筏联扎成大筏，或单制成 20 多个皮胎的大筏，这样既能增加负载量，又能安全渡过沿途的漩涡恶浪。最多时有 100 个羊皮胎扎成的大筏，满载货

① 《人力车夫识字班，自本月十日起开始授课》，《甘肃民国日报》1938 年 7 月 6 日。

② 西北局城工部编印：《兰州调查》，1949 年，第 92 页。

③ 顾颉刚：《史林杂识》，中华书局 1963 年版，第 131 页。

④ 胡博渊：《晓晴斋散集》，文海出版社 1977 年版，第 82—83 页。

物直达包头。①

全面抗战爆发后，东部省份相继沦陷，兰州主要外销货物羊毛、水烟等销售渠道受阻，省外长途筏运业大受影响。虽然省外长途运输受阻，但是皮筏运输并未就此销声匿迹。一方面，兰州市内短途运输以及沿河两岸的济渡依旧繁忙，据张福亭回忆：

> 羊皮筏子（俗称排子）是兰州近郊的短途运输工具。筏客多在铁桥下游的水北门、万寿官、庙滩子一带河边上兜揽生意，星期天多去雁滩。此外，新城、河口、西固、马滩、安宁的西瓜、红枣、桃子也用羊皮筏运至兰州销售，然后用马车把筏子拉回去。市内的坑粪、人尿用筏子运到雁滩。那时兰州人口稀少，城郊菜园菜地很多，春种小麦，秋栽烟叶，很少种菜。农用羊皮筏多数两个并在一起使用。它漂在滔滔的黄河上，轻若飞舟，象箭似的顺流直下，不费多长时间，就可到达目的地。②

较之于陆路交通，皮筏显得"舒适而有趣，并可免除像汽车那样满山舞蹈的痛苦。"③"筏上如张设帐幕，则立即可以布置成功宽敞的水上行宫，空气与光线皆十足的美满，而且随河水的流动，终日有千变万化的风景，可以供旅行者的观赏。"④亦有其独特之处。

另一方面，在零星的长途货物运输之外皮筏还承担起军用品和邮件的运输任务。1940年冬，甘肃省政府成立了驿运管理处，并组织七里河、安宁、西固、河口等地的羊皮筏户，成立民筏运输队接受水上运输任务，由马德福担任队长，王信臣负责筏上业务，以支援前线抗战。当时，筏户向驿运处缴纳管理费，驿运处向国民党政府第八战区运输处承揽军需品，并分配给筏户运输，主要给宁夏的马鸿逵、马鸿宾和绥远、陕坝一带的傅作

---

① 瞿学景：《建国前的西固羊皮筏子》，载《西固文史资料》第1辑，2003年，第144—145页。
② 张福亭：《忆兰州的交通旧貌》，载《城关文史资料选辑》第1辑，1988年，第111页。
③ 张洛岩：《黄河破浪记》，《现代西北》1941年第2卷第3期，第75页。
④ 范长江：《中国的西北角》，天津大公报馆1937年版，第269页。

义部运送枪弹、汽油等，有时候还运送壮丁。①

3. 航空交通。兰州航空交通事业的开启与中德合资的欧亚航空公司关系密切。1931 年 10 月，交通部开始筹设西北航线，即沪新航线（上海至塔城），该航线由欧亚航空公司开辟，由上海经南京、洛阳、西安、兰州、肃州（酒泉）、哈密、迪化（乌鲁木齐）至塔城，全线共长 4050 公里，但当时只达迪化，长 3525 公里。② 1934 年 4 月，因新疆省军事行动未止，欧亚航空公司西北航机仍以甘肃兰州为终点。③

全面抗战爆发后，为了接受苏联援助，发展西北交通刻不容缓，1939 年欧亚公司又开辟了重庆—西安—兰州—酒泉—哈密、兰州—西宁、兰州—武威的航线。1941 年 8 月，欧亚航空公司改组，该公司所经营之航线全部停航。1942 年 7 月，由原中国航空公司试航重庆—成都—兰州—酒泉—乌鲁木齐航线。④ 途经兰州航线的开辟、运营及机场等配套设施的建设，方便了兰州与其他地区的交往，加快了信息传递及军援物资的运输，为兰州的社会发展及抗战的最终胜利奠定了基础。

总之，全面抗战时期兰州道路改造与新式交通运输方式的发展，是新与旧的交织，也是新事物取代旧事物的必然结果。兰州道路、交通事业的建设，有力地支持了抗战，促进了兰州经济的发展。

三、 电力

电力在当下已经成为人类日常生活的必需品。20 世纪初，电力事业在我国尚属于初步探索和应用阶段，与发达国家相差甚远，囿于种种因素，甘肃的电力事业相对国内大多数地方则更为落后。全面抗战爆发后，出于国防建设的迫切要求，国民政府大力倡导工业建设，尤其是重工业的建设，电力工业作为工业发展的动力源泉，备受国民政府重视。在此期间，兰州

---

① 黄河上游航运史编委会编：《黄河上游航运史》，人民交通出版社 1999 年版，第 197 页。
② 秦孝仪主编：《革命文献》第 78 辑，中国台湾地区"中央"文物供应社 1981 年版，第 42 页。
③ 《欧亚公司西北航机仍以兰州为终点》，《西京日报》1934 年 1 月 17 日。
④ 周述实主编：《中国西部概览》，甘肃民族出版社 2000 年版，第 100 页。

电厂抓住历史机遇，积极推进改组事宜，由原来的地方性企业转变为中央与地方合办企业，成为甘肃电力事业发展的先导。

（一）兰州电厂的历史沿革与发展

兰州是甘肃最早通电的城市，清宣统元年（1909），兰州织呢局二次营业，为便利生产照明起见，装有一台6千瓦的直流发电机，此为兰州通电之始。1911年兰州织呢局停产，发电也随之中断。[①] 直至1914年，时任甘肃督军兼省长的张广建，感于用灯不便，为求明亮，计划在督署内改装电灯，于是将织呢局自用发电机，连同引擎锅炉各1台，由畅家巷（织呢局所在地）迁至督署东装置，称为电灯房，经费由督署拨给，专供衙署照明之用，此后发电再未中断。1916年从天津日商洋行购置25千瓦直流发电机1部（此机系旧机修理者），未购动力机。此时恰逢窑街铜厂停办，遂将该厂抽水机所用的32马力锅炉和30马力引擎各1具，运到省府与购置的发电机组装，并改建省署院内的土地祠装置机器，定名为电灯局。嗣后扩充杆线，开放对外供电，商民均可享受。1918年，将电话归入，改名为甘肃省垣电灯电话局。次年，从天津添购三相交流发电机1部，仍未购买动力机，乃以织呢局锅炉及窑街铜厂的引擎各1具，添凑使用，但因机力不协，难以充分发挥效力。1920年改归实业厅管辖，经费不再由省署拨给。1922年，于天津添购新锅炉1座，计120马力，才开始将1919年购买的交流机完全利用，同时装置各大街路灯。1925年收归省府管辖，1932年11月隶属建设厅，1935年将电话业务分离出来，专营电灯业务，名为兰州电灯厂。[②]

全面抗战爆发后，出于国防建设的迫切要求，国民政府大力倡导工业，尤其是重工业的建设。时人指出："工业建设首应适应国防，至于个人营利当在其次，而国防工业建设当为军需品及动力的供应。"[③]电力为各种工业的

① 杨玉林主编：《甘肃电力史话》，甘肃文化出版2011年版，第3页。
② 《编送关于动力事业资料的笺呈》，甘肃省档案馆藏，档号67-2-10。
③ 叶笑山：《战时经济特辑》，中外出版社1939年版，第71页。

动力源泉，动力工业中最为重要者当属电厂的建设和电力的供应。换言之，欲工业化，必先电力化，因此，建立国防基础工业，增加电力供给，成为战时工业建设的关键。资源委员会针对电力工业，制定了三项原则：第一，发展区域，注重内地各省；第二，注重电力供应，增加工业用电的份额；第三，注重水力发电。① 为了推动电力工业的发展，资源委员会通过兴建或与当地政府合办等方式在大后方建立了一批电厂。

兰州作为甘肃的政治、经济、文化中心，在"在西北经济之开发上，地位益形重要，为求地点之安全，公私营工厂之在此创设者颇为不少，现在及将来，对于电力均有迫切之需要"②。加之迁往兰州的人口日益增加，电力供应顿感不足。在此情形下，甘肃省政府抓住历史机遇，与资源委员会几经洽商，决定双方合资经营，于1938年8月16日，正式将兰州电灯厂改名为兰州电厂。③ 由理事会聘请谢佩和为新厂首任厂长，原电灯厂易天爵厂长由理事会聘为技术秘书，办理技术事宜。④

改组后，兰州电厂只有4部发电机，发电总容量为210千瓦，但可资利用者仅168千瓦。为扩展业务，提高发电效率起见，兰州电厂于同年通过资源委员会向浙赣铁路局购买2套132千瓦发电设备，于1940年8月装竣，发电总容量扩充至474千瓦。1939年初，又通过资源委员会向陇海路连云港电厂购买500千瓦发电设备1套，于1942年2月装竣，发电总容量达974千瓦。⑤ 至1945年抗战胜利，发电总容量保持未变。

兰州电厂改组后计有发电所3处，分设东大街、萃英门、黄河沿。各发电所面积太小，从浙赣铁路局购得设备添建时出现空间狭小的问题。为发展业务起见，将黄河沿厂址加以扩充，遂与省政府建设厅商定，将毗邻官地由电厂一并估价收用。⑥ 与此同时，努力整理线路与电压系统。兰州电厂

---

① 翁文灏：《抗战以来的经济》，胜利出版社1942年版，第35页。

② 《兰州电厂接办经过及现况》，《资源委员会月刊》1940年第2卷第6—7期，第25页。

③ 《编送关于动力事业资料的笺呈》，甘肃省档案馆藏，档号67-2-10。

④ 《本市电灯厂明日改组，谢佩和任厂长》，《西北日报》1938年8月15日。

⑤ 《兰州电厂工作报告》，甘肃省档案馆藏，档号67-2-1。

⑥ 宗琳：《扩充中的兰州电厂（四）》，《甘肃民国日报》1938年10月3日。

原有线路设备，因发电电压不同，故分为3000伏及2200伏两种，变压器大小共有15具，线路共长27公里，均用木杆装置，配电线路显得颇为零乱，尤以接户线为甚。此外，因发电容量不充足，导致电压经常不稳，灯光异常暗淡。① 为了解决以上情况，满足更多用户的需求，兰州电厂将2200伏线路扩充至城内区域，又将3000伏线路减少，并把原有杆线设备加以整理，同时在鼓楼上加装变压器，调整发电所内不同的电压。②

（二）组织与人事

一般而言，电厂内部包括工程、业务、会计、事务各项，其中工程事宜最为繁杂，也最为重要。电厂"藉机件之开动而发电、藉路线之分布而输电、藉业务之进行而售电，是为工作目的之循环。"③ 电厂对外，包括章程制定、用户手续办理及人事上的接洽等，各项工作纷繁复杂。因此，健全的组织结构，对电厂内外各项事务的开展极为关键。兰州电厂改组后，对该厂的管理机构及职能机构的职、责、权作了明确划分，使其在组织管理上已具备现代企业的雏形。

1. 组织机构及其职责。兰州电厂的最高权力机关为理事会，由资源委员会派理事3人，甘肃省政府派理事2人共同组成，理事长由资源委员会商同甘肃省政府指定。此外，设秘书1人，承理事长之命，襄办日常会务，每月负责编制报告，分送各理事备查。④厂长之下，设总工程师1人，主持工程事宜，依工程上的需要，设工程师、助理工程师各若干人，分司其事。关于总务、营业、会计、发电、供电等项工作，分社专股，各置股长1人掌理。每股酌设股员、工务员、事务员各若干人。总之，该厂的管理权由理事会通过厂长集中行使，厂长之下所设的各股均属于职能部门，职能部门之间分工协作，使电厂运转灵活。至抗战胜利，该厂对各股组织先后进行

---

① 《理事会第二期报告》，甘肃省档案馆藏，档号67-2-305。
② 《兰州电厂接办经过及现况》，《资源委员会月刊》1940年第2卷第6—7期，第29页。
③ 谭友芩：《电厂经营法》，正中书局1936年版，第22页。
④ 宗琳：《扩充中的兰州电厂（一）》，《甘肃民国日报》1938年9月30日。

了两次调整。1942 年 5 月，将总工程师名义上改为工务长，增添事务长一职及材料库，1944 年 8 月，改股为课，同时将工务长、事务长名义上改为工程协理及管理协理，便利了业务的开展与推进。①

从电厂的组织设计来看，已经初步具有了现代企业的管理模式，理事会统一指挥，厂长对理事会负责，各股各司其职，避免了不必要的人事及事务上的纠纷，这对电厂的正常运转至关重要。

2. 人员的招聘与培训。人才为事业进展之利器，从一定程度上来讲，人才的多寡决定着事业的发达与否。兰州电厂在人才的招聘与培训上与资委会积极互动，通过社会考试、资委会或高校推荐、或与资委会合作培训等方式训练了一批人才。

社会招聘的职位主要有事务员和练习生两类。事务员要求高中毕业或有同等学力者，年龄 18 岁至 30 岁。除满足以上要求外，还要参加考试，考试科目包括国文、英文、数学、书法、常识、口试等项目，考试合格之后还须参加体格检验，全部合格者方可录用，录取后还要保证人填具保证书后，才可正式入厂工作。②

练习生在学历上要求相比事务员较低，但年龄上限制较为严格，只招收 14 至 20 岁的成员。考试科目同事务员一样，考试合格者在填具保证书后方得入厂练习，以后每半年考核一次，及格者升级，每级增津贴二元，俟练习期满，经考核，及格者升为事务员，最低月薪二十五元。③

此外，电厂还通过资委会或直接从高校选拔相关人才。值得一提的是，兰州电厂与资委会合作创办的培训班，培养了大批优良的电业技工。如新中国成立后历任陕西省电业管理局、西北电力建设局副局长的郭焕贞就毕业于该训练班，成为新中国的火电工程施工领导方面的专家。④

3. 员工福利。为改善员工生活，激发员工的工作热情，增加工作效率

---

① 《组织章程》，甘肃省档案馆藏，档号 67 – 3 – 811。
② 《招考事务员通告》，《西北日报》1939 年 5 月 8 日。
③ 《兰州电厂（为招收练习生事）第四号通告》，《西北日报》1938 年 8 月 27 日。
④ 沈根才主编：《中国电力人物志》，水利电力出版社 1992 年版，第 417 页。

起见，兰州电厂依据资委会颁布的福利事业相关制度，根据自身实际，制定了《兰州电厂在职人员医药生育费补助办法》《兰州电厂员工医药生育费补助办法》《兰州电厂员工丧葬费用补助办法》等条例。① 与此同时，电厂领导还注意到员工家属的福利保障问题。厂长杨正清在给资委会电业处处长陈皓民的信中就写道："若想使各级人才能安其职务，就应设法提高现有在职人员之待遇，俾其无虑于衣食，而在可能范围内尽量设法推广福利事业，其本身尤应顾及其直系亲属，向后始可安心工作。"② 在实际实施过程中，该厂设有"员工励进会"，主办员工教育、康乐、训导及消费合作事项，经费除由厂方每月补贴外，再由全体员工按薪金之多寡收取会费。③

（三）生产运营

兰州电厂改组后，一方面根据自身情况，厘定营业规则，另一方面又改善生产设备，扩充供电区域，其营业状况渐趋良好。

1. 运营制度的厘定及调整。兰州电厂在改组后，有关业务方面的制度基本上根据上级机关资委会的指示，再结合电厂自身的实际运营情形厘定而成。《兰州电厂营业章程》参考了建设委员会于 1937 年修正并公布的《电气事业取缔规则》，对电灯的安装、改装、电表的安装及接线、保证金的缴纳、电费的收取等作了较为明确的规定，营业活动以此为准则。此外，兰州电厂还援用 1937 年 7 月修正并公布实施的《电气事业人处理窃电规则》，对窃电者的惩处依照此规则执行。为防止市民窃电，兰州电厂除依照上述规则办理外，还制定了《防止市民窃电，电厂规定举发奖励办法》，与上述法规并用。此办法对举发程序、举发人及证明人的奖励等事项做了规定。④

除了上述基本法规外，随着实际情况的变化，兰州电厂对相关制度也做了调整。如 1944 年经济部明令规定："电气事业实应以供给工业用电为

---

① 《兰州电厂职员补助办法》，甘肃省档案馆藏，档号 67 - 3 - 35。
② 《杨正清关于电气事业发展方策之意见》，甘肃省档案馆藏，档号 67 - 2 - 368。
③ 《兰州电厂事业述要》，甘肃省档案馆藏，档号 67 - 1 - 312。
④ 《防止市民窃电，电厂规定举发奖励办法》，《甘肃民国日报》1938 年 9 月 13 日。

首要之任务。各电厂除国防工业需要电力均应予以充分协助，生产事业得以尽量发展"①。为了贯彻落实经济部的指令，尽量供给工业用电起见，兰州电厂决议，普通用户暂时停止报装，尽量供给电力（生产方面）用户，就此制定了《兰州电厂停止报装办法》及《电力用户报装及管理办法》。1945 年，兰州市政府为节约抗战物资，充实抗战力量，遵照省政府建设厅第 162 号训令，订定了《兰州市节约电力暂行办法》，对住家用户、商店用户、机关用户、工厂用户及其他用户节约用电的办法作了详细规定。②

2. 实际经营情形。兰州电厂改组以来，不断扩充营业区域。至 1945 年，兰州市以东之东岗镇，以西之崔家崖，以南之皋兰山麓，以北之盐场堡等地，均为该厂营业区域。除西果园及盐场堡外，其余均有线路到达，城关一带密度最大，所有街巷几乎全有线路，西郊多为较大电力用户，随带有若干灯户。兰州电厂共有五路公共电路，输电电压为 3000 伏与 6000 伏两种，供电系统各以其所达地区而命名，分别为七里河、崔家崖、益民路、五里铺、中华路及厂用电路等系统。③ 因用户所需电压不同，因此通过变压器改变电压，又因用户远近距离不同，为使输电时损耗尽量减少，故又有高压线与低压线之区别。

通过厘定规章制度，扩充供电区域等措施，兰州电厂运营渐入正轨，用电户数不断增加。根据统计：兰州电厂在 1938 年之时，表灯、包灯、电力用户共计为 973 户，1939 年增至 985 户，1940 年增至 1070 户，1941 年增至 1234 户，1942 年增至 1497 户，1943 年增至 2441 户，1944 年增至 3399 户，1945 年增至 3663 户。④ 抗战胜利之时与改组之初相比，用户数增长了 2678 户，增长了将近 4 倍。此外，发电度数与实际售电数也是衡量电厂业务的重要指标之一，具体如表 5 – 3 所示：

① 《经济部关于工业用电应由各电厂予以充分协助的令》，甘肃省档案馆藏，档号 67 – 3 – 427。

② 《兰州市接用电力暂行办法》，《西北日报》1945 年 6 月 28 日。

③ 王思健：《工矿业调查之三·兰州电厂》，《甘肃民国日报》1946 年 6 月 23 日。

④ 《事业述要》，甘肃省档案馆藏，档号 67 – 1 –312。

表5-3　1938—1945年度发电与销电情形①　　　单位（千瓦时）

年别	发电度数	销电度数		
		电灯	电力	损失
1938 年	122530	78923	5500	38107
1939 年	403327	288038	18306	96583
1940 年	527993	332152	35327	160514
1941 年	765893	496605	37817	231471
1942 年	1241987	708345	206704	326938
1943 年	1842690	1053822	328391	477510
1944 年	2885309	1449798	413040	822473
1945 年	3502814	2090027	600939	811848

从表5-3可以看出，电厂的发电度数在7年间，增长了28倍之多。销电度数方面，电灯增长约为26倍，电力增长约为109倍。电力销电度数增长之所以如此迅速，与电厂的营业政策转变有直接的关系，即积极供给工业用电，除了像空军第七总站无线电台、第八战区电讯总台等军事单位外，雍兴公司兰州面粉厂、西北机器面粉厂、兰州毛织厂、协成弹毛厂、义兴弹毛厂、兰州制呢厂、大华弹毛厂、孙源弹毛厂、建华毛织厂、西北洗毛厂、协达弹毛工厂等都是电厂的主要电力用户。②在所有工业用电中所占比例最大的是面粉业，其次为纺织业，再次为电信工业。

3. 电价的制定及调整。电力事业为公用事业，电价的制定通常为人们所关注。该厂电价分电灯、电力两类，电灯又分表灯与包灯两种。根据兰州电厂营业章程的规定：凡用户装灯在4盏以上者一律装置电度表，电价分级别按度计量，包灯按规定瓦数计量；电力有普通电力价与合同电力价之分，合同电力用户系指电容量在30马力或以上的用户，普通电力价分基本

---

① 《事业述要》，甘肃省档案馆藏，档号67-1-312。
② 《电力用户统计》，甘肃省档案馆藏，档号67-1-153。

电价和流动电价，流动电价除分级外又按燃煤市价之高低随时调整。^① 自1938 年改组以来，起先用煤较少，尚能维持，至 1942 年 500 千瓦机器装竣之后，发电用煤量亦随之增加，每年均有煤荒现象发生。

煤荒之所以发生主要有以下几方面原因：第一，交通不便。该厂所用之煤基本取自于阿干镇，阿干镇至兰州的煤炭运输道路为仅有兰阿大道一条，该路傍山涉水，运输繁忙，养护困难，交通常感不便。兰州电厂在给省政府的呈文中称此路"年久失修，破坏不堪、车马不易通行，输运煤炭，仅恃驴驮或人力肩挑，数量极少。"^②加之该路上行驶车辆基本为铁轮大车，此种车辆不仅运输量少而且行车迟缓，对路面损坏也颇为严重，省府历年不断整修养护，终因地势关系，难期长久，一逢雨季，道路更是泥泞不堪，有"行不得已哥哥"之叹。^③ 第二，产量不足。阿干镇一带矿洞多为土法生产，致使通风和排水问题只能依靠人力解决，天气一旦骤变或遇到喷水，全部工人都要做排水工作，一遇困难即行停做，尤以夏季通风不良，灯火不着，而停工者为多。^④ 这严重影响了煤炭的开采进度和产量。此外，工人除少数本地人外多为外县农民，每至农忙时期，很多人返回家乡，从事收割，逢年过节抑或回家团聚，这对煤炭产量也有一定影响。据统计：冬春两季节"开采特盛，工人多达一千四百至两千名，每日可产煤三百吨，及至四、五、六、七、八各月，因夏日农忙，煤之销路亦较差，工人大部分离山，许多煤矿停采，日产仅有百余吨。"^⑤ 第三，周转困难，存储有限。全面抗战以来，政府虽努力对煤炭市场进行管控，然"每届冬令，辄闹煤荒，而一般炭商，从中操纵，高抬市价，诡谋百出"。^⑥ 兰州电厂厂长宋廉生在给省政府的呈文中就提道："兰市发生煤荒，初则价格奇昂，继而各方

① 《营业章程》，甘肃省档案馆藏，档号 67-2-329。

② 《兰州至阿干镇车道昨开工修筑》，《西北日报》1938 年 10 月 19 日。

③ 《兰阿公路，解决兰市燃料问题治本之途径》，《甘肃民国日报》1946 年 9 月 20 日。

④ 甘肃省建设厅：《阿干镇煤矿管理处工作报告》，《甘肃建设年刊》1940 年，第 184 页。

⑤ 甘肃省建设厅：《阿干镇煤矿管理处工作报告》，《甘肃建设年刊》1940 年，第 185 页。

⑥ 王树基：《甘肃之工业》，1944 年，第 56 页。

竞购,致本厂无煤可购,影响发电。"① 该厂历年购煤系向山寨各洞主直接订购,再雇车运厂,如是则成本较低,订炭价款由营业收入项下支付,然物价上涨颇快,煤价随之增长,电价调整又时常落于物价之后,因而周转困难,不能大量订购,且各炭商在价格不定之情况下,不肯多订,以免亏损。尤其在进入冬季后,燃料经常出现短缺,电厂只得派人四处收购,此外,还通过借煤的办法以维持运营。1942年9月,电厂致电煤矿局称:"查本厂发电用煤情形,请贵局于冬季以前借煤五百吨。"②

兰州电厂作为公用事业机关,自改组后,不仅积极整饬各方业务,努力扩充供电区域,改善经营。同时亦踊跃参加社会活动,一方面热衷社会公益事业,对科教文卫、社会救济及抗战捐助等活动都大力支持。另一方面则提供该厂的设备,以供学生或社会各界人士参观学习。此外,通过加入路灯委员会来参与市政建设,负责路灯的稽查与维修,学习借鉴全国各地有关路灯管理的经验。电厂为改善兰州市路灯管理办法,经过多次调查和反复斟酌后,决定采取贵阳电厂和西京电厂的管理方法,在两家电厂管理经验的基础上,兰州电厂决定对兰州市路灯的管理机构、资金管理、物料准备、装置规定、修理程序、收费办法、居民户数、现有户数、保护方法等项做了明确规定,并将其制成固定表格,以示明了路灯情形。③

(四) 发展成效与评价

兰州电厂作为动力工业,在战时最大贡献要属供给工业动力用电。工业发展程度是国家经济实力的重要体现,也是坚持长久抗战的根基,从这个意义上来讲,兰州电厂为长期抗战提供了物质基础。

兰州电厂作为新兴工业的代表,改变了以往甘肃地区以手工劳作为主的生产方式,使传统的生产方式遭到了冲击,各部门生产由手工阶段逐步

---

① 《宋廉生关于报兰州市订购燃煤困难情形的呈》,甘肃省档案馆藏,档号67-3-58。
② 《关于请在冬季借给燃煤的笺函》,甘肃省档案馆藏,档号67-1-69。
③ 《关于优先供给工业用电的训令》,甘肃省档案馆藏,档号67-3-461。

转向机器阶段，兰州市的电讯、纺织、面粉、印刷、机器、化工、打水、烟草、造纸、服装等行业都架线接电，通过采用电能进行生产。在所有工业用电部门中，占全年工业用电总量最多者当属纺织和面粉部门，这两个部门关系百姓最基本的衣食问题，其重要程度不言而喻。拿面粉业来讲，全面抗战期间，甘肃面粉业有 3 家，位于兰州的就有西北机器面粉厂、兰州面粉厂 2 家，均系使用电力发电磨面，1942 年兰州面粉厂扩建，年产量可达 547 万袋，为民生提供了保障。①

　　虽然兰州电厂的发展有诸多不尽如人意之处，由于是中央与地方合办企业，带有一定的官僚色彩，事权不一；电厂在实际运营中，缺乏先进的设备机件和技术指导，发电与供电工作受到了限制。但不可否认，兰州电厂在改变兰州工业生产方式、促进经济发展、促进城市近代化方面作出了较大的贡献。与此同时，面粉加工、电话、电影、广播电台等与电紧密相连的事物走进了市民的日常生活，对居民的生活方式产生了重要影响。此外，兰州电厂的发展还给甘肃乃至西北地区的电力事业奠定了基础，网罗和培养的电力人才在 1949 年后继续奋战于电力行业的重要岗位，原有的发电设备和厂房设施为兰州电力事业的继续提升提供了物质保障。

---

　　① 何炼成：《历史与希望——西北经济开发的过去、现在与未来》，陕西人民出版社 1997 年版，第 300 页。

第 六 章

全面抗战时期兰州的文教卫生

全面抗战时期，甘肃作为战时西北大后方的堡垒，也是树立建国基础的根据地。斯时因着东部大批知识分子西进和学校内迁，为兰州文教事业的发展带来了契机，兰州从初等到高等教育都取得了较大的发展，迎来了西北教育发展的高潮。就拿高等教育来说，原有的省立甘肃学院发展成国立甘肃学院；国内最大的师范学院西北师范学院从城固迁往兰州，使中国的优质高等师范教育向西推进了一千余公里，承继北平师范大学之遗产，为西北地区培养了大批教育人才[①]；西北技艺专科学校在兰成立，为西北地区的农牧业开发奠定了人才基础。同时大批文化名流、医疗人才来到兰州，使兰州成为大后方的文化中心和医疗卫生中心，对支援抗战起到了十分重要的作用。

第一节　教育事业

全面抗战时期，兰州作为西北大后方的中心，是支援抗战胜利的重要基地，然要如此，必须大力发展教育，故国民政府加大了对兰州教育的投入，兰州教育事业一度出现繁荣局面。

---

① 尚季芳：《抗战时期内迁高校与西北地区现代化——以国立西北师范学院为中心的考察》，《西北师大学报》（社会科学版）2012 年第 5 期。

一、初等与中等教育

关于战时国民的教育问题，早在局部抗战时期，时人梁士杰就认为："今我国虽国难临头，对于教育事业，犹不应当轻易放弃。愿我教育界同仁一本刻苦耐劳、忍辱锐进的精神，以教育救国焉可"①。初等与中等教育是教育之基础，关乎国民素质、国民信仰，亦是教育救国的基本工作。兰州作为抗战大后方的重要城市，承担着国民教育的重任。

（一）初等教育

1. 幼儿教育。相较于东部地区，甘肃文盲众多，在农村不识字的人占大多数，"夫以甘肃省之面积，约有一百二十万里，人口约七百二十万，全省大中小学不及百所，每所平均至多不过百人，则全省能受学校教育之青年，综计未及万人"②。据 1937 年甘肃省教育厅统计，甘肃全省儿童约 80 万人，已入学儿童为 196414 人，其中男生 187558 人、女生 8856 人，失学儿童尚有 603586 人，甘肃全省共计有 9 所幼稚园学校，兰州计有 7 所。③ 失学儿童如此之多，而幼稚园屈指可数，严重制约着甘肃地区的发展。

1938 年，省立兰州女师附属小学创建幼稚园一处、省立兰州山字石小学成立幼稚园一处，兰州市有在园男幼儿 135 名，女幼儿 167 名，共计 302 名幼儿接受了教育。④

1940 年，甘肃省立第一师范附属小学以一个混合班的形式开设幼稚园，园主任由田仲琦担任。甘肃省妇女会借学院街教育厅内院房屋数间，筹设"幼幼"幼稚园，取《孟子》中"幼吾幼以及人之幼"之意，李兆萱为义务园主任，该园教学设备中风琴、小桌椅、摇船、压压板、木马等玩具教

---

① 梁士杰：《抗日声中初等教育者的工作》，《集美周刊》1931 年 10 卷第 8 期，第 28 页。

② 杨劲支：《建设西北甘宁青三省刍论》，《陇铎》1941 年第 5 期，第 17 页。

③ 凤今：《二期抗战中之甘肃教育，甘肃初等教育最近状况》（五），《甘肃民国日报》1939 年 10 月 24 日。

④ 兰州市地方志编纂委员会等编：《兰州市志·教育志》，兰州大学出版社 1997 年版，第 69 页。

具及办公费用都是由幼儿们所交学费中陆续购置。在园幼儿经常在 40 名上下，分大、小两个班，室内室外有分有合地进行教学活动。入学幼儿也以一般职工的孩子占多数，每天课间点心多以煮洋芋、煮豆子、煮红枣等廉价食品为主，故当时被认为是一所大众式的幼稚园。①

1942 年，甘肃省新生活运动促进会妇女工作委员会在兰州成立第一托儿所，采用整托模式，幼儿每周回家一次，所址设在西郊骆驼巷，可容纳幼儿 30 多人，其经费来源于收取的托儿费、甘肃省银行和贸易公司及西北盐务局的补助。1943 年，甘肃省妇工委倡设第二托儿所，所内有幼儿 20 多人。中国工业合作协会兰州事务所也增设了工合幼稚园，招收 50 多名幼儿，园内事宜由王贤琳负责，并任邢佩珩为教员。1944 年，西北师范学院设立幼稚园（初为保育室）。3 月，新生活促进会甘肃省妇女工作委员会幼稚园建立，收幼儿 30 多名，分大小两个班，童利贞、王天真先后任园主任，经费来源全靠学费。9 月，兰州市上西园福幼幼稚园建立。②

1945 年 4 月，甘肃省妇工委增设美龄托儿所，起初仅设置 2 个班：4—6 岁为大班，开设识字、图画、故事、游戏、手工、唱歌等课程；2.5—4 岁为小班，开设故事、图画、唱歌和游戏课程。其后改建为大、中、小 3 个班，园内幼儿最多时达 130 余人。8 月，省慈幼会及省妇女工作委员会托儿所，原设有的三所合并为美龄托儿所，由社会处每年拨款奖助。③

2. 小学教育。全面抗战爆发前，甘肃省大部分县城的小学教育水平较低，学校设备也简单至极，兰州是省内小学教育发展最佳之地，其市区也仅设立 10 所小学。为此，朱铭心建议增加陕、甘、青、宁、新、绥六省现有小学经费，每年每校至一千或一千五百元，使其都能添设高级，改进内容，提高教员待遇，变为较好的完全小学。④ 1938 年，兰州地区皋兰县有小

①　沈滋兰：《兰州解放前的几所幼稚园》，载《兰州文史资料选辑》第 17 辑，兰州大学出版社 1998 年版，第 10 页。

②　兰州市地方志编纂委员会等编：《兰州市志·教育志》，兰州大学出版社 1997 年版，第 69—70 页。

③　朱允明：《甘肃省乡土志稿》第 6 卷，1948 年纂抄本，第 647 页。

④　朱铭心：《西北六省教育计划》，《开发西北》1934 年第 2 卷第 3 期，第 38 页。

学 126 所、学生 8543 人，榆中县有小学 61 所、学生 3253 人，永登县有小学 107 所、学生 5087 人。1939 年，全省分别增设一年制短期小学 500 所，二年制短期小学及简易小学各 150 所，边疆小学 80 所，共 880 所。①

1939 年，皋兰县有初等学校 176 所、教职员 281 名、学生 9338 人，榆中县有初等学校 71 所、教职员 97 名、学生 3783 人，永登县有初等学校 115 所、教职员 165 名、学生 6687 人。② 分别比上年有所增加。1940 年，国民政府教育部颁布《国民教育实施纲领》，甘肃省教育厅颁布《甘肃省国民教育实施方案》和《各县乡（镇）中心学校及保国民学校实施要则》等，饬令各县将完全小学改为中心学校，其余初级小学、短期小学及简易小学改为国民学校。并令各县逐年增设学校，以期五年达到"一保一国民学校，一乡（镇）一中心学校"的标准。③

1941 年 7 月 1 日，兰州市政府成立，并根据《甘肃省国民教育实施方案》，将义务教育纳入"国民教育"体制之中，将完全小学改为中心学校，初级小学和短期小学改为国民学校。当年，皋兰、榆中、永登三县比 1940 年增加 23 所小学，增加学生 2575 人。1942 年，全市学生达 8862 人，学龄儿童入学率为 69%。1944 年，国民政府教育部公布《强迫入学条例》，各县和乡镇先后成立强迫入学委员会，各中心学校和国民学校按学龄儿童人数，预定设立班级数，并以劝告、警告、罚款等方式，强迫学龄儿童入学。当时，兰州（含皋兰县、榆中县、永登县）共有学生 37333 人，较 1936 年增加 2 倍多。④

但是，兰州市的小学教育依然不尽如人意。据 1942 年 12 月 18 日《甘肃民国日报》一篇社论载："当时一般学校的现象是，校舍窳败（实验小学的校舍是新筑的，要算例外），教室狭窄、环境干枯，设备奇缺，学生年龄

---

① 《抗战期间之甘肃教育》，甘肃省政府教育厅 1945 年编印，第 25 页。
② 《甘肃省二十八年各县初等教育概括统计表》，《甘肃教育》1939 年第 1 卷第 23—24 期，第 25 页。
③ 甘肃省地方史志编纂委员会等编：《甘肃省志·教育志》，甘肃人民出版社 1991 年版，第 174 页。
④ 兰州市地方志编纂委员会等编：《兰州市志·教育志》，兰州大学出版社 1997 年版，第 104 页。

过大，学生程度降低，再加上学校财政的失调和教员待遇的低微等等，非但表现着小学教育整个的严重，而且简直可以说是一种危机"①。就小学教师而言，不仅待遇低，而且工作十分繁忙。教课之余还要分担行政工作，小学里没有书记、事务员，所以大小的事情全落在教师的肩上，从天亮到天黑，教师把整个的时间消耗在学校里，有时还是应接不暇，就是在仅有的一个休息日，都要开会，要训练，要为社会作表率，不可无故不到。② 战时兰州小学教育发展不足由此可见。

（二）中等教育

1. 中等普通教育。全面抗战前，整个甘肃省共有 25 所中等教育机构，其中中学 11 所，共有 1507 名学生。③ 1938 年，北平私立西北中学兰州分校正式成立，孙绳武（回族）兼任校长，校舍在小西湖，设 3 个初中班，也是七里河区首家中等教育学校。④ 1938 年 8 月，陇右公学董事会与甘肃省教育会商酌，在中山林创建私立兰林中学，由高文蔚担任校长，计划招收初一学生 1 个班，约 50 人。1939 年，为使中等教育适应时代需要，甘肃教育厅开始订定分区设校计划，中学方面全省分兰州、临洮、天水、武都、平凉、庆阳、陇西、临夏、武威、酒泉 10 区，规定每区至少设立完全省立中学 1 所。是时，全省有省立中学 16 所（4 所设于兰州）、县立中学 30 所、私立中学 7 所，共计 53 所。中等教育学校公费学生待遇：高中学生每人每年可得国币 80 元、初中学生每人每年 60 元。公费学生名额：高中约占20%、初中占 10%。⑤

---

①　《论兰州小学教育》，《甘肃民国日报》1942 年 12 月 18 日。

②　汝若愚：《故乡教育见闻回忆录》，《陇铎》1941 年第 8—9 期，第 5—6 页。

③　秦孝仪主编：《革命文献·抗战前国家建设史料》第 90 辑，中国台湾地区"中央"文物供应社 1982 年版，第 406 页。

④　兰州市七里河区地方志编纂委员会主编：《兰州市·七里河区志》，甘肃人民出版社 2001 年版，第 957 页。

⑤　夙今：《二期抗战中之甘肃教育，甘肃中等教育最近状况》（四），《甘肃民国日报》1939 年 10 月 23 日。

1940年，全陇希社、兴文社等8社团创办私立志果中学，赵元贞博士任校长，暑期招初一年级1个班，有学生40名。甘肃省政府在原兰州女子初级职业学校的基础上，筹建甘肃省立兰州女子中学，由沈滋兰任校长，招收初中一、二年级各1个班，留"女职"初三班，新招高中一年级1班，共4个班，有教职员12名，学生80余人。吴鸿业创办私立知行中学，主要招收回民子弟，设初中2个班，高中1个班，共有学生100多人，1942停办，学生并入兰州中学。[①]

1942年，王仲英开办私立兰山中学。永登县长梁大奇筹建永登县立初中，招收初一新生64人，有专职教员1名，兼职教员4名，职员4人。1943年，兰州高级助产学校附设中学部，设2个班，有学生47人。榆中县立初中开办，招学生2个班，有学生52人，专兼职教员各3人。同时，国立西北师院附中开始招生。1944年兰州市政府创办兰州市立中学，开设4个班级，有教职员21名。赵栋等人借石洞寺小学设备创办皋兰县第一初级中学，招收初一学生2个班90人，有教师5名。1945年，兰州市及皋兰、榆中、永登三县有公、私立普通中学14所，在校学生3593人，教职员261人。其中，省立中学3所，在校学生1831人，教职员161人；市立中学1所，在校学生248人，教职员25人；县立中学3所，在校学生317人，教职员39人；私立中学4所，在校学生1095人，教职员36人；另有院校附设中学3所。全面抗战时期全省中学班级由68班增至367班，在校学生数由3103人增至13547人。[②]

全面抗战期间，甘肃省立兰州中学（今兰州一中）和国立西北师范学院附属中学（今西北师大附中）可作为战时兰州中等普通教育的典范。

兰州一中是一所有着悠久历史的省属重点中学。其前身是筹办于1902年的"甘肃大学堂"。后经过"甘肃省文高等学堂""甘肃省中学堂""省

---

① 兰州市地方志编纂委员会等编：《兰州市志·教育志》，兰州大学出版社1997年版，第135页。

② 《抗战期间之甘肃教育》，甘肃省政府教育厅1945年编印，第20页。

立第一中学""甘肃省立兰州中学"等多次校名变更，于 1952 年正式更名为兰州第一中学。① 校址在兰州市畅家巷。1939 年 3 月，因日机轰炸兰州，"兰州中学为谋学生安全上课，计决定迁往洮沙某镇开学上课。闻教职员及学生，已于本月十日起，陆续出发前往，并定于三月十六日，开始上课"。② 当年，学校有教职员 54 人，其中职员兼教员 13 人，专职 5 人，其他除商科教员 13 人及劳作教员 1 人外，余者均为专任教员；学校有高中部二班，高中商科一班，初中部十班，共有学生 501 人。③

　　1939 年夏，西北联大附中因西北师范学院独立，更名国立西北师范学院附属中学。继 1941 年西北师范学院在兰州建校后，1943 年西北师范学院附中也奉令在兰州设校，"招考师范部一年级新生四十名（投考资格，以初中毕业或简师毕业有服务证件者为限），及六年一贯制中学一年级新生五十名（投考资格，以高小毕业或有同等学历者为限）"④。城固附中原有的学生仍留城固上课，待逐年毕业后，学校全部迁往兰州。为了增强附中教师队伍建设，西北师范学院李蒸院长和附中方永蒸校长精心挑选优秀教师任教。李蒸认为，附中的教师，不仅要教好中学生，还要通过教育实习等活动，培养西北师范学院学生的教学能力。每当附中需要教师时，他总要在各系挑选业务水平和思想品质一流的毕业生。附中的一些教师因工作需要也先后调入各地高等院校任教，成为各学科的骨干力量。实践证明，精选教师对提高附中教学质量和办学效果起到了保证作用，成为附中教师队伍建设的优良传统，产生了深远的影响。⑤

　　战时新办学校，限于经费，各项设备因陋就简，但各项教育目标无不依照预定计划切实办理，经 8 年的整理改进，兰州中等普通教育已逐步步入正轨。

---

①　朱成瑛：《回忆兰州一中二三事》，载《城关文史资料选辑》第 14 辑，2014 年，第 174 页。
②　《兰州中学已开始迁移，定三月十六日开课》，《甘肃民国日报》1939 年 3 月 12 日。
③　张作谋：《省立兰州中学实施概况》，《甘肃教育》1939 年第 1 卷第 13 期，第 12 页。
④　《国立西北师范学院附属中学招生》，《甘肃民国日报》1943 年 8 月 12 日。
⑤　张在军：《西北联大——抗战烽火中的一段传奇》，金城出版社 2017 年版，第 446 页。

2. 中等专业教育。1936 年 7 月，国民政府教育部拟定了《改进中等职业教育大纲》，规定：（1）注意各省市职业教育经费之增筹，并各职业学校内容之充实；（2）自二十五年度起，就首都及其他适当地点，逐年筹设规模较大设备充实之模范中等职业学校一所或两所，其设科以各地方所不易举办之学科，或确能开发当地原料与改进当地固有职业与企业之学科为主要标准；（3）对于各省市公私立优良中等职业学校，自二十五年度起，按相关要求给予适当补助①。1938 年 4 月，国民党临时全国代表大会通过了《抗战建国纲领》，其中庚篇"教育篇"提出了具体要求："训练各种专门技术人员，与以适当之分配，以应抗战需要；训练青年俾能服务于战区及农村；训练妇女，俾能服务于社会事业，以增加抗战力量。"② 可见发展职业教育已成当时的迫切需要。为此，兰州先后办过农业、工业、医事、家事和商业 5 类职业学校，农业类学校先后设农艺、畜牧、森林、农业合作等科；工业类学校先后设编织、栽绒、纺线、肥皂、编毛、应用化学、机械、电讯、土木工程、纺织、化工等科；医事类学校设助产、护士科；家事类分别在兰州女子师范学校、兰州女子职业学校办过刺绣、缝纫、家庭编织等科；商业类先后办过银行簿记、商业簿记、会计等科。

1938 年，兰州共有省立兰州农业职业学校、兰州工业职业学校、兰州女子初级职业学校、兰州高级助产职业学校 4 所职业学校，共计 75 名教职员工，647 名在校学生。1939 年，甘肃省教育厅饬令各职业学校执行部颁课程标准，各校做出了相应调整，兰州高级助产职业学校与甘肃省立兰州医院合办增设护士科 1 班，并更名为兰州高级护士助产学校；为供应西北会计人才，甘肃省立兰州中学开办高中商科 1 班，秋季又与财政厅合办银行专修班，附设于甘肃学院。③

---

① 《教育部从事改进中等职业教育办法大纲业经拟定》，《华北日报》1936 年 7 月 4 日。

② 荣孟源主编：《中国国民党历次代表大会及中央全会资料》（下册），光明日报出版社 1985 年版，第 484 页。

③ 凤今：《二期抗战中之甘肃教育·甘肃中等教育最近状况》，《甘肃民国日报》1939 年 10 月 23 日。

根据 1940 年《陇铎》杂志记载，甘肃省的中等职业学校有 7 所，"计兰州农校、兰州工校、兰州女子职校、兰州助产学校、临洮农校、秦安初级实用职校、华亭陶瓷职工补习学校。此外尚有甘院与财厅合办的银行专修班，及附设兰中之高中商科二所。"① 1942 年秋，路易·艾黎（新西兰人）为开展工业合作运动培养基层人才，在兰州兴建培黎学校，校长由张官廉担任。先后开设栽绒、机械、化学等实业工厂，学生可半工半读。五年后该校西迁山丹，与山丹培黎工艺学校合并。1943 年，兰州在小西湖创办私立西北高级护士职业学校，首任校长陈奇，招生 15 人，至 1945 年，有教职工 12 人，在校学生 110 人。1945 年，兰州工业职业学校和兰州农业职业学校改为兰州高级工业职业学校和兰州高级农业职业学校。

全面抗战期间，兰州的中等师范教育在极其困难的条件下仍在寻求发展，各校都增加班级，充实学额。西北师范学院、特教处、永登中学等增添师范班。这一时期，兰州师范学校毕业学生 944 人，兰州女子师范学校毕业学生 303 人，兰州乡村师范学校毕业学生 318 人，西北师院代办班毕业学生 100 人，永登中学附设简师班毕业学生 38 人，合计兰州共毕业师范学生 1702 人。②

全面抗战时期的兰州中等教育水平较之战前有所提高。作为抗战大后方，中等教育培养出的大批人才被输送至各行各业，服务于抗战建国的伟大事业。

二、高等教育

1939 年起，兰州先后设立国立西北技艺专科学校、国立西北医学专科学校、国立西北师范学院，甘肃学院也由省立改为国立。甘肃的高等教育在西北地区独树一帜，为抗战作出了重要贡献。

---

① 孙汝梓：《抗战声中的甘肃教育及刍议》，《陇铎》1940 年第 10 期，第 5 页。
② 兰州市地方志编纂委员会等编：《兰州市志·教育志》，兰州大学出版社 1997 年版，第 214—215 页。

（一）国立西北技艺专科学校

1939 年 4 月，行政院提议设立西北技艺专科学校，以教授应用学科，培养技术人才，发展西北生产事业。先设畜牧、兽医、农学、森林农业经济五科，后再酌量增设土木水利、机械、纺织、化学制造等科。校址设于兰州，筹备期间定为四个月，并定是年秋季在兰州、宁夏、西宁等处招生，经最高国防会议批准，该校应运而生。①

国立西北技艺专科学校由陕西武功国立西北农学院抽调了一部分教职工前来筹建、选址并任教。由于日机不断袭击，在任时皋兰县县长郭维屏等人的协助下，在距城 40 华里的西南郊——西果园选定了校址，购买土地修建了校舍，并于当年秋季即在新建校舍内招生上课。

> 西北技专的校舍，东临兰洮公路，向前约两华里是由北向南的道山岭，南北是一长条地带，分上、中、下三台，靠北下台修建有图书馆、仪器实验室、饭厅、部分教职工宿舍；中台修建有行政办公室、教室；上台修建职工宿舍，还有小实验林区、苗圃等。技专距城 40 华里，交通不便，当时一大部分教职员工和学生每星期六下午结队步行进城，星期日下午或者星期一早晨披星戴月返校，按照学校吹号员有节奏的号声（注：当时由于日机侵袭，每天上下课不打钟而以吹号代替）进行工作和学习。校内一口水井，水源旺盛，甘甜美味，可供数百名师生之用，整个环境，堪称清静而幽雅。②

西北技专的首任为校长为曾济宽、秘书为苏振甲、教务长为戈定邦、训导长为郑伯豪、总务长为谷子俊。由 1942 年国立西北技艺专科学校整理的《三年来之教务概况》，可管窥抗战时期该校教育情况之一斑。其一，科

---

① 《本校之过去与现在》，《国立西北技艺专科学校校刊》1942 年创刊号，第 2 页。

② 康叙五：《原国立西北技艺专科学校的变迁》，载《兰州文史资料选辑》第 17 辑，兰州大学出版社 1998 年版，第 16—20 页。

别。1942 年科别班次如下：三年制农业经济科一、二、三年级各一班，共三班；三年制农田水利科一、二年级各一班，共二班；三年制农艺、森林、畜牧、兽医四科二年级各一班，共四班；五年制农艺、森林、畜牧、兽医四科一、三、四年级各一班，共十二班。三年制各科三年毕业，招收高级中学毕业生；五年制各科五年毕业，招收初级中学毕业生。其二，课程。学校采用学年与学分并行制。三年制各科，第一年共同必修科目较多，第二及第三年，概为专科科目，另开选科，以补不足。五年制各科，第一、二两年全为高中程度之共同必修科目，另加农学概论及农场实习；第三年起，增添专科课程，分班教授；第四、五两年，全系专科科目。三年制之第三年，及五年制之第五年，并规定提出毕业论文，方准毕业。其三，教员。该校教员分教授、副教授、讲师、助教四等，均以专任为原则，专任教师不足者，始聘请兼任教员，务期学以致用，达到造就专门技术人才之宗旨。1942 年计有教授 13 人、副教授 7 人、讲师 13 人，助教 15 人。其四，学生。当年共有各年级学生人数 408 人，其中农业经济各年级人数最多，达92 人，其次为农业 88 人，另有兽医 68 人，畜牧 66 人，森林 59 人，农田水利 35 人。①

根据 1944 年夏《国立西北技艺专科学校各科学生毕业纪念册》的统计，当年应届毕业生，三年制农艺科、森林科、畜牧兽医科、农业经济科、农田水利科，陕西籍 16 人，新疆籍 1 人；五年制农艺科、森林科、畜牧兽医科、农业经济科、农田水利科，陕西籍 16 人，新疆籍 1 人；五年制农艺科、森林科、畜牧兽医科，甘肃籍 44 人，青海籍 5 人，宁夏籍 4 人，陕西籍 1 人。西北五省学生数所占比例为 63.3%。在校学生中，三年制农业经济科、农田水利科，甘肃籍 8 人，陕西籍 24 人，青海籍、宁夏籍各 1 人；五年制农艺科、森林科、畜牧科，甘肃籍 55 人，陕西籍 12 人，青海籍 6 人，宁夏籍 1 人。西北五省学生数所占总毕业生比例为 47.2%②，甘肃省

---

① 《校务：三年来之校务概况》，《国立西北技艺专科学校校刊》1942 年第 10 期，第 3 页。
② 魏贤玲：《略论曾济宽西北经济开发思想》，《开发研究》2011 年第 4 期，第 156 页。

最多。

国立西北技艺专科学校学生一切费用均由学校提供，该校宗旨乃在培养技术人才、发展西北生产事业，以应抗战建国之迫切需要。1945年，该校改名为西北农业专科学校，原有农业经济科、农田水利科、农艺科、森林科继续保留，将畜牧兽医科分成畜牧与兽医两科，改为六科招生，教授方面除在校者与已聘到者外，并增聘国内各专家来校授课。① 该校成为当时西北地区为数不多的几所培养农林技术人才的高等学府之一，在推动西北各省尤其是甘肃省的农业改良和农业新技术推广方面作出了积极贡献。

（二）国立西北师范学院迁兰

全面抗战爆发，平津告急，中国高等教育遭遇空前浩劫。北平师范大学校长李蒸曾被问及学校的前途问题，他回答"我可以告诉诸君，如若万一无办法时，在北平不能办大学，在别处仍可以办。到那时，组织规模或者不能与现在一样，而生命则无论如何是不会断的"②。因着保存民族文化根脉，保存中国的高等教育事业起见，大批知识分子纷纷要求学校内迁。1937年9月10日，教育部第16696号令："以北京大学、清华大学、南开大学和中央研究院的师资设备为基干，成立长沙临时大学；以北平大学、北平师范大学、北洋工学院和北平研究院等院校为基干，设立西安临时大学。"③ 后经国民政府行政院第350次会议通过《平津沪战区专科以上学校整理方案》，提出："国立北平大学、国立北平师范大学及国立北洋工学院，原联合组成西安临时大学，现为发展西北高等教育，提高边省文化起见，拟令该校各学院向西北陕甘一带移布，并改称国立西北联合大学，院系仍旧"④。于是北平大学、北洋大学和北平师范大学在上有敌机空袭、下有敌

---

① 《西北技专更名农专，已奉教育部令于暑期后实行》，《甘肃民国日报》1945年6月29日。
② 姚冰：《教育家论教书育人》，河北人民出版社2007年版，第220页。
③ 姚远：《西北联大史料汇编》，西北大学出版社2012年版，第687页。
④ 《教育部拟定之平津沪战区专科以上学校整理方案》，载中国第二历史档案馆编《中华民国史档案资料汇编》第5辑第2编，江苏古籍出版社1997年版，第11页。

军追击的情势下一路向西，辗转迁移，历尽艰辛，在西安组建西安临时大学，后南迁汉中组建西北联合大学。

西北联大是由三所大学组合起来的庞杂的大学校，办学及师生生活条件十分困难。由于国民政府开发西北的政策以及陕南办学条件的限制，西北联大开始陆续分立为国立五校。1938 年夏，西北联大工学院和农学院独立设校，农学院迁至陕西武功，工学院独立设置于城固县城南古路坝。1939 年 8 月，西北联大再次改组，分设国立西北医学院（迁往平凉）、国立西北师范学院和国立西北大学。因甘肃高校甚少，迫切需要培养中学师资，发展教育，1940 年 4 月国民政府下令西北师院迁至甘肃兰州。分批迁移，并先在兰州筹设分院，由齐国樑任筹备主任。

得到国立西北师范学院迁兰的消息，甘肃省各界极为振奋，甘肃省临时参议会快速发电邀请，"贵院历史悠久，成绩卓著，海内外蜚声，此闻有奉令迁甘之议，将于西北整个文化推进贡献重大力量，本会代表全甘民众欢迎并愿切实赞助，盼早来临"①。在甘肃省政府、教育厅和参议会的帮助下，李蒸最终决定将学校迁到十里店，作为永久校址。李蒸在总理纪念周活动的讲话中提到兰州校址的选择要符合以下条件：第一，不能在城内，在目前是怕空袭，以后作为一个师范教育机关设在城内不甚合适；第二，不能离城太远，也不能离得太近，最好仿北平清华大学、燕京大学的方式，离城在十里到十五里之间；第三，要交通方便，最低限度能通汽车和人力车；第四，必须见得到黄河，一方面为风景问题，一方面为吃水问题，万一用水发生恐慌，还可以到黄河里去取水。② 国民政府教育部最终同意李蒸的建议，确定校址选择离兰州市区以西之十里店。据曾任西北师范大学校长的白光弼先生讲述："当时李蒸选这片地是因为地价便宜，离市区较近，同时这边有条兰新公路，这条公路在抗战时期非常重要，那时候苏联援助

---

① 《为代表全甘民众欢迎贵院早日迁甘请查照由》，甘肃省档案馆藏，档号 33 - 6 - 7。
② 《国立西北师范学院二十九年度第二学期第六次纪念周纪录》，《国立西北师范学院校务汇报》1941 年第 27 期，第 2 页。

的东西，都是从新疆来以后经过兰新公路，运到内地去。因为这几个条件，李蒸就选定这个地方为西北师范学院的永久校址。"①

1941年12月3日，兰州分院开学，李蒸亲自从陕南到达兰州，主持典礼，兰州各界派代表出席，因为"该院此次奉命在此设立分院，为抗战以来，国立大学迁甘之第一个"②，意义非凡。国立西北师范学院兰州分院成立后，在齐国樑等先生的带领下，开始招收各系一年级新生并逐渐添建校舍、充实设备。

西北师范学院迁兰后，一批知名教授也随之而来。李蒸院长多方求贤，以真情感化了当时国内一批名流莅院，如聘请教务主任兼国文系主任黎锦熙、训导主任兼体育系主任袁敦礼、英语系主任张舜琴、史地系主任谌亚达、公民训育系主任王凤岗、数学系主任赵进义、理化系主任刘拓、博物系主任郭毓彬、教育系主任李建勋、家政系主任齐国樑，以及金澍荣、马师儒、郝耀东、鲁世英、程克敏、谭戒甫、王耀东、何士骥、许寿裳、杨慧修、高文源、方永蒸、胡国钰、唐得源、董守义、徐英超、叶意贤、黄国璋、包志立、罗章龙、陆懋德、邹豹君、殷祖英、李镜湖、刘朴、刘亦珩、张德馨、傅种孙、张贻侗、朱有宣、汪堃仁、黄文弼、孙之淑、王非曼、杨永芳、杨立奎等知名教授。③ 他们将我国文化教育的优良传统和长期积累的办理高等学校的经验传播到了兰州，为兰州增添了文化活力，缩小了兰州地区和东部地区教育水平的差距。

此外，西北师范学院师生积极举办乡村社会教育，将孔家崖国民学校及十里店国民学校作为推广社教之中心。此实验区利用夜晚举办男女培训班；提倡新生活，宣传引导民众过整洁、简单、朴素的生活；成立宣传队，将国内的广播新闻，择要写成简报，张贴在街市中心，并向群众讲解，以激励民众爱国情操；参加国民月会，给群众讲解时事与地方政令；配合节

---

① 口述人：白光弼。采访人：李江龙、蒋函秀、王一婷、张翠婷。材料整理：蒋函秀。采访地点：西北师大教眷29号楼白光弼老师家中。采访时间：2017年7月9日。

② 《西北师范学院兰州分院开学》，《西北文化日报》1941年12月6日。

③ 尚季芳：《西北联大与大学文化建设》，《档案》2016年第8期。

日庆祝活动，鼓舞民心士气；破除迷信，给他们讲解医疗卫生知识，改变他们拜佛求神的观念。①

1944 年暑假国立西北师范学院全部搬迁至兰州，12 月 17 日，学校举行建校 42 周年纪念，李蒸院长别有意味地提出了"收复失校"的使命，他说："自二十九年起，本院奉令迁兰，历时四载，艰苦备尝，但幸能于本年暑后完成迁校大计，奠定西北高等教育基础，粗具规模。此后自当秉承教育部意旨，负起培养西北各省中等学校师资，促进文化建设之重大使命。"1944 年底，该校有在校学生 1010 人，教师 159 人（其中教授 51 人，副教授 26 人），职工 66 人。西北师院附中于 1943 年在兰州十里店设立分校，1945 年全部迁到兰州。《西北学报》介绍西北师院："上至研究所，下至小学幼儿园，无不具备……从它的历史以及目前的规模看来，实在是西北的一个庞大而完整的最高学府。"

从北平师范大学到西北师范学院，从燕山脚下到黄河之滨，中国优质高等师范教育向西推进了 1000 余公里，成为抗战时期西北地区第一所国立高等师范学院，亦是国内最大的师范学院，被时人誉之为"西北教育的拓荒者""开发西北教育的急先锋""西北师范教育的摇篮"，初步改变了中国高等教育东多西少的基本格局，为西北开发作出了重要贡献。②

国民政府教育部长陈立夫对西北师范学院给予了更高的期望，"西北师范学院实为师大之支衍，昔日师大之精神将因此而永远扩展于西北，在师大同仁必有吾道西行之感……所望执事领导诸同仁，继续努力，共图师范教育使命之完成，为民族复兴奠立精神之基础，则非徒为西北一隅"。③ 揆诸后来史实，西北师范学院在抗战的艰难困苦中，为国家培养了大批人才，促进了中国师范教育的发展壮大，为战后中国师范教育布局提供了典范。1946 年国立西北师范学院 300 余名师生前往北京，组建北平师范学院，后

---

① 尚季芳：《开发西北教育的急先锋——抗战时期国立西北师范学院的创办和业绩》，《教育史研究》2005 年第 4 期。

② 尚季芳、华信辉：《西迁精神与西北师范大学》，《北京教育》（高教版）2020 年第 1 期。

③ 《为录送陈部长邀请查阅》，西北师范大学档案馆藏，档是 33－WS－6－007。

发展成今日的北京师范大学;一部分师生继续留在师院,发展成今天的西北师范大学。两所姊妹学校,共同谱写了中国师范教育的华丽篇章。

(三) 甘肃学院由省立变为国立

1909 年,甘肃法政学堂创建,是中国西北地区第一个具有现代意义的高等学校。1913 年,甘肃法政学堂改办为甘肃公立法政专门学校,这是按民国学制设在兰州的第一所普通高等专门学校。1913 年至 1927 年,学校先后开办过法律本科与别科、法政别科、经济本科等科班,共毕业学生 413 人,培养了一批专门人才。1927 年,冯玉祥电令刘郁芬在甘肃成立大学,省务会议决定在法政专门学校的基础上成立大学,并成立了由马鹤天、水梓、张允荣、董健宇、杨集瀛、吴至恭、王德厚七人组成的筹备委员会。1928 年 1 月,教育厅召开甘肃大学第一次筹备会议,决定改甘肃公立法政专门学校为兰州中山大学,现任筹备委员均为中山大学董事,原有的法政专门学校各科应届毕业生照旧,但毕业后不再招生。中山大学计划设教育学院、文史学院、医学院、农学院和国文、艺术、农业 3 个专修科,并附设高中、小学。原有法政专门学校教职员工全部转到中山大学任职。3 月,刘郁芬委教育厅长马鹤天为兰州中山大学校长。①

1930 年底,国民政府教育部下令除广州中山大学外其他中山大学校名一律更改,兰州中山大学遂改名为甘肃大学,由邓春膏任校长。1931 年底,因不符合新学制办“大学”规定的条件,奉教育部令改名甘肃省立甘肃学院。历任院长有邓春膏、田炯锦、朱铭心、王自治、宋恪等。

全面抗战以前,省立甘肃学院,原设文史、教育两系及医学和医学专修科,学生仅 50 余人。“以人力物力两感困难,效能未尽发挥”。② 1934 年 10 月 18 日,蒋介石、张学良等来甘肃学院视察时,专职教师仅 15 人,其

---

① 邢邦彦:《清末法政学堂到兰州中山大学》,载《甘肃文史资料选辑》第 17 缉,甘肃人民出版社 1984 年版,第 9 页。

② 《抗战期间之甘肃教育》,甘肃省政府教育厅 1945 年编印,第 3 页。

中有留学背景博士 4 人，师范大学毕业的仅 1 人，其他均为普通大学毕业。① 足见该校发展之艰难。

到 1941 年，省立甘肃学院发展仍然举步维艰。学校占地面积不足 65 亩，有旧平房 380 余间、图书 49500 多册，年度经费分别由省财政拨款 207480 元、教育部补助 30000 元。设教育系、法律系、政经系本科和银行会计专修科，各年级学生仅 97 人，即使加上当年招收的新生，在校学生数也不过 267 人，教师仅有 32 人。在 1928—1941 的 13 年间，历届毕业生仅为 225 人，多服务于甘肃省法政、教育、医、农、党政、工商各界。② 较之于西迁的国立西北师范学院，不可同日而语。如 1943 年 12 月，西北师院"全校师生约有 2500 人，教授有三分之二是北平师大的老教授"③。甘肃学院院长宋恪在《甘肃省立甘肃学院改进计划》中也曾提到，"甘肃省立甘肃学院成立迄今，虽十有三载，然未能有良好成绩表现者，原因固多，而经费之不足，师资之困难，学生之缺少，当为主要原因。盖经费之不足，则一切设施自无法完备，师资困难，则教学效率自不能增强，学生之程度自不能提高，学生缺少，则造就效率自难形其广大，加之旧有科系多不健全，过去所设置各科系，不能逐年招收学生，以致有班级不衔接，专任教授之无法延聘之不合理现象，课程既欠充实，班级又无联系，以是人事行政、教学组织均成畸形，几无规绳可准，惟求敷衍了事。"④

然而，全面抗战以来，湖南大学、广西大学、云南大学先后由省办改为国立。甘肃作为抗战大后方，时人认为为造就建设西北国防需要的人才计，为提高民智配合国防建设，需要一所完善的高等学府。⑤ 加之，甘肃

① 张国新、李生茂、王玉林：《兰州大学历史概况》，载《甘肃文史资料选辑》第 17 辑，甘肃人民出版社 1984 年版，第 16 页。

② 张克非：《从兰州大学的历史看西部高校与地方社会的关系》，《科学·经济·社会》2009 年第 3 期。

③ 李蒸：《在学校成立四十一周年纪念会上的讲话》，载《西北师大校史》编写组编《西北师大校史（1902—2002）》，甘肃人民出版社 2002 年版，第 37 页。

④ 《甘肃省立甘肃学院改进计划》，兰州大学档案馆藏，档号 6-2-257。

⑤ 《本院请改国立经过》，《甘肃学院院刊》1943 年第 1 期，第 4 页。

人力物力两缺，办学经费困难，已难以维系省立高等教育的发展，需要国民政府的支持，以期得到进一步发展空间。

1942 年 12 月，甘肃省主席谷正伦一行前往重庆向国民政府请示，希望甘肃学院由省立改为国立。① 1943 年，他再度呈请国民政府改甘肃学院为国立，"增设科系，以宏造就"。② 直至 1944 年，国民政府行政院第 564 次会议核准，自当年 7 月份起，甘肃学院改为国立，并奉教育部令颁发改组办法五项："一、名称国立甘肃学院；二、科系本年以限于预算，仍旧设法律学系、政治经济学系、银行会计学系、人事管理专修科及附设中学；三、该院及附中全年经费，以甘肃省预算原列数考列，不另增拨；四、院产以省立甘肃学院现有院产移充国立甘肃学院，为国立甘肃学院所有；五、以原有学生均为国立甘肃学院学生"③。

甘肃学院由省立变成国立，是甘肃教育史上的一件大事，此后，学院经费渐趋充裕，师生人数增多，教学质量提升，服务地方能力增强，为后来进一步改建国立兰州大学奠定了坚实的基础。

三、 民族教育与社会教育

（一）民族教育

甘肃是一个多民族的省份，省会兰州是民族交融的中心。全面抗战时期兰州的少数民族教育亦有较大的发展。

1935 年国民政府教育部"以我国边地教育，异常落后，皆因经费贫乏，莫由发展。业经请行政院于下年度变扳庚款三十五万元，为补助边省区教费之用，俾边疆教育可以逐渐发展。"④ 全面抗战期间的少数民族教育根据

---

① 《谷主席一行，昨由渝返兰，谓中央对本省建设颇为重视，明年度将改甘肃学院为国立》，《甘肃民国日报》1942 年 12 月 4 日。

② 《本省本年度教育新动态：呈请中央改甘肃学院为国立，拟增设职校创办仪器制造厂》，《甘肃民国日报》1943 年 1 月 23 日。

③ 《国立甘肃学院，即将改组成立，教部规定改组办法五项》，《陇东日报》1944 年 6 月 21 日。

④ 《教育部已拟定发展边疆教育计划，编辑各民族适用教科书，创设师校养成纯正师资》，《甘肃民国日报》1935 年 3 月 6 日。

国民政府教育部第三次全国教育会议规定的方针进行，其方针有三项：1.以融合大中华民族各部分之文化，并促其发展为一定之方针；2. 遵照中华民国教育宗旨及其实施方针，抗战建国纲领暨三民主义教育实施原则第六章之规定，为边疆各级教育实施之标准；3. 边疆教育得适应当地特殊环境及其生活习惯，设法推进，但其他语言生活习惯相同之边民，如汉回子弟所入之学校，除学校设备得酌量适应宗教生活习惯外，其余均照国内普通学校办理。① 为此，甘肃省政府制定了《甘肃教育实施方案》，规定以三民主义作为各类教育的准绳，同时强调，甘肃地方性特殊、教育环境特殊，所以教育的进行要达到"在意志统一原则下，统一学生信仰"的目标。各级少数民族学校的教育也贯彻了这一政策。②

1938 年私立西北中学成立正是依靠在兰的回族党政要员和社会知名人士的力量办学。如国民党甘肃省党部书记马焕文、八战区副官处长拜伟、甘肃省政府谘议丁正熙等。历任校长有孙绳武、马焕文、孙敏、马成文等。学校遵照北平西北中学的办学宗旨和传统；主要面向回族招生，回汉兼收，学校的主要领导人和管理人员都是回族；教师则回汉兼用，主要课程往往由汉族优秀教师担任，学校设有清真食堂。除按部颁课程外，每周还增设一二节阿拉伯文和教义（伊斯兰教）课程，汉族学生可以自由选修，每星期五（主麻日）下午留出一二节的时间，由阿拉伯文教师率领回族学生去附近清真寺礼主麻，新中国成立后改为自由参加。因为招生以回族学生为主，不仅面向全省，而且还录取了一些外省的回族学生。对回族学生还酌情减免学费，所以和其他私立中学比较，私立西北中学有较多来自农村的学生，他们虽然受家庭和宗教传统的影响不少，但大都较为淳朴，较少有都市青年的不良习气。该校办学初期，只有 3 个初中班，1939 年增设了简师班，招收各县回族学生 20 余人，毕业后分配到各县中心小学服务。据

---

① 教育部教育年鉴编纂委员会编：《中国教育年鉴》第 10 编，商务印书馆 1948 年版，第 1211 页。

② 王力生：《甘肃民族教育民展概况》，甘肃人民出版社 1988 年版，第 20 页。

1942年统计：西北中学有学生150余人，回族学生（包括东乡族、保安族学生）90余人，占全校学生总数的60%以上。[①]

另外，全面抗战时期兰州的文化教育团体也大力创办民族教育，成绩突出。如兰州一中学生杨静仁、鲜维俊、马明德等回族青年，在中国共产党兰州地下党组织的领导下，积极参加抗战救亡运动。他们除成立了兰州伊斯兰学会外，还改组成立了甘肃省回民教育促进会，由杨静仁任秘书长。回民教育促进会改组后，对所属学校进行了调整和充实，并在榆中县回族聚居的朱家沟、大魁岘村、皋兰山创办了回民学校。[②]

1941年，甘肃省回民教育促进会鉴于兰州地区回族子弟上中学的很少，能够报考大学深造者更少，于是在兰州地下党的支持和推动下，又在黄河北创办了"知行中学"（两年后停办），设初中两班，高中一班，共招收一百多名学生。杨静仁、鲜维俊、吴鸿业等在此学校担任义务教员。据当时的会员、崇德学校校长马明德回忆，回民教育促进会所属各学校学生人数多于任何时候，学习热情也很高。在课程设置上，除学习文化课外，增加了中国共产党的抗日救亡思想的宣传，教唱抗日歌曲，对兰州地区实现抗日民族统一战线起了一定的作用。特别是"知行中学"因能聘请到水平较高的师资，故教学质量较好，有些毕业生还考入了大学。[③]

甘肃省回民教育促进会自其前身兰州回教劝学所成立以来，前后40年，共创办回族初级小学和高级小学近10所，回族中学2所，还在一些清真寺设立了半宗教、半普通性质的学校，为兰州地区培养了一批回族知识分子，也向高等院校输送了一些回族优秀青年，在兰州地区回族中产生了深刻的影响。自1935年起至1941年，兰州民族教育经费主要依靠国民政府拨款。1942年，国民政府统一财政收支，民族教育经费划归国民教育经费内，由各省统筹。后来，为鼓励兴办民族教育，于1943年又恢复补助，要求办学

① 马汝麟：《忆兰州西北中学》，载《兰州文史资料选辑》第9辑，1988年，第174页，第177页。
② 李绍唐主编：《甘肃民族教育的回顾与前瞻》，青海人民出版社1994年版，第33页。
③ 李燕青：《兰州回民教育今昔谈》，载《兰州文史资料选辑》第3辑，1985年，第98—99页。

成绩好的学校可直接向教育部申请补助。①

概言之，全面抗战时期，国民政府对边疆少数民族教育较为重视，汉族知识分子以及更多回族精英群体的奔走呼吁、大力倡导并积极投身于各类学校的创办，促进了兰州少数民族教育的发展。

（二）社会教育

国民政府统治时期实施的社会教育，以全民为对象，以扫除文盲，增进全民之智识、道德与健康为目标，达到"提高国家文化之水准，以养成时代需要之公民"为宗旨。② 兰州作为西北抗战大后方的重要战略城市，是国民政府大力发展社会教育的重点。

1. 增设社会教育机关。全面抗战爆发后，国民政府和甘肃省政府都对办理兰州社会教育给予了重点支持，先后成立省民众教育馆、国立西北图书馆、国立甘肃科学教育馆、电化教育服务处等，这些社会教育机构发挥了应有的作用，为兰州的社会教育作出了贡献。

以省民众教育馆为例。1932 年国民政府教育部公布了《民众教育馆暂行规程》，共计 19 条，对民众教育馆的设置、组织、命名、经费、立案等各方面事宜做出了明确规定。③ 为兰州民众教育馆的开办和发展提供了政策支持。1938 年甘肃省教育厅催令各县"其已设有民众教育馆者，务仰遵照规定，切实办理，其尚未设立及设立的内容空虚者，务须遵照设立并力求充实其内容，期收实效为要。"④ 兰州的省民众教育馆位于兰州市西大街庄严寺内，该馆为促进战时民众娱乐起见，决定在馆内设立游艺室一处，内设象棋、军棋、围棋、音乐等项。⑤ 1940 年省民众教育馆为救济失学民众起见，特设民众夜班及妇女初级班各一班，书籍、文具均由该馆供给，凡年

---

① 李绍唐主编：《甘肃民族教育的回顾与前瞻》，青海人民出版社 1994 年版，第 34、48 页。
② 吴学信：《社会教育史》，商务印书馆 1939 年版，第 1 页。
③ 刘曼卿：《边疆教育》，商务印书馆 1937 年版，第 236 页。
④ 《教厅催令各县成立民众教育馆，凡已成立者须充实设备》，《甘肃民国日报》1938 年 2 月17 日。
⑤ 《省民众教育馆设立游艺室》，《甘肃民国日报》1939 年 4 月 9 日。

龄在十三岁以上四十岁以下之失学民众，不论男女，均得入学。① 1941 年后，民众教育并入国民教育，由中心学校、国民学校承担。省民众教育馆则以组织歌咏队、宣传队、编贴壁报为每月中心工作，同时举办各种展览会和民众学校。② 另外，省民众教育馆还进行了大量的抗日救亡宣传活动，如出版抗战新闻简报；接待平津流亡学生，协助解决他们的食宿问题；协助流亡学生和馆内职工演出抗日救亡戏剧；接待新安旅行团，协助他们进行宣传活动；接待并协助一些进步学生、戏剧家和作家展开抗日救亡活动等。③

2. 战时民众补习教育。要抗战胜利，建国成功，须要全民总动员，要全民动员，就要实施全民教育，推行战时民众补习教育，即是实施全民教育。④

1938 年 7 月，甘肃省政府教育厅鉴于兰州人口稠密，而失学民众有两万人之多，当此全民抗战期间，此项巨额之文盲，极应扫除，以充实民众基础知识、发扬民族精神，特拟定《省垣失学民众补习办法》：（1）凡居住省会年龄在 12 岁以上 45 岁以下之失学民众，均须接受补习教育；（2）凡兰州省县私立各小学均应设立成人一班至数班（共 90 班），每班 70 人，由教员三人轮流担任授课，其他不足三人者，由他校教员调补（仅系上成人班课时为限）；（3）成人班教学分二期实施（1938 年 5 月起至 1939 年元月止），每期 15 周，每日自下午四时半至六时，期满经测验及格者，由省政府教育厅发给证明书；（4）成人班每班每期经费 36 元（教员三人，各津贴10 元，笔墨纸张等费 6 元），两期共 180 班，需经费 6480 元；（5）成人班学生所需各项用品，除课本外，余均自备；（6）由省政府转饬省会警察局，

---

① 《民众教育馆救济失学民众》，《甘肃民国日报》1940 年 4 月 29 日。
② 兰州市地方志编纂委员会等编：《兰州市志·教育志》，兰州大学出版社 1997 年版，第246 页。
③ 柴木兰：《甘肃民众教育馆的抗日救亡宣传活动》，载《兰州文史资料选辑》第 8 辑，1988年，第 111—115 页。
④ 泊：《甘肃省战时民众补习教育推行团讲习研究会经过》，《甘肃教育》1939 年第 1 卷第4—5 期，第 50 页。

督率保甲长会同所在地学校，调查12岁以上45岁以下不识字者，按照住址，指定设立成人班之小学强迫受教。①

1939年，省会兰州依警察区划分为六个施教区，并先由第一施教区试办，组织第一施教区推行委员会，在省立民众教育馆设办公地点，派定职员办公。经过多方努力，利用各小学教室，先设立民众学校14处，委派校长主持办理，均按规定时间开学；上课时间规定三种，均以民众便利为原则。教学方面，由推行会派定督导人员逐日分头视察，亟谋改善，并有固定学警协同学校教职员、保甲长劝导督催，最后入学民众达26班，1000余人，其中妇女约占80%。②

表6-1 1939年省会兰州施教区民众补习教育情况表③

	保	甲	失学	入学	在校	自学	助学	免学	未入学
第一施教区	24	251	2606	1911	1426	164	321	51	644
第二施教区	29	282	2424	1479	983	58	438	45	900
第三施教区	20	196	1250	960	670	35	255	0	290
第四施教区	19	187	1895	1351	1351	0	0	0	544
第五施教区	17	164	1805	577	407	0	170	0	1228
第六施教区	8	58	1241	993	957	36	0	0	248
总计	117	1138	11221	7271	5794	293	1184	96	3854

由表6-1可知1939年兰州民众补习教育成效甚大，这对于提升民众的文化水平，动员民众支援抗战有积极作用。

3. 推行电化教育。所谓电化教育，即"凡以电影电播或电视为工具，而完成其教育之目的者"④。1937年国民政府教育部为甘肃省教育厅配发旧

① 《省垣及各县失学民众补习教育计划，教厅拟定分令遵照实施》，《甘肃民国日报》1938年7月22日。
② 《本省省会战时民众补习教育实施报告》，《甘肃教育》1939年第1卷第1—2期，第15—16页。
③ 嵩：《省会战时民众补习教育实施报告》，《甘肃教育》1939年第1卷第4—5期，第12页。
④ 赵光涛：《电化教育概论》，商务印书馆1948年版，第1页。

电影放映机 1 台，无声科教片 8 部，是为甘肃电教起步的全部家当。直至 1941 年 1 月，甘肃省教育厅根据国民政府教育部指令，将兰州划分为辕门、甘肃学院、女子中学、兰州师范学校、东教场、农业专科学校等 7 个电化教育区，组建省电化教育服务处，下设电化教育施教队。电化教育服务处直属教育厅第 3 科，该处有兼职技术指导员 1 人、练习生 1 人，配有旧放映机两台、发电机 1 台及《盲童教育》《驱灭蚊蝇》《南京名胜》等 10 余部纪录片。电化教育服务处的任务有两项：其一，在省内各中等学校、民众教育馆开展广播教育；其二，在各县义务巡回放映教育影片。然而由于经费拮据，缺少技术人员，活动任务和计划成为一纸空文，根本无法实施。两年后，电化教育服务处改作电化教育辅导处。省教育厅第 3 科科长陈守利兼任主任，工作人员充实到 5 人。至此辅导处的工作开始走向正轨。[①]

简言之，全面抗战时期，兰州作为抗战大后方的重要节点城市，国民政府教育部及甘肃省教育厅均大力支持兰州社会教育事业的发展。在激发民众民族意识的同时，丰富了民众的生活，提高了民众文化水平。

第二节　抗战文化

全面抗战爆发后，我国大片国土沦丧，到西北去已经成为一种潮流，大批有识之士饱含一腔热血来到兰州，在西北开展科学教育，创办报刊，创建图书馆，进行科学考察，促进了兰州文化的繁荣。

一、甘肃科学教育馆

1934 年，《开发西北》杂志创刊，蒋介石亲笔题写"开发西北"[②]。随着开发西北的呼声高涨，国内外出现了很多开发西北的社会团体，西北边

---

① 吉光安：《民国甘肃影坛实录》，载《兰州文史资料选辑》第 16 辑，兰州大学出版社 1996 年版，第 25—26 页。

② 魏永理主编：《中国西北近代开发史》，甘肃人民出版社 1993 年版，第 34 页。

疆的战略地位逐渐提高，成为抗战大后方的重要一极。1936 年，管理中英庚款董事会成立西北考察团对绥甘宁青四省进行科学考察，并在兰州设立甘肃科学教育馆，补助甘肃教育。

（一）筹备缘起

1936 年，管理中英庚款董事会决议，为补助绥远、察哈尔、甘肃、宁夏、陕西等地教育，组织成立考察团，对该地区进行科学考察。[①] 考察团成员包括英籍董事戴乐仁、教育部专员郭有守及燕京大学文学院院长梅贻宝，他们从北平出发，沿平绥一路考察西北四省的人民生计、文化事业，编成报告书，条陈补助四省教育计划，并结合各省具体情况设立教育设施，以期符合当地的实际情况，同时拟定在甘肃省设立科学教育馆。

1936 年 8 月管理中英庚款董事会聘请陶孟和和燕京大学顾颉刚、湖北中学校长王文俊前来甘青进行第二次科学考察。对于补助甘青教育，仍以设立科学教育馆为当务之急。管理中英庚款董事会根据先后两次科学考察和甘肃教育的实际需要，批准在兰州设立甘肃科学教育馆，聘请梅贻宝为馆长，并派人前往武汉购买图书仪器等设备，选取兰州贤后街 25 号及西城街 14 号民房作为馆址，后又迁往南稍门外官驿后 75 号。[②] 1938 年 8 月，梅贻宝来兰选聘专员、订立组织大纲及工作计划、编制预算、赁定宿舍等一系列预备工作，甘肃科学教育馆由此开始筹备。

（二）设立宗旨

西北地域辽阔，蕴藏着丰厚的历史文化。先民自西北发源开疆拓土，创造了灿烂的中华文化，繁衍至东南各地。全面抗战爆发后，东北、东南各地相继沦陷，国民政府将重心转向西北，西北的战略地位与日俱增。但

---

① 《中英庚款董事会计划发展西北教育》，《申报》1936 年 9 月 15 日。
② 甘肃省博物馆：《甘肃省博物馆概况》，载《甘肃文史资料选辑》第 17 辑，甘肃人民出版社 1984 年版，第 60 页。

开发西北的举措大多集中在经济领域，然而"须知教育如不能适应经济，则开发虽可略具规模，要亦暂时繁盛，非百年大计也"①。因此，在兰州设立科学教育馆"一为推动科学之教学，一为利用科学教育民众以谋自力更生之道"②，"促进改良甘肃中等学校科学教学，引起群众对于科学之兴趣，并搜集整理及研究甘肃暨其附近地带各种科学材料"③。由此可见，建立甘肃科学教育馆的目的有三，一为普及民众科学教育，二为促进学校科学教学，三为科学研究。

（三）人员、机构设置及主要职能

1939 年元旦，甘肃科学教育馆正式建立。梅贻宝担任首任馆长，设置机构分为自然科学教育和社会科学教育两组，每组各设主任一人。④

自然科学教育组主任由梅贻宝、王继泽担任，下设理化、工业、生物、农业四个方面。理化方面的工作有三：一为辅助西北各地工农实业的改进，二为研究西北特种物品以期接济军需，三为推进自然科学教育。工业方面主要致力于调查原有工业设备基础，改良原有设备以制造简单科学仪器供中小学自然科学教育之用；生物方面分动物、植物、人种，主要致力于在全省范围内进行生物探集调查并在各中小学教育推广；农业方面主要致力于调查西北农业品种及地方特殊农具研究，并在中心小学设立教育指导中心。

社会科学教育组由李安宅担任主任，下设农村经济、社会教育、营养卫生三个方面。农村经济工作主要是调查农村经济状况，推行农村合作事业；社会教育方面，重在培养师资力量，在各地进行教育巡视工作，检查教育建设实验工作，进行教育辅导并发表公开演讲；营养卫生方面，主要是做好疫苗防疫工作，在学校配备保健箱，不定期举行健康比赛等活动。

总务部设有文书、会计、庶务、编辑等科。此外，科学教育馆自工作

---

① 王文俊：《科学教育与西北》，《甘肃科学教育馆学报》1939 年创刊号，第 3 页。
② 甘肃科学教育馆编：《甘肃科学教育馆小志》，1938 年，第 4 页。
③ 《中英庚款会补助西北教育》，《申报》1939 年 9 月 1 日。
④ 甘肃科学教育馆编：《一年来之甘肃科学教育馆》，1941 年，第 1—10 页。

开始以来，编辑出版《甘肃科学教育馆学报》及其副刊《科教与建设》，发表了众多科学教育馆的科研成果。[①]

1940年5月，梅贻宝辞去馆长职务，由王继泽代理馆长，主持馆务。[②] 同年秋，教育部任命化学教授袁翰青博士为馆长，将自然科学教育的四股合并为数理化股和博物股。每股设主任一名，王洛文担任数理化股主任，何景担任博物股主任。数理化股除调查研究化验的工作之外，下设有中心试验室、金木工室和制药室；博物股设有动物室、植物室、矿物室。又改社会教育为教育推广股，负责施教、编辑、调查等工作。总务方面，改科为室。[③]

1943年，甘肃科学教育馆由教育部接管，更名为国立甘肃科学教育馆，[④] 继续进行科学研究工作。1945年，甘肃科学教育馆又进行改组，下设研究组、推广组、展览组和总务组。研究组设理化研究室和博物研究室，推广组分电化教育股与辅导股，展览组分陈列厅及标本模型股，另有会计室、仪器制造和中心试验室。[⑤] 1946年，新设科学陈列馆，展出大量馆藏的动、植、矿物标本。[⑥] 1947年春，袁翰青辞去馆长职务，许继儒代理主持馆务。后又聘请卢寿枬为馆长，直至1949年8月兰州解放。[⑦]

据《中英庚款史料汇编》记录，将1938—1944年甘肃科学教育馆经费支出统计列成表6–2：

---

① 甘肃科学教育馆编：《甘肃科学教育馆二十八年度工作概况》，1940年，第22页。

② 甘肃省博物馆：《甘肃省博物馆概况》，载《甘肃文史资料选辑》第17辑，甘肃人民出版社1984年版，第61页。

③ 甘肃科学教育馆编：《一年来之甘肃科学教育馆》，1941年，第4页。

④ 高士荣：《民国时期甘肃的社会教育机构》，《档案》1993年第4期。

⑤ 朱允明：《甘肃省乡土志稿》，甘肃省图书馆藏，1948年，第592页。

⑥ 李永平、李天铭：《甘肃博物馆事业发展述略》，《中国博物馆》1988年第4期。

⑦ 甘肃省博物馆：《甘肃省博物馆概况》，载《甘肃文史资料选辑》第17辑，甘肃人民出版社1984年版，第60页。

表 6-2 1938—1944 年甘肃科学教育馆及补助
西北教育经费情况统计表（单位：元）①

年度	1938	1939	1940	1941	1942	1943	1944
经费	3500	102500	119560	206600	284900	1270532	1152786

虽然甘肃科学教育馆和补助西北教育经费是统计在一起的，但总体经费每年都在增加。甘肃科学教育馆的具体支出经费项目和数额，根据《甘肃科学教育馆二十八年度经费预算分配图》②可知，1939 年全年预算总额为91372 元，其中薪工支出最多，占总预算的 43.8%；其次是工作费占34.4%；再次为购置费占 13.8%；最少的是办公费，占比为 8%。

（四）工作内容

甘肃科学教育馆一经成立便开始组建机构、制定计划、开展各项科学教育工作。

1. 推广科学教育。新文化运动以来，科学之风日盛，科学教育也逐渐被纳入教育学科体系当中。"就抗战建国而言，西北之亟待施以科学教育，固无待赘言，即就西北社会经济文化各方言之，则无人无地不需要科学教育也。"③因此，科学教育对于西北社会的发展有举足轻重的意义，对西北民众的生产生活具有重要的指导作用。

甘肃科学教育馆自成立以来，开展了一系列的工作，大力推广科学教育。首先是辅助中小学教育。西北地区师资水平低下，为此，甘肃科学教育馆同甘肃省教育厅在榆中、临夏、武都各县合办寒暑假小学教师讲习会，双方拟定办法，由甘肃科学教育馆派出教员，目的在于充实教师知识、改

---

① 数据来源：周琇环编《中英庚款史料汇编》，第 83—87 页，转印自康兆庆《抗战时期管理中英庚款董事会科研资助研究》，山东大学历史系 2016 年博士学位论文，第 173 页。

② 甘肃科学教育馆编：《甘肃科学教育馆二十八年度工作概况》，甘肃省图书馆藏，1940 年，第 23 页。

③ 王文俊：《科学教育与西北》，《甘肃科学教育馆学报》1939 年创刊号，第 4 页。

进教师教学方法、鼓舞教师的服务精神、灌输抗战知识、培养学生自治自动之精神、促使小学成为社会建设的中心。历次的讲习会均在寒暑假举办，会期多为一个月左右。其次是开启民众科学教育。甘肃科学教育馆在推进科学教育各项具体工作计划之外，还在兰州公开演讲传播科学知识。1939 年，甘肃科学教育馆共计举行公开演讲 23 次，如梅贻宝讲《科学是什么?》《纯粹科学与应用科学》《祭青海》《民族英雄成吉思汗》四场。① 科学教育馆还邀请科学考察团队来馆做科学演讲，1941 年 7 月中央大学地理系教授李旭旦与浙江大学史地系教授任美锷、中央大学森林系教授郝景盛一行来西北考察，应甘肃科学教育馆和中苏文化协会合请做公开学术讲演，题为《甘南之地理环境与土地利用》②。1943 年，科教馆接待到西北考察的李约瑟博士等一行人，并邀请李约瑟作《国际生物化学进展》的学术报告。③

甘肃科学教育馆举办的公开演讲内容包括自然科学和社会科学各个方面，且大多是科普性选题，民众更容易接受。另外，该馆还通过创办通俗读物来普及科学知识。1941 年 10 月 25 日，《通俗科学》双周刊作为《甘肃民国日报》副刊创办，每期随报发行。该馆还定期绘制科学壁报，英国科学家李约瑟在兰州期间，他注意到"壁报上有关于阿基米德和几何历史、实验形态学中的孪生等问题，以及寄生虫方面的文章"④，"其内容通俗易懂并附有彩图，每月 10 日和 25 日张贴在兰州、西宁、临夏、酒泉四地人口密集的地方"⑤。但是由于西北地区教育水平低下，识字人口较少，能看懂通

---

①　甘肃科学教育馆编：《管理中美庚款董事会甘肃科学教育馆二十八年度工作概况暨二十九年度工作计划大纲》，1940 年，第 16 页。

②　李旭旦：《西北科学考察纪略》，《地理学报》1942 年第 9 卷，第 27 页。

③　田正平、张建中：《中英庚款与民国时期的边疆教育》，《河北师范大学学报》（教育科学版）2006 年第 6 期。

④　［英］李约瑟、［英］李大斐编著：《李约瑟游记》，余廷明等译，贵州人民出版社 1999 年版，第 144 页。

⑤　康兆庆：《抗战时期管理中英庚款董事会科研资助研究》，山东大学历史系 2016 年博士学位论文，第 174 页。

俗读物之人甚少。因此，该馆借助电影和广播两种新闻媒介来宣传科学知识，[①] 并成立西北电化教育工作队"辅助社教、灌输农民科学常识"，科教片有《自来水》《开花结果》《科学养牛》《海底生物》《电学知识》等，内容均与民众生活息息相关，收效甚好。[②]

2. 科学研究。甘肃科学教育馆的科学研究并不是纯粹意义上的学术性研究，注重实用性是其重要目的，"为研究而研究的高远理想，不是没有它底价值，但那是设备完善，专家汇集的研究机关所有的任务，断非区区科学教育馆这个事务机关所可胜任"[③]。

科学考察是科学研究工作的前提。甘肃科学教育馆成立后，对西北的地理、生物、化学、农业等均进行了科学考察。青年馆员乔国庆在袁翰青的支持下，将他从兰州市及近郊、甘肃省一些县采集的4000多种昆虫制成标本，并撰写了《甘肃蝶类初步报告》《甘肃蜻蛉类初步报告》，调查结果刊登在《国立甘肃科学教育馆专刊》第三号、第四号上，内容涉及蝶类的分类、形态、产地，并附有图片注明样式。这是对甘肃昆虫最早进行的科学研究，引起很大反响。[④] 再如对甘肃农业的考察，何景撰写的报告《甘肃农业上旱碱问题解决之途径》[⑤] 在《甘肃民国日报》上连载。

兰州虽是甘肃文化的中心，但各中学理科实验设备极其缺乏。甘肃科学教育馆利用现有设备自办中心实验室，进行科学研究并补助中学教育，兰州市各中学学生均得按时来中心实验室进行实验工作。该实验室设有物理实验室、化学实验室、生物实验室各一大间，均可容纳四十多人同时实验。中心实验室还接受社会化验，如检验黄河水质、分析阿干镇煤样等，

---

① 潘澄侯：《科学教育之新工具——教育电影》，《科学的中国》1934年第4卷第12期，第3—4页。

② 吉光安：《民国甘肃电影实录》，载《兰州文史资料选辑》第16辑，兰州大学出版社1996年版，第41页。

③ 《卷头语》，《甘肃科学教育馆学报》1939年创刊号，第1页。

④ 邓明：《著名化学家袁翰青在兰州》，载《城关文史资料选辑》第7辑，1999年，第151页。

⑤ 何景：《甘肃农业上旱碱问题解决之途径》，《甘肃民国日报》1942年11月18日、11月24日、11月25日。

并收取一定的费用。①

　　甘肃科学教育馆还不定期举办全国性的学术会议。如1944年，中国化学会、中国化学工程学会和中华化学工业会第二届联合年会在兰召开，意在加强西北化学工业的开发。甘肃科学教育馆负责开会馆址、食宿、会议流程等问题，"当时兰州市通往各地全赖公路，客运汽车几乎全是无篷货运卡车。在那样艰苦的条件下，外地来兰参加联合年会的约五十人，如中国化学会创始人之一的曾昭抡教授，由昆明市西南联大万里迢迢来到兰州，他满腔热情的在年会上做了学术报告……还有由重庆来的张洪沅教授、陈冠荣工程师等十余人"②。在会议期间，浙江大学化工系女教师刘福英宣读关于合成橡胶的论文，并展示用合成橡胶制成的一双胶鞋，在大会上引起轰动。除此之外，大会还提出了许多有关开发西北化学工业的建议和设想，专家们对工业试验所宣读的几篇关于西北天然湖碱的提纯及其副产品综合利用的文章作出高度评价，会议举办圆满成功。③

　　甘肃科学教育馆作为甘肃省博物馆的前身，自成立之日起就受到颇多关注。甘肃科学教育馆在兰州"期以科学的人力物力，改造旧有的环境，推行农田水利，革新土产工业，藉以开发国家之资源，谋国之意，至为深远"④，打破了旧有的闭塞环境，开启了西北地区的科学教育之路，将科学引进民众生活的方方面面，使兰州乃至整个西北地区民众真正意义上开始接纳科学、运用科学，在兰州近代社会进程中，具有极其深远的意义。

　　3. 放映科普电影。1945年5月，国民政府教育部西北社会教育工作队奉命将5台无声放映机、两台1100伏直流发电机及数箱影片移交给甘肃科学教育馆。从此该馆在驻地不定期公映电影。1946年5月，朱祖鳌和李斌

---

① 《甘肃科学教育馆化验费价目变动函》，甘肃省档案馆藏，档号59－9－201。
② 袁翰青：《袁翰青文集》，科学技术文献出版社1995年版，第282页。
③ 邓明：《著名化学家袁翰青在兰州》，载《城关文史资料选辑》第7辑，1999年，第154页。
④ 敬：《期刊介绍：甘肃科学教育馆学报创刊号》，《图书季刊》1940年新2第1期，第123页。

携放映机两部、发电机 1 台、影片 20 余本驱车西进，赴河西走廊开展"民间巡回电化教育"，开始了科普电影放映的第一次远征。在武威体育场放映时，观众竟达 15000 余人，此次巡回放映历时一个半月。1947 年 8 月，该馆又成立西北电化教育工作队，其任务为"辅助社教、灌输农民科学常识"，先后播放科教片《自来水》《开花结果》《科学养牛》《海底生物》《电学知识》等。工作队立足兰州，义务公映科教影片和幻灯片，还不定期在省内各地巡回放映，足迹遍及阿干镇各矿区，以及临洮、岷县、卓尼和临潭等地。并且进行了第二次河西放映，先后在武威、酒泉、金塔、玉门油矿、安西、敦煌等县放映新闻影片和幻灯片，还专程深入马鬃山区放映，影响很大。1953 年，随着甘肃博物馆的筹建，工作队连同原科学教育馆一并撤销。①

二、 新闻出版

全面抗战爆发后，兰州作为西北抗战文化中心，借助其较为稳定的政治局势，掀起了一股宣传抗战文化的热潮。新闻报刊作为宣传抗战思想的重要媒介，对兰州及整个西北地区的抗战和社会文化产生了重要影响。

（一） 全面抗战时期兰州新闻报刊业蓬勃发展的原因

1898 年，兰州出现了近代史上的第一份报刊《群报辑要》，打破了甘肃没有报纸的局面。② 但由于兰州地处内陆，近代报刊业发展缓慢。到 1937 年以前，甘肃境内除陇东地区外，仍在发行的报纸仅有五六家，③ 不仅报纸数量少，且销路狭窄，内容贫乏。全面抗战爆发后，兰州的新闻报刊发展迅速。据统计，仅 1939 年全省报社就有 23 家，且大多都集中在兰州，杂志社 11 家更是全都集中在兰州。④ 究其原因有以下几点：

---

① 吉光安：《民国甘肃影坛实录》，载《兰州文史资料选辑》第 16 辑，兰州大学出版社 1996 年版，第 40—42 页。

② 吴恩：《略论甘肃的第一份报纸——〈群报辑要〉》，《科学·经济·社会》1995 年第 1 期。

③ 李文：《抗战时期的甘肃新闻事业》，《科学·经济·社会》1996 年第 1 期。

④ 洪波：《甘肃文化事业鸟瞰》，《新西北》1939 年第 2 卷第 1 期，第 97—98 页。

第一，兰州政局相对稳定，新闻报刊业的发展有一个比较宽松的政治环境。《抗战建国纲领》提出"在抗战期间，于不违反三民主义最高原则，及法令范围内，对于言论、出版、集会、结社当与以合法之充分保障"①，《西北日报》也曾发表社论："动员所有居留西北的学者和作者，随时以文字报道西北风光、建设动态，以给全国各地书报刊物刊载宣布"②。当时兰州新闻业发展的政治环境较为宽松。

第二，兰州近代交通和工业的发展为新闻报刊业打下了坚实的基础。1937年以前，兰州交通不便，"阅报者百不得一"，在兰州本地"仅申报略有销路外，其余各报极少踪迹"③。1937年后，国民政府对于西北交通事业相当重视，1938年西北公路局打通西兰、西新公路的兰州过境路④，在县一级"奉令自修筑者计51县，总长约9750余公里"⑤。不仅如此，还打通了西北国际通道，这些都为报刊的运输提供了便利的交通条件。又因"新闻事业在西北，它所负的使命格外重大，建设需要人，尤其需要钱"⑥。随着一系列国营、省营企业的建成发展，兰州的近代工业经济得到了壮大，尤其是机器印刷业空前发展，为报纸的出版创造了条件。

第三，沦陷区大量文化事业单位内迁兰州，为新闻报刊业的发展提供了大批人才。全面抗战爆发后，大批知识分子来兰，为报刊的创办提供了众多人才。另一方面，大批知识分子的涌入推动了兰州教育事业的发展，提高了兰州民众的素质，使得报纸和期刊杂志有了消费群体和市场。

（二）全面抗战时期兰州新闻报刊的发展状况

全面抗战爆发后，国民政府、中共和社会各界爱国团体纷纷在兰州创办报纸期刊宣传抗战文化，极大地推动了兰州新闻出版事业的快速发展。

---

① 《抗战建国纲领》，《中苏文化杂志》1938年第1卷第11期，第41页。
② 社论：《响应开发西北宣传》，《西北日报》1943年2月17日。
③ 珍一：《变乱中之兰州新闻事业》，《上海报》1937年1月23日。
④ 张福亭：《忆兰州的交通旧貌》，载《城关文史资料选辑》第1辑，1988年，第103页。
⑤ 高士荣：《略论抗战时期甘肃的新闻事业》，《档案》1995年第4期。
⑥ 本报记者：《新闻事业与建设西北》，《西北日报》1945年7月11日，第3—4页。

表6-3　全面抗战时期兰州主要报刊、新闻机构一览表①

名称	创刊日期	停刊日期	创办单位、主办人	备注
甘肃民国日报	1928.7.9	1949	国民党甘肃省党部	
西北日报	1933.9.1	1949	甘肃省政府	
妇女旬刊	1937.12	1938.4	甘肃妇女慰劳抗战将士分会	
西北青年	1937.12	1939	甘肃工委	
回声	1937.冬		回民教育促进会	仅出2期
热血	1938		省外留学生抗战团	政治类
抗敌	1937.12		甘肃民众抗敌后援会	政治类
号角	1937.8	1938.9		
老百姓	1938		顾颉刚	出刊3期
甘院学生	1937.8	1938.6	刘日修	
现代评论	1938.9.5	1941	兰州现代评论社	
中苏文化	1936.6		中苏文化协会兰州分会	仅出3期
苦干	1938.6	1938.12.25	王季良	由南京迁兰又由兰迁渝
战号	1938夏		吴渤主编	仅出两期
中心报	1934	约1945	张慎微	私营
甘肃妇女	1942.3.15	1948	甘肃妇女季刊社	综合类
朔报周刊	1945		谷苞	共出13期
阵中日报	1945.1.1		第八战区长官公署	
拓报	1945.4.17		慕寿祺	出报320期
工合社友	1942.3		兰州市工业合作社	
政论	1939.4.25		第八战区政治部	
党的生活	1938.3		中共甘肃工委	

---

① 表格来源：李文《抗战时期的甘肃新闻事业》，《科学·经济·社会》1996年第1期；又本书对表格内容作了部分更正，参见甘肃省地方史志编纂委员会等编纂《甘肃省志》第63卷，甘肃人民出版社1994年版，第133—143页。

名称	创刊日期	创刊日期	创办单位、主办人	备注
抗战通讯	1937	1938	甘肃青年抗战团	
兰州妇女	1938.7		兰州妇女社	
中央通讯社兰州分社	1937	1949		
民众通讯社	1938.2	1940. 夏	王洽民、丛德滋	
甘肃广播电台	1941.12	1949		
中国青年新闻记者学会兰州分会	1938			
新西北（月刊）	1939.1.10	1945	新西北社	综合类
民间通讯社	1933.8	1939 年以后	王维墉	
西北通讯社	1937	1939 年以后	刘直哉	

由表 6 - 3 可知，抗战时期兰州发行存在时间较长的报纸期刊大多是由国民党的党政机关创办，还有部分是由中共和爱国进步团体创办，但这些报刊大多存在时间不长。

1. 兰州的主要报纸。抗战时期兰州主要发行的两大报纸为国民党的官办报纸——《甘肃民国日报》和《西北日报》。

（1）《甘肃民国日报》。《甘肃民国日报》是国民党甘肃省党部在兰州创办的党报，创办人是甘肃靖远人王宇一，创刊于 1928 年 7 月 9 日，至 1949 年停刊，共经历了 21 年的时间，其前身可追溯到《大河日报》。该报创刊宗旨是"为了配合指导委员会的工作，宣传清党反共和三民主义"。但由于政局的变动，《甘肃民国日报》曾两次停刊，而后又复刊，直至 1949 年停办。《甘肃民国日报》创刊之初，用过几天白报纸，后因战事物资来源困难，改为用官堆纸、连史纸和改良麻纸印刷。篇幅大概相当于新闻纸四开，印刷纸质较差，版面较为简陋，最初发行数量也只有两三百份，还曾

减少至两百份。到 1948—1949 年曾达到三千份，大部分为赠阅和交换，个人阅户很少。①

该报初期报道的内容涉及领域较小，新闻来源渠道狭窄，大多来源于中央通讯社的广播和本省新闻报道。曾任该报社编辑的张亚雄回忆道："我们编报到了无稿可编的时候，陈年的烂杂志、隔月的外地旧报纸、那些科学珍闻，奇闻怪事，只要时间性不太敏感，也是我们救命的'活宝'。后来有了广播收音机的设备，我们凭收听的新闻简报，会把它演义铺张，变作有头有尾的大消息。"② 这时的报刊被其称为"造报"而不是"办报"。1930 年 5 月《甘肃民国日报》出现了短暂的停刊，是年冬天又复刊，每日社评，针对当时甘肃政况，颇引起社会人士的注意。1932 年至 1936 年该报照常出版，社长由甘肃省党委赵康侯、汪震等兼任，刘成基、张亚雄、张慎微、苏耀江等先后担任编辑。③

1937 年开始，大量具有较高文化水平的人口西迁，增加了该报的投稿量，加之人们抗战热情日益高涨，《甘肃民国日报》的报道内容也逐渐丰富，"抗战"的字眼明显增多，反映了全民抗战的沸腾景象。尤其是 1938 和 1939 年，在一定程度上反映了人民的生活、人民的愿望和人民的声音。如 1938 年 3 月就连续刊载了丛德滋主持的民众通讯社关于各个劳动行业的报道，包括人力车夫、担贩、筏夫、屠夫、轿车夫等，其中提出了一些意见和主张，反映了底层人民的真实生活。外来人口的剧增，迫使报纸不得不大幅增加全国性的报道：如《介绍新西南》《珠江游击潮》《上海的前途》《战斗中的河北》《抗战中的广西》《洞庭今后战局观》等；战争已经把全国乃至世界连为一体，国际新闻的报道也至关重要：如《日寇独霸东亚野心之一斑》《欧局中的波兰》《美国毕德门新中立法全文》《战争狂热

---

① 刘呈芝、苏耀江：《解放前的〈甘肃民国日报〉》，载《甘肃文史资料选辑》第 23 辑，甘肃人民出版社 1984 年版，第 163 页。

② 张亚雄：《解放前兰州三大报纸亲历记》，载《兰州文史资料选辑》第 1 辑，1983 年，第 81 页。

③ 黄玉清：《十年来兰州的新闻事业》，《新西北》1939 年第 2 卷第 1 期，第 82 页。

下的泰国》等。在当时甘肃省内能够订阅的外地报刊较少，该报对国内外新闻的报道，极大地开阔了本省读者的视野，读者能从该报纸上看到广泛的世界事务，了解世界大势。随着通讯文章内容涵盖日益广泛，报纸文章的撰写者也涵盖了社会各界专家、教授、学者，还有一些支持抗战的外国人也在该报发表过文章，如英国合作专家戴乐仁教授、新西兰的路易·艾黎、美国记者斯诺等。这些作者的加入，使得报纸具有了广泛的作者队伍。①

　　除正版内容外，该报还创设副刊与专栏。当时新文艺在兰州非常盛行，各校学生纷纷作文，在该报副刊上发表文章，使得新文艺思潮在兰州社会得以广泛传播。② 如《自由之花》与《微风》中刊登发表的反对封建、演新剧、提倡白话文、学新体诗歌、写爱情白话小说等内容，文字中充满辛辣讽刺的意味，与当时旧礼教阴云密布的兰州格格不入，与封建思想作了激烈斗争。《妇女》等刊物也向三从四德开火，1930 年为了寡妇改嫁问题，曾展开了两个多月的论战，着重抨击了当时反动派上层人物一面反对男女交际自由，一面不断纳妾的罪恶行为。副刊编辑王学敏因发表《小星日记》，讽刺了国民军师长赵席聘的姨太太，被官方搜捕。③ 报人张亚雄从 20 世纪 30 年代起就致力于民间文学研究，他利用编报之便，在副刊栏内征集“花儿”，其内容完全是质朴地原始地抒发人民的心声，引起读者极大的兴趣。④ 但这些副刊内容被当局认为是粗鄙的东西，登不得大雅之堂。报馆也以报纸为招牌，拉拢各方关系，以求进入宦海达到升官发财的目的。副刊一般存在时间不长，出刊一年以上者甚少。其中延续时间较长、影响力较大的有《生路》《文摘》《通俗科学》等。⑤ 《甘肃民国日报》作为国民党的党报“每日印五百份左

　　① 汉国萃：《抗日战争时期的〈甘肃民国日报〉》；载甘肃省新闻研究所编《甘肃新闻史料》第1辑，1985 年，第29—30 页。

　　② 黄玉清：《十年来兰州的新闻事业》，《新西北》1939 年第 2 卷第 1 期，第 83 页。

　　③ 潘若清：《解放前兰州的三家官办报纸》，载《甘肃文史资料选辑》第 6 辑，甘肃人民出版社1984 年版，第 196 页。

　　④ 杨力雄：《十年报人纪要》，载《兰州文史资料选辑》第 1 辑，1983 年，第 96 页。

　　⑤ 汉国萃：《抗日战争时期的〈甘肃民国日报〉》；载甘肃省新闻研究所编《甘肃新闻史料》第1辑，1985 年版，第 35 页。

右"①，发行范围广泛，"凡党部势力所及之地，均可见该报"②。

（2）《西北日报》。《西北日报》是甘肃省政府机关报，是抗战时期兰州的第二大报纸，创刊于1932年，最早可追溯到民国初年出版的《陇右公报》，不久后停刊；1928年甘肃省政府主办《甘肃日报》，1929年初省政府把《甘肃日报》改组为《新陇日报》；1931年雷马事变，孙蔚如主甘后，《新陇日报》被改组为《西北新闻日报》，1932年冬停刊；1933年朱绍良主持甘政后更名为《西北日报》，由张文郁任社长，刘呈芝任总编辑，副刊主编由潘若清兼任。③以后的历任社长为江致远、黄正山、林祥霖、张文郁、杨力雄、潘若清、朱逊夫、赵惜梦、郭竹书、赵荣声。

《西北日报》创刊时是一张对开的大报，报头最初由朱绍良题写，后来用于右任的书法临摹而成。创刊之初刊登文章内容较为单一，只有重大事件才发表社论，新闻报道紧跟政界动态，先后创办了《各县动态》和《地方新闻》专栏。1940年至1941年的《西北日报》因信息贫乏而"训词"太多，语言也是一些对当政者的阿谀奉承之词，具有浓厚的"邸报"意味。现在所能见到的1940年至1946年的《西北日报》，纸质粗劣，印刷模糊，直至1947年纸张和印刷质量才有较大的改善。④

《西北日报》第一版为国内要闻及社论，第二版和第三版分登通讯、副刊、周刊及言论、专战之类，第四版为国际要闻与兰州市闻。⑤作为甘肃省政府的机关报，《西北日报》有相当的篇幅刊载本省新闻，在反映国内情况方面，发表过一些地方通讯，如1942年连续发表的《南天通讯》，报道了云南的一些情况。其他各地的通讯也有报道，选题和内容也很有特色，如《天柱侗家习俗琐记》《凉山夷区去来》《海外桃源红头屿》等。关于国外

---

① 王独明：《西北报业的片段史》，《甘肃民国日报》1939年12月13日。
② 马思俊：《不甘落后的甘肃新闻界》，《上海文化》1947年第12期，83—84页。
③ 潘若清：《解放前兰州的三家官办报纸》，载《甘肃文史资料选辑》第6辑，甘肃人民出版社1984年版，第198页。
④ 汉国萃：《四十年代的〈西北日报〉》，载甘肃省新闻研究所编《甘肃新闻史料》第1辑，1985年，第46页。
⑤ 周起凤：《沙漠中的绿洲——兰州西北日报》，《前线日报》1948年1月26日。

的报道，《西北日报》曾刊登过许多译稿，如朱葆光译的《德国投降之后》、黄席群译的《苏联出兵攻日的时候》《废除日本天皇》。1945 年抗战胜利后，该报还发表国外专电，如发表纽约专电《我们应如何处置战败的日本》、旧金山专电《关于国际机构、美国的目标》等。在社论方面，1942 年后社论较多，在一些具有纪念意义的日子都会发表社论，内容紧跟政治动态，也发表一些抗战动员的社论，如《万众一心剿匪戡乱》《甘肃应为总动员工作之模范》等。① 《西北日报》同《甘肃民国日报》每日共计发行一千份，各五百份，"凡政令所及的地方，都有它的踪迹"②。

　　《西北日报》的副刊。1942 年以前《西北日报》少有副刊，1941 年底扩版以后各种副刊陆续出现。仅 1942 年 1 月就有《甘肃农业》《甘肃贸易》《文艺》《国际论衡》《力行》等出现，后又有《国际妇女》《兰州青年》《现代读者》《中苏文化》《塞角》《绿洲》《西北滑翔》等出刊；1943 年至1946 年，有《认识》《财政金融》《国际文摘》《西北文化》《春华秋实》《天地》等；1947 年后，有《陇谈》《中国人》《法制》《语文》《天下》等创刊。该报的副刊大多也都存在时间不长，其中历时久且比较有特色的有以下几个。《绿洲》是一个以文艺为主的综合性副刊，作者以本省为主，少有省外名家的文字。《中苏文化》是中苏文化协会兰州分会主办的副刊，这是由社外主办的副刊中寿命最长的一个，发表内容有许多涉及苏联的内容，有助于本省读者了解战时苏联情况。《西北文化》也是该报较为有特色的一个副刊，由国立西北图书馆主办，是一个以研究、介绍西北文化、文物、历史为主的副刊，值得指出的是该报曾出过"敦煌艺术特辑"，系统地介绍了敦煌艺术。《天下》是《西北日报》后期最重要的一个副刊，其篇幅大、期刊多，内容五花八门，报道内容多来自全国报刊，实为剪报。

　　《西北日报》作为国民党统治下一个地方政府的机关报，受国民党控制

　　①　汉国萃：《四十年代的〈西北日报〉》，载甘肃省新闻研究所编《甘肃新闻史料》第 1 辑，1985 年，第 38—46 页。

　　②　马思俊：《不甘落后的甘肃新闻界》，《上海文化》1947 年第 12 期，83—84 页。

较为严格，经常发表一些言论攻击共产党。虽然如此，在不同时期都有共产党员通过个人身份参与国民党报刊业，宣传中共的抗战思想。朱绍良任甘肃省政府主席期间，曾委任中共党员江致远任《西北日报》社社长，刘贯一回忆道："由于当时《西北日报》的骨干力量是我们这几名共产党员，所以，1934 年初至 1935 年秋止的近两年时间中，甘肃省政府的机关报《西北日报》实际上掌握在我们手中，成为我党的宣传、统战机关。"①

2. 主要期刊杂志。全面抗战爆发后，抗日救亡情绪不断高涨，甘肃青年抗战团、甘肃妇女慰劳会等社会进步团体纷纷成立，各团体大力创办刊物。1937—1945 年，甘肃创办期刊杂志多达 90 种，② 大多集中在兰州。在这其中，既有为国民党发声的《西北干部》《现代西北》《甘肃青年》《党言》《政论》等，也有宣传抗日救亡、民族统一战线的进步社会团体所创办的《西北青年》《妇女旬刊》《中苏文化》等。

甘肃妇女慰劳抗战将士分会于 1937 年创办的《妇女旬刊》，"主要目的是宣传抗日救国的道理，其次是介绍各地妇女活动的情况"③。该刊物除宣传抗日，动员全民外，还宣传妇女解放，提倡放足，反对束胸，提倡对儿童进行正确的家庭教育等。八路军驻兰办事处谢觉哉为其撰写发刊词——《祝妇女旬刊的诞生》④，肯定了妇女群体在抗战中的力量和贡献，后又多次撰文《战争是随便可以过去的吗?》《抗战到底与妇女解放》等发表在该刊物上，鼓励广大妇女同胞加入抗日民族统一战线。⑤ 该刊于 1938 年停刊，共出 7 期。

八路军驻甘办事处也积极创办报刊。1938 年民众通讯社正式成立，丛德滋担任社长并创办《民众通讯》，其创办宗旨是"坚持团结抗战，反对分

① 刘贯一：《我与〈西北日报〉》，载甘肃省新闻研究所编《甘肃新闻史料》第 1 辑，1985 年，第 17 页。

② 甘肃省地方史志编纂委员会编纂：《甘肃省志·新闻出版志》，甘肃人民出版社 1994 年版，第 126 页。

③ 王九菊：《记解放前甘肃两个妇女团体》，载《兰州文史资料选辑》第 1 辑，1983 年，第 145 页。

④ 谢觉哉：《谢觉哉日记》，人民出版社 1984 年版，第 177 页。

⑤ 甘肃省地方史志编纂委员会编纂：《甘肃省志·新闻出版志》，甘肃人民出版社 1994 年版，第 127 页。

裂投降，为推动救亡运动，提倡民权，改善民生而斗争"①。民众通讯社发稿的内容主要是地方新闻、救亡消息、重要言论介绍、调查资料、评论、特写等。民众通讯社以合法的身份，宣传中国共产党的抗日民族统一战线政策、八路军的战绩和东北联军的情况。不仅如此，还宣传孙中山的"联俄、联共、扶助农工"三大政策和新三民主义。在宣传中共抗战的同时，肯定了国民党在抗战中的力量，以评论的方式引导人民群众的抗日救亡运动。1940 年夏，民众通讯社被"注销登记"，被迫停止发稿。

　　全面抗战期间，甘肃的一些学术机构出版的期刊有较高的社会价值，如《甘肃科学教育馆学报》《西北问题论丛》等杂志，发表了许多介绍西北政治、经济、文化、生态环境的文章，对于民众认识西北、开发西北、建设西北都有实质性的帮助，在学术性和实用性方面都有很高的价值。②

　　3. 新闻广播事业。甘肃的广播事业起步较晚，直到 1937 年国民党才开始在兰州筹建甘肃广播电台，1941 年建成，1944 年 7 月 9 日正式播音。③

表 6 - 4　甘肃广播电台播音节目时间表（1946 年 6 月 1 日起实行）④

	夏季陇蜀时	计分	节目
第一节	7.00—7.10	10	国歌　预告早晨节目　国乐　西乐
	7.10—7.20	10	早晨的话　健身操
	7.20—7.25	5	军乐
	7.25—7.40	15	简明新闻
	7.40—8.00	20	评剧　昆曲　杂剧
	9.00—	60	报时　休息

　　①　范圣予：《救亡声中的民众通讯社》，载甘肃省新闻研究所编《甘肃新闻史料》第 1 辑，1985 年，第 21 页。
　　②　高士荣：《略述民国时期甘肃的期刊》，《北京图书馆馆刊》1998 年第 3 期。
　　③　宋仲福、邓慧君：《甘肃通史·中华民国卷》，甘肃人民出版社 2009 年版，第 420 页。
　　④　《中央广播事业管理处甘肃广播电台播音时间表（三十五年六月一日起实行）》，《广播周报》1946 年第 1 期特大号，第 37 页。

续表

	夏季陇蜀时	计分	节目
第二节	12.30—12.40	10	旗正飘歌　预告中午节目　国乐
	12.40—12.50	10	时论介绍
	12.50—13.00	10	西乐　秦腔　对时
	13.00—13.10	10	新闻提要　简明新闻
	13.10—13.30	10	评书
	13.30—13.40	10	回语新闻　蒙语新闻　藏语新闻　边疆通讯
	13.40—13.50	10	平剧　西乐　大鼓　评剧　秦腔　口琴　歌咏
	13.50—14.00	10	历史讲述　地理讲述　名人故事
	14.00—14.10	10	国乐　西乐
	14.10—14.20	10	时事谈话　通讯　无线电话常识 学术演讲或常识问答
	14.20—14.30	10	秦腔　平剧　杂剧
	14.30—14.35	5	气象报告
	14.35—15.00	25	平剧　西乐　周末特别节目
	15.00—		报时　休息
第三节	19.00—19.10	10	总理纪念歌　预告当晚节目　国乐
	19.10—19.20	10	教育　青年　儿童　科学　妇女 卫生　一周大事汇述
	19.20—19.25	5	军乐
	19.25—19.35	10	快电新闻
	19.35—19.50	15	杂曲
	19.50—20.00	10	省市行政报告　国乐
	20.00—20.30	30	国语新闻及时评（转播中央台）
	20.30—20.35	5	预告次日节目
	20.35—20.45	10	西乐　职业介绍
	20.45—20.50	5	行情报告　职业介绍
	20.50—21.00	10	西乐
	21.00—21.15	15	转播　英文节目
	21.15—22.30	15	转播　平剧（如无平剧则停止）
	22.30—		国歌　停止

根据表 6 - 4 可知，1946 年夏季甘肃广播电台的播音时间分别在 7:00—9:00，12:30—15:00，19:00—22:30 三个时间段，播出的稿件大都是根据中央社、《甘肃民国日报》、《西北日报》的报道和党政军机关提供的情况编写的，播音内容包括新闻、政治评论、音乐、戏曲等，播出方式除部分音乐、戏剧节目靠放唱片外，其他节目都用直播的方式。① 甘肃广播电台还利用自身优势邀请名家演讲。1946 年 8 月，甘肃广播电台举行第二次学术讲座，国内兽医学权威兰州大学兽医学院院长盛彤笙博士主讲"有志青年请学兽医"，"该台为便利本市听众起见，特在中山林、中正公园、电信局、甘肃科学教育馆、地质调查所等处礼堂专设放送站，本市听众可往收听"。② 1948 年 4 月 11 日 13 时 30 分至 14 时，时任国立兽医学院院长盛彤笙博士又应兰州广播电台之邀，演讲"谈谈细菌战"，"届时该台将以中波短波联合播送"。③ 可见，广播已经成为政府给民众传递信息的一个主要方式。

至 1949 年 8 月，甘肃广播电台除了 3 部发射机外，其余设备有 4 部转播机、2 台增音机、1 部 62.5 千瓦柴油发电机、1 部 60 千瓦变压器、3 部交流收音机、1 部直流收音机、2 部扩音器、1 套电离层观测设备。因为兰州的电力供应严重不足，广播发射效果极差，且兰州市民中有收音机者很少，所以甘肃广播电台在兰州市民中的影响较小。

（三）全面抗战时期兰州新闻报刊繁荣的影响

全面抗战时期兰州众多报纸期刊的创办，彰显了西北人民的抗战热情，促进了兰州新闻出版业的发展，它使兰州跨出封闭的世界，增强了兰州与全国人民之间的沟通，同时对兰州社会的发展产生了巨大的推动作用。

1. 对抗战的宣传。民国时期兰州新闻事业在抗战时期达到了繁盛时期，新闻业的发展更具有双重作用："第一，西北刻下是中苏交通的要道，友邦

① 兰州市地方志编纂委员会：《兰州市志·广播电视志》，兰州大学出版社 1999 年版，第 44 页。
② 《盛彤笙氏广播讲演》，《甘肃民国日报》1946 年 8 月 11 日。
③ 《盛彤笙播讲细菌战》，《甘肃民国日报》1948 年 4 月 11 日。

人士，过往频仍，报业同人如能认识此种环境，善用此种环境，则虽不必向国际宣传，而即可收国际宣传之效。第二，西北刻下又是二分之一的国防后方，举凡抗战消息的迅速报道，抗战情绪的发扬激励，战时的政令敏捷传达，战时教育的加速推进，莫不唯报纸是赖。"[1] 兰州作为西北国际通道的节点，传递着各国往来的信息，通过新闻媒介平台，把兰州与全国的抗日情势扩散、交流。这既发挥了其传播功效，让民众了解抗战，及时把握战时状况，同时又促进了对民众的战时教育，激发了兰州民众参与抗战的热情。

2. 对民众的教化。全面抗战前，兰州交通不便，与外界联系较少。又因气候干旱，地形多山，农业基础薄弱，整个社会经济环境较为闭塞。新闻业的兴起，信息网络得以打通，不仅加强了兰州与外界之间的联系，而且中央政令等消息可及时到达兰州，一些民众通过浏览报纸杂志，自觉领会中央政府的政令，并在其周围进行传播。新闻报刊在宣传抗战的同时，也调动了民众的爱国主义情怀，对抗战建国奠定了一个坚实的基础。

3. 对西北开发的推动。兰州"是西北新闻事业的中心，又是西北和全国新闻报道的联络站"[2]，虽然西北开发的口号早已喊出，但有不少人仍把西北看作是荒漠之地，把到西北来视为畏途，"然则建设新西北，究应首先注意何者？我敢断然的回答：'应先发展西北新闻事业'"[3]。所以，作为西北和全国联络站的兰州报刊，一方面把西北介绍到全国，"动员所有居留西北的学者和作者，随时以文字报道西北风光、建设动态，以给全国各地书报刊物刊载宣传"[4]，让国人了解西北，认识西北，到西北来；另一方面将全国各地的动态向西北传播，打破了西北闭锁的环境。

① 宗琳：《兰州报业诸问题的商榷》，《新西北》1939 年第 1 卷第 2 期，第 18 页。
② 宗琳：《兰州报业诸问题的商榷》，《新西北》1939 年第 1 卷第 2 期，第 18 页。
③ 章苍萍：《发展西北新闻事业的我见》，《新西北》1939 年第 2 卷第 1 期，第 77 页。
④ 社论：《响应开发西北宣传》，《西北日报》1943 年 2 月 17 日。

三、人文艺术

全面抗战时期，众多文化名人和艺术家来到兰州，在这块抗战的热土上，他们通过文学、历史和艺术的手段宣传抗战、动员民众，提振国人的抗战信心，鼓舞后方人民的抗战热情。

（一）文学

全面抗战爆发后，为保护中国文化的命脉，各高校、文化事业单位为躲避日本的控制，纷纷西迁。同时，许多文化界的知名人士怀揣家国情怀前往兰州开展抗日救亡文化宣传工作。1938 年著名作家、记者吴渤来到兰州，创办了救亡刊物《战号》，并邀请作家萧军、戏剧家塞克（陈凝秋）、舞台美术家朱星南、作曲家王洛宾和他的妻子罗珊来兰州。① 1938 年 4 月，萧军等一行来到兰州，大力开展抗战宣传。7 月，著名艺术家赵丹、王为一、徐韬、朱今明、田烈等一行人赴新疆途经兰州时，在兰州进行了抗战宣传演出活动。当时，朱绍良任甘肃省政府主席，开始实行禁止发行进步书刊、拘捕和监视进步人士等措施，甘肃的抗日救亡文化受到极大的压制。萧军叹道："虽然前方杀得是那样天昏地暗，各地方的救亡工作也如火如荼，而兰州却能'平静无事'，实是难得的很"②。在兰州期间，萧军担任《甘肃民国日报》副刊《西北文艺》的编辑，先后发表了《补二白章：造奇的精神·左右做人难》等文章，并在《妇女旬刊》发表了《应该怎样准备我们自己》等数篇文章。1938 年 6 月 6 日离开兰州前，在发表的《告别》中，他提出："我们当前所需的就是尽可能选择与抗战直接或间接有关的积极性的题材，用各种形式——诗歌、通讯、短篇小说、报告文学等把它们表现出来，使它在抗战过程中对于人民发生一种决定的作用：启示他们，

---

① 丛丹：《萧军在兰州二三事》，载《城关文史资料选辑》第 7 辑，1999 年，第 126 页。
② 中共甘肃省委党史研究室编：《革命历史是最好的营养剂：甘肃的红色年轮》，甘肃文化出版社 2014 年版，第 178 页。

鼓励他们，坚强他们……"他对青年学生也寄予了殷切希望，"除开政府的救亡机关应该积极领导，开展兰州的救亡运动外，再就是我们有过光荣战斗历史的学生军了。这是你们的责任，你们应该把那'五四'、'五卅'、'一二·九'在北平、在上海那学生运动光荣的传统精神继承下来！"①萧军在兰州只短短停留了四十天，但他的文字激励了兰州这座"过于平静"的后方城市中青年学生的抗日热情。

1939年1月5日茅盾从昆明飞抵兰州，一下飞机他就感受到了西北冬日的凛冽严寒，在与兰州进步青年交谈之后，他认识到："西北的封建势力很严重，文化又落后，因此抗战文艺运动很难展开，原来在这里的几个著名的文化人都离开了，现在只有一些热心的文艺青年在坚持工作"。他在兰州停留的四十五天中，为文学青年作了两次演讲，一篇是《抗战与文艺》，由赵西笔记，同年二月五日发表在《现代评坛》上；另一篇是《谈华南文化运动的概况》上、下篇，由欧阳文、赵西记录，四月五日、四月十日发表在《现代评坛》。他提醒金城的文学青年："我觉着抗战文艺，光明一面固然要描写，黑暗一面同样要描写，必须从光明与黑暗两面，然后能反映出全面抗战的胜利前途。"②他鼓励青年学生在困难的条件下，也要把抗战文艺运动坚持下去，建议他们尽早成立中华全国文艺界抗敌协会甘肃分会。在这两篇报告中，茅盾分析了兰州文艺的现状和问题，并进一步提出了指导方针，为兰州抗战文艺提供了一个正确的发展方向。

1939年6月28日，老舍以中华全国文艺界抗敌协会代表的身份，随全国慰劳总会北路慰问团从重庆出发。10月7日，来到兰州，他与友人的通信中谈及兰州的现状道："兰州文艺界无何建树，颇须打气加油……榆林，洛阳，兰州急需成立通信处，都是有人无援，一经总会鼓励，必能有所成就"，虽然只短短停留了四天，但他对兰州抗战文化的发展充满信心。12

---

① 张路：《萧军与〈西北文艺〉》，载甘肃新闻研究所编《甘肃新闻史料》第1辑，1985年，第63页。

② 茅盾演讲，赵西笔记：《抗战与文艺》，《现代评坛》1939年第4卷第11期，第7页。

日，他在兰州《现代评坛》社做了《抗战中的文艺运动》的演讲，鼓励西北各地的文艺青年："我们不要再等后方大量地运来书籍刊物，我们要马上自己动手去写，不要害怕；今天的新华字典上已没有了'怕'字；放胆去写，千千万万的人得不到东西读啊⋯⋯"① 10 月 26 日，他又做了《抗战与戏剧》的演讲。回到重庆后，他在《归自西北》中写道："从富源，从历史，从国际路线，从战局，从民族与宗教，这几方面来看，我们都应当立刻矫正一向对西北的误解与望而生畏的态度。而且，特别值得我们注意与兴奋的，便是在抗战中我们已经有了一个新的西北"。因此，他倡议有识之士"注意西北，到西北去"。他认为："建设的心理已在西北存在；人才，还差的很多。这种是西北的真正问题"②。

除此之外，张恨水、萧梅性、易君左、陈嘉庚等都曾写过回忆和记录兰州之行的文学作品。兰州"在从前是新疆入关第一省会，在目前是国防上后方的重镇。论部位他是全中国的脏腑，论性质他是西北军事政治交通的中心"③。因是之故，全面抗战时期来到兰州进行宣传、调查、旅游观光的文化名人甚多，他们震撼于黄河之滨兰州的雄洪和壮观，亦认识到兰州的重要战略地位对抗战胜利的影响，因此以笔为枪，动员民众，效果甚佳。

（二）历史

1928 年，甘肃省政府决定纂修《甘肃通志稿》。1929 年 3 月 11 日，甘肃省通志局成立，下设编纂和事务二部。由吴瀛章任总办，杨思任总纂。1931 年通志局改为通志馆，由杨思任馆长。当时核定全省新通志共分十七纲九十三目。至 1933 年，因经费困难，修志工作进展缓慢，书稿约完成十分之五六。1935 年，修志期限已到，因经费中断而书稿尚未完成。张维、

---

① 中共甘肃省委党史研究室编：《革命历史是最好的营养剂：甘肃的红色年轮》，甘肃文化出版社 2014 年版，第 182、184 页。
② 老舍：《归自西北》，《改进》1940 年第 2 卷第 9 期，第 355 页。
③ 许元芳：《忆兰州》，《国货与实业》1941 年第 1 卷，第 59 页。

慕寿祺、邓隆、朱秉衡等诸位学者在极其困难的条件下，又经过一年多努力，终获完稿，成为甘肃全省三大通志之一。《甘肃通志稿》的编写以县为纲，或以时为事，不拘一格，是研究甘肃政治、经济、文化以及少数民族历史的重要参考资料。

张维对《甘肃通志稿》的编纂功不可没。甘肃通志局成立后，张维任协纂。在经费极其困难的情况下，坚持与其他同仁完成了《甘肃通志稿》。①张维深感文物、古籍之遗散，在甘肃省通志馆的工作结束后，他建议政府成立甘肃丛书编印馆，后又扩充为文献征集馆，他任馆长兼总纂，拟编印甘肃丛书一百二十一种。又搜集了众多近代人士著述中有关西北的资料，辑为专集，以备后世之参阅。张维重视戏剧、民间曲艺、民族音乐等，以期为研究历史学、民族学、民俗等各学科之参考。他一生致力于方志学、金石学和西北历史文献之征集，学术造诣深厚。著述包括《甘肃省县总分图》、《陇右方志录》二卷、《陇右金石录》十三卷、《甘肃人物志》二十四卷、《甘肃地理沿革图》、《兰州古今注》一卷、《陇右经学之传授》一卷等皆已出版。未刊者有《方志衡义》一卷、《史学通论》一卷、《还读我书文诗集》等。②

慕寿祺也是民国时期享誉省内外的史学大家，1929 年，慕寿祺任甘肃通志局协纂，1935 年，被聘为甘肃学院文史系教授，讲授经学和音韵学。他博古通今，著有《周易简义》《甘肃省历史大事记》《镇原县志》《求是斋群粹录》《敦煌艺文志》《中国小说考》《甘宁青史略》《陇上同名录》《经学概论》等。1945 年 4 月，他主持创办《拓报》，宣传民主进步思想，颇受读者欢迎。他的名著《甘宁青史略》，上编 30 册、副编 5 册，计 100 多万字，是一部起自伏羲氏，迄于 1928 年，涵盖甘、宁、青地区政治、经济、军事、文化、教育等方面的史志巨著。

---

① 张季容、张令瑄：《张鸿汀先生事略及著书提要》，载《兰州文史资料选辑·近代人物史料专辑》总第 12 辑，兰州大学出版社 1992 年版，第 112 页。

② 张令瑄：《还读我书楼诗集校读记》，载《兰州文史资料选辑》第 23 辑，兰州大学出版社 2004 年版，第 372 页。

著名历史学家顾颉刚也曾两次到过甘肃，与兰州结缘。1937 年 9 月至 1938 年 9 月他以中英庚款补助西北教育设计委员的身份，来甘肃考察西北教育。顾颉刚初次来到甘肃期间，在兰州只停留三个月，但兰州的人物风土、名胜古迹等，给他留下深刻印象，他在《西北考察日记》中作了生动记载。在兰州期间，应甘肃学院朱铭心院长之聘，顾先生欣然担任甘肃学院文史系特约讲座。1937 年 11 月 7 日，在兰州伊斯兰学会，他作了题为《如何使中华民族团结起来？》的演讲。考察之余，他还联合游学外省的青年，创立老百姓社，自任社长，在兰州主编了《老百姓》等通俗刊物，宣传抗日。《老百姓》旬刊刊行了大量宣传抗日的歌曲、快板、消息、事迹等。① 他还于 1948 年受兰州大学校长辛树帜之聘，任兰州大学历史系主任兼教授，在 1948 年 6 月飞抵兰州就职，讲授《楚辞研究》，一时听者云集。②

（三）艺术

1. 书法。抗战时期，甘肃不乏一些颇具声誉的书法家。范振绪便是其中之一。范振绪，字禹勤，号东雪老人。1911 年辛亥革命后以同盟会会员的身份被选为参议院议员。1926 年后在荣宝斋以书画为生，他全身心致力于书画艺术，其山水画风格细腻含蓄，自成一体。1934 年，他受聘为甘肃省政府顾问及甘肃省禁烟委员会委员，但仍孜孜于书画艺术，还是"千龄诗社"的中心人物。抗日战争时期，国画大师张大千自重庆往敦煌千佛洞、榆林窟等处临摹壁画，途经兰州。两人原系旧交，重逢之际相谈甚欢，于是相邀共往。张大千曾把千佛洞的部分洞窟做过编号，这一艰巨工作与范振绪的全力协助是分不开的。1944 年他返回靖远县，主纂清道光后失修的《靖远县志》，修成《靖远县新志》初稿。1946 年宁夏省主席马鸿逵聘请他

　　① 尹玉霞：《抗战烽火中文化名人在兰州》，载《兰州文史资料选辑》第 24 辑，兰州大学出版社 2006 年版，第 223 页。
　　② 陈乐道：《兰州——一座名人笔下的城市》，《档案》2015 年第 8 期。

到银川修《宁夏通志》，但因环境条件所限未果，于是回到兰州后，与书画为伴。①

魏振皆，字继祖，甘肃省皋兰县文山村人。他的一生在求学、执教、书法艺术中度过。1914 年，魏振皆自兰州第一中学毕业，后考入京师高等师范学校学习，1918 年毕业后东渡日本游历。魏振皆在甘肃从事教育工作三十年，曾任酒泉中学、武威师范、兰州五中校长、兰州中山大学（今兰州大学前身）教师等职。1947 年，他因忧思长子，加之民国政事日非，遂辍教回文山家居。他的旧居在文山村东崖根，有四间北室，一间半西房。屋旁距地面约二丈左右的石崖上，有一天然洞窟，他请工匠在里面雕凿了几个洞房，常常缘梯而上，在洞中会友、练字。他的笔名"洞叟"，就由此得来。② 魏振皆在书法艺术上有很深的造诣，酷爱魏碑，力求书体更具外形美，曾得"五泉山人"刘尔炘的真传。③ 在兰任教期间，他每日潜心苦练，博采众家之长，形成了独具风格的魏碑书体，他的书艺精品曾在北京和日本展出。在 1936—1940 年间，魏振皆的书艺鹊起，到抗战胜利时，年过半百的他已经成了引领甘肃书坛一代新风之翘楚人物。1953 年，甘肃省文史研究馆成立后，魏继祖被省人民政府聘请为馆员。

2. 美术。20 世纪 40 年代，开发西北、建设西北成为当时国家的重点。国内一批学者、艺术家纷纷踏上西北的土地。1940 年 12 月，王子云率领西北艺术文物考察团到达兰州，他对兰州金天观的壁画进行了考察研究。他认为山东泰安岳庙中的壁画、山西永乐宫中的壁画，无论内容与规模，还是艺术成就上，都远不及此。他提出："从艺术意义上说……这里所画的全是现实生活中常见的人物，其服饰装扮，也多是明代人的生活情景。所以金天观的壁画，其价值是很高的"。1942 年考察团在完成敦煌的工作后，在

---

① 张尚瀛：《甘肃著名书画家范振绪生平》，载《甘肃文史资料选辑》第 47 辑，甘肃人民出版社 1997 年版，第 160 页。

② 杨兴茂：《甘肃著名书法家魏振皆史略》，载《兰州文史资料选辑·近代人物史料专辑》总第 12 辑，兰州大学出版社 1992 年版，第 103 页。

③ 李世蝶：《点点墨墨斑斑血，消磨时间七十年——书坛巨擘魏振皆事略》，载《城关文史资料选辑》第 12 辑，2010 年，第 101 页。

兰州举办了成果展。

1941 年 4 月，张大千来到兰州，在兰州小住月余，下榻鲁大昌会馆，准备以实地考察，寻求绘画题材。① 准备经永登、武威、张掖、酒泉到敦煌等地，临摹壁画，观摩雕塑艺术。历时一年，回到兰州后，借住在鲁大昌家中半年之久，整理画稿，曾印出第一部介绍临摹敦煌壁画艺术的画册。张大千在兰州期间，每日上门求画的人，门庭若市。他还经常去拜访张维先生，互相切磋唱和。②

1943 年春，著名国画家关山月携妻子和赵望云、张振铎同往西北，他们按既定方案，先到达西安、兰州举办了画展，又一路写生作画，从兰州进入敦煌。在冬天来临之际，离开敦煌，返回兰州。关山月认为来西北难得，于是在兰州住了三个多月，深入西北少数民族地区进行写生。创作了一批表现西北风光的佳作，如《黄河冰桥》《塞外驼铃》等。在兰州市关山月还巧遇吴作人，两人在骆驼背上互画，关山月在画上题："卅二年冬与作人兄骑明驼互画留念，时同客兰州，弟山月"。吴作人在画上题："卅二年三月骑明驼互画留念，作人"。③

1943 年，吴作人离开成都，来到兰州，这是他的第一次西部之行。全面抗战期间，吴作人的足迹踏遍了甘、青地区，创作了大量油画、水彩画、速写。有人评论："画家吴作人是以西洋为出发点而朝向新中国绘画的一个"④。他在兰州时，曾前往兴隆山凭吊成吉思汗陵，而这次西部之行，也成为他艺术人生的重大转折。

著名美术家常书鸿在法国学习绘画时，偶然间看到一本《敦煌石窟图册》，于是在他心里种下了要回到祖国去保护、研究、弘扬敦煌艺术的种子。1936 年归国，他任教于北平国立艺专。1942 年，重庆国民政府决定成

①　《中国名画家张大千飞兰》，《甘肃民国日报》1942 年 4 月 11 日。

②　师倎、马皜明：《西部前辈学人交往轶闻》，载《兰州文史资料选辑》第 23 辑，兰州大学出版社 2004 年版，第 355—356 页。

③　关坚、关怡编著：《当代岭南文化名家关山月》，广东人民出版社 2018 年版，第 16 页。

④　沈平子：《吴作人》，古吴轩出版社 2000 年版，第 73 页。

立"国立敦煌艺术研究所",邀请常书鸿担任筹委会副主任,他欣然接受。同年冬天,常书鸿只身从重庆飞往兰州。在兰州,常书鸿好不容易招募到几个志同道合者,并购置了笔、墨、纸、颜料、圆规等简单家当,便踏上了令其一生难忘的敦煌之行。画家张大千在1943年离开莫高窟时半开玩笑地对他说:"我们先走了,而你却要在这里无穷无尽地研究保管下去,这是一个长期的——无期徒刑呀!"为了弘扬敦煌艺术瑰宝,常书鸿组织研究所多次举办展览,让更多的人了解敦煌。1945年,常书鸿在兰州举办了"常书鸿父女画展",作品多是常书鸿及长女常沙娜几年间在敦煌所临摹的各时代的壁画摹本,约三四十幅,另有常书鸿的油画、速写等,这个展览在当时引起了不小的轰动。① 1948年1月25日,常书鸿、鲁少飞与黎雄才等,在兰州发起筹组中华全国美术会西北分会,有会员50余人。②

1946年,受常书鸿的邀请,著名画家韩乐然前往敦煌考察,在得知克孜尔存在千佛洞时,便乘车入疆,在克孜尔石窟进行了为期14天的考察,临摹了一批壁画,拍摄了大量照片。回到兰州后举办了一次克孜尔千佛洞画展,取得巨大成功。③

兰州本土画家孔寿彭,也具有一定的影响力。他17岁时所画的《林则徐烧烟》《八国联军进北京》《甲午之战》《五卅惨案》,在兰州民众教育馆展出后,曾轰动一时。1937年10月,他参加了甘肃省妇女慰劳抗敌将士分会主办的《妇女旬刊》编辑工作,为刊物设计封面。1944年,孔寿彭曾在兰州举办画展,"自十二日展出近作一百四十幅,观众极形踊跃,四日内定出一百余幅,就中尤以牡丹雪景为人称道",由于参观者络绎不绝,以致日期延长三日。④

3. 音乐。"花儿"是甘宁青地区广为流传的一种音乐形式。全面抗战时期,榆中人张亚雄首次把"花儿"搜集整理成文字资料。张亚雄在北平私

---

① 常书鸿:《九十春秋——敦煌五十年》,甘肃人民出版社1999年版,第66、80页。
② 《常书鸿等在兰州组织西北美术会》,《申报》1948年1月26日。
③ 高羔:《金声玉振:城关碑刻墨迹撷萃》,甘肃文化出版社2017年版,第241页。
④ 《孔寿彭画展誉满兰州,次续延三日》,《甘肃民国日报》1944年9月16日。

立平民大学新闻系读书时，徐凌霄、王小隐先后任该系主任。徐凌霄在同其谈话中，听说西北民歌"花儿"，并鼓励其研究"花儿"。张亚雄的第一篇论文《花儿序》，经徐凌霄定稿后在北京发表。1931年，张亚雄从北平平民大学毕业后回到兰州，担任过《甘肃民国日报》等几家报纸的编辑，开始从事"花儿"的系统研究工作。他在报纸上公开征集"花儿"，收集了众多投稿，由于"花儿"的登载使得《甘肃民国日报》的发行量由几百份增至几千份，一时间广受欢迎。① 在抗日战争的烽火中，张亚雄完成了《花儿集》的撰述工作，1940年《花儿集》第一版在重庆青年书店出版。这一版印了五千册，这在当时是最高印额。书中张亚雄所作的"花儿"——"抗日少年"十二首，用民歌形式，激励人民抗战到底，不仅在当时很有影响，而且表现了他的爱国热情。②

　　1938年，王洛宾准备从西安取道兰州经河西走廊去欧洲留学时，在六盘山遇雨受阻，暂住在西吉县和尚堡的一个大车店里，第一次听到店里的老板娘唱"花儿"，便被这种独特的音乐深深地吸引了。他放弃去欧洲学习西洋音乐的计划，转而决定去甘肃、青海继续寻访"花儿"。③ 随西北抗战剧团到达兰州后，他住进了炭市街（今中山路）49号。④ 在这里他结识了一些来自吐鲁番的"葡萄客"，他们不仅带来了吐鲁番的特产，也带来了维吾尔族的民歌和舞蹈。一个偶然的机会，西北抗战剧团与来自新疆的一支运送苏联援助中国抗战物资的车队举行联欢。一位维吾尔族司机，用维吾尔语即兴唱了几句当地民歌，引起全场的喝彩，热情、粗犷、幽默的旋律令王洛宾为之着迷。联欢会一结束，他就向那位维吾尔族司机求教，请他一句一句地重唱，耐心地为他记谱，还请"葡萄客"朋友帮他把维吾尔语翻译成汉语。那一夜，王洛宾连夜加工，边唱边改，数易其稿。过了几天，在欢送新疆车队启程往西

---

① 甘肃省文史研究馆编：《陇史掇遗》，上海书店1993版，第93页。
② 金耀东：《张亚雄和他的〈花儿集〉》，载《榆中文史资料》第2辑，1992年，第61页。
③ 贠有强编：《六盘山史话》，宁夏人民出版社2018年版，第286页。
④ 柏原：《〈达坂城的姑娘〉创作经过》，载《甘肃文史资料选辑》第47辑，甘肃人民出版社1997年版，第105页。

安的欢送会上，王洛宾慨然登台，用汉语第一次公开演唱了《达坂城的姑娘》，这是中国音乐史上第一首用汉语写成的维吾尔族民歌。[1]

四、 图书馆

（一）甘肃省公立图书馆

1916 年，在兰州地方人士的倡议下，由阎士璘会同刘尔炘、张继祖等人，搜集了前学务公所及兰山书院、求古书院、五泉书院的书籍四万余册，且多为古籍线装书。同年冬，经甘肃省长公署批准以提学使署东图书楼（原学院街 5 号，今城关区人民法院）为址正式成立图书馆，并绘图向教育部立案，定名为甘肃省公立图书馆，由阎士璘兼任馆长，内部组织有总务部、阅览部，依照《四库全书总目》对书籍进行归类。其时有藏书楼五座，占地二亩六分。[2]

1924 年，受新图书馆运动的影响，甘肃省政府颁布《甘肃省立图书馆章程》，对图书馆的宗旨、开放办法、组织结构等作了具体安排。时任馆长张继祖编印了《甘肃省公立图书馆书目初编》，共六卷六册，制定了详细的管理规则。[3] 先设阅书室，后增设通俗阅览室、报刊阅览室。但在这一时期，由于藏书多为旧籍、阅览手续繁琐且不外借，故阅览人数并不多。这一时期的甘肃省公立图书馆处于由藏书楼向公共图书馆的转化时期。到1929 年，采购图书的方向也开始适应社会潮流，以期吸引普通民众，该年的阅览人次为 11146 人。[4]

由于民国时期政局动荡，馆长一职屡次更迭，从 1927 年至 1928 年，刘维周、王肇南、朱永成、张维、水怀智等人先后出任甘肃省公立图书馆馆长。张维在任期间，为图书馆购书 1 万余册，并呈请教育厅训令各县寄送志书。1928 年水怀智上任后，按《杜氏分类法》编目书籍，并从商务印书馆、

① 负有强编：《六盘山史话》，宁夏人民出版社 2018 年版，第 286 页。
② 《甘肃省图书馆馆史》，《图书与情报》1986 年第 4 期。
③ 郭向东：《甘肃图书馆史话》，甘肃文化出版社 2010 年版，第 26 页。
④ 《甘肃省图书馆馆史》，《图书与情报》1986 年第 4 期。

中华书局等处采购书籍，使得馆内藏书结构多样化。到 1929 年，藏书达到 51881 册。1932 年，甘肃省公立图书馆改名为甘肃省立图书馆，由牛载坤接任馆长。1933 年，王鑫润接替牛载坤出任馆长一职，呈请征集陇上乡贤遗著及新近学者佳作，甘肃省政府督令各县教育局遵章办理。在任期间，增添了《四部丛刊》《初编天算丛书》及各种辞典，并接受国民政府考试院院长戴季陶捐赠的《古今图书集成》。1936 年统计书籍有 2236 种，共计 54000 余册。通俗图书室有小说百余种，报刊阅览室有杂志 80 余种，报纸 10 余种。①

1939 年春，兰州遭日机轰炸，甘肃省立图书馆也在战火中受到极大损失，7 间房屋被炸毁，8 千余册图书被烧毁，② 200 余块书版被损坏，多数书籍被疏散于乡间，馆内仅开放期刊阅览室，一时业务陷于停顿。同年 9 月，李英出任馆长，增置了多种抗战类书籍，并呈请省政府拨款补刻了被日机炸毁的 56 片书版，包括左宗棠所刻《五经》《四书》及清宣统年间安维峻等纂《甘肃新通志》木版。除此之外，他还将原有的阅览部门分成馆内、馆外阅览两部，馆内阅览包括参考室、杂志室、报章室、儿童阅览室；馆外阅览包括图书站、流通书车。

1942 年，甘肃省立图书馆改称甘肃省立兰州图书馆，因在抗战时期，新书采补受多种因素制约而极为有限。1944 年，将前楼拆除重新修建，恢复为一个图书阅览室和一个期刊阅览室。同年 11 月被疏散的书籍也全部运回，重新进行整理。同时在两个小学和茶园设有图书流动站。在业务上，受国立西北图书馆的辅导，开始对基础工作进行整顿，计划重新分类图书，编制卡片式目录，参与兰州市图书馆协会倡导的兰州市图书联合目录，但由于人力和财力问题，均未能完成。1946 年后，举办的展览有馆藏珍本图书展览、西北文献展览、馆藏方志展览。③ 1948 年 3 月，甘肃省立兰州图书馆交由兰州市政府接办，改称兰州市立图书馆。在此期间，接收了刚成立的兰州市儿童图书馆，改为儿童阅览室。

---

①　郭向东：《甘肃图书馆史话》，甘肃文化出版社 2010 年版，第 27 页。
②　邵国秀：《民国时期甘肃的图书馆事业》，《图书与情报》1992 年第 3 期。
③　《兰州图书馆珍本展览》，《甘肃民国日报》1947 年 8 月 12 日。

同年 7 月 1 日复归省办，仍用原称。8 月，增设研究室、特藏室。除此之外，还举办过一系列的地方文献展览、通俗读物展览、书画展览等。1949 年 8 月 26 日，兰州解放时，馆内藏书共六万七千余册，有职员六名。①

（二）国立西北图书馆

1943 年，国民政府决定筹办国立北平图书馆、国立中央图书馆之外的第三所国立图书馆，即国立西北图书馆。刘季洪、蒋复聪、袁同礼、陈训慈、陈东原、岳良木、郑通和、蔡孟坚、冯国瑞、刘国钧等 9 名国内文化界的知名人士与西北教育行政当局人士共同受聘于教育部，组成了国立西北图书馆筹备委员会，刘国钧任主任。② 3 月 26 日在重庆教育部礼堂召开第一次筹备委员会会议，决定馆址设在西北交通中心兰州。同年 6 月，教育部颁布《国立西北图书馆筹备委员会组织规程》。③ 7 月，筹备委员会开始在兰州办公。国立西北图书馆内设图书、报刊阅览室，外设阅览室和书报供应站。并且开设了图书杂志影片室，也就是微缩图书阅览室，由当时的国际文化资料供给委员会供给国外出版的学术杂志的微缩胶卷，配有显微阅读机。9 月，刘国钧撰写《筹备国立西北图书馆计划书》，明确提出："国立西北图书馆为国家而兼具地方性之图书馆。其工作之目的，为保存文献、提高文化、促进学术、以增进人民之知识而协助国家政策之推行。故其办法，至少当与国策相适应"④。

1944 年 5 月成立了西北文物研究室，主要以汇集研究并展览西北文物为目的。1944 年 7 月 7 日正式开馆，刘国钧任馆长。在图书馆建设的思路上，他提出"三个中心"："西北文化问题的研究中心、西北建设事业的参考中心、西北图书教育的辅导中心"⑤。同年 10 月，《西北文化》周刊创刊，

---

① 《甘肃省图书馆馆史》，《图书与情报》1986 年第 4 期。

② 易雪梅：《国立西北图书馆——刘国钧图书馆学理论之实践》，第一届图书馆史学术研讨会论文，2006 年 10 月 14 日，第 164—169 页。

③ 《国立西北图书馆筹备委员会组织规程》，《社会教育季刊》1943 年第 1 卷第 2 期，第 108 页。

④ 刘国钧：《筹备国立西北图书馆计划书》，《西北日报》1943 年 9 月 23 日。

⑤ 刘国钧：《国立兰州图书馆与西北文化》，《甘肃青年》第 9 卷第 1—2 期，1944 年，第 9—10 页。

至 1945 年 7 月停刊，共出版 36 期。主要刊登有关西北文化研究、西北资料介绍以及西北地区图书馆情况介绍的文章。国立西北图书馆的组织机构相较于省立兰州图书馆而言，更为健全。初设总务、采访、编目、阅览四组，另设会计室、编纂室、人事员，有职员 28 名，藏书 1 万余册，包括《丛书集成》《四部丛刊》《国立北平图书馆珍本丛书》《关中丛书》等，西北文献 200 种，英文科学书籍 200 种，碑帖 200 种。①

　　1943—1946 年的办馆经费分别是 200000 元、779634 元、2510200 元、8790000 元。② 1945 年，因经费困难，国立西北图书馆停办，其图书文卷、器具，分别存于省立兰州图书馆、国立西北师范学院图书馆。1946 年 9 月复馆，次年 2 月 21 日，与甘肃省立兰州图书馆联合开放，改名国立兰州图书馆。由于停办前将图书移交于省立兰州图书馆，且新馆尚未建成，只能暂借省立兰州图书馆办公。遂与省馆商定，新馆建成之前，两馆联合开放。1947 年 6 月，国立兰州图书馆将教育部拨发的十万余册图书由京沪运至兰州，“为激发社会人士注意图书教育起见，于上月（八月）十三日至十七日在该地举行善本图书展览会，参观人员极为踊跃”③。至解放时，共藏书 98975 册。④ 馆内中文图书依照刘国钧的“中国图书分类法”进行整理，外文图书依照“杜威十进分类法”分类。1948 年 3 月 11 日，国民政府公布《兰州国立图书馆组织条例》，规定国立兰州图书馆隶属于教育部，其工作任务包括：“（一）西北各省古物文献及有关边疆史料之保存；（二）西北各省图书文化事业之辅导；（三）各种图书古物及地方文献之搜索编藏考订展览。”⑤ 4 月迁入新馆，馆址在兰州市中正公园（今通渭路），馆内共建平房 42 间，后又增建 11 间，至解放后完工。国立西北图书馆的主要任务是搜集和保存有关西北各省文献，以供开发西北作参考，因此对地方文献之搜集

①　邵国秀：《民国时期甘肃的图书馆事业》，《图书与情报》1992 年第 3 期。

②　教育部教育年鉴编纂委员会编：《中国教育年鉴》，商务印书馆 1948 年版，第 1152 页。

③　《国立兰州图书馆珍本展览》，《教育通讯》1947 年第 2 期，第 31 页。

④　郭向东：《甘肃图书馆史话》，甘肃文化出版社 2010 年版，第 30 页。

⑤　《兰州图书馆条例由立院修正通过》，《申报》1948 年 3 月 5 日。

极为重视，当时搜集到 200 余种坊间不常见的写本，此外还有西北所出金石拓片百余种。同年，编辑刊行《国立兰州图书馆特藏书目初编》，收录元明刻本 200 种 209 部，稿本、批校本、传抄本 224 种 226 部，朝鲜刻本 156 种 162 部。① 1949 年 10 月 22 日，军管会令两馆合并，称兰州人民图书馆，派陆泰安为馆长，刘国钧为副馆长，以国立兰州图书馆所在地为馆址。两馆合并后，藏书共 166629 册，设阅览、采编、总务三组，全馆共 53 间房屋，开设普通阅览室、期刊阅览室、西北资料研究室。②

（三）学校图书馆

1. 国立兰州大学图书馆。兰州大学由 1909 年的甘肃法政学堂发展而来，历经甘肃公立法政专门学校、兰州中山大学、省立甘肃学院、国立甘肃学院和国立兰州大学等几个重要的发展阶段。③ 国立兰州大学图书馆创始于清末甘肃公立法政专门学校时期（1913 年 6 月至 1927 年），以清代贡院遗留的"观成堂"为书库，"至公堂"为阅览室，均是旧宫殿式的建筑。④ 开办之初只有阅览室一间、图书保存室一间，藏书 3379 册（1914 年），报纸 10 余种（1919 年）。兰州中山大学时期（1928 年 2 月至 1931 年初），馆舍稍有扩充，添购图书近百种。省立甘肃大学时期（1931 年 5 月至 1932 年 3 月），图书稍有充实。1931 年，馆舍加以修葺，并开辟了阅览部门。到省立甘肃学院和国立甘肃学院时期（1932 年至 1946 年），有图书馆一座名为至公堂，由衡鉴堂改建，主要做教室用，藏书 45670 册，⑤并将所藏图书初步分类，设置目录柜，又添置阅览桌椅，遂初具规模。

1946 年 3 月，国立兰州大学正式成立，"西北人士欢欣相告，甘肃省参

---

① 郭向东：《甘肃图书馆史话》，甘肃文化出版社 2010 年版，第 30 页。
② 《甘肃省图书馆馆史》，《图书与情报》1986 年第 4 期。
③ 庄虹、沙勇忠：《筚路蓝缕，以启山林——民国著名学者与国立兰州大学图书馆》，《兰州大学学报》（社会科学版）2009 年第 3 期。
④ 《兰州大学图书馆概况》，《文物参考资料》1951 年第 10 期。
⑤ 庄虹、沙勇忠：《筚路蓝缕，以启山林——民国著名学者与国立兰州大学图书馆》，《兰州大学学报》（社会科学版）2009 年第 3 期。

议会及省政府决议划兰市西北萃英门内子城全区为校址。其地旧为贡院，清季左文襄公总督陕甘时所创建，广可二百四十亩"①。兰州大学图书馆合并了国立甘肃学院及国立西北医学院两校的图书馆，修建两层独栋馆舍一座，名曰"积石堂"。馆舍由观成堂后 20 间小屋拆建而成，面积 1616 平方米。辛树帜执掌兰大后，明确两点办学思路：一是延聘名师；二是增加图书资料，尤以杂志为主。② 这一办学思路两三年后已卓有成效。当时的学生中有一句顺口溜："辛校长办学有三宝，图书、仪器、顾颉老"③。国立兰州大学筹办之始，辛树帜校长以充实图书、仪器设备为当务之急，1946 年 8 月聘请图书馆学家何日章为兰州大学图书馆馆长。

何日章主持国立兰州大学图书馆时期，设登购、编目、阅览、杂志四部。登购部负责图书、杂志、报章购买、登记事宜；编目部掌理中外文书籍分类、编目；阅览部负责管理书库、阅览室之典藏、流通事宜；杂志部掌理中外文杂志之典藏、阅览及装订事宜。何氏还制定了详细的借阅规章制度，借阅权限以教授为重，教授借书，每一科目以五种为限，借阅时长为一月；职员每人以一种为限，借书期限两周；学生借书每人每次以一种为限，借书限期一周。当时普通阅览室实行开架制度，日夜均行开放，实乃何先生开图书馆界一代风气之先。④ 在图书编目分类上，采用何日章和袁涌进编制的《中国图书十进分类法》。何日章先生不拘泥于普通图书馆的办馆模式，在任期间以建设彰显兰州大学西部特色的图书馆为己任，因此拟于图书馆新址落成后，划出一部分房屋，筹设西北文物研究室，内分考古、民俗两部。考古方面先从搜罗有关敦煌图籍及彩陶着手，民俗方面拟以风俗习惯及歌谣之采访编辑和服饰用具收藏为主。

---

① 顾潮：《顾颉刚年谱》，《昆仑堂碑记》，中华书局 2011 年版，第 241 页。
② 刘文江：《顾颉刚关于"国立兰州大学"的两篇序记述略》，《兰州大学学报》（社会科学版）2009 年第 2 期。
③ 中国科学技术协会编：《中国科学技术专家传略·农学编》，中国农业科技出版社 1996 年版，第 117 页。
④ 庄虹，沙勇忠：《筚路蓝缕，以启山林——民国著名学者与国立兰州大学图书馆》，《兰州大学学报》（社会科学版）2009 年第 3 期。

在图书采购方面，辛树帜大刀阔斧，不惜重金，多方搜求，他说"杂志为一代学术之总汇，故全世界学术性之杂志务求其全。线装书以清代刊本为最精，近五十年之著述与今人呼吸相通，故亦必求其备"①。在辛树帜任校长期间，仅1946—1947两年间就采购图书8万余册。搜求国内出版的中文期刊约500种，订购外文杂志200余种，均为权威学术刊物。1947年12月，藏书已经达到10万余册，"兰市公私藏书之富，未有逾于本馆者矣"②。至1948年11月达15万册，③ 其发展之迅速在当时的西北地区首屈一指。

1948年，兰州大学新图书馆落成，辛树帜名之为"积石堂"，顾颉刚亲撰《积石堂记》，"入图书馆，则中外图书杂志充塞老屋数十椽，如登群玉之峰"④，"得览藏书，左右逢源，重度十余年前之铿研生活，日眙心开，恍若渴骥之奔泉，力不可抑而止"⑤。在他离开兰大之际，感慨道："他年海内承平，中外缥缃纷沓而至，两楼不可胜容，则将增筑书库，期为八十万册之储。其规模之宏，致力之锐，所以推动西北文化者，岂不伟欤？""使采储八十万册者，吾忍不终老于此耶！"⑥ 顾先生对国立兰州大学图书馆的未来寄予厚望。国立兰州大学图书馆以其完备的规章制度和开明的服务理念，为其后来的事业发展奠定了坚实的基础。

2. 国立西北师范学院图书馆。西北师范大学，前身为国立西北师范学院。1937年西安临时大学成立后，何日章被任命为教务处图书组组长，由于战乱西迁，在北平的20万册图书均未带出。西安临时大学成立不久，1937年11月，太原沦陷，潼关告急，敌机不断轰炸。西安临时大学于1938年3月16日再次启程迁往陕南汉中一带。⑦ 1938年4月，西安临时大学奉令改成"国立西北联合大学"。5月，西北联合大学在城固宣告正式成立。

---

① 顾颉刚：《〈国立兰州大学图书馆概况〉序》，国立兰州大学图书馆1948年，第2页。
② 何日章：《国立兰州大学图书馆概况》，国立兰州大学图书馆1948年版，第3页。
③ 唐红安，张自福：《何日章与民国时期西北图书馆事业》，《天水师范学院学报》2015年第4期。
④ 顾颉刚：《〈国立兰州大学图书馆概况〉序》，国立兰州大学图书馆1948年，第2页。
⑤ 顾颉刚：《积石堂记》手写本，国立兰州大学图书馆藏，1948年。
⑥ 顾颉刚：《积石堂记》手写本，国立兰州大学图书馆藏，1948年。
⑦ 《校闻》，《西北联大校刊》，1938年第1期。

由于战时图书短缺，西北联大图书馆刚开馆时，只有2000多册图书，师生平均每人只有一本书。当时在西北联大上学的陈宝琦回忆道："书太贵了，每天要到图书馆去抢看参考书，许多人在门后等着开门，门一开大家就拼命挤，人小力小的就这么被挤出挤进后才被人推了进去，一进门又得眼快腿快地抢座位，放好书包又得挤到台前抢书。听课则人多座少，也得抢。"①

1939年8月，西北联大再次改组，师范学院独立设置，称国立西北师范学院。分设初期，图书馆没有立即分开，西北大学、西北师范学院两校图书馆和南迁来的陕西省立图书馆，合组"城固联合图书馆"，职员经费由三方分担，合组办公的情形一直持续到1941年。

由于城固"地处陕南，位置偏僻，学校的发展空间极为有限"②，而甘肃还没有一所国立高校，迫切需要培养中学师资力量以发展教育，于是教育部部长陈立夫签署"渝字1528号训令"，要求国立西北师范学院迁往兰州，将省立甘肃学院之文史、教育两系并入，并以甘肃学院院址为西北师范学院院址。③ 1941年10月1日，国立师范学院兰州分院正式成立，考虑到战时经费短缺、物资匮乏，国立西北师范学院的迁建采取逐年过渡的办法。1941年秋冬，兰州分院一年级开学在即，何日章的当务之急是在兰州建立分馆。根据一年级新生的课程，在现有藏书中挑选了哲学、社会科学、自然科学、艺术、文学、史地、宗教等部类图书，再加上新购图书共计874册，运往兰州。到兰州后，四处奔走，筹备馆舍，至12月底，兰州分馆初具规模。迁入兰州永久校址后，何日章在《西北日报·文化周刊》上撰文记述了西北师范学院图书馆数次分化和搬迁的曲折历程，从书籍介绍、采购图书、编整书籍、出纳书籍等方面介绍了图书馆的工作程序，以及关于抗战中图书馆建设和管理方面的感想和建议。截至1944年12月底，西北师

①　西北大学校史编写组：《西北大学校史稿》，西北大学出版社1987年版，第53—54页。

②　尚季芳：《开发西北教育的急先锋——抗战时期国立西北师范学院的创办和业绩》，《教育史研究》2005年第4期。

③　陈立夫：《规定西北各校院永久校址教育部训令》，《国立西北师范学院校务汇报》1949年第11—12期，第4页。

范学院图书馆馆藏中文书籍6584种、17029册，西文书籍1788种、2444册，中文杂志2699册，西文杂志1526册，图表55幅，实习教科书388册。大部头中文书籍有万有文库、二十四史、四部丛刊、四部备要等，西文则有大英百科全书两部。馆藏总量24141册。① 同1941年相比，馆藏量增加了2.9倍，何日章先生在其中作出了重要贡献。

3. 西北技艺专科学校及国立西北农业专科学校图书馆。1939年4月，国民政府行政院决定在兰州建立西北技艺专科学校，地址在兰州西果园，先后设农艺、森林、畜牧、兽医、农业经济和农田水利等科。图书室隶属教务处，设主任1人。1940年，藏有图书3471册，图表37幅，杂志70余种。另向美国订购西文书籍593册，向北京订购图书66册，向重庆、成都各书局订购图书510册。②

1945年8月，奉教育部令，国立西北技艺专科学校改名为国立西北农业专科学校，在教务处之下设立图书组管理图书。1945年农业科有图书杂志图表百余种，森林科有专业图书34种、杂志及图书百余种，畜牧兽医科有图书杂志百余种，农业经济科有图书杂志500余种，图表100余种。③ 1946年，经国民政府教育部批准，在兰州设立国立兽医学院。这是国内首座独立的国立兽医高等学校，首任院长盛彤笙。为筹建国立兽医学院，教育部专门聘请联合国善后总署中国分署兽医主任史丹福（或叫斯塔夫瑟斯）、兰州大学校长辛树帜、国防部兽医总监崔步瀛、农林部畜牧司司长虞振镛、中央大学畜牧兽医系教授盛彤笙主持筹建。1948年，在黄河南岸的小西湖畔，耸立起了一座雄伟壮观的教学楼——伏羲堂，师资、图书、仪器设备初具规模。图书馆设在伏羲堂大楼内，有图书千余册及少量杂志。④

---

① 何日章：《谈谈国立西北师范学院图书馆》，《西北文化》1945年第19期。
② 西北技艺专科学校编辑委员会编：《国立西北技艺专科学校概览》，1940年，第29页。
③ 西北技艺专科学校编辑委员会编：《国立西北技艺专科学校概览》，1940年，第29页。
④ 王锡桢：《建国前的国立兽医学院》，载甘肃教育志编辑室编《甘肃教育史志资料》，1987年，第85页。

五、 科学考察

（一） 兰州风光

兰州自古就是中原通往西北及欧、亚文化交流的孔道，丝绸之路上的明珠，黄河之滨的古城。其自然风光优美，"众山四合，环抱此城形成一大亭园。其中一河如带，万树笼烟，几处楼台，满地芳草，由空中俯瞰，如一副山水书画，动人无限美感"①。其民族特色浓郁，"兰州让人感兴趣的一点是，它给人以一种中国文化和土耳其文化交界的感觉。有些商店的招牌同时用中文和阿拉伯文书写，还有许多白人或近似白色人种的人，以及大量的阿拉伯人"②。因是之故，"兰州风景秀丽，江南各地，亦有不能及之者。此凡经游历该地之人，无不赞美！"③

图 6-1　五泉山全景

（载徐快公《闲话兰州》，《旅行杂志》1936 年第 10 卷第 10 号）

---

① 萧梅性：《兰州导游》，《旅行杂志》1935 年第 9 卷，第 37 页。
② ［英］李约瑟、［英］李大斐著：《李约瑟游记》，余廷明等译，贵州人民出版社 1999 年版，第 137 页。
③ 《八方风雨话兰州》，《内外什志》1937 年第 1 期，第 21 页。

对于初来兰州的游人而言，五泉山因其景色秀美、历史悠久，而成为必游之地。五泉山位于皋兰山北麓，"因有甘露、摸子、掬月、惠泉、蒙泉而得名"①。早在辛亥革命以前，五泉山就是陇上游览胜地。1919 年，刘尔炘从各方筹募资金修缮五泉山。在赛楼背面百余步建立高大牌坊，标出山名曰"五泉山"。1933 年，女飞行家林鹏侠游览五泉山，见"夹道青翠夺目，草木向荣，飞泉斗奇，蹲石异态"，不忍离去。② 1936 年，李孤帆游览五泉山，他在旅行日记中提到，当时的五泉山因设第八战区司令部，因此谢绝参观和游览，他在中央银行驻五泉山仓库工作人员的陪同下才得以参观游览。③ 公园内的建筑，依山就势，布局各异，"有'嵯峨宫殿耸青空'的崇庆寺；有'飞阁危楼架碧空'的千佛阁；有'四环拱抱若关锁'的文昌宫；还有'柳烟花雾绕蓬莱'的半月亭"④。

图 6−2　兰州黄河铁桥及白塔山

（载《旅行杂志》1935 年第 9 卷第 5 期）

---

① 《名胜古迹》，载《兰州文史资料选辑》第 7 辑，1988 年，第 11 页。
② 林鹏侠著，王福成点校：《西北行》，甘肃人民出版社 2002 年版，第 178 页。
③ 李孤帆：《西行杂记》，甘肃人民出版社 2003 年版，第 18 页。
④ 《名胜古迹》，载《兰州文史资料选辑》第 7 辑，1988 年，第 12 页。

1942 年，李烛尘率西北实业考察团来兰州时，闻五泉山为甘肃名胜，但因驻军须人介绍方能入内参观，于是托财政厅长陈国良介绍，得以游览五泉山。从五泉山半山望城垣，"雉堞人家，隐约于树木内，模糊莫辨。沿西南东城外一片平地，多为果圃及菜园……在晚风袭袭中望飞机场一带，草地数里，真健儿之好驰逐场"①。他在山中遇到邮差，得知想要一览兰州城市风光，不如登白塔山。次日清晨，李烛尘就北过黄河，独上白塔山，他看到"黄河铁桥架于中山路之尽端，中山路则为外城中之一干路。外城曲折不规律，现为便利交通，处处开辟缺口，以通车马。皋兰山兀立于南，不啻为省政府之屏风。黄河绕北如带，北（白）塔山正在黄河之北，屏障朔风。两山上下环抱，一水中流，城垣如在凹中"②。白塔山，位于黄河北岸，是为兰州北面的天然屏障，也是"兰州八景"之一。而皋兰山则地处兰州市区南部，"西起龙尾山枇杷岭，东至龙须山老狼沟，全长 14 华里，面积 6200 余亩"③。皋兰山山势陡峭，山底峪谷深邃，山顶迂回辽阔，雄踞兰州城区之南半周，呈弓状展开，为城区之天然屏障。

图 6-3　兰州之小西湖

（载《旅行杂志》1936 年第 10 卷第 10 期）

---

① 李烛尘：《西北历程》，甘肃人民出版社 2003 年版，第 9 页。
② 李烛尘：《西北历程》，甘肃人民出版社 2003 年版，第 10 页。
③ 《兰山公园》，载《兰州文史资料选辑》第 7 辑，1988 年，第 23 页。

兰州八景之一的"莲池映月",也是极受游人喜爱的一处景色。旧日的小西湖原称莲花池、莲荡池。《皋兰县志》载:"莲花池在县西五里,明肃王令潴神泉水为之,周五里,花木畅茂,鱼鳖充牣,为游赏也。"据《兰州府志》记载,明初肃王在此修建了一些亭台楼阁,但在明末毁于战乱。光绪七年(1881),杨昌濬自浙江移督甘肃后,在湖中新建了来青阁,湖西新建了临池仙馆,湖北新建了螺亭,并于池东建坊,题名"小西湖",认为其可媲美杭州西湖。1924 年,甘肃督军陆洪涛拨款数万元,派李宗纲监工,请刘尔炘指导,对小西湖进行了一次大的修缮,"筑围墙,增台榭,湖心宛心亭,三层八角,芦花四面,杨柳一堤",煞是好看。①顾颉刚游小西湖曾言:"实则金山之下,黄河之岸,其气象豪迈,原不必依傍脂粉西子耳。"②认为其景致除了小桥流水之外,兼具雄壮之概,是杭州西湖、南京玄武湖难以比拟的。

黄河铁桥始建于 1907 年,如彩虹般横跨黄河之上,与白塔山遥相呼应,其下滚滚黄河,奔腾呼啸,蔚为壮观。顾执中行至桥上,"倚铁栏西瞩,远山如画,殊使人悠然神往,黄河东流,水声澎湃,好像有万匹骏马从远处奔腾而来,这种大自然的雄壮音乐,会振奋起人们的精神"③。顾颉刚抵兰州后首先游览了黄河铁桥,"足下黄流滚滚,皮筏去疾如矢,胸中为之开畅。河边多水车,藉风(水)力转动,可以灌高地;城中居民食水皆由水车从城头输进,亦奇观也"④。张恨水在黄河铁桥上看到,"桥的上下游都有很大的水车,直列着圆形的轮子,让黄河水去推动。黄河的水,流着总是很急的,在桥上经过的人,可以听到那水流在桥梁上冲刷着,哗啦作响"⑤。而这些都是"东南人最会感兴趣的"。

黄河上的风景,除了铁桥之外,还有穿梭在汹涌波涛中极具特色的羊

---

① 赵一匡:《陆洪涛在兰州(1921—1925 年)》,《兰州学刊》1988 年第 3 期。

② 顾颉刚著,达浚、张科点校:《西北考察日记》,甘肃人民出版社 2002 年版,第 254 页。

③ 顾执中:《到青海去》,商务印书馆 1934 年版,第 52 页。

④ 张蕊兰主编:《甘肃档案史话》,甘肃文化出版社 2011 版,第 263 页。

⑤ 王玉佩:《张恨水散文》(第 1 卷),安徽文艺出版社 1995 年版,第 145 页。

皮筏子或牛皮筏子。1936 年 4 月 24 日范长江搭乘牛皮筏子离开兰州，他所乘的皮筏由 120 个牛皮制作而成，筏上有 6 名水手，分掌前后三桨，"平稳宽舒，坐卧读书，皆甚相宜"[①]。林鹏侠在乘坐羊皮筏子时也感叹道："不到黄河心不死，非余友凤所相讥之语乎？今兹徒身临其中，且成为逐浪之人，而与河伯角智斗勇，诚至趣之事业！"[②]

图 6-4　西北民间交通利器牛皮筏子

（载《中华》1934 年第 28 期）

位于榆中的兴隆山是兰州的又一大风景名胜。1935 年，邵元冲与邓宝珊等人同游兴隆山，夜宿山中，"山中气候较凉，宵拥重衾，不觉其暖，若稍加修葺，当为避暑胜地"。晨起在涧边小坐，"听泉声泠然，甚善，足以怡情涤虑"。自兴隆山归来后，邵作诗一首赞之："曾青巇谷口，石淙散清冷。径仄碍车徒，林深觉昼静。玉泉贮寒泓，骄阳孰敢逞。徙倚招提间，象外得虚迥。道人迹已陈（谓悟元子），翰墨光犹炳。乃知导引术，未若金

----

① 范长江：《中国的西北角》，新华出版社 1980 年版，第 167 页。
② 林鹏侠著，王福成点校：《西北行》，甘肃人民出版社 2002 年版，第 183 页。

石永。平生浩荡怀，兹焉事幽屏。夜漏闻疏钟，一觉发深省。"① 兴隆山是马衔山的一条支脉，东西两山对峙，东山名兴隆山，西山名栖云山。山间为兴隆峡，从马衔山流出的大峡河以及山间的涓涓流水曲折而来。连接两山的云龙桥是具有拱形画廊的卧桥式建筑，横跨于河上。兴隆山因其气势雄伟，林木葱郁，被誉为"陇右第一名山""兰郡之胜境"。

图6-5　甘肃兰州雷坛河之握桥
（载《东方杂志》1915年第12卷第9期）

1936年，高良佐跟随其师邵元冲考察西北时，自兰州赴青海。来到永登县红城子时看到"山邱高耸，皆积土而成，无石可见。庄浪河萦流道左，渠水流声潺潺，夹道杨树，枝叶葱茏，风景幽绝"②，在甘肃、青海交接的大通河畔，有一处依山傍水的古建筑群，这就是位于兰州永登县城西南65公里连城乡的鲁土司衙门，这里也是一处极富特色的游览胜地。这座衙门依山傍水，风景秀丽，衙门布局森严，俗称"三十六院，七十二道门"，颇

---

　　① 邵元冲著，王仰清、许映湖整理：《邵元冲日记》，上海人民出版社2018年版，第1286—1287页。
　　② 高良佐著，雷恩海点校：《西北随轺记》，甘肃人民出版社2003年版，第57页。

有王侯气象，有"小故宫"之称。① 鲁土司墓葬区分为上享堂、下享堂和西享堂三处，分别埋葬着历代土司和他们的家眷。考古学家宿白曾来这里考察，对该建筑群的衙门及妙因寺给予了高度评价。②

（二）科学考察

西北历史悠久，是中华民族的发祥地和中西文化的交汇地。随着西北地区与外界联系的进一步加强，中外学者的西北考察活动频繁起来。据统计，"民国政府时期到西北的考察家共有100多人，撰写著作有85种，而实际数字还远不止于此。"③

1. 考古调查。兰州"不仅在地势上为神州之雄区，西北之重镇，且为数千年来西北文物之荟萃地"④。1923年，瑞典考古学家安特生发表《中国新石器类型的石器》一文，他推测中原地区的彩陶文化可能从西方传播而来，便决定前往陕甘地区，寻找史前文化遗址，以验证其观点。1923年6月21日，安特生率领考察团来到兰州，此后的几年，他们主要以兰州为中心，在半径400公里范围内的地区进行考察研究。当时，他在一个卖烟渣的商民货摊上看到一件装着烟渣的破旧彩陶，得知这件彩陶来自临洮。那时的兰州到临洮尚未通车，于是他就独自骑着马沿洮河而行，苦苦寻找，终于在洮河西岸马家窑村附近发现中国境内的一种新文化，安特生将它命名为马家窑文化。⑤

1927年，国民政府组织西北科学考察团，于1927年6月28日从北京出发，1929年2月19日返回，约两年时间，对西北进行考察。这次考察是中国和瑞典联合组织的，瑞典团长是斯文·赫定，包括16名来自瑞典、丹麦

---

①　师宗正、秦斌峰：《河西走廊》，中国旅游出版社2015版，第80页。

②　陈宗立：《采访陇原二十年：陈宗立新闻作品选集》，甘肃文化出版社2014年版，第100页。

③　尚季芳：《国民政府时期的西北考察家及其著作述评》，《中国边疆史地研究》2003年第3期。

④　《八方风雨话兰州》，《内外什志》1937年第1期，第20页。

⑤　马志勇、唐士乾编：《齐家文化与华夏文明》，甘肃民族出版社2015年版，第416页。

和德国的专家。早在 1897 年，斯文·赫定就曾来过兰州，当时他参观完塔尔寺后抵达兰州，一边游览，一边绘画，看到黄河北岸由河水冲击形成的扇形二级台地上修建有一座关帝庙，于是用素描的形式将殿内关羽塑像描绘了出来，留存至今。[1] 中国的团长是北大教授徐炳昶，成员有地质学家袁复礼、丁道衡，考古学家黄文弼，研究地图学的专家詹藩勋和一名照相人员。该团主要是考察西北的地质学、地磁学、气象学、天文学、人类学、考古学和民俗学。

1937 年 6 月，何士骥鉴于西北多年少有学术研究团体，对考古调查及发掘所得缺乏深入研究，便与张鹏一、穆济波、梁午峰、寇遏、黄文弼等人发起成立西北史地学会，"以研究西北史地学术，发扬民族文化为旨趣"，并担任学会秘书。1941 年，何士骥应西北师范学院国文系主任黎锦熙邀请担任国文系教授，并在城固等地开展考古工作。1943 年，在李蒸校长的动员下，何士骥随校迁往兰州十里店，他利用节假日带领学生到位于黄河两岸的兰州市郊各地考察古迹古物，有时甚至自己出钱给学生做试掘实习。他先后在兰州十里店、崔家崖、达家庄，以及临洮辛店、寺洼山等十多处地方进行了考古调查，获取了大量珍贵的第一手资料，并在此基础上提出了"中国文化起源于西北"的观点。[2] 1944—1945 年，当得知史语所、中央博物院筹备处、中国地理研究所及北京大学文科研究所联合组成西北科学考察团的消息后，何士骥参加该团的调查发掘工作。在兰州附近，先后发现十里店、曹家咀等新石器时代遗址，并对曹家咀遗址进行试掘，获取大量弥足珍贵的第一手资料。[3] 继而连续发表《十里店新发见的墩军碑》《金文汇编索引》《西北考古纪略》《中国文化起源于西北》等论文。1946 年，西北师范学院的部分师生返回北京，筹建北京师范学院，但何士骥念及在西北的考古工作方兴未艾，便毅然留在了西北。1947 年 8 月，他在西

---

[1] 袁志学：《兰州地域文化》，甘肃文化出版社 2017 年版，第 177 页。

[2] 方遥：《何士骥：西北考古半生缘》，《中国社会科学报》2019 年 5 月 6 日。

[3] 刘基、丁虎生编：《西北师大逸事》下册，辽宁出版社 2001 年版，第 351 页。

北师范学院东北角发现明万历十年（1582）的"深沟儿墩军碑"，上面详细记载了明代驻守在此烽燧上的军人及其妻子姓名、军械及日常用品的种类与数量，甚至连碗筷的数量都有记录。这为研究兰州黄河两岸残存的古长城历史及明长城的防御体系提供了宝贵的实物资料。此石碑至今仍保存在西北师范大学博物馆中。①

1944—1945 年夏鼐与向达、阎文儒一道在西北地区考察，这在中国考古学发展史上具有重要意义。在甘肃地区考察后，他们从地层学上判明了齐家文化的年代晚于仰韶文化，并提出中国史前时期存在不同的文化系统，从而宣告安特生分期体系的破产，标志着中国史前考古研究进入新的发展阶段。夏鼐在兰州时，曾与吴良才在兰州附近从事史前遗存的调查。1944年 3 月 29 日，吴良才在兰州黄河北岸高坪进行考察，在山腰树坑中获单色陶两片，又在山顶立碑处得陶片数十片，彩陶及单色陶残罐数件。1945 年 3 月 5 日，吴良才与夏鼐再次前往该地调查，在山顶得陶片数十片。1944—1945 年，吴良才与夏鼐在中山林、太平沟（位于兰州西稍门外的高台地）、土门后山（位于西果园国立西北技专的西北）等地进行考察，均获陶片或石器。② 夏鼐先生在兰州期间将史地考察团所得的一些采集品暂存于科学教育馆仓库，此外也与在兰州的一些学者交流了在兰州发现的考古遗迹。1945 年 3 月 1 日，夏鼐与何士骥交谈时，何出示了上年师院筑礼堂时所出土的陶器数件，并提及前年率领学生数人一同在徐家湾附近寻觅，仅得陶片十余件。3 月 15 日，他在与杨叔栽和凌洪龄闲谈中闻曹家咀附近发现有彩陶。翌日，便与杨、凌二人同赴曹家咀，在该地捡得彩陶数片。除此之外，在兰州期间夏鼐先生还应邀出席了一系列的演讲活动。在他的日记中记录了1945 年 2 月 26 日，在甘肃科学教育馆纪念周中讲述了上年在敦煌工作的经过及收获，并且提供一部分标本以供参观。当晚他受到谷正伦主席的宴请，席间谷主席询问夏鼐先生是否会再来甘肃，希望他能在这里多做调查，并

---

　　① 方遥：《何士骥：西北考古半生缘》，《中国社会科学报》2019 年 5 月 6 日。

　　② 夏鼐、吴良才：《兰州附近的史前遗存》，《中国考古学报》1951 年第 5 册，第 63 页。

且将敦煌的采集品在兰州展览。3 月 13 日，应西北师院邀请，他前往十里店演讲。因雪天路滑，交通车无法通行，故步行前往。①

1947 年，裴文中带着一队考古工作者从北平来到了兰州，当时兰州大学校长辛树帜组织了洮河考古队。他们骑马沿着洮河下游向上游走，在尧甸发现有古代长城。在历经"渭河，西汉水，洮河及大夏河诸地区，发现史前人类遗址九十余处⋯⋯经大规模掘发，发现有白陶，黑陶，白黑彩陶及不明用途之石器多种，更发现古代人类居住之'石灰住室'等共二十余箱。现已运到兰州。"② 9 月，裴文中与辛树帜、王德基在兰州西郊西果园考察，在公路附近，"发现史前村落遗迹彩色陶片，及不同殷墟，白色陶片，此类白色陶片为考古史上第一次发现，其对人类起源之研究，为一新奇贡献。"③ 由于裴文中认为此次考察有深入研究和考证的必要性，于是 1948 年 5 月 22 日，他再次来到兰州考察，"晨乘平兰班机抵兰，甘肃地质调查队之工作，将俟另二队队员到达后，始可展开"④。

兰州是陇原最早出土恐龙化石的地区，红古区海石湾沿山一带的恐龙化石埋藏相当丰富。1947 年 5 月，中国石油公司甘青分公司勘探处在海石湾地区勘探石油，处长是我国著名的地质学家、玉门油矿开拓者孙健初，他们在海石湾钻井采集岩芯并进行区域普查。最先找到恐龙化石的是苗祥庆，他在一名为马家户沟的紫红色岩石层中找到几件比较破碎的动物骨骼化石，经孙健初鉴定后认定为恐龙化石。此后，苗祥庆又在海石湾北约 2.5 千米处的韩家户沟，采集到 1 件比较完整的鳄鱼头骨及下颚化石，后经研究认为是一新属新种，并以发现者命名，称"苗氏孙氏鳄"⑤。最先报道此事的是当时在工商部中央地质调查所工作的杨钟健，他的论文《甘肃享堂脊椎动物化石简报》中称"在甘青一带之中生代地层中，迄今尚无爬行动物

---

① 夏鼐：《夏鼐西北考察日记》，社会科学文献出版社 2017 年版，第 184—187 页。

② 《裴文中定月底返平，在甘肃发现古代人类住室》，《华北日报》1947 年 10 月 22 日。

③ 《兰州西郊发现史前村落遗迹》，《南京日报》1947 年 9 月 13 日。

④ 《裴文中抵兰调查工作即将展开》，《华北日报》1948 年 5 月 24 日。

⑤ 甘肃省博物馆编：《甘肃古生物化石与旧石器时代考古》，甘肃文化出版社 2001 版，第 99 页。

化石之发见，故此次所得材料，不但表示此等地区之古生物的重要性，且可因以判别地层，有助野外勘查工作……总之，此乃十年以来，脊椎动物化石最重要之发见"①。消息传出，顿时震惊了当时的中国地质学界和古生物学界。自 1947 年至 1956 年近 10 年间，古生物和地质科学工作者先后 4 次来到海石湾，雇用当地农民，在马家户沟、上盐沟、韩家户沟的上侏罗统享堂组地层中，挖掘了一大批古生物化石标本，其中有相当完整的蜥脚类恐龙骨骼化石。此外，还有一些属于剑龙的骨（脊）板化石和一件可能是兽形类的小脊椎动物化石。挖掘、采集工作结束后，这些化石全部装箱，运往北京中国科学院古脊椎动物与古人类研究所。②

（三）植物考察

全面抗战爆发后，国立北平研究院植物研究所奉命西迁，孔宪武随所来到陕西武功县。由于研究所经费短缺，便和西北农学院合办，改名为西北植物调查所。后因调查所名存实亡，孔宪武不得不去西北农学院教书。他利用课余时间调查了陕西 18 个县和秦岭、太白山，采集了大量标本。1939 年，孔宪武被调往兰州西北技艺专科学校。后又任西北师范学院博物系教授，1946 年后兼任系主任，1949 年以后任甘肃师范大学教授。③ 起初被调往兰州时，孔宪武并不十分情愿，刘慎谔曾劝说："苟一时无他法可想，而思所以自慰及慰兄者，要有三点：一、趁此技专之机会，必得教授名义为主。以兄之资格历史、学识，当之亦无愧。兄如不便开口，弟已专函向曾校长陈请此意。二、调所设立西北，不能孤守一隅，各方亦须有人工作，借以取得工作上之联络。三、兰州一带植物尚无人注意，而吾人习见北方植物者尚无隔阂之处，是工作亦称顺手，只须安心作下调查，机会

---

① 杨钟健：《甘肃享堂脊椎动物化石简报》，《地质评论》1948 年第 13 卷第 3 期，第 199 页。

② 甘肃省博物馆编：《甘肃古生物化石与旧石器时代考古》，甘肃文化出版社 2001 版，第 100 页。

③ 《中国科学家辞典》编委会编：《中国科学家辞典》（第 1 分册），山东科学技术出版社 1982 年版，第 29 页。

不会绝对缺乏。弟致曾校长函中，亦叙及调查工作之切要。幸劝我兄努力前进，万有困难，所中始终必尽力为兄负责，慎勿抱悲观也。如欲研究材料或书籍，请随告，此间当设法办理。"① 刘慎谔所作之分析，无论对孔宪武本人，还是对植物学所皆有益处。在此之前，刘慎锷也曾于 1939 年 3 月前往兰州，与甘肃科学教育馆商谈合作事宜，达成协议，共同采集甘肃植物。② 孔宪武在西北工作生活长达半个世纪，他对西北，尤其是甘肃的山山水水、一草一木有着深厚的感情。他经常对他的学生说："甘肃虽然贫困，但它是可以改变的。对我们植物工作者来说，更是英雄用武之地。"③ 他在西北技艺专科学校任教期间，一边坚持写作，一边认真教学。为了在教学中能理论联系实际，他经常利用课余时间带着采集标本的工具，前往学校附近的笋箩沟、袁家湾，甚至长途跋涉到兴隆山，采集标本。将标本分类整理后，运用于教学中，极大提高了教学质量。④ 他参加编写了《中国植物志》中藜科、蓼科、紫草科等科。藜科植物是荒漠半荒漠中的优势种，他为了调查西北植物区系和荒漠植被，建立起了一个足以反映西北植物区系概况的标本室，为全国研究西北植物区系、编写全国植物志提供了丰富资料。

（四）地质考察与天文观测

国民政府建立后，对西北进行了一系列地质考察，主要有煤铁矿勘测以及农业试验场勘定等。据 1934 年勘测，皋兰县南山小山顶、南乡刘夏家沟、南乡山寨、南乡火洞坬、南乡泉子沟、南乡大干沟、南乡旋风湾各有煤矿一处，南乡铁冶沟有煤矿一处。⑤ 1934 年 10 月 16 日，实业部及西北农

---

① 胡宗刚：《北平研究院植物学研究所史略》，上海交通大学出版社 2010 年版，第 99 页。

② 胡宗刚：《北平研究院植物学研究所史略》，上海交通大学出版社 2010 年版，第 204 页。

③ 刘文杰：《孔宪武与兰州百合的故事》，载刘基主编《我与西北师大》，甘肃人民出版社 2012 年版，第 195 页。

④ 康继祖：《著名的植物分类学家孔宪武》，载《兰州文史资料选辑·近代人物史料专辑》总第 12 辑，兰州大学出版社 1992 年版，第 163 页。

⑤ 《甘肃煤铁矿概况》，《开发西北》1934 年第 1 卷第 6 期，第 78 页。

林专科学校特派员安汉、调查员李林海等人赴西固城、费家营、盐场堡及雁滩等地调查农业，并选择西北农专兰州农业试验场场址。以西固城至陈官营一带地势平坦，范围广漠，地质及气候适宜种植棉花等各种农产，且西固城大部分地面临黄河，水利甚佳，作为场址甚佳。①

西北师范学院史地系主任邹豹君对兰州的地理水文进行了深入考察和研究后，提出兰州市将来的发展空间很大。从地理方面看：一、兰州附近是一块广大而肥沃的河谷平原；二、兰州平原在黄河两岸，可以利用黄河的水，灌溉两岸的农田；三、兰州有丰富的动力，阿干镇煤田和窑街煤田可提供居民燃料和工业原料；四、兰州的气候好。从地缘方面来看：一、兰州是西北交通的中心，与四方的接触很密切；二、兰州为我国西北区的核心。最后他得出："兰州市的自然环境及地缘关系都很优越，可以形成一个近代化的市都，现在的兰州，仍为农业社会中心的小都市，将来能否成为一个近代化的大都市，全看兰州市民与国人努力的程度了。"②

1941 年，王永焱任甘肃科学教育馆地质干事，他着重煤田地质和史前考古的研究。1945 年 6 月，在王永焱和其他同事的共同努力下，在永登、景泰、古浪、皋兰等县境内发现了菱铁、石墨、赤铁、锰、硫等矿。他著有《西北煤田志》《渭河流域史前考古调查报告》等，有很重要的学术价值和现实意义。③

1943 年，中央地质调查所成立了西北分所，所长王曰伦，地质人员有路兆洽、毕庆昌、李树勋、徐铁良等。1944 年，刘乃隆与梁文郁、刘增乾调查皋兰北乡地质矿产，包括白银厂、棺材涝池、灰土涝池、西湾等地的铜、铁、锰矿。1945 年，刘乃隆与胡敏调查《皋兰幅》和《临夏幅》地质矿产。全面抗战后期至解放战争时期，尤其在 1947 年以后的两年多时间里，

---

① 《国立西北农林专科学校兰州农业试验场勘定于西古城》，《开发西北》1934 年第 2 卷第 4 期，第 84 页。

② 邹豹君：《由地理和地缘方面论兰州市将来的发展》，《西北论坛》1947 年第 1 卷第 3 期，第 17—18 页。

③ 康继祖：《著名地质学家王永焱》，载《兰州文史资料选辑·近代人物史料专辑》总第 12 辑，兰州大学出版社 1992 年版，第 221 页。

由于分所经费紧张，基本只能维持发工资，野外工作则很少开展。西北分所也经常邀请在兰州或途经兰州的专家学者作报告，如石油化学家金开英、石油地质学家孙健初、中央工业实验所长戈福祥、北平地质调查所古人类学家裴文中（当时与贾兰坡、刘宪亭来兰工作）、新疆地质调查所所长王恒升（因公过兰州）等。①

1944 年，甘肃科学教育馆馆长袁翰青前往重庆，接受中国化学会、中国化学工程会、中华化学工业会委托，准备在兰州召开"三会"的第二届联合年会。经过一系列艰苦紧张的筹备，终在 1944 年 9 月 9 日至 23 日成功举办，参会者多达 150 余人，大会进行了 3 天学术报告，宣读论文 40 余篇，许多专家对开发西北化工资源提出了建议和设想。1945 年，袁翰青再次组织学术报告，王曰伦作了地质调查所成立以来对甘肃矿产资源的调查报告，郑载兴宣读了《黄河水及兰州市十个井水水质分析研究》，许继儒宣读了《甘肃各地煤炭分析结果及煤的分类研究》，很有现实参考价值。②

除了地质考察外，时人还记载了 1941 年 9 月 21 日在兰州观测日食的情况，保留了重要的天文资料。9 月 21 日，西北日食观测队及兰州市日食参观团 500 余人前往位于临洮东山泰山庙的观测点观测日全食，兰州市区因处于全食带北界线上，并非最佳观测点，但在城郊西果园、阿甘镇一带均可见到日全食，兰州市民争相观看。为了便于观测，甘肃省政府还曾动用军用专机两架，在兰州和临洮之间做紧急运输，并升空拍摄电影。③ 于右任、高一涵、谷正伦等人前往七道岭观看日食，高一涵据此赋诗一首：

> 岁在辛巳八月朔，七道岭头观日蚀。天朗气清风习习，万里
> 长空净如拭。
>
> 高岭恰当全食带，千载良机争一刻。驹影屡移无消息，万众

---

① 刘乃隆：《我在兰州西北分所的八年》，载程裕淇等主编《前地质调查所（1916—1950）的历史回顾——历史评述与主要贡献》，地质出版社 1996 年版，第 190—191 页。

② 邓明：《著名化学家袁翰青在兰州》，载《城关文史资料选辑》第 7 辑，1999 年，第 155 页。

③ 秋帆、方学：《黑白分明两镜悬——记民国时期在甘肃临洮的一次日全食观测情景》，《档案》2003 年第 1 期。

心头正惶惑。

忽见巨影来远方，电逐风驰虎扑羊。又如雷雨动地来，日端顿时翳明光。

二丸相交若环连，一明一暗边衔边。众口同声日初亏，黑白分明两镜悬。

观者群以手加额，日体今见哉生魄。何人误撞金瓯缺，一点尘污玉盘白。

细吞缓咽余半规，晶光黯淡如帘隔。天地一时皆易色，鱼鳞隐见林影隙。

初疑断环纷铺地，忽讶金波浮大泽。暮霭苍茫逼人飞，乾坤遁入浑沌夕。

牛羊下山鸡入室，狐兔仓皇乱窜逸。逐队寒鸦返故林，灿灿星光三五出。

清露瀼瀼凝蔓草，夜气阴森股战栗。到底镜匣掩不牢，金光四射散彩条。

佛顶煌煌著华冕，珥珰左右晃鬐毛。两镜参差露一斑，轮边灼灼耀金环。

烁石烧空宝光灿，清曦次第照河山。神魂飞动易恍惚，转疑斯世非人寰。

遥见天女画蛾眉，粉痕遗留碧落间。不然正值日中天，倏忽奚来月一湾。

一阳来复光重生，满天鸦鹊噪新晴。大地霎时解宿醒，眼前万象皆光明。

真宰毕竟无毁成，岁值重光宇宙清。①

作者做此长诗，对观日食者的景况，日食的前后变化等极力铺陈，留

---

① 高一涵：《三十年九月二十一日陪右公及曙青登皋兰七道岭观日食》，载《中国西北文献丛书》第 6 辑第 174 卷《金城集》，1946 年影印，第 8 页。

下了宝贵的史料，很有参考价值。

同日上午九时，中央大学地理系教授李旭旦与浙江大学史地系教授任美锷、中央大学森林系教授郝景盛一行至五泉山观测，"是日适为星期日，天气晴朗，青天一色，白日无云，观众尤为兴跃。九时三十分左右黑影自西南角入侵，日体初亏，渐蚀渐多，至十时三刻仅成一线，天色昏暗，温度陡降，鸟飞噪鸣，至十一时左右，日蚀达最大度，仅余一极小之微角，透一线光芒，天昏如夜，明星三四灼灼空际，余亟持望远镜观之，日球左下角露红色一块，知为日珥，日体周围白光四射，显为日冕。任团员当为摄影，顷刻吐光，离顶下山，观众睹此奇景，莫不忻然色喜"①。观赏完日食后，李旭旦一行在兰州居留了八日。二十八、二十九两日应科学教育馆中苏文化协会合请作公开学术讲演，题为"甘南之地理环境与土地利用"，听众踊跃。

第三节　医疗卫生事业

近代甘肃，社会动荡，自然灾害频发，又因医疗卫生条件落后，引发了多种传染病，造成了人口大量死亡，在此情形之下，建设现代化医疗卫生体系迫在眉睫。兰州作为甘肃省城，在民国时期颁布了一系列相关条例并进行了基础设施建设，包括设立医院、派员巡回施诊、管理医师、开办卫生教育机构、培养地方卫生人才等。总体来说，这些举措促进了甘肃现代医疗卫生事业的初步发展，逐渐改变着民众落后的卫生观念，破除了迷信的祛病防疫习俗，实施了科学的疾病防治措施，使民众养成了良好的公共和个人卫生习惯，减轻了流行疫病对人的威胁，体现了一定程度的人文主义关怀。同时，由于人才缺失、战争破坏、区位劣势、经费困难等多方面的原因，甘肃现代医疗卫生事业一直进展缓慢，始终无法与东部发达地区相媲美。

---

① 李旭旦：《西北科学考察纪略》，《地理学报》1942 年第 9 卷，第 26—27 页。

图 6 - 6　兰州西郊崔家崖之白云观

（载《旅行杂志》1936 年第 10 卷第 10 期）

一、　甘肃省卫生实验处

　　1927 年南京国民政府成立后，开始重视现代化医疗行政体系的建设。此刻，地处内陆的甘肃也开始了缓慢的发展。至 20 世纪 40 年代，甘肃初步建成了涵盖省、市、县、乡的各级医疗卫生体系。

　　1934 年 2 月 24 日，全国经济委员会成立了西北卫生事业调查团，任命姚寻源博士为西北卫生组主任，姚寻源等先后赴陕西、甘肃、宁夏等省进行卫生状况调查，并在西安成立西北卫生组，以统筹西北四省的卫生建设工作。6 月 27 日，姚寻源、赵光钺、陈文贵、马光礼等抵达兰州，并运来二十多箱药品及器械，共同商议在兰筹办卫生实验处。① 同年 8 月，国民政府颁布卫生实验处组织条例；9 月 1 日，甘肃省卫生实验处在兰州正式成立，作为甘肃省最高的卫生行政机关，指挥监督全省的卫生医药、卫生医疗、卫生教育等。② 甘肃省卫生实验处直接隶属甘肃省政府，设处长 1 人，

---

①　《西北防疫处筹备处：筹备员及药品已抵兰》，《甘肃民国日报》1934 年 6 月 27 日。

②　《甘肃省卫生建设事业概况》，《公共卫生月刊》1936 年第 3 期，第 204—207 页。

技正 4 至 6 人，技士 6 到 16 人，技佐 10 到 30 人，秘书 1 人，办事员 2 到 4 人；设置各科科长 1 人，各室室主任 1 人，除总务科长由秘书兼任外，其他科长及室主任由技正、技士兼任，所有人员由甘肃省政府委任，并负责相应事务。甘肃省卫生实验处下设 4 科 1 室，包括如下：

总务科：负责卫生实验处文件之收发保管，及撰稿缮写等事宜；典守印信事项；本处及附属各机关职务之任免及成绩考核事项；本处预算决算之编制，及附属各机关预算决算之复核；购置采办等一切庶务；卫生材料保管及供给；全省医师、药师、助产士等注册取缔；管理取缔各种成药；许可取缔各公立、私立医院。

保健科：监督管理省内各卫生医疗机关；协助指导各市县卫生医疗工作、学校卫生、妇婴卫生、环境卫生、工厂卫生；推进卫生教育；研究各种职业病。

防病科：防治各种传染病和流行病；研究扑灭各种地方病和寄生虫病；推行接种种痘；指导各市县预防工作；检验饮料、食品；检验管理细菌血清及其制品。

兽医科：研究治疗各种兽类疾病；防治兽类传染病；研究扑灭兽类地方传染病；统计兽类疾病死亡情况；协助改进牧场卫生。

技术室：训练技术人员；编制甘肃省卫生计划人员；编制整理各项统计；调查研究特种问题。①

原计划在甘肃省卫生实验处下设立省立医院、传染病医院、妇婴卫生部、卫生教育部、卫生检验所、助产学校、护士学校、卫生人员训练班、兽医训练班等附属机关，并在县乡设立卫生院和卫生所。各下属机关虽规模小，但设备精良，且使用最新医疗诊断与治疗技术，一些技术工作人员，则由中央负责代为聘请。

甘肃省卫生实验处成立伊始，就面临多种困难，主要有以下几点：

第一，卫生实验处选址难。自卫生实验处筹备人员抵达兰州后，一直

---

① 《卫生实验处组织条例》，《甘肃民国日报》1934 年 8 月 9 日。

与政府当局交涉卫生实验处办公处的选址问题，之前所定三晋会馆因为修理不易，中途停修，后来经姚寻源向朱绍良请求，允许在省政府花园方圃内设址，暂借给卫生实验处办公之用；① 办公问题解决后，为能尽快为民众施诊救治，卫生实验处先筹设门诊部，依然难觅良处。②

第二，药品器械及医务工作人员缺乏，大部分需要从陕西调运。1934年7月，多名护士押运药品器械抵达兰州，③ 在兰筹建卫生实验处所需床位、器械及药品均从陕西运来；缺乏工作人员，仅有的几名专业医务工作人员事务繁忙，分身乏术。④

第三，日常维持经费严重不足。筹办伊始，中央拨给卫生实验处经费仅15万元，其中却包括了建筑、器械及设备购置费用和工作人员薪金。随后常年所用经费，则须由甘肃省财政负担，而实际情况是，甘肃本身财政拮据，对卫生实验处之所需经费根本无法满足。

1937年，全面抗战爆发，全国经济委员会协款停拨，甘肃省卫生实验处也随之撤销。甘肃省卫生事务划归省民政厅主管，在此期间曾在兰州设省会卫生事务所。⑤ 随着东南地区大片国土沦陷，西北的战略地位愈发重要。1939年，行政院核准西北战时卫生建设计划，从6月起，由卫生署按月协助经费2万元，派遣卫生技术人员，成立甘肃省卫生处，并颁布卫生处组织规程，规定甘肃省卫生处直隶于甘肃省政府民政厅，掌理全省卫生行政及卫生技术各项事宜。卫生处下设防疫检验科、医务保健科、技术室、事务室，其职责分别如下：

防疫检验科：负责各种传染病的预防报告及管理；种痘及其他预防接种疫苗的推行；各县各市防疫工作的指导及监督；地方病、寄生虫病的研究及扑灭；饮食物品及诊断器材的检验；细菌血清之检验及其制品的管理；

---

① 《卫生实验处办公处暂假省府后花园方圃内》，《甘肃民国日报》1934年7月6日。

② 《防疫处筹设门诊部：刻正在筹觅地址》，《甘肃民国日报》1934年7月20日。

③ 《卫生实验处药品器械昨日运兰》，《甘肃民国日报》1934年7月9日。

④ 《省卫生实验处及西北防疫处筹备忙》，《甘肃民国日报》1934年8月8日。

⑤ 甘肃省地方史志编纂委员会编：《甘肃省志·医疗卫生志》，甘肃文化出版社1999年版，第67卷，第6页。

兽类疾病的治疗预防；屠宰场、公墓、上下水道的筹设指导及管理。

医务保健科：负责战时各县市救护工作的推行及救护人员的训练；省各卫生医疗机关的监督管理；各县市地方卫生医疗工作的设施管理及监督；全省医药的注册及管理；全省政府机关应用卫生医药材料的设备供给；护士教育、助产教育等医务技能培训的协助推行；卫生普及教育的推进；各县市保健工作的管理指导及推进。

技术室：负责全省环境卫生的研究设计；全省妇婴卫生的研究；生命统计工作的计划及推行。

事务室：负责文件取发、缮写、印信案卷之保管；卫生处及相关各机关各职员的任免、考核及奖惩；卫生处预算、决算及附属各机关的预算、决算复核；公物购置保管及一切庶务；出版定期刊物。[①]

总体来说，卫生处的各行政部门设置较完善，权责分明，关涉了疾病治疗、传染病的预防、医药器材管理、牲畜管理、公共卫生管理、卫生教育、妇婴保健、战时医务人员训练配备等事务，为之后更好指导市县卫生院建设打下基础。

在行政人员的设置上，也有明确的规定。卫生处设处长一人，简任。副处长1人，荐任，是简任待遇，秉承省政府之命令总理处务，并监督管理各附属机关。设秘书1到2人，科长2人，技正4人到6人，均荐任，主任2人，荐任或委任，承处长之命分任各项事。设科员6到10人，技士8人到14人，技佐25人，办事人员6到12人，均委任，承长官之命办理各项事务。[②]

1941年春，将卫生处改隶属于甘肃省政府，在技术上受卫生署西北卫生专员的指导，并制定了工作计划及五年建设计划：

（一）设立卫生院，增设特种卫生院2所，乙种卫生院2所，丙种卫生院6所，巡回医疗队1队，次年增设相应卫生院分别为1、3、6所。第

---

① 甘肃省卫生处编：《一年来之甘肃卫生》，1940年，第6页。

② 甘肃省卫生处编：《一年来之甘肃卫生》，1940年，第7页。

三年增设乙种卫生院 1 所, 丙种卫生院 7 所, 及各县卫生所 44 所。第四年增设乙种 2 所, 丙种 8 所。第五年乙种 2 所, 丙种 11 所, 及乡镇卫生所 4 所。

（二）增设治疗机构, 第一年增设省立产院, 第二年增设传染病医院, 第三年是收回省立医院。

（三）筹设卫生试验所及卫生材料厂, 关于卫生试验所及卫生材料厂, 均拟于第一年内建成。

（四）举办灭虱站及公共浴室, 第一年完成兰州站, 扩充天水临洮等站, 增设甲种卫生院, 第二年增设本年成立之甲种卫生院, 第三年增设乙种卫生院站, 第四年增设丙种卫生院站二分之一, 第五年增设丙种卫生院站二分之一。

（五）举办防疫工作, 自第一年起春秋两季种痘, 夏季举行伤寒霍乱预防注射, 并划河西一带为白喉防治区, 凡年龄 20 岁以下民众一律予以预防注射。

（六）增加各种训练, 在此后 5 年里, 增加助产学校班次名额, 训练接生婆, 成立护士职业学校, 继续办助理卫生人员训练班、种痘人员训练班及壮丁救护训练。①

甘肃省卫生实验处组织设防疫检验、医务保健两科、技术事务两室。为办事提供便利, 增进工作效率, 特成立秘书室, 管理文书书信、档案等的收发等事宜, 并遵行会计制度, 成立会计室, 管理会计事宜。1943 年, 人员机构扩充, 全处职工达 33 人, 工役 10 人, 先后由姚寻源、王祖祥、杨树信任处长。②

在此期间, 市、县一级的医疗行政机构也相继设立。1938 年春, 甘肃省会警察局、甘肃省立兰州医院协议合办甘肃省会卫生事务所, 即兰州卫生事务所。由甘肃省会警察局长马志超、省立兰州医院院长刘毅民兼任正、

---

①　甘肃省政府编:《甘肃省之卫生事业》, 1942 年, 第 22—25 页。
②　《甘肃省卫生处》, 甘肃省档案馆藏, 档号 4 - 4 - 36。

副所长，有工作人员 16 人，下设总务、保健、防疫三课。总务课长由警察局调派，保健课课长杨作华兼任，鲁玛代理防疫课长，其他事务人员和卫生警察由警察局调用，医务人员由兰州医院调用，所址设在东大街雷祖庙（今张掖路城关区人民医院）。卫生事务所负责门诊医疗、防疫及传染病管理、环境卫生检查、食品卫生检查、妓女检查与治疗，以及卫生行政事宜。1939 年 12 月，日机轰炸兰州，甘肃省会卫生事务所全部被炸毁，业务暂停。次年，卫生事务所再次开办，所址借用救济院房屋，赵献文任所长。1941 年 7 月 1 日，省会事务所改隶兰州市政府领导。①

全面抗战时期，兰州有以下几所较大规模的省属公立现代化医疗机构。

兰州中山医院。1928 年 9 月，兰州中山医院在南关街成立。1933 年，甘肃学院医科创立后，该院划归为甘肃学院附设中山医院。建院之初，院长为谢刚杰。划入甘肃学院后，由宋子安任院长，后由王少溪继任。中山医院医生大多毕业于北平大学医学院，他们主要负责医院临床工作及甘肃学院教学任务。该院设病床 50 张，有工作人员近 50 人，其中医护人员 30 余人。为当时兰州市声誉较高的公立医院。1934 年，因为练习生和看护士紧缺，中山医院举行考试，招考男女练习生 2 名，看护士 3 名，且都是小学毕业者，规定月薪为 12 元。② 同年 5 月 29 日，经济委员会设立兽医研究班。1936 年，兰州中山医院合并于省立兰州医院。

甘肃省立兰州医院。1935 年，甘肃省立兰州医院成立，地址在西关大院（萃英门）内。8 月，经韩立民与制造局协商，三个月内建成手术室，未建成时，先设临时病房，收治病人，之后设有病床 60 多张。③ 次年，将兰州中山医院并入省立兰州医院，有医护人员百余人，病床增至 110 张。1939 年，遭日机空袭，省立兰州医院部分被炸毁，医院病房迁至十里店。

甘肃省立兰州高级助产职业学校附设产院。1941 年 5 月 1 日，兰州高

---

① 甘肃省地方史志编纂委员会：《甘肃省志·医疗卫生志》，甘肃文化出版社 1999 年版，第 7 页。

② 《中山医院招考练习生》，《甘肃民国日报》1934 年 5 月 8 日。

③ 《省立医院设手术室》，《甘肃民国日报》1935 年 8 月 19 日。

级助产职业学校成立附设产院，设病床 20 张，职工 12 人，院长由该校校长杨树信兼任，之后，由宋雅负责该院工作。

中央西北医院。1941 年卫生署将西北卫生队、西安西北医院、甘肃省立兰州医院合并，在兰州成立中央西北医院。同年开设门诊部，6 月成立临时住院部，设病床 45 张。1943 年迁入小西湖新院部，病床增加为 75 张。同年 8 月开始修建门诊大楼，于 1944 年冬季建成使用。1945 年 8 月，病床扩充至 150 张。1946 年 4 月 1 日中央西北医院奉命改为兰州中央医院。

西北公路局医院。设在现白银路西端与安定门外南端西北角。由西北公路局于 1943 年筹建，又称交通医院，聘请邢成熔、鲁恒敏等医师在该院工作。设备、医疗水平较高，后来迁到徐家巷（现兰州市卫生局、市药检所楼房地址）新址。

总体而言，民国时期兰州现代化的医疗体制建设比较缓慢，制约其发展的主要因素是经费不足，起初甘肃省的医疗经费列于内务费内，由戒烟局和官医局经费支出。直至 1929 年才始设"卫生费"支出科目，数年支出不足万元。1936 年，卫生经费支出才增至 5 万元，主要用于兰州中山医院、省立医院、甘肃省国医分馆的经费支出。随着省卫生处的成立和县卫生院及巡回专业医疗队等机构的增加，业务费也逐年增多。1941 年，卫生经费支出上升为 51 万元，占当年甘肃省财政支出总额的 2.27%，[1]然而这种程度的财政投入用于在广袤的甘肃大地上建立完备的医疗体系显然是杯水车薪。

二、　甘肃省妇婴保健院

甘肃在 20 世纪 30 年代以前，卫生设施差，医疗技术落后，特别是妇女分娩，全由旧式接生婆操作，既不卫生，更不安全，致使产妇和儿童死亡率居高不下。

---

[1]　甘肃省地方史志编纂委员会编：《甘肃省志·医疗卫生志》，甘肃文化出版社 1999 年版，第 29 页。

1934年，产科大夫陈怡迪女士创办了兰州首家新式产院，地点在今城关区仓门巷的一家私人院落中。内设有病床十余张。凡来院生产的妇女，事先须经过检查，产前住院休息，产后7日即可随意出院；对婴儿施行牛痘接种，收费合理。院内除陈大夫外，还有一名助手杨某、一名厨师及一名清洁员。这家私人产院，在当时解决了部分妇女分娩的困难，同时也宣传了新法接生的优越性。

1937年以后高金城①大夫的夫人牟玉光女士，又在仓门巷3号开设了产科诊所。当时兰州上层较开明的家庭，都请高太太接生，这为她协助高金城开展营救西路军助力不少。②

1934年，兰州始筹设女子助产学校，校址在兰州萃英门内，1935年春开学（招生对象限未婚女子），初为"卫生实验处"的附属机构。附设产院一处、设床位25张。1935年秋天移交甘肃省教育厅管辖，校名改为"甘肃省立高级助产学校"，属中等职业学校。校长陈桂云，教导主任杨咏霓。全面抗战爆发后，在西北建设浪潮的推动下，妇幼保健事业也被加以重视。1942年5月1日，甘肃省立高级助产职业学校附属产院正式成立，陈桂云教授担任主任。

1943年，卫生署中央卫生实验院妇婴卫生系统主任杨崇瑞来兰视察，对甘肃妇婴卫生工作表示肯定，遂与甘肃省政府及卫生处协商筹建甘肃省妇婴保健所，卫生署拨法币45万元作为建设资金。1943年9月，产院与正在筹建的省妇婴保健所合并，除开展一切妇婴卫生工作外，还确定为全省妇婴卫生中心训练机构和妇婴卫生实习场所。1944年3月，甘肃省妇婴保

---

① 高金城（1886—1938），字固亭，河南襄城县人。13岁入基督教内地会学堂学习，后又到开封教会医院勤工俭学。1917年起，到甘肃各地创办福音医院，行医布道。1937年，协助中共收容、营救西路军流散人员，不避艰险，不辞辛劳，使许多流散红军指战员回到党的怀抱。1938年2月3日（旧历正月初四）凌晨4时，马步芳部下师长韩起功以治病为由将高金城骗到大衙门内进行审讯，高金城视死如归、临危不惧，最后被秘密杀害在大衙门后花园内，终年52岁。1951年甘肃省人民政府民政厅追认高金城为革命烈士。

② 王九菊：《发萌在城关区的甘肃助产业》，载《城关文史资料选辑》第6辑，1997年，第109—110页。

健所正式开诊，陈桂云任所长，设床位 10 张，开展产前检查、婴儿及幼童健康检查、妇科检查及治疗、家庭访视、院内外接生、妇婴卫生教育、预防接种等业务。同年，陈桂云正式兼任省立助产学校校长。助产学校早期的学生以省立医院妇产科为实习场所。后来，省立医院合并至西北医院，改名为兰州中央医院，院址迁到小西湖，不再供产校学生实习，这使陈桂云十分着急。为了不使学生实习中断，陈桂云亲自带领学生到产妇家中实习助产。同时，她到处奔走，积极筹建附设医院。经西北医院同意，她争取到原省立医院在萃英门的房屋、设备和破旧床，经过修补加工，开办了一所有四十张床位的附属妇产科医院。从而使甘肃出现了独立、完备、初具规模的妇产科系统。

1945 年，由中央卫生实验院拨款又增设床位 6 张，接受美国医药助华会捐款 100 万元，充实内部科室建设，同年举办接生员训练班一期，学习期为半年，共为外县培训接生员 18 人。1946 年又增设小儿科门诊及药房。1948 年 7 月，甘肃省妇婴保健所正式改称甘肃省妇婴保健院，并随校址迁到中山林（现兰州市卫生学校）。截至 1949 年，医院职工人数达 31 人。

医院建立后，为甘肃的妇婴保健事业作出了巨大贡献，现将其主要业务统计如下表：

表 6-5　1942 年至 1949 年医院主要医疗业务统计表①

年度	编制床位	入院人次	出院人次	门诊人次	住院手术	分娩总数
1942 年	25					371
1943 年	16					697
1944 年	16					886
1945 年						1075
1946 年						1396

---

① 仇杰、刘东海主编：《甘肃省妇幼保健院院志（1942—2012）》，2012 年，第 324 页。

续表

年度	编制床位	入院人次	出院人次	门诊人次	住院手术	分娩总数
1947 年						
1948 年	40					
1949 年	60	471	470		124	261

表 6-6 1942 年至 1949 年医院历年门诊主要业务工作量一览表①

年　度	门诊挂号	治　疗	儿　科	妇　科	产　科
1942	750		41		710
1943	1967		79	493	1495
1944	2740		146	771	1787
1945	3491		336	979	2186
1946	4212		511	1315	2386
1947	4160		620	1420	2120
1948			650		2040
1949			1112	1497	3108

可以看出，妇婴保健院的规模总体上在不断扩大，床位从建立初的 25 张至 1949 年已增至 60 张，年分娩总数最多时近 1400 人次。门诊业务也呈逐年增多之势，挂号人数最多时达到 4100 余人。此外，除了产科，妇婴保健院在儿科和妇科的诊疗工作量也日渐增长，据此足以看出妇婴保健院对兰州乃至整个甘肃的妇幼保健事业作出的重要贡献。

1949 年 8 月 26 日，兰州解放，陕甘宁边区卫生署军代表吴中负责接管医院，接收职工 14 名、床位 17 张、房屋 17 间，建筑面积 1093.55 平方米。同年 10 月 26 日，省妇婴保健院设置床位 60 张，另设门诊部，主要开展产科临床业务工作。新中国成立后，省妇婴保健院历经数次变动，在 1978 年

---

① 仇杰、刘东海主编：《甘肃省妇幼保健院院志（1942—2012）》，2012 年，第 328 页。

11 月 15 日正式定名为甘肃省妇幼保健院。医院发展至今已成为一所现代化的，承担全省妇女儿童的保健、医疗、科研、教学、计划生育技术指导、健康教育培训、妇幼卫生信息及妇幼保健领域对外交流等任务的专业性医疗机构。

医院能有今天的规模，追根溯源，与其创建者陈桂云教授的无私奉献和辛勤付出密不可分。毫不夸张地说，在陈桂云教授的奠基下，甘肃的现代化妇幼保健事业才得到从无到有、从有到优的发展。

陈桂云（1897—1978），字磬庭，山东潍县人，著名妇产科专家，西北地区妇幼保健事业的创始人。1921 年毕业于北京协和女子医科大学，之后到沈阳盛京女施医院任医师。1931 年任辽宁医学院妇产科教授。九一八事变后，陈桂云出于爱国热情，不任伪职，放弃教授职务离开沈阳，到北京第一助产学校任教。1934 年，辗转来到西北，创办了陕西省立助产学校，亲任校长。① 1939 年赴兰州，在甘肃省立医院任妇产科主任。来到甘肃后，她有感于西北地区妇幼卫生工作基础薄弱，缺乏妇产科专业人才而使大量婴儿夭折，遂积极倡导创办了甘肃省立高级助产职业学校，并担任校长。在任职期间，她不但亲自编写教材，并坚持授课，在极为艰苦的条件下，为西北培养了一大批专业人才，这些医务工作者后来都成为西北地区妇产科领域内的骨干。1947 年 10 月，她赴美国考察妇幼卫生工作。在纽约、芝加哥的半年考察过程中，她精心学习国外先进的妇幼卫生工作管理经验，思考如何改变我国西北地区妇幼卫生状况。在国外，她省吃俭用，用节约的资金购置妇产科医疗器械。1948 年回国后，她与同僚借债创办了甘肃省妇幼保健院并担任院长。在新中国成立前的艰苦岁月里，她为发展西北地区的妇幼保健事业不辞辛劳，在医疗技术条件极为困难的情况下，潜心妇产科的研究，一方面筹办学校，另一方面走街串巷，甚至下到乡村为普通百姓诊治疾病。当时，经她接生的产妇遍及西北各地，她的事迹至今在老一辈的兰州人心中流传。

———————

① 陈桂云：《陕西省会助产学校概况》，《公共卫生月刊》1935 年第 1 卷第 4 期，第 55—59 页。

　　陈桂云是一位医德高尚、医术高超、深受人民爱戴的好医师。她热爱人民，关心病人，越是穷苦的病人，越能得到她更多的帮助。旧中国贫穷落后，封建迷信盛行，妇女进医院生孩子是罕见的事，无论多危险都在家里生。许多妇女因难产或产育疾病而丧生，婴儿的死亡率更高。看着妇女遭受痛苦，陈桂云在医院里坐不住了，决计走出医院找病人。她带领学生背上产包、急救包和消毒用的大蒸锅，爬皋兰山，走东岗镇，上山下乡，到老百姓家里去接生看病，挽救了许许多多产妇和婴儿的生命。

　　1938 年 6 月，日本侵略军进犯中原，国民党军队在花园口炸开黄河大堤，殃及豫皖苏三省四十四个县的一千二百五十万人口，死亡人数达八十九万多。黄泛区大批难民逃到兰州，他们在山上胡乱挖些窑洞，艰难度日。有的难民妇女难产，母婴生命危在旦夕，男人急得没办法，只好跑到医院请大夫救命。遇到这种情况，不管是白天黑夜，还是刮风下雨，陈桂云总是要亲自出诊，给难民接生，不仅不收分文，而且还特别叮嘱助手，多带些纸给产妇用。大人小孩被救活后，产妇的丈夫感激涕零，跪谢陈大夫，而陈桂云则悄然离去。以后，这批难民返回河南老家，临行前，有一位李大娘带领着二十多个受到过陈大夫恩惠的妇女，手捧鲜花、礼品，向陈大夫道别，在场的人都感动得热泪盈眶。陈桂云常说："妇产科医生是一种崇高的职业，它关系着母子两条人命。因此，不仅要有高度的责任心，而且还要对技术精益求精。"①

　　在长期的医疗实践中，陈桂云发明了"陈氏单手产钳术"。以前，医界使用的双手法因产钳拴在左叶产钳上，必须先里左叶后置右叶，两叶才能扣合。所以具体操作时，术者先以右手伸入阴道旋转并固定胎头，左手置入左叶，然后撤出右手再伸入左手固定胎头，右手握持产钳右叶置入，但是就在这两手交换之际，胎头容易滑回原位，造成产钳右叶错位。双手法的第一步操作即容易发生差错，加之操作时间又长，医者每每为之束手。

―――――――――――――

　　① 孟国芳：《甘肃妇幼保健事业的创始人——陈桂云》，载《甘肃文史资料选辑》第 23 辑，甘肃人民出版社 1985 年版，第 65 页。

长久摸索后，陈桂云发明了"陈氏单手产钳术"，改变了传统双手操作产钳处理难产的方法，在临床应用上具有很高的实用性和保护性。

视职业操守如生命，陈桂云是个能让患者可以把性命相托的人。她以精妙的医技、独有的胆识，细心调理病患，每每应手取效，很快声名大噪。当时，陈院长有一个响当当的名号——"西北妇女大救星"，慕名前来问诊的孕产患妇不计其数。院长更有个"绝活"——手转胎位。在遇到孕期已久却胎位不正的产妇时，她便一边在产妇的腹部小心按摩揉转着，一边和产妇唠着家常，在亲切的交流中，在产妇不知不觉中，让胎儿顺利翻转，使产妇得以顺利分娩，化解了一个个脐绕颈、臀位倒置的问题。在没有 B 超、没有 CT 的年代，产科医生看家本领靠的是"两掌、一指和听筒"。就是这样徒手的操作，却磨砺出了陈桂云院长令人折服的医学造诣：手术精巧、清晰，出神入化。别人看不透的病，她能看得透彻，别人治不了的病，她能治个准到。

陈院长的嫡传弟子，现年 90 多岁仍在省妇幼保健医院行医的罗毓惠大夫回忆往事说："老院长有旧时女子的文气，人又干练、事必躬亲。她对任何人都尊称'您'，讲话很有技巧，温情中也显倔强。"一次手术时，罗毓惠准备切开产妇的会阴部，院长摇头说："直接用产钳，避免不必要的切口。"有年轻的医生略有迟疑，嘟囔了一句："书上不是说，会阴切开后才拉产钳吗？"停了半晌，传来院长淡淡的声音："你说的这本书我没看过。"①

陈桂云教授在学术上注重临床效果，尤其在产科方面有独创之处，她以安全、简便、减轻产妇痛苦为产科之目的，重视产前诊断和围产期保健，主张把产妇分娩前的各种不利因素转化为有利因素，以缓解分娩中可能发生的困难，为保护母亲和婴儿平安创造良好的条件。她的学术思想和观点，至今还影响着西北地区妇产科学界。她去世以后，根据遗言，将其全部的

---

① 韩光、张宇宙主编：《中国当代医学家荟萃》第 3 卷，吉林科学技术出版社 1989 年版，205—207 页。

医学书籍、心爱的产科器械和一万元积蓄捐献给医院，至今省妇幼保健医院还保留着以其捐款命名的"陈桂云医学奖金"。陈桂云教授终身未嫁，没有一儿一女，但她为甘肃妇幼保健事业鞠躬尽瘁、死而后已的精神与实践，深深感动和激励了一辈又一辈的后学者。

三、 西北医学专科学校

20 世纪 30 年代初，国民政府教育部通令"各省设立农学专科学校与医学专科学校"。时任甘肃学院院长的邓春膏认为"农、医各专科学校之设立、重在实用，各项试验场之设备，需款甚巨，而据当时甘肃学院对于农科的设置，积极进行……医科亦在筹办之中"①。这表明，当时甘肃的财政状况无力支持并且也没有必要专设一所医学专科学校，故而他建议将资金拨归甘肃学院，在甘肃学院下设医科。

1933 年 1 月，国民政府教育部认为甘肃的国税收入并没有解付中央。因此增设农、医两科，应由甘肃省筹拨。甘肃学院便转而向甘肃省政府申请经费开办医科、农科。言道："'甘肃学院'为西北文化之重心，成立以来，业经六载，向以建树大陆文化，救济地方凋敝为进行之目标。睹此情形，怃然心伤，深觉责任所在，义无旁假，爰拟开办农、医各科，期养成挽救西北之专门人才，以为补牢善后之计"②。

在各方努力下，甘肃省政府在 1933 年 3 月正式批准甘肃学院设立本省历史上第一个"医学专修科"，首任医科主任为宋子安。

医学专修科成立后，由于甘肃省地方财政空虚无力筹拨款项，成立后即面临停办的危险。邓春膏、宋子安多方筹款，得国民政府拨开办费 1.5 万元，后又经多方斡旋得中英庚款董事会捐助医疗设备费 2 万元，为学院医学专修科购置了 X 光机、太阳灯和一批医疗器械、药品等，这些也是甘肃学院当时最为昂贵的设备。

---

① 《甘肃学院档案》，兰州大学档案馆藏，档号 6—2—19。
② 《甘肃学院档案》，兰州大学档案馆藏，档号 6—2—208。

1933 年，医学专修科首届招生 46 名，入学程度为高中毕业，学制 5 年。共开设 16 门课程，即解剖学、生理学、医化学、病理学、卫生学、药物学、内科、精神病、儿科、妇产科、外科、眼科、耳鼻喉科、皮肤花柳、法医、理疗等。自开创至 1942 年独立设校，甘肃学院医学科分别于 1933 年、1937 年、1939 年招收三届学生共 81 人，前两届仅毕业 18 人。医学专修科有专任教师 13 人，其中教授、副教授 5 人，讲师 5 人（其中女 1 人），教员 3 人。①

1941 年 1 月，宋恪接任甘肃学院院长后，认为学院系科设置杂乱，文教、法、医都办，却办得不精，医科应呈请另设专门学校。宋的主张得到省内外有关人士的赞许，遂于 1941 年 11 月 29 日呈文上报教育部。1942 年 4 月 8 日，教育部下令"为培养医学专门人才以适应西北环境之需要，决定于三十一学年度在兰州设立国立西北医学专科学校，由部派王允臣、于光元、张查理为筹备委员，指定于光元为筹备主任进行筹备，为谋集中人力、物力，以期办理完善，应将该院原有医学专修科归并办理"。1942 年 8 月，国立西北医学专科学校正式成立，不分科，校长为齐清心，教务长为于光元，校址选定在兰州市上西园。

齐清心，河北蠡县人，毕业于直隶高等师范，后留学美国杰佛逊大学医学院，获医学博士学位。回国后任北京协和医院医师，后任河北省立医学院院长、重庆市立医院院长、卫生署专员等。1942 年就任西北医专校长，在他的努力下，医专建设成效甚宏，"医专自齐校长接任以来，以脚踏实地的方式苦干，不铺张不宣传，每个先生都是慈善的心肠，每个学子都是坚苦的性子，用他们自我的表现来感召了社会，影响了社会。齐校长今年五十并一岁，但精神上却完全是一个青年。他底刻苦笃实的作风，像一支花菜吸引了蝴蝶的翻飞，他本身体放射的香气，永远在学生中间散播

---

① 周正荣主编：《兰州大学校史·医学编》，兰州大学出版社 2009 年版，第 2 页。

飘荡"①。

西北医专的诞生，对于一向缺医少药，亟需医药专门人才的兰州，无疑是雪中送炭，深得民心。然而，按当时兰州实际情况，并不具备设立医学专科学校的条件。办校之初，除由甘肃学院医专科并入的五年制学生一班（11人）外，新招六年制学生一班60人。然而医学教员延聘困难极大，幸赖国立西北医院及兰州市卫生机关协助，医生、教员相互兼任，勉强维持教学。而实验室、教学医院则由于缺少经费等因素，始终未能设立。所有教学上必需的试验和学生实习，几乎全部仰赖于西北医院和西北防疫处等医事机关。图书不足万册，仪器药品少而不全，再加待遇菲薄，生活困苦，教与学均极艰难。②

办学条件虽然简陋，但西北医专学生爱国热情不减他校。1944年5月，"西北医专全体师生工友绝食一日，捐款四千一百八十五元，慰劳豫中将士，业已送缴省党部，该校豫籍师生自动捐献慰劳金二千零七十元，昨一并呈献转汇前方"③。国民政府发起知识青年从军运动时，"国立西北医专六二级司学倾向该校征委会全体报名参加，六三级亦决继起响应。该校校长齐清心，则正奔走各方，号召教员筹组医疗队，参加远征军"④。

1942—1945年，西北医专共招生269人，其中4年制48人，6年制177人，还有一年制调剂班、法医班44人。⑤ 1945年夏，国民政府教育部决定，将国立西北医学专科学校建制撤销，并入设在陕西的国立西北医学院，改名为国立西北医学院兰州分院。1946年夏，并入新成立的国立兰州大学。

自甘肃学院医学专修科设立到西北医学专科学校，至并入国立兰州大学，虽然开办的过程十分艰难曲折，但它的出现对于甘肃高等医学教育的

---

① 韩卫之：《超居人前的精神——纪西北医专从军运动盛况》，《甘肃民国日报》1944年12月2日。

② 马琦明：《兰州历史文化·重教兴学》，甘肃人民出版社2007年版，第67页。

③ 《兰市小学生发起一元献金，慰劳中原将士，西北医专师生绝食劳军》，《陇东日报》1944年5月17日。

④ 《从军热潮激荡西北，国立西北医专大批学生愿远征》，《中央日报》1944年11月10。

⑤ 周正荣主编：《兰州大学校史·医学编》，兰州大学出版社2009年版，第3页。

发展却具有划时代的意义，标志着甘肃高等医学教育从无到有迈出了重要一步。

四、　西北卫生疗养院

除博德恩纪念医院外，传教士在兰州设立的医院还有西北卫生疗养院。其旧址在今兰州二十七中对面（现兰州市妇幼保健院）。1931 年由上海中华基督复临安息日会总会派美国籍牧师艾培来兰成立兰州分会，1933 年请准总会调来沈阳卫生疗养院院长、丹麦籍人文幕天大夫来兰筹建西北卫生疗养院，翌年成立，院长为文幕天。经费由总会拨给一半，另一半由当地分会向社会人士募捐。该院设门诊、住院处，有内科、外科、化验、调剂、手术、供应、X 光室等。每日门诊就诊者达百人次，有住院病床 30 多张，分三等收费，分别为二元、一元、七角，并提供饮食。①

民国初年成立的"兰州天主教堂"，旧址在畅家巷东头。该教堂于 1929 年在天主堂院内办起了一所"公教医院"。大约此前不久，"兰州天主教堂"主教普登博从德国请来两个学医的修士，一个叫思大夫，另一个叫孙修士（他们的德国名字不详），并以天主教所属的"慈爱会"办起了这个医院。院长就由思大夫担任。1940 年左右日机轰炸兰州时，思大夫被炸死，继由德国人非德曼当院长，以及贝达义、姚修士等四五个德国人当大夫。直至兰州被政府接手为止。

起初，因为医院和教堂都在一处，所以医院占地较小。1929 年，在教友的捐助下，小沟头大教堂动工兴建，1932 年竣工，教堂全部搬迁新址，畅家巷教堂移交"慈爱会"办"公教医院"，业务才有了发展。医护人员由原来的一二十人，扩大到三十人左右，设有内科、外科等科室，有化验室、药房、爱克司光室、手术室、住院部等部门，有病床一百张左右。20 世纪二三十年代，由于兰州地区医药卫生条件落后，医院很少，且人民群众由

---

① 王致廉：《建国前兰州中西医药概况》，载《兰州文史资料选辑》第 13 辑，兰州大学出版社 1992 年版，第 115 页。

于穷困，卫生条件极差，缺乏卫生知识，发病率很高，相应的医疗卫生机构不能满足群众求医需要，故公教医院门诊业务繁忙，住院部也是如此。特别是甘南、青海等地的少数民族患性病、梅毒病十分普遍。当时，德国生产的一种六〇六药剂和针剂，对性病和花柳病具有特效。所以各地少数民族住院治疗上述疾病的很多，由于此药治愈率很高，声誉很大，且控制在外国人之手，故慕名而来者络绎不绝。

解放后，"公教医院"的院长仍由非德曼担任，大夫仍由外国人把持，1952年全国宗教界开展了轰轰烈烈的"三自爱国"运动，大部分外国神职人员自动归国，非德曼也于此时回国。这时的天主教堂改由中国人主持，李为权神父当了"公教医院"的院长，并从外地请来了沈鸿章、梁秉章两位大夫。几个月后，"公教医院"由国家接管，与"省人民医院"合并。

另外，"兰州天主教"内的小组织"圣家会"，于抗战时期在双城门（即现在的中山路）什字西南端办了一个诊疗所，所长是中国修女牛玛丽，共有医护人员四五人。这个诊所只作一般的门诊治疗。由于地处解放前兰州最繁华的地段，且临大街，方便群众，同时是专事西医业务，吃药打针即刻可以办到，所以，业务比较繁忙，收入也是十分可观。双城门诊所的财务账目由小沟头天主堂统一经营，每天交账记账，药品器械的购买以及诊所的一切消耗支付均由教堂开支，或由诊所到教堂领取。

"天主教堂"的所属组织"圣神会"的修女，于民国初年在兰州的道升巷办了一所诊疗所，第一个负责人是德国人尚修女，她在兰州时间较长，直到解放仍在兰州。诊所的规模和双城门基本一样，也有医护人员五六人，从事一般的门诊业务。同样因为诊所地处兰州的城市中心，业务十分发达，收入很可观。与双城门诊所不同的是，道升巷诊所在经济上实行独立，自负盈亏。解放后和"公教医院"同时被国家接收。①

---

① 张本笃：《兰州公教医院情况点滴》，载《兰州文史资料选辑》第1辑，1983年，第178—179页。

传教士在兰州创办医疗事业的最终目的是进行传教。即便如此，在客观上也给予了缺医少药的兰州民众许多帮助和救治，体现了医者仁心的精神。同时也将西方医学的成果带到了中国西北，促进了西北地区医疗卫生事业的现代化。

五、 中医机构

民国时期，北京政府和南京国民政府对中医的态度模棱两可。1913 年 1 月，北京政府教育部公布了西化色彩明显的大学规程，其中医学类分为医学和药学两门，医学科目共有解剖学等 51 科，药学分为有机、无机化学等 52 科。所有科目设置均援引西方课程，中医、中药则被完全排斥在医学教育系统之外，理由是中西医"致难兼采"，二者选一，自当推举有现代科学依据的西洋医术。这就是近代史上有名的"教育系统漏列中医案"。①

1927 年，国民政府实行限制中医发展的政策，其限制、排斥中医的主要方式有：第一，登记考核。即所有中医都要在当地警察局登记并经过考核。考试时会遇到西医试题，考不上即停止行医开业，即便考上也要花钱领取开业执照，还要花钱领取警察局所印发的中医处方笺，规定开药非用此笺不可，手续繁琐，很多中医被迫停止行医。第二，高额税收。中医必须交营业税和所得税，有些还得交印花税。每年行医所得大部分被敲诈勒索。第三，对于民办中医机构或学校，不予登记备案。对于未曾请领证书的中医，公布了中医审查暂行办法，即中医审查委员会章程，聘请甘肃省中医专家，成立中医审查委员会，办理中医审查及考询事宜。根据申请核准发给中医证书 88 件，中医执照 17 件，中医店许可证 77 件。②

1929 年 2 月，南京国民政府卫生部召开第一届中央卫生委员会议，会议上，余云岫提出《废止旧医以扫除医事卫生之障碍案》，称"旧医一日不除，民众思想一日不变，新医事业一日不能向上，卫生行政一日不能进

---

① 许睢宁等：《民国时期北平中医药（1912—1949）》，华文出版社 2016 年版，第 3 页。
② 甘肃省政府编：《甘肃省之卫生事业》，1942 年，第 9 页。

展……为民族进化计，为民生改善计，不可不取断然手段，此乃国家大计"。虽然该项议题在全国中医药界的强烈抗议和斗争中未能颁行，但也从侧面反映了当时中医作为我国传统的技艺，正面临着巨大的考验。

1940年，甘肃省卫生处成立中医审查委员会，由柯与参、牛孝威等6名中医专家组成，后增设委员共9人。1941年，发给中医证书51张，中医开业执照4张。1942年，发给中医证书97张，中医开业执照45张，中药房执照165张。1943年，发给中医证书225张，中医开业执照37张。①1943年，甘肃省卫生处调查了1941—1943年三年间中医人员，全省有医药卫生人员5000多人，其中审查发放中医证书仅373人，颁发中医开业执照的116人。②

在甘肃，中医的来源仍是沿袭千年来的传统，由热心中医事业的老医师收录徒弟、医者父子家传以及有志者自学，学成报考，经国民党中央考试院委托甘肃省教育厅（后改名为省考试处）组织考试，将考试及格者报请中央考试院发给中医师及格证书，由本人检具及格证书，申请中央内政部换发中医师证书，然后再检具中医师证书，向当地省政府申请发领中医师开业执照，才能经营中医业务。行医形式主要有坐堂和走乡两种，有些坐堂医生自办药铺，成立堂号，称"带手药铺"，可以边诊断，边开处方售药，药物一般由雇佣药工或学徒负责购进，并进行加工调剂，这些药工和学徒受聘于药铺坐堂医生，学得手艺并取得报酬。走乡医背负药囊，走乡串户，不分昼夜，奔波不停，其中有些是专业种痘医生，一般人将之称为"花儿匠"，每年春来夏去，定期巡视。民国时期，兰州的中医药机构主要有以下几处。

---

① 甘肃省政府编：《甘肃省政府三年来重要工作报告》，1944年，第53页。
② 甘肃省地方史志编纂委员会：《甘肃省志·医疗卫生志》，甘肃文化出版社1999年版，第164—165页。

（一）中央国医馆甘肃省分馆

1929 年《废止旧医以扫除医事卫生之障碍案》提出后，当即激起了全国中医药界的强烈抗议，最后迫使国民政府收回成命，并于 1931 年 3 月 17日在南京成立了中央国医馆，旨在开展中医事业的继承、发展和研究工作。同年，甘肃在著名实业家临洮人牛载坤先生的倡导下，请准筹备成立了甘肃省国医分馆（地址在原东大街天齐庙内，即现张掖路东段）。该馆是一个中医学术研究机构，设馆长、副馆长负责管理。下设中医研究、中药研究、秘书三室，附设一个门诊部、设有中药房。配有医师、药工、职约 13 人。几经交涉，获准在省财政项下拨给经费。牛孝威任中医研究室兼药物研究室主任，后来柯与参升任馆长，牛孝威任副馆长，1937 年 7 月增派王仲英任副馆长。当时中医师有权爱棠、何恒山、陈范卿、甘惠廷等人参加门诊，只收挂号费，不收诊费，对贫苦患者免费发放药剂，并定期开展中医学术活动。该馆成立后，对疾病防治、保护市民健康以及继承发扬祖国医学遗产等方面起到了积极作用。直至解放后，由甘肃省卫生厅接收，开办了甘肃省第一期中医进修班。

（二）兰州市中医师工会

为了增进中医团结，交流学术经验，不断提高诊疗技术水平，1937 年由中医师王仲英等人发起组成了兰州市中医师工会，地址在兰州市原东大街火神庙内（现张掖路东端城关区医院西边）。该会属学术性兼同业性群众组织，在兰执中医师业务者均可申请入会为会员，内设理事长、理事。由王仲英、于有五、王星五、姜集云、王子勤、焦振洪、张巨清、郗成章、王农夫等组成理事会，主持日常事务，推选王仲英任理事长，其余人员担任理事。内设门诊，由理事等人轮流义务应诊。经费由会员会费收入开支。每年召开全体会员大会一次，改选理事会，互相会晤，交流学术经验。该会的组成，对团结同道，艰苦奋斗，开展中医业务，协助地方进行卫生防疫工作，作出了一定贡献。直至解放后，由甘肃省卫生厅接管，改组为兰

州市中医促进会筹备会，随后又改为兰州市中医学会。①

（三）兰山中医学校

1946年，中医师王仲英等人筹资，在兰州市下东关白衣寺内（位于现庆阳路上），成立了兰山中医夜校，这是当时兰州唯一一所培养中医人员的学校。由王仲英任校长，李子质任教务主任，招收有志于中医者就读，学习期限暂定一年，每晚上课两小时。设置中医基础、中药、诊断等课程。先后两班，共结业学员70余人。1949年改为全日制学校，定名为"兰山中医学校"。开设中医班，名额40名。入学条件是有志于中医工作并具有初中及以上文化程度者均可报考，学制三年。课程设置有中医科（包括内经、伤寒论、中药、诊断、内科、外科、妇科、儿科等）和西医科（包括生理解剖、病理、西药、细菌、诊断、内科、眼科等）。师资配备中医方面有王仲英、尚坦之、于有五、刘兴元、李子质等人，西医方面有马馥庭（原兰州医学院教授）、邹本宝（原兰化职工医院主任医师）、曾俊三（原兰州医学院副教授）等人任教，经费自行筹募。至1950年，第一届中医班学习期满，考试成绩及格毕业40人。继之又招收第二届中医班学生40人。1953年该校由省卫生厅接收，合并于兰州卫生学校，兰州中医学校到此结束。该校虽举办时间不长，毕业学生不多，但在当时的历史条件下，该校的创办对培养甘肃省中医人才，促进中医事业的发展起到了积极作用。②

（四）私人创办的中医机构

20世纪三四十年代，兰州市一些热心中医事业的人士，为了解决中医后继乏人的问题，继承祖国医学遗产，冲破种种阻力，在人民群众的支持下，想方设法创办了一些私人性质的学社和针灸馆，其中主要的有以下几个：

---

① 王仲英、王致廉：《建国前兰州中医事业发展概况》，载《兰州文史资料选辑》第3辑，1985年，第180页。

② 王仲英、王致廉：《解放前兰州中医事业发展概况》，载《兰州文史资料选辑》第3辑，1985年，第181页。

积善针灸馆。1938 年，中医师高涵九等人借用"甘肃同善社"房屋，在官升巷（现大众巷）创办该馆。积善针灸馆对外不收学徒，从业人员的选取，必须是经过时间考验的同道中人且年龄在三十八岁以上的坚定信道者。[1] 甘肃早期共产党员，中医张一悟曾在该馆的掩护下，开展党的地下工作。

光华国医学社附设西北国医专科学校。1942 年冬季，中医师于有五、姜集云等人，在水北门（现永昌路北段）创办该校，一面招收学员面授和函授，一面应诊，后迁至原南府街（现金塔巷），先后举办二期。

兰州健民国医研究学社。1947 年冬季，由中医师王致廉、马凤图等人创办。地址在白云观内，一面招收社员，推荐中医药书籍，介绍学习方法，一面应诊。时有社员 130 多人，分布在兰州、皋兰、武威等地。1951 年冬，因王致廉被省卫生厅考选，送去西安、西北大区卫生部所属中医进修学校学习，该社停办。[2] 此外，在市内大街小巷，分布着大大小小的药铺，其中也有医生坐诊抓药。这些中医学校、社、馆，由私人创办，虽然没有固定经费，规模不大，维持时间不长，影响有限。但在当时的历史条件下，对兰州中医事业的发展和保障百姓的身体健康还是起到了一定的积极作用。

---

① 张恒德：《兰州积善针灸馆——大崇阳号》，载《兰州文史资料选辑》第 13 辑，兰州大学出版社 1992 年版，第 128 页。

② 王仲英、王致廉：《解放前兰州中医事业发展概况》，载《兰州文史资料选辑》第 3 辑，1985 年，第 181—182 页。

第 七 章

解放战争时期的兰州

抗战胜利后，国民政府的战略重心东移，兰州市的建设因失去了国民政府的有力支持，发展受到限制。但是兰州地方政府依然审时度势，集中有限的财力，积极恢复经济，开展自来水工程建设，筹建公共卫生事业，进行城市绿化等。在举国百废待兴之际，国民政府没有顺应民心，着手恢复国民经济、开展国家建设，而是撕毁国共双方的和平协议，悍然发动内战。随着人民解放战争的节节胜利，国民政府在兰州的统治出现了严重的危机。为应对政治危机召开的国民党甘肃省第四届全省代表大会，企图借行宪整党之名安抚民心。但国民政府为筹集内战所需的费用，对民众进行大肆搜刮和滥发货币，引起经济危机，民不聊生。在中国共产党甘肃工委的指导下，兰州地区的党组织得到迅速恢复和壮大，并积极发展和组织群众进行斗争，推动了三二九学生运动的发展，促进了兰州地区爱国民主运动的兴起。同时，人民解放军加快了解放西北的进程。1949 年 8 月 4 日，彭德怀司令员发布了向兰州进军的命令。在皋榆工委领导下，兰州人民积极开展迎接解放的斗争。8 月 26 日，兰州解放，使兰州人民迎来新生，也为西北其他地区的解放铺平了道路。

第一节　抗战胜利后的兰州社会

抗战胜利以后，国民政府还都南京，对大后方兰州的建设不再投入大

量的资源，兰州的发展一度受限，但在自来水建设、绿化和部分厂矿企业的恢复等方面也有一些新进展，为新中国成立后的兰州建设打下了基础。

一、 工矿企业

全面抗战时期大量资金及技术人员从沦陷区进入兰州，加之政府掀起开发西北、建设西北的高潮，厂矿纷纷设立，经过努力建设，"使兰州市容渐脱去古老旧衣，形成现代化之雏型"①。但抗战胜利后，兰州经济发展的形势急剧变化，大量厂矿东迁，经济发展一度陷入困境。

（一）厂矿东迁概况

抗战胜利以后，一些企业资金被抽走，大批技术人员东流，私营企业迫于多种因素，或被出售，或因业不抵债，被迫停工。私营机械制造业中最大的森森机器厂，因经济萧条，将全部设备拍卖。济生铁工厂也在抗战胜利后，将机器设备和原材料出售一空。② 另外国民政府在复员、接收过程中，将大后方各省的管理人员、技术人员大部分抽调去接收东部的敌伪产业，大量资金也转向东部。受此影响的兰州厂矿有：1. 资源委员会系统 11 个单位，只保留甘肃煤矿局、兰州电厂等 3 个单位。其他 8 个单位或折价移交省政府或停办，其中甘肃机器厂由兰州电厂派人看管厂房机器，中央电工器材厂关闭。甘肃煤矿局于 1946 年 10 月撤销，所属永登窑街煤矿关闭，阿干镇煤矿移交省上继续生产。2. 雍兴公司所属 4 个厂中，兰州制药厂（实用化工厂）、兰州机器厂于 1945 年 10 月停产。3. 中央卫生署属西北制药厂（含制药厂、玻璃厂、卫生用具材料厂等 3 个分厂）于 1945 年 11 月停产。后来同西北防疫处合并，缩编为西北生物化学制药实验厂。4. 西北洗毛厂由于主要投资者之一——复兴公司奉命结束，以及许多职工复员回东

---

① 孙汝楠：《建设中的新兰州》，《边政新报》1948 年第 5 期，第 3 页。
② 兰州市城关区地方志编纂委员会编：《兰州市城关区志》，甘肃人民出版社 2000 年版，第 316 页。

部，1946 年底关闭。① 这些厂矿都是在抗战时期建设起来的骨干企业，它们的停产意味着兰州工业的发展受到巨大影响。

随着厂矿东迁，兰州市的地位也受到了影响，兰州市一些客籍政府高级官员，不愿继续留兰工作，纷纷前往京沪一带，奔走活动。兰州市长蔡孟坚也离职东去，久不返兰，坚决要求辞职。迫于压力，兰州市政府实行裁局改科制。② 厂矿东迁对市政府的影响尚且如此之深，对兰州的经济影响更为直接。

（二）兰州工业的衰微

抗战胜利后，兰州市的工厂迅速减少，有人哀叹抗战胜利前夕"兰市七里河及黄河北岸，民营的毛织及纺纱工厂，计廿七家，肥皂工厂十一家，面粉厂三家，制革厂五家，机器厂十四家"，而抗战胜利两年后，"可怜兰州的工业日趋萎缩，毛织厂只剩一家，纺纱厂完全倒闭了，肥皂厂剩了二家，面粉厂剩了一家，制革厂剩了两家，机器厂只剩三家。还都是资金不够周转，勉强支撑，思之痛心"。③ 在 1945 年 8 月至 1946 年 6 月不到一年的时间里，申请停业的工厂就有 46 家。1947 年登记时，兰州市的工厂仅剩130 余家，几乎比抗战期间减少了一半。④ 1946 年初，兰州新闻界曾这样形容兰州工业状况："纺织业奄奄待毙""穷途末路的手工纺织""造纸砖瓦业亦属苟延残喘"。⑤ 工业中保持较好发展的只有兰州电厂，其发电量 1945 年为 353 万度，1946 年为 409 万度，1947 年为 390 万度，1948 年为 410万度。⑥

面对经济衰退的形势，兰州市也积极谋划对策。首先，向中央政府申

---

① 宋仲福、邓慧君：《甘肃通史·中华民国卷》，甘肃人民出版社 2009 年版，第 246 页。

② 孙汝楠：《兰州设市后的施政概况》，载《兰州文史资料选辑》第 2 辑，1984 年，第 60 页。

③ 郭玉峰：《兰州市当前经济之特征》，《储汇服务》1947 年第 76 期，第 23 页。

④ 兰州市城关区地方志编纂委员会编：《兰州市城关区志》，甘肃人民出版社 2000 年版，第316 页。

⑤ 宋仲福、邓慧君：《甘肃通史·中华民国卷》，甘肃人民出版社 2009 年版，第 247 页。

⑥ 杨兴茂：《民国时期的兰州电厂概况》，载《兰州文史资料选辑》第 11 辑，1990 年，第 60 页。

请资金支持。1945 年底兰州市各工业同业工会及工业协会甘肃分会，以"本市各业工厂，因战事结束，金融市场之急剧波动，致周转困难，陷于停顿状态"为由，向经济部申请"贷款五亿元，以资救济"。鉴于兰州工业的困难情形，经济部"准予按照后方紧急工贷实施办法，向兰州四联分处申请办理"①。其次，向中央申请设立工厂。1947 年在全国纺织工业生产会议上，兰州代表提出"自抗战胜利后，因受各工厂之迁往京沪平津汉各大商埠之影响，增值无已，而西北各省民生之凋敝，更千倍于战时"，呼吁国民政府鉴于兰州丰富的羊毛资源，"于兰州速设毛纺织工厂，以挽回西北民生惶恐"。②再次，为了遏制工业衰退的步伐，恢复已停工矿企业。1947 年 2 月，甘肃省主席郭寄峤在党政扩大纪念周会议上强调"本省过去曾举办有水泥公司，化工材料厂，甘肃机器厂，甘肃煤矿局，甘肃矿业公司等，但或因人才缺乏经营不善，或因资金短绌周转困难，以致成效未著。抗战既胜，复受国内经济不景气之影响，早已全部停顿。本人到甘以后详加考查，认为上述业已停顿之各种工业，必须迅速恢复，并求扩展。故经决定自本年度起，于财政极度困难之中，仍尽力筹拨巨款，分饬有关厅处拟具计划，即可实施，以期扩大业务，增加生产"③。

1947 年初，省政府派骆力学（省政府委员）、陈盛兰（财政厅长）、张思温（建设厅主任秘书）等组成工矿事业复工指导组，拨款 22 亿元（可购烟煤约 2 万吨），抽调一批技术人员帮助恢复甘肃化工材料厂、甘肃机器厂、甘肃煤矿局的生产。三个月后，化工厂、甘肃机器厂和窑街煤矿都恢复生产。④而停办业已三个月的甘肃水泥公司，也"以天兰铁路工程局需用

---

①　祖华：《经济部贷与兰市工业放款五亿元》，《前线日报》1945 年 12 月 9 日。

②　王绍文：《请于兰州设立规模较大之新式毛纺织工厂以发展西北纺织工业而裕民生并矫往昔产业分布偏枯畸重之积习案》，《纺织染工程》1947 年第 9 卷第 9 期，第 48 页。

③　郭寄峤：《本省的经济财政金融政策——三十六年二月三日在党政扩大纪念周讲话》，载甘肃省秘书处编《郭主席政论》初辑，1948 年，第 115 页。

④　宋仲福、邓慧君：《甘肃通史·中华民国卷》，甘肃人民出版社 2009 年版，第 247 页。

大量水泥，已于本月十一日起开始实验"①。兰州的工业颓势在 1947 年有所扭转。但是好景不长，在 1949 年前后，兰州使用机器或半机器生产的企业只剩下 36 家。②

（三）兰州金融业的失衡

金融业的失衡主要表现为商业放贷形势严峻。当时兰州市国家行局的储蓄百分之八十为军事机关经费，百分之十五为普通行政机关经费，工商及国民储蓄合占百分之五。中央银行司国库，储蓄额在百亿以上，执全市之牛耳；其次为中国、交通、邮汇局，储蓄额在五十亿以上至百亿之间；再次为中信局、农民银行，储蓄额约在五十亿以下，三十亿以上。放款对象，除农行侧重农贷外，其余各行，多半是商业放贷，或变相的商业放款，间亦有生产事业或交通事业放款，但均系各行联合摊放。③

兰州市各行庄吸收之存款，多作商业放款之用。据中央银行兰州分行调查，1946 年度各商业银行及省银行的放款总额为十三亿四千五百余万元，与上年比较约增一倍。如就放款种类而言，则以商业放款占多数，计占百分之七十；其次为工矿放款，计占百分之十五；再次为其他放款，计占百分之十三。至于农林、交通及教育文化的放款，均不及百分之一。由此观之，生产事业放款为数不多，足见资金之运用，尚未纳入正规。④ 兰州市有商业行庄 21 家，其中中国通商银行的业务最好，四明银行次之，其余银行的业务均较一般。钱庄则以义兴隆、魁泰兴的经营状况最好。但是"各行庄纯以营利为目的，拼命的以高利吸收存款，再以高利贷于商人，是造成物价高涨的主因，且兼营副业，更助狂澜"⑤。

此外，市场游资泛滥。抗战结束后，法币的发行量大增，造成了恶性

---

① 《发展甘肃机器厂，郭主席指示方针，水泥公司实验货色准备复工》，《和平日报》1947 年 3 月 15 日。
② 杨重琦、魏明孔：《兰州经济史》，兰州大学出版社 1991 年版，第 117 页。
③ 郭玉峰：《兰州市当前经济之特征》，《储汇服务》1947 年第 76 期，第 23 页。
④ 中央银行兰州分行：《兰州市金融业概况》，《中央银行月报》1947 年第 4 期，第 74 页。
⑤ 郭玉峰：《兰州市当前经济之特征》，《储汇服务》1947 年第 76 期，第 23 页。

通货膨胀。币值"朝夕万变",一般公教人员的工资"朝发而必需急换硬币或保存物资,否则无法度一家庭的饥寒"。因此,人们只顾眼前利益,谈不上长远的计划,进而导致"游资泛滥市场,投机之风日炽"。甘肃省银行的存款大大减少,"深恐酿成挤兑或集中提现的风潮,虽严寒盛暑,黄夜奔走,设尽方法,拉拢存款,或央求少提"。1948 年,甘肃省银行总经理刘望苏曾强调银行危机的深重,"已临危险边缘"①。可见其业务维持之难。

(四) 兰州商业的萧条

工业危机导致大批工人失业,商品供应减少,进而影响到商业领域。首先,捐客充斥。所谓捐客,即未取得合法资格而经营商业之人。此种人经营商业,纯采取走私方式,货物进出既逃避应纳税捐,又省去营业费用,故获利丰厚。对国家而言,税收减少。对正当经营者来说,则难与之竞争,日渐衰退。其次,囤积死灰复燃。近来囤积居奇,货物不肯出售,又成了兰州市过去抗战的风尚,如勉强求货,亦质劣价昂。② 再次,物价狂涨。以与人民生活关系密切的面粉为例,1945 年兰州市面粉每百斤价为 18 万元,到 1948 年增长到 3600 万元,增长了 200 倍。由于物价飞涨,商业中稍有资金者多转入投机买卖,大批中小商店纷纷倒闭。1948 年春,兰州倒闭商店35 家。1949 年 5 月兰州申请停业者达 48 家,自动关门者 70 余家,从商人员大量失业。③

二、 文教事业

抗战胜利后,兰州市的经济呈萧条之势,但高等教育有了进一步的发展,国立甘肃学院发展成国立兰州大学,国立兽医学院成立,西北师范学院复校成功,师生一部前往北平,恢复北平师范大学,一部留在兰州,继

---

① 张令琦:《解放前四十年甘肃金融货币简述》,载《甘肃文史资料选辑》第 8 辑,甘肃人民出版社 1980 年版,第 150—151 页。
② 郭玉峰:《兰州市当前经济之特征》,《储汇服务》1947 年第 76 期,第 23 页。
③ 崔国权主编:《甘肃省情》(第 1 部),甘肃人民出版社 1988 年版,第 115 页。

续维持国立西北师范学院的运转。这些高校进一步夯实了甘肃高等教育的基础，培养了大批高素质人才，为西北地区各项建设事业的发展，发挥了积极作用。

（一）国立兰州大学

1945 年 12 月国民政府行政院第 723 次会议决定，将设在兰州的国立甘肃学院、国立西北师范学院、国立西北医学院兰州分院三所国立院校合并改组为国立兰州大学，① 1946 年 3 月行政院任命辛树帜为国立兰州大学校长。辛树帜受命不久即进行筹备工作，并向教育部提出办理国立兰州大学的计划大纲。1946 年 7 月教育部批准西北师院"单独设置，不并入兰州大学"②。经过积极筹备，1946 年 8 月，教育部就国立甘肃学院、西北医学院兰州分院，合并改组为国立兰州大学。在学校命名上，"本省的几位参政员和省政府都向中央建议，要求设立甘肃大学"，后来经行政院会议通过名称为"兰州大学"，为什么校名要叫兰州大学，而不用甘肃大学呢？行政院认为"恐怕别的未设立大学的省份援例要求设立国立，本来国家行政稳固健全，经费充裕，教育发达之后，一省设一大学是应该的，可是目前不能办到"。而取名兰州大学，意思是"一个大学设在兰州，并不是专门为甘肃设立的，西北各省如甘、宁、青、新的人都可以进"。③

兰州大学成立后，经甘肃省参议会及省政府会议议决，划拨"兰市西北子城萃英门内全区为校址，其地原为清季左文襄公总督陕甘时所筑建之贡院，广袤可二百四十亩"，划拨之前，该地一部分为前甘肃学院校舍，其余为省参议会、工业试验所、西北盐务局、省立高级工业学校及省立助产学校等单位所有，兰大接收之后，对原有建筑进行改修，"权作文理学院、

---

① 张克非：《从兰州大学的历史看西部高校与地方社会的关系》，《科学·经济·社会》2009 年第 3 期。

② 《西北师院独立，不并入兰州大学》，《华北日报》1946 年 7 月 22 日。

③ 郭维屏讲，喻君洁记录：《兰州大学的过去现在与将来：兰州大学郭秘书长维屏在总行国父纪念周讲》，《甘行周讯》1947 年第 188—189 期，第 2 页。

法学院及附属中学之堂舍"。医学院则仍在上西园前西北医专旧址，"藉便四年级学生得就近于中央医院实习"。① 1947 年 6 月开始兴建教学大楼三座，命名为天山堂、祁连堂、贺兰堂，并请"西北行辕张主任治中为天山堂奠基，陶副主任为贺兰堂奠基，甘肃省政府郭主席寄峤为祁连堂奠基"，预计年底建成。每座"有容六十人座位之教室二间，四十人座位之教室八间，大约每座可供五百人教学使用"，同时在天山堂楼上"设计一可容一百二十人之座位大讲堂一间，以备学术讲演之用"。②

全校行政组织，依部令规定划分为教务、训导、总务三处，校长以下分设教务长、训导长、总务长各一人，另有各种委员，均依法令规定设置。③ 在院系上，除了把甘肃学院改组为法学院，西北医学院兰州分院改为医学院外，并创设文理学院和兽医学院。法学院分法律学、政治学、经济学、银行会计学、政治经济学等五系，另有一个司法组和一个书记官专修科。文理学院分为中国文学、历史学、俄文学、边疆语文学、数学、物理学、化学、动物学、植物学、地理学等十系，④ 其中，俄文系和边疆语文学系是为了适应边疆需要而设立。兰大成立时，教育部即令设立俄文系，"造就精通俄文，熟悉苏联国情之人才，为国备用"，兰州大学"以俄文学习困难，加以语文和学理兼顾，恐非短时期所能奏效"，于是决定"先招俄文先修班，先修俄文一年，再选升本系"。同时，兰州大学鉴于我国西北边疆不仅区域辽阔，且"处强邻环伺之下"，为了挽救边疆危机，应加强对边疆的开发和建设，"故言建设边疆，应以造就边疆工作人才为第一义"。于是呈请教育部，在文理学院内设置边疆语文学系，"造就建设边疆，沟通民族文化之语文人才，以应国家之急切需要"。⑤ 医学院不分系，但是因为西北医学院兰州分院创立于抗战时期，"因陋就简，毫无设备可言。改并以还，虽

①《兰大一周年》，《兰州大学校讯》1948 年第 1 卷第 3 期，第 1 页。
②《中山堂皋兰堂先后开工》，《兰州大学校讯》1947 年第 1 卷第 2 期，第 7 页。
③ 教育部教育年鉴编纂委员会编：《中国教育年鉴》，商务印书馆 1948 年版，第 631 页。
④《兰大一周年》，《兰州大学校讯》1948 年第 1 卷第 3 期，第 2 页。
⑤《文理学院概况》，《兰州大学校讯》1948 年第 1 卷第 3 期，第 3—4 页。

力图建设，只以购买外汇，外洋订货迟缓，种种困难，迄未能按原计划完成初步设备"，后来美国医药助华会有在全国各重要大学中设立医学教育中心六处之提议，1947年3月兰州大学积极向教育部争取"将医学教育中心之一定在兰州大学并特拨巨款充实设备"。在教育部的帮助下，医学院被"核定为医教中心之一"①，这为医学院的设备扩充和人才培养创造了良好条件。

辛树帜奉令筹备兰大后，就力图把兰大建设成为"边疆文化重心"，故筹办之始，"即以充实图书仪器设备为急务"，到1948年，该校新购图书就达5.8万余册，加上接收甘肃学院、西北医学院兰州分院的图书，所藏图书总量将近9万册，"兰市公私藏书之富，未有逾于本馆者"。② 对于仪器，也尽量添置。到1948年，该校"仪器及医药械材部分，品类繁多，不及备举，多已装配妥善，足敷本校教学实验之用"③。

辛树帜还积极聘请专家学者，加强师资力量。他认为，"兰州大学之设，将对西北文化水准之提高负有重大之使命，本人奉命来长斯校，自当竭尽绵力聘请西北及其他各方专家学者，共谋兰大之基础巩固与前途之发扬光大"④。他以灵活的形式聘请当地知名学者来校讲学，"聘高一涵、水梓、宋恪为法学院特约教授，张维、慕寿祺、张心一为文理学院特约教授，定每月来校讲演，并随时指导学生治学"⑤。他又"决定乘各校暑假，兰州无炎夏之良机，礼聘各地名师来校集中讲授"，1947年开始试行，应聘前来的有方欣安、郑集等人，"分别在各学院开课，集中讲授教学均便，已收相当成就"。⑥

1946年，兰州大学开始在兰州、西安、武汉、南京四个考区招收新生，招生考试由各考区统一组织，学校组织招生委员会领导招生事宜。当年共

---

① 《医学院五教授启行赴美进修》，《兰州大学校讯》1947年第1卷第2期，第2页。
② 国立兰州大学图书馆编：《国立兰州大学图书馆概况》，1948年，第1—3、22页。
③ 《兰大一周年》，《兰州大学校讯》1948年第1卷第3期，第2页。
④ 《国立兰州大学成立，设文理法医及兽医四院》，《经世日报》1946年9月14日。
⑤ 村：《兰州大学增聘特约教授》，《益世报》（上海）1946年9月1日。
⑥ 《试行集中讲授，已收相当成效》，《兰州大学校讯》1947年第1卷第2期，第7页。

录取 477 人，其中兰州、西安考区占 87%，另有教育部分派的"青年军复员生"，免试入学。① 1947 年学校招生范围扩大到北平、成都、广州等地，实现了生源的全国化，而且生源质量逐渐提高，"此次各区招生投考兰大者共约二千人，决定从中录取五百名，该校不再作第二次招生准备"②。1948年，该校共有 1200 多名学生，"男女同学各省都有"，若按民族种类说，以汉族同学居多，但"回族同学亦不少，像维吾尔、哈萨克和番民族的同学亦有之"。③

兰州大学的设立是国民政府重视西北，发展西北社会经济的结果，"攸关开发西北文化经济者至巨"④。因此，兰州大学从一开始就将这种定位和使命，自觉转化为具体责任和发展目标，"至于兰大的将来，我们感到对国家对地方都是任务重大，未来的建国工作地方建设，学校都要负责，要为国家训练各部门的人才"⑤。

（二）国立兽医学院的成立

1946 年春，联合国科学考察团来中国西北地区考察，考察结束后，考察团向国民政府建议"中国目前极需要一兽医学校"，国民政府表示同意，随即"令农林、教育、国防三部计划设立，由教育部主办"，当时校址拟设在南京，但兰州大学校长辛树帜鉴于西北是我国畜牧事业的中心，向教育部建议"在兰大内另设一兽医学院，不必在南京单独设立"。⑥ 这个建议得到教育部的采纳，教育部以辛树帜为筹备主任，兰大教授盛彤笙，农林部渔牧司司长虞振镛，国防部陆军兽医学校高级研究班主任崔步瀛，美籍专

---

① 甘肃省地方史志编纂委员会编：《甘肃省志·教育志》，甘肃人民出版社 1991 年版，第349 页。

② 《兰州大学招收新生五百名》，《甘肃民国日报》1947 年 8 月 10 日。

③ 李琮：《兰大学生的团体活动》，《兰州大学校讯》1948 年第 1 卷第 3 期，第 14 页。

④ 《兰州大学与甘肃之文化经济》，《甘肃民国日报》1946 年 9 月 22 日。

⑤ 郭维屏讲，喻君洁记录：《兰州大学的过去现在与将来：兰州大学郭秘书长维屏在总行国父纪念周讲》，《甘行周讯》1947 年第 188—189 期，第 4 页。

⑥ 郭维屏讲，喻君洁记录：《兰州大学的过去现在与将来：兰州大学郭秘书长维屏在总行国父纪念周讲》，《甘行周讯》1947 年第 188—189 期，第 3 页。

家史丹佛斯等为筹备委员，① 积极筹设兽医学院。1946 年 8 月兰州大学成立时，兽医学院就成为其最初的四个学院之一。联合国善后救济总署对该学院的设立也给予关注，"派遣专家赴兰，作实地之考察"②。但是兽医学院在兰州大学内设置是临时性措施，国民政府为了促进西北兽医高等教育的发展，也为了能够从联合国善后救济总署获得更多的设备和经费支持，决定将学院定名为国立兽医学院，并从兰州大学独立出去。1946 年 10 月 1 日，国立兽医学院正式成立，自此我国首个独立的兽医教育高等学校正式登上舞台。

兽医学院成立后，院址问题是一大难题。1946 年 8 月，院长盛彤笙陪同联合国善后救济总署代表史丹佛斯在兰州勘定院址，恰逢小西湖旁边西北防疫处所属的一处牧场待售，于是决定收购建校。③ 该牧场只有 33 亩，仅有一些简陋的房舍，不敷使用。因此兽医学院加紧进行基建，1947 年建成一座集办公室、实验室、教室、图书馆为一体的综合大楼，取名"伏羲堂"，因为"伏羲氏在传说中是天水人，又是畜牧兽医始祖，故因以名"，④ 也有追念先贤和鼓励后学之寓意。学生宿舍是旧房子改造的，"却倒也堂皇富丽"，虽然窗户高了点，但是"寝室里面粉白的四壁配上浅灰色的门，在色彩上格外显得调和、优雅"。⑤ 随着教学楼和教职工、学生宿舍的完善，兽医学院在基础设施方面具备了独立办学的条件。1947 年 10 月，国立兽医学院从兰州大学迁出，开始在小西湖新校址独立办学。

学校有了独立的办学环境，但在师资方面，面临着严重困难。院长盛彤笙教授曾留学德国，专门攻读兽医学，并获得博士学位。回国后继续从事畜牧兽医研究并取得重大成就，成为国立中央大学兽医学科的学术带头

① 《兰州兽医学院积极筹备成立》，《和平日报》1946 年 12 月 18 日。
② 《复旦大学复员竣事重要人事业已调整，兰州大学正积极筹备中》，《益世报》（上海）1946 年 8 月 3 日。
③ 《兽医学院筹备经过：盛院长彤笙在纪念周报告》，《兰州大学校讯》1947 年第 1 卷第 1 期，第 3 页。
④ 《兰州兽医学院适应着农业国唯一需要》，《新闻报》1947 年 10 月 27 日。
⑤ 黄石：《兽医学院新生中》，《甘肃民国日报》1947 年 8 月 6 日。

人。为了西北地区畜牧兽医事业的发展，毅然前往兰州筹设兽医学院。兽医学院成立后，他把学院的办学目标定为"力争比肩世界最好的兽医学校"①。为此，他积极延揽师资，奔走于兰州与南京之间，设法聘请兽医专家来校任教，且出国研究兽医者，多数皆与盛有"友谊或师生关系，已允于回国时来本校任教"②。经过盛的努力，一批畜牧兽医专家来到西北，使西北地区的畜牧兽医研究水平达到前所未有的高度。

兽医学院的行政组织，分教务、总务、训导三处，教务处设注册组及图书室，总务处设文书、事务、出纳三组，训导处暂未分组，另设会计室及秘书室。并附设家畜病院及实验牧场各一所。1946 年 12 月甘肃省政府请求将该省省立畜牧兽医研究所并入该院，其基金三千万元由该院会同省方合组基金保管委员会保管，该所的仪器设备也由该院接收。③ 在科系方面，设有解剖、生物化学、生理药理、病理寄生虫、细菌卫生、诊疗、畜牧等七科，已聘定胡祥璧为解剖科主任，郑集为生物化学科主任，吴信法为细菌卫生科主任，周荣修为畜牧科主任，盛彤笙兼任病理寄生虫科主任，常英瑜为畜牧科副教授兼总务长。④

随着组织机构的建立，学院开始着手教学设备的完善，联合国善后救济总署是设立兽医学院的倡议者，"原拟补助大批仪器药品"，但是因受到规章的限制，"联总之兽医药材均须经由行总转交农林部统筹分配，不能直接赠予。而农林部兽医方面负责人则谓此项器材均已分配无余，未能拨给本校"。⑤ 但是其仍然尽力援助，"联总捐赠我国之教育仪器设备，其中兽医部分指定该院有最优先获得权"。除了接受捐赠，学院也积极向国外募捐，

---

① 李青山：《中国近代（1840—1949 年）兽医高等教育溯源及发展》，中国农业大学动物医学院 2015 年博士学位论文，第 82 页。

② 《兽医学院筹备经过：盛院长彤笙在纪念周报告》，《兰州大学校讯》1947 年第 1 卷第 1 期，第 4 页。

③ 教育部教育年鉴编纂委员会编：《中国教育年鉴》，商务印书馆 1948 年版，第 694 页。

④ 《国立兽医学院筹备经过及概况》，《畜牧兽医月刊》（成都）1947 年第 6 卷第 5—7 期，第 33 页。

⑤ 《兽医学院筹备经过：盛院长彤笙在纪念周报告》，《兰州大学校讯》1947 年第 1 卷第 1 期，第 3 页。

"前联总兽医主任史亨利氏并已在美为该院募得图书仪器若干，现正设法运华"。同时国民政府也给予支持，1947 年"教育部拨发美金一万元"，用于向国外购买教学仪器和图书。农林部也"就其所接收之美军剩余兽医器材拨出一部分赠与该院"。① 对一所新成立的学院而言，这些设备为其维持办学提供了重要保障。

1946 年 9 月，兽医学院作为兰州大学的一个学院开始招生，首届招收本科生 48 名，修业期限为 4 年。② 刚设立时，因缺乏校舍及教师，一年级学生的"功课系采取与兰州大学合作性质，在兰大上课"③。到二年级时，学生才能回小西湖新校舍上课。对独立办学存在的困难，兰州大学给予积极帮助。生理学、药理学、生物化学等课程，要么由兰州大学医学院教师兼任授课，要么与兰州大学合作开班授课。④ 学院教学重视实验，由于尽力备置设备，学生们有较充实的实验学习，"当你一踏进教室门会使你悚然缩步的就是墙角上的那个马的骨骼架子，肋骨棱棱可数，四肢虽然被连缀得七歪八扭，可是还持保着马的特形"。教室里挨着墙根的书架上，放着的不是书籍古玩，而是"皙皙的马牛的骨骼标本"。每天上课铃声响起的时候，"工友们就会气喘吁吁的扛进个庞然大物来，那是剥了皮浸在药水池子里的驴子，虽然强烈的药味刺着人们的鼻孔眼珠，可是同学们却以愉悦的眼光看着驴子躺在解剖台上"。一等到教师把解剖工具拿来，"同学们按着划好的解剖区动起手来，依肌肉的起止、位置和肌纹辨认着每个肌肉，神情至为专注"。⑤ 学院虽然分为七科，但是学生并不分科，"四年毕业后再分科深造"。到 1947 年，学院已招生两年，一年级学生多半是本省人，二年级学

① 《国立兽医学院筹备经过及概况》，《畜牧兽医月刊》（成都）1947 年第 6 卷第 5—7 期，第 33 页。

② 甘肃农业大学校史编委会编：《甘肃农业大学校史》，甘肃科学技术出版社 2006 年版，第 4 页。

③ 《国立兽医学院筹备经过及概况》，《畜牧兽医月刊》（成都）1947 年第 6 卷第 5—7 期，第 33 页。

④ 李青山：《中国近代（1840—1949 年）兽医高等教育溯源及发展》，中国农业大学动物医学院 2015 年博士学位论文，第 82 页。

⑤ 黄石：《兽医学院新生中》，《甘肃民国日报》1947 年 8 月 6 日。

生各省都有。虽是全国性的学院，但学生人数不多，一是因为"创立不久，不为世人注目"，二是因为"严格淘汰之故"。① 该院人才培养目标参照旧协和医学院和上海医学院，学生降级和淘汰率高，如第一年入学的48人，到1950年毕业时只剩下8人。② 学院还根据西北经济建设需要，开展兽医培训班。1948年新疆军政当局拟选送维吾尔族青年入该院接受兽医科学训练，该院"以维族学生语文不同，若与一般学生在同级受业，殊感困难"，于是"特呈教部请准另设兽医人员训练班，予以收录，修业期限定为二年，教部已予照准"。③

到1949年，经过三年的发展，学院已有房舍15幢，占地37亩，有专任教授5人，副教授4人，讲师3人，助教14人，在校学生71人。④ 作为我国首座国立兽医高等学校，它对我国兽医科学和兽医高等教育事业的发展有着重要意义。1950年2月，国立西北农业专科学校畜牧科、草原科并入国立兽医学院。1950年12月，改名为西北兽医学院。1951年，改名为西北畜牧兽医学院。1958年5月，甘肃省委决定，将正在筹建的甘肃农学院与西北畜牧兽医学院合并，组建甘肃农业大学。

（三）国立西北师范学院的复校运动

1944年，国立西北师范学院历时四载，完全从陕西城固迁移到兰州，并初具规模，从此"奠定西北高等教育基础"，并自觉肩负起"培养西北各省中等学校师资，促进文化建设之重大使命"。从北平到兰州，北平师大虽累经变更，但是师院师生和校友一直视西北师院是北平师大的继承者，恢复北平师大一直是他们的期望，"抗战已临最后胜利阶段，国家收复失地之日，亦即本院收复失校之时"。⑤

---

① 《兰州兽医学院适应着农业国唯一需要》，《新闻报》1947年10月27日。
② 李青山：《中国近代（1840—1949年）兽医高等教育溯源及发展》，中国农业大学动物医学院2015年博士学位论文，第82—83页。
③ 《兰州国立兽医学院设兽医训练班》，《新闻报》1948年7月3日。
④ 季啸风：《中国高等学校变迁》，华东师范大学出版社1992年版，第1090页。
⑤ 国立西北师范学院编：《国立西北师范学院近况》，1944年，第2页。

1944 年，随着抗战局势的好转，国民政府就开始规划和统筹教育复员问题。在重庆的校友则进行广泛的复校宣传活动和说服工作，1944 年 9 月在国民参政会三届三次会议上通过了马毅等 43 人联署提交的《请教育部恢复国立北平师范大学案》，该议案指出"请政府迅将北平师大后身之西北师院改称为北平师大，抗战胜利后，北平收复，应即迁回院址。其在兰州已有之基础可增设西北师大或西北师院，使专负改进西北各省中等教育之责"①，并送请政府责成教育部实施。但是教育部对该议案并未付诸实施，12 月李建勋、黎锦熙等 8 人致函教育部长朱家骅，希望教育部执行议案，恢复国立北平师范大学建制，但是朱家骅为了推进高等教育均衡化改造，希望西北师院继承北平师大的传统，继续在西北办学，以"惟值抗战期内不易多所更张"为由，予以拒绝，这也预示着西北师院复校的艰辛。

　　随着抗战的胜利，1945 年 8 月 16 日《大公报》刊发消息称"教育复员首为大学之迁回"，中央大学、交通大学、武汉大学等"均将迁回原址"，西南联大仍将"分为清华大学、北京大学、南开大学分别迁回"。② 此条复校名单中并未言及原西北联大三所高校，这说明教育部并没有将北平师大复校的打算，同时对西南联大和西北联大区别对待。西北师院师生和校友看到消息后，群情激昂，立即组织多种形式的复校运动。8 月 25 日师大校友总会召开大会，讨论复校问题，"咸以抗战胜利，失地光复，师大历史悠久，成绩卓著，应即恢复"，并议决"向有关方面函电呼吁""选派代表赴渝"等复校步骤。③ 师生方面也成立复校委员会，发表"电报、宣言"④，从旁策应。8 月 29 日西北师院全体学生发表了《为拥护恢复国立北平师范大学敬告社会人士书》，指出"为了北平师大过去 43 年来的光荣成绩与历史，为了高级师资训练制度的确立与维护，以及为国家的教育前途，我们

<hr />

① 《西北师院罢课后告社会人士书》，《世界日报》1945 年 10 月 31 日。
② 《迁内大学均将迁回原址》，《大公报》1945 年 8 月 16 日。
③ 《校闻：师大校友总会为复校事召开全体大会》，《国立西北师范学院校务汇报》1945 年第 78—80 期，第 18 页。
④ 《校闻：复校运动之一段》，《国立西北师范学院校务汇报》1945 年第 81 期，第 8 页。

不能不说话了"①。从8月下旬到9月中旬,西北师院师生及校友多方呼吁,但"逾月无音",因此9月中旬校友总会推选李建勋、易价两位先生为代表,"持上蒋主席书,联袂飞渝",进行复校活动,先后获得李石曾、吴稚晖、于右任等人士支持。面对师生的抗争,教部态度有所松动,"降允复校,然名称为国立北平师范学院,嗣后改大,校址须迁至石家庄,但复员问题与西北师院员生无关"。虽然予以设立北平师院,但是校址选定他处,复员与西北师院无关,就是割裂师院师生与师大的关系。此项消息传回师院,"全院学生乃于十月十七日晚召开大会,十八日起宣布罢课,发表宣言,通电全国,呼吁本院员生一律返平上课"②。

此时,教育部长朱家骅欲借教育复员之机,试图改变高等教育过度集中在少数几个大城市的局面,这一动机得到国民政府最高当局的支持,9月25日,国民政府主席蒋介石在全国教育善后复员会议上强调,"除确有历史关系应迁回者外,我们必须注意西部的文化建设,战时已建设之文化基础,不能因战胜复员一概带走,而使此重要地区复归于荒凉寂寞"③。9月底复校代表返兰,劝导复课,"同学接受劝告,自行复课,盖不愿扩大事态,充分与教育当局以考虑之机会"④。同时召开大会,决议"复校工作,仍继续进行",并提出三项请求:"1. 恢复师大名义;2. 原任校长复职;3. 本院学生志愿赴北平求学者,到北平复学。"⑤

但是延至12月,将近两个月的等待,政府依然没有明文答复。于是,12月17日校友总会召开第七届年会,"决议撰文重呈教部,言词至为激切"。27日校友总会、学生班代表会及复校委员会联合召开全体员生大会,一致主张赴渝请愿,决议自1946年1月6日起出发。同时该会选出李建勋、

① 李蒸:《北京师范大学历史上的存废之事》,载李溪桥主编《李蒸纪念文集》,中国社会科学出版社1996年版,第3页。
② 《校闻:复校运动之一段》,《国立西北师范学院校务汇报》1945年第81期,第8页。
③ 《主席训词》,全国教育善后复员会议筹备委员会编:《全国教育善后复员会议报告》,1945年,第22页。
④ 《校闻:复校运动之一段》,《国立西北师范学院校务汇报》1945年第81期,第8页。
⑤ 《校闻:本院开课》,《国立西北师范学院校务汇报》1945年第78—80期,第18页。

易价、郭俊卿、张德馨、郭毓彬、康绍言、胡国钰等七人为教授代表，王学奇、王益民、于用波、梁靖堂、于衡退、时广海、齐毅民、柴如璧等八人为学生代表，合组为"国立北平师范大学复校运动联合会"，简称"复联"。该会除主席外，"分编组、总务、交际、宣传四股"，分工合作，领导复校运动。为了做好赴渝请愿准备活动，"复联"相继成立了执法团、大队部，并"旬日之内，筹备旅费，交涉汽车，散发宣言，缮写标语，编排队伍，练习行军，招待记者，发表消息"。最后商定于1946年1月6日，"二百先遣队先行"，全体员生则"整队送至城内"。师生的请愿活动惊动了甘肃地方当局，甘肃省政府鉴于情势严重，于1月5日晨派教育厅厅长郑通和来校劝慰，"代致赞助复校之意，并劝先遣队暂缓出发"，并答应"地方当局即派人于八日飞渝代为交涉，元月十五日以前如无圆满答复时，必协助赴渝请愿"，郑厅长语意诚恳，但全体员生仍坚持出发。于是，当晚郑厅长再次到校，随同"复联"代表一起"谒朱、谷二长官时，适张部长治中在座，亦诚恳表示协助之意"。鉴于甘肃当局的诚意，"复联"代表表示接受，因此"六日晨在大操场将此意转告全体员生，全体员生唯诺而散，将已集合之行李，各自认领，专待佳音之到来"。后来因为天气原因，致使郑厅长于十五日下午始得飞渝，"复联"也表示"将行期顺延一周"。① 同时，教育部也电派督学沈亦珍自西安到西北师院协商复校事宜。

沈亦珍来到西北师院后，即连日与西北师院及师大复校运动联合会进行商谈，复联会方面虽仍坚持原来条件，但经地方当局朱绍良、谷正伦等再三调解，达成复校解决办法四条："维持北平师范学院之校名，俟经相当时间之筹备，分为三院后，再改师大原名""校址为北平厂甸""李校长于去年底来函表示不欲重长师大，经复联会之同意，由西北师院训导长袁敦礼继任""凡西北师院员生自愿返平者，得按西南联大之办法，无条件复员"。② 最后，教育部基本接受以上协议。

<hr />

① 《校闻：复校运动之一段》，《国立西北师范学院校务汇报》1945年第81期，第8页。
② 《西北师范学院学生争执恢复北平师大》，《市民日报》1946年2月12日。

1946 年 3 月，教育部命令"设立国立北平师范学院，复聘袁敦礼为院长，国立西北师范学院仍独立设置兰州"，3 月 15 日，西北师范学院师生开始复课，7 月，因在美国讲学的袁敦礼还未回国，教育部派该部社会教育司司长黄如今代理北平师范学院院长。8 月，院长袁敦礼"回国来平就职，接收校舍，举办复员以后第一届招生"①。8 月下旬开始，西北师范学院师生数百人分批从兰州出发，辗转千里复员北平。② 10 月，西北师范学院最后一批转学北平师范学院学生及复员教授共 40 余人，"因晋南战事，无法通过，尚滞兰州"，经袁敦礼协调"全体可由郑北至彰德搭乘火车"，辗转抵达北平。③

国立西北师范学院复校运动最终取得胜利，北平师范学院在北京开学，西北师院则继续留在兰州办学。西北师院有 40 余名教职工和 300 多名学生转入北平师院，西北师院利用停课时间进行改组，在热心西北教育人士的帮助下，重新聘任教职员，保证了西北师院的正常运转。④

三、 城市公共事业

兰州气候干旱，降水不足，城市生活用水问题面临着难题。到兰州的旅行者也感慨"其他倒没有什么不便，令人们最感到痛苦的，便是水"⑤。因此，兰州市政府把发展供水事业作为重要的市政内容之一，力图改善市民的饮水条件。

（一） 自来水

解放前，"城关区沿河居民的生活用水，多取自黄河；离河较远的地区

---

① 教育部教育年鉴编纂委员会编：《中国教育年鉴》，商务印书馆 1948 年版，第 674 页。

② 孙邦华：《抗战胜利后北平师范大学复员运动述论》，《北京社会科学》2014 年第 6 期。

③ 《西北师院学生已获北返通路》，《新闻报》1946 年 10 月 6 日。

④ 张强：《重塑格局：抗战时期的北平师范大学与西北高等教育》，《山东高等教育》2016 年第 8 期。

⑤ 风言：《兰州水贵》，《海星》（上海）1946 年第 25 期，第 6 页。

则饮用井水、五泉山和红泥沟泉水或阿干河水；高山地区则为窖水"①。但这些水源都有各自的缺陷，"五泉山泉水量极微小，质亦不佳。全市井水则水位均低，水质尤劣，不独不适饮用，即用之洗濯亦属耗费肥皂"②。至于市民的主要生活水源黄河水，则缺陷尤多。

1. 城市用水困境。一是供水方式落后。兰州居民饮用的黄河水，主要依赖成百上千的"水夫"（俗称"水客子"）运送，其工具是一根扁担、两只木桶。其次是靠马车拉运。当时的取水道全是土路，夏天"无风三尺土，有雨一街泥"。冬天洒在路上的水常常凝结成冰溜子，行路十分艰难。"人倒桶破""车翻畜仰"的事屡见不鲜。至于"水夫"们严冬破冰取水的情景，实难形容。③ 他们以担水卖水作为养家糊口的正当职业。据调查，在解放前夕，仅自雷坛河起首，经黄河铁桥、水北门外、山字石、小水门外至兰州电厂一带，在各挑水点，每到黄昏时，由沿河挑入市内的水量，日达两万余担。④

二是水价昂贵。黄河远在城外数里，"水客子"一桶一桶地把黄河水挑到城内，所以每桶水的代价相当大，价格自然不便宜。而且售价还受到路程远近和天气变化的影响。因此"兰州人皆有水贵如金之感"。⑤

三是水质浑浊不洁。兰州虽靠近黄河，但是市民要饮用干净的河水并不容易，尤其夏季，黄河水含沙量太大，据黄河水利委员会兰州水文站监测，"黄河含沙量最高额竟达 6.6%（以重率计），整个夏季平均亦在 2% 左右"⑥。因此"当雨季河水夹泥沙而俱来的日子，生活在兰州的人，是会大

---

① 兰州市城关区地方志编纂委员会编：《兰州市城关区志》，甘肃人民出版社 2000 年版，第 210 页。

② 谢炳南：《兰州市自来水工程之取水及净化方法》，《卫生工程》1948 年第 3 期，第 4 页。

③ 胡国强：《建国前兰州城市供水史略》，载《兰州文史资料选辑》第 2 辑，兰州大学出版社 1992 年版，第 21 页。

④ 张忠海、胡国强：《兰州自来水工程沿革》，载《甘肃文史资料选辑》第 33 辑，甘肃人民出版社 1991 年版，第 161 页。

⑤ 风言：《兰州水贵》，《海星》（上海）1946 年第 25 期，第 6 页。

⑥ 谢炳南：《兰州市自来水工程之取水及净化方法》，《卫生工程》1948 年第 3 期，第 4 页。

伤其脑筋的"①。"水客子"将河水挑至千家万户的水缸里，待泥沙沉淀后方可饮用。如亟待饮用则要加入明矾沫，搅匀促其沉淀。② 1945 年 3 月，鉴于市民不时发生腹泻呕吐病症，兰州市卫生所对"黄河铁桥、水北门、励志路、山字石黄河沿岸采取水样，送请西北防疫处检查结果，四处水样每西西（按一西西十五滴计）均含有大肠菌（按即致肠泄之菌），计有四千五百八十个"。推其原因，"由于黄河沿岸不洁，目前冰融，秽水入河所致"。这样的水质，严重危害市民身体健康。为救急计，市卫生所"特在以上四处，设立漂粉消毒站，每桶水加定量漂粉液少许，以资消毒，并希市民慎为饮用开水。即漱口刷牙，均以使用冷开水为宜"。③

图 7 - 1　西北国道上的兰州城外景

（载《东方画刊》1940 年第 3 卷第 2 期）

因此，兰州市民抱怨道："在兰州做市民，平时吃不到干净的水，雨天

---

① 《市民们，拿出力量》，《兰州日报》1947 年 10 月 20 日。

② 胡国强：《建国前兰州城市供水史略》，载《兰州文史资料选辑》第 2 辑，兰州大学出版社1992 年版，第 21 页。

③ 《市卫生事务所大量消毒饮用水》，《甘肃民国日报》1945 年 3 月 29 日。

还要陆地行舟。水在兰州，大成问题。"① 市民们对干净又卫生的饮水充满了期盼。

2. 自来水工程的筹备。面对日益严峻的市民用水问题，从 1946 年开始，甘肃省政府开始筹划自来水事业。1946 年春，省卫生处长许世瑾、建设厅长张心一向省府主席谷正伦呈文，希望迅速成立兰州市自来水工程负责机构，筹建"兰州市自来水股份有限公司"。嗣后，有关部门根据谷正伦批示，拟定了《兰州市自来水股份有限公司简章（草案）》。谷正伦命张心一、许世瑾主持此事，并电请世界卫生组织专家、美籍卫生顾问毛理尔来兰州参加设计。5 月，李启贤陪同毛理尔赴徐家湾进行掘井视察和水量试验，接着拟出《兰州市自来水工程建设书》。6 月 8 日，甘肃省政府正式成立兰州自来水工程筹备委员会，以省建设厅长张心一为主任委员，卫生处长许世瑾为副主任委员，兰州市长孙汝楠以及地方人士寇永吉等 13 人为委员。

8 月，甘肃省政府聘请中央卫生署实验院专员杨铭鼎担任筹委会总工程师，负责全部工程设计事宜。12 月，杨铭鼎总工程师依据毛理尔的初步计划，制定了《兰州市自来水工程计划》的实施方案。1947 年 6 月 10 日，由卫生署实验院派来的谢炳南、潘善述、苑毓英、周志昌 4 位卫生工程师设计的自来水工程计划全部完成。按计划，工程分三期实施：第一期完成重要工程设备的基础及自来水干线，第二期完成重要街道管网，第三期进行支线扩充。初步工程完成后，预计每日供水 12 万担，基本能保证市民需要。②

1947 年 7 月，市长孙汝楠对自来水工程的建设非常乐观，"缘兰州自来水筹划已久，一切准备工作均已完成，刻静待经费与技术问题解决，立可兴工"。工程预计建造进度为"动工后八个月内可以供水，至迟一年兰州自来水业即可建树"。③

---

①　《金城雨景》，《甘肃民国日报》1947 年 8 月 31 日。

②　张忠海、胡国强：《兰州自来水工程沿革》，载《甘肃文史资料选辑》第 33 辑，甘肃人民出版社 1991 年版，第 164—165 页。

③　《兰市自来水待款兴工》，《甘肃民国日报》1947 年 7 月 2 日。

3. 自来水工程的实施 。1947 年 8 月，甘肃省建设厅将《兰州市自来水工程计划》转交兰州市政府建设科具体实施办理。因市财政困难，市长孙汝楠遂向省主席郭寄峤报请"将没收商人的违纪平价的部分货物，先行支付开办费及购置设备之用"，同时由"省、市筹拨部分公款，并向银行贷款作为工程费用"。[①] 水源地则选在徐家湾苗圃附近的浅滩，由于工款不足、器材购运困难、物价上涨等原因，致使工程施工时而中断。水管原计划向美国购置，因与外商洽谈无果而搁浅，后欲从国内购买，但运输困难，综合考量决定"由本省机器厂自制，迅速开工俾能于三个月内赶制一部分，其他口径较小之水管、龙头及零星机件则由上海空运来兰"[②]。10 月 19 日，自来水工程奠基典礼在徐家湾举行，因徐家湾"位兰市黄河上游，距城不远，供水方便且可利用自然过滤法，助益获多。又工程之蓄水库，建于北塔山上之兰州台，地位较高，故日后城关附近较高之地域，亦可获得供水"[③]。据负责人讲，若水管及时制出，本年内可望供部分地区用水。[④]

自来水第一期工程进展较为顺利。然而到 1948 年资金出现问题，民众虽然期待工程顺利进行，但也很无奈，"赶快修建自来水吧，自来水专家毛理尔一周之后就要作第三次的来兰州了。但没有钱，没有水管，专家也没有办法的"[⑤]。1948 年 2 月，毛理尔乘飞机第三次来兰州，由孙汝楠陪同前往徐家湾视察自来水工程施工进展情况。接着，毛理尔又亲临自来水工程处和省机器厂，对已试制的两根铸铁水管进行鉴定，认为"一切均合条件，颇堪应用，惟所憾者，原料缺乏铸制水管之准备事宜不易，以致完成自来水恐费时"。3 月 4 日，毛理尔从西宁返回兰州后，不顾一路风尘仆仆，于晚上 8 时偕同工程师谢炳南、王仲义等赴徐家湾自来水工程施工现场勘查蓄

① 逸樵：《孙汝楠事略》，载李荣棠等编《兰州人物选编》，兰州大学出版社 1993 年版，第 347 页。

② 《水管日内开工，自来水筹设中》，《甘肃民国日报》1947 年 9 月 8 日。

③ 《兰州市自来水工程年内完成引水槽蓄水库》，《工程月刊》（武汉版）1947 年第 7—9 期，第 478 页。

④ 《自来水工程奠基，年内可望供给地区用水》，《甘肃民国日报》1947 年 10 月 20 日。

⑤ 《由火警想起自来水》，《新闻报》1948 年 2 月 5 日。

水池和汲水试验，直至深夜 12 点。次日晨又在孙汝楠陪同下再度进行汲水试验。嗣后，毛理尔对原抽水井进行改进，利用"沉箱法"建成抽水井。3 月 17 日，毛理尔应国立甘肃科学教育馆和兰州市政府的邀请，在兰园抗建堂作《兰州上下水道之现况与展望》的学术报告，他在讲到兰州自来水工程进展情况时说："繁荣今日兰州，自来水不可少。本市自来水工程完成之后，于市民健康方面裨益实大，至少死亡率可减少百分之十以上。"到会听众达 600 余人，足见当时兰州市民对自来水问题的关心。①

1948 年 4 月，兰州市自来水工程处向中央请求拨助 100 亿元资金的申请，中央没有批准。而此时工程费用都是工程处借贷，资金的紧缺使该工程进入低谷时期。② 随后经过省政府的协调，由省府拨助 10 亿，省银行协助 10 亿，另由兰州市标卖公地所得款项中拨助 10 亿，然差额仍很大。③ 在这种情况下，工程仍然维持着。5 月，在工程处的督催和监工下，渗水槽的工程已告完竣。接着进行引水道的修建，引水道所需汲水管二百根，虽已经全部制出。但是因黄河水位上涨，河水渗入水道内，"必须抽水机四部同时抽水，工作才能进行。工程处共有抽水机五部，一部机件损坏，已交省机器厂代为修理。同时大型抽水机，也因不合应用，交给机器厂代为改造"④。经过一段时间的艰难维持，到 1948 年 6 月，自来水工程已经困难重重，步履维艰，在这种情况下，自来水工程被迫停工。

4. 自来水工程的结局。兰州市自来水各项工程在次第兴建中，需费至巨，但由于地方财力拮据，致使整个工程建设时建时停。1948 年 9 月 7 日，市自来水工程处就向省政府签呈："筹集工程费用无着落，一切陷于停顿。"省政府当即指令批复："要求工程仍应设法积极赶工，早日完成。"但因当时物价飞涨，财政困难，工程经费始终无着；洪水季节缺乏排水泵；供电

---

① 胡国强：《解放前援建兰州自来水工程的美国专家——毛理尔》，载《城关文史资料选辑》第 7 辑，1999 年，第 132—133 页。

② 《自来水拨款无着，工程仍进行》，《甘肃民国日报》1948 年 4 月 12 日。

③ 《自来水工程艰苦进行中》，《甘肃民国日报》1948 年 4 月 29 日。

④ 《渗水槽赶工完竣引水道正谋修建，自来水工程各部工作进行中》，《甘肃民国日报》1948 年 5 月 17 日。

时断时续影响工程的进行；部分自来水器材停留重庆不能运兰；再加之大汛期间河水暴涨，挖引水道遭遇流沙袭击等原因，使工程无法连续施工。1949年6月30日，市自来水工程处被迫再次向市政府呈文："恳请念及目前实际困难情况，请准予暂行停工，待工程筹有足款再行复工。"7月20日，甘肃省政府终于下令："准予暂行停工，惟已完成之工程，应妥为保护，不得废坏。"至此，筹建长达四年之久的兰州市自来水工程宣告停工，使已略具规模的自来水工程半途而废。①

这项工程从开工到1949年7月20日停工，历时4年，用掉法币103亿元（折合银币21万元），但全部工程只完成指挥部办公用房126平方米、变压器室（20平方米）一座、埋设渗水木箱100米、水泥管33米、5米高水泥吸水井和容量304吨的临时调水库各一座。其他如原计划埋设的2240米铸铁管、建50处售水站等均未动工。对工程进度之慢，毛理尔感到很遗憾，1949年4月他离开兰州回国后，曾致信国民党中央卫生部次长徐楚珍说："兰州市在全国推进自来水工程是最具热忱而又为时最久者，但是由于地方财力物力所限，未能完成实现供水，深表遗憾。"当时，兰州市民得知自来水工程停建，群情激愤，有人编了几句顺口溜说："自来水，水不来，只听楼梯响，不见人下来。"②

（二）公共卫生事业

公共卫生事业关系民众身心健康，也是兰州市政建设的重要内容，孙汝楠曾指出要"加强地方环境卫生，充实医疗设备，开展防疫防痨等工作"③，积极推进兰州市的公共卫生工作。

1. 医疗卫生机构建设。一是建设医院。全面抗战时期，"在陕甘宁青新

---

① 胡国强：《建国前兰州城市供水史略》，载《兰州文史资料选辑》第2辑，兰州大学出版社1992年版，第30页。

② 张忠海、胡国强：《兰州自来水工程沿革》，载《甘肃文史资料选辑》第33辑，甘肃人民出版社1991年版，第165页。

③ 孙汝楠：《建设中的新兰州》，《边政新报》1948年第5期，第3页。

五省，这一辽阔的'大西北'区域中，真正称得上略具规模的医院只有一个——兰州中央医院"。除此之外，还有西北疗养院、兰州医院、福音医院、公路局医院和成城医院，这些医院使兰州市民"平均每五百人，有一张病床"。尽管西北疗养院等医院"都因设备不够，发挥不出大力量"。但是，这些医院使兰州的医院建设水平，在西北处于领先地位，"兰州医院不算少，但在西北其他各城市，就不甚设想了"。① 以成城医院为例，该院"新式设备有主治腰腿酸痛、风湿神经痛、月经痛、关节痛、淋病肺炎及各种急性发炎等症的短波透热器；能够凝结微细血管，以免在施行外科手术时不致出血，以保安全的电刀等外科设备：另有主治骨关节肠腹膜结核软骨病，及一般衰弱与各种皮肤病的紫外线灯；主治淋巴腺炎丹毒等症的红外线灯"②。可见该医院设备较齐全和先进，能有效开展多方面的医疗服务。

二是设立研究机构。1947 年兰州除有兰州大学医学院、中央卫生实验院西北分院、生物化学药品实验处西北试验厂、中华护士会护士学校外，还有省政府设立的卫生处，省立医院（现与兰州中央医院归并办理），省立兰州高级助产职业学校及附设产院，省立妇婴保健所，省立卫生材料厂及市政府卫生事务所等机关，分别担任卫生行政，医学教育，预防医疗及制造研究等工作。③

三是开设诊所和药店。诊所和药店虽然无法提供全面、有效的诊疗，但是因为分布广泛，可以为市民提供便利的医疗服务。如尚作孚医生的诊所，主要"以内科、小儿科为主"④。中医杜振民的诊所，"专治伤寒、内科、妇科、小儿科等"。还有北平惠康镶牙馆，"精巧镶牙、玲珑美观、稳固耐久，保君如意"。⑤ 在药店方面，这一时期药店主要有兴中药房，所售药品种类繁多，不仅有降血压、防治中风、健胃滋补、肺病滋补等中药，

---

① 张孝权：《医药话兰州，略具规模的中央医院》，《新闻报》1947 年 12 月 15 日。
② 《成城医院新式设备》，《和平日报》1947 年 10 月 25 日。
③ 姚寻源：《甘肃卫生概况》，《新甘肃》1947 年第 2 卷第 1 期，第 11 页。
④ 《尚作孚大夫诊所》，《和平日报》1946 年 12 月 17 日。
⑤ 《国医杜振民，北平惠康镶牙馆》，《和平日报》1947 年 6 月 27 日。

而且不乏国外药物，"十八种维他命丸、德国安妥碘、配尼西林针片、美国鱼肝油精、礼来肝精、美国益力多铁、维他命BCK、瑞士可拉明、50万抗热配尼西林、法国华达丸、美国维他命E、美国99维他命、皮下六零六针、杜梅生药片、美国镁乳、勒吐精奶粉、美国催生针"①。甚至有专门销售国外药物的西南洋药房，主要药物有"般尼西林针片、美国咳嗽糖、英693大健鼍、广东柠檬精、普济海狗丸、生化马法可生、DDT粉水，另外售有医疗器械、化妆原料、食用香料等"②。

2. 开展疫病防控。兰州时疫常有发生，"兰州的疾病也有流行性，今年春天流行风湿性关节炎，前年夏天流行伤寒症，四年前有一次可怕的斑疹伤寒"③。1946年1至3月份，"发现天花八例，伤寒二十七例，麻疹伤寒二十四例，白喉二十九例，猩红热十例，流行性脑脊髓膜炎十例，疟疾二例。四月份发现斑疹伤寒五例，伤寒二例，猩红热一例，五月份上旬发现赤痢六例"④。

面对时有发生的疫情，兰州市政府积极开展瘟疫的防治。如开展预防天花疫情的种痘工作，"初春奇暖，兰市近已发现天花传染病症，兰州市卫生事务所现正积极展开预防种痘工作，拟为全市中小学六十余学校学生普遍种痘，惟以痘苗不敷，已函请西北防疫处从速拨给或售给，以便全市市民免除天花危险"⑤。1946年兰州市预防注射与接种人数，牛痘136人，白喉997人，伤寒664人，霍乱46391人，伤寒霍乱混合疫苗19912人，合计69350人，⑥ 预防时疫的成果比较显著。夏季是传染病多发的季节，预防工作显得尤为重要，1948年夏令到来时，市卫生事务所便决定自本月起开展防疫工作，"本月内将首先在市中心区十三个小学及志果中学等学校注射霍乱及伤寒混合疫苗，各学校注射完毕，再注射普通市民所需疫苗。除所内

① 《兴中药房》，《和平日报》1946年12月3日。
② 《南洋药房》，《和平日报》1947年6月9日。
③ 张孝权：《医药话兰州，略具规模的中央医院》，《新闻报》1947年12月15日。
④ 《市区疫情》，《兰州日报》1946年5月19日，第4版。
⑤ 《本市发现天花病症》，《甘肃民国日报》1946年2月20日。
⑥ 甘肃省政府统计室：《甘肃省统计年鉴》，1947年，第340页。

现存者外，并已请卫生部拨给混合疫苗二千瓶，霍乱及伤寒疫苗各一千瓶，估计一共可注射三万余人"①。

3. 训练卫生人员。为了提升兰州市整体卫生服务水平和能力，兰州市卫生机构积极开展卫生培训工作，加强卫生人才队伍建设。除了向外省延聘技术人员外，主要通过公私医药机关训练各种卫生人才，并在省县立各医院次第附设各类卫生技术训练班。

这些训练活动大致可以分为：第一，训练助产人员。兰州市有省立高级助产职业学校一所，每年毕业的学生，都由卫生处分配到各县任用。该校还办理短期培训接生员训练班。第二，训练护理人员。兰州中央医院及省立医院都设有护士学校，在 1948 年根据需要，又扩充增加班次。兰州基督教福音医院增设了护士训练班，同时西北分院也开设了护士助理员训练班。第三，训练药剂人员。1948 年，卫生处与中央卫生实验院西北分院、兰州市西药公会联合举办了药剂人员训练班一班。第四，训练医师人员。兰州大学设有医学院，专门训练医师人员。②

图 7-2 兰州中央医院附属护士学校员生合影

（载《环球》1947 年第 25 期）

4. 推进妇婴卫生工作。根据对兰州市区 1942 年 1 月至 1943 年 12 月内

---

① 《夏令防疫工作》，《甘肃民国日报》1948 年 6 月 1 日。
② 姚寻源：《一年来之甘肃卫生（附图、表）》，《新甘肃》1948 年第 2 卷第 2 期，第 60 页。

出生婴儿死亡率的调查，发现孕妇在产前进行检查者很少，有70%的产妇没有经过医师或助产士的科学接生，接生婆等非科学接生容易导致初生儿破伤风，成为婴儿死亡最多的原因，占死亡总数的32.9%。只有31.2%的死亡婴儿曾接受过西医或中医诊治，其余则未经任何诊治。据此，可知"兰州市妇婴卫生工作尚待继续扩展推进"①。

1947年，兰州市有"省立兰州高级助产职业学校，及附设产院，省立妇婴保健所"等妇婴卫生机构。② 同时，对农村的妇婴卫生工作也很重视。榆中县卫生院院长李继贤根据自己的乡村卫生工作经验，深刻认识到"中国今日公共卫生之推进，虽千头万绪，而妇婴卫生，实为其着手点"。因此，他在榆中大力推动乡村妇婴卫生工作，1946年12月他代表县卫生院向榆中县参议会提出"本县每乡镇（十二乡镇）设置女卫生员一名"的议案，试图"为乡村妇婴卫生创设一长久之制度，作为推进乡村卫生之基点"。他的议案获得通过，1947年"本县卫生设施，即拟会同县政府，照案实行"。具体内容为：第一，每个乡镇选送该乡镇本籍小学毕业或粗通文字，且年龄在18至30岁之间的已婚女子一名，来榆中卫生院或兰州产院受训三个月（主要科目为训练平产接生，附授种痘，预防注射及认识简单症状，如霍乱、天花等），训练完毕，返原处服务；第二，负责接生、种痘、预防注射及疫情报告；第三，在乡镇公所岁出项下，设一女卫生员开支，其待遇以每月小麦两市石为原则。其所需预防药品、器械，向榆中县卫生院领用。此外，如某乡镇无合适人选时，可暂由小学女教员兼任。③

（三）城市绿化

抗战胜利后，兰州市长孙汝楠根据兰州市的地理环境、历史等因素，

---

① 许世瑾：《兰州市婴儿死亡率调查报告（附表）》，《实验卫生季刊》1945年第3卷第4期，第39—46页。
② 姚寻源：《甘肃卫生概况》，《新甘肃》1947年第2卷第1期，第11页。
③ 李继贤：《甘肃榆中推行妇婴卫生》，《卫生通讯》（南京）1947年第10期，第6—7页。

把兰州市的建设类型定位为"田园化都市"①，因此，如何因地制宜绿化兰州，就成为兰州市政建设的一项重要内容。

1. 培育树苗。开展植树活动，首先需要提供树苗。早在 1927 年，甘肃省署在雁滩就创办了全省第一个苗圃，从此兰州有了专业育苗基地。后来在中山林、小西湖开辟了第二、第三苗圃。到 1946 年，兰州的育苗种类、数量及面积都取得可观的成绩，白榆 1 年生播种苗 13.3 公顷 13200 株，2 年至 5 年生移植苗 53.3 公顷 48590 株；侧柏 6 年至 10 年生 11.3 公顷 6040 株；刺槐 1 年生播种苗 40 公顷 3 万株，2 年至 4 年生移植苗 60.7 公顷 48920 株；槭树 4 年生 8 公顷 5540 株；核桃 6 年生 0.7 公顷 45 株；国槐 5 年生 1.3 公顷 560 株；楸树 2 年生 0.7 公顷 120 株；龙爪柳 2 年生 0.7 公顷 235 株；垂柳 2 年生 0.7 公顷 125 株；白杨 1 年生插条苗 2 公顷 580 株；沙枣 1 年生播种苗 0.7 公顷 1200 株；红柳 3 年生移植苗 2.7 公顷 2420 株。苗圃面积总计 196.1 公顷，苗木 157575 株。在 1949 年甘肃省省会造林委员会出圃的侧柏、刺槐、白榆、槭树、红柳、国槐、核桃、龙爪柳、河柳，均为 3 年至 11 年生的大树苗，计 17920 株。

关于苗圃培育树苗的供应去向，正如甘肃省省会造林委员会在 1945 年上报书中所述："雁滩苗圃所育各种苗木，历年供给省市荒山造林、行道树及春秋两季各项植树苗木外，对于各机关学校团体所需栽植树苗，向均予取予求，不收任何费用，期资提倡。" 1949 年甘肃省省会造林委员会将出圃的 6366 株苗木拨赠给西北行辕、省政府、省参议会、省社会处、省合管处、省卫生处、保安司令部、省财政厅、省建设厅等机关。培育的苗木，除了无偿支持兰州的植树造林活动外，还会适当的出售一部分，以获得经济利益。1949 年省会造林委员会出售 11554 株苗木。②

2. 种植行道树。行道树可以净化空气，美化城市。因此，兰州设市后，

① 孙汝楠：《都市建设类型》，《市政评论》1949 年第 11 卷第 1—2 期，第 4 页。
② 兰州市地方志编纂委员会编：《兰州市志·林业志》，兰州大学出版社 1998 年版，第 63—64 页。

就已经开展了行道植树活动。抗战胜利后，兰州市政府对行道树的种植工作也非常重视，1945 年 11 月 28 日，市政府公布了"兰州市行道树冬季保护办法"8 条，[1] 对冬季中的行道树进行必要的保护，使它们能安然过冬。1947 年兰州市政府对行道树的日常维护工作，提出要求"市区马路人行道树已有枯槁者，由各商店住户自行补植；在左公路、民国路、秦安路新植及补植树苗需30 株"[2]。

3. 开展植树造林活动。为了推动植树造林活动，兰州市将植树的季节由春季，扩展到了秋季、雨季，市政府还发动公教人员和市民积极参与义务劳动。1947 年 11 月，市政府为开展植树造林活动，专门到永靖采购大量树苗，要求"除市府全体职工外，并发动国民兵及市立小学五年级以上的学生参加，人数约可达三千人，栽植地点为忠烈祠后龙尾山腰"[3]。这是当年秋季植树造林规模最大的一次。1945 年至 1946 年春，甘肃省立兰州农业职业学校林科学生在皋兰山修水平沟 288 米，总长 4297 米，栽植 3 年生白榆 1860 株，红柳 540 株，臭椿 318 株。通过松土锄草，白榆、红柳成活率高达 82%。[4]

兰州市政府也采取一些措施，来保证植树造林活动的顺利有效开展。如指定植树造林地点，1947 年兰州市秋季造林规定，"各机关、学校种植地点为南北两山，郊区市民自行设法搜集树苗，希望本年度绿化兰州理想能够顺利完成"[5]。1948 秋季植树，限定地点在黄河北岸中正山种植。1949 年，市政府又强调"选择植树的地点应尽可能集中一处，以便保护"，同时指出"如果没有适当的公地可以种植，可商借于私人或公共团体的荒山荒

---

① 施寿：《兰州市城关区林业大事记补录》，载《城关文史资料选辑》第 3 辑，1991 年，第 214—215 页。

② 《绿化兰州要造林甘府建设厅开造林会议决定六项做事努力推进》，《和平日报》1947 年 3 月 1 日。

③ 《新到树苗六万株，秋季造林大举行》，《甘肃民国日报》1947 年 11 月 9 日。

④ 兰州市地方志编纂委员会编：《兰州市志·林业志》，兰州大学出版社1998 年版，第 91 页。

⑤ 《绿化兰州树苗多，农改所无法供给市区，近郊请自备》，《和平日报》1947 年 9 月 25 日。

地，以便种植"。① 为了提高树木成活率，市政府对植树方法进行指导，1947年10月市政府颁布植树须知，要求树穴要掘成圆柱形，深为一市尺五寸，直径二市尺；栽苗时，先行加填湿润沃土一层，填土后用脚踏实，填土深度以达苗木原有之土痕为限，不宜过深或过浅。同时树穴表面要加松土三四分以防止水分蒸发。②

4. 出台保护措施。兰州市政府非常重视林木的保护工作，除了保护新种植的树木外，对原有林木的保护也非常重视。1946年，西北行营布告严禁砍伐林木，内称："西北水源缺乏，种植树木，本极困难。以保护欠周，时遭摧残，遂至林木荡然，水土失调"。于是，"特布告军民等切实保护，嗣后尚有不肖之徒，私自砍伐或摧残树木之情况，准由各该地乡、保、甲及军民人员劝阻制止，如敢故违，可密报行营，则交军政机关依法惩办"。③1948年，兰州市政府下令保护中山林树木，由甘肃省会造林委员会总管，警察局派林警一个班驻防保护。同时拟定树木保护办法，禁止在林区内放牧牲畜和停栓车马，禁止任何机关、团体或市民在林区内承租公地，并迁出林内居民。④ 1949年，市府又规定，"所植的树木，由当地政府切实负责保护，并设法联络造林区附近的农民组织保林协会，或合作社以资协助，并设置林警驻守巡视"，并且对"历年各地植树节所造的树木，应予清查、补植和整理"。⑤

经过兰州人民的不懈努力，兰州的绿化事业取得了可观的成效。从1941到1946年，共栽植白榆、刺槐、臭椿、红柳、枸杞等315486株，成活101834株，成活率为32.28%。其中皋兰山植树89821株，成活49590株，成活率为55.21%；白塔山植树51133株，成活7915株，成活率为

①　《集中地点扩大造林，市府定植树办法》，《甘肃民国日报》1948年3月13日。
②　《为请分别参加秋季植树各单位务须依照植树须知各栽植以期林木得以成活代电》，甘肃省档案馆藏，档号32-1-530。
③　兰州市地方志编纂委员会编：《兰州市志·园林绿化志》，兰州大学出版社2001年版，第227页。
④　马金山主编：《兰州南北两山史话》，甘肃文化出版社2008年版，第46页。
⑤　《集中地点扩大造林，市府定植树办法》，《甘肃民国日报》1948年3月13日。

15.48%；"中正山"植树 174532 株，成活 44329 株，成活率为 25.4%。持续的植树造林，扩大了兰州的绿化面积，促进了市容的改善，为都市平添了美丽景色。截至 1949 年底，兰州市人工林保存面积为 157.87 公顷，"四旁"树 80200 株。①

四、 日常生活

全面抗战爆发后，兰州的战略地位显著提升，迎来了新的发展机遇。这一时期，民众的物质生活和精神娱乐生活也发生了一些改变，兰州城市化的表征逐渐显现。

由于东部地区难民涌入以及部分工厂、学校的内迁，20 世纪 40 年代兰州市人口数量呈增长态势。据 1944 年 12 月统计，兰州市户数为 41679 户，人口为 169889 人，内男 98308 人，女 71581 人。② 1945 年，兰州人口则出现回落，总数为 155494 人。③ 到 1947 年 1 月份，人口又有回升，"全市总计 74 保，1052 甲，43990 户，男 101811 口，女 80028 口，合计 181839 口人"。④ 到 1948 年时，兰州市人口达到了 223013 人。⑤ 这一时期人口增加与国共双方发生内战，大量的难民涌入有关，也与全面抗战胜利后生育率普遍上升有关。

（一）物质生活

在服饰方面，兰州市民的传统服饰主要包括瓜皮帽、汗褐子、对门襟、长袍、短袖衫、皮袄等。汗褐子是兰州人所穿汗衫的俗称，其多用土布制成，圆领无袖，对襟布扣，透汗凉快，更显简洁清爽、潇洒利落。短袖衫兰州方言称之为"亮肘儿"，即女性所穿的无袖或短袖衫。"20 世纪三四十

---

① 兰州市地方志编纂委员会编：《兰州市志·林业志》，兰州大学出版社 1998 年版，第 108、72 页。
② 《本市人口》，《甘肃民国日报》1944 年 12 月 22 日。
③ 《甘肃省统计年鉴》，1946 年，第 59 页。
④ 《兰市户口最新统计》，《甘肃民国日报》1947 年 1 月 13 日。
⑤ 《本市人口逾二十二万》，《西北日报》1948 年 12 月 12 日。

年代以来，面料多为阴丹蓝士或月白色，也有淡红或玫瑰红滚花镶边的春秋装，类似于旗袍的上半身"①。

老兰州人遵奉古训，穿衣讲究男不露手，女不露脚，男不露脐，女不露皮。穿衣讲究分里外、合身份。穿衣风格要整齐统一，忌混搭乱穿衣服。休闲服和制服、工作服、礼服不可混穿；穿西装佩戴礼帽或前进帽；若穿圆头老布鞋，最好搭配对襟褂或休闲装。②

全面抗战爆发后，大批外地人涌入兰州，随之一些新式服装进入兰州市场，并且走进市民的日常生活中，"本店特由哈尔滨聘到名师承做男女各种最新时服，样装保证剪裁、包君满意"③。此广告反映了西服已经在兰州市场上销售。绸缎也成为市民比较青睐的衣服材质，商店大打促销广告，"建中绸缎百货商店，周年纪念，酬谢主顾。各货原价，一律九折。请君早临，莫失良机。十一月一日起十四日止"④。而且服饰的颜色也成为民众的重要选择之一，"新型衣料，全部沪上最时髦最流行花色，万紫千红，美不胜收"⑤。

在饮食上，兰州市民仍然钟情于面食，除了自家制作各种面制品外，街头巷尾售卖面条的挑贩亦为数不少，"在饭馆里能吃到面条，想不到在大街小巷里，随时随地也可以吃到面条。挑着面条挑子，遍走街巷，只要一声吶喊，准有人来买，而且马上就有应接不暇的可能"⑥。各种类型的风味小吃店，如主营炒凉粉、芝麻烧饼、甜醅子、元宵、馄饨等也生意兴隆。与此同时，新式食品也进入了兰州市民的生活当中。中国酱园食品店为市民提供了各种各样的食品，"糖果类：美五色水果糖、美国柠檬糖、中国马而登糖、各式太妃糖、各式牛乳糖、什锦软糖、香蕉棉花糖、鹅牌口香糖、

———————
①　蒙自福主编：《兰州民俗风物》，甘肃人民出版社 2014 年版，第 109 页。
②　陈元长：《1940 年代兰州市民日常生活研究》，西北师范大学历史文化学院 2016 年硕士学位论文，第 16 页。
③　《罗实西服店》，《甘肃民国日报》1943 年 5 月 22 日。
④　《建中绸缎百货商店利成时鞋百货店》，《甘肃民国日报》1943 年 11 月 5 日。
⑤　《和平日报》1946 年 12 月 11 日。
⑥　《冬热夏凉的面条挑》，《西北日报》1949 年 5 月 4 日。

鹅牌泡泡糖以及大卷水果糖；海味类：玻璃紫菜、中谷干贝、醉刁勒鱼、海参海瓜、银色虾尾、陈海蜇头、咖啡茶；罐头类：荷兰炼乳、金山奶粉、合同菠萝、金牌可可、天厨味精、美沙丁鱼、开林风鳗、可口可乐、花雕绍酒、冬菇烤麸、油焖竹笋、油头鲜笋、金鹅饼干、美国梳打饼干、美国早点、零夹心饼干、零椒盐饼干、零什锦饼干、零那士饼干和零真正藕粉等"①。老字号天生园也提供了各种时令食品，备受市民喜爱。

然而，新式食品对于普通老百姓来说，只是偶尔一尝，大多数市民的饮食仍然十分简单，"多数人家吃饭从不炒菜，中午多吃散饭，下点酸菜；晚餐多是一锅子面（即汤面条），里面煮一点白菜、洋芋和萝卜，有时用菜油炝点葱花，逢年过节才能见到一点肉"②。

在居住方面，由于两山夹一河的地理格局，兰州居民因地制宜，在平地建四合院，在崖边和半山上建悬楼，在黄河堤岸上建水榭，并且利用黄土建箍窑，形成多姿多彩的民居文化。③ 房屋的建筑材料除墙基是砖砌基础外，其余都是土坯墙体，并且房屋为平顶，正如兰州有句老谚语，"兰州的房顶可以跑马车"。房屋室内家家有炕，坐卧起居，都在炕上，如果有两间房子，炕便要占去一间。有这样一句俗话来形容兰州房屋构造，"炕大屋小，窗大门小"④。炕主要用马粪、牛粪、草根、树叶等用作燃料。燃烧马粪、牛粪时，气味难闻，令人窒息。

20 世纪 40 年代以后，因着建市、人口的增加以及城市建设力度的加大，兰州新式建筑不断出现，"现不仅城关之益民路，中山路，中正路、中华路等，全为近代建筑，即城外五泉山下，西郊七里河一带，洋房处处可见"⑤。一些地标性的建筑也因外交需要而产生。如 1944 年 6 月落成的西北

---

① 《兰州中国酱园》，《和平日报》1947 年 5 月 11 日。
② 张福亭：《昔日兰州见闻》，载《城关文史资料选辑》第 5 辑，兰州大学出版社 1995 年版，第 125 页。
③ 邓明：《兰州历史文化·民俗民风》，甘肃人民出版社 2007 年版，第 89 页。
④ 萧祖华：《闲话兰州》，《旅行杂志》1943 年第 17 卷第 12 期，第 39—40 页。
⑤ 西北局城工部编印：《兰州调查》，1949 年，第 3 页。

大厦，"内外装潢陈设空气，光线均能合乎现代之要求"①，被称为兰州的"国际饭店"，该大厦"有五十间客房，单人间每天七万元，另有十万、十二万、十六万共四种，包括被盖、水电，一切在内。其中二〇一号因成立后数日华莱士来华时住过，定名为'大使间'，附有洛室自来水等。西北大厦有兰州唯一的水塔，每天抽水二百加仑"。② 该大厦的西餐部还雇用美籍包女士负责，"包女士在华十余年，对我国仕女口味，极有研究，预料此后该厦西餐部更能满足中外人士"③。这种建筑虽代表了兰州近代化的气息，但毕竟占比甚少，不能普遍反映兰州建筑、居住近代化的整体面。

全面抗战爆发后，兰州市的住房一直困扰民众，时人惊呼"在兰州市找女人比找事容易，找事比找房子容易，三件大事，房子最难"④。为此，兰州市政府兴资修建了大批的新式廉价民居，并采取措施解决房荒问题，如建设疏散房屋、修建耿家庄贫民住宅、发行房荒救济奖券、标卖南北两山、减征新建房屋税款、鼓励民众修建房屋等具体措施。这些措施为缓解住房问题起到了一定作用。⑤ 但是囿于政治经济环境的桎梏，兰州的住房直至解放时仍困扰着住民，截至 1949 年 8 月，全市共有"住建筑面积 129.5 万平方米，人口 17.6 万人，人均居住面积 3.7 平方米"⑥。据一些老人回忆，"解放前的兰州城充其量不过是周长十八里一百二十步的城墙圈起的狭小天地，出东稍门向东，从西关什字往西，不是乱葬岗子，便是沙砾满地，野狼出没，弃婴时见，一到夜晚，行人不敢涉足。即使城里的居民，除了官园、辕门附近住着些官僚豪绅，其余大多数人的住房十分低矮简陋，每逢刮风下雨，屋顶雨漏如注，摇摇欲坠，一家人挤在一起，凄楚悲凉的情

① 《西北大厦明日开幕招待各界》，《甘肃民国日报》1944 年 6 月 14 日。
② 《兰州的"国际饭店"——西北大厦》，《大同晚报》1948 年 2 月 13 日。
③ 《西北大厦德美籍女士负责西餐部》，《甘肃民国日报》1945 年 6 月 28 日。
④ 《房屋问题再检讨》，《甘肃民国日报》1947 年 8 月 9 日。
⑤ 张改妍：《1941—1949 年兰州房荒研究》，西北师范大学历史文化学院 2013 年硕士学位论文，第 66 页。
⑥ 兰州市地方志编纂委员会编：《兰州市志·房地产志》，兰州大学出版社 1998 年版，第 301 页。

景可想而知。"①

在日常出行方面，随着兰州设市和外来新风气的引入，一些旧式的交通工具在沿用的同时，新式交通工具陆续出现在市民的日常生活中，包括轿车子、交通马车、洋车、公共交通汽车等。洋车引进到兰州后，发展较快，据1946年调查统计，全市有洋车900余辆，从业人员1100余人。轿车子装饰高档，用于婚嫁、丧葬、迎送宾客，为当时较为高级的客运工具。②交通马车的车厢比较宽大，能坐12人，全市大约有100多辆，成为金城一景，被誉为"羊皮筏子当军舰、交通马车一大串"，这种状况一直盛行到1954年全部被公共汽车所取代。1941年兰州开办了公共交通汽车，利用新绥公司的6辆旧汽车改装，并改燃木炭成功。车身高窗户小，无座位，能容30多人，由中央广场直达十里店。因常出毛病，被人嘲笑说："一去二三里，停车四五回，抛锚六七次，八九十人推。"③有鉴于此，兰州市政府不断改进公共汽车交通，加开交通线路，先后开通了省政府至七里河，南门什字至十里店与七里河之新线，中央广场至五泉山多条线路，便利了市民出行。④但1949年前兰州市民的出行仍有诸多桎梏，不能遂如人意。

（二）娱乐生活

民国时期，兰州市民的娱乐生活主要有听戏、逛庙会、游园和看电影等。

1. 戏剧。晚清民国时期，秦腔是兰州戏剧界的主力军。清光绪末年，兰州有两个秦腔班社公开演出，一为福庆班，一为东盛班，其"箱主"分别是福庆子（名张福庆）和十娃子（名陈东盛），此为兰州秦腔戏社创设之始。民国初年，相继成立了化俗社、得胜班、觉民学社、万和班、三兴社、

① 《新兴的工业城市——兰州》编写组编：《新兴的工业城市——兰州》，甘肃人民出版社1987年版，第97、98页。
② 兰州市地方志编纂委员会主编：《兰州市志·公用事业志》，兰州大学出版社1998年版，第164—165页。
③ 张福亭：《昔日兰州见闻》，载《城关文史资料选辑》第5辑，1995年，第118页。
④ 《公共汽车加开五泉线》，《西北日报》1946年12月24日。

中兴社等戏班，但多成立时间不长即散班。刘郁芬主政甘肃后，成立了省秦腔训练班，训练了一批人才。20世纪30年代以来，兰州相继成立了文化社、新兴社、新声社、正兴社、众英社、胜利剧团等。当时一些著名的演员有李喜凤、耿忠义、郗德育、文汉臣、陈景民、李海亭、岳仲华、张雨亭、寅娃子等。这个时期在兰州市流行的戏曲剧种除秦腔外，主要有京剧、豫剧、蒲剧、评剧、曲剧、话剧等剧种。

京剧在兰州颇有市场，主要演员有杨宝瑞以及一些来兰的名家如郭荣利、徐碧云、江菊兰、马最良、白云亭、费文芝、高善斋等，主演戏为《出五关》《辕门斩子》《四郎探母》《落马湖》《三盗九龙碑》《时迁偷鸡》《女起解》《金玉奴》和《天河配》等。1944年，美国副总统华莱士抵达兰州，兰州的京剧社班快乐生力社招待演出《霸王别姬》，华莱士对演员精湛的演技称赞不已。自此，快乐生力社被观众誉为兰州的"京剧之花"①。

话剧作为新生剧种，在兰州表演市场上有后来居上之感。全面抗战爆发后，兰州主要的话剧团有西北抗战剧团、天山剧团、联合剧团、抗日演剧宣传八队、青年剧社、王氏兄妹剧团、新安旅行团等，演出的主要剧目有《满江红》《屈原》《松花江上》《到前线去》《雷雨》《日出》《八百壮士》《逼上梁山》等。进入20世纪40年代，话剧演出热烈，如1943年1月至1944年2月，经准上演话剧十六个，"全年共演出六十八日，中以九月份上演三剧，最为活跃，二月份上演两剧次之，一月、八月、十一、二月及本年一月等五个月，则较沉寂"②。话剧通俗易懂，时代感强，教育色彩浓厚，备受民众喜爱。

2. 庙会。兰州民众信仰佛道者甚多，庙宇道观众多，每年定期举行庙会。白塔山庙会自农历三月十三日起，为期三天，庙会期间，兰州人扶老携幼，登山礼佛，谓之"走腰腿"。此时各个寺庙里香烟缭绕，钟磬齐作，

---

　　① 康旭五：《兰州戏剧实录》，载《兰州文史资料选辑》第16辑，兰州大学出版社1996年版，128—192页。

　　② 《一年来兰市剧运极为活跃，上演话剧共为十六个，全年共演剧六十八日》，《甘肃民国日报》1944年2月16日。

僧道各自诵经。戏台上锣鼓大作，秦腔高亢，唱会戏酬神，小贩叫声络绎于道。[①] 有记者细致地描述庙会盛况："一年一度的白塔山庙会，步着安宁堡桃花的会，隆重的被人们欣赏了，早晨，晨光熹微的时分那座山，仅有古老的白塔和庙宇，就被人的浪潮飞溅，真似山阴道上，应接不暇的情形；一直到了夜色苍茫，玉兔东升，仍然是三三两两。流连忘返的在陶醉庙会的尾声。"[②]

兰州名山五泉山每年农历四月一日至八日，举行庙会，四月八日又为浴佛节，故又称为浴佛会，每届会期，"兰市各剧社，均移至山上开演，各酒馆、茶馆、亦纷纷迁往五泉山赶会，以及一切售卖玩具，零星物品者，应有尽有，每日前往游山之人，红男绿女，车水马龙，纷驰五泉道上，约达数万之多，游人在此风光明媚，山水之间，绿荫之下，或高歌狂呼或瞻览名胜无不兴高采烈，大有出尘逸世之概"[③]。王烜有诗为证："此日真皆大欢喜，红男绿女满南园。花花界有庄严地，个个人来拜世尊。"全面抗战爆发后，五泉山一度成为军事禁区，庙会停止。抗战胜利后，庙会又开始举办，往日热闹景象又复出现，"昨农历四月八日为山会正会之日，五泉山自晨至暮，热闹若市，游人如云。由城至山之数条大路，车水马龙，途为之塞。山上卖零食之小摊，时未日午，货已售完，游人之多，由此证之"[④]。五泉山已经成为兰州市民祈福浴佛、休闲踏青的重要场所。

3. 游园。兰州市民观赏桃花习俗悠久，"距市区十九公里的安宁堡，近数年来渐渐的作为市民春游的唯一目的地。那儿的树林东西绵延十余里，南北达三公里，其面积之大虽不能说空前，可是由于桃树的密接，每行的间隔只有一两尺，行列又是那末整齐，除了村舍，庄堡和公路人车道之外，差不多都为密密的桃树所杂布，每年春暖花开时，一片绯红如火如荼，虽

---

① 邓明：《兰州历史文化·民俗民风》，甘肃人民出版社 2007 年版，第 45 页。

② 行芝：《由白塔山庙会写起》，《甘肃民国日报》1948 年 4 月 24 日。

③ 《五泉山浴佛节大会已开，每日来往游人约达数万以上，红男绿女车水马龙纷驰道上》，《西北新闻日报》1932 年 5 月 8 日。

④ 《五泉山会闹如市》，《兰州日报》1948 年 5 月 17 日。

然缺乏香味但那娇艳欲滴的花朵，极肥又大，衬托着嫩绿的小叶，使人联想到出浴的杨妃。东南来游的人，曾誉安宁堡为西北的邓尉；再加上文人骚客的吟咏，艺术家的美化，使它的声价一年年在增高"①。故前往安宁欣赏桃花成了兰州市民春游的最佳去处，赏花期间，"茶馆酒肆设于田间树下；凉粉酿皮子、枣儿水等风味小吃担子，穿行花间；耍把戏的，卖大力丸的，拉场子表演；更有秦腔、河南梆子演出特色折子戏。"② 西北师范学院叶丁易曾作《安宁堡看桃花》，真切再现了桃花会的盛况：

> 蛰伏真如井底蛙，朝朝尘土蔽春华。
>
> 停骖皆是城中客，携手共看十里花。
>
> 岸远不来渔夫棹，霞深空忆美人家。
>
> 自惭落拓非年少，也把花枝插帽斜。

在桃花盛开时，为便利游人往返桃园，兰州汽车公司特别加开游览客车，"票价按长途汽车票价八折计算，每人十万元。在中央广场及安宁堡两地售票上车，中途不再停车搭客。开车时间为每日上午九、十时由中央广场各开一辆，下午三时半由安宁堡各开一辆，此项游览车开行时间，约为两星期"③。由于游人过多，损折桃树之人时有发现，故甘肃省政府发布布告，严厉申斥，"现值果花开放之际，所有过往人民，毋得攀折，倘有故违，准由该树主及当地农会扭送该管警所，严予惩处，绝不宽贷"④。虽然政府三令五申，但偷折花木者仍大有人在。

4. 电影。在物质生活改变的同时，电影作为一种新式的精神文化生活方式也开始受到民众的欢迎。电影传入兰州是在 1918 年，时年富商韩子瞻在皖江会馆为张广建放映电影。1926 年夏，国民军驻甘总司令部在辕门广场放映无声纪录片《冯玉祥》，观众为之轰动。1932 年王佐卿创办了兰州第

---

① 《桃花争艳、游人如织：安宁堡热闹非凡》，《甘肃民国日报》1948 年 4 月 19 日。
② 邓明：《兰州历史文化·民俗民风》，甘肃人民出版社 2007 年版，第 47—48 页。
③ 《路局加开游览车》，《甘肃民国日报》1948 年 4 月 11 日。
④ 《安宁堡桃花盛开，省府禁止攀折，昨特布告重申禁令，如有故违定予严惩》，《甘肃民国日报》1947 年 4 月 14 日。

一家电影院——新民电影院。1934年，启文电影院创办，播放《自由之花》《啼笑因缘》《脂粉市场》等几部有声影片，此为甘肃放映有声电影之始。1937年后，电影业迎来短暂的繁荣，仅1939年就创办了8家电影院。1940年私立大华电影院、大光明电影院相继开张。1943年兰州市政府在兰园创办兰园电影部和快乐生力社电影部。

初创时期的兰州电影主要播放武侠神怪片，全面抗战爆发后，相继引进一批爱国影片，如新安旅行团来兰放映《民族痛史》《全国总动员》《儿童的抗战》《保卫大西北》《全国公共誓约》，观众累计2万人次。国民政府军事委员会政治部电影放映队第三队播放《抗战特辑》《防御战》《八百壮士》《胜利之路》《保卫我们的国土》等影片40余场，观众达3万人次。由于该放映队的片源直接来自重庆，故新片多，周转快，开业两个月即上映15部影片。该队首映1942年由郑君里执导的大型纪录片《民族万岁》（将甘肃民众的抗日救亡场景摄入镜头）。这部影片以大量真实影像资料，生动地反映了全民抗战的主题，深受广大人民群众欢迎，连映半月不衰。1945年上演首部动画片《铁扇公主》更是轰动一时，影片不仅深得孩子们的喜爱，也受到大人们的欢迎，场场爆满。为满足观众的需要，放映队不得不每日加映一场。1945年8月，崔仲仙在兰州创办金城电影院，这是抗战胜利后兰州设施最先进的影院。10月绿洲电影院创办，由于管理完备，营业甚佳。1948年7月亚洲电影院创办；9月，中华电影院创办；1949年春，"兰垣"和"兰心"先后在兰园开张；同年夏天，新民电影院从西安迁入兰州，1951年改为人民电影院。

中苏文化协会兰州分会成立后，《英勇的中国》《体育大检阅》《青年之城》《复仇艳遇》《彼得一世》《海上警卫》《斯大林格勒》《草泽英雄传》《十三勇士》等一些苏联电影在兰州部分影院上映，如在上映《草泽英雄传》时，曾连映半月不衰；在上映《十三勇士》时，票房前排起了长龙，拥挤不堪。

当时一些美国大片也在兰州上映，例如1944年，兰州陆都电影院放映电影共50部，其中美国影片21部。兰园电影部、胜利大戏院和金城大戏院共放映电影 16 部，其中 11 部为美国影片。美国电影一直独霸银幕到 1949 年。上映的影片多为侦探、恐怖、歌舞、闹剧、战争、爱情、西部片（牛仔片）等。这些影片大都情节新颖别致，引人入胜，观众纷至沓来，意欲先睹为快。

总体上，1945 年之前，兰州的电影事业发展较速，但是在抗战胜利后，由于国民政府的贪污腐败，加之电影片源不济，苛捐杂税太多以及地痞流氓的骚扰，影院时开时停，电影业日渐衰落。①

随着兰州城市化步伐的加快，广播、音乐会、展览、集团结婚、文化沙龙、体育比赛等活动也出现市民的生活中，为民众的休闲娱乐和精神生活提供了更多的空间。

第二节　国民党在兰州的统治危机

1945 年，抗日战争进入最后阶段。长期的战争极大破坏了社会生产力，四大家族官僚资本借着战时管控的名义垄断和控制了金融业，阻碍了国统区内民族工商业的发展。国民政府的财政税收政策、物价管控政策都严重影响了工商业的发展。国民党自身贪污成风，上下沆瀣一气，人民生活在水深火热中。中国共产党和各民主党派提出废除国民党一党专政、成立民主联合政府的主张，得到了各方势力的响应和支持。国民党政府内外交困，十分被动，于是决定召开国民大会，实施宪政，打出民主政治的旗帜来应对困局。

1945 年 5 月 5 日，中国国民党第六次全国代表大会在重庆召开，会议通过了《关于实施宪政总报告之决议案》，给一党专制披上"宪政"外衣。会议强调要"从速召开国民大会，颁布全国共信共守之大法，以完成建国

---

① 吉光安：《民国甘肃影坛实录》，载《兰州文史资料选辑》第 16 辑，兰州大学出版社 1996 年版，第 1—44 页。

之大业。"① 但"宪政"只是幌子，"反共"才是目标，会议通过了《对于
中共问题之决议案》，强调当务之急在于团结本党，建立反共体系，为发动
反共内战制造舆论。

国民党第六次全国代表大会召开后，各省纷纷响应召开省代表大会。
甘肃省党部积极响应国民党整理党务，实施宪政的口号，筹备召开国民党
甘肃省第四届全省代表大会。

一、 黑暗统治与统治危机

（一）从西北行营到西北军政长官公署

全面抗战时期，出于对日作战需要将全国分为九个战区，甘肃属于第
八战区管辖，司令长官为朱绍良。抗战胜利后，国民党准备发动内战，陕
甘宁边区是国民政府的首要消灭目标，亟欲铲除而后快。为适应内战需要，
国民政府对甘肃境内的党政军机构进行了改组，将设在兰州的第八战区司
令长官部改组为军事委员会委员长西北行营。1946 年 2 月，第八战区司令
朱绍良调任南京，3 月，张治中担任西北行营主任，宋希濂为参谋长。

国民政府任命张治中为西北行营主任是有所考量的。朱绍良此前担任
第八战区司令长官日久，在任期间党羽众多，贪腐之事常有。最为著名的
有第八战区兵站总监班澄贪污案。班澄和朱绍良在日本为同学，后又追随
朱绍良多年。全面抗战期间，班澄利用战时运输之便，给朱绍良夫人做非
法生意谋求重利。此案当时上报至蒋介石处，在社会上产生极大影响，一
定程度上动摇了朱绍良在西北的地位。② 朱绍良在任期间，新疆三区暴动，
朱身为第八战区长官无法解决，他屡次向重庆告急，提到事态严重、前途
不测，唯有一死殉国。蒋介石考虑到新疆问题还需用政治方式解决，为此
专门挑选和苏联及中国共产党关系交好的张治中前往新疆，希望张治中能

---

① 荣孟源主编：《中国国民党历次代表大会及中央全会资料》（下册），光明日报出版社 1985
年版，第 844 页。
② 马义明：《国民党第八战区兵站总监班澄等贪污案真相》，载《兰州文史资料选辑》第 17
辑，兰州大学出版社 1998 年版，第 121 页。

"振奋士气，安定人心，考察这次事变的实在情况，提出报告，作为解决问题的参考"①。张治中到迪化后多方斡旋，初步稳定了新疆局势。种种因素考量下，张治中被任命为西北行营主任，直辖甘、宁、青、新四省兼新疆省主席，甘肃省主席郭寄峤为副主任。

1946 年 9 月，西北行营改成国民政府主席西北行辕，张治中为主任，马鸿逵、马步芳等人为行辕副主任。西北行营、行辕是国民党中央、国民政府在甘、宁、青、新四省的代表机构，通过它把四省完全置于军事统治之下。由于新疆三区问题复杂棘手尚未解决，为安抚边疆，张治中必须常驻新疆，西北行营的日常事务多由郭寄峤代为处理。张治中在西北采用怀柔政策，一方面安抚新疆，一方面笼络西北二马（马鸿逵、马步芳），同时张治中和周恩来私交甚笃，因此张上任之初西北地区政局相较国内其他地区较为安定。

1947 年国共关系进一步恶化，内战已全面铺开。1948 年初张治中回到兰州，此时国民政府在全国各大区设立"剿匪总司令部"或"绥靖公署"，也拟将兰州的西北行辕改为"西北剿匪总司令部"，仍以张治中为主要负责人。张治中一贯坚持和平理念，反对以武力方式解决中国共产党，对该职务再三推辞。1948 年 5 月 16 日、6 月 23 日张治中两次给南京政府去电请求解除现有职务，国民党中央一时找不到合适人选来接替，对他再三慰留，为迁就张治中，蒋介石将西北行辕改称西北军政长官公署，当时各区特设军政长官公署的只有西北。②

张治中始终坚持以和平为大局，不愿对中共军队作战，就任军政长官期间，进攻中共的军事行动和指挥多由副长官郭寄峤负责。郭寄峤曾任国防部参谋次长，有中国第一参谋长的雅称，不过郭寄峤一生为帅时少，入幕时多，并没有多少实战经验，再加上郭手下没有直系军队，因此也很难

---

① 张治中：《张治中回忆录》，华文出版社 2007 年版，第 418 页。
② 张治中：《张治中回忆录》，华文出版社 2007 年版，第 560 页。

在军事上有所作为。① 甘肃地区进攻延安和陕甘宁边区的军队有三支：胡宗南部、马鸿宾部、马继援部（属马步芳），马继援部是侵犯陇东边区的主力，这三支都不是郭的直系军队，因此西北军政长官公署在对中共的战争中发挥的作用不大。

1947 年 4 月，西北行辕于平凉设前进指挥所，由杨德亮负责指挥协调各前线部队和后勤保障。从 1946 年 12 月起，胡宗南部就多次对陕甘宁边区作试探性进攻。1947 年 4 月，马继援部占领庆阳、合水，马鸿宾部占领环县、华池等地，陇东主要城镇都被占领。1947 年 8 月，马继援部主动进犯子午岭一带的革命根据地。1948 年 4 月，马部奉命出陇东，截击进行西府战役的西北野战军。26 日在陕西邠县与胡宗南部会师。② 陇东边区革命根据地在国民党和马家军军阀的围击下损失很大。在对中共作战中马步芳的军队取得了一定优势，扩大了影响力，为后来马步芳担任西北最高军政长官打下了基础。

战争给甘肃人民带来了沉重的负担，为补充兵源，甘肃征兵额度成倍增加。以甘肃人口论，每年征兵额应在一万名左右，仅 1948 年甘肃预征兵额达到了三万五千余名，③ 兰州市兵额为二千七百余人④。借征兵勒索百姓已成常事，许多无丁之家或有丁之户因故无法应征，被勒令以款代丁或雇人应征。以兰州市为例，各商户每户须出一个或两个志愿兵，由商户从职员中派出或雇人应征，民户则采取抽签的办法应征。⑤ 大量征兵致使许多家庭破产，一些青年男子逃亡他乡，社会动荡不安。

1946 至 1947 年间，张治中或驻迪化处理新疆问题，或奔走于迪化和南京之间，在兰州很少停留。直到 1948 年任职西北军政长官后，才在兰州常住。张治中不愿过问军事，将精力和热情放在西北政治和经济文化建设上。

---

① 《青海王马步芳的喜忧》，《中国新闻》1949 年第 4 卷第 7 期，第 2—3 页。
② 《甘肃总体剿匪演习的成功》，《西北日报》1948 年 4 月 30 日。
③ 《本省预征兵额全省共三万五千余名》，《甘肃民国日报》1948 年 7 月 13 日。
④ 《正副预征兵额，本市共二千七百余人》，《甘肃民国日报》1948 年 8 月 19 日。
⑤ 《商户征召民户抽签，兰市征兵办法决定》，《甘肃民国日报》1948 年 7 月 30 日。

西北政治局面复杂，马家军阀势力庞大，政治上张治中积极笼络西北马家军阀，他本人手段温和，又有蒋介石的信任，因此博得了西北二马的拥戴，一定程度上保障了西北的安定局面。西北交通阻塞、经济落后，张治中为此忧心忡忡。他多次在兰州组织座谈会，题目包括政治、经济、文化、教育、社会问题等，他还不时延请知名专家和学者作专题讲演，鼓励大家深入研究问题，寻找解决办法。

西北工商业不发达，农业是西北经济的根本，要发展经济，提高农民生产积极性，土地改革刻不容缓。国民党也看到了人民解放战争的节节胜利，土地改革是重要原因之一，因此甘肃省政府曾于 1947 年 3 月 5 日在《西北日报》公布《甘肃省照价收买土地办法》和《私人土地限制使用办法》，规定使用土地须以自住、自耕为原则，号称要取消租佃制度。对土地改革，张治中极为欢迎，积极倡导。他曾先后在甘肃省参议会发表土地改革主张，博得西北各界人士一致赞誉。在张治中的倡导下，甘肃省参议会、省政府、各县市政府均分别研讨制订方案，计划将陇东之庆阳与河西之高台设为实验县，开展"计口授田"及"计口限田"工作，闻讯，泾川县民众为拥护土地改革，特致电郭主席，希望早日在该县办理土地改革。[①] 土地改革势必撼动统治阶级的利益，因此，面对民众的心声，以郭寄峤为首的官僚集团虽不断研究土地改革的条文，却一条也未实施，只是利用土地改革来欺骗和愚弄农民，这也使得国民党更加失去民心。1949 年张治中离开西北前在一次文化界联谊会上愤然说道："我们做不到的，将来别人却要做到"[②]，对空喊口号却不实行的现状极为失望。

张治中在兰州拟展开经济文化建设，曾敦请水梓筹备"经济文化建设座谈会"，希望集思广益，号召社会各界人士为建设大西北献言献策。张治中还动员西北行辕总务处参与筹建"西北民生公司"。不过和平的局势下经济建设才能开展，此时战事已起，经济建设难以展开。1948 年 3 月，他在

①　《张治中积极倡导西北实施土地改革》，《土地改革》1948 年第 1 卷第 14—15 期，第 19 页。
②　《张治中行前一声雷》，《新闻杂志》1948 年第 2 卷第 11 期，第 9 页。

国民党甘肃省党部扩大纪念周上痛斥："我们党现在的病源在哪里呢？就是取得政权之后不革命了，丧失了主义，丧失了民心，我们的敌人不是别人，正是我们自己。"① 的确，正如张治中所说，国民党最大的问题在于自身，可即使有识之士能指出问题，国民党对此还是讳疾忌医，以至病入膏肓，回天乏术。

张治中深感困守兰州于事无益，实地走访方可了解地方真实情况。1948年9月5日，他从兰州出发，水梓及易君左等人随行，9月25日返回兰州。途中巡视河西13个县，其中较大的有张掖、山丹、酒泉、玉门。② 触目所见萧条和荒凉。他看到各县的党部工作几乎陷于停顿状态，每月办公费连一份报纸都订不起，党部工作人员不是在县政府就是在县中学挂名兼差，维持生活，这样的党组织能在基层起什么作用。不过更使他感到心惊的是百姓生活之苦，有些甚至一家人连一条被子都没有，吃的是洋芋杂粮，有时还和上观音土，叫人不能想象这是作为一个现代的国家的人民的生活！③ 原因不外是天灾人祸，人祸重于天灾，政府、军队、地主层层剥削压榨造成了如此惨剧。易君左回兰后，以一个报人的立场大声疾呼建设河西，应先铲除残余的封建势力和土豪劣绅。视察中略可欣慰的是玉门油矿建设井然有序，蒸蒸日上。教育在一些县受到重视，张治中还将在南京就学的小儿子送到山丹培黎学校学习，以示与西北人民共进退之决心。

随着国民党在战场上的节节败退，国民政府要求国共和谈，蒋介石下野，代总统李宗仁组成和谈代表团，以张治中为首席代表。1949年3月，张治中在兰州私邸召集西北军政首脑商谈，指出"宁、青部队不宜东进，应撤出华家岭，让出共军一条去路，避免对抗，以维护兰州安全，西北政局暂时维持现状，待他去北平谈判解决。马步芳等人不同意张治中的建议，

---

① 唐昭防：《张治中留在兰州的一片心意》，载王家珞、张西原编《兰州文史资料选辑》第17辑，兰州大学出版社1998年版，第93页。
② 丽明：《张治中巡视下之河西》，《新闻杂志》1948年第1卷第11期，第18—19页。
③ 张治中：《张治中回忆录》，华文出版社2007年版，第563页。

谈话不欢而散。"① 张治中去北平和谈日久，西北不可群龙无首，加以之后和谈决裂，西北战事较前更为激烈，西北的命运更影响大局的起伏，1949年5月18日，国民党中央任命马步芳担任西北军政长官公署最高长官，同月，免去郭寄峤甘肃省主席职务，任命马鸿逵为甘肃省主席。国民党中央重用马步芳，原因很多：国民党嫡系部队主力在西北战场被歼殆尽；马家军实力强大，此前对中共作战中就出力甚多；马步芳若坐镇兰州，青海可为兰州后方支撑，宁夏可为屏障；马步芳个人一直是主战派，战斗意志旺盛。他的上任标志着西北"诸马"成为西北战场反共的主要军事力量，西北和平解决无望，要对人民解放军负隅顽抗到底。西北军政长官公署高层人员的调整是国民党面临严重的军事危机下所做的困兽之斗，也是大势已去下的垂死挣扎。

1949年4月23日，中国人民解放军解放南京。4月25日，中央军委就渡江后向全国进军的问题做了全面部署，规定第一野战军向西北进攻，负责歼灭马步芳、马鸿逵等部及胡宗南集团一部，解放并经营陕、甘、宁、青、新五省。② 7月中旬，第一野战军发动扶眉战役，歼灭胡宗南部4.4万人。扶眉战役后，西北战场发生了根本性变化，解放军在兵力上占有绝对优势。7月28日，第一野战军一兵团在陕甘边界的固关镇全歼马步芳骑兵第十四旅3700多人，旅长马成贤负伤逃跑，解放军打开了进军甘肃的大门。③ 此后马步芳为首的国民党军队一败涂地，兰州解放指日可待。

（二）国民党甘肃省第四届代表大会

1947年4月15日至18日，国民党甘肃省第四届代表大会在兰州召开。国民党甘肃省的喉舌刊物《甘肃民国日报》于4月15日至19日连续推出

---

① 唐昭防：《张治中留在兰州的一片心意》，载王家珞、张西原编《兰州文史资料选辑》第17辑，兰州大学出版社1998年版。第97页。

② 军事科学院军事历史研究部编：《中国人民解放军战史》第3卷，军事科学出版社1987年版，第320页。

③ 军事科学院军事历史研究部编：《中国人民解放军战史》第3卷，军事科学出版社1987年版，第372页。

"大会特刊"，大肆宣扬。

抗日战争胜利后，为发动内战，进攻陕甘宁边区，国民党对甘肃境内的党政军机构进行了改组，将兰州的第八战区司令长官部改组为军事委员会委员长西北行营，后于1946年9月又改称国民政府主席西北行辕。通过西北行营、行辕将甘肃省完全置于国民党军事统治之下。同时国民党还要伪装民主，还政于民，粉饰太平。1945年10月中旬，甘肃全省建立了保民大会6913个，乡镇代表大会766个，县市参议会69个。选举出的参议员中士绅及教育界人士占75.7%，农民和工人只占10.3%。[①] 所谓的民意，只是掌握在地主和资产阶级手中。

全面抗战胜利后，国民政府抽调大后方各省的管理人员、技术人员去接收东部的敌伪产业，大量资金也转向东部，许多抗战时期甘肃建设起来的骨干企业纷纷停产。加之，廉价外国货的涌入致使中国产品无人购买，许多厂家倒闭停产。国民党发动内战后，甘肃省人民承担了沉重的兵役、劳役，国民党战场上不断溃败，征兵越来越多，军纪越来越败坏，借征兵勒索已成国民党军官发财的手段，一些无丁之户或因病等各种原因无法应征之户，被勒令以款代丁，或雇人应征。1946年雇一名壮丁需要法币100万元，以致有"一个壮丁一百万，遂令天下父母心，不重生女重生男"[②] 的感叹，兰宁路上常常可见一连串用绳索拴起手臂互相牵掣行军的壮丁，家人子女远远地站立路边，流着眼泪注目送别，有记者称"兰宁道上壮丁群，依稀当年兵车行"[③]，征兵搅得甘肃社会很长一段时间不得安宁。在这种背景下，国民党在兰州面临着严重的政治、经济、军事危机。为了应对危机，甘肃省国民党召开第四届全省代表大会，希冀借行宪、整党之名安抚民心、渡过危机。

1944年国民党甘肃省第三届代表大会召开，会后成立了甘肃省第三届

① 马继周：《甘肃民政之回顾与前瞻》，《甘肃民国日报》1947年1月1日。
② 《一周间》，《西北日报》1946年12月21日。
③ 长风：《仲夏夜之梦中的兰州》，《陇铎》1948年第2卷第4期，第19—21页。

执监委员会，担任领导全省党务之责。① 从 1944 年起到 1947 年间，甘肃省发展了大量国民党党员并训练基层干部。

在此基础上，国民党甘肃省第四届代表大会于 1947 年 4 月 15 日至 18 日在兰州市甘肃省党部大礼堂举行会议，大会成立了主席团，陆锡光、曹启文、段焯等人均为主席团成员，轮流主持大会。出席会议有各县市区代表及省执监委员九十八人，各县市区代表有王世昌、雷鸿轩、文圣举、马骧、王好仁、李瑞征等人。

与国民党第六次全国代表大会宗旨一致，国民党甘肃省第四届代表大会将整理党务、推行宪政和宣扬反共作为其中心要旨。国民党甘肃省参议会参议长张维在会上发表了"贯彻主义保持本党历史光荣"的讲话②，他指出抗战胜利以来，民主潮流使人类开创一个新的时代，中华民国不但没有在此潮流中落后，反而突飞猛进。在国民党的领导之下，团结了各党各派，召开了国民大会，以贯彻宪政的实施，迎接和平民主光明灿烂的新时代和新世界，在此过程中，中共则破坏团结，拒绝和谈，挑起战争，涂炭生灵，违反了中华民族的意愿，辜负了人类和平的期望。第四届全省代表大会的召开，是在秉承甘肃悠久光荣的党务历史上，以选贤任能的精神建立崭新有力的领导机构，完成革新国民党的新要求。

曹启文也指出"戡乱、拯民革新，行宪，是本党的新使命。"③ 这里"戡乱"即指内战反共。朱新荟、李上林、曹奎文、强镇英、陆锡光等其他国民党员纷纷为大会召开而题词，曹奎文祝词"嗟我甘肃，地僻民贫，本党主义，亟待实行……群策群力，党务革新，集思广益，端赖此成"④。朱新荟题词"……选贤与能，实施宪政，视听在民……伟哉此会，三陇欢腾"⑤。从甘肃省国民党要员的文章和祝词中可以看出大会召开的宗旨为行

① 《市党部全体执监委谒朱主任委员聆训》，《甘肃民国日报》1944 年 2 月 8 日。
② 张维：《贯彻主义保持本党历史光荣》，《甘肃民国日报》1947 年 4 月 15 日。
③ 曹启文：《新时代，新阵容，新使命》，《甘肃民国日报》1947 年 4 月 15 日。
④ 曹奎文：《第四届全省代表大会祝词》，《甘肃民国日报》1947 年 4 月 15 日。
⑤ 朱新荟：《祝全省第四届代表大会》，《甘肃民国日报》1947 年 4 月 15 日。

宪、整党和反共。

第四届代表大会主要围绕着宪政问题、党务检讨与改进、三民主义阐述与深化、中共问题等方面展开。抗战胜利以来，宪政问题是国民党、共产党、民主党派及甘肃民众都十分关注的问题，也是第四届代表大会讨论的重要议题。会上提出要取消军队和学校中的党部，依法选举各县市参议会和省参议会，还政于民。实行宪政是为应对共产党、民主党派及民众的要求国民政府不得不打出的一张牌，政府并没有诚心为之，因此虽然宪政是此次大会的重要议题，但大会上没有实质上的进展，缺乏系统又具体的实施办法。

在党务检讨与改进方面，1947年4月15日上午八时，省党部大礼堂举行第一次会议，由执监委员会书记长陆锡光代表第三届省执行委员会作三年来的工作总报告。对组织、宣传、训练以及奉令缩编人员转业安置等情形作详细报告。当日下午，曹启文常务代表第三届监察委员会报告三年来监察工作，对党内设置监察委员会的使命以及今后监察工作的主要任务作详细说明。之后由各市区代表报告各单位党务工作情形。其他与会代表纷纷就党务问题发言。就党务存在的问题，会议指出：（一）党组织不健全，尤其是基层组织薄弱无力。（二）党内人才集中于上层，基层缺乏人才。（三）党员训练短暂不经久，尤其是区分部。（四）部分党员纪律败坏，缺少甄别和严惩机制。（五）党员水准良莠不齐，没有有效的选拔机制。（六）党员社会形象低落。

针对大会提出的党务工作存在的弊端，大会决议作出如下改进：（一）加强组织，扩大国民党县市级组织。（二）党组织要能罗致人才，进入基层锻炼。（三）区分部为国民党之基层组织，因此区分部在工作上要做到内容求实，作风灵活。（四）肃法纪端人心，严惩贪赃枉法官吏。（五）选贤任能，培养对国民党忠诚的优秀干部。（六）应减轻人民负担，缩小国库开支。各级党部从1948年起实行以党养党，设立党务基金。

国民党甘肃省第四届代表大会上形成了以上有关行宪、整党等决议，后续效果如何呢？这些决议能否付诸实施？从会后效果看答案是否定的。

以行宪来说，宪政中提出要取消军队和学校中的党部，会后并未取消，还不断强化党部的控制力。1947年，随着国共战争的激烈化，国民政府宣布全国处于战争状态，甘肃省的全部工作都围绕内战来进行，为了保证内战需要，国民党甘肃省政府把严密控制、防范和镇压人民，榨取民力民财作为主要工作，为此更要以党控军，防范和控制人民，如郭寄峤在向省参议会第四届大会作的《（1947年）半年来施政总结报告》中所说，甘肃要"厉行战时平时一体化"，要"整顿保甲、清查户口、办理户籍登记、制发国民身份证、编造壮丁名册及国民兵名簿、成立自卫队、组训国民兵、编组预备队及各种任务班、组训民众及构筑自卫工事"，以达到"强化人民组训运用，确立人民自卫基础，达成国防需要"之目的。① 宪政中的取消党部沦为空谈。

宪政中提到的依法选举各县市参议会和省参议会，这条国民党有条件地做到了。1948年3月29日召开国民大会，鼓吹"多党政治"，以威逼利诱手段，从民主党派中炮制了中国青年党和民社党参加国民大会，将这两党的一些党员选为省参议员，从此，凡是国民党需要假借民意发表宣言、通电制造反共、内战的舆论，这些参议员总是冲锋在前，将反共披上"民主"的外衣，使之合法化。而宪政则遥遥无期了。

整理党务，从会后看效果甚微。从国民党政权体制来看，它缺乏一个有效的、制度化的沟通渠道，国民党官员在处理事务上只需对上级政府负责，民众及社会力量少能影响他们的考绩升迁，在这种体制下，国民党官员参政的动力和出发点是为了名利去谋取权力，这种状态下国民党党务问题始终存在，党务检讨不断流于空谈，健全和改进党务的决议也不过是一纸空文。

在宣扬反共这个议题上与会代表倒是达成了"共识"，大会结束后，兰州、天水、平凉、河西等四地区成立警备司令部，加紧迫害人民。1948年1月，"甘肃省戡乱建国委员会"成立，以张维为主任，这是国民党从事反共动员、制造反共舆论的御用机构。随着国民党节节败退，1949年7月以后，

---

① 郭寄峤：《半年来施政总结报告》，《西北日报》1947年5月28日。

国民党开始秘密地分批屠杀在兰州监狱中的政治犯，其中有中国共产党陇右工委负责人王子元①、兰州学委书记陈仙洲等②。不过无论国民党如何垂死挣扎、倒行逆施也改不了覆灭的命运。

总的说来，国民党甘肃省第四届代表大会轰轰烈烈召开，原本是为了解决甘肃省严重的政治、经济、军事危机，希望借着行宪、整党之名安抚民心、度过危机，但从会后影响来看是完全失败了。整党没有收到实效，反而加剧了派系之间的争斗，行宪也不过是谎言，民众早已看透不再相信。国民政府在甘肃的政治信用完全破产，对甘肃的统治摇摇欲坠。

二、 物价飞涨与民众生活

全面抗战时期，兰州有过短暂的繁荣，兰州人口从八万增加到十七万。国民政府高唱"开发西北"，许多工厂迁入兰州，兰州初步建成了机器、化学、电工、制革、毛纺等工业。抗战胜利后，人民经过十四年的战争早已疲惫不堪，渴望休养生息，国民政府却悍然发动内战，置百姓和平心声于不顾。国民政府急于接收东部的敌伪产业，抽调大后方各省的管理人员、技术人员，政府大量资金也转向东部。受此影响国民政府资源委员会在甘肃的11个单位只保留甘肃油矿局、甘肃煤矿局、兰州电厂3个单位，其他单位或折价移交省政府或停办。③ 这些都是全面抗战时期建设的骨干企业，它们的停产意味着甘肃工业的倒退。这导致甘肃经济一落千丈，大量工厂倒闭关门，市面一片萧条。

国民政府发动内战后，甘肃各级组织更是对民众进行了最大限度的搜刮和压榨，这一时期苛捐杂税多如牛毛，各种临时摊派层出不穷，民众负担远超抗战时期。国民党为此召开了甘肃省第四届代表大会，试图挽狂澜、扶危厦于将倾，但结果不尽如人意，国民政府的无能在甘肃省表现得十分

① 种茂莱：《血染母亲河——记王子元烈士》，《党的建设》1995年第6期。
② 李军：《"我死民生，可歌可庆"》，《党的建设》1994年第3期。
③ 宋仲福主编：《西北通史》第5卷，兰州大学出版社2005年版，第732页。

清楚。工业衰退、市场萧条，甘肃省财政严重赤字，无法承受内战所需的费用。国民政府对甘肃省的解决办法就是将大量法币空运到兰州。兰州城以致整个甘肃省工农产品和物资都极度匮乏，缺乏物资或贵金属作保证，大量的法币投入市场，只会加剧通货膨胀。兰州物价如离弦之箭、脱缰野马一般一去不回头。通货膨胀又加剧了财政危机，物价飞涨是经济崩溃的信号之一。不只兰州，整个国统区都如此，这预示着国民政府的统治已是日薄西山、摇摇欲坠了。

这一时期兰州的报纸铺天盖地都是关于兰州物价的报道。1946 年 2 月，兰州黄金每市两自十一万元涨至十八万元，麦子由一石一万三千涨至二万二千元，猪肉每斤价格一千六百元。[①] 粮食涨价幅度最大，其他商品也上涨极快，人们呼吁当局注意并尽快设立平抑物价的具体方案。"民以食为天"，甘肃省政府也曾试图控制粮价、稳定民心，两次颁布粮食管制办法，并在兰州象征性地设置了几个平价粮供应点，可惜杯水车薪，无法满足民众需求。

其时社会各界人士纷纷发文讨论物价高涨之原因及稳定物价之办法，多半认为物价高涨原因在于以下几点：（1）币值不稳定，金本位制无法维持。范文经指出战后经济凋敝有战争损失、交通不便的缘故，但根本原因在于法币"先天不足，后天失调"的结果。自 1935 年实行法币政策后，起初尚有成效，兰州城物价抗战期间小有涨幅，到 1941 年后物价连年上涨，但涨幅较平稳，战后国民政府为掠夺黄金，制定黄金挂牌价过低，导致兰州各金楼有出无入，营业无法维持，金价与物价差额甚大，黄金持有者不愿照牌价出售、公开交易，黄金转为黑市买卖，每市两达到一百二三十万元（1947 年 4 月）。黄金价值的不稳定和飙高，必然造成法币的上涨和通货膨胀。（2）受京、沪、西安等地物价影响。兰州市所需百货，十分之九取自京、沪、西安等地，国民政府法币贬值，京、沪、陕物价上升波及兰州，兰州城竟有一日之间布匹价格上涨三四万元。兰州人口和市场吞纳较小，物资一旦缺乏，涨风即起。（3）受公用事业加价影响。战后兰州铁路、公

---

①　《今日的甘肃物价》，《甘肃民国日报》1946 年 2 月 27 日。

路、邮政运费加价，商运受政府管制，致使商人心理恐慌，不敢脱手货物。
（4）商家囤积居奇，操控物价。以兰州粮食为例，大米在1947年6月初价格为一石二十一万元，月底即增为四十万元，一般市民，见此情形，担忧钱币继续贬值，以手中货币争购货物，物价更无下跌之理。稳定物价之办法有：（1）对居民日常生活最低必需品价格管制，如粮食、煤炭、纱布、房租等。（2）为有效管制物价，政府应做到此种物品货源充足，运输通畅，降低管制物品捐税。①

甘肃省政府的处理办法是禁止粮食出境，违者没收充作赈济粮，同时严禁黄金、外币的买卖流通，力图稳住金融市场。兰州市成立平抑物价委员会，成员有各工商同业公会及党团等有关机关负责人，规定粮食、猪肉等商品最高价格，各粮油、肉店不能变更价格，更不许卖入黑市。② 物价上涨，许多商人深受其害，尤其是小工商业者，但也有人借机囤积居奇，倒买倒卖，发国难财。1948年初甘肃省主席郭寄峤召集各相关部门议定方案：严予取缔囤积居奇，违者严惩；开发本省资源，增加生产，向省外收购物资分配出售以平抑物价。不过郭寄峤利用手中之权，虚设"甘肃省军公教合作社"，以此名义向银行贷款18亿元，到上海、新疆等地倒买倒卖砖茶、布匹、汽油等物资，短短时间获利110亿元。③ 其他官僚士绅们也是如此，甘肃省贸易公司于1947年6月奉命由公营改为民营，实际上仍是省府官僚、士绅为股东，是官僚垄断资本，他们或公款私用，或利用银行低息贷款，倒买倒卖布匹、汽油等限价物资，获利丰厚。与此相对，中小商店成批倒闭，商人纷纷破产。时人记得1948年春，兰州物价一日之间千变万化，食品尤甚，兰州人爱吃面，过年期间一碗面从八千元涨到一万四千元，真是"大钞与物价齐飞"④。1937年100元法币可以买到两头耕牛，到1947年底

---

① 范文经：《半年来兰州区之物价动态》，《西北论坛》1947年第1卷第2期，第23—26、36页。

② 《平抑本市物价》，《甘肃民国日报》1947年1月15日。

③ 贺笑尘：《郭寄峤利用"甘肃军公教合作社"名义敛财内幕》，载《甘肃文史资料选辑》第3辑，甘肃人民出版社1987年版，第179页。

④ 吴任：《新春佳节话兰州》，《西北通讯》1948年第2卷第5期，第23—26页。

只能买 1/3 盒火柴，1948 年 8 月 19 日，兰州市政府订立物价手册，小麦每石 3900 万法币，白布每匹 9500 万元，法币价值一落千丈，以至于老百姓竟用法币来糊墙围和顶棚。① 甘肃省社会经济行将崩溃。

政府财政危机愈发严重，通货膨胀越来越高，法币已经无法再维持运转。1948 年，蒋介石颁布《财政经济紧急处分令》，从 8 月 20 日起发行金圆券代替法币，定额 20 亿元，金圆券每元兑换法币 300 万元，限期收兑；黄金每市两兑金圆券 200 元，白银每市两兑金圆券 3 元，美元每元兑金圆券 4 元，禁止在国内流通、买卖和持有黄金、白银、外币，照 8 月 19 日水平，冻结物价和工资，依兑换率折合金圆券计价，禁止工厂罢工、怠工。国民政府运用强制手段来推行货币改制政策，并强行将民众手中的金银、外币兑换成金圆券，这是又一波通过金融手段强行掠夺民众手里仅有的财物。兰州市按照 8 月 19 日物价制定了物价手册，责令按手册进行交易，派出人员检查、登记各商号货物，实行限购，在 9 月 8 日成立以郭寄峤为主任委员的经济管制委员会，对进出境的物资进行管制。

一般中、小商店由于资金短缺，货物较少，本来就是靠商品的流通速度赚取微薄利润，现在按照政府的物价手册出售商品后，缺乏买入渠道，导致商店无货可卖而被迫关门倒闭。还有的大商店或业主则将物资藏匿拒不出售，兰州市政府于 10 月 9 日下令严禁各商店任意停业，商店只得开门应付，许多货架上没有商品，空空荡荡，大商人们多将商品投入黑市上赚取暴利。

国民政府以专政手段推行的金圆券效力仅仅维持了几个星期，由于导致通货膨胀的因素依然存在：物资匮乏、战争未停，金圆券发行后一路贬值，8 月 19 日物价手册上规定小麦一石 13 金圆，到 12 月份就上涨到 360 金圆，几个月内上涨将近 30 倍，金圆券贬值的速度比法币还要快。此时国民党统治区域不断缩小，为最大限度搜刮民财，国民政府加速印制了大额的金圆券，到 1949 年 6 月，全国发行金圆券达到 130 万亿元，是原定发行量

---

① 赵世英：《国之将灭亡，钞票成废纸》，载王家珞、张西原编《兰州文史资料选辑》第 23 辑，兰州大学出版社 2004 年版，第 131 页。

的 65000 倍。金圆券在甘肃流通期间，物价上涨幅度大大超过法币时期。为了维护自己的利益，自 1948 年底，民众自发地以银元、铜圆作货币，以至于身揣银元会被劫匪觊觎。[①] 1949 年 2 月 24 日，国民政府公布财政金融改革方案，决定财政、外汇以银圆计算，这实际上否定了金圆券的合法地位，但国民政府仍大量发行金圆券继续掠夺民众。[②]

继金圆券崩溃后，1949 年 6 月 22 日，国民政府又在广州公告银圆 1 元兑换金圆券 5 亿元，这是对全国人民再一次洗劫，而此时兰州市民早已拒用金圆券，因此，当兰州市中央银行开始宣布兑换时，竟无一人前去。1949年 7 月 3 日，广州国民政府再公告：以银圆为单位，发行银圆券，兰州自 7月 19 日起发行银圆券，对此，老百姓经过国民党多次的剥夺后，嗤之以鼻，不肯上当，银圆券在甘肃没有推行开来就消亡了。

从法币的破产到金圆券的发行，到民间自发使用银圆，再到国民政府发行银圆券受人唾弃，这个过程，既是国民政府逐渐丧失对市场领导权的过程，也是国民政府信用完全破产，注定在其他领域失去统治权的过程。经济萧条，通货膨胀，兰州市许多厂矿相继停产或倒闭，大批中小商店关门。到处都是在死亡线上挣扎的市民，他们无工可做、无家可归、无粮可食，凄苦异常。

公务人员此时也是生活艰难，甘肃省政府由于财政困难，各单位开始裁撤公务人员，1947 至 1948 两年间，甘肃裁撤 2089 名公务员和士兵。没有裁撤的人员薪水也远远跟不上物价的脚步，只能在饥饿线上挣扎。1936年，一位上校月薪为 110 元，1947 年为 364000 元，增加了 3032 倍，大米1936 年是 8 元一斤，1947 年为 10 万元，上涨 12500 倍。时人将物价比作兔子，薪俸则似乌龟，乌龟始终无法赶上兔子。[③]

国民党政府曾试图采取一些措施如定期按物价指数发工薪，或部分折

---

① 《揣着银元还家去，黄衣人尾随其后，底巷子匪徒劫行人，抢去椭椭七十九个》，《甘肃民国日报》1949 年 5 月 4 日。

② 《财政金融改革方案，解决金圆恶性膨胀》，《南京日报》1949 年 2 月 27 日。

③ 《物价又在上涨，这样如何得了?》，《甘肃民国日报》1947 年 5 月 4 日。

发实物来保证公教人员的最低生活，但收效甚微。首先，粮食从根本上就不足，即便有一点粮食，都要送到前线去做内战之用。在兰州，除大专以上享受公费、奖学金的学生的粮食一般还能勉强供给外，其他人员有时供给，多数情况下公教人员的粮食无法供给。其次，通货膨胀速度太快，国民党政府计算物价指数与开会决定工薪相应的倍数速度却很慢，等到发薪水时，物价已经又比计算时上涨几倍甚至几十倍了。1948 年，兰州市中小学教师从 4 月至 8 月都未正式发工资，临时开支的月薪，买不到 50 斤面粉，教师们不得不将家中各种旧物衣服拿出去变卖糊口，月薪连一个人的生活都维持不了，家家妻啼儿哭。一些公教人员因不能维持生存甚至被迫自杀，皋兰地方法院录事曹志正因无法维持生计，向单位预支薪俸未得，愤而自杀。① 1949 年 2 月，教育部按物价指数 15 倍给兰州大学教职工 6 个月工资的金圆券，而兰州市政府在 2 月 15 日公布的兰州物价指数已到 87 倍，薪水贬值，6 个月的工资只能换到银圆 10 元多，连一个月的生活都无法维持。打油诗"站在物价上，手可摘星辰。商业发达了，货销天上人"② 生动地描绘了物价飞涨的情形。公教人员还不是城市的最底层，城市贫民、失业工人、小商店店主、小贩等一般市民，他们更是工商业破产、物价狂涨的直接受害者。他们的工作较一般公教人员来说更无保障，有的人身安全没有保障，如煤矿工人，在缺乏任何安全设备的条件下工作，只为能吃上一口饭，矿工们"吃的阳间饭，干的阴间活"③，兰州电厂的工人周尚智为生活所迫投河自杀。面对狂涨的物价底层人民挣扎求生，求生不能那便求死，时人曾说兰州每天跳黄河自杀者，时有耳闻，据说有一位穷人跳河被人救了起来，他愤愤地说，"你把我救了起来，我还是要饿死啊，还不让我早早死了为好"④。有的甚至一家人同投黄河，黄河浪涛翻腾下是多少贫民埋骨之所啊。

农民的生活就更为悲惨了。1948 年 8 月上旬，《西北日报》上连载《河

---

① 《贫病交迫活不下去，本市一青年自杀》，《西北日报》1948 年 11 月 4 日。
② 柔弱：《赞物价之高》，《甘肃民国日报》1947 年 10 月 14 日。
③ 程澍之：《吃的阳间饭，干的阴间活》，《西北日报》1947 年 9 月 20 日。
④ 绿原：《西窗夜雨却话兰州》，《陇铎》1948 年新第 2 卷第 7 期，第 16—19 页。

西十日》的文章，描绘了一幅河西农村惨绝人寰的图画。河西地区一直是比较富庶的地区，山丹县清朝时有人口17万人，到1948年只剩下3.7万人，山丹县县长曾向兰州的记者描绘山丹农民没有生活出路，只能等死的悲惨境遇：没有饭吃的人，成天睡在炕上，一点精神也没有，样子怪可怕的，只有一张皮包着骨头。他们没有语言，不会呻吟，只会不断地打呵欠。日子一久也就慢慢地死去了。有的人家卖儿鬻女，在曾被称为金张掖的地方，一个女孩的价格是一石小麦，最少的只需200万元（10斤面粉），整个甘肃到处上演着一幕幕人间惨剧。

在这样悲惨的处境下也有人以嘲讽诙谐的态度面对飞涨的物价。有人在报纸上发文称要给"物价老兄"写信，内有"据云足下刻已建立一坚强机构，令郎舅、令连襟暨其他亲近戚友，均蒙拔擢，而一登龙门，则身价十倍，棉纱、白米、金钞诸兄皆别来无恙乎？听说袁大头兄亦有昔日之威风，未知确否？"①报纸上刊登了一篇讽刺文章——《物价自传》，文中写道"哈哈，对不起，现在我又要翻筋斗了！……筋斗不翻犹可，一翻就像孙行者，一个筋斗十万八千里。……促成我这种个性还是人类的，有些人像我鞭鞑着，有些人硬要拖着我向前跑，所以你们怨我、恨我，这其实与我何干？你们为什么不恨哪些鞭我、拖我的人呢？"②用嘲讽的口吻指出物价上涨乃是人祸。正是国民政府的无能和胡作非为导致了兰州地区饿殍遍野，民不聊生。

三、 三二九学生运动

在国民政府统治行将崩溃，人民解放战争胜利发展的大好形势下，甘肃中共党组织在城市领导和推动了广大工人、学生、市民的反内战、反饥饿、反迫害斗争。1947年6月2日，兰州大学的进步学生响应全国反饥饿、反内战、反迫害活动，在校内贴出"内战不止，民何以为""我们要吃饭，要自由"等标语。标语贴出后，校园内即出现了许多国民党特务，校外也

---

① 黑浪：《拟稿费致物价书》，《甘肃民国日报》1948年8月19日。
② 《物价自传》，《甘肃民国日报》1947年5月15日。

集结了不少军警，迫使兰大同学停止了活动。① 此后，由于通货膨胀、物价飞涨直接威胁着大中小学校教师的生活，广大大中小学教师也多次奋起抗争，向各级政府游行请愿。

在这种形势下，甘肃中国共产党组织积极开展工作，发展党员。1947年5月，甘肃工委派罗扬实为特派员，到兰州、榆中一带开展工作，在兰州的工矿、学校、机关、文化界发展了一批党员，建立了一批支部。1949年，兰州市建立了东区和西区两个工委，西区工委有党员150多名，包括兰州大学、西北师范学院的河西籍的学生党员，这些学生党员在三二九学生运动中发挥了重要的领导作用。

从1949年开始，国民党赖以进行内战的大部分主力已被人民解放军基本消灭，但甘肃省政府仍秉承国民党中央意图扩军备战、加紧搜刮。此时，甘肃省财政已经枯竭。从1949年2月起，甘肃人民已经拒绝使用国民政府发行的纸币了，政府信用完全破产，此时国民党甘肃省政府决定发行银圆公债来搜刮百姓。

1949年3月1日，国民党甘肃省参议会召开第七次大会，省政府提交了征兵3万名、发行建设公债500万银圆的议案。经过议决后，征兵议案被搁置，修正通过了发行300万元银圆建设公债的议案。3月11日，《甘肃民国日报》报道了省参议会发行公债议案，立即引起了全省、全市各族人民、各阶层人民的愤怒。3月22日，省财政厅不顾民怨沸腾，召开会议，决定4月间发行建设公债。3月23日《甘肃民国日报》上刊登了建设公债发行的消息，文中称两个月内建设公债即可发完，发行办法及发行公债标准等待基金保管委员会讨论拟定后，交予省政府会议决定后再行公布。② 甘肃人民忍无可忍，决心反抗到底。

反抗行动首先来自国立西北师范学院。该院大部分同学来自甘肃农村，家庭深受国民党内战政策和农村破产的痛苦。他们中有一批中共党员和进

① 思悄：《学生运动领袖——陈仙洲》，《党的建设》2009年第2期。
② 《本省建设公债，决定下月发行》，《甘肃民国日报》1949年3月23日。

步同学，在中共皋榆工委指示和学委书记陈仙洲的组织下开始抗议活动。学生们首先在校园里张贴抗议发行建设公债的请愿书和《告全院甘肃同学书》。中共陇右工委西北师院支部也以甘肃同学会的名义公布抗议书，揭露当局此举是为了中饱私囊、伺机逃跑。3月27日下午，甘肃同学会在学院大礼堂召开大会，大家一致倡议于3月29日在兰州举行反剥削示威大游行，并决定联络兰州大学、西北农专、兽医学院及兰州市各中学学生一起行动。大会还选出领导人，组成"反剥削行动团"，进行游行的准备工作。

国民党甘肃省政府得知西北师范学院学生准备游行示威的消息后，急忙派出教育厅长宋恪、财政厅长李子欣来到西北师院会见学生代表，做"说服"工作。宋恪轻车简从来到西北师范学院，做出礼贤下士之态，声明是以私人身份专程会见请愿代表，看望甘肃同乡的，同学们对他的劝说无动于衷，他又转为威胁，说同学们涉世不深，难免被人利用，劝告大家珍惜时光，不要用胸膛去面对带血的大刀和喷火的机枪。同学们不怕威胁，也没有被拉拢收买，反而将宋恪教训了一顿。①

兰州大学的中共党组织和党员也在积极动员和组织同学参加这一斗争。兰大甘肃同学会的负责人同西北师院取得联系后，积极出面组织活动。兰州大学同西北师院成为这次斗争中两支最重要的力量。

1949年3月29日清晨，春寒料峭，同学们却热血沸腾。西北师范学院操场上学生高举"国立西北师范学院反剥削大游行"的巨型横幅向城内进发，行至十里店时，师院附中、师范部和乡村师范的不少学生也加入队伍。通过黄河铁桥，到了桥门街，与兰州大学、兰州女中、兰州助产学校等学校学生汇合，共2000多人，向省参议会、省政府进发。一路上，学生们高唱仿《义勇军进行曲》的自填歌曲，高呼"甘肃人民站起来，反对剥削政策""反对发行建设公债""甘肃老百姓要活命""打倒郭椭椭"（椭椭，银圆的俗称）"。在游行过程中，兰州女师以及附近一些小学的教师和学生也

---

① 宋仲福：《试论三二九运动的起因和影响——纪念三二九运动四十周年》，《西北师大学报》（社会科学版）1989年第4期。

都加入队伍，兰州数万百姓沿街聚集围观，呐喊助威。参与游行的学生郑国祥回忆当时人民给予了他们极大的支持，许多商店门口准备了茶水，有的还准备了纸张、笔墨、粉笔，供游行学生使用。[1]

游行队伍来到省参议会，议长、议员们已逃跑一空，学生们冲进省参议会，留下传单和质询材料，队伍继续涌向省政府广场。有宪兵荷枪实弹守卫在省政府门口，游行队伍派学生代表向省政府递交《抗议书》和《我们的要求》，围绕广场继续开展示威运动。散发传单、书写标语、发表演说，广场上口号声、呼喊声如雷滚动。结束在省政府广场的示威活动后，队伍便沿着酒泉路南行，直到南关十字，才兵分几路，一路去贤后街参议长张维公馆去找张维议长，张维早已逃匿，这路队伍开始返校。一路赴兰州大学开会，商议下一步计划。当晚，成立了"兰州市甘肃同学联合会"，并决定省政府如不答应无条件撤销建设公债议案，将于4月1日举行规模更大的游行。

3月30日，兰州各报都刊登了三二九学生游行示威的消息。省府回复兰州市甘肃同学会，"其实建设公债并未达到实行的阶段，因此项公债，系根据生活比较优裕者出钱的原则，希望有力量者出少数钱，来维护与扩大生产建设……谋本省大多数人的福利。参议会通过之案，须人民财富达硬币五万元以上者，方能配销"[2]。谎称建设公债是让生活优裕者出钱来维护大多数人的生活，想借此平息民愤。该文谈及省参议会在29日当晚开谈话会，会议决定"撤销发行建设公债一案""停止征兵征粮"，同时张维议长表示坚决辞职，虽有同会议员劝说，但张维辞意已决。

31日下午，国民党甘肃省政府派甘宁青考铨处处长水梓到西北师院答复：省政府接受停止发行建设公债的要求。学生代表又提出：省政府召集来兰州开会的全体专员和县长由学生代表训话，限当天晚上答复。4月1日，省政府派兰州市市长孙汝楠到西北师院答复：省政府接受全部条件，

---

① 王文元：《"三·二九"，甘肃学子游行反剥削》，《兰州晨报》2009年8月28日。
② 《反对建设公债兰大师院甘籍生请愿　省府特说明此案原委》，《甘肃民国日报》1949年3月30日。

只有对专员、县长的"训话会"希望改为"专员、县长招待会"，名义上好听一些，学生代表同意了孙汝楠的提议。4月1日，兰州各报报道了甘肃省主席郭寄峤以答记者问的形式接受学生要求，取消发行公债的决定。郭寄峤同时表示"个人才德不够，理应让贤"① 的意愿。4月3日，在省参议会礼堂举办了专员、县长招待会，80多名专员、县长接受了学生的质询。② 三二九学生示威游行取得圆满成果。

学生们的爱国正义斗争得到了社会各界的广泛支持。29日和30日两天，兰州地区商业店铺基本停业罢市，以示声援。更多的行业工人以交通堵塞为由，进行怠工斗争。三二九学生爱国运动取得了全面胜利，它使甘肃人民免遭了一场大劫难，沉重打击了国民党反动派。在政治上、军事上截断了国民党甘肃省政府的重要财源，打乱了国民党政府扩充军队的计划，在客观上对中国人民解放军进军甘肃起了配合作用。参加这次运动的学生，不仅有中共地下党员、激进的青年，也有过去在政治上倾向国民党的学生，这充分表明了广大青年学生已摆脱了国民党的影响而日益觉醒，也充分表明了国民党在政治上已是十分的孤立。此次运动极大地鼓舞了人民革命斗争的信心。影响所及，在甘肃的张掖、武威、永昌、临洮等地相继爆发了"抗丁、抗粮、抗捐"的反剥削、反压迫斗争，甘肃各地的人民革命斗争将甘肃的爱国民主运动推向了高潮。③

第三节　兰州解放

抗战结束后，国内阶级矛盾上升为主要矛盾，中国面临着两种命运、两种前途的斗争。兰州地区中国共产党党组织建立并不断发展壮大，积极领导人民群众进行反对国民党反动统治、迎接兰州地区解放的革命斗争。

---

① 《对建设公债事，郭主席发表谈话》，《甘肃民国日报》1949年4月1日。
② 《各院校甘籍学生，昨招待专员县长》，《甘肃民国日报》1949年4月4日。
③ 宋仲福：《试论三二九运动的起因和影响——纪念三二九运动四十周年》，《西北师大学报》（社会科学版）1989年第4期。

一、 中共党组织的发展壮大

1940 年 6 月中国共产党甘肃工委领导机关遭破坏后，中国共产党在兰州的工作进入了一个"精干隐蔽"的"停顿"① 时期。直到 1945 年 9 月，中国共产党中央决定恢复重建中国共产党甘肃工委，兰州地区中国共产党党组织恢复重建工作随之展开。

按照中国共产党中央西北局尽快在兰州恢复建立党组织的指示，1946 年初，甘肃工委派苏星来到兰州，进行兰州党组织的恢复整顿工作。10 月，甘肃工委派罗扬实为特派员，到兰州主持党组织恢复重建工作。罗扬实带着工委组织部交给的 70 多人的组织关系，到兰之后，他以后五泉叶家湾 1 号院为工作据点，先后联系上了陆善亭、张一悟、杨春霖、金焯三、梁朝荣等共产党员，通过他们培养和考察了 30 余名积极分子。1947 年 1 月，罗扬实主持召开兰州地区党组织恢复重建会议，正式成立了中国共产党兰州地区支部，罗扬实任书记，陆庆林（陆善亭）、杨春霖为委员，分别负责组织和宣传工作。2 月，由马永祥、禹兆南、肖焕章、史鼎新等在下沟开设了一处旅店，作为兰州党组织的工作联络点。4 月，决定对兰州市区的各种情况作系统调查，积极整顿和发展组织，加强对群众斗争的领导，做好上层人士的统战工作。5 月，甘肃工委派葛曼协助罗扬实开展统战工作，在邓宝珊公馆设立了党的秘密联络点。罗扬实联系到了榆中金崖的 20 多名原有党员，发展新党员 25 名，重新建立了由金巨盈任支部书记的榆中金崖党支部。与此同时，通过吴鸿宾、康尔信（康君实）、赵定九等，先后与史鼎新、陈伯鸿、王教五、魏自愚（原邓宝珊部参谋长）、周服之、许青琪（省参议员）、谢国泽、周戒忱、蔡景忱（省参议员）、张玉田（省会警察局秘书）、李翰园（被服厂厂长）、高勉斋、马宵石（民意通讯社社长）、马锡武（原国民党东路交通司令）等中上层人士建立了比较密切的统战关系。

1948 年 3 月至 4 月，中国共产党甘肃工委先后两次召开会议。第一次

---

① 秦生、王晋林：《20 世纪甘肃革命与建设纪事》，甘肃人民出版社 1999 年版，第 125 页。

会议，听取了葛曼对兰州党的工作特别是统战工作的汇报，决定甘肃城市工作以兰州为中心；第二次会议，认为建立统一兰州党的领导机构的时机和条件均已成熟，因此决定正式成立由罗扬实任书记、葛曼（不久因另有任务由窦志安接替）、张生强任委员的中国共产党皋榆工委。工作方针是：积极发展和组织群众；大力发展党员；建立隐蔽战线，由点到面逐渐扩大活动区域，进一步掌握合法武装，准备配合解放军。此后，中国共产党皋榆工委组织建设得到迅猛发展，到 1949 年兰州解放前夕，先后建立了中国共产党洮啒工委、靖远县临时工委、兰州东区工委、兰州西区工委、金崖工委、兰州市学委 5 个县级工委，基层支部 100 多个，有党员 2100 多人。①

二、 爱国民主运动

随着兰州地区党组织的发展壮大，在中共组织的领导下兰州地区的爱国民主运动迅速兴起。

（一）工人群众的罢工斗争

1947 年，兰州印刷厂排字工人在共产党员梁朝荣等人领导下，开展了要求厂方补发欠薪的怠工罢工斗争；兰州被服厂工人先后举行三次罢工斗争；西北毛纺厂工人举行两次罢工。1948 年，国民党政府联勤部所辖兰州被服总厂工人罢工，国民党甘肃当局以所谓"违犯国家总动员令"的罪名，将 30 名参与罢工的工人逮捕判刑。1949 年，兰州理发工人、兰州一林丰烟厂工人发动罢工。与此同时，还发生了有"全市数百名教师"参加的兰州市小学教师罢教索薪斗争，全部起因均源于国民党发动内战致使物价飞涨、货币贬值、工资拖欠及厂方的残酷压迫，虽然这些斗争的影响和结果各有不同，但客观上都起到了呼应和配合当时全国各大中城市兴起的反饥饿、反内战、反迫害以及争取民主自由的斗争，促进了学生运动的兴起和发展。

---

① 中共甘肃省委党史研究室：《中国共产党甘肃历史》（第 1 卷），中共党史出版社 2009 年版，第 670 页。

（二）影响巨大的学生运动

1947 年 5 月 20 日，南京发生五二〇血案，消息传来群情激愤，为抗议国民党的反动暴政，兰州大学一千多名学生在共产党员陈仙洲的带领下举行罢课游行。国民党甘肃当局出动军警包围了兰州大学，甚至架起机枪恐吓学生，激起了兰州各大中专学校学生的愤慨。6 月 2 日，兰州大学学生在中国共产党兰州市学委的领导下，在校内张贴了"内战不止，民何以为""我们要饭吃，要自由"① 的标语，举行了大规模游行，遭到了国民党宪兵的阻止。这次学潮迅速发展成为大规模的学生运动。1949 年 3 月 29 日，兰州各校两千多名师生，发起了反对国民党甘肃省政府发行"建设公债"的三二九运动。游行队伍打着"为甘肃人民请命，坚决反对三百万元银圆的建设公债"的横幅，高喊"人人为我，我为人人！""甘肃人民要活命！"等口号，高唱着《义勇军进行曲》，"只是把原歌词中的'中华民族'改为'甘肃人民'"。一时间，影响甚巨。②

迎接解放的护厂护校斗争。兰州解放前夕，国民党甘肃当局曾下令兰州的一些工厂、机关单位和学校西迁，扬言"如不西迁，以军法论处"。对此，中共兰州地方党组织领导群众全力开展了护厂护校的斗争。西北毛纺厂组成了 80 多人的护厂队，手持大刀木棍昼夜执勤。兰州面粉厂成立了有 12 条枪的工人纠察队，甚至拉起电网防止敌人闯入。兰州大学、西北师范学院、兽医学院、西北农业专科学校、甘肃科学教育馆、兰州图书馆等，更是开展了反西迁斗争，成功地阻止了敌人的破坏。

1949 年 5 月，马步芳代理西北军政长官公署长官，连续出台了《整肃学校风纪》《户口连保》《紧急治罪法》以及限制共产党活动的反动法令，疯狂搜捕和杀害兰州的中国共产党地下党员。6 月，以清查户口为名，逮捕

---

① 中共甘肃省委党史研究室：《中国共产党甘肃历史》第 1 卷，中共党史出版社 2009 年版，第 679 页。

② 郑国祥：《忆三·二九学生运动》，载兰州市档案局编《兰州红色档案》，中共党史出版社 2019 年版，第 583—584 页。

共产党员和进步人士达两千多人。7月，在全市范围开展大搜捕，西区工委负责人杨国智、王善卿，兰州市学委负责人陈仙洲、程万里，兰州大学党支部负责人魏郁、中国共产党甘肃工委交通员柴学侃等28人被逮捕。国民党甘肃反动政府为维持其反动统治进行了血腥屠杀，在兰州大沙沟监狱，枪杀、活埋共产党员和进步人士76人。陈仙洲、程万里、魏郁、柴学侃、朱亮、王子元、陈超群、石凤玉等一批共产党员为中国革命献出了宝贵的生命。

三、 兰州战役与兰州解放

1949年7月下旬，中国人民解放军第一野战军取得陇东追击战的胜利，直逼甘肃省会兰州，由此揭开了兰州战役与兰州解放的序幕。兰州是西北重镇，兰州战役能否成功关系着西北地区的全部解放，也关系着全国解放战争的顺利进展。郑维山回忆道："兰州是青、甘、宁、新四省之枢纽，夺取兰州无论在政治上军事上，都符合我解放西北全境的战略企图。再者，马步芳在政治上占统治地位，兵力多而强，歼灭了马步芳军，西北问题即可基本解决；如让敌逃回青海老巢，将对我之进军造成严重困难，势必延长解放西北全境的时间。"① 显然，兰州战役的成败关系至大。

（一）战役序幕

1949年8月4日，彭德怀司令员发布了向兰州进军的命令。具体部署是将第一野战军兵分左中右三路：以第一兵团王震部第1军、第2军附第18兵团第62军为左路，由秦安、武山经陇西、渭源向临洮、临夏进军，随后，渡过黄河进攻青海，占领马步芳老巢西宁，截断兰州之敌的退路，并随时准备参加攻击兰州；以第二兵团许光达部第3军、第4军、第6军为中路，经通渭、马营镇、内官营和洮沙（今属临洮）向兰州城南、城西攻击前进，如敌先向青海退走，则协同第一兵团将其歼灭；第19兵团杨得志部

---

① 郑维山：《郑维山回忆录：从华北到西北》，解放军出版社2005年版，第405页。

第 63 军、第 65 军为右路，沿西兰公路及其以北华家岭、定西、定远镇等地向兰州城东前进。另以第 18 兵团周士弟部第 60 军、第 61 军附第 1 兵团的第 7 军留置于宝鸡、天水地区，钳制胡宗南部，以保障左侧和后方之安全。以第 19 兵团的第 64 军进至固原、海原地区，钳制马鸿逵部，保障主力之右侧安全。随之，第一野战军浩浩荡荡地向兰州进军，部队和新、老解放区的 15 万支前民工以及数千辆汽车、大车、骡马队等，形成浩浩荡荡的西进洪流。

8 月中旬，时任国民政府行政院院长阎锡山、国防部长白崇禧在广州紧急召集胡宗南、马步芳和马鸿逵等高级将领参加的"西北联防会议"，决定以马步芳部从陇东节节抵抗后撤至兰州凭险据守，吸引解放军主力于兰州城下；胡宗南部从秦岭出击解放军的左侧后部；马鸿逵从宁夏中卫、中宁一线出击解放军右翼，"以三路夹击，歼灭解放军于兰州城下"①。

（二）皋榆工委对兰州战役的积极配合

在皋榆工委领导下，兰州人民积极开展迎接解放的斗争。首先是按照甘工委的指示，大力加强了统战宣传和情报工作。为配合解放军作战，做好解放后的接管，在统战宣传方面，皋榆工委将秘密油印的《中国人民解放军布告》《将革命进行到底》的新年献词等，通过邮局寄给兰州的国民党军政要员，促其尽快认清形势。同时，进一步抓紧了对国民党地方武装自卫队、保安团的分化瓦解工作。如在兰州市城防自卫队总队八个自卫大队中，在六个大队都建立了党的秘密内应关系。榆中县自卫队的一个中队，被中国共产党党员范应武所掌握。靖远三滩支部向敌人的一支小部队展开政治攻势，"迫使敌人交出武器、大车、马匹、粮食等军用物资后投诚"。"在华家岭一带，皋榆工委委员窦志安领导了联防大队起义，组织了我党领

导下的华支纵队和武装护路队"。① 在情报工作方面，按照甘肃工委关于"调查、了解、搜集国民党在兰州的军事、政治、经济、教育、社会等大量情报"的指示，搜集了大量军政机密情报，还对兰州的地理、人口、工矿企业、金融、邮电、存粮、水源等情况作了广泛的调查。整理的情报主要有《兰州敌兵力调查》《兰州敌党政军宪特机构》《敌城防部署图》等。当解放军兵临兰州外围时，皋榆工委书记罗扬实化装成牧羊人，机智勇敢地穿过敌人设置的重重严密的封锁线，及时地把情报送交到了第一野战军司令部。

其次，组建协军团开展支前工作。1949 年 8 月中旬，在兰州战役即将打响之际，中共兰州党组织成立了迎接解放的工作机构——皋榆工委协军团，金崖工委书记陆长林任团长，东区工委负责人陆善亭为副团长。皋榆工委协军团成立后，积极组织青年学生开展书写张贴"热烈欢迎解放军""打倒蒋介石，解放全中国"等标语口号，广泛动员群众欢迎人民解放军。解放军到达后，协军团组织人民群众列队欢迎并亲切慰问人民子弟兵。协军团还组织向导队给部队带路，并将由学生党员详细绘制的兰州市内国民党军队据点、市内交通、街道路线图，交给人民解放军。

再次，大力开展支前活动。解放军所到之地，人民群众在中国共产党组织领导下，全身心地投入到了支前工作之中。皋榆工委协军团在榆中设立了 6 个支前站，设法解决部队需要的各种物品。当时，正值兰州夏收季节，许多人家刚刚收割的麦子尚未打碾，群众就在党员的带领下一边打碾一边送交部队。青城地区支前委员会在大力筹措粮食的同时，还为解放军提供了三四只木船和百余只羊皮筏子。据统计，在兰州战役期间，榆中县共筹措粮食 3 万多石，派出支前民工 35000 人次。②

---

① 中共甘肃省委党史研究室编：《甘肃党史资料选编——解放战争时期的中共甘肃工委》，甘肃文化出版社 2015 年版，第 314 页。

② 中共甘肃省委党史研究室编：《甘肃党史资料选编——解放战争时期的中共甘肃工委》，甘肃文化出版社 2015 年版，第 315 页。

（三）战役过程

1949 年 8 月 20 日，中国人民解放军第一野战军兵临兰州城下，完成了对兰州国民党守军的战略包围。第一野战军攻城部署为：以第 63 军、第 65 军对阵十里山、窦家山、古城岭、马家山一线；以第 6 军对阵营盘岭；以第 4 军、第 3 军对阵沈家岭、狗娃山一线。一野司令部设在榆中县乔家营。

8 月 21 日，解放军 9 个团发起试探性进攻，但没能夺得马家军一处阵地，自身也付出了较大伤亡。彭德怀果断下令停止进攻，进行总结和调整部署。这次进攻虽然受挫，但摸清了敌人的火力部署，也使全军指战员克服了轻敌思想，每一位指战员都忙碌地进行着充分的战前准备。

毛泽东对发起兰州战役极为重视，他指出"只要能歼两马主力，西北战局即可基本解决，往后占领甘、宁、青、新四省，基本只是走路和接管问题"①。"马步芳既决心守兰州，有利于我军歼灭该敌。为歼灭该敌起见，似须集中三个兵团全力于攻兰战役。务不使马步芳退至新疆为害无穷。攻击前似须有一星期或更多时间使部队消除疲劳，详细侦察敌情地形和鼓动士气，做充分战斗准备。必须准备一次打不开而用二次三次攻击去歼灭马敌和攻占兰州。"②马步芳、马继援父子妄图凭借早自 1938 年就开始修建，1948 年后又加固了的以马家山、沈家岭、营盘岭三大主要防御阵地为核心的兰州城防工事，与解放军进行决战，并且狂妄叫嚣"兰州是攻不破的铁城""我不仅要保住兰州，而且要直下西安"。③

1949 年 8 月 25 日晨，随着 3 颗红色信号弹的升空，西北战场上的最后决战开始。

1. 血战沈家岭。沈家岭被称为"兰州锁钥"，是离敌人的唯一退路——

---

① 毛泽东：《关于举行平凉战役歼灭两马主力基本解决西北战局致彭德怀电》，转引自甘肃省档案馆编《城市解放系列丛书——解放兰州》，中国档案出版社 2009 年版，第 24 页。
② 毛泽东：《关于集中三个兵团全力于攻兰战役致彭德怀、张宗逊等电》，1949 年 8 月 23 日，转引自甘肃省档案馆编《城市解放系列丛书——解放兰州》，中国档案出版社 2009 年版，第 50 页。
③ 中共兰州市委党史办公室：《中国共产党兰州历史（1925—1949）》上卷，甘肃人民出版社 2002 年版，第 412 页。

黄河铁桥最近的地方。夺下沈家岭,将直捣兰州西关,控制黄河铁桥,截断国民党兰州守军唯一的退路。担负主攻任务的是中国人民解放军第4军11师31团,32团和30团进行战斗配合。战斗一开始,解放军很快攻破第一道防线,在向第二道防线冲击过程中,遇到国民党军的疯狂反扑,整营的敌军光着膀子冲上来,同解放军进行白刃肉搏。连长李应般为了减少战友的牺牲,硬是在负伤后把自己的身躯堵在了敌人的枪眼上。有的同志被敌人砍断了一条胳膊,仍忍着剧烈的疼痛,用另一只手与敌人搏斗。有的同志牺牲了,手里还紧握着带血的刺刀;有的用手卡住敌人的脖子,与敌人一起倒在血泊里。沈家岭血战持续14小时,30团政委李锡贵、31团团长王学礼、32团副团长马克忠等3000多名战士壮烈牺牲。

2. 激战营盘岭。担任主攻任务的第17师50团,与在那里已坚守了3天3夜的3营会合,一起向国民党军设在三营子的第一道防线扑去。战斗一开始就打得至为激烈。边打边进,寸寸逼近。当解放军抵近敌人设在峭壁上的主阵地时,突破受阻。指导员曹德荣在两次负伤的情况下,用尽全力托举起3个炸药包拉响了导火索,敌人的防线被炸开了一道口子。战士们高呼着烈士的名字向前扑去。国民党军的堡垒就这样一个个地被攻破。阵地上的红旗不断竖起、落下、再竖起,最终高高地飘扬在了营盘岭主峰。

3. 苦战窦家山。指挥窦家山战斗的是曾任红西路军88师的政委郑维山。1937年,红30军88师在和马家军的对阵中,师长熊厚发、团长邹丰明、团政委黄英祥等多人先后牺牲。后来郑维山是靠着行乞回到陕北。他记得在渡过黄河的日子,一次次地向着祁连山方向发誓,一定要为牺牲的战友报仇。当到达总攻时间,他一字一顿地下达了"开炮"命令,炮火覆盖了窦家山10分钟,一刻钟之后,再次命令以更加猛烈的炮火覆盖窦家山20分钟。被打蒙了的马家军以为炮火停了,钻出掩体后,没想又遇到了更猛烈的炮火。郑维山指挥的解放军第63军一部仅第一个冲锋,就占领了窦家山1、2号阵地。马家军眼看窦家山阵地一个个丢失,不断组织敢死队疯狂地向解放军扑来,战斗进行得异常惨烈。

4. 血战马家山、古城岭。马家山和古城岭是扼守焦家湾机场和东岗镇的主要阵地，也属窦家山主防阵地的组成部分，由青马主力 100 师一部防守。8 月 25 日拂晓，人民解放军第 65 军 193 师 577 团、578 团勇猛冲杀，接连冲破敌军第一、二道防线，敌人极为恐慌，迅速调援军投入战斗。双方激战整整 5 个小时，往返拉锯 20 多次，解放军才最终夺取了阵地。接着，解放军又打退敌人 14 次反冲锋，并于下午 5 时再次对敌人发起攻击，占领全部阵地。

5. 夺取黄河铁桥。随着敌各主防阵地的崩溃，解放军第 3 军迅速向兰州城西攻击前进，打响了夺取黄河铁桥，断敌退路的战斗。与此同时，第 4 军从沈家岭、第 6 军从营盘岭、第 63 军和第 65 军从东岗镇一线分别向市区压来，溃逃的敌军乱作一团，争相逃命。26 日 2 时，解放军控制了黄河铁桥，7 时占据城内主要据点，9 时夺取拱星墩飞机场，11 时攻占白塔山。胜利的红旗插上了兰州城头。

兰州战役，共歼灭"马步芳精锐部队第 82 军、第 129 军 2.7 万余人，余部溃散，马步芳部队损失殆尽"①。兰州战役是国共双方在西北战场上的最后决战。兰州战役的胜利，宣告了西北军阀马步芳集团的彻底败亡，宣告陕、甘、宁、青、新五省开始进入一个崭新的历史纪元。

1949 年 8 月 26 日，中国人民解放军第一野战军司令员彭德怀、副司令员张宗逊、政治部主任甘泗淇和中国共产党甘肃省委书记张德生等进驻兰州，正式成立兰州市军事管制委员会、兰州市人民政府、兰州警备区。兰州市军管会下设财经、公安、公教人员处理、工资研究、公共房产管理、文教等六个委员会，分系统开展接管工作。兰州市军管会和兰州市人民政府的成立，标志着国民党反动统治在兰州的结束和新生人民民主政权的建立，标志着兰州人民在中国共产党的领导下，从此进入了翻身解放、当家作主的新时代，兰州人民的革命历史将翻开新的篇章。

---

① 甘肃省地方史志编纂委员会编：《甘肃省志·军事志》下，甘肃人民出版社 2001 年版，第 1123 页。

参考文献

一、档案

1. 兰州市政府档案，全宗号59，甘肃省档案馆藏。

2. 国民党军事委员会西北干部训练团档案，全宗号8，甘肃省档案馆藏。

3. 兰州电厂档案，全宗号67，甘肃省档案馆藏。

4. 兰州空袭紧急救济联合办事处档案，全宗号40，甘肃省档案馆藏。

5. 甘肃省知识青年从军征集委员会档案，全宗号3，甘肃省档案馆藏。

6. 甘肃科学教育馆、甘肃广播电台档案，全宗号35，甘肃省档案馆藏。

7. 国立兰州大学档案，全宗号32，甘肃省档案馆藏。

8. 国立西北师范学院档案，全宗号33，西北师范大学档案馆藏。

二、著作

1. 阳秋：《甘乱杂志》，东京同文书社1916年印，甘肃省图书馆藏。（以下没有注明出版社者均系甘肃省图书馆藏）

2. 刘尔炘：《兰州五泉山修建记》，和通印刷馆1926年印。

3. 甘肃省新生活运动促进会编：《甘肃省新生活运动促进总会会刊》，1935年。

4. 中央银行经济研究处编：《甘宁青经济纪略》，中央银行经济研究处

总务科 1935 年印。

5. 萧梅性：《兰州商业调查》，陇海铁路管理局 1935 年印。

6. 慕寿祺：《甘宁青史略》，兰州俊华印书馆 1936 年版。

7. 潘益民：《兰州之工商业与金融》，商务印书馆 1936 年版。

8.《马督办视察甘新公路记》，凉州河西日报社 1940 年印。

9. 甘肃省卫生处编：《一年来之甘肃卫生》，1940 年。

10. 甘肃省临时参议会秘书处编：《甘肃省临时参议会第一次会议汇刊》，1940 年。

11. 甘肃省水利林牧管理处编：《甘肃省水利林牧公司概况》，1942 年。

12. 甘肃省经济研究室：《兰州市工厂调查》（下编），1942 年。

13. 甘肃省政府：《甘肃省之卫生事业》，1942 年。

14. 甘肃省银行经济研究室编：《甘肃之特产》，兰州俊华印书馆 1944 年版。

15. 甘肃省政府编：《甘肃省政府三年来重要工作报告》，1944 年。

16. 甘肃省政府编：《甘肃省经济概况》，1944 年。

17. 王树基：《甘肃之水利建设》，1945 年。

18. 王树基：《甘肃之工业》，1944 年。

19. 甘肃省教育厅编：《抗战期间之甘肃教育》，甘肃省政府教育厅 1945 年印。

20. 甘肃省政府秘书处编：《甘肃省政府工作报告》，1947 年。

21. 中国农民银行土地金融处编：《甘肃中部之砂田》，1947 年。

22. 杜景琦：《兰州之水烟业》，伦华印书馆 1947 年版。

23 西北局城工部编：《兰州调查》，1949 年。

24. 秦孝仪主编：《总统蒋公大事长编初稿》，中国国民党中央委员会党史委员会 1978 年版。

25. 周开庆：《民国朱上将绍良年谱》，台湾商务印书馆 1981 年版。

26. 宣侠父：《西北远征记》，文史资料出版社 1982 年版。

27. 谢觉哉：《谢觉哉日记》，人民出版社 1984 年版。

28. 秦孝仪主编：《先总统蒋公思想言论总集》，中国国民党中央委员会党史委员会 1984 年版。

29. 甘肃新闻研究所编：《甘肃新闻史料》，1985 年。

30. 丁焕章：《甘肃近现代史》，兰州大学出版社 1989 年版。

31. 王佳贵主编：《盟国军援与新疆》，新疆人民出版社 1992 年版。

32. 魏永理主编：《中国西北近代开发史》，甘肃人民出版社 1993 年版。

33. （民国）刘郁芬修，杨思、张维等纂：《甘肃通志稿》，中华全国图书馆文献缩微复制中心，1994 年。

34. 范宗湘：《一个旧警官眼中的旧兰州》，甘肃人民出版社 1994 年版。

35. 王劲：《甘宁青民国人物》，兰州大学出版社 1995 年版。

36. 袁翰青：《袁翰青文集》，科学技术文献出版社 1995 年版。

37. 薛仰敬主编：《兰州古今碑刻》，兰州大学出版社 2002 年版。

38. 刘进：《中心与边缘——国民党政权与甘宁青社会》，天津古籍出版社 2004 年版。

39. 宋仲福、邓慧君：《甘肃通史·中华民国卷》，甘肃人民出版社 2009 年版。

40. 尚季芳：《民国时期甘肃毒品危害与禁毒研究》，人民出版社 2010 年版。

41. 赵国强：《甘肃抗战实录》，甘肃文化出版社 2015 年版。

42. 中共兰州市委党史办公室编：《兰州空战——（1937—1943）兰州空战资料选编》，2015 年。

43. 邵元冲：《邵元冲日记》，上海人民出版社 2018 年版。

44. 《蒋介石日记》，斯坦福大学胡佛研究所档案馆藏。

三、报纸

《甘肃民国日报》《西北日报》《兰州日报》《和平日报》。

后　记

　　《兰州通史·民国卷》是一部集体智慧的成果。具体分工如下：中国共产党兰州历史由朱永光先生完成，兰州空战由管卫中先生完成，兰州抗战遗址由邓明先生完成，全面抗战时期的农牧业与水利由李佳佳完成，兰州电力由王一婷完成，西北抗战大后方中心地位的确立由沈茂鹏完成，兰州医疗卫生事业由张庆祎完成，其余章节由尚季芳和研究生华信辉、李海群、咸娟娟、王龙、李小慧、蒋函秀、王文君、张小芳完成，全书由尚季芳统稿。

　　民国时期的兰州正经历从传统向近代的转型，承前启后、新旧交织，历史统系复杂。呈现在读者面前的这部民国兰州史，作者尽可能挖掘巨量史料，追踪学术前沿，着眼现实关怀，力图将斯时兰州的重大事件及其线索反映出来，以飨读者。

　　在本书写作过程中，陕西师范大学黄正林教授，兰州大学张克非教授，甘肃省委党史研究室岳峰伟处长，兰州市地方志办公室邓明主任，甘肃省委党校吴晓军教授，甘肃省档案馆陈乐道研究员、姜洪源研究员、马宝明主任等老师从提纲和内容都给予了精心指教。总主编田澍教授和副总主编何玉红教授从提纲撰写到最终成稿，多次组织论证，精益求精。编纂办公室副主任马玉凤老师为编写人员提供了充分的服务保障，不辞辛苦！年迈的父母亲和爱人窦雅丽精心照顾儿子云涛和云灏，使我能够安心读书写作，

在此一并致谢。

学术无止境。这部书稿难免存在问题，真诚地期望读者诸君匡正。

尚季芳

2020. 6. 28.

责任编辑：邵永忠　刘志江

封面设计：马吉庆　胡欣欣

责任校对：徐林香

图书在版编目（CIP）数据

兰州通史.民国卷／田澍 总主编，何玉红 副总主编；尚季芳 本卷主编.—北京：
人民出版社，2021.6

ISBN 978-7-01-023440-3

Ⅰ.①兰…　Ⅱ.①田…②尚…　Ⅲ.①兰州－地方史－民国

Ⅳ.① K294.21

中国版本图书馆 CIP 数据核字（2021）第 093348 号

兰州通史·民国卷

LANZHOU TONGSHI MINGUO JUAN

总主编　田　澍

副总主编　何玉红

本卷主编　尚季芳

人 民 出 版 社 出版发行

（北京市东城区隆福寺街 99 号）

北京久佳印刷有限责任公司印刷　　新华书店经销

2021 年 6 月第 1 版　2021 年 6 月第 1 次印刷

开本：710 毫米 × 1000 毫米　1/16　印张：36.25　字数：580 千字

ISBN 978-7-01-023440-3　定价：105.00 元

邮购地址　100706　北京市东城区隆福寺街 99 号金隆基大厦

人民东方图书销售中心　电话（010）65250042　65289539

版权所有·侵权必究

凡购买本社图书，如有印制质量问题，我社负责调换。

服务电话：（010）65250042